공완: 공부완성

수능국어
출제어휘

공완 : 공부완성

수능국어 출제어휘

김은영 지음

북아이콘

1

수능 출제 어휘 문제에 대비한 최선의 학습이 가능합니다!

일반적인 고등 국어 어휘 학습서들은 한자어, 우리말, 관용어 등으로 나누어 의미를 익히고 문제를 푸는 방식으로 구성되어 있습니다. 이는 각각의 어휘에 대한 학습은 가능하지만 실제 수능에서 출제되는 어휘 문제 유형에 대한 학습으로는 그 효과가 떨어지는 방식입니다. 이 책은 실제 수능 국어 영역 독서, 문학, 화법과 작문, 언어와 매체 등의 어휘 문제 유형을 분석해 어휘 학습과 문제 학습이 한꺼번에 이루어지도록 구성하였습니다. 이 한 권으로 수능 국어 어휘 문제를 대비하기에 충분합니다.

2

어휘 영역 전반에 걸쳐 연관 학습이 이루어지도록 구성하였습니다!

한자어와 우리말은 단어를 개별적으로 익히는 것보다 성격이 유사한 어휘와 연계해서 학습하면 훨씬 효과적인 습득이 가능합니다. 이를 위해 모든 어휘 해설에 예문을 풍부하게 덧붙이고, 표제어와 함께 유의어, 반의어, 동음이의어, 연관 어휘, 참고 어휘 등을 학습하도록 구성하였습니다. 꼭 필요한 한자어, 우리말, 관용 표현 등의 국어 영역 어휘 전반에 걸쳐 연관 학습이 이루어지도록 구성한 것입니다. 이를 통해 여러 맥락에서 글의 이해와 적용 학습이 가능할 것입니다.

체계적 구성과 문제 학습으로
학습 효과를 이끌어냅니다!

구성상의 장점을 최대한 살릴 수 있도록 표제어를 묶어 확인 문제를 실었으며, 수능 · 모평 · 학평에 나온 모든 어휘 기출 실전문제를 수록하였습니다. 즉 각각의 표제어를 문제에 대입해서 확인하고 적용할 수 있도록 구성함으로써 학습 효과를 이끌어냅니다. 특히 수능과 모의평가 등 각종 시험에 출제되었거나 출제 가능성이 높은 어휘만을 선별해 학습 효과가 발생하도록 하였습니다.

수능 출제 어휘 유형의 파악과
훈련이 가능합니다!

수능의 어휘 문제는 일정한 출제 유형이 있습니다. 수능에서 주로 출제되는 어휘 문제 유형에는 문맥에 맞는 어휘로 바꿔 쓰기, 사전적 의미 파악하기, 문맥적 의미 파악하기, 한자성어 · 속담 · 관용구 파악하기 등입니다. 이 책에 나오는 문제들은 이러한 유형을 학습하기 편리하게 구성되었습니다. 수능에서 어떤 유형의 문제가 출제되는지 알 수 있고, 문제를 해결하는 방법도 훈련할 수 있습니다.

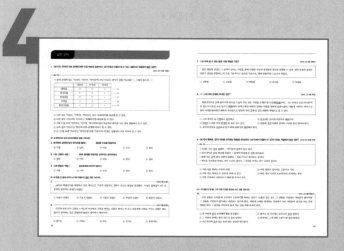

이 책의 차례

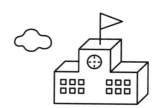

start!

☐ **가공**
架 시렁 가 空 빌 공

이유나 근거가 없이 꾸며 냄. 또는 거짓이나 상상으로 꾸며 냄. ≒허구(虛빌허 構얽을구)
▶ 박지원은 '허생전'에서 허생이라는 **가공**의 인물을 내세워 당대의 현실을 비판하였다.

동음이의어 + **가공**(加더할가 工기교공): 원자재나 반제품을 인공적으로 처리하여 새로운 제품을 만들거나 제품의 질을 높임. ▶ 사과를 **가공**해서 잼으로 만들었다.

☐ **가공하다**
可 허락할 가 恐 두려울 공 –

두려워하거나 놀랄 만하다.
▶ **가공할** 위력을 지닌 태풍이 한반도를 관통할 예정이다.

☐ **가깝다**

❶ 어느 한 곳에서 다른 곳까지의 거리가 짧다.
▶ 집에서 버스 정류장까지는 무척 **가깝다**.
❷ 서로의 사이가 다정하고 친하다. ▶ 우리는 서로 **가깝게**(≒친밀하게) 지내는 사이다.
❸ 어떤 수치에 근접하다. ▶ 이미 천만 명에 **가까운**(≒근접한) 관객이 그 영화를 관람하였다.
❹ 성질이나 특성이 기준이 되는 것과 비슷하다.
▶ 그들은 완벽에 **가까울** 정도로 치밀하게 계획을 짰다.
❺ 시간적으로 오래지 않다.
▶ 시험이 **가까워서인지**(≒임박해서인지) 도서관에 빈자리가 없었다.
❻ 촌수가 멀지 않다. ▶ 그는 **가까운** 친척이라곤 외삼촌 한 명뿐이다.

반의어 + **멀다:** ❶ 거리가 많이 떨어져 있다. ▶ 집에서 버스 정류장까지는 무척 **멀다**.
❷ 서로의 사이가 다정하지 않고 서먹서먹하다.
▶ 친했던 사람이라도 자주 만나지 않으면 **멀게**(≒서먹하게) 느껴지게 마련이다.
❸ 어떤 기준점에 모자라다. ▶ 그 나라는 선진국이 되려면 아직도 **멀었다**(≒모자라다/부족하다).
❹ 시간적으로 사이가 길거나 오래다. ▶ 동이 트려면 아직도 **멀었다**.
❺ 촌수가 매우 뜨다. ▶ 고향에서 쫓겨난 그는 외가 쪽의 **먼** 친척 집에서 머물고 있다.
❻ 어떤 시간이나 거리가 채 되기도 전임을 비유적으로 이르는 말
▶ 어머니는 아들의 소식이 궁금해서 하루가 **멀다** 하고 전화를 걸었다.

동음이의어 + **멀다:** ❶ 시력이나 청력 따위를 잃다. ▶ 그는 열병을 앓고 난 뒤 귀가 **멀어** 버렸다.
❷ 어떤 생각에 빠져 판단력을 잃다. ▶ 그들은 돈에 눈이 **멀어** 불량식품을 유통시켰던 것이다.

참고어휘 + '가깝다'와 '멀다'는 공간과 관련된 중심적 의미가 확장되어 다양한 주변적 의미를 지니게 된 형용사 다의어이다. 이와 유사한 의미 확장을 보여주는 어휘는 다음과 같다.
높다: ❶ 아래에서 위까지의 길이가 길다. ▶ 굽이 **높은** 구두를 신은 탓에 걷기가 힘들었다.
❷ 아래에서부터 위까지 벌어진 사이가 크다. ▶ 가을에는 하늘이 **높고** 파랗게 느껴진다.
❸ 수치로 나타낼 수 있는 온도, 습도, 압력 따위가 기준치보다 위에 있다.
▶ 장마철에는 습도가 **높아서** 더 덥게 느껴진다.
❹ 품질, 수준, 능력, 가치 따위가 보통보다 위에 있다.
▶ 아버지의 공장은 품질이 **높은**(≒좋은) 가구를 만드는 것으로 유명하다.
❺ 값이나 비율 따위가 보통보다 위에 있다. ▶ 우리 시는 전국에서 출산율이 가장 **높다**.
❻ 지위나 신분 따위가 보통보다 위에 있다. ▶ 그는 지체 **높은** 양반가의 자제이다.
❼ 소리가 음계에서 위쪽에 있거나 진동수가 큰 상태에 있다.
▶ 성악가는 무대에 올라 **높고** 맑은 소리로 노래하기 시작했다.
❽ 이름이나 명성 따위가 널리 알려진 상태에 있다. ▶ 제주도는 관광지로서 이름이 **높다**(≒알려졌다).
❾ 기세 따위가 힘차고 대단한 상태에 있다. ▶ 군사들의 사기가 **높다** 못해 하늘을 찌를 듯하였다.
❿ 어떤 의견이 다른 의견보다 많고 우세하다.
▶ 정부의 경제 정책을 비판하는 여론이 **높다**(≒많다/우세하다).

❶ 꿈이나 이상 따위가 크고 원대하다.

▶ 설사 이루지 못하더라도 뜻은 높게(≒원대하게/크게) 가져야 한다.

❷ 소리의 강도가 세다. ▶ 김 교수는 정부의 경제 정책을 강도 높게 비판하였다.

❸ 일어날 확률이 다른 것보다 크다. ▶ 그 회사는 성장 가능성이 높다(≒크다).

낮다: ❶ 아래에서 위까지의 높이가 기준이 되는 대상이나 보통 정도에 미치지 못하는 상태에 있다.

▶ 이 구두는 굽이 낮아서 걷기가 편하다.

❷ 높낮이로 잴 수 있는 수치나 정도가 기준이 되는 대상이나 보통 정도에 미치지 못하는 상태에 있다. ▶ 같은 기온이라도 습도가 낮으면 더 시원하게 느껴진다.

❸ 품위, 능력, 품질 따위가 바라는 기준보다 못하거나 보통 정도에 미치지 못하는 상태에 있다.

▶ 제품의 질이 낮아서(≒나빠서) 싸게 팔 수밖에 없었다.

❹ 지위나 계급 따위가 기준이 되는 대상이나 보통 정도에 미치지 못하는 상태에 있다.

▶ 예전에는 낮은 신분으로 입신양명을 할 수 없었다.

❺ 소리가 음계에서 아래쪽이거나 진동수가 작은 상태에 있다.

▶ 그의 목소리는 낮으면서도 단호했다.

넓다: ❶ 면이나 바닥 따위의 면적이 크다. ▶ 집 앞으로 넓은(≒광활한) 평야가 펼쳐져 있다.

❷ 너비가 크다. ▶ 마을 앞으로 넓은 도로가 생겼다.

❸ 마음 쓰는 것이 크고 너그럽다.

▶ 여러분, 자식의 잘못을 넓은(≒너그러운/관대한) 마음으로 용서해 주십시오.

❹ 내용이나 범위 따위가 널리 미치다.

▶ 시험 범위가 넓어서 공부하기가 힘들다. 넓은 세상으로 나아가 경험을 쌓아라.

좁다: ❶ 면이나 바닥 따위의 면적이 작다. ▶ 방이 너무 좁아서(≒협소해서) 침대를 놓을 수가 없다.

❷ 너비가 작다. ▶ 어릴 적 뛰놀던 좁은 골목길에서 친구를 만났다.

❸ 마음 쓰는 것이 너그럽지 못하다.

▶ 그는 속이 좁아서(≒옹졸해서/잘아서) 큰 인물이 되기는 어려울 것 같다.

❹ 내용이나 범위 따위가 널리 미치지 아니한 데가 있다.

▶ 시험 범위는 좁지만 내용이 어려워서 걱정이다. 좁은 세상에 안주하지 마라.

확인문제

(1~2) 밑줄 친 두 낱말의 의미가 같으면 ○, 다르면 ×에 표시하시오.

1. 우유를 <u>가공</u>하여 치즈를 만들었다. 언론의 힘은 <u>가공</u>할 만하다. (○ / ×)
2. 그는 사랑에 눈이 <u>멀어</u> 조국을 배신했다. 들판의 벼는 아직 고개를 숙이기에는 <u>멀었다</u>. (○ / ×)

(3~4) 밑줄 친 말의 문맥적 의미가 ㉠과 유사한 것을 고르시오.

3. 아버지는 항상 그의 사람됨을 ㉠<u>높게</u> 평가했다.

　① 재벌 3세들의 비행을 비판하는 목소리가 <u>높다</u>. 　② 그는 열심히 공부하지 않는데도 성적은 <u>높은</u> 편이다.

4. 동해안 일대에는 석회암이 ㉠<u>넓게</u> 분포한다.

　① 그 선수는 수비 범위가 <u>넓다</u>. 　② 그는 무뚝뚝하지만 속이 <u>넓은</u> 사람이다.

5. 밑줄 친 말이 공간과 관련된 중심적 의미로 쓰이지 <u>않은</u> 것을 모두 고르시오.

　① <u>가까운</u> 시일 안에 통일이 될 것이다. 　② <u>먼</u> 곳에서 개 짖는 소리가 들려왔다.

　③ 서울에는 <u>높은</u> 고층 빌딩들이 즐비하다. 　④ 부부가 결혼한 지 10년이 <u>가깝도록</u> 자식이 없었다.

6. 밑줄 친 말들이 반의 관계가 <u>아닌</u> 것은?

　① 어머니는 두 팔을 <u>넓게</u> 벌려서 아이를 안았다. − <u>좁고</u> 긴 복도는 아이들로 혼잡스러웠다.

　② 우리는 마당이 <u>넓은</u> 집으로 이사하였다. − 우리 제품은 판매 지역이 <u>좁다</u>는 문제점을 지니고 있다.

[정답] 1. × 2. × 3. ② 4. ① 5. ①, ④ 6. ②
[해설] 3. ㉠ 높다-❹ ① 높다-⓾ 4. ㉠ 넓다-❹ ② 넓다-❸ 5. ① 가깝다-❺ ④ 가깝다-❸ 6. ② 면적(형용사) − 범위(형용사)

크다: ❶ 사람이나 사물의 외형적 길이, 넓이, 높이, 부피 따위가 보통 정도를 넘다.
▶ 아버지는 삼촌보다 한 뼘 정도 컸다. 그는 크고 화려한 도시를 동경했다.

❷ 신, 옷 따위가 맞아야 할 치수 이상으로 되어 있다. ▶ 새로 산 바지가 커서 자꾸 흘러내린다.

❸ 일의 규모, 범위, 정도, 힘 따위가 대단하거나 강하다. ▶ 우리 군은 농업이 크게 발달했다.

❹ 사람의 됨됨이가 뛰어나고 훌륭하다. ▶ 어른들은 마을에서 큰(≒훌륭한) 인물이 났다고 기뻐하셨다.

❺ 소리가 귀에 거슬릴 정도로 강하다. ▶ 텔레비전 소리가 너무 커서 공부에 집중할 수가 없다.

❻ 돈의 액수나 단위가 높다. ▶ 그는 생각보다 큰 액수의 돈을 벌었다.

❼ 몸이나 마음으로 느끼는 어떤 일의 영향, 충격 따위가 보통 정도를 넘다.
▶ 정부 정책 때문에 매출에 큰 타격을 입었다. 그는 자라면서 아버지의 영향을 크게 받았다.

❽ 생각의 범위나 도량이 넓다. ▶ 그는 통이 크고 호탕해서 따르는 이들이 많다.

❾ 겁이 없고 용감하다. ▶ 그는 지주에게 정면으로 대들 정도로 담이 컸다.

❿ 가능성 따위가 많다. ▶ 이번 시험에서는 합격할 가능성이 크다.

⓫ (주로 '큰' 꼴로 쓰여) 중요하다, 의의가 있다.
▶ 잠자코 있던 사람이 큰(≒중대한) 결심이라도 한 듯 갑자기 일어나서 뛰어나갔다.

⓬ 뛰어나다, 훌륭하다. ▶ 이번 일에는 그의 공이 컸다.

⓭ (동사) 동식물이 몸의 길이가 자라다. ▶ 가물어서 작물들이 크지(≒자라지/성장하지) 못한다.

⓮ (동사) 사람이 자라서 어른이 되다. ▶ 어려운 환경에서도 아이들은 바르게 커 주었다.

⓯ (동사) 수준이나 지위 따위가 높은 상태가 되다. ▶ AI는 한창 크는 분야라서 지원자가 많다.

작다: ❶ 길이, 넓이, 부피 따위가 비교 대상이나 보통보다 덜하다.
▶ 삼촌은 아버지보다 한 뼘 정도 작았다. 나는 작고 조용한 마을에서 자랐다.

❷ 정하여진 크기에 모자라서 맞지 아니하다. ▶ 그 바지는 이제 작아서 입을 수가 없다.

❸ 일의 규모, 범위, 정도, 중요성 따위가 비교 대상이나 보통 수준에 미치지 못하다.
▶ 작은 실수 하나 때문에 일을 망치고 말았다. 너희 회사는 우리 회사보다 규모가 훨씬 작다.

❹ 사람됨이나 생각 따위가 좁고 보잘것없다. ▶ 그 사람은 큰일을 하기에는 그릇이 작다.

❺ 소리가 낮거나 약하다. ▶ 두 소녀는 작은 소리로 이야기하기 시작했다.

❻ 돈의 액수가 적거나 단위가 낮다. ▶ 센티미터는 미터보다 작은 단위이다.

□ 가늠

❶ 목표나 기준에 맞고 안 맞음을 헤아려 봄. 또는 헤아려 보는 목표나 기준.≒대중
▶ 그는 한 눈을 감고 다른 한 눈으로 목표물을 가늠해(≒겨누어/대중해) 보았다. 떡 반죽을 할 때 가늠(≒대중)을 알맞게 해야 송편을 빚기가 좋다.

❷ 사물을 어림잡아 헤아림.≒어림/대중
▶ 그는 나이를 가늠하기가(≒헤아리기가/어림하기가/짐작하기가/대중하기가) 어렵다.

□ 가다

❶ 한 곳에서 다른 곳으로 장소를 이동하다. ▶ 형은 지난주에 미국으로 갔다(≒이동했다).

❷ 수레, 배, 자동차, 비행기 따위가 운행하거나 다니다.
▶ 이 기차는 서울에서 부산까지 간다(≒운행한다/다닌다).

❸ 일정한 목적을 가진 모임에 참석하기 위하여 이동하다.
▶ 내일 시사회에 갈(≒참석할) 거니? 회의하러 대회의실로 가는(≒이동하는) 길이야.

❹ 지금 있는 곳에서 어떠한 목적을 가지고 다른 곳으로 옮기다.
▶ 나는 공부하러 도서관으로 갔고(≒향했고), 그는 밥 먹으러 식당으로 갔다(≒향했다).

❺ 직업이나 학업, 복무 따위로 해서 다른 곳으로 옮기다.
▶ 반드시 대학에 가야(≒진학해야) 하는 것은 아니다. 삼촌은 군대에 갔다(≒입대했다).

❻ 직책이나 자리를 옮기다. ▶ 인사 발령으로 영업팀으로 가게(≒옮기게/이동하게) 되었다.

❼ 물건이나 권리 따위가 누구에게 옮겨지다.
▶ 고인의 모든 재산은 외동딸에게로 갔다(≒옮겨졌다/이전되었다/상속되었다).

❽ 관심이나 눈길 따위가 쏠리다. ▶ 그의 옷차림에 자꾸 눈길이 간다(≒쏠린다/향한다).

❾ 말이나 소식 따위가 알려지거나 전하여지다.
   ▶ 그에게 소식이 갔는지(≒전해졌는지/전달됐는지) 확인해 보아라.

❿ 그러한 상태가 생기거나 일어나다.
   ▶ 당신에게 해가 가지(≒생기지/일어나지/발생하지/미치지) 않도록 할 테니 걱정 마십시오.

⓫ 어떤 상태나 상황을 향하여 나아가다. ▶ 통일로 가는(≒향하는/나아가는) 길

⓬ 한쪽으로 흘러가다. ▶ 이야기가 이상한 쪽으로 가고(≒흘러가고) 있다.

⓭ 동력원으로 하여 작동하다. ▶ 이 차는 전기로만 간다(≒작동한다/움직인다).

⓮ 금, 줄, 주름살, 흠집 따위가 생기다. ▶ 벽에 금이 가서(≒생겨서/발생해서) 위험하다.

⓯ 건강에 해가 되다. ▶ 몸에 무리가 가는 운동은 삼가시오.

⓰ 일정한 시간이 되거나 일정한 곳에 이르다.
   ▶ 모임은 자정에 가서(≒이르러서) 끝났다.

⓱ 일정한 대상에 미치어 작용하다. ▶ 그의 손이 가야(≒미쳐야/닿아야) 일이 제대로 된다.

⓲ 어떤 일을 하는 데 수고가 많이 들다. ▶ 그 물건은 만드는 데 손이 많이 간다.

⓳ 어떤 대상이 다른 곳으로 이동하여 사라지다.
   ▶ 막차마저 가(≒떠나/사라져) 버렸다.

⓴ 지나거나 흐르다. ▶ 좋은 시절도 다 갔다(≒지났다).

㉑ 기계 따위가 제대로 작동하다. ▶ 싸구려 시계지만 잘 간다(≒작동한다).

㉒ 전기 따위가 꺼지거나 통하지 않다. ▶ 악천후로 인해 전깃불이 가서 들어오지 않는다.

㉓ 사람이 죽다. ▶ 묘지에 모인 사람들은 억울하게 간(≒죽은) 넋을 추모했다.

㉔ 어떤 일에 대하여 납득이나 이해, 짐작 따위가 되다. ▶ 그의 행동이 납득이 가니?

㉕ (가치나 값, 순위 따위를 나타내는 말과 결합하여) 어떤 대상을 기준으로 해서 어느 정도
   까지 이르다. ▶ 내 성적은 그래도 중간은 간다.

㉖ 원래의 상태를 잃고 상하거나 변질되다. ▶ 된장찌개가 맛이 갔다(≒상했다).

㉗ 때나 얼룩이 잘 빠지다. ▶ 이 비누는 때가 잘 간다(≒빠진다).

㉘ 어떤 경로를 통하여 움직이다. ▶ 그를 만나기 위해 구불구불한 산길을 한참 동안 갔다.

㉙ 어떤 현상이나 상태가 유지되다. ▶ 행복도 오래 가지(≒유지되지/지속되지) 못했다.

확인문제

1. 밑줄 친 말들이 반의 관계가 <u>아닌</u> 것은?
   ① 나는 키가 <u>작아서</u> 제일 앞줄에 앉았다. – 너는 <u>커서</u> 무엇이 되고 싶니?
   ② 그 나라는 이번 싸움에서 <u>큰</u> 손해를 보았다. – <u>작은</u> 힘이라도 보태려고 나왔습니다.

2. 밑줄 친 말과 바꾸어 쓸 수 <u>없는</u> 것은?
   나는 그의 속마음을 <u>가늠할</u>(① 겨냥할 ② 대중할 ③ 어림할 ④ 짐작할 ⑤ 헤아릴) 수가 없다.

(3~10) 밑줄 친 말과 바꾸어 쓰기에 가장 적절한 말을 〈보기〉에서 고르시오.

3. 우리들은 학교로 <u>갔다</u>.
4. 자기에게 손해 <u>가는</u> 장사를 누가 하겠어?
5. 막냇동생이 벌써 초등학교에 <u>갈</u> 나이가 되었다.
6. 회의에 참석하라고 집으로 곧 통지가 <u>갈</u> 겁니다.
7. 날씨가 더우니 아침에 끓인 찌개가 벌써 맛이 <u>갔다</u>.
8. 폭풍우가 치는 날에는 연안여객선들이 <u>가지</u> 않는다.
9. 망나니 아들 때문에 그 많은 재산이 삼년을 <u>가지</u> 못했다.
10. 증기의 힘으로 <u>가는</u> 기관차는 이제는 박물관에서나 볼 수 있다.

┌─〈보 기〉───┐
│ ㉠ 작동하다   ㉡ 이동하다   ㉢ 운행하다   ㉣ 유지되다   ㉤ 전달되다   ㉥ 발생하다   ㉦ 변질되다   ㉧ 입학하다 │
└──┘

- -

[정답] 1. ① 2. ① 3. ㉡ 4. ㉥ 5. ㉧ 6. ㉤ 7. ㉦ 8. ㉢ 9. ㉣ 10. ㉠
[해설] 1. ① 길이(형용사) – 성장(동사)

□ 가담¹
加 더할 가 **擔** 멜 담

같은 편이 되어 일을 함께 하거나 도움. ▶ 우리 군은 연합군의 공격에 <u>가담</u>하였다.

유의어 + **참가**(參참여할참 加더할가): 모임이나 단체 또는 일에 관계하여 들어감.
▶ 이번 대회의 <u>참가</u> 인원은 작년에 비해 세 배 가량 늘었다.

참여(參참여할참 與더불여): 어떤 일에 끼어들어 관계함. ▶ 이번 축제에는 사람들의 <u>참여</u>가 너무 적었다.

동참(同같을동 參참여할참): 어떤 모임이나 일에 같이 참가함. ▶ 많은 시민들이 모금 운동에 <u>동참</u>하였다.

가입(加더할가 入들입): 조직이나 단체 따위에 들어감. ▶ 나는 컴퓨터 동아리에 <u>가입</u>하였다.

□ 가담²
街 거리 가 **談** 말씀 담

길거리에 떠도는 말이나 화젯거리≒가설(街거리가 說말씀설)/가담항설(街거리가 談말씀담 巷거리항 說말씀설) ▶ 하인들이 <u>가담</u>을 듣고 와서 주인에게 알려주었다.

유의어 + **뜬소문**(-所바소 聞들을문): 이 사람 저 사람 입에 오르내리며 근거 없이 떠도는 소문≒헛소문 ▶ <u>뜬소문</u>은 믿을 게 못 된다.

낭설(浪물결낭 說말씀설): 터무니없는 헛소문 ▶ 그 소식은 사실인지 <u>낭설</u>인지 헤아리기 어려웠다.

한자성어 + **유언비어**(流흐를유 言말씀언 蜚날비 語말씀어): 아무 근거 없이 널리 퍼진 소문
▶ 선거철에는 종종 상대 후보를 비방하는 <u>유언비어</u>가 떠돈다.

□ 가르다

❶ 쪼개거나 나누어 따로따로 되게 하다. ▶ 선생님이 학생들을 두 팀으로 <u>갈랐다</u>(≒나누었다).

❷ 물체가 공기나 물을 양옆으로 열며 움직이다. ▶ 화살이 바람을 <u>가르고</u> 날아갔다.

❸ 옳고 그름을 따져서 구분하다.

▶ 이제 와서 서로의 잘잘못을 <u>가르는</u>(≒따지는/가리는/판가름하는) 것이 무슨 의미가 있겠는가?

❹ 승부나 등수 따위를 서로 겨루어 정하다.

▶ 후반전 시작과 함께 터진 골이 이날의 승부를 <u>갈랐다</u>(≒판가름했다/결정지었다).

❺ 양쪽으로 열어젖히다. ▶ 아버지는 생선의 배를 <u>가르고</u> 내장을 빼냈다.

□ 가리다¹

보이거나 통하지 못하도록 막다.

▶ 큰 나무가 집을 <u>가렸다</u>. 빗줄기가 시야를 <u>가렸다</u>(≒막았다/차단했다).

□ 가리다²

보이거나 통하지 못하도록 막히다.

▶ 집이 큰 나무에 <u>가려</u> 보이지 않았다. 남북문제에 민생 현안이 <u>가려서는</u>(≒덮여서는) 안 된다.

□ 가리다³

❶ 여럿 가운데서 하나를 구별하여 고르다.

▶ 그는 성공을 위해서라면 수단과 방법을 <u>가리지</u>(≒구별하지) 않았다.

❷ 낯선 사람을 대하기 싫어하다. ▶ 아이가 낯을 심하게 <u>가려서</u> 걱정이다.

❸ 잘잘못이나 좋은 것과 나쁜 것 따위를 따져서 분간하다.

▶ 정치인은 자신을 지지하는 사람들 중에서도 옥석을 <u>가릴</u>(≒분간할/따질) 줄 알아야 한다.

❹ 똥오줌을 눌 곳에 누다. ▶ 아이는 아직 대소변을 <u>가리지</u> 못한다.

❺ 음식을 골라서 먹다. ▶ 음식을 <u>가리지</u> 말고 골고루 먹어라.

❻ 자기 일을 알아서 스스로 처리하다. ▶ 아들은 아직 자기 앞도 못 <u>가리는</u> 처지이다.

□ 가볍다

❶ 무게가 일반적이거나 기준이 되는 대상의 것보다 적다. ▶ 책은 상당히 <u>가벼웠다</u>.

❷ 비중이나 가치, 책임 따위가 낮거나 적다.

▶ 국민 안전에 대한 국가의 책임은 결코 <u>가볍지</u> 않다.

❸ 죄과나 실수 따위가 그다지 심하지 않다.

▶ 국가기밀 누설에 대해 <u>가벼운</u> 징계만 내린 것은 잘못이다.

❹ 병세나 상처 따위가 그다지 심하지 않다.

▶ 건물 붕괴로 많은 사상자가 발생했지만 그는 다행히 <u>가벼운</u>(≒경미한) 부상만 입었다.

❺ 생각이나 언어, 행동이 침착하지 못하거나 진득하지 못하다.
▶ 그의 가벼운(≒경솔한/경박한) 행동을 보니 도통 신뢰가 가지 않는다.

❻ 몸이나 손발 따위의 움직임이 날쌔고 재다.
▶ 일행은 가벼운(≒경쾌한) 발걸음으로 산을 내려가기 시작했다.

❼ 노력이나 부담 따위가 적다. ▶ 둘은 가벼운 화제로 대화를 시작했다.

❽ 정도가 대수롭지 않고 예사롭다. ▶ 친구는 내 말을 농담으로 가볍게 넘기려 들었다.

❾ 다루기에 힘이 들지 않고 수월하다.
▶ 한국 축구팀은 중국팀을 가볍게(≒쉽게/수월하게) 이기고 결승에 올랐다.

❿ 바람이나 물결 따위의 이는 정도가 약하다.
▶ 오늘은 맑은 날씨에 가볍게(≒약하게) 바람이 불고 있다.

⓫ 닿는 정도가 약하다. ▶ 앞사람의 어깨를 가볍게(≒살짝) 두드렸다.

⓬ 소리나 색깔 따위가 밝고 경쾌하다.
▶ 함께 가자는 나의 말에 그가 가벼운(≒경쾌한/밝은) 목소리로 동의하였다.

⓭ 세금이나 잘못에 대한 대가로 치르는 형량, 벌금 따위가 적다.
▶ 살인 용의자에게 징역 5년이 선고되자 검찰은 형량이 너무 가볍다면서 즉시 항소하였다.

⓮ 옷차림이나 화장이 요란하지 않고 산뜻하거나 활동하기에 편하다.
▶ 식구들은 가벼운(≒단출한) 옷차림으로 산책에 나섰다.

⓯ 마음이 홀가분하고 경쾌하다. ▶ 오해가 풀리자 마음이 더없이 가벼웠다(≒홀가분했다).

반의어 + **무겁다:** ❶ 무게가 나가는 정도가 크다. ▶ 책은 상당히 무거웠다.

❷ 비중이나 책임 따위가 크거나 중대하다.
▶ 국민 안전에 대한 국가의 책임은 무겁다(≒중대하다/막중하다).

❸ 죄과 따위가 심하거나 크다. ▶ 국가기밀 누설에 대해 무거운 처벌이 내려졌다.

❹ 힘이 빠져서 움직이기 힘들다. ▶ 쌓인 피로로 인해 몸이 한없이 무거웠다.

❺ 움직임이 느리고 둔하다. ▶ 기차 바퀴가 무겁게(≒둔하게/둔중하게) 움직이기 시작했다.

❻ 분위기 따위가 어둡고 답답하다. ▶ 그의 돌출 발언 때문에 회의장은 무거운 침묵에 휩싸였다.

❼ 소리나 색깔 따위가 어둡고 침울하다. ▶ 그는 무거운(≒어두운/침울한) 음성으로 말을 시작했다.

❽ 세금이나 잘못에 대한 대가로 치르는 형량, 벌금 따위가 부담이 될 정도로 많다.
▶ 불로소득에 대해서는 무거운 세금을 매겨야 한다.

❾ 임신하여 배가 불러서 움직이기가 어렵다. ▶ 출산 예정일이 다가올수록 몸이 더 무거워졌다.

❿ 마음이 유쾌하지 않고 우울하다. ▶ 그는 아내의 눈물을 보고 무거운(≒우울한) 기분이 되었다.

확 인 문 제

(1~2) 문맥에 맞는 말을 괄호 안에서 고르시오.

1. 아버지는 조기 축구회에 (가담 / 가입)하셨다.
2. 두 사람이 서로에게 애정을 표하는 장면이 자주 목격되면서 둘이 사귄다는 (가담항설 / 유언비어)이/가 퍼졌다.
3. 밑줄 친 말의 의미가 가장 이질적인 것은?
　① 어린아이지만 낯도 가리지 않고 의젓하게 행동했다.　② 그 사람은 성질이 나면 앞뒤를 가리지 않고 행동한다.
　③ 그는 사정이 급해서 찬밥 더운밥 가릴 형편이 아니다.　④ 유명 선수들에게 가려 빛도 못 보고 은퇴하는 선수가 많다.
4. 밑줄 친 말을 바꾸어 쓴 것으로 적절한 것을 모두 고르시오.
　① 말이 장애물을 가볍게(→ 수월하게) 뛰어넘었다.　② 그는 절대로 가볍게(→ 경미하게) 입을 놀릴 사람이 아니다.
　③ 우리는 조국 통일의 무거운(→ 막중한) 사명을 지고 있다.　④ 상복을 입은 아이의 모습이 기분을 무겁게(→ 둔중하게) 했다.

- -

[정답] 1. 가입 2. 가담항설 3. ④ 4. ①, ③
[해설] 1. '같은 편'이 되어 '도운' 것은 아니므로 '가담' ✕ 2. 근거가 분명하므로 '유언비어' ✕ 3. ④ 동음이의어 4. ② → 경솔하게, ④ → 우울하게

1. ㉠~㉤의 사전적 의미로 적절하지 <u>않은</u> 것은?   (2017 고1 6월 학평 응용)

> ㉠<u>희소성</u> 높은 최고급 커피의 생두 가격은 어떻게 결정될까? 그것은 바로 경매이다. 경매를 통한 가격 결정 방식은 수요자들이 해당 재화의 가치를 서로 다르게 평가하고 있거나, 해당 재화의 가치를 정확히 ㉡<u>가늠할</u> 수 없을 때 주로 사용된다. 커피나무는 환경에 ㉢<u>민감한</u> 식물로, 일조량과 온도와 토질에 따라서 생두의 맛과 품질이 ㉣<u>천차만별</u>이다. 그래서 같은 지역이라 하더라도 매년 커피 생두의 품질이 달라지는 것이다. 이처럼 생두의 품질이 매년 다양한 이유로 달라지는 상황에서 해당 커피 생두의 가치를 결정하는 가장 ㉤<u>수월한</u> 방법은 단연 경매라 할 수 있다.

① ㉠: 인간의 물질적 욕구에 비하여 그 충족 수단이 질적·양적으로 제한되어 있거나 부족한 상태
② ㉡: 목표나 기준에 맞고 안 맞음을 헤아려 봄.
③ ㉢: 자극에 빠르게 반응을 보이거나 쉽게 영향을 받음.
④ ㉣: 여러 가지 사물이 모두 차이가 있고 구별이 있음.
⑤ ㉤: 까다롭거나 힘들지 않아 하기가 쉬움.

(2~4) 밑줄 친 말이 제시문과 가장 유사한 의미로 사용된 것을 고르시오.

2. 우리는 시간 <u>가는</u> 줄 모르고 재미있게 놀았다.

① 나는 책을 사러 서점에 <u>갔다</u>.
② 그의 설명은 수긍이 <u>가지</u> 않는다.
③ 그 집은 벽에 금이 <u>가서</u> 붕괴의 위험이 있다.
④ 우리 시의 교통 문제는 <u>갈수록</u> 심각해지고 있다.
⑤ 돈도 없으면서 비싼 물건 쪽으로만 자꾸 눈이 <u>갔다</u>.

3. 월급쟁이로는 평생을 <u>가야</u> 집 한 채 사기 힘들다고 말하는 사람이 많다.

① 복지 국가로 <u>가는</u> 길은 아직 멀고 험하다.
② 그녀는 박물관으로 <u>가는</u> 버스를 기다리고 있다.
③ 열심히 공부하겠다는 결심이 결국 사흘도 못 <u>갔다</u>.
④ 회복기에는 몸에 무리가 <u>가는</u> 운동은 삼가는 것이 좋다.
⑤ 때가 잘 <u>간다는</u> 판매원의 말에 넘어가 이 비누를 구입하였다.

4. 남부 지방에 비가 많이 와서 <u>큰</u> 물난리를 겪었다.

① 우리 학교에 일이 <u>크게</u> 벌어졌다.
② 못 본 사이에 조카의 키가 몰라보게 <u>컸다</u>.
③ 아이는 <u>크고</u> 맑은 눈을 들어 나를 쳐다보았다.
④ 우리 팀이 결승 진출에 실패했다는 소식에 실망이 <u>컸다</u>.
⑤ 간단한 일에 대한 대가로는 너무 <u>큰</u> 액수여서 정중하게 사양했다.

5. ㉠의 문맥적 의미와 가장 가까운 것은?

(2015 수능A)

> 각 식품마다 포함된 필수아미노산의 양은 다르며, 필수아미노산이 균형을 이룰수록 공급된 필수아미노산의 총량 중 단백질 합성에 이용되는 양의 비율, 즉 필수아미노산의 이용 효율이 ㉠높다. 일반적으로 육류, 계란 등 동물성 단백질은 필수아미노산을 균형 있게 함유하고 있어 필수아미노산의 이용 효율이 높은 반면, 쌀이나 콩류 등에 포함된 식물성 단백질은 제한아미노산을 가지며 필수아미노산의 이용 효율이 상대적으로 낮다.

① 가을이 되면 그 어느 때보다 하늘이 높다.　　② 우리나라는 원자재의 수입 의존도가 높다.
③ 이번에 새로 지은 건물은 높이가 매우 높다.　　④ 잘못을 시정하라는 주민들의 목소리가 높다.
⑤ 친구는 이 분야의 전문가로서 이름이 높다.

6. 〈보기〉의 ㉠, ㉡에 해당하는 예로 적절한 것은?

(2017 수능)

─〈보 기〉─

학 　생: 선생님, 다음 두 문장을 보면 모두 '가깝다'가 쓰였는데 의미가 좀 다른 것 같아요.
　　　　(1) 우리 집은 학교에서 가깝다.　　　　(2) 그의 말은 거의 사실에 가깝다.
선생님: (1)의 '가깝다'는 "어느 한 곳에서 다른 곳까지의 거리가 짧음"을 뜻하고, (2)의 '가깝다'는 "성질이나 특성이 기준이 되는 것과 비슷함"을 뜻한단다. 이는 본래 ㉠공간과 관련된 중심적 의미를 지니던 것이 ㉡추상화되어 주변적 의미도 지니게 된 것이라고 할 수 있지.
학 　생: 아, 그렇군요. 그러면 '가깝다'는 여러 의미를 지닌 단어로군요.
선생님: 그렇지. 그래서 '가깝다'는 다의어란다.

	㉠	㉡
①	물은 낮은 곳으로 흐른다.	환경에 대한 관심도가 낮다.
②	그는 성공할 가능성이 크다.	힘든 만큼 기쁨이 큰 법이다.
③	두 팔을 최대한 넓게 벌렸다.	도로 폭이 넓어서 좋다.
④	내 좁은 소견을 말씀드렸다.	마음이 좁아서는 곤란하다.
⑤	작은 힘이라도 보태고 싶다.	우리 학교는 운동장이 작다.

7. ㉠~㉢에 해당하는 예로 적절하지 않은 것은?

(2013 고2 3월 학평 응용)

> 하나의 단어가 관련된 여러 가지 의미를 함께 지니고 있는 것을 '다의어'라고 한다. 다의어의 의미는 '중심적 의미'와 '주변적 의미'로 나뉜다. ㉠중심적 의미끼리는 반의 관계가 성립하지만, ㉡중심적 의미와 주변적 의미 사이에는 반의 관계가 성립하지 않으며, ㉢주변적 의미와 주변적 의미 사이에도 반의 관계가 성립하지 않는다.

① ㉠: (이마가) 넓다 ↔ (길이) 좁다　　② ㉡: (마당이) 넓다 ↔ (속이) 좁다
③ ㉡: (어깨가) 넓다 ↔ (방이) 좁다　　④ ㉢: (도량이) 넓다 ↔ (시야가) 좁다
⑤ ㉢: (지식이) 넓다 ↔ (마음이) 좁다

8. 〈보기〉의 예를 바탕으로 '멀다'와 '아득하다'의 쓰임에 대해 탐구한 내용으로 적절하지 <u>않은</u> 것은?　　　(2012 고3 3월 학평)

〈보 기〉

㉠ {먼 / 아득한} 옛날부터 우리 조상들은 이곳에 살아 왔다.
㉡ 한바탕 싸운 뒤에 둘의 관계가 {멀어졌다 / *아득해졌다}.
㉢ 네가 내 성적을 따라오려면 아직 {멀었다 / *아득하다}.
㉣ 직장을 잃으니 살아갈 길이 {*멀기만 / 아득하기만} 하다.
㉤ 꼬박 삼 일을 굶었더니 정신이 {*멀어졌다 / 아득해졌다}.

*는 부자연스러운 어휘.

① ㉠에서 '멀다'와 '아득하다'는 모두 시간적 거리감을 나타낸다.
② ㉡에서 '멀다'는 물리적으로 공간이 떨어져 있음을 나타낸다.
③ ㉢에서 '멀다'는 어떤 기준점에 모자람을 나타낸다.
④ ㉣에서 '아득하다'는 어찌할지 모르는 막막함을 나타낸다.
⑤ ㉤에서 '아득하다'는 의식이 흐려짐을 나타낸다.

9. 다음은 '다의어'에 관한 탐구학습지의 일부이다. ㉮에 들어갈 내용으로 적절한 것은?　　　(2014 고3 3월 학평A)

▶ 〈보기〉의 예를 바탕으로 '가다'의 의미를 파악해 보자.

〈보 기〉

㉠ 그 분은 아침에 서울로 <u>가셨다</u>.
㉡ 너에게 신호가 <u>가면</u> 직접 슛을 해.
㉢ 그 아이는 학교에서 성적이 중간은 <u>간다</u>.
㉣ 그렇게 이른 시간에 친구 집을 <u>가</u> 본 적은 없다.
㉤ 장사꾼들 사이에 시비가 오고 <u>가는지</u> 소란스러웠다.
㉥ 물이 어른 무릎쯤 <u>가는</u> 냇물이라 아이들이 놀기에도 적당하다.

(1) ㉠~㉥을 비슷한 의미를 지닌 것끼리 묶어 보자.
　　(㉠, _____) (㉡, _____) (㉢, _____)

(2) (1)의 결과를 바탕으로 '가다'의 의미를 정리해 보자.
　　– 한 곳에서 다른 곳으로 장소를 이동하다.
　　– 말이나 소식 따위가 알려지거나 전하여지다.
　　– _____ ㉮ _____

① 관심이나 눈길 따위가 쏠리다.　　　　② 어떤 현상이나 상태가 유지되다.
③ 그러한 상태가 생기거나 일어나다.　　④ 일정한 시간이 되거나 일정한 곳에 이르다.
⑤ 어떤 대상을 기준으로 해서 어느 정도까지 이르다.

10. 〈보기〉는 사전 자료의 일부분이다. 이에 대한 이해로 가장 적절한 것은? (2016 고3 10월 학평)

─〈보 기〉─

크다 [커, 크니]

   [Ⅰ] (형용사) 사람이나 사물의 외형적 길이, 넓이, 높이, 부피 따위가 보통 정도를 넘다. 🖴 키가 크다.

   [Ⅱ] (동사) 동식물이 몸의 길이가 자라다. 🖴 날씨가 건조하면 나무가 크지 못한다.

키우다 【…을】 [키우어(키워), 키우니]

   크다 [Ⅱ]의 사동사

① '크다'[Ⅰ]과 '크다'[Ⅱ]는 별도의 품사로 기술된 걸 보니 동음이의어이겠군.

② '크다'[Ⅰ]과 '크다'[Ⅱ]의 반의어로는 모두 '작다'가 가능하겠군.

③ '크다'[Ⅰ]의 용례로 '키가 몰라보게 컸구나.'를 추가할 수 있겠군.

④ '크다'[Ⅱ]는 사동사로 바뀌면 서술어의 자릿수가 하나 늘어나는군.

⑤ '크다'와 '키우다'는 모두 어미 '–어'가 결합하면 어간 끝의 모음이 탈락하는군.

11. 〈자료〉를 참고할 때, 다음 시의 ㉠과 가장 유사한 의미로 쓰인 것은? (2014 고2 성취도평가)

– 내 몸의 열매를 다 너에게 주어 / 내가 다시 가난하고 ㉠가벼워지면
미미하고 귀한 사연도 밝게 보이겠지. / 그 감격이 내 몸을 맑게 씻어 주겠지.
열매는 즐거움 되고, 남은 씨 땅에 지면 / 수많은 내 생명이 다시 살아나는구나.
주는 것이 바로 사는 길이 되는구나.
                                – 마종기, 〈과수원에서〉 중에서

─〈자 료〉─

위 시의 '가벼워지면'이라는 시어는 우리가 통상적으로 사용하는 의미의 '가볍다'가 아니다. 이 시의 맥락 속에서 '가벼워지면'은 마음속의 욕심 등을 비운다는 의미가 강하다.

① 채우기 바빴던 마음이 <u>가벼워지자</u> 내 삶은 넉넉해졌다.

② 친구의 격려에 용기를 내어 장애물을 <u>가볍게</u> 뛰어넘었다.

③ 행동이 <u>가벼워지면</u> 실수를 저지르기 쉬우니 조심해야 한다.

④ 중요한 일을 맡았으니 결코 마음을 <u>가볍게</u> 먹어서는 안 된다.

⑤ 봄이 되자 길거리에는 <u>가벼운</u> 옷차림의 젊은이들로 넘쳐났다.

[정답] 1. ② 2. ④ 3. ③ 4. ① 5. ② 6. ① 7. ③ 8. ② 9. ⑤ 10. ④ 11. ①

[해설] 1. ② 사물을 어림잡아 헤아림. 2. 시간 따위가 지나거나 흐르다. 3. 어떤 현상이나 상태가 유지되다. 4. 일의 규모, 범위, 정도, 힘 따위가 대단하거나 강하다. 5. ㉠ 값이나 비율 따위가 보통보다 위에 있다. 6. ① 아래에서 위까지의 높이가 기준이 되는 대상이나 보통 정도에 미치지 못하는 상태에 있다.(중심적 의미) – 품위, 능력, 품질 따위가 바라는 기준보다 못하거나 보통 정도에 미치지 못하는 상태에 있다.(주변적 의미) ② 가능성 따위가 많다.(주변적 의미) – 일의 규모, 범위, 정도, 힘 따위가 대단하거나 강하다.(주변적 의미) ③ 너비가 크다.(중심적 의미) ④ 마음 쓰는 것이 너그럽지 못하다.(주변적 의미) ⑤ 일의 규모, 범위, 중요성 따위가 비교 대상이나 보통 수준에 미치지 못한다.(주변적 의미) – 길이, 넓이, 부피 따위가 비교 대상이나 보통보다 덜하다.(중심적 의미) 7. ③ 면이나 바닥 따위의 면적이 크다.(중심적 의미) ↔ 면이나 바닥 따위의 면적이 작다.(중심적 의미) 8. ㉡에서 '멀다'는 물리적인 공간적 거리를 나타내는 것이 아니라 '서로 소원해짐'을 뜻하는 말이다. 9. ㉠ · ㉢ 한 곳에서 다른 곳으로 장소를 이동하다. ㉡ · ㉣ 말이나 소식 따위가 알려지거나 전하여지다. ㉢ · ㉥ 어떤 대상을 기준으로 해서 어느 정도까지 이르다. 10. ④ '크다'[Ⅱ]는 주어만을 요구하는 한자리 서술어이지만 이것의 사동사인 '키우다' 는 주어와 목적어(~을/를)를 요구하는 두자리 서술어이다. ① 같은 표제어 아래 묶여 있으므로 다의어이다. ② '크다'[Ⅰ]과 '작다'만이 반의 관계를 형성한다. ③ '크다'[Ⅱ]의 용례 이다. ⑤ '크다'는 어미 '–어'가 결합하면 어간 끝의 모음이 탈락하지만(크+어 → 커), '키우다'는 그렇지 않다(키우+어 → 키우어/키워).

☐ **가솔**
家 집 가 率 거느릴 솔

한 집안에 딸린 구성원≒가속(家집가 屬무리속)/권속(眷돌볼권 屬무리속)/권솔(眷돌볼권 率거느릴솔)/식솔(食먹을식 率거느릴솔)
▶ 그는 10년 만에 가솔을 거느리고 고향으로 돌아왔다.

☐ **가시적**
可 허락할 가 視 볼 시
的 ~의 적

눈으로 볼 수 있는. 또는 그런 것. ▶ 특별 검사의 수사는 가시적 성과 없이 종료되었다.

연관어휘 ＋ **가시권**(可허락할가 視볼시 圈우리권): 눈으로 볼 수 있는 범위
▶ 목표물이 가시권 안으로 들어왔다.

☐ **가연**
佳 아름다울 가 緣 인연 연

❶ 아름다운 인연
▶ 3년 전 우연히 뵙고 가르침을 얻었던 선생님과의 가연을 오늘 다시 이어가고 싶습니다.

❷ 부부 관계나 연인 관계를 맺게 된 연분≒연분(緣인연연 分나눌분)/연(緣인연연)/가약(佳아름다울가 約맺을약) ▶ 이몽룡과 성춘향은 신분의 차이를 극복하고 가연(≒연분/연/가약)을 맺었다.

연관어휘 ＋ **배필**(配짝지을배 匹짝필): 부부로서의 짝 ▶ 나이 든 총각이 참한 여인을 배필로 맞이했다.

한자성어 ＋ **천생연분**(天하늘천 生날생 緣인연연 分나눌분): 하늘이 정하여 준 연분
▶ 신랑, 신부가 외모까지 닮은 것이 영락없는 천생연분이었다.

천정배필(天하늘천 定정할정 配짝지을배 匹짝필): (하늘에서 미리 정하여 준 배필→) 나무랄 데 없이 꼭 알맞은 한 쌍의 부부≒천상배필(天하늘천 上윗상 配짝지을배 匹짝필), 천생배필(天하늘천 生날생 配짝지을배 匹짝필) ▶ 부부가 모두 인정이 많은 것을 보니 천생배필이다.

부창부수(夫지아비부 唱부를창 婦지어미부 隨따를수): 남편이 주장하고 아내가 이에 잘 따름. 또는 부부 사이의 그런 도리 ▶ 부창부수라더니, 남편의 거짓말을 아내가 두둔하고 나섰다.

☐ **가외**
加 더할 가 外 바깥 외

일정한 기준이나 정도의 밖
▶ 품삯과 더불어 가외로 물건을 더 받았다.

☐ **가운데**

❶ 일정한 공간이나 길이를 갖는 사물에서, 한쪽으로 치우치지 않고 양 끝에서 거의 같은 거리가 떨어져 있는 부분 ▶ 배가 강 가운데(≒복판에/한복판에/중간에) 떠 있다.
❷ 양쪽의 사이 ▶ 나는 부모님 가운데(≒사이에/중간에) 서서 사진을 찍었다.
❸ 여럿으로 이루어진 일정한 범위의 안 ▶ 여러 과일들 가운데 복숭아가 제일 좋다.
❹ 순서에서, 처음이나 마지막이 아닌 중간 ▶ 내 키는 반에서 가운데는(≒중간은) 된다.
❺ 어떤 일이나 상태가 이루어지는 범위의 안 ▶ 많은 사람들이 지켜보는 가운데 훈장이 수여되었다.

☐ **가중**
加 더할 가 重 무거울 중

❶ 부담이나 고통 따위를 더 크게 하거나 어려운 상태를 심해지게 함.
▶ 급격한 인구 증가로 인해 교통난이 가중(≒심화)되고 있다.
❷ 여러 번 혹은 같은 죄를 거듭하여 저지를 때, 형벌을 더 무겁게 하는 일
▶ 자꾸 거짓말을 하면 죄가 가중될 뿐이다.

연관어휘 ＋ **가중치**(加더할가 重무거울중 値값치): 일반적으로 평균치를 산출할 때 개별치에 부여되는 중요도 ▶ 그 학교는 입학시험에서 영어 점수에 가중치를 부여하고 있다.

유의어 ＋ **중첩**(重거듭할중 疊거듭첩): 거듭 겹치거나 포개어짐.
▶ 그는 예상하지 못했던 난관들이 중첩되는(≒겹치는) 바람에 몹시 당황했다.

증대(增더할증 大클대): 양이 많아지거나 규모가 커짐. 또는 양을 늘리거나 규모를 크게 함.
▶ 정부는 소득 증대를 통해 경제 활성화를 유도하고 있다.

증진(增더할증 進나아갈진): 기운이나 세력 따위가 점점 더 늘어 가고 나아감.
▶ 이번 회담에서는 양국의 우호 증진 방안을 논의하였다.

증폭(增더할증 幅폭폭): 사물의 범위가 늘어나 커짐. 또는 사물의 범위를 넓혀 크게 함.
▶ 사건에 대한 두 사람의 진술이 엇갈려서 의혹이 증폭되고 있다.

증강(增더할증 強강할강): 수나 양을 늘리어 더 강하게 함.

▶ 장군은 적의 침입에 대비해 군사력을 증강해야 한다고 주장하였다.

점증(漸점점점 增더할증): 점점 증가함.

▶ 가계 수입이 점증함에 따라 서민들의 생활이 윤택해지고 있다.

점진(漸점점점 進나아갈진): ❶ 조금씩 앞으로 나아감.

▶ 두 나라의 관계가 점진적으로 개선되고 있다.

❷ 점점 발전함. ▶ 우리나라는 복지국가로 점진하고 있다.

□ **가지다**

❶ 손이나 몸 따위에 있게 하다. ▶ 그는 강도를 만나 가진(≒지닌) 것을 모두 빼앗겼다.

❷ 자기 것으로 하다. ▶ 부부는 결혼한 지 10년 만에 자기 집을 가지게(≒소유하게) 되었다.

❸ 직업, 자격증 따위를 소유하다. ▶ 그는 운전면허증을 가지고(≒소유하고) 있다.

❹ 모임을 치르다. ▶ 한국과 미국은 6월에 서울에서 정상회담을 가질(≒치를) 예정이다.

❺ 아이나 새끼, 알을 배 속에 지니다. ▶ 우리 집 개가 새끼를 가졌다(≒뱄다).

❻ 거느리거나 모시거나 두다. ▶ 자식을 가진(≒둔) 부모는 자식 걱정에 편할 날이 없다.

❼ (앞에 오는 말이) 수단이나 방법이 됨을 강조함. ▶ 연필을 가지고 그림을 그린다.

❽ (앞에 오는 말이) 대상이 됨을 강조함. ▶ 사소한 문제를 가지고 너무 고민하지 마라.

❾ 생각, 태도, 사상 따위를 마음에 품다. ▶ 그는 자기 일에 자부심을 가지고(≒품고) 있다.

❿ 관계를 맺다. ▶ 남한과 북한의 여러 민간단체들이 비공식적 접촉을 가져(≒맺어) 왔다.

⓫ (보조동사) 앞말이 뜻하는 행동의 결과나 상태가 그대로 유지되거나, 또는 그럼으로써 뒷말의 행동이나 상태가 유발되거나 가능하게 됨을 나타냄.

▶ 날씨가 너무 더워 가지고 일을 할 수가 없다.

□ **가해**

加 더할 가 害 해할 해

다른 사람의 생명이나 신체, 재산, 명예 따위에 해를 끼침.

▶ 경찰은 교통사고를 내고 도망간 가해자를 수배했다.

[반의어 +] **피해**(被입을피 害해할해): 생명이나 신체, 재산, 명예 따위에 손해를 입음. 또는 그 손해

▶ 폭우로 인한 피해가 눈덩이처럼 불어났다.

[참고어휘 +] '害(해할해)'를 공유하는 한자어

침해(侵침노할침 害해할해): 침범하여 해를 끼침. ▶ 위원회에서는 경찰의 인권 침해 사례를 조사하였다.

위해(危위태할위 害해할해): 위험과 재해 ▶ 불량배가 시민들에게 위해를 가하지 않도록 단속해야 한다.

저해(沮막을저 害해할해): 막아서 못 하도록 해침.

▶ 남녀 성차별 의식은 사회 발전을 저해하는 요소로 작용한다.

확인문제

(1~2) 주어진 어휘의 뜻풀이가 적절하도록 빈칸에 알맞은 말을 쓰시오.

1. 가시적(可視的): (　　) 수 있는

2. 가외(加外): 일정한 기준이나 정도의 (　　)

(3~6) 문맥에 맞는 말을 괄호 안에서 고르시오.

3. (가친 / 권솔 / 배필)이 많아 살림이 빠듯하다.

4. 그 정책은 사유 재산권을 (침해 / 위해 / 저해)할 소지가 있다.

5. 물가 인상으로 생활고가 (가중 / 증강 / 증진)되었다.

6. 입소문 덕분에 음식점의 손님이 (중첩 / 점증 / 점진)하였다.

(7~8) 밑줄 친 말의 문맥적 의미가 ㉠과 유사한 것을 고르시오.

7. 도서관은 우체국과 주민센터 ㉠가운데에 있다.

　① 세 자식 중에 가운데 아이가 가장 똑똑하다.

　② 강을 가운데 두고 아군과 적군이 대치하였다.

8. 아이는 장난감을 ㉠가지러 거실에 갔다.

　① 중요한 물건이니 몸에 가지고 있어라.

　② 우리는 환경 문제에 대한 토론회를 가졌다.

[정답] 1. 볼 2. 밖 3. 권솔 4. 침해 5. 가중 6. 점증 7. ② 8. ①
[해설] 3. 가친(家親): 남에게 자기 아버지를 높여 이르는 말 7. ㉠ 가운데-❷ ① 가운데-❷ ② 가운데-❹ 8. ㉠ 가지다-❶ ② 가지다-❹

☐ **각광** 脚 다리 각 光 빛 광	(무대 앞쪽 아래에서 배우를 비추는 광선→) 사회적 관심이나 흥미≒주목(注부을주 目눈목) ▶ 우리 회사의 신제품이 해외 시장에서 각광(≒주목)을 받기 시작했다.
☐ **각론** 各 각각 각 論 논할 론	논문이나 저술 따위에서, 하나의 주제 가운데 구체적인 낱낱의 문제를 떼어 자세히 논함. 또는 그런 낱낱의 학문 분야 ▶ 그 책은 서론에서 제시한 이야기를 각론에서 구체적으로 밝히고 있다. **반의어+** **총론**(總다총 論논할론): ❶ 어떤 부문의 일반적 이론을 총괄하여 서술한 해설이나 저작 ▶ 총론으로서의 행복론은 불가능하다. 행복론은 각론으로서만이 가능하다. ❷ 논문이나 저서의 첫머리에 싣는, 그 논문이나 저서의 큰 줄거리 ▶ 총론만 읽어 봐도 이 책의 진가를 알 수 있다.
☐ **각박하다** 刻 새길 각 薄 엷을 박 –	❶ 인정이 없고 삭막하다. ≒야박(野들야 薄엷을박)하다 ▶ 세상 인심이 각박(≒야박)하다. ❷ 땅이 거칠고 기름지지 아니하다. ≒척박(瘠여윌척 薄엷을박)하다 ▶ 자갈이 섞인 각박한(≒척박한/거친/메마른) 땅이라 농사를 지을 수가 없다. **유의어+** **박정**(薄엷을박 情뜻정)**하다:** 인정이 박하다. ≒박절(迫핍박할박 切끊을절)하다 ▶ 한겨울에 그들을 내쫓은 건 너무 박정한(≒박절한) 짓이었다. **매몰차다:** ❶ 인정이나 싹싹한 맛이 없고 아주 쌀쌀맞다. ▶ 그는 친구 부탁을 매몰차게(≒매정하게) 거절했다. ❷ 목소리가 높고 날카로우며 옹골차다. ▶ 할아버지께서는 우리를 향해 매몰차게 호통을 치셨다.
☐ **각별** 各 각각 각 別 나눌 별	어떤 일에 대한 마음가짐이나 자세 따위가 유달리 특별함. ▶ 할아버지는 손자에 대한 사랑이 각별했다(≒특별했다/남달랐다). **유의어+** **특별**(特특별할특 別나눌별): 보통과 구별되게 다름. ▶ 저녁에 특별한 일이 없으면 서점에서 만나자. **독특**(獨홀로독 特특별할특)/**특이**(特특별할특 異다를이): ❶ 특별하게 다름. ▶ 그녀는 웃음소리가 독특(≒특이)하다. ❷ 다른 것과 견줄 수 없을 정도로 뛰어남. ▶ 그의 독특(≒특이)한 음악 세계는 많은 이들의 찬사를 받고 있다. **유별**(有있을유 別나눌별): ❶ 다름이 있음. ▶ 남녀가 유별하니(≒다르니) 몸가짐을 조심하여라. ❷ 여느 것과 두드러지게 다름. ▶ 아이는 암기력이 유별나게 뛰어나다. **고유**(固굳을고 有있을유)**하다:** 본래부터 가지고 있어 특유하다. ▶ 우리처럼 고유한 문자를 가진 민족은 흔하지 않다. **탁월**(卓높을탁 越넘을월)**하다:** 남보다 두드러지게 뛰어나다. ▶ 그는 그림을 그리는 데 탁월한(≒특출한/뛰어난) 재능을 가지고 있다. **특출**(特특별할특 出날출)**하다:** 특별히 뛰어나다. ▶ 그는 음악에 대한 재능이 특출하다(≒뛰어나다).
☐ **각설** 却 물리칠 각 說 말씀 설	이제까지 다루던 내용을 그만두고 화제를 다른 쪽으로 돌림.(고전소설에서 화제를 전환할 때 다음 이야기의 첫머리에 흔히 쓰는 말≒차설[且또차 說말씀설]) ▶ 자, 각설하고 네 계획이나 들어 보자. 각설(≒차설), 밤이 되자 심 봉사는 딸을 마중하러 나간다. **유의어+** **화설**(話말씀화 說말씀설): 고전소설에서 이야기를 시작할 때 쓰는 말 ▶ 화설, 옛날 어느 고을에 놀부와 흥부라는 형제가 살았다.
☐ **각인** 刻 새길 각 印 도장 인	(도장을 새김→) 머릿속에 새겨 넣듯 깊이 기억됨. 또는 그 기억 ▶ 어머니의 마지막 모습은 그의 마음속에 깊이 각인되어(≒새겨져) 있다.
☐ **각축** 角 뿔 각 逐 쫓을 축	서로 이기려고 다투며 덤벼듦. ▶ 10여 개의 팀이 우승을 놓고 각축을 벌였다. **유의어+** **경합**(競다툴경 合합할합): 서로 맞서 겨룸. ▶ 올림픽 유치를 두고 두 도시가 경합을 벌였다. **경연**(競다툴경 演펼연): 개인이나 단체가 모여 예술, 기능 따위의 실력을 겨룸. ▶ 고등학생을 대상으로 하는 무용 경연 대회가 개최되었다.

	한자성어 + **이전투구**(泥진흙이 田밭전 鬪싸울투 狗개구): 자기의 이익을 위하여 비열하게 다툼. ▶ 한때는 동업자였던 두 사람이 결별한 후 지역 상권을 놓고 <u>이전투구</u>를 벌이고 있다.
□ 간 間 사이 간	❶ 한 대상에서 다른 대상까지의 사이 ▶ 서울과 양양 <u>간</u> 고속도로가 개통되었다. ❷ 관계 ▶ 부모와 자식 <u>간</u>에도 예의를 지켜야 한다. ❸ 앞에 나열된 말 가운데 어느 쪽인지를 가리지 않는다는 뜻을 나타냄. ▶ 공부를 잘하든 못하든 <u>간</u>에 건강하기만 하면 된다. **접사 +** **-간**(間사이간): ❶ '동안'의 뜻을 더하는 접미사 ▶ 한 달<u>간</u> 준비한 행사가 실패했다. ❷ '장소'의 뜻을 더하는 접미사 ▶ 외양<u>간</u>에는 암소 두 마리가 있다.
□ 간과 看 볼 간 過 지날 과	큰 관심 없이 대강 보아 넘김. ▶ 우리 농산물 소비가 농촌 경제를 살리는 데 기여한다는 점을 <u>간과</u>해서는 안 된다.
□ 간교 奸 간사할 간 巧 공교할 교	간사하고 교활함. ▶ 첩인 교 씨가 본처인 사 씨를 내치기 위해 <u>간교</u>한 음모를 꾸몄다. **유의어 +** **간특**(奸간사할간 慝사특할특)**하다**: 간사하고 악독하다. ▶ 조정을 어지럽히는 <u>간특</u>한 무리들이 충신을 모함하여 귀양 보냈다. **노회**(老늙을노 獪교활할회)**하다**: 경험이 많고 교활하다. ▶ 협상 상대는 <u>노회</u>한 정치가이므로 그의 말발에 말려들지 않도록 주의해야 한다.
□ 간구 懇 간절한 간 求 구할 구	간절히 바람. ▶ 우리 모두는 세계 평화를 <u>간구</u>(≒갈망/갈구)한다. **유의어 +** **간구**(干방패간 求구할구): 바라고 구함. ▶ 그는 사랑을 억지로 <u>간구</u>하고 싶지는 않았다. **갈구**(渴목마를갈 求구할구): 간절히 바라며 구함. ▶ 젊은 세대는 변화를 <u>갈구</u>(≒갈망)한다. **기구**(祈빌기 求구할구): 원하는 바가 실현되도록 빌고 바람. ▶ 어머니는 신에게 아들의 성공을 <u>기구</u>하였다.
□ 간권 懇 간절한 간 勸 권할 권	간절히 권함. ▶ 그는 비리를 저지른 동료에게 사임을 <u>간권</u>하였다. **유의어 +** **간권**(諫간할간 勸권할권): 윗사람에게 잘못을 말하여 고치도록 권함. ▶ 그 충신은 임금의 잘못을 <u>간권</u>하다가 미움을 샀다. **강권**(强강할강 勸권할권): 내키지 아니한 것을 억지로 권함. ▶ 그녀는 부모의 <u>강권</u>(≒강요)에 못 이겨 원치 않는 상대와 혼인을 하였다.
□ 간여 干 방패 간 與 더불 여	어떤 일에 간섭하여 참여함. ▶ 다른 사람의 감정에는 내가 <u>간여</u>할 바가 아니다. **유의어 +** **관여**(關관계할관 與더불어): 어떤 일에 관계하여 참여함. ▶ 회사는 노조 활동에 <u>관여</u>한 근로자들을 탄압하였다.

확인문제

(1~4) 주어진 뜻풀이에 맞는 어휘가 되도록 빈칸에 알맞은 말을 쓰시오.

1. 사회적 관심이나 흥미: □광
2. 큰 관심 없이 대강 보아 넘김.: □과
3. 머릿속에 새겨 넣듯 깊이 기억됨.: 각□
4. 간사하고 교활함.: 간□

(5~10) 문맥에 어울리는 말을 괄호 안에서 고르시오.

5. 그들은 (척박 / 야박)한 땅을 일구어 옥토로 만들었다.
6. 그의 말은 (특출 / 특이)한 억양 때문에 알아듣기 힘들다.
7. 나는 하늘에 동생의 완쾌를 (갈구 / 기구)하였다.
8. 위력을 동원해 물건 구매를 (강권 / 간권)해서는 안 된다.
9. 그는 반역에 (간여 / 관여)한 죄로 처벌받았다.
10. 동남아 시장을 놓고 한중일이 (각축 / 경연)하고 있다.

11. 밑줄 친 말이 제시문과 가장 유사한 의미로 쓰인 것은?

　　부부 <u>간</u>의 사랑　　① 지역 <u>간</u>의 갈등　　② 서울 부산 <u>간</u>의 열차 운행　　③ 이틀<u>간</u>의 여행

[정답] 1. 각 2. 간 3. 인 4. 교 5. 척박 6. 특이 7. 기구 8. 강권 9. 관여 10. 각축 11. ①
[해설] 6. 뛰어나다는 의미는 없으므로 '특출' × 8. 위력을 사용했으므로 '간권' × 11. 간─❷ ② 간─❶ ③ '동안'의 뜻을 더하는 접미사

☐ **간주** 看 볼 간 做 지을 주	상태, 모양, 성질 따위가 그와 같다고 봄. 또는 그렇다고 여김. ▶ 형사들은 그를 도피 중인 범죄자로 <u>간주하고</u>(≒여기고) 심문하기 시작했다.
☐ **간파** 看 볼 간 破 깨뜨릴 파	속내를 꿰뚫어 알아차림. ▶ 장군은 적의 음모를 <u>간파하고</u>(≒알아차리고) 대비책을 세웠다.
☐ **간헐적** 間 사이 간 歇 쉴 헐 的 ~의 적	얼마 동안의 시간 간격을 두고 되풀이하여 일어났다 쉬었다 함. ▶ 숲속에 들어서니 새 소리가 <u>간헐적</u>으로 들려왔다. 유의어 **+** **산발적**(散 흩을 산 發 필 발 的 ~의 적): 때때로 여기저기 흩어져 발생하는. 또는 그런 것. ▶ 기상청 예보에 따르면 중부 지방에는 <u>산발적</u>으로 비가 내릴 것이다. **주기적**(週 돌 주 期 기약할 기 的 ~의 적): 일정한 간격을 두고 되풀이하여 진행하거나 나타나는. 또는 그런 것. ▶ 서해안에서는 밀물과 썰물이 <u>주기적</u>으로 반복된다. **정기적**(定 정할 정 期 기약할 기 的 ~의 적): 기한이나 기간이 일정하게 정하여져 있는. 또는 그런 것. ▶ 사회복지사가 독거노인의 집을 <u>정기적</u>으로 방문하고 있다.
☐ **갈다¹**	❶ 이미 있는 사물을 다른 것으로 바꾸다. ▶ 컴퓨터의 부속품을 좋은 것으로 <u>갈았다</u>(≒교체하였다/바꿨다). ❷ 어떤 직책에 있는 사람을 다른 사람으로 바꾸다. ▶ 사장은 정기 인사에서 임원진을 모두 <u>갈았다</u>(≒교체하였다/경질하였다/바꿨다).
☐ **갈다²**	❶ 날카롭게 날을 세우거나 표면을 매끄럽게 하기 위하여 다른 물건에 대고 문지르다. ▶ 아버지는 어머니가 건네 준 부엌칼을 숫돌에 <u>갈았다</u>(≒연마하였다). ❷ 잘게 부수기 위하여 단단한 물건에 대고 문지르거나 단단한 물건 사이에 넣어 으깨다. ▶ 불린 녹두를 맷돌에 <u>갈아</u>(≒분쇄해) 빈대떡을 만들었다. ❸ 먹을 풀기 위하여 벼루에 대고 문지르다. ▶ 붓글씨를 쓰기 위해 벼루에 먹을 <u>갈았다</u>. ❹ 윗니와 아랫니를 맞대고 문질러 소리를 내다. ▶ 친구가 자면서 이를 <u>가는</u> 바람에 한숨도 못 잤다.
☐ **갈다³**	❶ 쟁기나 트랙터 따위의 농기구나 농기계로 땅을 파서 뒤집다. ▶ 씨 뿌릴 때가 되자 할아버지가 트랙터로 밭을 <u>갈았다</u>(≒일구었다). ❷ 주로 밭작물의 씨앗을 심어 가꾸다. ▶ 집 앞 밭에 참깨를 <u>갈았다</u>(≒재배했다/길렀다).
☐ **감다¹**	눈꺼풀을 내려 눈동자를 덮다. ▶ 그는 한참 눈을 <u>감고</u> 있다가 다시 떴다.
☐ **감다²**	머리나 몸을 물로 씻다. ▶ 머리를 자주 <u>감으면</u> 머릿결이 상한다.
☐ **감다³**	❶ 어떤 물체를 다른 물체에 말거나 빙 두르다. ▶ 간호사가 환자의 팔에 붕대를 <u>감았다</u>. ❷ 시계태엽이나 테이프 따위를 작동하도록 돌리다. ▶ 낡은 시계의 태엽을 <u>감았다</u>. ❸ 뱀 따위가 자기 스스로를 또는 다른 물체를 빙빙 두르다. ▶ 뱀이 기둥을 친친 <u>감았다</u>. ❹ 씨름을 하거나 겨룰 때에 다리를 상대편의 다리에 걸다. ▶ 우리 선수가 상대 선수의 다리를 <u>감아</u> 넘어뜨렸다.
☐ **감정¹** 感 느낄 감 情 뜻 정	어떤 현상이나 일에 대하여 일어나는 마음이나 느끼는 기분 ▶ 그녀는 자신의 감정을 솔직하게 표현했다. 유의어 **+** **회포**(懷 품을 회 抱 안을 포): 마음속에 품은 생각이나 정 ▶ 오랜만에 친구들과 <u>회포</u>를 나누었다.

감회(感느낄감 懷품을회): 지난 일을 돌이켜 볼 때 느껴지는 회포
▶ 십 년 만에 고국에 돌아온 그는 감회가 새로웠다.

정회(情뜻정 懷품을회): 생각하는 마음. 또는 정과 회포
▶ 다시 만난 이도령과 춘향은 그동안 쌓인 정회를 풀었다.

감흥(感느낄감 興일흥): 마음속 깊이 감동받아 일어나는 흥취
▶ 생명력 넘치는 봄 풍경이 시인의 마음에 감흥을 불러일으켰다.

정취(情뜻정 趣뜻취): 깊은 정서를 자아내는 흥취
▶ 산모퉁이와 논길, 밭둑길이 시골길의 정취가 자아내고 있었다.

흉금(胸가슴흉 襟옷깃금): 마음속 깊이 품은 생각≒심금(心마음심 襟옷깃금)
▶ 나는 친구와 흉금을 터놓고 이야기를 나누었다.

심금(心마음심 琴거문고금): 외부의 자극에 따라 미묘하게 움직이는 마음≒흉금(胸가슴흉 琴거문고금)
▶ 굴뚝에서 피어오르는 밥 짓는 연기가 나그네의 심금을 울렸다.

□ **감정²** 憾 섭섭할 감 情 뜻 정	원망하거나 성내는 마음 ▶ 친구와 나는 서로 감정을 풀고 화해하였다.
□ **감정³** 鑑 거울 감 定 정할 정	사물의 특성이나 참과 거짓, 좋고 나쁨을 분별하여 판정함. ▶ 나는 전문가에게 미술품의 감정을 의뢰하였다.
□ **감탄고토** 甘 달 감 呑 삼킬 탄 苦 쓸 고 吐 토할 토	(달면 삼키고 쓰면 뱉음.→) 자신의 비위에 따라서 사리의 옳고 그름을 판단함. ▶ 어려울 땐 친한 척하며 도움을 구하다가 막상 성공을 하자 모른 척하니 감탄고토가 따로 없다. 유의어+ **토사구팽**(兔토끼토 死죽을사 狗개구 烹삶을팽): (토끼가 죽으면 토끼를 잡던 사냥개도 필요 없게 되어 주인에게 삶아 먹히게 됨.→) 필요할 때는 쓰고 필요 없을 때는 야박하게 버림. ▶ 왕권을 잡은 이방원은 왕권 강화라는 명목으로 자신을 도왔던 공신과 외척들을 토사구팽하였다.
□ **값**	❶ 사고파는 물건에 일정하게 매겨진 액수 ▶ 각종 생필품의 값(≒가격)이 일제히 올랐다. ❷ 물건을 사고팔 때 주고받는 돈 ▶ 시장에서 배추를 사고 값(≒돈)을 치렀다 ❸ 어떤 사물의 중요성이나 의의 ▶ 평생을 봉사한 그의 삶은 값(≒가치)이 있는 것이었다. ❹ 노력이나 희생에 따른 대가 ▶ 아버지는 심부름한 값(≒대가)으로 용돈을 주셨다. ❺ 어떤 것에 합당한 노릇이나 구실 ▶ 문소리에 놀란 그는 허우대 값도 못하고 도망쳐 버렸다.

확인문제

(1~2) 문맥에 어울리는 말을 괄호 안에서 고르시오.

1. 그는 문제의 핵심을 (간주 / 간파)하고 있었다.

2. 도시 곳곳에서 (간헐적인 / 산발적인) 시위가 발생했다.

(3~6) 밑줄 친 말이 제시문과 유사한 의미로 쓰인 것을 고르시오.

3. 다 쓴 전등을 빼고 새것으로 갈아 끼웠다.
　① 그는 복수의 칼을 갈았다.
　② 창을 열고 실내 공기를 갈았다.

4. 비참한 현실에 눈을 감아서는 안 된다.
　① 목수가 수건을 목에 감았다.
　② 우유를 먹던 아기가 눈을 스르르 감았다.

5. 그는 자신의 감정을 좀처럼 드러내지 않았다.
　① 그는 감정이 섞인 말투로 나를 비난하였다.
　② 그녀는 복받치는 감정을 억누를 수 없었다.

6. 이 차는 낡아서 값이 헐하다.
　① 물건이 모자라서 부르는 게 값이다.
　② 애쓴 값도 없이 모든 일이 수포로 돌아갔다.

[정답] 1. 간파 2. 산발적인 3. ② 4. ② 5. ② 6. ①
[해설] 2. '곳곳에서' 발생한 것이므로 '산발적'이 어울린다. 5. ① 원망하거나 성내는 마음 6. ② 값-❹

실전 문제

1. ㉠~㉤의 사전적 의미로 적절하지 <u>않은</u> 것은?

> ◦ 광고는 기업이나 브랜드의 이미지를 소비자들에게 ㉠각인시키는 데 결정적인 역할을 한다.
>
> ◦ 베트남이 8강전에서 시리아를 꺾음으로써 앞서 4강에 오른 한국과 ㉡각축을 벌이게 되었다.
>
> ◦ 맹자는 사회 혼란이 ㉢가중되는 시대적 환경 속에서 사회 안정을 위해 특히 '의(義)'의 중요성을 강조하였다.
>
> (2015 9월 모평B 응용)
>
> ◦ 둘 이상의 기업이 자본과 조직 등을 합하여 경제적으로 단일한 지배 체제를 형성하는 '기업 결합'은 시장의 경쟁을 제한하거나 소비자의 이익을 ㉣침해하는 역기능을 낳을 수도 있다. (2010 수능 응용)
>
> ◦ 파동은 공간이나 물질의 한 부분에서 생긴 ㉤주기적 진동이 시간의 흐름에 따라 주위로 멀리 퍼져 나가는 현상을 의미한다. (2016 고3 3월 학평 응용)

① ㉠: 머릿속에 새겨 넣듯 깊이 기억됨.   ② ㉡: 서로 이기려고 다투며 덤벼듦.

③ ㉢: 책임이나 부담 등을 더 무겁게 함.   ④ ㉣: 사라져 없어지게 함.

⑤ ㉤: 일정한 간격을 두고 되풀이하여 진행하거나 나타나는.

2. ㉠~㉤의 사전적 의미로 적절하지 <u>않은</u> 것은? (2005 고3 7월 학평 응용)

> 유성생식의 과정은 효율성 면에서 보면 무척이나 거추장스럽고 많은 비용이 들어간다. 그렇기에 오늘날 간편하고 효율적인 복제로 ㉠우량 품종을 대량 생산하자는 주장이 나오고, 인간도 미래에는 이런 방법으로 생식을 ㉡제어할 수 있으리라는 터무니없는 기대가 ㉢팽배하고 있다. 하지만 35억 년에 걸친 진화 과정에서 다세포 생물들이 ㉣압도적으로 유성생식을 선택했다는 사실을 ㉤간과해서는 안 된다. 많은 학자들은 오늘날 풍부한 생물종이 탄생하고, 지능과 같은 인간적 특성들이 발생할 수 있었던 가장 큰 이유로 유성생식을 지적하고 있다.

① ㉠: 물건의 품질이나 상태가 좋음.   ② ㉡: 억눌러서 따르게 함.

③ ㉢: 사실보다 지나치게 불려서 나타냄.   ④ ㉣: 월등하게 뛰어난 힘이나 재주로 남을 눌러 꼼짝 못 하게 하는 것.

⑤ ㉤: 큰 관심 없이 대강 보아 넘김.

(3~5) 제시문의 밑줄 친 말과 바꾸어 쓸 수 있는 말을 고르시오.

3. 우리 선수들의 선전을 기원하는 행사에 <u>참가</u>하였다.

① 참견   ② 참여   ③ 간섭   ④ 개입   ⑤ 간여

4. 그는 회사가 어렵다는 <u>헛소문</u>을 어디선가 듣고 와서는 사람들에게 얘기했다.

① 가설(假說)   ② 각설(却說)   ③ 낭설(浪說)   ④ 속설(俗說)   ⑤ 통설(通說)

5. 그는 피카소의 그림에 특별한 개인적 <u>선호</u>를 드러냈다.

① 각별한   ② 고유한   ③ 독특한   ④ 상이한   ⑤ 특이한

6. 문맥상 ㉠~㉤과 바꾸어 쓰기에 적절한 것은?

(2018 고2 3월 학평 응용)

> 이후 미술에서는 미니멀리즘을 통해 ㉠부각된 작품과 장소 간의 관련성을 새롭게 실현하려는 시도들이 이어져 왔다. 미니멀리즘 작품이 장소와의 관련성을 ㉡모색하고 구현한 것이기는 해도 미술관이라는 공간 내부에 제한된다는 점을 ㉢간파한 일부 예술가들은, 미술관 바깥의 도시나 자연을 작업의 장소이자 대상으로 삼아 장소와의 관련성을 다양한 방식으로 ㉣실현하려 하였다. 대지 미술은 이러한 시도 중 하나로, 대지의 표면에 형상을 디자인하고 자연 경관 속에 작품을 만들어 냄으로써 지역이나 환경 자체를 작품화하였다. 구체적인 장소의 특성을 작품 의미의 근원으로 삼는 이러한 작품들에서는 작품과 장소, 감상자 간의 상호 작용을 통해 의미가 ㉤형성된다는 특징이 드러났다.

① ㉠: 주어진
② ㉡: 받아들이고
③ ㉢: 알아차린
④ ㉣: 꾸미려
⑤ ㉤: 마무리된다는

7. 문맥상 ㉠~㉤과 바꿔 쓰기에 적절하지 않은 것은?

(2015 고3 7월 학평A 응용)

> 이미지란 무엇인가? 근대 철학자들은 우리가 현실 세계의 사물을 감각에 의해 지각하여 실재 세계를 구성하듯 이미지도 감각을 바탕으로 한다고 ㉠보았다. 여기서 현실 세계는 인간에 의해 지각되기 이전에 이미 객관적으로 존재하는 세계를 의미하고, 실재 세계는 이러한 현실 세계를 인간의 지각에 의해 파악한 세계를 의미한다. 그런데 이미지는 감각을 바탕으로 하지만 그것은 불완전하게 지각된 모사물에 불과하다고 보았다. 따라서 그들은 이미지가 지각의 하위 영역이며 실재 세계에 비해 상대적으로 열등한 것으로 보았다. 그러나 사르트르는 '이미지 이론'을 통해 상상 세계를 제시하면서 이에 대해 반대하는 입장을 ㉡드러냈다.
>
> 사르트르는 "실재 세계와 상상 세계는 본질적으로 서로 공존할 수 없다."라고 단언하며 이 두 세계는 지각과 상상이라는 인식 방법의 차이에 따라 달리 인식되는 것이라 설명한다. 이는 두 세계가 존재하는 것이 아니라 현실 세계를 지각에 의해 인식하기도 하고 상상에 의해 이미지로 인식하기도 한다는 것을 ㉢뜻한다. 결국 사르트르는 현실 세계가 우리의 의식이 지향하는 바에 따라 실재 세계와 상상 세계로 ㉣나누어지며 이 둘이 동시에 인식될 수 없다고 주장한다. 따라서 사르트르는 이전까지 실재 세계에 속한 영역이자 열등한 복사물 정도로 ㉤여겨져 왔던 이미지를 실재 세계에서 완전히 독립하여 상상 세계에서 이루어지는 정신 의식으로 규정하였다.

① ㉠: 시사했다
② ㉡: 표명했다
③ ㉢: 의미한다
④ ㉣: 구분되며
⑤ ㉤: 간주되어

(8~9) 밑줄 친 말을 바꾸어 쓴 것으로 적절한 것을 고르시오.

8. ① 전달 사항이 있으니 모두 주목(→ 각광)해 주십시오.
   ② 노회(→ 고루)한 정치가의 말이니 아주 무시할 수만은 없다.
   ③ 그는 딸린 식솔(→ 권속)도 없이 혼자 떠돌아다니는 사람이다.
   ④ 채식주의자에게 육식을 강권(→ 간권)하는 것은 일종의 폭력이다.
   ⑤ 뾰족한 지붕을 이고 있는 집들이 이국적 정취(→ 정회)를 물씬 풍겼다.

9. ① 각설(→ 차설)하고 축제에서 무슨 공연을 할지 의논해 봅시다.
   ② 가난하게 성장한 그는 부에 대한 갈구(→ 갈망)를 지니고 있었다.
   ③ 시골이지만 버스는 한 시간마다 정기적(→ 간헐적)으로 운행되고 있다.
   ④ 유 선달은 가외(→ 의외)의 금전 빚으로 형편이 아주 말 아니게 되었다.
   ⑤ 저자는 총론(→ 각론)에서 전체 언어학에서 차지하는 어휘 연구의 위치를 설명하였다.

10. 두 단어의 관계가 〈보기〉에서 설명한 '유의 관계'에 해당하지 <u>않는</u> 것은? (2013 고3 7월 학평A 응용)

─〈보 기〉─

　　쓰이는 상황이 제한적이더라도 둘 이상의 단어가 문장에서 유사한 의미를 지닐 때, 이 두 단어를 유의 관계에 있다고 한다. '물을 바닥에 엎질렀다.'에서 '엎질렀다'는 '쏟았다'로 바꿔 쓸 수 있다.

① 영희는 철길을 (넘었다 / 건넜다).　　　　　　② 형이 나에게 사과를 (<u>주었다</u> / 건넸다).

③ 장난감 탱크의 태엽을 (감았다 / 씻었다).　　　④ 나는 어젯밤에 전구를 (갈았다 / 바꿨다).

⑤ 날씨가 더워서 찬물을 (먹었다 / 마셨다).

(11~13) 밑줄 친 말이 제시문과 가장 가까운 의미로 쓰인 것을 고르시오.

11. 그 아이는 열 번 <u>가운데</u> 아홉 번은 지각을 한다.

① 호수 <u>가운데</u> 조각배가 떠 있다.　　　　　　② 진수는 반에서 키가 <u>가운데</u>는 된다.

③ 민희는 어려운 <u>가운데서</u>도 남을 돕고 산다.　④ 어떤 아이가 두 사람 <u>가운데</u>로 불쑥 끼어들었다.

⑤ 장미는 많은 꽃들 <u>가운데</u> 내가 제일 좋아하는 꽃이다.

12. 우리는 같은 조상을 <u>가진</u> 단일민족이다.

① 묵은 쌀을 <u>가지고</u> 떡을 만들었다.　　　　　② 그는 나에게 호의를 <u>가지고</u> 있다.

③ 사소한 문제를 <u>가지고</u> 너무 고민하지 마라.　④ 돈 많은 부모를 <u>가진</u> 것이 자랑은 아니다.

⑤ 두 나라는 동반자적 관계를 <u>가지기</u>로 합의했다.

13. 그는 그동안 저지른 잘못의 <u>값</u>을 톡톡히 치르고 있다.

① 오늘 차 <u>값</u>은 내가 내기로 했다.　　　　　　② 상점 주인이 물건의 <u>값</u>을 깎아 주었다.

③ 구하기 어려운 물건은 <u>값</u>도 비싼 법이다.　　④ 주인은 수고한 <u>값</u>으로 쌀 한 되를 주었다.

⑤ 할 일은 아니하고 <u>값</u>이 없는 일에만 매달리고 있다.

14. ㉠과 ㉡의 '간'이 지닌 의미와 용례를 〈보기〉에서 골라 바르게 묶은 것은? (2008 6월 모평 응용)

　　자본주의 사회에서 경쟁의 결과가 사회 전체에 ㉠<u>다소간</u> 기여할 수 있다면 모든 구성원이 개인의 이익을 위해 경쟁하는 것은 바람직한 현상이다. 그러나 모든 경쟁자가 동시에 자신의 위치를 향상시키기 위해 지출을 반복적으로 늘린다면, ㉡<u>경쟁자 간</u>의 실질적인 위치는 변하지 않을 가능성이 크다.

─〈자 료〉─

의미　ㄱ. 선택의 무차별성　　　　　　**용례**　a. 그는 연단의 우중간에 앉아 있었다.
　　　　ㄴ. 대상들 사이의 관계　　　　　　　　b. 내외간에 숨기고 말고 할 일이 있겠습니까?
　　　　ㄷ. 대상들 사이의 거리나 공간　　　　c. 그 일에 대해서는 가부간 결정을 내려야 한다.

	①	②	③	④	⑤
㉠	ㄷ－c	ㄷ－a	ㄱ－c	ㄱ－b	ㄴ－b
㉡	ㄱ－a	ㄱ－b	ㄴ－b	ㄴ－c	ㄷ－a

15. 다음 상황에 가장 잘 어울리는 한자 성어는? (2011 고3 10월 학평 응용)

시중은 하생을 위해 성대한 잔치를 베풀었다. 그 자리에서 시중은 하생의 집안에 대해 묻고, 또 하생이 혼인했는지 여부를 물었다. 하생은 아직 혼인하지 않았다고 말한 뒤 부친은 평원(平原) 고을의 유생으로 오래 전에 작고하셨다고 대답했다. 시중은 고개를 끄덕이더니 안으로 들어가서 아내와 의논하였다.

"하생의 용모와 재주가 참으로 범상치 않으니 사위로 삼는다 해도 문제될 건 전혀 없겠소만 집안이 서로 걸맞지 않는구려. 더구나 이번에 겪은 일이 너무 괴상망측하고 보니 이 일을 계기로 혼인을 시켰다가는 세상 사람들의 입에 오르내리지 않을까 싶소. 그래서 나는 그냥 재물이나 후하게 주어 사례하는 것으로 끝냈으면 싶소."

부인이 말했다.

"이 일은 당신이 결정할 문젠데, 아녀자가 어찌 나서겠어요?"

– 신광한, <하생기우전>

① 부창부수(夫唱婦隨)　　② 이심전심(以心傳心)　　③ 이전투구(泥田鬪狗)
④ 감탄고토(甘呑苦吐)　　⑤ 천정배필(天定配匹)

16. 문맥으로 보아 ㉠과 가장 잘 어울리는 한자 성어는? (2008 6월 모평)

덕령이 다시 말을 못하고 마음을 억누르고 있더니, 수일 후 들으니 도적이 머지않아 들어온다 하거늘, 마음이 송구하여 슬하를 떠나 가등청정의 진에 자취도 없이 들어가 외쳐 왈,

"나는 조선 장수 김덕령이라. 왜적의 씨를 없이하려니와 천운이 불행하여 내 몸이 상중에 있기로 너희를 이제까지 살렸도다. 무지한 왜적은 천위를 모르고 외람되이 조선을 침범하였으니 목숨을 아끼거든 바삐 살아 가라. 너의 명이 내 수중에 달렸으니 빨리 돌아가라. 만일 내 말을 믿지 못하거든 내일 오시(午時)에 올 것이니, 그때를 기다려 재주를 구경하되 백지를 오려 너희 군졸 머리 위에 낱낱이 붙이고 기다리라."

하고, 마침 간데없거늘, 가등청정이 대로하여 ㉠수문장을 베어 장대에 달고 왈,

"문을 어찌 지켜 요망한 놈이 임의로 출입하는가." /하고,

– 작자 미상, <임진록>

① 일벌백계(一罰百戒)　　② 유구무언(有口無言)　　③ 청천벽력(靑天霹靂)
④ 토사구팽(兎死狗烹)　　⑤ 비분강개(悲憤慷慨)

[정답] 1. ④ 2. ③ 3. ② 4. ③ 5. ① 6. ③ 7. ① 8. ③ 9. ② 10. ③ 11. ⑤ 12. ④ 13. ④ 14. ③ 15. ① 16. ①
[해설] 1. 침해: 침범하여 해를 끼침. / 사라져 없어짐. → 소멸(消滅) 2. 팽배: 어떤 기세나 사조 따위가 매우 거세게 일어남. / 사실보다 지나치게 불려서 나타냄. → 과장 3. '간섭'의 의미가 포함되지 않아야 한다. 4. ① 어떤 사실을 설명하거나 어떤 이론 체계를 연역하기 위하여 설정한 가정 ④ 세간에 전하여 내려오는 설이나 견해 ⑤ 세상에 널리 알려지거나 일반적으로 인정되고 있는 설 5. 밑줄 친 '특별한'은 '남다른', 즉 '친분에 있어 타인과 구별하여 이루어지는'의 의미이다. 7. ㉠ 대상을 평가하다. ① 시사하다: 어떤 것을 미리 간접적으로 표현해 준다. 8. ① '각광하다'라는 말은 없다. ② 고루하다: 낡은 관념이나 습관에 젖어 고집이 세고 새로운 것을 잘 받아들이지 아니하다. 9. ① '차설하다'라는 말은 없다. ④ 의외: 뜻밖. 10. '(태엽을) 감다'의 유의어는 '돌리다'이다. '씻다'는 '(머리를) 감다'의 유의어이다. 11. 여럿으로 이루어진 일정한 범위의 안 ① 일정한 공간의 중앙 ② 양 끝에서 거의 같은 거리가 떨어져 있는 부분 ③ 어떤 일이나 상태가 이루어지는 범위의 안 ④ 양쪽의 사이 12. 거느리거나 모시거나 두다. ① 앞에 오는 말이 수단이나 방법 ③ 앞에 오는 말이 대상이 됨을 나타낸다. ⑤ 관계를 맺다. 13. 노력이나 희생에 따른 대가 ① 물건을 사고팔 때 주고받는 돈 ② · ③ 사고파는 물건에 일정하게 매겨진 액수 ⑤ 어떤 사물의 중요성이나 의의 14. ㉠ '많게든 적게든'의 의미 → 선택의 무차별성 → '옳든지 그르든지'(c) ㉡ '경쟁자와 경쟁자 사이'의 의미 → 대상들 사이의 관계 → '부부 사이'(b). ㄷ은 ㉠과 ㉡ 둘 다 관련이 없지만, 용례 a와는 연결된다. 15. 남편이 주장하고 아내가 이를 그대로 따르는 상황 → 부창부수(夫唱婦隨) ② 마음과 마음으로 서로 뜻이 통함. 16. 가등청정이, 감시를 소홀히 하여 김덕령을 진영에 들이게 한 수문장에게 책임을 물어 수문장의 목을 벤 상황 → 일벌백계: 한 사람을 벌주어 백 사람을 경계함. ② 입이 있어도 말하지 못할 상황 ⑤ 슬프고 분하여 의분이 북받침.

□ **강림**
降 내릴 강 臨 임할 림

신이 하늘에서 인간 세상으로 내려옴.
▶ '구지가'는 가락국의 시조 수로왕의 강림 신화 속에 삽입된 노래이다.

[유의어 +] **적강**(謫귀양갈적 降내릴강): 신선이 인간 세상에 내려오거나 사람으로 태어남.
▶ 이 소설의 주인공은 옥황상제께 득죄하여 인간으로 적강한 후 파란만장한 삶을 살게 된다.

□ **강호**
江 강 강 湖 호수 호

❶ (강과 호수 →) 예전에, 현실을 도피하여 생활하던 시골이나 자연
▶ 조선 시대 선비들은 강호에 묻혀 사는 것을 이상적인 삶으로 생각했다.
❷ 세상 ▶ 이 음식은 천하의 진미로 강호에 알려져 있다.

[동음이의어 +] **강호**(強강할강 豪호걸호): 실력이나 힘이 뛰어나고 강한 사람. 또는 그런 집단
▶ 우리나라가 강호 독일을 꺾고 월드컵 4강에 진출했다.

[한자성어 +] **강호한정**(江강강 湖호수호 閑한가할한 情뜻정): 자연을 예찬하며 한가로이 즐김.
▶ 조선 전기 가사나 시조 중에는 강호한정을 노래한 작품이 많다.

음풍농월(吟읊을음 風바람풍 弄희롱할농 月달월): 맑은 바람과 밝은 달을 대상으로 시를 짓고 흥취를 자아내어 즐겁게 놂.
▶ 선비는 오랜만에 찾아온 벗들과 술잔을 나누며 음풍농월하였다.

유유자적(悠멀유 悠멀유 自스스로자 適마땅할적): 속세를 떠나 아무 속박 없이 조용하고 편안하게 삶.
▶ 그는 시골에서 유유자적하며 전원생활을 즐기고 있다.

물아일체(物물건물 我나아 一한일 體몸체): 외물(外物)과 자아, 객관과 주관, 또는 물질계와 정신계가 하나가 됨.
▶ 시적 화자는 봄 경치를 감상하며 물아일체의 경지를 노래하고 있다.

연하고질(煙연기연 霞노을하 痼고질고 疾병질): 자연을 사랑하는 마음이 매우 강해서 고치지 못할 병에 걸린 것 같음.≒천석고황(泉샘천 石돌석 膏기름고 肓명치끝황)
▶ 자연에 대한 그의 관심은 점점 깊어져서 어느덧 연하고질이 되었다.

안분지족(安편안안 分나눌분 知알지 足족할족): 편안한 마음으로 제 분수를 지키며 만족할 줄을 앎.
▶ 시적 화자는 자연 속에 묻혀 사는 삶에 대해 안분지족의 자세를 보이고 있다.

안빈낙도(安편안안 貧가난할빈 樂즐길낙 道길도): 가난한 생활을 하면서도 편안한 마음으로 도를 즐겨 지킴. ▶ 그는 각박한 도시에서 벗어나 시골에서 안빈낙도하며 살고 있다.

빈이무원(貧가난할빈 而그러나이 無없을무 怨원망할원): 가난해도 세상에 대한 원망이 없음.
▶ '누항사'에서 작자 박인로는 임진왜란 후의 현실 속에서도 빈이무원하는 태도를 보이고 있다.

□ **갖추다**

❶ 있어야 할 것을 가지거나 차리다. ▶ 이 공장은 최신식 설비를 갖추고(≒구비하고) 있다.
❷ 필요한 자세나 태도 따위를 취하다.
▶ 소방관들은 언제라도 출동할 수 있도록 만반의 태세를 갖추고(≒취하고) 있다.
❸ 지켜야 할 도리나 절차를 따르다. ▶ 그는 선생님께 예의를 갖추어(≒차리어) 인사드렸다.

□ **같다**

❶ 서로 다르지 않고 하나이다. ▶ 동생과 나는 같은(≒동일한) 학교에 다닌다.
❷ 다른 것과 비교하여 그것과 다르지 않다. ▶ 아기의 모습이 천사와 같다(≒흡사하다).
❸ ('~ 같은' 꼴로 쓰여) 그런 부류에 속함.
▶ 수학여행은 제주도나 설악산 같은 곳으로 가야 한다는 고정관념이 있다.
❹ ('~ 같으면' 꼴로 쓰여) -라면 ▶ 만약 당신 같으면 그때 어떻게 했을까요?
❺ ('~ 같은 ~' 꼴로 쓰여) 기준에 합당한
▶ 부모님이 여행을 가신 후로는 밥 같은 밥을 먹을 수가 없었다.
❻ ('~ 같아서는' 꼴로 쓰여) 지금의 마음이나 형편에 따르자면(→ 실제로는 그렇지 못함을 나타냄.) ▶ 마음 같아서는 당장이라도 문을 박차고 나가고 싶다.

❼ ('~ 같아서는' 꼴로 쓰여) 그 시간에 벌어진 일이나 상황 따위가 계속된다면(→ 그러한 상황이 지속되지 않기를 바라는 마음을 나타냄.)

▶ 손님이 너무 없으니 요즘 같아서는 장사할 맛이 안 난다.

❽ (혼잣말로 남을 욕할 때, '~ 같으니' 꼴로 쓰여) 그 말과 다름없음.

▶ 늙은 부모를 모른 척하다니, 불효자식 같으니라고.

❾ 추측, 불확실한 단정 ▶ 그에게 누이동생이 있다는 얘기를 들은 것 같기도 했다.

□ 같이

❶ (부사) 둘 이상의 사람이나 사물이 함께. ▶ 나는 친구와 같이(≒함께) 공부를 했다.

❷ (부사) 어떤 상황이나 행동 따위와 다름이 없이.

▶ 아버지는 어제와 같이(≒다름없이) 일찍 출근하셨다.

❸ (조사) 앞말이 보이는 전형적인 어떤 특징처럼

▶ 소년은 꽃같이(≒처럼) 예쁜 소녀를 바라보았다.

❹ (조사) 앞말이 나타내는 그때를 강조 ▶ 나그네는 새벽같이 길을 떠났다.

□ 같이하다

❶ 경험이나 생활 따위를 얼마 동안 더불어 하다.

▶ 그와 나는 생사를 같이한(≒함께한) 전우이다.

❷ 어떤 뜻이나 행동 또는 때 따위를 서로 동일하게 취하다.

▶ 우리는 끝까지 의견을 같이할(≒함께할) 것이다.

□ 갚다

❶ 남에게 빌리거나 꾼 것을 도로 돌려주다.

▶ 그는 기일 내에 은행 빚을 갚을(≒상환할) 수가 없었다.

❷ 남에게 진 신세나 품게 된 원한 따위에 대하여 그에 상당하게 돌려주다.

▶ 주인공은 원수를 갚으려고(≒앙갚음하려고) 무술을 연마하였다.

□ 개과천선

改 고칠 개 過 허물 과

遷 옮길 천 善 착할 선

지난날의 잘못이나 허물을 고쳐 올바르고 착하게 됨.

▶ 말썽만 부리던 막내아들이 개과천선하여 믿음직한 어른이 되었다.

[한자성어 +] **대오각성**(大클대 悟깨달을오 覺깨달을각 醒깰성): 크게 깨달아서 번뇌, 의혹이 다 없어짐.

▶ '구운몽'에서 주인공 성진은 꿈속에서 세속의 삶을 경험한 후 대오각성하게 된다.

후회막급(後뒤후 悔뉘우칠회 莫없을막 及미칠급): 이미 잘못된 뒤에 아무리 후회하여도 다시 어찌할 수가 없음. ▶ 부모님이 돌아가시고 나니 진즉에 효도하지 못한 것이 후회막급이다.

확인문제

(1~2) 주어진 어휘의 뜻풀이가 적절하도록 빈칸에 알맞은 말을 쓰시오.

1. 강림(降臨): 신이 인간 세상에 (   )

2. 개과천선(改過遷善): (   )을/를 고쳐 (   )게 됨.

3. 밑줄 친 말이 문맥에 맞게 쓰이지 않은 것을 모두 고르시오.

① 그는 바쁜 도시 생활 속에서 유유자적하게 살고 있다.

② 그는 집안을 몰락시킨 원수를 갚기 위해 빈이무원하고 있다.

③ 도시의 매연 때문에 연하고질인 천식이 더 심해지고 있다.

④ 어머니의 눈물 어린 호소 덕분에 그는 대오각성하게 되었다.

⑤ 그는 지나가는 여자에게 음풍농월하다가 경찰에 체포되었다.

4. 밑줄 친 말을 바꾸어 쓴 것이 적절한 것을 모두 고르시오.

① 내 나이는 그의 나이와 같다(→ 동일하다).

② 나는 어제 아버지와 같이(→ 다름없이) 등산을 갔다.

③ 상갓집에 가서 고인을 위해 예를 갖추었다(→ 구비하다).

④ 은혜를 원수로 갚는(→ 상환하는) 것은 사람의 도리가 아니다.

⑤ 그는 일생을 같이할(→ 함께할) 사람이라고 여자를 소개했다.

[정답] 1. 내려옴 2. 잘못, 착하 3. ①, ②, ③, ⑤ 4. ①, ⑤

☐ **개다¹**	흐리거나 궂은 날씨가 맑아지다. ▶ 아침부터 내리던 비가 그치고 날이 <u>개었다</u>.
☐ **개다²**	가루나 덩이진 것에 물이나 기름 따위를 쳐서 서로 섞이거나 풀어지도록 으깨거나 이기다. ▶ 주방장이 녹말가루를 <u>개서</u>(≒풀어) 탕수육 소스에 넣었다.
☐ **개다³**	옷이나 이부자리 따위를 겹치거나 접어서 단정하게 포개다. ▶ 어머니가 옷가지들을 <u>개어</u>(≒접어) 서랍 속에 정리했다.
☐ **개입** 介 낄 개 入 들 입	자신과 직접적인 관계가 없는 일에 끼어듦. ▶ 개인 간의 사사로운 다툼에 경찰이 <u>개입할</u>(≒참견할/간여할/끼어들) 필요는 없다. **참고어휘 +** '入(들입)'을 공유하는 한자어 **삽입**(揷꽂을삽 入들입): ❶ 틈이나 구멍 사이에 다른 물체를 끼워 넣음. ▶ 의사가 환자의 코에 산소 공급용 튜브를 <u>삽입</u>하였다. ❷ 글 따위에 다른 내용을 끼워 넣음. ▶ 영화의 사실감을 높이기 위해 당시에 실제로 방송되었던 뉴스 장면을 <u>삽입</u>하기로 했다. **투입**(投던질투 入들입): ❶ 던져 넣음. ▶ 그는 유아용 탈것에 설치된 동전 투입기에 동전을 <u>투입</u>하였다. ❷ 사람이나 물자, 자본 따위를 필요한 곳에 넣음. ▶ 대표팀 감독은 월드컵 예선전에 해외파 주전 공격수들을 모두 <u>투입</u>하겠다고 말했다. **주입**(注부을주 入들입): ❶ 흘러 들어가도록 부어 넣음. ▶ 간호사는 링거 병을 갈고 약물이 <u>주입</u>되는 상태를 지켜보았다. ❷ 기억과 암기를 주로 하여 지식을 넣어 줌. ▶ 일제는 우리 민족에게 식민사관을 <u>주입</u>하려고 했다. **편입**(編엮을편 入들입): ❶ 이미 짜인 한 동아리나 대열 따위에 끼어 들어감. ▶ 우리 가족이 살던 땅이 시로 <u>편입</u>되면서 땅값이 올랐다. ❷ 편입학(어떤 학년에 도중에 들어가거나 다니던 학교를 그만두고 다른 학교에 들어감.) ▶ 외국에서 살다온 친구는 우리 학교 3학년에 <u>편입</u>하였다. **유입**(流흐를유 入들입): ❶ 액체나 기체, 열 따위가 어떤 곳으로 흘러듦. ▶ 공장 폐수가 강으로 <u>유입</u>되었다. ❷ 돈, 물품 따위의 재화가 들어옴. ▶ 검찰은 검은돈이 정치 자금으로 <u>유입</u>됐는지 조사 중이다. ❸ 문화, 지식, 사상 따위가 들어옴. ▶ 그는 불교가 삼국에 <u>유입</u>된 과정을 연구하고 있다. ❹ 사람이 어떤 곳으로 모여듦. ▶ 해외 고급 인력의 국내 <u>유입</u>이 늘어나고 있다. ❺ 병원균 따위가 들어옴. ▶ 수해를 입은 마을에 전염병의 <u>유입</u>을 막기 위한 방역 조치가 취해졌다. **진입**(進나아갈진 入들입): 향하여 내처 들어감. ▶ 특공대가 적진 깊숙이 <u>진입</u>하였다.
☐ **개조** 改 고칠 개 造 지을 조	고쳐 만들거나 바꿈. ▶ 그는 창고를 <u>개조</u>해 아이들을 위한 놀이방으로 만들었다. **유의어 +** **개선**(改고칠개 善착할선): 잘못된 것이나 부족한 것, 나쁜 것 따위를 고쳐 더 좋게 만듦. ▶ 남과 북은 관계 <u>개선</u>을 위하여 노력하기로 합의했다.
☐ **거두다¹**	❶ 벌여 놓거나 차려 놓은 것을 정리하다. ▶ 해가 기울자 장꾼들이 벌여 놓은 물건을 <u>거두기</u>(≒정리하기) 시작했다. ❷ 하던 일을 멈추거나 끝내다. ▶ 비가 오는 바람에 들일을 <u>거두고</u>(걷고) 돌아왔다. ❸ 말, 웃음 따위를 그치거나 그만두다. ▶ 그는 웃음을 <u>거두고</u>(≒그치고) 정색하였다. ❹ 관심, 시선 따위를 보내기를 그치다. ▶ 그는 집으로 향하던 시선을 <u>거두고</u> 반대편으로 걸어갔다. ❺ 어떤 대상에 대한 감정, 염려 따위를 접거나 놓아두다. ▶ 그만 저에 대한 노여움을 <u>거두어</u> 주십시오. ❻ 남을 때리거나 공격하던 일을 멈추거나 끝내다. ▶ 적군은 군사를 <u>거두고</u> 물러갔다.

☐ **거두다²**

❶ 곡식이나 열매 따위를 따서 담거나 한데 모으다. ▶ 잘 익은 고추를 거두었다(걷었다).

❷ 흩어져 있는 물건 따위를 한데 모으다. ▶ 군사들이 왜적의 노획품을 거둬 들였다.

❸ 좋은 결과나 성과 따위를 얻다. ▶ 언니는 수능시험에서 뛰어난 성적을 거두었다.

❹ 시체, 유해 따위를 수습하다. ▶ 장군은 적군의 시신을 거두어 장사 지내 주라고 명령했다.

❺ 고아, 식구 따위를 보살피다. ▶ 그는 죽은 형의 자식들을 거두어 키웠다

❻ 집안일, 밭일 따위를 돌보아 살피다. ▶ 그는 제 논밭 거두기에도 벅찬 초보 농사꾼이다.

❼ 여러 사람에게서 돈이나 물건 따위를 받아들이다.

▶ 총무가 회원들에게 회비를 거두었다(걷었다).

☐ **거두절미**

去 갈 거 頭 머리 두
截 끊을 절 尾 꼬리 미

(머리와 꼬리를 잘라 버림.→) 어떤 일의 요점만 간단히 말함.

▶ 시간이 없으니 거두절미하고 용건만 말씀드리겠습니다.

한자성어 + **단도직입**(單홑단 刀칼도 直곧을직 入들입): (혼자서 칼 한 자루를 들고 적진으로 곧장 쳐들어감.→) 여러 말을 늘어놓지 아니하고 바로 요점이나 본문제를 중심적으로 말함.

▶ 여러 말 할 것 없이 내 단도직입으로 묻겠다.

촌철살인(寸마디촌 鐵쇠철 殺죽일살 人사람인): (한 치의 쇠붙이로도 사람을 죽일 수 있음.→) 간단한 말로도 남을 감동하게 하거나 남의 약점을 찌를 수 있음.

▶ 그는 단 몇 마디의 말로 우리의 어리석음을 일깨워주던 촌철살인의 대가이다.

☐ **거의**

❶ (명사) 어느 한도에 매우 가까운 정도 ▶ 학생들은 거의(≒대개/대부분)가 집으로 갔다.

❷ 어느 한도에 매우 가까운 정도로 ▶ 아이는 10시가 거의(≒얼추) 다 되어서야 일어났다.

유의어 + **대부분**(大클대 部떼부 分나눌분)≒대개(大클대 槪대개개): ❶ (명사) 절반이 훨씬 넘어 전체 량에 거의 가까운 정도의 수효나 분량 ▶ 그는 수입의 대부분(≒대개)을 저축한다.

❷ (부사) 일반적인 경우에 ▶ 학생들은 대부분(≒대개) 아침밥을 먹지 않고 등교한다.

대체(大클대 體몸체)로: ❶ 요점만 말해서 ▶ 그 소설이 대체로 어떤 내용인지 이야기해 주십시오.

❷ 전체로 보아서. 또는 일반적으로 ▶ 요즘 애들은 예전 애들보다 대체로(≒대부분/대개) 키가 크다.

☐ **거점**

據 근거 거 點 점 점

어떤 활동의 근거가 되는 중요한 지점≒근거지(根뿌리근 據근거거 地땅지)/본거지(本근본본 據근거거 地땅지)

▶ 우리 민족은 만주, 연해주 등지를 거점(≒근거지/본거지)으로 삼아 독립운동을 전개했다.

유의어 + **교두보**(橋다리교 頭머리두 堡작은성보): (강기슭이나 해안선의 한 모퉁이를 점거하고 그곳에 마련한 작은 진지→) 침략하기 위한 발판

▶ 일제는 한반도를 중국 침략의 교두보(≒발판)로 삼았다.

(1~5) 문맥에 어울리는 말을 괄호 안에서 고르시오.

1. 회사는 광고에 막대한 자금을 (개입 / 투입 / 유입)했다.

2. 그는 몸살에 걸려 (거의 / 대부분 / 상당히) 사흘을 앓았다.

3. 낡은 장롱을 (개조 / 개선 / 진보) 해서 책상을 만들었다.

4. 경제 기관들은 보통 수도를 (논점 / 거점 / 기점)으로 삼는다.

5. (거두절미 / 촌철살인 / 단도직입) 같은 그분의 말은 명분 없는 반대파들의 간담을 서늘하게 했다.

(6~7) 밑줄 친 말이 제시문과 유사한 의미로 쓰인 것을 고르시오.

6. 그녀는 여행 중에 입을 옷을 개어서 가방에 넣었다.

① 일기예보대로 날씨가 활짝 개었다.

② 그는 이부자리를 개고 방을 청소하였다.

7. 노력한 사람이 성공을 거두는 사회가 바람직하다.

① 소녀는 눈물을 거두고 나를 바라보았다.

② 정부의 부동산 정책이 효과를 거둘 수 있을지 의문이다.

[정답] 1. 투입 2. 거의 3. 개조 4. 거점 5. 촌철살인 6. ② 7. ②

[해설] 2. 상당히: ❶ 수준이나 실력이 꽤 높이 ❷ 어지간히 많이. 또는 적지 아니하게 4. 기점(起點): 어떠한 것이 처음으로 일어나거나 시작되는 곳

□ 거치다	❶ 무엇에 걸리거나 막히다. ▶ 폐가에 들어서니 칡덩굴이 발에 거치었다(≒걸렸다).
	❷ 마음에 거리끼거나 꺼리다. ▶ 부모님의 승낙을 얻어냈으니 이제는 거칠(≒거리낄) 게 없다.
	❸ 오가는 도중에 어디를 지나거나 들르다.
	▶ 우리는 스위스를 거쳐(≒경유해/들러) 프랑스로 갔다.
	❹ 어떤 과정이나 단계를 겪거나 밟다.
	▶ 학생들은 초등학교, 중학교, 고등학교를 거쳐(≒이수해) 대학에 입학하게 된다.
	❺ 검사하거나 살펴보다. ▶ 재소자들에게 오는 편지는 교도관들의 손을 거쳐야 했다.

□ 건너다	❶ 무엇을 사이에 두고 한편에서 맞은편으로 가다.
	▶ 길을 건널(≒넘어갈) 때는 주위를 잘 살펴보아야 한다.
	❷ 한쪽에서 다른 쪽으로 옮아가다. ▶ 소문이 이 집 저 집을 건너서 퍼졌다.
	❸ 끼니, 당번, 차례 따위를 거르다. ▶ 배탈이 나서 두 끼를 건넜다(≒걸렀다).

□ 걷다¹	❶ 구름이나 안개 따위가 흩어져 없어지다.
	▶ 잔뜩 끼었던 구름이 걷고(걷히고) 맑은 하늘이 보이기 시작했다.
	❷ 비가 그치고 맑게 개다.
	▶ 며칠간 계속되던 장마가 걷고(걷히고) 오랜만에 햇빛이 들었다.

□ 걷다²	❶ 다리를 움직여 바닥에서 발을 번갈아 떼어 옮기다.
	▶ 아기가 아장아장 걷는(≒보행하는) 모습은 몹시 귀여웠다.
	❷ 어떤 곳을 다리를 번갈아 움직여 위치를 옮기다.
	▶ 세 사람은 서로를 의지하며 산길을 걸었다.
	❸ 어떠한 방향으로 나아가다. ▶ 우리 민족은 지금 통일의 길을 걷고 있다.
	❹ 전문직에 종사하다. ▶ 아버지는 평생 교사의 길을 걸었다.

□ 걷다³	❶ 늘어진 것을 말아 올리거나 열어 젖히다.
	▶ 커튼을 걷으니 햇빛이 쏟아져 들어왔다.
	❷ 널거나 깐 것을 다른 곳으로 치우거나 한곳에 두다.
	▶ 어머니가 빨래를 걷는 동안 나는 돗자리를 걷었다.
	❸ '거두다¹-❷ 하던 일을 멈추거나 끝내다.'의 준말
	▶ 비가 오는 바람에 들일을 걷고(거두고) 돌아왔다.

□ 걷다⁴	❶ '거두다²-❶ 곡식이나 열매 따위를 따서 담거나 한데 모으다.'의 준말
	▶ 어머니가 잘 익은 고추를 걷었다(거두었다).
	❷ '거두다²-❼ 여러 사람에게서 돈이나 물건 따위를 받아들이다.'의 준말
	▶ 총무가 회원들에게 회비를 걷었다(거두었다).

□ 걸다¹	❶ 흙이나 거름 따위가 기름지고 양분이 많다.
	▶ 밭이 걸어서(≒기름져서) 무슨 작물을 심어도 잘 자란다.
	❷ 액체 따위가 내용물이 많고 진하다. ▶ 설렁탕이 매우 걸다(≒진하다/걸쭉하다).
	❸ 음식 따위가 가짓수가 많고 푸짐하다.
	▶ 부모님 칠순 잔치를 위해 음식을 걸게(≒푸짐하게/푸지게) 장만했다.
	❹ 말씨나 솜씨가 거리낌이 없고 푸지다. ▶ 그녀는 입이 어찌나 건지 아무도 못 당한다.
	❺ 푸짐하고 배부르다.
	▶ 우리 집을 찾은 손님은 걸게(≒푸짐하게/푸지게) 대접해야 한다는 것이 어머니의 신조였다.

□ 걸다²

❶ 벽이나 못 따위에 어떤 물체를 떨어지지 않도록 매달아 올려놓다.
▶ 거실 벽에 어제 산 그림을 걸었다.

❷ 자물쇠, 문고리를 채우거나 빗장을 지르다.
▶ 외출을 하면서 문에 자물쇠를 걸었다(≒채웠다).

❸ 솥이나 냄비 따위를 이용할 수 있도록 준비하여 놓다.
▶ 밥을 짓기 위해 아궁이에 솥을 걸었다.

❹ 기계 따위가 작동하도록 준비하여 놓다
▶ 그들은 춤을 추려고 전축에 음반을 걸었다.

❺ 어느 단체에 속한다고 이름을 내세우다.
▶ 회원으로 이름을 걸어 놓은 사람은 많지만 활발하게 활동하는 사람은 그리 많지 않다.

❻ 기계 장치가 작동되도록 하다. ▶ 어머니가 차에 시동을 걸었다.

❼ 다른 사람이나 문제 따위가 관련이 있음을 주장하다.
▶ 그는 사사건건 나를 걸고 넘어졌다.

❽ 돈 따위를 계약이나 내기의 담보로 삼다.
▶ 경찰은 범인을 잡는 데 현상금을 걸었다.

❾ 의논이나 토의의 대상으로 삼다.
▶ 그는 정부를 상대로 소송을 걸었다(≒제기했다).

❿ 어떤 상태에 빠지도록 하다. ▶ 의사가 환자에게 최면을 걸었다.

⓫ 앞으로의 일에 대한 희망 따위를 품거나 기대하다.
▶ 우리 시는 의료 산업에 미래를 걸고 있다.

⓬ 목숨, 명예 따위를 담보로 삼거나 희생할 각오를 하다.
▶ 고구려 군사들은 수나라 대군을 맞아 목숨을 걸고 싸웠다.

⓭ 다른 사람을 향해 먼저 어떤 행동을 하다.
▶ 그는 옆자리에 앉아 있는 사람에게 말을 걸었다.

⓮ 전화를 하다. ▶ 친구에게 전화를 걸었는데 통화 중이었다.

⓯ 긴급하게 명령하거나 요청하다.
▶ 전염병이 퍼지자 정부에서는 전국 의료기관에 비상을 걸었다.

⓰ 다리나 발 또는 도구 따위를 이용하여 상대편을 넘어뜨리려는 동작을 하다.
▶ 그는 지나가는 친구에게 발을 걸어 넘어뜨렸다.

확 인 문 제

1. 밑줄 친 말들의 문맥적 의미가 가장 이질적인 것은?

① 청년은 비를 맞으며 절벅절벅 걸었다. 아버지는 평생 군인의 길을 걸었다.
② 장마가 걷자마자 바로 무더위가 시작되었다. 나는 소매를 걷고 냇물에 손을 담갔다.
③ 할아버지가 퇴비로 땅을 걸게 만들었다. 풀을 너무 걸게 쑤어서 풀질하기가 어렵다.
④ 나는 마루를 거쳐 안방으로 들어갔다. 어떤 식재료든 어머니의 손을 거치면 맛있는 음식이 되었다.
⑤ 그는 도랑을 건너고 한참을 걸어서 마을에 닿았다. 그 말이 한 입 두 입 건너서 온 동리에 퍼졌다.

2. 위의 '걸다²'를 피동으로 바꾼 예문으로 알맞은 것은?

① '걸다² – ❶': 그는 문단에 이름이 걸린 작가다.　　② '걸다² – ❷': 그는 걸려 있지 않은 문을 활짝 열었다.
③ '걸다² – ❹': 나의 그림이 드디어 미술실 벽에 걸렸다.　　④ '걸다² – ❺': 그는 최면에 걸린 사람처럼 멍하게 서 있었다.
⑤ '걸다² – ❿': 자동차의 시동이 걸리기까지 시간이 꽤 흘렀다.

- -

[정답] 1. ② 2. ②
[해설] 1. ②의 두 단어는 동음이의어. 나머지는 다의어 2. ① 걸다²–❺ ③ 걸다²–❶ ④ 걸다²–❿ ⑤ 걸다²–❻

1. ⑦∼⑩의 사전적 의미로 적절하지 <u>않은</u> 것은?   (2016 수능B 응용)

 어떤 철학자들은 운에 따라 도덕적 평가가 달라지는 일이 실제로 일어난다고 주장하고, 그런 운을 '도덕적 운'이라고 부른다. 그들에 따르면 세 가지 종류의 도덕적 운이 ㉠거론된다. 첫째는 태생적 운이다. 우리의 행위는 성품에 의해 결정되며 이런 성품은 태어날 때 이미 결정되므로, 성품처럼 우리가 통제할 수 없는 요인이 도덕적 평가에 ㉡개입되는 불공평한 일이 일어난다는 것이다.

 둘째는 상황적 운이다. 똑같은 성품이더라도 어떤 상황에 처하느냐에 따라 그 성품이 ㉢발현되기도 하고 안 되기도 한다는 것이다. 가령 남의 것을 탐내는 성품을 똑같이 가졌는데 ㉣결핍된 상황에 처한 사람은 그 성품이 발현되는 반면에 풍족한 상황에 처한 사람은 그렇지 않다면, 전자만 비난하는 것은 공평하지 못하다는 것이다. 어떤 상황에 처하느냐는 통제할 수 없는 요인이기 때문이다.

 셋째는 우리가 통제할 수 없는 결과에 의해 도덕적 평가가 좌우되는 결과적 운이다. 어떤 화가가 자신의 예술적 이상을 ㉤달성하기 위해 가족을 버리고 멀리 떠났다고 해 보자. 이 경우 그가 화가로서 성공했을 때보다 실패했을 때 그의 무책임함을 더 비난하는 것을 '상식'으로 받아들이는 경우가 많다. 그러나 도덕적 운을 인정하는 철학자들은 그가 가족을 버릴 당시에는 예측할 수 없었던 결과에 의해 그의 행위를 달리 평가하는 것 역시 불공평하다고 생각한다.

---

① ㉠: 어떤 사항을 논제로 삼아 제기하거나 논의함.   ② ㉡: 자신과 직접적인 관계가 없는 일에 끼어듦.
③ ㉢: 더 낮고 좋은 상태나 더 높은 단계로 나아감.   ④ ㉣: 있어야 할 것이 없어지거나 모자람.
⑤ ㉤: 목적한 것을 이룸.

2. 문맥상 ㉠과 바꿔 쓰기에 가장 적절한 것은?   (2017 9월 모평)

 권리와 의무의 주체가 될 수 있는 자격을 권리 능력이라 한다. 사람은 태어나면서 저절로 권리 능력을 갖게 되고 생존하는 내내 보유한다. 그리하여 사람은 재산에 대한 소유권의 주체가 되며, 다른 사람에 대하여 채권을 누리기도 하고 채무를 지기도 한다. 사람들의 결합체인 단체도 일정한 요건을 ㉠갖추면 법으로써 부여되는 권리 능력인 법인격을 취득할 수 있다.

---

① 겸비(兼備)하면   ② 구비(具備)하면   ③ 대비(對備)하면   ④ 예비(豫備)하면   ⑤ 정비(整備)하면

3. 문맥상 ㉠∼㉤과 바꿔 쓰기에 적절하지 <u>않은</u> 것은?   (2019 6월 모평 응용)

 17세기 초부터 ㉠유입되기 시작한 서학(西學) 서적에 담긴 서양의 과학 지식은 당시 조선의 지식인들에게 적지 않은 지적 충격을 주며 사상의 변화를 ㉡유도했다. 하지만 19세기 중반까지 서양 의학의 영향력은 천문·지리 지식에 비해 ㉢미미하였다. 일부 유학자들이 서양 의학 서적들을 읽었지만, 이에 대해 논평을 남긴 인물은 극히 제한적이었다. 이런 가운데 18세기 실학자 이익은 ㉣주목할 만한 인물이다. 그는 「서국의(西國醫)」라는 글에서 아담 샬이 쓴 『주제군징(主制群徵)』의 일부를 채록하면서 자신의 생각을 ㉤제시하였다.

---

① ㉠: 들어오기   ② ㉡: 이끌었다   ③ ㉢: 보잘것없었다
④ ㉣: 눈여겨볼   ⑤ ㉤: 다듬었다

4. 〈보기〉는 국어사전 편찬을 위하여 언어 자료를 정리한 내용의 일부이다. 〈보기〉의 예를 바탕으로 〈국어사전〉의 ㉠에 추가할 뜻풀이로 적절한 것은?

(2013 고3 7월 학평A)

┌─〈보 기〉
│ ◦ 그는 관객들에게 최면을 걸고 모두 잠들게 했다.   ◦ 정보 산업에 미래를 걸고 있었다.
│ ◦ 왜 지나가는 사람에게 시비를 걸고 그래.
└

┌─〈국어사전〉
│ **걸다**[걸:다] 〔걸어, 거니, 거오〕 동
│   ◦ 어떤 상태에 빠지게 하다.   ◦ 앞으로의 일에 대한 희망을 품다.   ◦ _____㉠_____
└

① 의논이나 토의의 대상으로 삼다.   ② 상대편을 넘어뜨리려는 동작을 하다.
③ 다른 사람이 관련이 있음을 주장하다.   ④ 명예나 목숨을 위해 희생할 각오를 하다.
⑤ 다른 사람을 향해 먼저 어떤 행동을 하다.

---

5. 문맥상 ㉠~㉤과 바꾸어 쓸 수 없는 것은?

(2017 고1 9월 학평 응용)

보통 '만기 1년의 연리 6%'는 돈을 12개월 동안 은행에 예치할 경우 6%의 이자가 ㉠붙는다는 의미이다. 정기예금은 목돈인 100만 원을 납입하고 1년 뒤에 이자로 6만 원을 ㉡받지만, 매월 일정액을 불입해 목돈을 만드는 정기적금은 계산법이 ㉢다르다. 정기적금은 첫째 달에 불입한 10만 원은 만기까지 12개월 분 6%의 이자가 붙지만, 둘째 달에 불입한 10만 원은 11개월의 이자 5.5%만 받는다. 돈의 예치 기간이 줄면 이자도 줄어 실효수익률은 3.9%에 불과하다. 이런 이자 계산의 방식은 대출금리도 ㉣비슷하다. 1년 뒤에 원금을 한 번에 ㉤갚는다면, 대출금리가 연 6%일 경우 6만 원을 이자로 내야 한다. 하지만 원금을 12개월로 나누어 갚으면, 줄어든 원금만큼 매월 이자도 적어진다.

① ㉠: 발생(發生)한다는   ② ㉡: 수령(受領)하지만   ③ ㉢: 용이(容易)하다
④ ㉣: 유사(類似)하다   ⑤ ㉤: 상환(償還)한다면

---

6. ㉠의 이유를 〈보기〉와 같이 정리할 때, 문맥상 (   )에 들어갈 말로 적절하지 <u>않은</u> 것은?

(2006 수능)

발명가 디젤은 디젤 엔진이 작고 경제적인 엔진이 되어야 한다고 생각했지만, 그의 생전에는 크고 육중한 것만 만들어졌다. 하지만 ㉠그 후 디젤의 기술적 유산은 이 발명가가 꿈꾼 대로 널리 보급되었다. 디젤 엔진은 원리상 가솔린 엔진보다 더 튼튼하고 고장도 덜 난다. 디젤 엔진은 연료의 품질에 민감하지 않고 연료의 소비 면에서도 경제성이 뛰어나 오늘날 자동차 엔진용으로 확고한 자리를 잡았다. 환경론자들이 걱정하는 디젤 엔진의 분진 배출 문제도 필터 기술이 나아지면서 점차 극복되고 있다.

┌─〈보 기〉
│ 디젤 엔진 제작 기술이 (   )되어 보다 작고 경제적인 것이 개발되었기 때문이다.
└

① 개조(改造)   ② 개선(改善)   ③ 진보(進步)   ④ 향상(向上)   ⑤ 발전(發展)

7. ─── (2019 고3 3월 학평)

> 자본 불변의 법칙은 자본금을 임의로 변경하지 못하며 자본금의 변경을 위해서는 법적 절차를 ⑤거쳐야 한다는 것이다.

① 우리는 일본을 거쳐 미국으로 갔다.　　　　　② 돌멩이가 발길에 자꾸 거쳐 다니기가 불편하다.
③ 그는 매일 아침 학교 앞 사거리를 거쳐서 회사로 간다.　　④ 그 일들은 우리가 합의한 과정을 거쳐서 진행된 것이다.
⑤ 가장 어려운 문제를 해결하여 마음에 거칠 것이 없어졌다.

8. ─── (2016 고1 11월 학평)

> 총비용과 총수입을 모두 고려할 때, 총비용이 총수입보다 크면 손실이 발생하고 총수입이 총비용보다 크면 이윤이 발생하게 되는데, 스미스는 총수입이 총비용과 ⑤같아서 더 이상 이윤을 획득할 수 없는 지점들을 이윤의 공간적 한계라고 하였다.

① 그의 마음은 비단 같다.　　　　　　② 그와 나는 나이가 같다.
③ 내 친구는 정말 학생 같은 학생이다.　　④ 날이 더워 마음 같아서는 물에 뛰어들고 싶다.
⑤ 연락이 없는 것을 보니 무슨 일이 있는 것 같다.

9. 〈보기〉를 참고하여 각 항목에 해당하는 예문을 작성하였다. 적절하지 않은 것은?　　(2013 고1 9월 학평)

─〈보 기〉───

> ┌─────────────────────────────────────┐
> │ 1. '같이'가 조사로 쓰일 경우 – 앞말에 붙여 쓴다. │
> └─────────────────────────────────────┘
>
> ⑦ 체언 뒤에 붙어 '~처럼'의 뜻일 때　　　ⓒ '때'를 나타내는 명사 뒤에 붙어 '때'를 강조할 때
>
> ┌─────────────────────────────────────┐
> │ 2. '같이'가 부사로 쓰일 경우 – 앞말과 띄어 쓴다. │
> └─────────────────────────────────────┘
>
> ⓒ '바로 그대로'의 의미일 때　　　　　ⓔ '서로 함께'의 의미일 때
> ⓜ '어떤 상황이나 행동 따위와 다름이 없이'의 의미일 때

① ⑦: 그는 눈같이 맑은 영혼의 소유자였다.　　② ⓒ: 내일은 새벽같이 일어나야 한다.
③ ⓒ: 예상한 바와 같이 우리 반이 이겼어.　　④ ⓔ: 지난 10년 동안 같이 알고 지낸 사이야.
⑤ ⓜ: 은숙이와 친구는 같이 사업을 했다.

10. ⑦~ⓜ의 문맥적 의미를 살려 문장을 만들었을 때, 적절하지 않은 것은?　　(2008 9월 모평 응용)

> 금융의 사회적 역할, 나아가 금융의 공공성을 강조하는 새로운 관점에서 보자면, 금융은 인간다운 생활을 위해 최소한의 이용이 ⑦보장되어야 하는 보편적 권리의 대상이자, 우리 사회가 바람직한 방향으로 나아가도록 영향력을 발휘하는 수단이기도 하다. 물론 그것의 실현 가능성에 대해 회의적인 시각도 적지 않다. 가난한 사람일수록 경제 관념이 ⓒ희박하고 소득 창출 능력 또한 ⓒ떨어지므로 대출금을 회수하기가 쉽지 않다는 것이다. 하지만 금융 배제층에게 소액의 창업 자금을 무담보로 대출해 주면서도 은행을 무색케 할 정도로 높은 성과를 ⓔ거두는 사례도 있다. 빈곤층의 자활을 ⓜ지향하는 '마이크로크레디트(Microcredit)'가 그것이다.

① ⑦: 그는 장래가 보장되는 직장에 들어갔다.　　② ⓒ: 그는 응석받이로 자라 자립심이 희박하다.
③ ⓒ: 이 옷은 다른 옷에 비해 품질이 떨어진다.　　④ ⓔ: 나는 그에 대한 노여움을 거둘 수가 없었다.
⑤ ⓜ: 그는 이상을 지향하는 이상주의자이다.

11. 비슷한 뜻을 갖는 것으로 보이는 단어들을 모아 의미를 분석하는 활동을 해 보았다. 〈보기〉에 제시된 1차 분석 결과를 바탕으로 발표한 내용 중, 적절하지 <u>않은</u> 것은?

(2011 고3 4월 학평)

〈보 기〉

[대상 어휘] 거의, 대체로, 대부분

[분석 방법] 1. 주어진 문장의 { }에 있는 단어들을 교체해 보면서 문장의 적절성을 판단한다. 문장이 적절하지 않다고 판단되면, 해당 단어 앞에 *를 표시한다.

2. 문장의 적절성에 대한 판단을 근거로 문장이 성립되는 단어들의 의미 특성을 파악한다.

[1차 분석 결과] ㉠ 그는 몸살이 나서 {거의 / *대체로 / *대부분} 사흘을 앓았다.

㉡ 그 소년은 여행을 {거의 / *대체로 / *대부분} 포기했다.

㉢ 운동장은 {거의 / *대체로 / 대부분} 눈으로 덮여 있다.

㉣ 이 학교의 {*거의 / *대체로 / 대부분} 학생들은 매일 운동한다.

㉤ 그의 소설들은 {*거의 / 대체로 / 대부분} 어떤 내용을 담고 있니?

① ㉠을 보면 '거의'는 시간을 의미하는 말 앞에 쓰여 그 한도에 매우 가까운 정도임을 나타낼 때 사용함을 알 수 있다.

② ㉡을 보면 '거의'는 주체의 심리가 서술어 '포기했다'의 의미에 가까워짐을 나타낼 때 사용함을 알 수 있다.

③ ㉢을 보면 '거의'와 '대부분'은 후행하는 대상이 공간적으로 많은 부분을 차지할 때 사용함을 알 수 있다.

④ ㉣을 보면 '대부분'은 후행하는 대상의 수효가 전체량에 가까운 정도로 매우 많음을 나타낼 때 사용함을 알 수 있다.

⑤ ㉤을 보면 '대부분'은 '대체로'와는 달리 '요점만 말해서'라는 의미를 나타낼 때 사용함을 알 수 있다.

12. 다음은 '걸다'의 의미 학습을 위해 활용한 사전의 일부분이다. 탐구 결과로 적절하지 <u>않은</u> 것은?

(2013 고1 9월 학평)

걸다¹형 ㉠ 흙이나 거름 따위에 양분이 많다. ¶ 밭이 걸어서 콩이 잘 자란다.

㉡ 액체 따위가 내용물이 많고 진하다. ¶ 풀을 너무 걸게 쑤어서 풀질하기가 어렵다.

걸다²동 ㉠ 자물쇠, 문고리를 채우거나 빗장을 지르다. ¶ 정문에 자물쇠를 걸다.

㉡ 기계 따위가 작동하도록 준비하여 놓다. ¶ 전축에 음반을 걸다.

① '걸다¹'과 '걸다²'는 별개의 표제어로 구분되어 있으므로 동음이의어이군.

② '걸다¹' ㉠ 뜻의 유의어로 '기름지다'를 쓸 수 있겠군.

③ '걸다¹' ㉡ 뜻의 반의어로 '묽다'가 가능하겠군.

④ '가을 상추는 문 걸어 잠그고 먹는다.'라는 속담은 '걸다²' ㉠ 뜻을 이용한 것이군.

⑤ '철수는 계약금을 걸고 그 물건을 샀다.'를 '걸다²' ㉡ 뜻의 용례로 추가할 수 있겠군.

[정답] 1. ③ 2. ② 3. ⑤ 4. ⑤ 5. ③ 6. ① 7. ④ 8. ② 9. ⑤ 10. ④ 11. ⑤ 12. ⑤
[해설] 1. ⓒ 발현(發現): 숨겨져 있던 것이 드러남. ③은 '발전(發展)'의 사전적 의미이다. 2. ㉠: 있어야 할 것을 가지거나 차리다. ≒구비하다 ① 두 가지 이상을 아울러 갖추다. ③ 앞으로 일어날지도 모르는 어떠한 일에 대응하기 위하여 미리 준비하다. ④ 필요할 때 쓰기 위하여 미리 마련하거나 갖추어 놓다. ⑤ 흐트러진 체계를 정리하여 제대로 갖추다. 3. ⓜ → 드러내었다 4. '시비를 걸고'의 '걸다'는 ⑤, '체면을 걸고'의 '걸다'는 '어떤 상태에 빠지게 하다', '미래를 걸고'의 '걸다'는 '앞으로의 일에 대한 희망을 품다'의 의미이다. 5. 용이(容易)하다: 어렵지 아니하고 매우 쉽다. 6. 문맥상 디젤 엔진 제작 기술이 낮은 수준에서 높은 수준으로 나아졌다는 내용이 되어야 하므로, '개선, 진보, 향상, 발전' 등이 적절하다. '고치어 다시 만듦'이라는 뜻을 지닌 '개조(改造)'는 어울리지 않는다. 7. ㉠은 '어떤 과정이나 단계를 겪거나 밟다.'의 의미로, '과정을 거쳐서'의 '거쳐서'가 이와 유사한 문맥적 의미를 가진다. 8. ㉠·② 서로 다르지 않고 하나이다. ① 다른 것과 비교하여 그것과 다르다. ③ 기준에 합당한 ④ 지금의 마음이나 형편에 따르면 ⑤ 추측, 불확실한 단정 9. ⑤ '서로 함께'의 의미로 쓰인 부사 10. ⓜ 좋은 결과나 성과 따위를 얻다. ④ 어떤 대상에 대한 감정, 염려 따위를 접거나 놓아두다. 11. '대부분'은 '절반이 넘어 전체량에 거의 가까운 수효나 분량, 일반적인 경우에'의 의미이고, '대체로'는 '요점만 말해서, 전체로 보아서, 또는 일반적으로'의 의미이다. 12. ⑤의 '걸다'는 '돈 따위를 계약이나 내기의 담보로 삼다.'라는 의미이다.

□ **걸식**
乞빌걸 食밥식

음식 따위를 빌어먹음. 또는 먹을 것을 빎.
▶ 그는 물려받은 재산을 모두 탕진하고 결국 걸식에 나섰다.

한자성어 + **문전걸식**(門문문 前앞전 乞빌걸 食밥식): 이 집 저 집 돌아다니며 빌어먹음.
▶ 양반이라고는 해도 그의 행색은 문전걸식하는 거지보다 나을 것이 없었다.

유리걸식(流흐를유 離떠날리 乞빌걸 食밥식): 정처 없이 떠돌아다니며 빌어먹음.
▶ 가뭄으로 굶주리던 농민들 중에는 유리걸식을 떠난 이들이 많았다.

남부여대(男사내남 負질부 女여자여 戴일대): (남자는 지고 여자는 인다.→) 가난한 사람들이 살 곳을 찾아 이리저리 떠돌아다님.
▶ 일제의 극심한 수탈을 견디지 못한 농민들은 남부여대하여 유랑 길에 올랐다.

동가식서가숙(東동녘동 家집가 食먹을식 西서녘서 家집가 宿잘숙): (동쪽 집에서 밥 먹고 서쪽 집에서 잠잔다.→) 일정한 거처가 없이 떠돌아다니며 지냄. 또는 자기의 잇속을 차리기 위하여 지조 없이 여기저기 빌붙음. ▶ 그는 고향을 떠난 뒤로 동가식서가숙의 떠돌이 생활을 하면서 고학을 했다.

□ **걸치다**

❶ 지는 해나 달이 산이나 고개 따위에 얹히다. ▶ 해가 서산마루에 걸치었다(≒얹혔다).
❷ 일정한 횟수나 시간, 공간을 거쳐 이어지다.
▶ 남북 정상은 2시간에 걸친 정상회담 후 합의문을 발표했다.
❸ 가로질러 걸리다. ▶ 계곡 사이에 구름다리가 걸쳐(≒걸려) 있다.
❹ 어떤 물체를 다른 물체에 얹어 놓다.
▶ 그는 의자 팔걸이에 한쪽 팔을 걸치고(≒얹고) 비스듬히 앉아 있다.
❺ 옷이나 착용구 또는 이불 따위를 아무렇게나 입거나 덮다.
▶ 늦잠을 자는 바람에 아무 옷이나 걸치고(≒입고) 출근했다.
❻ 음식을 아무렇게나 대충 먹다.
▶ 그는 주막에 들러 국밥에 막걸리나 한 사발 걸치고(≒마시고) 싶었다.

□ **것**

❶ 사물, 일, 현상 따위를 추상적으로 이르는 말.
▶ 저기 보이는 것(≒사물)이 내 집이다. 모든 것(≒일)은 하늘에 달려 있다.
❷ 사람을 낮추어 이르거나 동물을 이르는 말
▶ 그 어른은 젊은 것(≒사람/녀석/놈)이 버릇이 없다고 나무랐다.
❸ 그 사람의 소유물임을 나타내는 말 ▶ 이 책은 아버지 것이다.
❹ 말하는 이의 확신, 결정, 결심 따위를 나타내는 말
▶ 술은 건강에 해로운 것이다. 좋은 책은 좋은 독자가 만드는 것이다.
❺ 말하는 이의 전망이나 추측, 또는 주관적 소신 따위를 나타내는 말
▶ 내일은 비가 올 것이다.
❻ 명령이나 시킴의 뜻을 나타내면서 문장을 끝맺는 말
▶ 도시락은 각자 준비할 것. 비가 올 때는 계곡에 들어가지 말 것.

□ **격동**
激격할격 動움직일동

❶ 정세 따위가 급격하게 움직임. ▶ 할아버지는 격동의 현대사를 몸소 겪으신 분이다.
❷ 감정 따위가 몹시 흥분하여 어떤 충동이 느껴짐. 또는 그렇게 느낌.
▶ 70여 년 만에 만난 이산가족들은 격동에 못 이겨 울음부터 터뜨렸다.

참고어휘 + '激(격할격)'을 공유하는 한자어

격랑(激격할격 浪물결랑): ❶ 거센 파도 ▶ 우리가 탄 배는 격랑을 헤치며 나갔다.
❷ 모질고 어려운 시련 ▶ 우리 민족은 소용돌이치는 격랑의 시대를 살았다.

격앙(激격할격 昻밝을앙): 기운이나 감정 따위가 격렬히 일어나 높아짐.
▶ 그는 벌겋게 달아오른 볼을 씰룩거리며 격앙된 어조로 소리쳤다.

격정(激격할격 情뜻정): 강렬하고 갑작스러워 누르기 어려운 감정
▶ 무용수는 격정적 몸놀림으로 관객을 사로잡았다.

□ 격론
激 격할 격 論 논할 론

몹시 세차고 사나운 논쟁 ▶ 여야는 선거 방식을 놓고 격론을 벌였지만 결론을 내리지 못했다.

[한자성어 +] **갑론을박**(甲첫째갑 論논할론 乙둘째을 駁논박할박): 여러 사람이 서로 자신의 주장을 내세우며 상대편의 주장을 반박함. ▶ 그 문제는 여러 사람의 갑론을박으로 쉽게 결론이 날 것 같지 않았다.

설왕설래(說말씀설 往갈왕 說말씀설 來올래): 서로 변론을 주고받으며 옥신각신함. 또는 말이 오고 감.
▶ 입시제도 개선 방안을 놓고 각기 다른 입장의 사람들이 설왕설래하고 있다.

[연관어휘 +] **분분**(紛어지러울분 紛어지러울분)**하다**: ❶ 떠들썩하고 뒤숭숭하다.
▶ 나라 안팎이 분분하던(≒뒤숭숭하던) 그해에 그는 아버지마저 여의었다.
❷ 여럿이 한데 뒤섞여 어수선하다. ▶ 꽃잎이 분분하게(≒어지럽게) 떨어졌다.
❸ 소문, 의견 따위가 많아 갈피를 잡을 수 없다. ▶ 개헌을 둘러싸고는 여론이 분분하다.

□ 격의
隔 사이뜰 격 意 뜻 의

서로 터놓지 않는 속마음
▶ 두 사람은 격의 없는 대화를 나누었다.

□ 격하
格 자리 격 下 아래 하

자격이나 등급, 지위 따위의 격이 낮아짐. 또는 그것을 낮춤.
▶ 고려 시대 때는 지배층이었던 승려가 조선 시대에는 천민으로 격하되었다.

[유의어 +] **강등**(降내릴강 等무리등): 등급이나 계급 따위가 낮아짐. 또는 등급이나 계급 따위를 낮춤.
▶ 지난번 사고의 책임을 물어 지휘관을 대령에서 중령으로 강등시켰다.

좌천(左왼좌 遷옮길천): 낮은 관직이나 지위로 떨어지거나 외직으로 전근됨.(←예전에 중국에서 오른쪽을 숭상하고 왼쪽을 멸시하였던 데서 유래)
▶ 그는 사장의 미움을 사 부장에서 과장으로 좌천되었다.

[반의어 +] **격상**(格자리격 上위상): 자격이나 등급, 지위 따위의 격이 높아짐. 또는 그것을 높임.
▶ 양국 정부는 회담의 중요성을 고려하여 회담 대표를 장관급으로 격상하는 데 합의하였다.

□ 견강부회
牽 이끌 견 強 강할 강
附 붙을 부 會 모일 회

이치에 맞지 않는 말을 억지로 끌어 붙여 자기에게 유리하게 함.
▶ 그는 권력을 남용한 자신의 행동이 국익을 위한 충성심 때문이었다고 견강부회하고 있다.

[한자성어 +] **아전인수**(我나아 田밭전 引끌인 水물수): (자기 논에 물 대기→) 자기에게만 이롭게 되도록 생각하거나 행동함. ▶ 두 정당은 모두 통계청에 발표한 통계 자료를 아전인수식으로 해석하고 있다.

확 인 문 제

(1~2) 밑줄 친 말의 쓰임이 문맥에 맞으면 ○, 맞지 않으면 ×에 표시하시오.

1. 그는 차분한 목소리로 격앙되게 말했다. (○ / ×)

2. 그는 스토킹을 사랑이라고 견강부회하고 있다. (○ / ×)

(3~6) 문맥에 맞는 말을 괄호 안에서 고르시오.

3. 그는 이번 인사이동에서 지방으로 (격하 / 좌천)되었다.

4. 굶주리던 그는 쪽박을 들고 (문전걸식 / 남부여대)에 나섰다.

5. 찬반 양측의 (갑론을박 / 이구동성)이 계속되고 있다.

6. 친한 친구라도 (격의 / 예의)를 갖춰 대해야 한다.

(7~8) 밑줄 친 말이 제시문과 가장 유사한 의미로 쓰인 것을 고르시오.

7. 이틀에 걸친 협상이 원만히 마무리되었다.
　① 그는 나무에 옷을 걸쳐 놓았다.
　② 그는 수회에 걸쳐 뇌물을 받은 혐의로 체포되었다.

8. 소문난 잔치에 먹을 것이 없다.
　① 너는 웃는 것이 예쁘다.
　② 이 땅은 우리 모두의 것이다.

- -

[정답] 1. × 2. ○ 3. 좌천 4. 문전걸식 5. 갑론을박 6. 예의 7. ② 8. ①

[해설] 5. 이구동성(異口同聲): 여러 사람의 말이 한결같음. 7. 걸치다-❷ ① 걸치다-❹ 8. 것-❶ ② 것-❸

□ 견디다	❶ 사람이나 생물이 일정한 기간 동안 어려운 환경에 굴복하거나 죽지 않고 계속해서 버티면서 살아 나가는 상태가 되다. ▶ 이 돈이면 며칠은 견딜 수 있을 것이다.
	❷ 사람이나 생물이 어려운 환경에 굴복하거나 죽지 않고 계속해서 버티면서 살아 나가는 상태가 되다. ▶ 침엽수는 추위에 잘 견딘다.
	❸ 물건이 열이나 압력 따위와 같은 외부의 작용을 받으면서도 일정 기간 동안 원래의 상태나 형태를 유지하다. ▶ 싸구려 물건치고는 오래 견딘 편이다.
	❹ 물건이 열이나 압력 따위와 같은 외부의 작용을 받으면서도 원래의 상태나 형태를 유지하다. ▶ 과일은 충격에 잘 견디는 상자에 담아야 한다.

□ 견문발검 見 볼 견 蚊 모기 문 拔 뽑을 발 劍 칼 검	(모기를 보고 칼을 뺀다.→) 사소한 일에 크게 성내어 덤빔. ▶ 학생들 간의 사소한 말다툼을 학교폭력으로 처리하는 것은 견문발검의 우를 범하는 것이다. 한자성어 + **당랑거철**(螳사마귀당 螂사마귀랑 拒막을거 轍바퀴자국철): (사마귀가 앞발을 들고 수레바퀴를 멈추려 한다.→) 제 역량을 생각하지 않고, 강한 상대나 되지 않을 일에 덤벼드는 무모한 행동거지 ▶ 미국을 군사적으로 위협하는 북한의 행동을 당랑거철로 보는 시각이 있다. **이란투석**(以써이 卵알란 投던질투 石돌석): (달걀로 돌을 친다.→) 아주 약한 것으로 강한 것에 대항하려는 어리석음 ▶ 중소기업이 대기업을 상대로 소송을 벌이자 모두들 이란투석이라며 염려하였다. **연목구어**(緣인연연 木나무목 求구할구 魚물고기어): (나무에 올라가서 물고기를 구한다.→) 도저히 불가능한 일을 굳이 하려 함. ▶ 사막 위에 도시를 건설하겠다는 지도자의 말은 연목구어라는 비난을 받았다.

□ 견인 牽 이끌 견 引 끌 인	끌어서 당김. ▶ 주차 금지 구역에 주차한 차량이 견인되었다. 참고어휘 + '引(끌인)'을 공유하는 한자어 **유인**(誘꾈유 引끌인): 주의나 흥미를 일으켜 꾀어냄. ▶ 낚시꾼은 미끼로 물고기를 유인해 잡는다. **흡인**(吸마실흡 引끌인): 빨아들이거나 끌어당김. ▶ 그의 연설은 청중들을 귀 기울이게 하는 흡인력이 있다.

□ 견지 堅 굳을 견 持 가질 지	어떤 견해나 입장 따위를 굳게 지니거나 지킴. ▶ 야당은 정부안에 대해 반대 입장을 견지하고 있다. 유의어 + **고수**(固굳을고 守지킬수): 차지한 물건이나 형세 따위를 굳게 지킴. ▶ 그 선수는 3년 동안 세계랭킹 1위를 고수(≒유지)하고 있다. 동음이의어 + **견지**(見볼견 地땅지): 어떤 사물을 판단하거나 관찰하는 입장 ▶ 우리나라는 인도적 견지(≒관점)에서 이웃 나라에 식량을 지원했다. 한자성어 + **각주구검**(刻새길각 舟배주 求구할구 劍칼검): (배에서 칼을 물속에 떨어뜨리고는 그 위치를 뱃전에 표시하였다가 나중에 배가 움직인 것을 생각하지 않고 칼을 찾으려 함.→) 융통성 없이 현실에 맞지 않는 낡은 생각을 고집하는 어리석음 ▶ 1인 가구가 대세인데도 대용량 식품 포장만을 고수하다니 각주구검이 아닐 수 없다. **수주대토**(守지킬수 株그루주 待기다릴대 兎토끼토): (우연히 나무 그루터기에 토끼가 부딪쳐 죽은 것을 잡은 후, 또 그와 같이 토끼를 잡을까 하여 그루터기만 지키고 있음.→) 한 가지 일에만 얽매여 발전을 모르는 어리석음 ▶ 자활하려는 노력 없이 정부 지원금에만 의존하는 것은 수주대토의 우를 범하는 것이다.

□ 결속 結 맺을 결 束 묶을 속	뜻이 같은 사람끼리 서로 단결함. ▶ 우리가 결속해야만 상대편의 방해 공작을 저지할 수 있다. 참고어휘 + '結(맺을결)'을 공유하는 한자어 **결연**(結맺을결 緣인연연): 인연을 맺음. 또는 그런 관계 ▶ 우리 학교와 결연을 맺은 스페인 고등학교의 학생들이 학교를 방문하였다. **결빙**(結맺을결 氷얼음빙): 물이 얾. ▶ 어제 내린 눈으로 도로에 결빙 구간이 많다. 한자성어 + **결자해지**(結맺을결 者사람자 解풀해 之그것지): (맺은 사람이 그것을 풀어야 한다.→) 자기가 저지른 일은 자기가 해결하여야 함. ▶ 건설사는 붕괴사고에 대해 결자해지의 자세로 임해야 한다.

□ 겸비
兼 겸할 겸 **備** 갖출 비

두 가지 이상을 아울러 갖춤. ▶ 그는 전문가로서의 재능에 지도력까지 겸비한 사람이었다.

참고어휘 + '備(갖출비)'을 공유하는 한자어

구비(具갖출구 備갖출비): 있어야 할 것을 빠짐없이 다 갖춤. ≒완비(完완전할완 備갖출비)
▶ 전자 제품 판매점에는 여러 전자 제품이 구비되어 있다.

대비(對대할대 備갖출비): 앞으로 일어날지도 모르는 어떠한 일에 대응하기 위하여 미리 준비함. 또는 그런 준비 ▶ 그날그날의 생계를 걱정해야만 하는 사람들에게 노후 대비는 사치일 수 있다.

예비(豫미리예 備갖출비): ❶ 필요할 때 쓰기 위하여 미리 마련하거나 갖추어 놓음.
▶ 중요한 파일은 별도로 복사하여 예비로 보관해 두었다.

❷ 더 높은 단계로 넘어가거나 정식으로 하기 전에 그 준비로 미리 초보적으로 갖춤. 또는 그런 준비
▶ 중학교 3학년은 예비 고등학생이라고 불린다.

정비(整가지런할정 備갖출비): ❶ 흐트러진 체계를 정리하여 제대로 갖춤.
▶ 신문왕 때에는 귀족 세력을 억누르고 군사 제도를 정비하였다.

❷ 기계나 설비가 제대로 작동하도록 보살피고 손질함. ▶ 카센터에 자동차 정비를 맡겼다.

❸ 도로나 시설 따위가 제 기능을 하도록 정리함. ▶ 장마를 앞두고 배수로를 정비하였다.

□ 겹치다

❶ 여러 사물이나 내용 따위가 서로 덧놓이거나 포개어지다.
▶ 딸의 모습이 부모님의 모습과 겹쳐(≒중첩되어) 눈앞에 어른거렸다.

❷ 여러 가지 일이나 현상이 한꺼번에 일어나다. ▶ 감기에 몸살이 겹치어 결석하였다.

❸ 둘 이상을 서로 덧놓거나 포개다.
▶ 설거지를 마친 후 같은 크기의 그릇들을 겹쳐(≒포개) 놓았다.

□ 경도
傾 기울 경 **倒** 넘어질 도

온 마음을 기울여 사모하거나 열중함. ▶ 그는 한때 러시아 문학에 경도되었다.

참고어휘 + '傾(기울경)'을 공유하는 한자어

경청(傾기울경 聽들을청): 귀를 기울여 들음. ▶ 선생님의 강의를 경청하는 것만으로도 공부가 된다.

경사(傾기울경 斜비낄사): 한쪽으로 비스듬히 기울어진 정도 ▶ 이 길은 경사가 급하다

□ 경미하다
輕 가벼울 경 **微** 작을 미 –

가볍고 아주 적어서 대수롭지 아니하다. ▶ 홍수가 났지만 피해는 경미하다.

참고어휘 + '微(작을미)'을 공유하는 한자어

미미(微작을미 微작을미)**하다**: 보잘것없이 아주 작다. ▶ 자연의 위력 앞에 인간은 미미한 존재일 뿐이다.

한미(寒찰한 微작을미)**하다**: 가난하고 지체가 변변하지 못하다. ▶ 그는 본래 한미한 집안에서 태어났다.

한자성어 + **구우일모**(九아홉구 牛소우 一한일 毛터럭모): (아홉 마리의 소 가운데 박힌 하나의 털→) 매우 많은 것 가운데 극히 적은 수 ▶ 그가 저지른 비리 중 실체가 드러난 것은 구우일모에 불과하다.

확 인 문 제

(1~4) 문맥에 어울리는 말을 괄호 안에서 고르시오.

1. 그는 교통사고로 (경미 / 한미)한 부상을 입었다.
2. 그들은 전열을 (구비 / 정비)하고 다음 전투를 준비했다.
3. 아군은 적을 계곡으로 (견인 / 유인)한 후 기습하였다.
4. 개인이 대기업과 싸우는 것은 (견문발검 / 당랑거철)일 수 있다.

(5~8) 제시된 상황과 한자성어의 연결이 적절한지 판단하시오.

5. 아이는 시골 마을의 유일한 초등학생이다. – 구우일모
6. 그 경찰은 시민을 보호한다는 초심을 지키고 있다. – 각주구검
7. 주입식 교육으로 노벨상 수상자를 육성한다. – 연목구어
8. 일본은 위안부 문제의 해결을 외면하고 있다. – 결자해지

(9~11) 밑줄 친 두 낱말이 동음이의 관계인지, 다의 관계인지 판단하시오.

9. 굶주림을 견디는 사람들 – 화재에 견디는 재료
10. 과거와 현재의 대비 – 노후에 대한 대비
11. 예술가의 견지에서 보다. – 강경 노선을 견지하다.

- -

[정답] 1. 경미 2. 정비 3. 유인 4. 당랑거철 5. 부적절 6. 부적절 7. 적절 8. 부적절 9. 다의 관계 10. 동음이의 관계 11. 동음이의 관계
[해설] 2. 전열(戰列): 전쟁에 참가하는 부대의 대열

□ 경외	공경하면서 두려워함. =외경(畏두려워할외 敬공경경)
敬 공경 **敬畏** 두려워할 **외**	▶ 그는 존경의 대상을 넘어서 경외(=외경)의 인물로 평가되어 왔다.

□ 경유
經 지날 **經由** 말미암을 **유**

❶ 어떤 곳을 거쳐 지남. ▶ 그들은 스위스를 경유해(≒거쳐) 프랑스로 갔다.

❷ 사무 절차에서 어떤 부서를 거쳐 지남.

▶ 신제품 기획안은 마케팅팀을 경유하는(≒거치는) 것이 원칙이다.

[참고어휘 +] '經(지날경)'을 공유하는 한자어

경과(經지날경 過지날과): ❶ 시간이 지나감. ▶ 그와 헤어진 후 많은 날들이 경과했다(≒흘러갔다).

❷ 어떤 단계나 시기, 장소를 거침. ▶ 그는 힘든 시련 속에서 사춘기를 경과했다(≒거쳤다).

❸ 일이 되어 가는 과정 ▶ 나는 그에게 사건의 경과를 들었다.

[한자성어 +] **주마간산**(走달릴주 馬말마 看볼간 山뫼산): (말을 타고 달리며 산천을 구경한다.→) 자세히 살피지 아니하고 대충대충 보고 지나감. ▶ 1시간 만에 책을 다 읽었다니 주마간산으로 훑은 것이 분명하다.

□ 계교
計 셀 **計巧** 공교할 **교**

요리조리 헤아려 보고 생각해 낸 꾀 ▶ 힘으로는 상대가 안 되니 계교를 써서 적을 물리쳐야겠다.

[유의어 +] **계책**(計셀계 策꾀책): 어떤 일을 이루기 위한 꾀나 방법. 또는 그것을 생각해 냄. ≒술책(術재주술 策꾀책)/계략(計셀계 略간략할략)

▶ 궁지에서 벗어나기 위해 머리를 짜내 보았으나 뾰족한 계책(≒술책/계략)이 떠오르지 않았다.

묘책(妙묘할묘 策꾀책): 매우 교묘한 꾀 ▶ 부모님의 허락을 받아낼 묘책이 떠올랐다.

흉계(凶흉할흉 計셀계): 흉악한 계략 ▶ 계모는 장화와 홍련을 없앨 흉계를 꾸몄다.

간계(奸간사할간 計셀계): 간사한 꾀 ▶ 그는 친구를 속이려고 간계를 꾸미고 있었다.

[한자성어 +] **조삼모사**(朝아침조 三석삼 暮저녁모 四넉사): (먹이를 아침에 세 개, 저녁에 네 개씩 주겠다는 말에는 원숭이들이 적다고 화를 내더니, 아침에 네 개, 저녁에 세 개씩 주겠다는 말에는 좋아함.→) 간사한 꾀로 남을 속여 희롱함.

▶ 산림을 파괴해 놓고는 마을 발전 기금을 내놓겠다니 농민을 우롱하는 조삼모사가 아닐 수 없다.

□ 고금
古 옛 **古今** 이제 **금**

예전과 지금 ▶ 그는 고금을 통틀어 가장 위대한 시인이다.

[참고어휘 +] **조석**(朝아침조 夕저녁석): ❶ 아침과 저녁 ▶ 그는 조석으로 부모님께 문안을 드린다.

❷ 썩 가까운 앞날. 또는 어떤 일이 곧 결판나거나 끝장날 상황

▶ 국가의 흥망이 조석에 달린 이때에 네 것 내 것을 따지는 것이 무슨 의미가 있겠는가?

❸ 아침밥과 저녁밥 ▶ 집이 가난해서 조석 두 끼 먹기도 힘들다.

❹ 날마다 일정한 때에 밥을 먹는 일 ▶ 조석 걱정 없이 살아보는 것이 어머니의 소원이었다.

주야(晝낮주 夜밤야): ❶ 밤과 낮 ▶ 직원들이 주야 교대로 일하고 있다.

❷ 쉬지 아니하고 계속함. ▶ 그는 주야로 사색에 빠져 나날을 보냈다.

□ 고다

❶ 고기나 뼈 따위를 무르거나 진액이 빠지도록 끓는 물에 푹 삶다.

▶ 그는 집에서 기르던 닭을 잡아 푹 고아 먹었다.

❷ 졸아서 진하게 엉기도록 끓이다. ▶ 할머니는 엿을 고아 강정을 만드셨다.

[참고어휘 +] **데치다**: 물에 넣어 살짝 익히다. ▶ 푸른 채소를 데칠 때 소금을 넣으면 파란 빛깔을 살릴 수 있다.

삶다: ❶ 물에 넣고 끓이다. ▶ 국수를 삶아서 비빔국수를 만들어 먹었다.

❷ 달래거나 꾀어서 자기 말을 잘 듣게 만들다. ▶ 그는 어수룩한 친구를 삶아서 바가지를 씌웠다.

❸ 논밭의 흙을 써레로 썰고 나래로 골라 노글노글하게 만들다. ▶ 할아버지가 밭을 삶았다.

❹ 날씨가 몹시 무덥고 찌는 듯하여 뜨거운 열기로 가득하다.

▶ 살인적인 무더위가 거리를 푹푹 삶고 있었다.

찌다: ❶ 뜨거운 김으로 익히거나 데우다. ▶ 오늘 점심에는 감자를 쪄서 먹자.

❷ 뜨거운 김을 쐬는 것같이 더워지다. ▶ 노동자들은 찌는 더위 속에서 일하고 있다.

□ **고르다¹**	여럿 중에서 가려내거나 뽑다. ▶ 기자들은 올해의 뉴스로 남북 정상회담을 골랐다(≒선택했다/뽑았다).

□ **고르다²**	❶ 울퉁불퉁한 것을 평평하게 하거나 들쭉날쭉한 것을 가지런하게 하다. ▶ 병사들이 열심히 땅을 <u>고른</u> 뒤 그 위에 천막을 세웠다. ❷ 붓이나 악기의 줄 따위가 제 기능을 발휘하도록 다듬거나 손질하다. ▶ 명인은 거문고 줄을 <u>고르고</u> 다시 한 곡조를 뜯었다. 그는 가쁘게 몰아쉬던 숨을 <u>고르고</u> 있다.

□ **고르다³**	❶ 여럿이 다 높낮이, 크기, 양 따위의 차이가 없이 한결같다. ▶ 그는 치아가 <u>고르다</u>. 이 지역은 비가 연중 <u>고르게</u> 내린다. ❷ 상태가 정상적으로 순조롭다. ▶ 날씨가 <u>고르지</u> 못해 계획된 행사가 취소되었다.

□ **고립무원** 孤 외로울 고 立 설 립 無 없을 무 援 도울 원	고립되어 구원을 받을 데가 없음. ▶ 그의 소대는 적진에 너무 깊숙이 들어가는 바람에 <u>고립무원</u>의 처지가 되었다. 한자성어 + **사면초가**(四넉사 面낯면 楚초나라초 歌노래가): (초나라 항우가 사면을 둘러싼 한나라 군사 쪽에서 들려오는 초나라의 노랫소리를 듣고 초나라 군사가 이미 항복한 줄 알고 놀람.→) 아무에게도 도움을 받지 못하는, 외롭고 곤란한 지경에 빠진 형편 ▶ 밖에도 적, 안에도 적, 상황은 그야말로 <u>사면초가</u>였다. 속담 + **그물에 걸린(든) 고기**: 이미 잡혀 옴짝달싹 못하고 죽을 지경에 빠짐. ▶ 아무리 날랜 도둑이라도 그 경찰관을 만나면 <u>그물에 걸린 고기</u> 신세가 된다.

□ **고양** 高 높을 고 揚 날릴 양	정신이나 기분 따위를 북돋워서 높임. ▶ 보너스가 지급되자 직원들의 사기가 <u>고양</u>되었다. 유의어 + **고조**(高높을고 調고를조): ❶ 음 따위의 가락이 높아짐. 또는 그 높은 가락 ▶ 흥분 때문에 그의 목소리가 <u>고조</u>되었다. ❷ 사상이나 감정, 세력 따위가 한창 무르익거나 높아짐. 또는 그런 상태 ▶ 두 나라 사이에 전쟁 위기감이 <u>고조</u>되고 있다. **제고**(提끌제 高높을고): 쳐들어 높임. ▶ 기업 광고는 기업의 이미지 <u>제고</u>를 목적으로 한다. **고무**(鼓북고 舞춤출무): (북을 치고 춤을 춤.→) 힘을 내도록 격려하여 용기를 북돋움. ▶ 사원들은 사장의 발언을 <u>고무</u>적으로 받아들였다. **고취**(鼓북고 吹불취): ❶ 힘을 내도록 격려하여 용기를 북돋움. ▶ 사장은 사원들의 사기 <u>고취</u>를 위하여 노력하였다. ❷ 의견이나 사상 따위를 열렬히 주장하여 불어넣음. ▶ 그는 학생들에게 애국 사상을 <u>고취</u>하였다.

확인문제

(1~4) 밑줄 친 말의 쓰임이 문맥에 적절한지 판단하시오.

1. 그는 <u>고금</u>에 드문 명궁이다.

2. 엄마가 아이의 재롱을 <u>경외</u>의 눈으로 바라보았다.

3. 왕은 간신의 <u>간계</u>에 넘어가 충신을 쫓아냈다.

4. 나는 우선 그 집 하인을 잘 <u>껴서</u> 내 편을 만들기로 했다.

(5~8) 문맥에 어울리는 말을 괄호 안에서 고르시오.

5. 이야기가 진행될수록 흥미가 (고조 / 고무)되었다.

6. 고기를 흐무러지게 (과서 / 데쳐서) 할머니께 드렸다.

7. (주마간산 / 고립무원)으로 공부하다가 핵심을 놓쳤다.

8. 친구마저 등을 돌리자 그는 (조삼모사 / 사면초가)에 빠졌다.

9. 각 예문에 쓰인 '고르다'의 유의어로 적절하지 않은 것은?

　① 이익을 <u>고르게</u> 분배하다.[→ 균등(均等)하다]

　② 효과가 <u>고르게</u> 나타나다.[→ 균일(均一)하다]

　③ 물건을 <u>고르게</u> 배치하다.[→ 평등(平等)하다]

　④ 사람들을 <u>고르게</u> 대우하다.[→ 동등(同等)하다]

　⑤ 방바닥이 <u>고르고</u> 단단하다.[→ 평평(平平)하다]

- -

[정답] 1. 적절 2. 부적절 3. 적절 4. 부적절 5. 고조 6. 과서 7. 주마간산 8. 사면초가 9. ③

[해설] 4. → 삶아서 9. ③ 평등(平等)하다: 권리, 의무, 자격 등이 차별 없이 고르고 한결같다.

1. ㉠~㉤의 문맥적 의미로 적절하지 <u>않은</u> 것은?

(2016 고2 6월 학평 응용)

재산을 무상으로 타인에게 ㉠이전하는 것에는 '상속'과 '증여'가 있다. 상속은 재산을 주는 이가 사망했을 때, 증여는 재산을 주는 이가 생존해 있을 때 이루어진다. 상속과 증여에는 세금을 ㉡부과하는데 이를 각각 상속세, 증여세라 한다. 이는 부의 세습을 통한 부익부 빈익빈 현상의 심화를 막고, 부를 사회적으로 재분배하기 위해서이다.

상속과 증여는 모두 재산을 주는 이의 의지에 따라 재산을 받는 이가 결정되고, 재산을 받는 이가 세금 납부 의무자가 된다. 그런데 상속의 경우 재산을 물려주는 이가 유언 없이 사망하였을 때, 그의 상속 의지를 알 수 없다. 이에 ㉢대비하여 상속인의 범위를 민법에 명확히 ㉣규정하고 있다. 민법에 따르면 상속 1순위는 자녀, 손자와 같은 직계비속이고, 2순위는 부모, 조부모와 같은 직계존속, 3순위는 형제자매, 4순위는 조카, 백부모, 숙부모와 같은 4촌 이내의 방계혈족이다. 배우자의 경우는 따로 규정을 두고 있다. 배우자는 1, 2순위자가 있는 경우에 그 상속인과 동순위로 공동 상속인이 되고 1, 2순위자가 없는 때에는 단독 상속인이 된다. 단, 임신한 배우자의 경우에는 태아를 이미 출생한 것으로 보아, 태아의 상속권을 ㉤인정한다.

---

① ㉠: 권리 따위를 남에게 넘겨주거나 넘겨받음.
② ㉡: 세금이나 부담금 따위를 매기어 부담하게 함.
③ ㉢: 두 가지의 차이를 밝히기 위하여 서로 맞대어 비교함.
④ ㉣: 규칙으로 정함.
⑤ ㉤: 확실히 그렇다고 여김.

2. ㉠~㉤의 사전적 의미로 적절하지 <u>않은</u> 것은?

(2015 9월 모평B 응용)

전국 시대(戰國時代)의 사상계가 양주(楊朱)와 묵적(墨翟)의 사상에 ㉠경도되어 유학의 영향력이 약화되고 있다고 판단한 맹자(孟子)는 유학의 수호자를 ㉡자임하면서 공자(孔子)의 사상을 계승하는 한편, 다른 학파의 사상적 도전에 맞서 유학 사상의 이론화 작업을 전개하였다. 그는 공자의 춘추 시대(春秋時代)에 비해 사회 혼란이 ㉢가중되는 시대적 환경 속에서 사회 안정을 위해 특히 '의(義)'의 중요성을 강조하였다.

맹자가 강조한 '의'는 공자가 제시한 '의'에 대한 견해를 강화한 것이었다. 공자는 사회 혼란을 치유하는 방법을 '인(仁)'의 실천에서 찾고, '인'의 실현에 필요한 객관 규범으로서 '의'를 제시하였다. 공자가 '인'을 강조한 이유는 자연스러운 도덕 감정인 '인'을 사회 전체로 ㉣확산했을 때 비로소 사회가 안정될 것이라고 보았기 때문이다. 이때 공자는 '의'를 '인'의 실천에 필요한 합리적 기준으로서 '정당함'을 의미한다고 보았다.

맹자는 공자와 마찬가지로 혈연관계에서 자연스럽게 드러나는 도덕 감정인 '인'의 확산이 필요함을 강조하면서도, '의'의 의미를 확장하여 '의'를 '인'과 대등한 지위로 ㉤격상하였다.

---

① ㉠: 잘못 보거나 잘못 생각함.
② ㉡: 임무를 자기가 스스로 맡음.
③ ㉢: 책임이나 부담 등을 더 무겁게 함.
④ ㉣: 흩어져 널리 퍼짐.
⑤ ㉤: 자격이나 등급, 지위 따위의 격을 높임.

3. ㉠~㉤의 사전적 의미로 적절하지 <u>않은</u> 것은?

(2012 고1 3월 학평 응용)

열대 아프리카에서 제작된 주요 미술품은 가면과 3차원적인 조각품과 같은 목조각이다. 이것들은 대부분 각이 졌으며 형태가 ㉠왜곡되고 불균형하다. 아프리카 사람들은 이러한 조각이 자연의 영(靈)과 조상신의 힘이 깃든 신성한 물건으로서 병을 치료하거나 적을 해하는 힘이 있다고 믿는다. 특별한 때에는 가면과 조각상을 성지에서 옮겨와 깨끗이 닦고 야자기름으로 광을 낸 뒤 구슬과 옷감으로 장식한다. 조각상에는 ㉡외경스러운 초자연적인 힘이 깃들어 있다고 해서 의식을 치르는 동안에는 여자와 아이들이 이 조각상을 보는 것이 금지되었다. 다습한 정글 기후 탓에 대부분의 목조각이 썩어 버렸지만 남아 있는 조각상에는 그들 사회를 반영하는 정서가 ㉢집약되어 나타나 있다.

아프리카 조각가들은 사실적인 표현 방식을 ㉣거부하고 대신 나무의 원통형에서 따온 길쭉하게 늘어진 몸통과 관 모양의 외형, 수직적 형태를 ㉤선호했다. 그들은 조각을 혼령이 머무르는 집으로 생각했기 때문에 이 목조상들이 재앙을 막고 생명체에 축복을 준다고 믿었다.

① ㉠: 사실과 다르게 해석하거나 그릇되게 함.   ② ㉡: 두려워하고 공경함.

③ ㉢: 이미 있는 것에 덧붙이거나 보탬.   ④ ㉣: 요구나 제의 따위를 받아들이지 않고 물리침.

⑤ ㉤: 여럿 가운데서 특별히 가려서 좋아함.

---

4. ㉠~㉤과 바꿔 쓸 수 있는 말로 적절하지 <u>않은</u> 것은?

(2009 수능 응용)

창조 계층을 중시하는 관점에서는, 개인의 창의력으로 부가가치를 ㉠창출하는 창조 계층이 모여서 인재 네트워크인 창조 자본을 ㉡형성하고, 이를 통해 도시는 경제적 부를 ㉢축적할 수 있는 자생력을 갖게 된다고 본다. 따라서 창조 계층을 ㉣유인하고 유지하는 것이 도시의 경쟁력을 ㉤제고하는 관건이 된다. 창조 계층에는 과학자, 기술자, 예술가, 건축가, 프로그래머, 영화 제작자 등이 포함된다.

① ⓐ: 늘리는   ② ⓑ: 만들고   ③ ⓒ: 쌓을

④ ⓓ: 끌어들이고   ⑤ ⓔ: 높이는

---

5. 〈보기〉는 조리 방법과 관련된 어휘의 용례이다. 어휘의 의미 사이에서 찾을 수 있는 공통점을 추출한 것으로 적절한 것은?

(2012 고2 3월 학평)

〈보 기〉

㉠ 고다: 할아버지의 건강을 위해 소뼈와 고기를 푹 <u>고아</u> 곰국을 만들어 드렸다.

㉡ 데치다: 채소를 <u>데치면</u> 표면이 살짝 익으면서 아삭한 식감을 유지할 수 있다.

㉢ 삶다: 국수를 <u>삶을</u> 때에는 물이 넉넉해야 가락이 엉겨 붙지 않는다.

㉣ 찌다: 송편을 <u>찔</u> 때에는 끓는 물이 송편에 닿지 않도록 시루의 높이를 조절해야 한다.

① ㉠, ㉡: 짧은 시간에 익힌다.   ② ㉠, ㉢: 물에 재료를 넣어 끓인다.

③ ㉡, ㉢: 재료가 무르도록 익힌다.   ④ ㉡, ㉣: 뜨거운 김을 이용하여 익힌다.

⑤ ㉢, ㉣: 국물이 줄어들도록 바짝 끓인다.

6. ㉠의 문맥적 의미와 가장 가까운 것은?

(2016 6월 모평A)

> 과거에는 물질이 더 이상 쪼개지지 않는 작은 원자들로 구성되어 있다고 생각되었지만, 오늘날에는 원자가 전자, 양성자, 중성자로 구성된 복잡한 구조라는 것이 밝혀졌다.
>
> 음전기를 띠고 있는 전자는 세 입자 중 가장 작고 가볍다. 1897년에 톰슨이 기체 방전관 실험에서 음전기의 흐름을 확인하여 전자를 발견하였다. 같은 음전기를 띠고 있는 전자들은 서로 반발하므로 원자 안에 모여 있기 어렵다. 이에 전자끼리 흩어지지 않고 원자의 형태를 유지하는 이유를 설명하기 위해 톰슨은 '건포도빵 모형'을 제안하였다. 양전기가 빵 반죽처럼 원자에 ㉠고르게 퍼져 있고, 전자는 건포도처럼 점점이 박혀 있어서 원자가 평소에 전기적으로 중성이라고 생각한 것이다.

① 그 식물은 전국에 <u>고른</u> 분포를 보인다.
② 국어사전에서 적당한 단어를 <u>골라</u>야 한다.
③ 그는 목소리를 <u>고르</u>며 차례를 기다리고 있다.
④ 울퉁불퉁한 곳을 흙으로 메워 판판하게 <u>골랐다</u>.
⑤ 날씨가 <u>고르지</u> 못한 환절기에 아이가 감기에 들었다.

7. 〈보기〉는 '것'의 의미를 정리한 것이다. ㉠에 해당하는 용례로 적절하지 <u>않은</u> 것은?

(2012 고1 3월 학평)

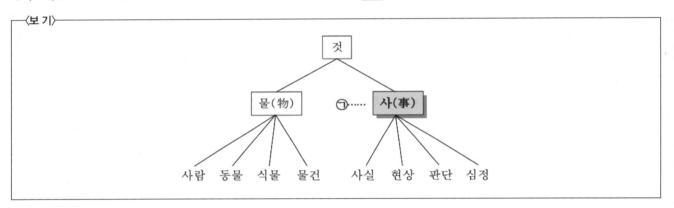

① 그가 산 <u>것</u>은 불량품이다.
② 네가 괴로운 <u>것</u>을 알고 있다.
③ 물 위에 얼음이 언 <u>것</u>을 보았다.
④ 네가 옳다고 하는 <u>것</u>은 다 옳다.
⑤ 네가 찾아온 <u>것</u>은 삼일 전이었다.

8. ㉠의 상황을 드러내기에 가장 적절한 것은?

(2018 고2 6월 학평)

> 용골대가 산봉우리에 올라 산성을 굽어보며 외치는 소리가 산을 울리니, 임금이 듣고는 하늘을 보고 통곡하여 말했다.
> ㉠"안에는 훌륭한 장수가 없고 밖에는 강적이 있으니 외로운 산성을 어찌 보전하며, 또한 양식이 다 떨어졌으니 이는 하늘이 나를 망하게 하려 하심이라."
> 　　　　　　　　　　　　　　　　　　　　　　 – 작자 미상, 〈임경업전〉

① 사면초가(四面楚歌)
② 수구초심(首丘初心)
③ 오월동주(吳越同舟)
④ 이심전심(以心傳心)
⑤ 호가호위(狐假虎威)

9. ㉠의 의미를 바르게 이해한 것은?

(2005 고3 7월 학평)

> 신유목 시대에는 국가주의가 퇴조하고 세계시민주의가 확대될 것으로 예상된다. 또한 세계화와 민족주의 사이의 갈등과 불확실성이 더욱 심해질 전망이다. 지구촌은 남북격차에 디지털 격차까지 겹쳐 빈익빈부익부 구조가 더욱 심해지고 고착될 수도 있다. 남쪽 세계에 속한 인구는 디지털 노마드로 변신을 꾀하기는커녕, ㉠생존이 가능한 공간을 찾아 흙먼지 길을 전전해야 하는 가난한 유랑민으로 남게 될지도 모른다. 이를 해결할 수 있는 길은 바로 네트워크를 통한 공동체적 유대를 회복하는 데 있다. 공동체적 유대의 기본 정신은 '박애와 관용'이다. 과학기술과 네트워크에 인간적 온기를 불어넣을 때, 인간을 소외시켰던 바로 그 과학기술과 네트워크는 신유목 시대의 미래를 열어가는 정신적 토대로 전환될 수 있다.

① 지록위마(指鹿爲馬)의 상황이라는 말이군.
② 전화위복(轉禍爲福)의 양상이 잘 드러나 있군.
③ 오리무중(五里霧中)이라더니 바로 그 상태로군.
④ 새옹지마(塞翁之馬)라는 말이 딱 들어맞을 것 같군.
⑤ 남부여대(男負女戴)의 상황이 될 수도 있다는 말이군.

10. ㉠에 대한 설명으로 적절하지 <u>않은</u> 것은?

(2010 9월 모평 응용)

> 각설. 뇌천풍이 분기탱천하여 도끼를 휘두르며 강남홍에게 덤벼들었지만 그녀는 태연히 웃으며 부용검을 들고 서서 꼼짝도 않았다. 뇌천풍은 더욱 화가 나서 크게 소리 지르며 힘을 다해 강남홍을 공격했다. 순간 강남홍이 쌍검을 휘두르며 허공에 몸을 솟구쳤다. 뇌천풍이 허공을 쳐다보며 급히 도끼를 거두어들이려는데 갑자기 쨍그랑하는 소리가 머리 위에서 들렸다. 날아온 칼이 공중에서 떨어지며 투구를 쳐서 깨뜨린 것이었다. 뇌천풍이 황망하여 몸을 뒤틀며 말에서 떨어졌다.
> 그러나 강남홍은 다시 돌아보지 않고 칼을 거뒀다. 원래 강남홍의 검법은 깊고 얕음이 있어서 다만 투구만 깨뜨릴 뿐 사람을 다치게 하지는 않았다. 그러나 뇌천풍은 이미 ㉠정신을 차리지 못하여 자기 머리가 없음을 의심하니 다시는 싸울 생각을 하지 못하고 급히 말을 돌려 자신의 진영으로 달아났다.
>
> — 남영로, 〈옥루몽〉

① 뇌천풍은 고립무원(孤立無援)이 되었다.
② 뇌천풍은 기사회생(起死回生)하여 본진으로 돌아갔다.
③ 뇌천풍은 적에게 패하자 삼십육계(三十六計)를 놓았다.
④ 뇌천풍은 강남홍의 칼 솜씨에 혼비백산(魂飛魄散)하였다.
⑤ 뇌천풍이 강남홍을 대적한 것은 이란투석(以卵投石)이었다.

[정답] 1. ③ 2. ① 3. ③ 4. ① 5. ② 6. ① 7. ① 8. ① 9. ⑤ 10. ①

[해설] 1. ⓒ 대비(對備): 앞으로 일어날지도 모르는 어떠한 일에 대응하기 위하여 미리 준비함. 2. ㉠: 온 마음을 기울여 사모하거나 열중함. ①은 '오인(誤認)'의 의미이다. 3. ⓒ: 한데 모아서 요약됨. ③은 '첨가'의 의미이다. 4. ㉠: 전에 없던 것을 처음으로 생각하여 지어내거나 만들어 냄. 5. ㉠: 고기나 뼈 따위를 무르거나 진액이 빠지도록 끓는 물에 푹 삶다. ⓒ: 물에 넣고 끓이다. ㉠과 ⓒ 사이에서는 '물에 재료를 넣어 끓이다'라는 공통된 의미를 추출할 수 있다. 6. ㉠·① 여럿이 다 높낮이, 크기, 양 따위의 차이가 없이 한결같다. ② 여럿 중에서 가려내거나 뽑다. ③ 붓이나 악기의 줄 따위가 제 기능을 발휘하도록 다듬거나 손질하다. ④ 울퉁불퉁한 것을 평평하게 하거나 들쭉날쭉한 것을 가지런하게 하다. ⑤ 상태가 정상적으로 순조롭다. 7. ① 물건 ② 심정 ③ 현상 ④ 판단 ⑤ 사실 8. ② 고향을 그리워하는 마음 ③ 서로 적의를 품은 사람들이 한자리에 있게 된 경우나 서로 협력하여야 하는 상황 ④ 마음과 마음으로 서로 뜻이 통함. ⑤ 남의 권세를 빌려 위세를 부림. 9. ㉠은 디지털 노마드로 제대로 변신하지 못했을 경우에 발생하는 상황이다. 가난한 유랑민이 되어 이곳저곳을 전전하는 상황이므로 '남부여대'가 어울린다. ① 지록위마: 윗사람을 농락하여 권세를 마음대로 함. ④ 새옹지마: 인생의 길흉화복은 변화가 많아서 예측하기가 어려움. 10. ㉠에서 뇌천풍은 자신의 진영으로 돌아가고 있으므로 '고립무원'은 적절하지 않다. ② 기사회생: 중병 등으로 죽을 뻔하다가 살아나 회복됨. ③ 삼십육계를 놓다: 도망을 치다 ④ 혼비백산: 몹시 놀라 넋을 잃음.

☐ **고초**
苦 쓸 고 楚 회초리 초

괴로움과 어려움=고난(苦쓸고 難어려울난) ▶ 왜경에 잡힌 후 그가 겪은 <u>고초</u>는 이루 다 말할 수 없다.

유의어 **+** **신고**(辛매울신 苦쓸고): 어려운 일을 당하여 몹시 애씀. 또는 그런 고생
▶ 아버지가 돌아가신 후 어머니는 갖은 <u>신고</u>를 겪으며 우리 남매를 키우셨다.

신산(辛매울신 酸신산): (맛이 맵고 심. →) 세상살이가 힘들고 고생스러움.
▶ 어릴 때부터 <u>신산</u>을 겪어 온 그는 젊은이답지 않게 참을성이 대단했다.

한자성어 **+** **간난신고**(艱어려울간 難어려울난 辛매울신 苦쓸고): 몹시 힘들고 어려우며 고생스러움.
▶ 그는 온갖 <u>간난신고</u>를 이겨내고 성공을 거두었다.

☐ **고치다**

❶ 고장이 나거나 못 쓰게 된 물건을 손질하여 제대로 되게 하다.
▶ 그는 카센터에 들러 고장 난 자동차를 <u>고쳤다</u>(≒수리했다).
❷ 병 따위를 낮게 하다. ▶ 이 병원은 피부병을 잘 <u>고친다고</u>(≒치료한다고) 소문이 났다.
❸ 잘못되거나 틀린 것을 바로잡다. ▶ 잘못 든 습관은 <u>고치기</u>(≒교정하기/바로잡기) 어렵다.
❹ 모양이나 내용 따위를 바꾸다.
▶ 도입 부분을 조금 <u>고쳤을</u>(≒수정했을/바꿨을) 뿐인데 글에 대한 평가가 훨씬 좋아졌다.
❺ 처지를 바꾸다. ▶ 그는 복권에 당첨되어 신세를 <u>고쳤다</u>(≒바꿨다).
❻ 본디의 것을 손질하여 다른 것이 되게 하다.
▶ 아버지는 우리가 살던 한옥을 양옥으로 <u>고치셨다</u>(≒개량하셨다/변개하셨다/바꾸셨다).
❼ 이름, 제도 따위를 바꾸다. ▶ 몽고는 국호를 원으로 <u>고쳤다</u>(≒변경했다/바꿨다).

☐ **곡해**
曲 굽을 곡 解 풀 해

❶ 사실을 옳지 아니하게 해석함. 또는 그런 해석
▶ 이 부분을 그런 뜻으로 <u>곡해</u>하면 글 전체의 주제가 달라질 수 있다.
❷ 남의 말이나 행동을 본뜻과는 달리 좋지 아니하게 이해함. 또는 그런 이해
▶ 그는 사람들이 자신의 행동을 <u>곡해</u>해서 오만한 사람으로 매도했다고 말했다.

한자성어 **+** **곡학아세**(曲굽을곡 學배울학 阿아랑거릴아 世인간세): 바른 길에서 벗어난 학문으로 세상 사람에게 아첨함.
▶ <u>곡학아세</u>하는 무리들이 판을 치는 세상에서는 올바른 뜻을 가진 사람들이 살아가기 힘들다.

☐ **곤혹**
困 곤할 곤 惑 미혹할 혹

곤란한 일을 당하여 어찌할 바를 모름. ▶ 나는 면접관의 예기치 못한 질문에 <u>곤혹</u>을 느꼈다.

참고어휘 **+** **곤욕**(困곤할곤 辱욕될욕): 심한 모욕. 또는 참기 힘든 일
▶ 그 정치가는 반대파의 모함에 <u>곤욕</u>을 치렀다.

곤경(困곤할곤 境지경경): 어려운 형편이나 처지≒곤란(困곤할곤 難어려울난)
▶ 우리들은 수해로 인해 <u>곤경</u>에 빠진 사람들을 돕기로 의견을 모았다.

애로(隘좁을애 路길로): (좁고 험한 길) 어떤 일을 하는 데 장애가 되는 것
▶ 아프리카 오지에 학교를 세우기까지는 <u>애로</u>가 많았다.

☐ **골수**
骨 뼈 골 髓 뼛골 수

❶ 뼈의 중심부인 골수 공간에 가득 차 있는 물질
▶ <u>골수</u> 속에 숨은 병을 발견하는 데는 엑스선이 이용된다.
❷ 마음속 깊은 곳 ▶ 그는 일제 36년을 겪으면서 나라 잃은 설움이 <u>골수</u>에 사무쳤다.
❸ 요점이나 골자 ▶ 그의 말은 가히 유학의 <u>골수</u>를 체득한 듯 놀라웠다.
❹ 어떤 사상이나 종교, 또는 어떤 일에 철저하거나 골몰한 사람
▶ 그 정치인은 <u>골수</u> 보수파이다.

참고어휘 **+** **뇌리**(腦골뇌 裏속리): 사람의 의식이나 기억, 생각 따위가 들어 있는 영역
▶ 아내의 마지막 모습이 <u>뇌리</u>에 깊이 박혀 잊히지 않았다.

염두(念생각염 頭머리두): ❶ 생각의 시초 ▶ 그는 체면 때문에 나선다는 생각은 <u>염두</u>에도 없었다.
❷ 마음속 ▶ 항상 너를 지켜보는 사람이 많다는 것을 <u>염두</u>에 두고 행동하기 바란다.

□ **곱다¹**	❶ 모양, 생김새, 행동거지 따위가 산뜻하고 아름답다.
	▶ 설날을 맞아 아이가 한복을 곱게 차려입었다.
	❷ 색깔이 밝고 산뜻하여 보기 좋은 상태에 있다. ▶ 저녁노을이 곱게 물들었다.
	❸ 소리가 듣기에 맑고 부드럽다. ▶ 어디선가 산새들의 고운 노랫소리가 들려왔다.
	❹ 만져 보는 느낌이 거칠지 아니하고 보드랍다. ▶ 어머니는 살결이 곱다.
	❺ 가루나 알갱이 따위가 아주 잘다. ▶ 체에 쳤더니 밀가루가 매우 곱다.
	❻ 상냥하고 순하다. ▶ 싸운 이후로 나를 바라보는 그의 눈길이 곱지 않다.
	❼ 편안하고 순탄하다. ▶ 그녀는 부모의 사랑을 독차지하며 곱게 자랐다.
	❽ 그대로 온전하다. ▶ 이대로 적들을 곱게 보내 주어서는 안 된다.
	❾ 흔적이 없이 깔끔하다. ▶ 소년은 지금껏 쓴 것을 지우개로 곱게 지웠다.

□ **곱다²**	손가락이나 발가락이 얼어서 감각이 없고 놀리기가 어렵다.
	▶ 추위에 손이 곱아서 글씨를 제대로 쓸 수가 없다.

□ **공명** **功**공 공**名**이름 명	공을 세워서 자기의 이름을 널리 드러냄. 또는 그 이름
	▶ 고전소설은 대체로 주인공이 부귀와 공명을 누리게 되는 것으로 끝맺는다.
	동음이의어 ＋ **공명**(空빌공 名이름명): ❶ 실제에 맞지 않는 부풀린 명성
	▶ 모두들 그가 대단한 사람인 줄 알지만 사실은 공명일 뿐이다.
	❷ 이름이나 명성의 덧없음.
	▶ 그는 공명을 좇아 살아온 지난 세월이 헛되게 느껴졌다.
	공명(共한가지공 鳴울명): 남의 사상이나 감정, 행동 따위에 공감하여 자기도 그와 같이 따르려 함.
	▶ 그의 연설에 공명한 시민들이 집회에 모여들었다.
	한자성어 ＋ **입신양명**(立설입 身몸신 揚날릴양 名이름명): 출세하여 이름을 세상에 떨침.
	▶ 그는 입신양명하기 전에는 고향에 돌아가지 않기로 결심했다.
	유방백세(流흐를유 芳꽃다울방 百일백백 世인간세): 꽃다운 이름이 후세에 길이 전함.
	▶ 선조 중에는 용맹함과 충성심으로 유방백세한 인물이 한둘이 아니다.

확 인 문 제

(1~4) 문맥에 맞는 말을 괄호 안에서 고르시오.

1. 그는 (골수 / 뇌리) 진보주의자라 할 수 있다.
2. 그는 엉뚱한 구설수에 올라 (곤욕 / 곤혹)을 치렀다.
3. 부디 제 뜻을 (이해 / 곡해)하지 마시기 바랍니다.
4. 학문의 정도에서 벗어나 (간난신고 / 곡학아세)하지 마라.

(5~6) 밑줄 친 말이 제시문과 유사한 의미로 쓰인 것을 고르시오.

5. 나는 그의 이야기에 공명이 가지 않았다.
   ① 적에게 대승을 거둔 장군은 천하에 공명을 떨쳤다.   ② 우리는 고개를 끄덕이는 것으로 그의 사상에 공명을 표했다.

6. 곡식을 곱게 빻다.
   ① 아이를 곱게 기르다.   ② 음식에 고운 소금을 넣다.   ③ 아이가 고운 목소리로 노래하다.

(7~10) 밑줄 친 단어의 의미에 대응하는 한자어를 <보기>에서 고르시오.

7. 해진 구두를 고쳐 신었다.   8. 이 병원은 병을 잘 고친다.   9. 잘못된 버릇을 고쳤다.   10. 계획을 대폭 고쳤다.

〈보 기〉
교정(矯正)	변경(變更)	수선(修繕)	치료(治療)

[정답] 1. 골수 2. 곤욕 3. 곡해 4. 곡학아세 5. ② 6. ② 7. 수선(修繕) 8. 치료(治療) 9. 교정(矯正) 10. 변경(變更)
[해설] 5. 공명(共鳴) ① 공명(功名) 6. 곱다¹-❺ ① 곱다¹-❼ ③ 곱다¹-❸

□ 공사
公 공평할 공 **私** 사사 사

공공의 일과 사사로운 일 ▶ 공직자뿐만 아니라 일반인도 공사를 엄격히 구분해야 한다.

한자성어 **+** **공사다망**(公공평할공 私사사사 多많을다 忙바쁠망): 공적 · 사적인 일 따위로 매우 바쁨.

▶ 공사다망 중에도 틈을 내어 이렇게 찾아와 주시니 감사하기 이를 데 없습니다.

공평무사(公공평할공 平공평할평 無없을무 私사사사): 공평하여 사사로움이 없음.

▶ 판사는 공평무사의 마음으로 올바른 판결을 내려야 한다.

불편부당(不아닐불 偏치우칠편 不아닐부 黨무리당): 아주 공평하여 어느 쪽으로도 치우침이 없음.

▶ 판사는 어떤 사건에서든 불편부당한 입장에서 공정한 재판을 하여야 한다.

견리사의(見볼견 利이로울리 思생각사 義옳을의): 눈앞의 이익을 보면 의리를 먼저 생각함.

▶ 견리사의라고 했는데, 요즘은 자신의 이익을 위해 부모나 친구를 내팽개치는 일도 많다.

읍참마속(泣울읍 斬벨참 馬말마 謖일어날속): 큰 목적을 위하여 자기가 아끼는 사람을 버림.(← 제갈량이 군령을 어기어 싸움에서 패한 마속을 눈물을 머금고 참형에 처하였다는 데서 유래)

▶ 그 국회의원은 자신의 이름을 팔면서 이권을 챙기는 보좌관을 읍참마속의 심정으로 해고하였다.

동음이의어 **+** **공사**(公공공할공 事일사): 국가나 공공 단체의 일=공무(公공공할공 務힘쓸무)

▶ 남편은 공사에 매인 몸이라 마음대로 휴가를 쓰기 어려운 경우가 있다.

□ 공전
空 빌 공 **前** 앞 전

비교할 만한 것이 이전에는 없음. ▶ 김 감독이 만든 영화가 공전의 히트를 기록하였다.

동음이의어 **+** **공전**(空빌공 戰구를전): ❶ 기계나 바퀴 따위가 헛돎.

▶ 자동차 바퀴가 구렁텅이에 빠져 공전만 하고 있다.

❷ 일이나 행동이 헛되이 진행됨. ▶ 야당과 여당의 정치적 공방으로 국회는 또다시 공전하고 있다.

공전(工장인공 錢돈전): 물건을 만들거나 어떤 일을 하는 데 드는 품삯

▶ 가래떡을 뽑으려도 쌀값보다 공전이 비싸서 망설여진다.

□ 공치사
功 공공 **致** 이를 치
辭 말씀 사

남을 위하여 수고한 것을 생색내며 스스로 자랑함. ▶ 그는 자기 덕분에 계약했다고 공치사를 했다.

동음이의어 **+** **공치사**(空빌공 致이를치 辭말씀사): 빈말로 칭찬함. 또는 그렇게 하는 칭찬의 말

▶ 내가 그런 뻔한 공치사에 넘어갈 것 같니?

한자성어 **+** **감언이설**(甘달감 言말씀언 利이로울이 說말씀설): 귀가 솔깃하도록 남의 비위를 맞추거나 이로운 조건을 내세워 꾀는 말≒사탕발림

▶ 그는 큰돈을 벌게 해 주겠다는 감언이설에 속아 퇴직금을 모두 날렸다.

□ 과(와)

❶ 다른 것과 비교하거나 기준으로 삼는 대상임을 나타내는 격 조사

▶ 이 책은 내가 갖고 있는 것과 같다.

❷ 일 따위를 함께 함을 나타내는 격 조사 ▶ 나는 친구들과 여행을 가기로 했다.

❸ 상대로 하는 대상임을 나타내는 격 조사 ▶ 첼시가 아스날과 싸우면 누가 이길까?

❹ 둘 이상의 사물이나 사람을 같은 자격으로 이어 주는 접속 조사 ▶ 그와 나는 고등학교 동창이다.

□ 과도
過 지날 과 **度** 법도 도

정도에 지나침. ▶ 과도한 다이어트는 오히려 건강을 해칠 수 있다.

참고어휘 **+** **과중**(過지날과 重무거울중): ❶ 지나치게 무거움. ▶ 짐을 과중하게 실은 탓에 배가 가라앉았다.

❷ 부담이 지나쳐 힘에 벅참. ▶ 과중한 세금은 국민들의 반발을 불러일으킬 수 있다.

과열(過지날과 熱더울열): ❶ 지나치게 뜨거워짐. 또는 그런 열

▶ 기계의 과열을 막기 위해 냉각수가 필요하다.

❷ 지나치게 활기를 띰. ▶ 사교육 과열 현상으로 인해 가계의 교육비 부담이 매우 커지고 있다.

❸ 경기가 지나치게 상승함. ▶ 부동산 경기의 과열로 집값이 폭등하였다.

과잉(過지날과 剩남을잉): 예정하거나 필요한 수량보다 많아 남음.

▶ 자식에 대한 사랑이 지나쳐 과잉보호로 흐르는 부모들이 적지 않다.

과부족(過지날과 不아닐부 足넉넉할족): 기준에 넘거나 모자람. ▶ 필수 영양소를 과부족 없이 섭취해야 한다.

과도기(過지날과 渡건널도 期기약할기): 한 상태에서 다른 새로운 상태로 옮아가거나 바뀌어 가는 도중의 시기 ▶ 청소년들은 어린이에서 어른이 되어 가는 과도기에 서 있다.

☐ **과반**
過 지날 과 半 반 반

절반이 넘음. ▶ 이번 선거에서 여당이 국회 의석의 과반을 확보했다.

연관어휘 **+** **태반**(太클태 半반반): 반수 이상 ▶ 그 나라는 국민의 태반이 문맹이다.

과반수(過지날과 半반반 數셈수): 절반이 넘는 수 ▶ 참석자의 과반수가 그 안건에 찬성하였다.

☐ **과언**
過 지날 과 言 말씀 언

지나치게 말을 함. 또는 그 말 ▶ 그는 한국 최고의 배우라 해도 과언이 아니다.

참고어휘 **+** '言(말씀언)'을 공유하는 한자어

참언(讒참소할참 言말씀언): 거짓으로 꾸며서 남을 헐뜯어 윗사람에게 고하여 바침. 또는 그런 말
▶ 그는 정적의 명성을 시기한 나머지 왕에게 그 정적을 참언하였다.

망언(妄망령될망 言말씀언): 이치나 사리에 맞지 아니하고 망령되게 말함. 또는 그 말≒허튼소리, 망발, 헛소리 ▶ 독도가 일본 땅이라는 망언을 서슴지 않는 일본 정치가들이 있다.

허언(虛빌허 言말씀언): ❶ 실속이 없는 빈말 ▶ 그의 머리가 뛰어나다는 것은 과연 허언이 아니었다.
❷ 거짓말 ▶ 그렇게 진실한 사람이 허언을 했을 리가 없다.

실언(失잃을실 言말씀언): 실수로 잘못 말함. 또는 그렇게 한 말
▶ 그 정치가는 여성을 비하한 자신의 말이 실언이었다고 사과했다.

확언(確굳을확 言말씀언): 확실하게 말함. 또는 그런 말
▶ 그는 이 문제에 관해서는 신중히 검토해 봐야 한다며 확언을 피했다.

단언(斷끊을단 言말씀언): 주저하지 아니하고 딱 잘라 말함. ▶ 둘 중 누가 더 낫다고 단언하기 어렵다.

첨언(添더할첨 言말씀언): 덧붙여 말함. ▶ 첨언하건대, 이 법의 제정은 사실 늦은 감이 있습니다.

간언(諫간할간 言말씀언): 웃어른이나 임금에게 옳지 못하거나 잘못된 일을 고치도록 하는 말
▶ 제자들이 정치에 참여하지 말라고 간언했지만 교수는 끝내 듣지 않았다.

충언(忠충성충 言말씀언): ❶ 충고의 말을 함. 또는 그 말 ▶ 충언을 아끼지 않는 친구가 참된 친구다.
❷ 충직하고 바른말을 함. 또는 그 말 ▶ 역적으로 몰리는 한이 있어도 임금에게 충언하는 것이 신하의 도리이다.

공언(公공평할공 言말씀언): 여러 사람 앞에 명백하게 공개하여 말함. 또는 그렇게 하는 말
▶ 김 회장은 공언대로 재산을 사회에 환원하였다.

공언(空빌공 言말씀언): 실행이 없는 빈말 ▶ 담배를 끊겠다는 그의 이번 결심이 공언은 아니길 바란다.

호언(豪호걸호 言말씀언): 의기양양하여 호기롭게 말함. 또는 그런 말
▶ 그는 3일의 여유만 준다면 모든 문제를 해결해 놓겠다고 호언했다.

호언장담(豪호걸호 言말씀언 壯장할장 談말씀담): 호기롭고 자신 있게 말함. 또는 그 말
▶ 감독은 이번 경기를 쉽게 이길 수 있다고 호언장담하였다.

확 인 문 제

(1~4) 문맥에 어울리는 말을 괄호 안에서 고르시오.

1. 그 아파트는 지금 한창 (공사[工事] / 공사[公私])가 진행되고 있다.

2. 단서를 찾지 못해서 수사는 (공전[空前] / 공전[空轉])을 거듭하고 있다.

3. 정부는 물가 안정에 최우선을 두겠다고 (공언[公言] /공언[空言])하였다.

4. 그는 모든 것이 자기 덕이라며 (공치사[功致辭] / 공치사[空致辭])를 늘어놓았다

(5~8) 다음 설명에 해당하는 단어를 쓰시오.

5. 충고의 말　　　　　　6. 덧붙여 하는 말　　　　　　7. 호기롭게 하는 말　　　　　　8. 남을 헐뜯어 윗사람에게 고하는 말

9. 밑줄 친 '과'의 의미가 이질적인 것은?

　① 그는 도둑과 맞서 싸웠다.　　　② 그녀는 예전의 모습과 달라 보였다.　　　③ 내 생각도 큰 틀에서는 네 생각과 같다.

- -

[정답] 1. 공사[工事] 2. 공전[空轉] 3. 공언[公言] 4. 공치사[功致辭] 5. 충언 6. 첨언 7. 호언 8. 참언 9. ①

[해설] 9. ① 상대로 하는 대상임. ②·③ 비교하거나 기준으로 삼는 대상임.

□ **과작**
寡 적을 과 作 지을 작

작품 따위를 적게 지음. ↔ 다작(多많을다 作지을작)
▶ 과작인 탓에 그가 세상에 남긴 작품은 그리 많지 않다.
[참고어휘 +] '作(지을작)'을 공유하는 한자어
걸작(傑뛰어날걸 作지을작): ❶ 매우 훌륭한 작품≒대작(大클대 作지을작)/명작(名이름명 作지을작)↔졸작(拙옹졸할졸 作지을작) ▶ 이 작품은 20세기 회화를 대표하는 걸작으로 평가받고 있다.
❷ 우스꽝스럽거나 유별나서 남의 주목을 끄는 사물이나 사람
▶ 자기를 소개하는 말만 들어 보아도 그가 얼마나 걸작인지 알 수 있었다.
노작(勞일할노 作지을작): ❶ 애쓰고 노력해서 이룸. 또는 그런 작품
▶ 이 그림이야말로 오랜 노력 끝에 완성한 노작이다.
❷ 힘을 들여 부지런히 일함. ▶ 논문은 창의력과 성실함이 겸비된 노작의 산물이어야 한다.

□ **관건**
關 빗장 관 鍵 열쇠 건

(문빗장과 자물쇠 →) 어떤 사물이나 문제 해결의 가장 중요한 부분
▶ 전쟁에서는 작전의 우열이 승패의 관건이 된다.
[참고어휘 +] **요건**(要요긴할요 件물건건): ❶ 긴요한 일이나 안건
▶ 제발 말을 돌리지 말고 요건만 간단하게 말해라.
❷ 필요한 조건 ▶ 정부는 재건축의 인허가 요건을 대폭 강화하였다.
여건(與줄여 件물건건): 주어진 조건 ▶ 경제적 여건만 허락되면 계속 공부할 생각이다.

□ **관철**
貫 꿸 관 徹 통할 철

어려움을 뚫고 나아가 목적을 기어이 이룸. ▶ 그는 여러 사람을 설득하여 자신의 주장을 관철하였다.
[한자성어 +] **초지일관**(初처음초 志뜻지 一한일 貫꿸관): 처음에 세운 뜻을 끝까지 밀고 나감.
▶ 신념 하나로 평생을 초지일관한다는 것은 쉬운 일이 아니다.
시종일관(始비로소시 終마칠종 一한일 貫꿸관): 일 따위를 처음부터 끝까지 한결같이 함.
▶ 그는 시종일관 침착함을 잃지 않았다.
항구여일(恒항상항 久오랠구 如같을여 一한일): 오래도록 변함없음.
▶ 그는 조국의 항구여일한 발전을 기원하였다.

□ **괄목상대**
刮 긁을 괄 目 눈 목
相 서로 상 對 대할 대

(눈을 비비고 상대편을 봄. →) 남의 학식이나 재주가 놀랄 만큼 부쩍 늚.
▶ 방학 동안 열심히 공부했더니 영어 실력이 괄목상대했다.
[한자성어 +] **일취월장**(日날일 就나아갈취 月달월 將장차장): 나날이 다달이 자라거나 발전함.
▶ 그 선수는 지속적인 훈련으로 경기력이 일취월장하였다.
청출어람(靑푸를청 出날출 於어조사어 藍쪽람): (쪽에서 뽑아낸 푸른 물감이 쪽보다 더 푸르다. →) 제자나 후배가 스승이나 선배보다 나음. ▶ 청출어람이라더니, 제자의 요리 솜씨가 스승보다 낫다.
대기만성(大클대 器그릇기 晩늦을만 成이룰성): (큰 그릇을 만드는 데는 시간이 오래 걸린다. →) 크게 될 사람은 늦게 이루어짐. ▶ 그는 나이 마흔에야 연기력을 인정받은 대기만성형 배우이다.
귤화위지(橘귤귤 化될화 爲할위 枳탱자지): (회남의 귤을 회북에 옮겨 심으면 탱자가 된다. →) 환경에 따라 사람이나 사물의 성질이 변함. ▶ 외국의 것을 들여올 때는 귤화위지의 가능성을 충분히 검토해야 한다.

□ **괴괴하다**

쓸쓸한 느낌이 들 정도로 아주 고요하다. ▶ 사방이 쥐죽은 듯 괴괴했다.
[참고어휘 +] **을씨년스럽다**: ❶ 보기에 날씨나 분위기 따위가 몹시 스산하고 쓸쓸한 데가 있다.
▶ 날씨가 을씨년스러운 게 곧 눈이라도 쏟아질 것 같다.
❷ 보기에 살림이 매우 가난한 데가 있다. ▶ 그들은 을씨년스럽고 초라한 방에서 하룻밤을 지냈다.
고즈넉하다: ❶ 고요하고 아늑하다. ▶ 정적을 깨는 풍경 소리만이 고즈넉한 선사에 울려 퍼졌다.
❷ 말없이 다소곳하거나 잠잠하다. ▶ 여인은 고즈넉한 표정에 말이 없을 뿐, 상대를 경계하는 눈치는 아니었다.
소슬(蕭쓸쓸할소 瑟큰거문고슬)**하다**: 으스스하고 쓸쓸하다. ▶ 가을바람이 제법 소슬하게 느껴졌다.
처연(悽슬퍼할처 然그럴연)**하다**: 애달프고 구슬프다. ▶ 상복을 입은 친구의 모습이 한없이 처연해 보였다.

음습(陰그늘음 濕젖을습)**하다**: ❶ 그늘이 지고 축축하다. ▶ 버섯은 <u>음습</u>한 곳에서 잘 자란다.

❷ 정서적으로 느끼기에 음산하고 눅눅하다. ▶ <u>음습</u>한 바람이 뼛속까지 파고들었다.

상서(祥상서상 瑞상서서)**롭다**: 복되고 길한 일이 일어날 조짐이 있다.

▶ 예로부터 백호는 <u>상서로운</u> 짐승이었다.

고풍(古옛고 風바람풍)**스럽다**: 보기에 예스러운 데가 있다. ▶ 그 집은 <u>고풍스러운</u> 가구들로 꾸며져 있다

알싸하다: 매운맛이나 독한 냄새 따위로 코 속이나 혀끝이 알알하다. ▶ 고추가 매워 혀끝이 <u>알싸하다</u>.

☐ **괴리**
乖 어그러질 괴 離 떠날 리

서로 어그러져 동떨어짐. ▶ 그는 현실과 이상의 <u>괴리</u>로 인해 괴로워했다.

참고어휘 + '離(떠날리)'를 공유하는 한자어

격리(隔사이뜰격 離떠날리): 다른 것과 통하지 못하게 사이를 막거나 떼어 놓음.

▶ 흉악한 범죄자는 사회로부터 영원히 <u>격리</u>시켜야 한다고 주장하는 사람들이 많다.

유리(遊놀유 離떠날리): 따로 떨어짐. ▶ 언어는 그 언어를 사용하는 사회와 <u>유리</u>될 수 없다.

☐ **괴멸**
壞 무너질 괴 滅 꺼질 멸

조직이나 체계 따위가 모조리 파괴되어 멸망함. ▶ 아군의 총공세로 적이 <u>괴멸</u>되었다.

참고어휘 + **궤멸**(潰무너질궤 滅꺼질멸): 무너지거나 흩어져 없어짐. 또는 그렇게 만듦.

▶ 내부 분란으로 인해 조직이 스스로 <u>궤멸</u>하였다.

소멸(消사라질소 滅꺼질멸): 사라져 없어짐. ▶ 일본을 강타한 태풍은 많은 사상자를 내고 <u>소멸</u>하였다.

인멸(湮묻힐인 滅꺼질멸): 자취도 없이 모두 없어짐. 또는 그렇게 없앰.

▶ 판사는 증거 <u>인멸</u>의 우려가 있다는 이유를 들어 피의자의 구속을 결정하였다.

사멸(死죽을사 滅꺼질멸): 죽어 없어짐. ▶ 환경 변화에 적응하지 못하는 종은 <u>사멸</u>하고 말 것이다.

섬멸(殲다죽일섬 滅꺼질멸): 모조리 무찔러 멸망시킴. ▶ 이순신의 활약으로 왜군들이 <u>섬멸</u>되었다.

와해(瓦기와와 解풀해): (기와가 깨짐. →) 조직이나 계획 따위가 산산이 무너지고 흩어짐. 또는 그렇게 함. ▶ 경찰의 지속적인 단속으로 인해 대부분의 폭력 조직이 <u>와해</u>되었다.

도태(淘씻을도 汰일태): 여럿 중에서 불필요하거나 부적당한 것을 줄여 없앰.

▶ 그는 치열한 경쟁 사회에서 <u>도태</u>되지 않기 위해 열심히 노력했다.

☐ **교감**
交 사귈 교 感 느낄 감

서로 접촉하여 따라 움직이는 느낌

▶ 연주의 성패는 연주자와 지휘자의 사이의 <u>교감</u>이 얼마나 완벽한가에 달려 있다.

참고어휘 + **공감**(共한가지공 感느낄감): 남의 감정, 의견, 주장 따위에 대하여 자기도 그렇다고 느낌. 또는 그렇게 느끼는 기분≒동감(同한가지동 感느낄감) ▶ 그녀는 내 말에 <u>공감</u>하지 않는 듯 고개를 가로저었다.

확 인 문 제

(1~11) 괄호 안에서 문맥에 맞는 말을 고르시오.

1. 일부 학자들은 공룡이 빙하기에 (도태 / 와해)했다고 주장한다.
2. 혀를 감치고 드는 (알싸한 / 소슬한) 맛이 목구멍을 타고 넘어갔다.
3. 이 사전은 그들이 수년간의 작업 끝에 이루어 낸 (과작 / 노작)이다.
4. 노동자들은 요구 사항을 (관통 / 관철)시키기 위해 장외 집회를 열었다.
5. 그는 피나는 노력을 한 끝에 기타 연주 실력이 (괄목상대 / 대기만성)했다.
6. 정부는 대다수의 국민이 (공감/ 교감)할 수 있는 정책을 제시해야만 한다.
7. 하늘은 금방이라도 비가 내릴 듯 우중충하고 (을씨년스러웠다 / 고즈넉했다).
8. 범인들은 범죄 흔적을 (섬멸 / 인멸)하기 위해 자신들의 지문을 철저히 지웠다.
9. 스승은 제자의 실력이 (청출어람 / 균화위지)인 것을 보고 가르친 보람을 느꼈다.
10. 우리는 기성세대와 신세대의 (괴리 / 격리)를 좁힐 수 있는 방안을 강구하고 있다.
11. 흔히 중요한 일을 앞두고 그릇이 깨지면 (상서롭지 / 고풍스럽지) 못한 일로 본다.

[정답] 1. 도태 2. 알싸한 3. 노작 4. 관철 5. 괄목상대 6. 공감 7. 을씨년스러웠다 8. 인멸 9. 청출어람 10. 괴리 11. 상서롭지
[해설] 4. 관통(貫通): ❶ 꿰뚫어서 통함. ❷ 처음부터 끝까지 일관함.

1. ㉠~㉤의 뜻풀이로 적절하지 <u>않은</u> 것은? (2018 수능 응용)

> 외국 통화에 대한 자국 통화의 교환 비율을 의미하는 환율은 장기적으로 한 국가의 생산성과 물가 등 기초 경제 ㉠<u>여건</u>
> 을 반영하는 수준으로 ㉡<u>수렴된다</u>. 그러나 단기적으로 환율은 이와 ㉢<u>괴리되어</u> 움직이는 경우가 있다. 만약 환율이 예상
> 과는 다른 방향으로 움직이거나 또는 비록 예상과 같은 방향으로 움직이더라도 변동 폭이 예상보다 크게 나타날 경우 경제
> 주체들은 ㉣<u>과도한</u> 위험에 ㉤<u>노출될</u> 수 있다.

① ㉠: 주어진 조건   ② ㉡: 바로잡혀 고쳐지다.   ③ ㉢: 서로 어그러져 동떨어지다.
④ ㉣: 정도에 지나치다.   ⑤ ㉤: 겉으로 드러나다.

2. 문맥상 ㉠~㉤과 바꿔 쓰기에 가장 적절한 것은? (2014 9월 모평B 응용)

> 유학자들은 자신이 먼저 인격자가 될 것을 강조하지만 궁극적으로는 자신뿐 아니라 백성 또한 올바른 행동을 할 수 있도
> 록 ㉠<u>이끌어야</u> 한다는 생각을 원칙으로 삼는다. 주희도 자신이 명덕을 밝힌 후에는 백성들도 그들이 지닌 명덕을 밝혀 새
> 로운 사람이 될 수 있도록 ㉡<u>가르쳐야</u> 한다고 본다. 백성을 가르쳐 그들을 새롭게 만드는 것이 바로 '신민(新民)'이다. 주희
> 는 "대학"을 새로 ㉢<u>만들면서</u> 고본(古本) "대학"의 '친민'을 '신민'으로 ㉣<u>고쳤다</u>. '친(親)'보다는 '신(新)'이 '백성을 새로운 사
> 람으로 만든다'는 취지를 더 잘 표현한다고 ㉤<u>보았던</u> 것이다.

① ㉠: 인도(引導)해야   ② ㉡: 지시(指示)해야   ③ ㉢: 제조(製造)하면서
④ ㉣: 개편(改編)했다   ⑤ ㉤: 발견(發見)했던

3. 밑줄 친 말의 의미로 가장 적절한 것은? (2015 고3 10월 학평B 응용)

> 케이지는 그의 작품에서 유일하게 한 번만 존재하는 음악의 시간성을 표현했다. 이러한 그의 음악은 비의도적이려는 의
> 도 외에는 아무 의도 없이 만든 음악으로, 완성보다는 과정에 치중하는 비결정성을 띠는 것이었다. 비결정성을 띠는 음악
> 은 예측할 수 없기 때문에 필연적으로 실험적이며, 똑같이 반복될 수 없기 때문에 필연적으로 유일하다. 지금까지 음악을
> 시간의 연속성으로 이해했다면, 이제 그 연속성은 완전히 뒤죽박죽되었다. 음악의 시간성이 작품의 구조와 관련이 있는 만
> 큼, 그의 음악에서는 전통적 시간성이 <u>무너졌다고</u> 볼 수 있다.

① 도태   ② 섬멸   ③ 인멸   ④ 곡해   ⑤ 와해

4. 밑줄 친 단어 중 ㉠과 ㉡의 의미를 모두 지니고 있는 것은? (2016 고3 10월 학평 응용)

> 아리스토텔레스에 의하면 품성의 덕은 '중용'이다. 중용은 욕망, 감정, 행위에 있어서 ㉠<u>넘침</u>도 없고 ㉡<u>모자람</u>도 없는 알
> 맞음의 극치, 또는 최적의 상태를 의미한다.

① <u>과부족(過不足)</u>이 없이 꼭 들어맞다.   ② <u>과소비(過消費)</u>를 근절할 필요가 있다.
③ 사소한 일에 <u>과잉(過剩)</u> 반응을 보이고 있다.   ④ 수도권에 인구가 <u>과다(過多)</u>하게 집중되고 있다.
⑤ <u>과반수(過半數)</u> 득표자가 없으면 투표를 다시 한다.

(5~9) 빈칸에 들어갈 알맞은 말을 고르시오.

5. 피카소의 작품 〈아비뇽의 처녀들〉은 피카소가 순수 입체주의 시기에서 아프리카의 영향을 받은 이후의 시기로 넘어가는 (   ) 적 작품이다.

① 성수기   ② 맹아기   ③ 과도기   ④ 격동기   ⑤ 침체기

6. 이번 사태가 어떻게 전개될지는 누구도 쉽게 (   )하지 못했다.

① 간언   ② 단언   ③ 망언   ④ 첨언   ⑤ 호언

7. 정보화 사회에서는 지식을 누가 더 많이 소유하고 있느냐가 중요한 것이 아니라 누가 얼마나 빨리 정보를 탐색, 평가, 가공해서 자신의 목적에 맞게 활용할 수 있느냐가 (   )이다.

① 조건   ② 요건   ③ 여건   ④ 안건   ⑤ 관건

8. 그 작가는 등단한 지 십 년 만에 겨우 두 번째 작품을 발표할 정도로 (   )이다.

① 걸작   ② 과작   ③ 노작   ④ 명작   ⑤ 대작

9. 오솔길을 따라 들어가면 거기에 (   ) 동양의 정취를 그대로 간직한 아름다운 마을이 있었다.

① 소슬한   ② 음습한   ③ 괴괴한   ④ 고즈넉한   ⑤ 을씨년스러운

10. (가)~(다)에 대한 설명으로 적절하지 않은 것은?   (2015 고1 9월 학평)

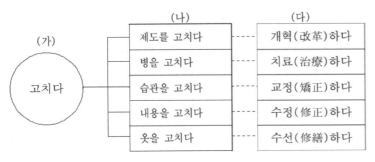

① (가)는 상황에 따라 여러 가지 의미로 사용된다.
② (나)의 의미는 목적어에 의해서 제한적으로 해석된다.
③ (다)의 어휘들끼리는 문장에서 서로 바꿔 쓸 수 있다.
④ (다)는 문장에서 (가)로 바꿔 쓸 수 있다.
⑤ (다)는 (가)에 비해 세분화된 의미를 지닌다.

11. ㉠, ㉡, ㉢의 의미 관계를 〈보기〉와 같이 정리했을 때, 이런 배열로 보기 어려운 것은? (2007 6월 모평 응용)

> ○ 소리굽쇠는 굵기가 일정한 금속 사각 막대를 U자형으로 구부리고 아래쪽에 쇠기둥을 ㉠단단하게 용접한 것으로, 작은 망치로 때리면 일정한 진동수의 음을 발생시키는 장치이다.
>
> ○ 맥놀이란 진동수가 약간 다른 두 개의 소리가 간섭을 일으켜 소리가 주기적으로 ㉡세어졌다 ㉢약해졌다 하는 현상이다.

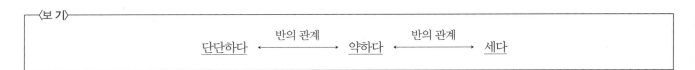

〈보 기〉

단단하다 ⟵ 반의 관계 ⟶ 약하다 ⟵ 반의 관계 ⟶ 세다

① 늙다 ↔ 젊다 ↔ 어리다 ② 싫다 ↔ 좋다 ↔ 나쁘다

③ 빼앗다 ↔ 주다 ↔ 받다 ④ 밉다 ↔ 곱다 ↔ 거칠다

⑤ 밀다 ↔ 당기다 ↔ 늦추다

12. 〈보기〉에 제시된 국어사전 정보를 완성한다고 할 때, ㉠~㉤에 대한 설명으로 적절하지 않은 것은? (2016 6월 모평A)

〈보 기〉

과 「조사」 (받침 있는 체언 뒤에 붙어)

　　① ① 다른 것과 비교하거나 기준으로 삼는 대상임을 나타내는 격 조사. ¶ 막내는 큰형과 닮았다. / ㉠

　　　 ② 일 따위를 함께 함을 나타내는 격 조사. ¶ 나는 방에서 동생과 조용히 공부했다. / ㉡

　　　 ③ 상대로 하는 대상임을 나타내는 ㉢. ¶ 그는 거대한 폭력 조직과 맞섰다.

　　② 둘 이상의 사물을 같은 자격으로 이어 주는 접속 조사. ¶ 닭과 오리는 동물이다. / 책과 연필을 가져와라.

　　유의어 하고, ㉣

　　형태정보 받침 없는 체언 뒤에는 '㉤'가 붙는다.

① ㉠에는 '그는 낯선 사람과 잘 사귄다.'를 넣을 수 있다.
② ㉡에는 '그는 형님과 고향에 다녀왔다.'를 넣을 수 있다.
③ ㉢에 들어갈 말은 '격 조사'이다.
④ ㉣에 '이랑'이 들어갈 수 있다.
⑤ ㉤에 들어갈 말은 '와'이다.

13. ㉠에 어울리는 한자 성어로 가장 적절한 것은? (2013 고3 7월 학평B)

> [엇중모리] 관공은 화용도 좁은 길에 조조를 살려주니 인후(仁厚)하신 관공 ㉠이름 천추에 빛나더라. 그 뒤야 뉘가 알리. 더질 더질.
> 　　　　　　　　　　　　　　　　　　　　　　　　 – 작자 미상, 〈적벽가(赤壁歌)〉

① 유방백세(流芳百世)　　　② 학수고대(鶴首苦待)　　　③ 금의환향(錦衣還鄕)

④ 타산지석(他山之石)　　　⑤ 상전벽해(桑田碧海)

14. 다음 상황에 대한 반응으로 적절하지 <u>않은</u> 것은?

(2007 고3 4월 학평 응용)

두 사람이 송사를 하는데 원님이 잘못이 있는 사람에게 사적으로 선물을 받고는 잘못이 없는 사람에게 잘못이 있다고 판결하였다가 이 사실이 들통나 고을 사람들의 지탄을 받았다.

① 불편부당(不偏不黨)이라고 공정하게 판정하는 일이 중요하겠어.
② 공평무사(公平無私)라고 모든 일을 합리적으로 처리해야 하겠어.
③ 파사현정(破邪顯正)이라는 말처럼 잘못된 행위를 바로잡는 일이 필요하겠어.
④ 사필귀정(事必歸正)이라고 옳지 못한 일은 밝혀진다는 사실을 깨달아야 하겠어.
⑤ 불치하문(不恥下問)이라는 말이 있듯이 누구에게나 배우는 자세가 필요하겠어.

15. 다음에 나타난 북곽 선생의 행위를 표현하는 말로 거리가 <u>먼</u> 것은?

(2012 수능)

다섯 아들이 같이 어미의 방을 둘러싸고 쳐들어가니 북곽 선생이 크게 놀라서 도망쳤다. 사람들이 자기를 알아볼까 겁이 나 한 다리를 목덜미에 얹고 귀신처럼 춤추고 낄낄거리며 문을 나가서 내닫다가 그만 들판의 구덩이 속에 빠져 버렸다. 그 구덩이에는 똥이 가득 차 있었다.

간신히 기어올라 머리를 내밀고 바라보니 한 범이 길을 막고 있었다. 범이 오만상을 찌푸리고 구역질을 하며 코를 싸쥐고 머리를 왼편으로 돌리며 한숨을 쉬고 말했다.

"어허, 유자(儒者)여! 구리도다."

북곽 선생이 머리를 조아리고 엉금엉금 기어 나와서 세 번 절하고 꿇어앉아 우러러 말했다.

"범님의 덕은 지극하시지요. 대인은 그 변화를 본받고 제왕은 그 걸음을 배우며, 자식 된 자는 그 효성을 본받고 장수는 그 위엄을 취합니다. 범님의 이름은 신룡(神龍)의 짝이 되는지라, 한 분은 바람을 일으키시고 한 분은 구름을 일으키시니, 저 같은 하토(下土)의 천한 신하는 감히 아랫자리에 서옵니다."

– 박지원, 〈호질〉

① 자화자찬(自畵自讚)   ② 감언이설(甘言利說)   ③ 임기응변(臨機應變)
④ 대경실색(大驚失色)   ⑤ 전전긍긍(戰戰兢兢)

[정답] 1. ② 2. ① 3. ⑤ 4. ① 5. ⑤ 6. ② 7. ⑤ 8. ② 9. ④ 10. ③ 11. ① 12. ① 13. ① 14. ⑤ 15. ①
[해설] 1. ⓒ은 '모여 정리되다.'라는 의미를 지니고 있다. '바로잡혀 고쳐지다.'는 '수정되다'의 의미이다. 2. ⑦: 인도하여 어떤 방향으로 나가게 함.≒인도(引導: 이끌어 지도함.) ② 지시(指示) → 지도(指導) ③ 제조(製造) → 편찬(編纂) ④ 개편(改編) → 수정(修訂) ⑤ 발견(發見) → 판단(判斷) 3. 음악의 시간성에 대한 전통적 관념이 무너진 것이므로 '와해(瓦解)'가 적절하다. 4. 과부족(過不足): 기준에 넘거나 모자람. 5. ② 맹아기(萌芽期): 사물이 처음 생겨나는 시기 7. ④ 안건(案件): 토의하거나 조사하여야 할 사실 10. (다)의 각 어휘들은 그 세분화된 의미가 모두 다르므로 문장 속에서 서로 바꿔 쓸 수 없다. 11. 하나의 단어가 여러 의미를 지니고 있는 경우에는 각 의미마다 반의어가 달라진다. '약하다'가 '힘이 정도가 작다'라는 의미일 때는 '세다'와 반의 관계에 놓이지만, '단단하지 못하다'의 의미로 쓰일 때에는 '단단하다'와 반의 관계에 놓인다. ① '젊다'는 '나이가 한창 때에 있다.'라는 의미로 쓰이면 '늙다'와 반의 관계가 되지만, '젊다'와 '어리다'는 반의 관계가 성립하지 않는다. ② 좋다(어떤 일이나 대상이 마음에 들다.) ↔ 싫다 / 좋다(대상의 성질이나 내용 따위가 훌륭하여 만족할 만하다.) ↔ 나쁘다 ③ 주다(물건 따위를 남에게 건네어 가지거나 누리게 하다.) ↔ 빼앗다 / 주다('다른 사람에게 물건이나 감정 따위를 보내다.) ↔ 받다 ④ 곱다(모양, 생김새, 행동거지 따위가 산뜻하고 아름답다.) ↔ 밉다 / 곱다(만져 보는 느낌이 거칠지 아니하고 보드랍다.) ↔ '거칠다 ⑤ 당기다(물건 따위를 힘을 주어 자기 쪽이나 일정한 방향으로 가까이 오게 하다.) ↔ 밀다 / 당기다(정한 시간이나 기일을 앞으로 옮기거나 줄이다.) ↔ 늦추다 12. ①은 ①~③의 예문으로 적절하다. 13. ② 간절한 기다림. ③ 출세하여 고향에 돌아옴. ④ 본이 되지 않은 남의 말이나 행동도 자신의 지식이나 인격을 수양하는 데에 도움이 될 수 있음. ⑤ 세상일의 변천이 심함. 14. 공정한 판결과 관련된 내용이므로, 불치하문(손아랫사람이나 지위나 학식이 자기만 못한 사람에게 모르는 것을 묻는 일을 부끄러워하지 아니함.)은 거리가 있다. ③ 파사현장: 사견(邪見)과 사도(邪道)를 깨고 정법(正法)을 드러내는 일 15. 제시문에서는 '자화자찬(자기가 한 일을 자기 스스로 자랑함.)'의 태도를 찾아볼 수 없다. ② 마지막 말에 나타나 있다. ④ '크게 놀라 얼굴빛이 하얗게 변함'을 뜻하는 말로, 다섯 아들들이 덮치는 장면과 호랑이를 만나는 장면에 나타나 있다. ⑤ '매우 두려워 조심함'을 뜻하는 말로, 호랑이를 대하는 북곽 선생의 태도와 관련된다.

□ **교정**
矯 바로잡을 교 正 바를 정

❶ 틀어지거나 잘못된 것을 바로잡음. ▶ 치아를 <u>교정</u>하고 나니 치열이 가지런해졌다.
❷ 교도소나 소년원 따위에서 재소자의 잘못된 품성이나 행동을 바로잡음.
▶ 그는 재소자들의 갱생을 위한 <u>교정</u> 프로그램을 제안하였다.
동음이의어 + **교정**(校학교교 訂바로잡을정): 남의 문장 또는 출판물의 잘못된 글자나 글귀 따위를 바르게 고침. ▶ 저자가 보내온 <u>원고</u>를 <u>교정</u>하는 것이 나의 첫 임무였다.
교정(教가르칠교 正바를정): 가르쳐서 바르게 함.
▶ 선생님은 무용 동작을 <u>교정</u>해 주기 위해 학생들 손을 잡고 직접 시범을 보였다.

□ **교체**
交 바꿀 교 替 바꿀 체

사람이나 사물을 다른 사람이나 사물로 대신함.
▶ 낡은 상수도관을 새것으로 <u>교체</u>하였다.
유의어 + **교대**(交바꿀교 代대신할대): 어떤 일을 여럿이 나누어서 차례에 따라 맡아 함. 또는 그 차례에 따라 일을 맡은 사람 ▶ 그들은 다친 친구를 <u>교대</u>로 업고 언덕길을 올라갔다.
대체(代대신할대 替바꿀체): 다른 것으로 대신함. ▶ 중간고사를 보고서로 <u>대체</u>하였다.
치환(置둘치 換바꿀환): 바꾸어 놓음.
▶ 그 조각가는 자신이 겪은 삶의 고통을 조각이라는 예술의 형태로 <u>치환</u>해 내었다.
경질(更고칠경 迭번갈아들질): 어떤 직위에 있는 사람을 다른 사람으로 바꿈.
▶ 정부는 이번 사건의 책임을 물어 관계 장관을 <u>경질</u>하였다.

□ **구가**
謳 노래 구 歌 노래 가

행복한 처지나 기쁜 마음 따위를 거리낌 없이 나타냄. 또는 그런 소리
▶ 5월은 생장과 약동의 기쁨을 <u>구가</u>하는 계절이다.
연관어휘 + **향유**(享누릴향 有있을유): 누리어 가짐.
▶ 고려 가요는 고려 시대 서민들이 <u>향유</u>하던 시가 갈래이다.

□ **구하다¹**
求 구할 구 –

❶ 필요한 것을 찾다. 또는 그렇게 하여 얻다.
▶ 그는 가족을 부양하기 위해 일자리를 <u>구하고</u> 있다.
❷ 상대편이 어떻게 하여 주기를 청하다. ▶ 나는 선배에게 입시에 대한 조언을 <u>구하였다</u>.
❸ 계산하여 찾거나 풀다. ▶ 다음 문제의 값을 <u>구하시오</u>.

□ **구하다²**
救 구원할 구 –

❶ 물건 따위를 주어 어려운 생활 형편을 돕다.
▶ 우리들은 홍수로 피해 입은 수재민을 <u>구하기</u> 위해 모금 운동을 펼쳤다.
❷ 위태롭거나 어려운 지경에서 벗어나게 하다.
▶ 119 대원의 응급 처치 덕분에 환자의 목숨을 <u>구할</u> 수 있었다.

□ **구현**
具 갖출 구 現 나타날 현

어떤 내용이 구체적인 사실로 나타나게 함.
▶ 그는 정의 사회 <u>구현</u>이 경찰인 자신의 사명이라고 말했다.
유의어 + **실현**(實열매실 現나타날현): 꿈, 기대 따위를 실제로 이룸.
▶ 이번 계획은 <u>실현</u> 가능성이 높다.
발현(發필발 現나타날현): 속에 있거나 숨은 것이 밖으로 나타나거나 그렇게 나타나게 함. 또는 그런 결과 ▶ 신라인들의 낭만과 사랑이 향가를 통해 <u>발현</u>되었다.

□ **굳다**

❶ 무른 물질이 단단하게 되다. ▶ 떡이 <u>굳어서</u> 먹을 수가 없다.
❷ 근육이나 뼈마디가 뻣뻣하게 되다. ▶ 혀가 <u>굳어서</u> 말이 잘 나오지 않는다.
❸ 표정이나 태도 따위가 부드럽지 못하고 딱딱하여지다.
▶ 그의 표정은 돌처럼 <u>굳어</u> 있었다.
❹ 몸에 배어 버릇이 되다. ▶ 한번 말버릇이 <u>굳어</u> 버리면 여간해서 고치기 어렵다.

❺ 돈이나 쌀 따위가 헤프게 없어지지 아니하고 자기의 것으로 계속 남게 되다.
▶ 책을 친구가 빌려주어서 책 살 돈이 굳었다.

❻ (형용사) 누르는 자국이 나지 아니할 만큼 단단하다.
▶ 우리는 굳은 땅만 골라 디디며 앞으로 나아갔다.

❼ (형용사) 흔들리거나 바뀌지 아니할 만큼 힘이나 뜻이 강하다.
▶ 나는 새해에는 열심히 공부하기로 굳게 결심하였다.

□ **굽다¹**

❶ 불에 익히다. ▶ 아내는 생선을 구워 저녁상에 올렸다.

❷ 나무를 태워 숯을 만들다. ▶ 할아버지는 오십 년째 숯을 굽고 계신다.

❸ 벽돌, 도자기, 옹기 따위의 흙으로 빚은 것이 굳도록 열을 가하다.
▶ 도공은 도자기를 굽기 위해 가마에 불을 때기 시작했다.

□ **굽다²**

한쪽으로 휘다.
▶ 오늘따라 아버지의 어깨가 유난히 굽어 보였다.

□ **귀속**
歸 돌아갈 귀 屬 무리 속

❶ 재산이나 영토, 권리 따위가 특정 주체에 붙거나 딸림.
▶ 주인 없는 재산은 국가에 귀속된다.

❷ 어떤 개인이 특정 단체의 소속이 됨.
▶ 새로 합병한 기업의 직원들을 언제부터 자사에 귀속시킬 것인지 의논 중이다.

[참고어휘 +] '歸(돌아갈귀)'를 공유하는 한자어

귀의(歸돌아갈귀 依의지할의): ❶ 돌아가거나 돌아와 몸을 의지함.
▶ 그는 도시 생활을 정리하고 자연에 귀의하였다.

❷ 종교적 절대자나 종교적 진리를 깊이 믿고 의지함.
▶ 사형수들 중에는 마음의 평화를 얻기 위해 종교에 귀의하는 이들이 적지 않다.

귀결(歸돌아갈귀 結맺을결): 어떤 결말이나 결과에 이름. 또는 그 결말이나 결과
▶ 그의 모든 주장은 결국에는 인간성 회복을 위한 활동으로 귀결된다.

귀착(歸돌아갈귀 着붙을착): ❶ 다른 곳에서 어떤 곳으로 돌아오거나 돌아가 닿음.
▶ 부산에서 화물을 싣고 출발한 열차가 정시에 서울역에 귀착했다.

❷ 의논이나 의견 따위가 여러 경로를 거쳐 어떤 결론에 다다름.
▶ 생명의 권리도 자유의 권리도 결국은 행복을 추구할 권리에 귀착된다.

확 인 문 제

(1~4) 밑줄 친 말의 쓰임이 문맥에 맞으면 ○, 맞지 않으면 ×에 표시하시오.

1. 당시의 백성들은 태평성대를 구가하였다. (○ / ×)
2. 낡은 사상은 새로운 사상으로 경질되었다. (○ / ×)
3. 두 나라는 그 섬의 귀의 문제로 분쟁 중이다. (○ / ×)
4. 다양한 우리의 논의는 결국 한곳으로 귀착되었다. (○ / ×)

(5~7) 밑줄 친 말이 제시문과 가장 유사한 의미로 쓰인 것을 고르시오.

5. 시력을 교정하다.
　① 원고를 교정하다.　　② 자세를 교정하다.　　③ 재소자를 교정하다.　　④ 나쁜 버릇을 교정하다.

6. 양해를 구하다.
　① 집터를 구하다.　　② 인질을 구하다.　　③ 동정을 구하다.　　④ 문제의 답을 구하다.

7. 기름이 굳다
　① 돈이 굳다.　　② 표정이 굳다.　　③ 말버릇이 굳다.　　④ 시멘트가 굳다.

[정답] 1. ○　2. ×　3. ×　4. ○　5. ②　6. ③　7. ④
[해설] 2. → 대체　3. → 귀속

□ **귀향**
　歸 돌아갈 귀 鄕 시골 향

고향으로 돌아가거나 돌아옴. ▶ 고향 사람들은 나의 귀향을 반겨 주었다.

참고어휘 + **낙향**(落떨어질낙 鄕시골향): 시골로 거처를 옮기거나 이사함.
▶ 도시 생활에 지칠 대로 지친 그는 낙향을 결심하였다.

귀양: 죄인을 먼 시골이나 섬으로 보내어 일정한 기간 동안 제한된 곳에서만 살게 하던 형벌
▶ 임금은 역모의 우두머리를 처형하고 나머지는 모두 귀양을 보냈다.

유배(流흐를유 配짝배): 죄인을 귀양 보내던 일 ▶ 반역자가 섬으로 유배되었다.

한자성어 + **금의환향**(錦비단금 衣옷의 還돌아올환 鄕시골향): (비단옷을 입고 고향에 돌아온다. →) 출세를 하여 고향에 돌아가거나 돌아옴. ▶ 그는 세계 대회에서 우승하고 고향으로 금의환향했다.

수구초심(首머리수 丘언덕구 初처음초 心마음심): (여우가 죽을 때에 머리를 자기가 살던 굴 쪽으로 둔다. →) 고향을 그리워하는 마음 ▶ 수구초심이라고 나이가 드니 고향 생각이 더 난다.

□ **귀환**
　歸 돌아갈 귀 還 돌아올 환

다른 곳으로 떠나 있던 사람이 본래 있던 곳으로 돌아오거나 돌아감.
▶ 할머니는 새벽마다 정화수를 떠 놓고 파병 나간 삼촌의 무사 귀환을 빌었다.

참고어휘 + '還(돌아올환)'을 공유하는 한자어

반환(返돌이킬반 還돌아올환): ❶ 빌리거나 차지했던 것을 되돌려줌.
▶ 정부는 해외로 반출된 우리 문화재의 반환을 끈질기게 요구하였다.

❷ 왔던 길을 되돌아감. ▶ 마라톤 선수들이 이제 막 반환 지점을 돌아 달려 나가고 있다.

탈환(奪빼앗을탈 還돌아올환): 빼앗겼던 것을 도로 빼앗아 찾음. ▶ 국군은 격전 끝에 서울을 탈환하였다.

□ **규명**
　糾 얽힐 규 明 밝을 명

어떤 사실을 자세히 따져서 바로 밝힘. ▶ 경찰은 이번 사고의 원인을 규명하기 위해 최선을 다하고 있다.

참고어휘 + **구명**(究연구할구 明밝을명): 사물의 본질, 원인 따위를 깊이 연구하여 밝힘.
▶ 학자는 생명의 원리를 구명하는 데에 평생을 바쳤다.

□ **규방**
　閨 안방 규 房 방 방

부녀자가 거처하는 방
▶ 여성 작가의 작품 중에는 규방에서 홀로 지내는 외로움을 노래한 작품이 많다.

참고어휘 + **침소**(寢잘침 所바소): 사람이 잠을 자는 곳
▶ 노인은 밤새 마당을 서성이다가 새벽녘에야 겨우 침소로 들었다.

주렴(珠구슬주 簾발렴): 구슬 따위를 꿰어 만든 발
▶ 꼼짝도 않고 방 안에만 있던 부인이 아기를 안은 채 주렴을 걷고 마루로 나왔다.

□ **균등**
　均 고를 균 等 무리 등

고르고 가지런하여 차별이 없음.
▶ 모든 사람에게 교육의 기회가 균등하게 제공되어야 한다.

유의어 + **평등**(平평평할평 等무리등): 권리, 의무, 자격 등이 차별 없이 고르고 한결같음.
▶ 모든 사람은 법 앞에 평등하다.

동등(同한가지동 等무리등): 등급이나 정도가 같음. 또는 그런 등급이나 정도
▶ 대학은 고졸 또는 동등의 학력을 가진 사람만이 지원할 수 있다.

상등(相서로상 等무리등): 등급이나 정도 따위가 서로 비슷하거나 같음.
▶ 이 옷의 가격은 내 한 달 용돈과 상등한다.

균일(均고를균 一한일): 한결같이 고름. ▶ 이 도자기는 모양이 아름답고 두께도 균일하다.

반의어 + **차등**(差다를차 等무리등): 고르거나 가지런하지 않고 차별이 있음. 또는 그렇게 대함.
▶ 우리 회사는 능력과 성과에 따라 차등을 두어 임금을 지불하고 있다.

□ **그르다**

❶ 어떤 일이 사리에 맞지 아니한 면이 있다. ▶ 옳건 그르건 나는 부모님의 뜻을 거역할 수 없었다.
❷ 어떤 일이나 형편이 잘못되다. ▶ 이번 일은 글렀으니 다음 기회를 노리도록 하자.
❸ 어떤 상태나 조건이 좋지 아니하게 되다. ▶ 그 녀석은 정신 상태가 글러 먹었다.

□ **그리다**

❶ 연필, 붓 따위로 어떤 사물의 모양을 그와 닮게 선이나 색으로 나타내다.
 ▶ 친구는 나에게 약도를 자세히 그려 주었다.

❷ 생각, 현상 따위를 말이나 글, 음악 등으로 나타내다.
 ▶ 유관순 열사의 일대기를 그린 영화가 개봉하였다.

❸ 어떤 모양을 일정하게 나타내거나 어떤 표정을 짓다.
 ▶ 화살이 포물선을 그리며 날아갔다.

❹ 상상하거나 회상하다.
 ▶ 그는 자기를 보면 반가워할 아내와 아이들을 그리며(≒상상하며) 선물을 준비했다.

동음이의어 + **그리다:** 사랑하는 마음으로 간절히 생각하다.
 ▶ 그는 오랜 외국 생활을 마치고 꿈에 그리던 조국 땅을 밟았다.

□ **그만**

❶ 그 정도까지만 ▶ 눈이 그만 왔으면 좋겠다.
❷ 그대로 곧 ▶ 그는 내 말을 듣더니 그만 바로 가 버렸다.
❸ 그 정도로 하고 ▶ 이제 그만 갑시다.
❹ 자신도 모르는 사이에 ▶ 너무 놀라서 그만 소리를 지르고 말았다.
❺ 달리 해 볼 도리가 없이 ▶ 길이 막혀서 그만 늦었습니다.
❻ 그것으로 끝임을 나타내는 말 ▶ 평안 감사도 저 싫으면 그만이다.
❼ 더할 나위 없이 좋음을 나타내는 말 ▶ 이 집 고기 맛이 그만이다.

참고어휘 + **그만:** (관형사) 상태, 모양, 성질 따위의 정도가 그만한.
 ▶ 그만 일에 눈물을 흘려서야 되겠느냐?

그만하다¹: 하던 일을 그만 멈추다. ▶ 소모적인 감정싸움은 이제 그만하자.
그만하다²: 상태, 모양, 성질 따위의 정도가 그러하다. ▶ 부상이 그만해서 천만다행이다.

□ **근경**
　近 가까울 근 景 볕 경

가까이 보이는 경치. 또는 가까운 데서 보는 경치
 ▶ 이 산에서 볼 수 있는 근경이 참으로 아름답다.

참고어휘 + **원경**(遠멀원 景볕경): 멀리 보이는 경치. 또는 먼 데서 보는 경치
 ▶ 나는 산 아래 원경으로 펼쳐진 마을을 굽어보았다.

선경후정(先먼저선 景볕경 後뒤후 情뜻정): 시에서, 앞부분에 자연 경관이나 사물에 대해 묘사하고 뒷부분에 자기의 감정이나 정서를 그려 내는 구성
 ▶ 이 시는 고향의 풍경을 먼저 묘사한 다음 화자의 정서를 노래하는 선경후정의 방식으로 전개되었다.

확 인 문 제

(1~8) 문맥에 어울리는 말을 괄호 안에서 고르시오.

1. 그는 (귀양 / 귀향)을 가서 유배지에서 죽었다.
2. 포로들의 (귀환 / 탈환)이 늦어지고 있다.
3. 주민들은 사건의 진상 (구명 / 규명)을 촉구하였다.
4. 가격을 타사 제품과 (균등하게 / 동등하게) 매겼다.
5. 부침개의 두께가 (균일하지 / 상등하지) 못하다.
6. 마을의 모습이 점점 (근경 / 원경)으로 가물가물해졌다.
7. 한번 먹은 마음은 (수구초심 / 초지일관) 지켜야 한다.
8. 그는 아내가 거처하는 (규방 / 사랑방)으로 갔다.

(9~10) 밑줄 친 말이 제시문과 가장 유사한 의미로 쓰인 것을 고르시오.

9. 토론은 그만 끝냅시다.
　① 그만 자고 일어나라.　　　　② 그 일은 그만 단념해라.　　　　③ 그 사람 됨됨이가 그만이다.

10. 미래의 내 모습을 그리면서 지금의 고생을 잊는다.
　① 그는 지난날의 영광을 머릿속에 그리며 쓸쓸하게 웃었다.　　② 그는 죽은 아내를 그리며 잠을 이루지 못했다.

- -

[정답] 1. 귀양 2. 귀환 3. 규명 4. 동등하게 5. 균일하지 6. 원경 7. 초지일관 8. 규방 9. ② 10. ①
[해설] 9. 그 정도로 하고 10. 상상하거나 회상하다.

□ 근묵자흑 近 가까울 근 墨 먹 묵 者 사람 자 黑 검을 흑	(먹을 가까이하는 사람은 검어진다. →) 나쁜 사람과 가까이 지내면 나쁜 버릇에 물들기 쉬움. ▶ 근묵자흑이니 어렸을 때부터 좋은 친구들과 사귀어야 한다. 　한자성어 + 　**유유상종**(類무리유 類무리유 相서로상 從좇을종): 같은 무리끼리 서로 사귐. ▶ 유유상종이라고 하더니 운동을 좋아하는 아이들끼리만 몰려다녔다.
□ 근자 近 가까울 근 者 사람 자	요 얼마 되는 동안 ▶ 근자에 와서 악몽을 꾸는 일이 많아졌다. 　유의어 + 　**근래**(近가까울근 來올래): 가까운 요즈음 ▶ 그의 논문은 근래에 보기 드문 훌륭한 논문이다.
□ 근절 根 뿌리 근 絶 끊을 절	다시 살아날 수 없도록 아주 뿌리째 없애 버림. ▶ 정부 차원에서 부동산 투기 근절을 위한 여러 조치들이 이루어졌다. 　유의어 + 　**박멸**(撲칠박 滅꺼질멸): 모조리 잡아 없앰. ▶ 해충을 박멸할 수 있는 살충제가 출시되었다. 　한자성어 + 　**발본색원**(拔뽑을발 本근본본 塞막힐색 源근원원): 좋지 않은 일의 근본 원인이 되는 요소를 완전히 없애 버려서 다시는 그러한 일이 생길 수 없도록 함. ▶ 경찰이 조직폭력배들의 발본색원에 나섰다.
□ 근황 近 가까울 근 況 상황 황	요즈음의 상황 ▶ 졸업 후에는 선생님을 뵌 적이 없어서 그분의 근황을 알지 못한다. 　참고어휘 + 　'況(상황황)'을 공유하는 한자어 **실황**(實열매실 況상황황): 실제의 상황 ▶ 음반사에서 그 가수의 공연 실황을 음반으로 제작해 판매하였다. **현황**(現나타날현 況상황황): 현재의 상황 ▶ 직원은 신제품의 판매 현황을 조사하여 보고서를 작성하였다. **정황**(情뜻정 況상황황): 일의 사정과 상황 ▶ 여러 정황으로 볼 때 지금은 그렇게 하는 것이 최선이다. **활황**(活살활 況상황황): 활기가 있는 상황 ▶ 증권 시장이 활황을 맞았다. **호황**(好좋을호 況상황황): 경기(景氣)가 좋음. 또는 그런 상황 ↔ 불황(不아닐불 況상황황) ▶ 날씨가 더워서 냉방용 가전제품 회사들이 호황을 누리고 있다.
□ 글감	글의 내용이 되는 재료 ▶ 글의 주제가 정해진 다음에는 재료, 곧 글감을 수집해야 한다. 　참고어휘 + 　'~감'의 형식을 지닌 말 | '감'의 의미	예
옷을 만드는 재료	옷감, 한복감, 양복감
자격을 갖춘 사람	장군감, 신랑감, 며느릿감
대상이 되는 도구, 사물, 사람, 재료	글감, 구경감, 놀림감, 놀잇감
느낌(접미사)	반감, 중압감, 거리감, 위화감, 자괴감 | '感(느낄감)'을 공유하는 한자어 **반감**(反돌이킬반 感느낄감): 반대하거나 반항하는 감정 ▶ 상대방의 반감을 살 행동을 삼가라. **중압감**(重무거울중 壓누를압 感느낄감): 강제되거나 강요된 것에 대한 부담감 ▶ 나는 시험에 대한 중압감에서 벗어날 수 없었다. **거리감**(距상거할거 離떠날리 感느낄감): ❶ 어떤 대상과 일정한 거리가 떨어져 있다고 느끼는 느낌 ▶ 이 그림은 독특한 화법으로 대상들 간의 거리감을 실감나게 표현했다. ❷ 친숙하지 않아 서로 마음을 트고 지낼 수 없는 서먹서먹한 느낌 ▶ 사춘기에 들어서면서 부모님과 거리감을 느끼기 시작했다. **위화감**(違어긋날위 和화할화 感느낄감): 조화되지 아니하는 어설픈 느낌 ▶ 심각한 빈부 격차는 계층 간에 위화감과 단절 의식을 불러일으킨다. **자괴감**(自스스로자 愧부끄러울괴 感느낄감): 스스로 부끄러워하는 마음 ▶ 그는 허수아비 권력자라는 여론의 평가에 자괴감을 느낀다고 말했다.
□ 금기 禁 금할 금 忌 꺼릴 기	마음에 꺼려서 하지 않거나 피함. ▶ 어떤 문화권에서는 소를 먹는 것이 금기로 되어 있다. 　참고어휘 + 　**금단**(禁금할금 斷끊을단): ❶ 어떤 행위를 못하도록 금함. ▶ 담배를 끊으니 금단 증상이 생겼다. ❷ 어떤 구역에 드나들지 못하도록 막음. ▶ 여학생 회관은 남학생들에게는 금단의 구역이다.

□ 긋다

❶ 어떤 일정한 부분을 강조하거나 나타내기 위하여 금이나 줄을 그리다.
　▶ 다음 글을 읽고 주제문에 밑줄을 <u>그으시오</u>.

❷ 성냥이나 끝이 뾰족한 물건을 평면에 댄 채로 어느 방향으로 약간 힘을 주어 움직이다.
　▶ 그는 성냥을 <u>그어</u> 종이에 불을 붙였다.

❸ 물건값이나 밥값, 술값 따위를 바로 내지 않고 외상으로 처리하다.
　▶ 내일 드릴 테니 오늘 밥값은 장부에 <u>그어</u> 두십시오.

❹ 일의 경계나 한계 따위를 분명하게 짓다.
　▶ 이번 일에 책임을 분명히 <u>그어야지</u> 어물쩍 넘겨서는 안 된다.

❺ 시험 채점에서 빗금을 표시하여 답이 틀림을 나타내다. ▶ 틀린 답에는 줄을 <u>그어라</u>.

❻ 손이나 손가락으로 허공에 어떤 것을 그리는 동작을 하다.
　▶ 그는 성호를 <u>긋고</u> 기도를 드리기 시작했다.

[동음이의어 +] **긋다:** ❶ 비가 잠시 그치다. ▶ 비가 <u>긋는</u> 것도 잠깐, 곧이어 빗줄기가 다시 쏟아졌다.
❷ 비를 잠시 피하여 그치기를 기다리다. ▶ 처마 밑에서 비를 <u>긋기로</u> 했다.

□ 기각
棄 버릴 기 **却** 물리칠 각

소송을 수리한 법원이, 소나 상소가 형식적인 요건은 갖추었으나, 그 내용이 실체적으로 이유가 없다고 판단하여 소송을 종료하는 일
　▶ 재판부는 원고의 항소를 소명 자료 부족을 이유로 <u>기각</u>했다.

[참고어휘 +] '却(물리칠각)'을 공유하는 한자어

망각(忘잊을망 却물리칠각): 어떤 사실을 잊어버림.
　▶ 그녀는 아픈 기억을 <u>망각</u> 속에 묻어 버리고 싶었다.

몰각(沒빠질몰 却물리칠각): ❶ 아주 없애 버림.
　▶ 어머니는 당신 자신은 완전히 <u>몰각</u>하고 가족을 위한 희생으로만 살아오셨다.
❷ 무시해 버림. ▶ 우리의 주장이 <u>몰각</u>되는 회의에는 더 이상 참여할 수가 없다.

□ 기대다

❶ 몸이나 물건을 무엇에 의지하면서 비스듬히 대다.
　▶ 엘리베이터 문에 <u>기대면</u> 위험하다.

❷ 남의 힘에 의지하다. ▶ 남의 도움에 <u>기대지</u> 말고 스스로 살아 보기로 결심했다.

[동음이의어 +] **기대다:** 근거로 하다.
　▶ 네 말에 <u>기댄다면</u>, 그들은 벌써 끝났어야 했다.

확 인 문 제

(1~6) 밑줄 친 말의 쓰임이 문맥에 맞으면 ○, 맞지 않으면 ×에 표시하시오.

1. 근자에 와서 친구들의 방문도 뜸해졌다. (○ / ×)
2. 사치 풍조 박멸을 위해 함께 노력합시다. (○ / ×)
3. 커피를 끊은 후 금단 현상을 경험했다. (○ / ×)
4. 근묵자흑이라고 착한 친구 덕에 나도 선해졌다. (○ / ×)
5. 개구쟁이들끼리 모이다니 역시 유유상종이다. (○ / ×)
6. 정부는 부정부패를 발본색원하겠다고 선언했다. (○ / ×)

(7~8) 문맥에 어울리는 말을 괄호 안에서 고르시오.

7. 지난번 사건의 (근황 / 실황 / 정황 / 활황)으로 볼 때 그의 주장에는 정당성이 있어 보인다.
8. 항소를 (기각 / 망각 / 몰각)하는 일은 판사의 고유 권한이다.

(9~10) 밑줄 친 말이 제시문과 가장 유사한 의미로 쓰인 것을 고르시오.

9. 장난감
　① 우월감　　　② 포만감　　　③ 신랑감　　　④ 놀림감　　　⑤ 성취감

10. 바닥에 금을 <u>긋다</u>.
　① 처마 밑에서 비를 <u>긋다</u>.　　② 핵심어에 밑줄을 <u>긋다</u>.　　③ 술값을 외상으로 <u>긋다</u>.

[정답] 1. ○ 2. × 3. ○ 4. × 5. ○ 6. ○ 7. 정황 8. 기각 9. ④ 10. ②
[해설] 2. → 근절 4. '근묵자흑'은 부정적인 영향과 관련하여 쓰는 말이다.

1. ⊙~⑩의 사전적 의미로 바른 것은?   (2012 6월 모평 응용)

> 20세기에 들어 음악을 ⊙향유하는 사람들이 늘어나고, 음악에 ⓒ종사하는 사람들이 증가하면서 음악의 ⓒ전문화 현상
> 이 나타났다. 작곡자와 연주자가 뚜렷하게 ⓔ분리되었고, 연주자 가운데에서도 장르나 시대 또는 작곡자에 따른 전문 영
> 역이 세밀하게 ⑩구분되었다.

① ⊙: 독차지하여 가짐.   ② ⓒ: 어떤 일을 일삼아서 함.
③ ⓒ: 복잡하거나 이질인 것으로 변함.   ④ ⓔ: 찢어져 나뉨.
⑤ ⑩: 종류에 따라서 가름.

2. ⊙~⑩의 사전적 뜻풀이로 바르지 <u>않은</u> 것은?   (2012 고1 6월 학평 응용)

> 미성년자가 법정 대리인의 동의를 얻지 않고 한 계약은 어떻게 될까? 미성년자가 계약으로 인한 효과를 원하지 않는다
> 면 미성년자 본인 또는 그의 법정 대리인이 취소할 수 있다. 이를 취소권이라고 하는데, 취소권은 미성년자가 성인이 된 날
> 로부터 3년 이내, 또는 계약을 맺은 날로부터 10년 이내에 ⊙행사(行使)하여야 한다. 계약이 취소되면 계약 이전의 상태로
> 돌아간다. 이때 미성년자는 계약으로 얻은 이익이 현재까지 남아 있는 상태 그대로 ⓒ반환(返還)해야 한다. 상품은 사용하
> 던 상태 그대로 돌려주면 되고, 미납 요금이나 위약금은 내지 않아도 된다. 그러나 법정 대리인이나 성년이 된 계약자가 대
> 금의 일부를 ⓒ지급(支給)하면 이는 계약을 ⓔ추인(追認)한 것으로 ⑩간주(看做)하여 계약을 취소할 수 없다.

① ⊙: 어떤 일을 시행함.   ② ⓒ: 빌리거나 차지했던 것을 되돌려 줌.
③ ⓒ: 돈이나 물품 따위를 정하여진 몫만큼 내줌.   ④ ⓔ: 지나간 사실을 소급하여 추후에 인정함.
⑤ ⑩: 상태, 모양, 성질 따위가 그와 같다고 봄.

3. ⊙~⑩의 뜻풀이로 바르지 <u>않은</u> 것은?   (2015 고1 11월 학평 응용)

> 라틴아메리카의 미술은 모더니즘 미술을 받아들이면서도 독창성을 ⊙추구(追求)하는 경향이 두드러지는데, 그 대표적인
> 화가가 콜롬비아의 페르난도 보테로이다. 그의 작품에는 형태의 터질 듯한 볼륨감과 몰개성적인 인물, 형식을 벗어난 비례,
> 대상이 가진 고유의 색 등이 잘 ⓒ구현(具現)되어 있다. 미술이 주는 감각적인 즐거움과 아름다움을 강조한 보테로는 그것
> 의 핵심요소로 볼륨감에 ⓒ주목(注目)하였는데, 평면의 캔버스가 가지고 있는 물리적인 한계를 극복하고 대상에 볼륨감을
> 표현하기 위해 선택한 것이 바로 형태의 ⓔ팽창(膨脹)이다. 즉 그는 그림에서 소재의 형태를 단순화하고 팽창시킴으로써 볼
> 륨감을 집중적으로 표현할 수 있었다. 이렇게 형태를 ⑩왜곡(歪曲)했기 때문에 보테로의 그림에서는 제목, 장식, 옷 등에서
> 만 인물들에 대한 약간의 정보를 알 수 있을 뿐 인물이 지닌 본래의 개성적 특징은 거의 생략되어 파악하기 어렵다.

① ⊙: 목적을 이룰 때까지 뒤좇아 구함.   ② ⓒ: 몇 가지 부분을 모아서 일정한 전체를 이룸.
③ ⓒ: 관심을 가지고 주의 깊게 살핌.   ④ ⓔ: 부풀어서 부피가 커짐.
⑤ ⑩: 사실과 다르게 해석하거나 그릇되게 함.

(4~5) 다음 글을 읽고 물음에 답하시오.

> 공자는 예에 기반을 둔 정치는 정명(正名)에서 ㉠비롯한다고 하며, 정명을 ㉡이룰 주체로서 군자를 제시하였다. 정명이란 '이름을 바로잡는다'라는 뜻으로, 다양한 사회적 관계 속에서 자신이 마땅히 해야 할 도리를 행하는 것을 의미한다. 군주는 군주다운 덕성을 갖추고 그에 ㉢맞는 예를 실천해야 하며, 군주뿐만 아니라 신하, 부모 자식도 그러해야 한다. 만일 군주가 예에 의하지 아니하고 법과 형벌에 ㉣기대어 정치를 한다면, 백성들은 형벌을 면하기 위해 법을 ㉤지킬 뿐, 무엇이 옳고 ㉥그른지 스스로 판단하려 하지 않는 문제가 생길 것이라고 공자는 보았다.

4. ㉠~㉤을 한자어로 바꾼 것으로 적절하지 않은 것은?

(2013 고3 9월 모평 응용)

① ㉠: 시작(始作)한다고   ② ㉡: 발현(發現)할   ③ ㉢: 합당(合當)한
④ ㉣: 의거(依據)하여   ⑤ ㉤: 준수(遵守)할

5. 밑줄 친 말의 의미가 ㉥과 가장 유사한 것은?

① 이번 일도 이미 글렀다.   ② 그른 일은 하지 말아야 한다.
③ 대세는 벌써 그른 지 오래다.   ④ 큰 부상을 입었으니 달아나기는 글렀다.
⑤ 이 환자는 회생하기에 그른 것으로 보인다.

6. ㉠의 문맥적 의미와 가장 가까운 것은?

(2007 9월 모평)

> 판의 절대 속도를 ㉠구하기 위해서는 판의 운동과는 독립적으로 외부에 고정되어 있는 기준점이 필요하다. 과학자들은 지구 내부의 맨틀 깊숙이 위치한 마그마의 근원지인 열점이 거의 움직이지 않는다는 것을 알아내고, 그것을 판의 절대 속도를 구하는 기준점으로 사용하였다.

① 귀성 차표가 매진되기 전에 빨리 구해야겠다.   ② 농사철에는 일꾼을 구하는 데 많은 어려움이 따른다.
③ 그는 한 시간 내에 돈을 구해 오겠다고 큰소리를 쳤다.   ④ 철수는 영수의 동의를 구한다는 듯이 그의 얼굴을 쳐다보았다.
⑤ 어렵다고 생각하는 문제일수록 답을 구하는 방식은 의외로 간단하다.

7. 두 낱말의 의미 관계가 이질적인 것은?

① 얻다 : 획득하다   ② 같다 : 일치하다   ③ 바라다 : 지양하다
④ 바꾸다 : 대체하다   ⑤ 낯설다 : 생소하다

8. 밑줄 친 '감'의 의미가 ㉠, ㉡과 가까운 것끼리 연결된 것은?

> 드디어 일을 마쳤다는 만족㉠감에 밤새 잠을 이루지 못했다. 아이들은 서로 장난㉡감을 가지고 놀겠다며 싸웠다.

① ㉠ – 신랑감, ㉡ – 속도감   ② ㉠ – 책임감, ㉡ – 구경감   ③ ㉠ – 사윗감, ㉡ – 소외감
④ ㉠ – 장군감, ㉡ – 양념감   ⑤ ㉠ – 한복감, ㉡ – 초조감

9. 〈보기〉의 밑줄 친 내용을 설명하기 위해 활용할 수 있는 사례로 가장 적절한 것은?

〈보 기〉

　동음이의(同音異義) 관계에 있는 용언들은, 그 기본형은 같지만 다양한 어미를 결합시켜 활용을 해 보면 <u>하나는 규칙, 다른 하나는 불규칙 활용을 함으로써 두 용언의 활용 형태가 서로 달라지는 경우</u>가 있다. 이를 통해 동음이의 관계의 두 용언이 각각 서로 다른 단어임을 좀 더 명확하게 확인할 수 있다.

① 친구가 병이 <u>낫다</u>. – 동생이 형보다 인물이 <u>낫다</u>. 　　② 벽에 바른 벽지가 <u>울다</u>. – 시합에 진 어린이가 <u>울다</u>.
③ 소나무가 마당 쪽으로 <u>굽다</u>. – 어머니께서 빵을 <u>굽다</u>. 　④ 친구에게 약속 시간을 <u>이르다</u>. – 약속 장소에 <u>이르다</u>.
⑤ 장작이 벽난로에서 <u>타다</u>. – 학교에 가려고 버스를 <u>타다</u>.

10. 밑줄 친 말이 ㉠의 문맥적 의미와 가깝게 쓰인 것은?

　"너도 곧 알게 될 게다. 우리가 함께 남쪽으로 길을 나서길 얼마나 잘했는가를 말이다. 남쪽은 북쪽하곤 훨씬 다르다. 겨울에도 대숲이 푸른 곳이니까. 넌 아마 대숲이 있는 곳이면 겨울도 ㉠<u>그만</u>일 테지. 내 너를 그런 대숲이 있는 곳으로 데려다 줄 테다. 녀석의 집 뒤꼍에도 그런 대숲은 얼마든지 많을 테니까. 암 대숲이야 많구말구…… 넌 그럼 그 대숲으로 가거라. 그리고 거기서 겨울을 나려무나……"
　사내의 얼굴은 이제 황홀한 꿈속을 헤매고 있는 사람의 그것처럼 밝고 행복하게 빛나고 있었다.

– 이청준, 〈잔인한 도시〉

① A : 왜 이렇게 늦은 거야? 　　　　　　B : 눈이 오는 바람에 차가 막혀서 <u>그만</u>.
② A : 시간 뺏어서 미안해. 　　　　　　B : 무슨 소리. 너와 함께 간다면 <u>그만</u>이지.
③ A : 어젯밤에 전화 안 받던데? 　　　　B : 너무 피곤해서 <u>그만</u> 자리에 쓰러졌지.
④ A : 너. 무슨 일이 있었어? 　　　　　B : 아니. 그 녀석 생각만 하면 <u>그만</u> 눈물이 나.
⑤ A : 정말 가고 싶지 않단 말이야. 　　　B : 그래? 평양감사도 제 싫으면 <u>그만</u>이지.

11. 다음은 '사전 활용하기' 학습 활동을 위한 자료이다. 이에 대해 탐구한 내용으로 적절하지 <u>않은</u> 것은?

굳다 〔굳어, 굳으니, 굳는〕
　(I)〔동〕㉠ 무른 물질이 단단하게 되다. ¶ 시멘트가 굳다.
　　　　　　㉡ 근육이나 뼈마디가 뻣뻣하게 되다. ¶ 허리가 굳다.
　(II)〔형〕흔들리거나 바뀌지 아니할 만큼 힘이나 뜻이 강하다. ¶ 굳은 결심 / 성을 굳게 지키다.
　반의어: (I) ㉠ – 녹다 ①️ ㉡

녹다 〔녹아, 녹으니, 녹는〕〔동〕
　①️ ㉠ 얼음이나 얼음같이 매우 차가운 것이 열을 받아 액체가 되다. ¶ 얼음이 녹다. / 눈이 녹다.
　　㉡ 고체가 열기나 습기로 말미암아 제 모습을 갖고 있지 못하고 물러지거나 물처럼 되다. ¶ 엿이 녹다.

②【…에】 ㉠ 결정체(結晶體) 따위가 액체 속에서 풀어져 섞이다. ¶ 소금이 물에 녹다.
　　　　　 ㉡ 어떤 물체나 현상 따위에 스며들거나 동화되다. ¶ 우리 정서에 녹아든 외국 문화
　　반의어: ① ㉡ - 굳다 (Ⅰ) ㉠

① '굳다'는 '녹다'와 달리 두 개의 품사로 쓰인다.
② '시멘트가 굳다.'의 '굳다'와 '엿이 녹다.'의 '녹다'는 반의 관계이다.
③ '굳다 (Ⅱ)'의 용례로 '마음을 굳게 닫다.'를 추가할 수 있다.
④ '녹다 ② ㉡'의 용례로 '글에는 글쓴이의 생각이 녹아 있다.'를 추가할 수 있다.
⑤ '초콜릿이 순식간에 녹았다.'의 '녹다'는 '녹다 ② ㉠'에 해당하므로 주어 외에도 다른 문장 성분을 필요로 한다.

12. 〈보기〉에 제시된 국어사전의 정보를 완성한다고 할 때, ㉠~㉤에 대한 설명으로 적절하지 <u>않은</u> 것은? (2015 고2 9월 학평)

　─〈보 기〉─
　그리다¹ ☐ ㉠ ☐ 【…을】
　　　사랑하는 마음으로 간절히 생각하다. ¶ 그가 꿈에도 그리던 어머님을 드디어 만났다.
　그리다² ☐ 동사 ☐ 【 ㉡ 】
　　　① 연필, 붓 따위로 어떤 사물의 모양을 그와 닮게 선이나 색으로 나타내다.
　　　　¶ 그가 약도를 그렸다. / _____ ㉢ _____
　　　② _____ ㉣ _____ ¶ 이순신 장군의 일대기를 그린 영화 / 이 소설은 서민 생활의 애환을 그리고 있다.
　그립다 ☐ 형용사 ☐
　　　①【…이】 보고 싶거나 만나고 싶은 마음이 간절하다. ¶ 고향에 계신 부모님이 그립다.
　　　② 어떤 것이 매우 필요하거나 아쉽다. ¶ _____ ㉤ _____

① ㉠에 들어갈 말은 '동사'이다.
② ㉡에 들어갈 말은 '…을'이다.
③ ㉢에 '화살이 포물선을 그리며 날아간다.'를 넣을 수 있다.
④ ㉣에 '생각, 현상 따위를 말, 글, 음악 등으로 나타내다.'를 넣을 수 있다.
⑤ ㉤에 '한동안 쉬었더니 돈 몇 푼이 그립다.'를 넣을 수 있다.

──

[정답] 1. ② 2. ① 3. ② 4. ② 5. ② 6. ⑤ 7. ③ 8. ② 9. ③ 10. ② 11. ⑤ 12. ③
[해설] 1. ① 독점 ③ 분화 ④ 분열 ⑤ 분류 2. ㉠은 '권리의 내용을 실현함.'을 의미한다. '어떤 일을 시행함.'을 의미하는 말은 '행사(行事)'이다. 3. ㉡은 '어떠한 사실을 구체적으로 나타냄.'을 의미한다. '몇 가지 부분을 모아서 일정한 전체를 이룸.'을 의미하는 어휘는 '구성(構成)'이다. 4. ㉡은 '실현(實現)할'과 바꿀 수 있다. 5. ㉥·② 어떤 일이 사리에 맞지 아니한 면이 있다. ①·③ 어떤 일이나 형편이 잘못되다. ④·⑤어떤 상태나 조건이 좋지 아니하게 되다. 6. ㉠·⑤ 계산하여 찾거나 풀다. ①·②·③ 필요한 것을 찾거나 또는 그렇게 하여 얻다. ④ 상대편이 어떻게 하여 주기를 청하다. 7. 고유어와 한자어가 유의 관계를 형성하고 있지 않은 것을 찾으면 된다. 8. ㉠: 느낌, ㉡: 대상이 되는 도구, 사물, 사람, 재료 9. '한쪽으로 휘어져 있다.'라는 뜻을 지닌 '굽다'는 '굽어서'로 활용되는 규칙 활용을 하지만, '불에 익히거나 타게 하다.'라는 뜻의 '굽다'는 '구워서'로 활용되어 어간 '굽-' 의 'ㅂ'이 '우'로 바뀌는 불규칙 활용을 한다. ① 모두 'ㅅ' 불규칙 활용 ② 모두 규칙 활용 ④ '르' 불규칙 활용 - '러' 불규칙 활용 ⑤ 모두 규칙 활용 10. '겨울에도 대숲이 푸른 곳' 은 도시의 겨울 추위와 대비된다. 따라서 여기서 '그만이다'에는 '좋다, 만족하다'의 의미가 담겨 있다. '더할 나위 없이 좋다'는 의미를 가진 ②가 이와 가장 가깝다. 11. '초콜릿이 순식간에 녹았다.'의 '녹다'는 '녹다 ① ㉡'에 해당하고, 주어 외의 다른 문장 성분은 필요로 하지 않는다. 12. '화살이 포물선을 그리며 날아간다.'의 '그리다'는 '어떤 모양을 일정하게 나타내거나 어떤 표정을 짓다.'의 의미이다.

기르다~나가다

☐ **기르다**

❶ 동식물을 보살펴 자라게 하다. ▶ 우리 집에서는 개 두 마리를 <u>기르고</u>(≒사육하고) 있다.

❷ 아이를 보살펴 키우다. ▶ 아이를 <u>기르는</u>(≒양육하는) 데는 많은 주의와 정성이 필요하다.

❸ 사람을 가르쳐 키우다. ▶ 선생님은 20년 간 수많은 제자를 <u>길러</u>(≒양성해) 내셨다.

❹ 육체나 정신을 단련하여 더 강하게 만들다.

▶ 체력을 <u>기르기</u>(≒강화하기) 위해 운동을 시작하였다.

❺ 습관 따위를 몸에 익게 하다. ▶ 아침에 일찍 일어나는 버릇을 <u>길러라</u>.

❻ 머리카락이나 수염 따위를 깎지 않고 길게 자라도록 하다.

▶ 그는 개성적으로 보이기 위해 콧수염을 <u>길렀다</u>.

❼ 병을 제때에 치료하지 않고 증세가 나빠지도록 내버려 두다.

▶ 병을 <u>기르면</u>(≒방치하면) 치료하기가 점점 어렵게 된다.

☐ **기반**
基 터 기 盤 소반 반

기초가 되는 바탕. 또는 사물의 토대

▶ 그는 서울에 온 지 10년 만에 생활의 <u>기반</u>을 잡았고 결혼도 했다.

유의어 + **기저**(基터기 底밑저): (어떤 것의 바닥이 되는 부분 →) 사물의 뿌리나 밑바탕이 되는 기초 =근저(根뿌리근 底밑저) ▶ 이 소설은 도교 사상을 <u>기저</u>에 깔고 있다.

토대(土흙토 臺대대): (모든 건조물 따위의 가장 아랫도리가 되는 밑바탕 →) 어떤 사물이나 사업의 밑바탕이 되는 기초와 밑천 ▶ 나는 인터넷에서 찾은 자료를 <u>토대</u>로 발표 내용을 정리하였다.

기틀: 어떤 일의 가장 중요한 계기나 조건 ▶ 이번 회담으로 평화의 <u>기틀</u>을 다지게 되었다.

발판(―板널빤지판): (어떤 곳을 오르내리거나 건너다닐 때 발을 디디기 위하여 설치해 놓은 장치 →) 다른 곳으로 진출하기 위하여 이용하는 수단

▶ 우리 팀은 4번 타자 김 선수의 홈런으로 역전의 <u>발판</u>을 마련했다.

초석(礎주춧돌초 石돌석): (기둥 밑에 기초로 받쳐 놓은 돌 →) 어떤 사물의 기초=주춧돌

▶ 건강한 가정이야말로 건강한 사회를 만드는 <u>초석</u>이다.

반석(盤소반반 石돌석): (넓고 평평한 큰 돌 →) 사물, 사상, 기틀 따위가 아주 견고함.

▶ 그 일만 아니었다면 만석 살림은 <u>반석</u> 위에 있었을 것이다.

☐ **기발하다**
奇 기이할 기 拔 빼어날 발 ―

❶ 유달리 재치가 뛰어나다.

▶ 선생님은 학생의 글에 사용된 <u>기발한</u> 표현에 칭찬을 아끼지 않았다.

❷ 진기하게 빼어나다. ▶ 기업들의 아이디어 전시장에는 독특하고 <u>기발한</u> 물건이 많았다.

유의어 + **참신**(斬벨참 新새신)**하다**: 새롭고 산뜻하다.

▶ 이 시는 상투적인 표현이 많아서 <u>참신한</u> 맛이 떨어진다.

비범(非아닐비 凡무릇범)**하다**: 보통 수준보다 훨씬 뛰어나다.

▶ 우리 고전 소설의 주인공은 <u>비범한</u> 능력을 지닌 인물인 경우가 많다.

반의어 + **범상**(凡무릇범 常항상상)**하다**: 중요하게 여길 만하지 아니하고 예사롭다.

▶ 용모로 보건대 그는 <u>범상한</u> 인물이 아닌 것 같다.

☐ **기별**
奇 기특할 기 別 나눌 별

다른 곳에 있는 사람에게 소식을 전함. 또는 소식을 적은 종이

▶ 그는 급히 오라는 <u>기별</u>을 받고 고향으로 내려갔다.

참고어휘 + **낭보**(朗밝을낭 報알릴보): 기쁜 기별이나 소식

▶ 세계 선수권 대회에서 우리나라 핸드볼 팀이 우승했다는 <u>낭보</u>가 전해졌다.

비보(悲슬플비 報알릴보): 슬픈 기별이나 소식

▶ 할아버지가 돌아가셨다는 <u>비보</u>를 듣고 가족 모두가 오열하였다.

첩보(諜염탐할첩 報알릴보): 상대편의 정보나 형편을 몰래 알아내어 보고함. 또는 그런 보고

▶ 적군이 비밀리에 이동하고 있다는 <u>첩보</u>가 들어왔다.

□ 기울이다	❶ 비스듬하게 한쪽이 낮아지거나 비뚤어지게 하다('기울다'의 사동사).
	▶ 환자가 갑자기 상체를 앞으로 기울였다.
	❷ 정성이나 노력 따위를 한곳으로 모으다.
	▶ 이번에 발표한 노래는 그가 3년 간 심혈을 기울여 만든 것이다.

□ 기이하다	기묘하고 이상하다. ▶ 간밤에 기이한 꿈을 꾸었다.
奇 기이할 기 異 다를 이 –	유의어 + 신이(神귀신신 異다를이)하다: 신기하고 이상하다.
	▶ 영웅 소설의 주인공은 대체로 신이하게 출생한다.
	괴이(怪괴이할괴 異다를이)하다: 정상적이지 않고 별나며 괴상하다.
	▶ 젊고 건강하던 사람이 갑자기 사망했다는 소식을 듣고 모두들 괴이하게 여겼다.

| □ 기치 | (예전에, 군대에서 쓰던 깃발 →) 일정한 목적을 위하여 내세우는 태도나 주장 |
| 旗 깃발 기 幟 깃발 치 | ▶ 자주독립의 기치 아래 독립군이 조직되었다. |

□ 기탁	어떤 일을 부탁하여 맡겨 둠. ▶ 그분은 평생 모은 재산을 모교에 장학금으로 기탁하였다.
寄 부칠 기 託 부탁할 탁	참고어휘 + '託(부탁할탁)'을 공유하는 한자어
	의탁(依의지할의 託부탁할탁): 어떤 것에 몸이나 마음을 의지하여 맡김.
	▶ 그는 남은 생을 종교에 의탁하며 보내기로 마음먹었다.
	위탁(委맡길위 託부탁할탁): 남에게 사물이나 사람의 책임을 맡김.
	▶ 창립자가 돌아가신 후 회사의 경영을 전문 경영인에게 위탁하였다.
	결탁(結맺을결 託부탁할탁): (마음을 결합하여 서로 의탁함. →) 주로 나쁜 일을 꾸미려고 서로 한통속
	이 됨. ▶ 그는 부정한 권력과의 결탁을 거부하고 지성인의 양심을 지켰다.

□ 기탄	어렵게 여겨 꺼림. ▶ 누구든 자신의 생각을 기탄없이 말씀해 주십시오.
忌 꺼릴 기 憚 꺼릴 탄	참고어휘 + 기피(忌꺼릴기 避피할피): 꺼리거나 싫어하여 피함. ▶ 그는 병역을 기피한 죄로 구속되었다.
	회피(回돌이킬회 避피할피): ❶ 몸을 숨기고 만나지 아니함. ▶ 사장은 노조 대표와의 면담을 회피하였다.
	❷ 꾀를 부려 마땅히 져야 할 책임을 지지 아니함. ▶ 그는 이번 사건에 대한 언급을 회피하였다.
	❸ 일하기를 꺼리어 선뜻 나서지 않음. ▶ 그는 어려운 일은 늘 회피하려고 한다.
	도피(逃도망할도 避피할피): ❶ 도망하여 몸을 피함. ▶ 그는 그들은 부도를 내고 해외로 도피하였다
	❷ 적극적으로 나서야 할 일에서 몸을 사려 빠져나감.
	▶ 그녀는 현실에서 도피하여 자기만의 세계에 갇혀 버렸다.

확인문제

(1~6) 문맥에 맞는 말을 괄호 안에서 고르시오.

1. (기발 / 기이)한 모양의 바위들이 눈에 띄었다.
2. 할아버지 세대는 근대화의 (기치 / 기탄) 아래 열심히 일했다.
3. 그는 대학 합격의 (낭보 / 비보)를 간절히 기다렸다.
4. 익명의 부자가 거액의 성금을 (기탁 / 의탁)했다고 한다.
5. 신제품의 히트로 회사가 (반석 / 초석) 위에 올라섰다.
6. 기골이 장대한 것이 한눈에 보기에도 (범상 / 비범)치 않았다.

(7~8) 밑줄 친 말이 제시문과 가장 유사한 의미로 쓰인 것을 고르시오.

7. 사춘기 자녀와 원만하게 지내려면 인내심을 길러야 한다.
　① 용돈을 아껴 쓰는 습관을 기르자.
　② 할아버지는 부업으로 토끼를 기르신다.
　③ 어른으로 대접받으려면 자제력부터 길러라.
　④ 그는 제자를 기르는 일을 천직으로 삼았다.

8. 그는 자식들에게 온갖 정성을 기울였다.
　① 학생들이 몸을 앞으로 기울여 인사하였다.
　② 수업 시간에는 선생님 말씀에 주의를 기울여야 한다.

[정답] 1. 기이 2. 기치 3. 낭보 4. 기탁 5. 반석 6. 범상 7. ③ 8. ②
[해설] 7. 기르다-❹ ① 기르다-❺ ② 기르다-❶ ④ 기르다-❸

□ 길

❶ 사람이나 동물 또는 자동차 따위가 지나갈 수 있게 땅 위에 낸 일정한 너비의 공간

▶ 학교에 가려면 혼잡한 길을 지나야 한다.

❷ 물 위나 공중에서 일정하게 다니는 곳 ▶ 마을 위로 비행기가 다니는 길이 있다.

❸ 걷거나 탈것을 타고 어느 곳으로 가는 노정(路程)

▶ 앞으로도 천 리나 되는 먼 길을 가야 한다.

❹ 시간의 흐름에 따라 개인의 삶이나 사회적 · 역사적 발전 따위가 전개되는 과정

▶ 그는 이제까지 살아온 고단한 길을 돌아보았다.

❺ 사람이 삶을 살아가거나 사회가 발전해 가는 데에 지향하는 방향, 지침, 목적이나 전문
분야 ▶ 배움의 길은 끝이 없다.

❻ 어떤 자격이나 신분으로서 주어진 도리나 임무

▶ 아버지는 평생 교사의 길을 걸었다.

❼ 방법이나 수단 ▶ 실직을 하고 나니 먹고살 길이 막막하다.

❽ 어떤 행동이 끝나자마자 즉시 ▶ 나는 학원에서 나오는 길로 어머니를 따라 병원에 갔다.

❾ 어떠한 일을 하는 도중이나 기회 ▶ 그는 학교에서 돌아오는 길에 서점에 들렀다.

동음이의어 + 길: ❶ 물건에 손질을 잘하여 생기는 윤기 ▶ 그 집 장독은 길이 잘 나 있다.

❷ 짐승 따위를 잘 가르쳐서 부리기 좋게 된 버릇 ▶ 길이 잘 든 말을 타야 위험이 적다.

❸ 어떤 일에 익숙하게 된 솜씨 ▶ 귀농 5년 만에 농사에도 제법 길이 들었다.

□ 깃들다

❶ 아늑하게 서려 들다.

▶ 거리에는 어느새 황혼이 깃들었다.

❷ 감정, 생각, 노력 따위가 어리거나 스미다.

▶ 사진 속에는 우리 가족의 추억이 깃들어 있다.

□ 깔리다

❶ '깔다(바닥에 펴 놓다)'의 피동사. ▶ 선수들이 모래가 깔린 씨름 경기장 안으로 들어섰다.

❷ '깔다(돈이나 물건 따위를 여기저기 빌려 주거나 팔려고 내놓다)'의 피동사

▶ 여기저기에 깔린 그의 돈만 해도 상당한 액수였다

❸ '깔다(무엇을 밑에 두고 누르다)'의 피동사 ▶ 농부가 경운기에 깔려 크게 다쳤다.

❹ '깔다(꼼짝 못 하게 남을 억누르다)'의 피동사

▶ 백성들이 권력의 힘에 깔려 신음하고 있다.

❺ 널리 퍼져 있다. 또는 많이 퍼져 있다. ▶ 아침마다 마을에 자욱하게 안개가 깔린다.

❻ 사상이나 감정, 생각 따위가 겉으로 드러나지 않고 묻혀 있다.

▶ 그의 말에는 좋지 않은 의도가 깔려 있었다.

❼ '깔다(어떤 생각이나 현상의 바탕이 되게 하다)'의 피동사

▶ 그의 소설에는 주인공의 죽음에 대한 암시가 곳곳에 깔려 있었다.

□ 깨끗하다

❶ 사물이 더럽지 않다. ▶ 얼룩이 묻은 옷을 벗고 깨끗한 옷으로 갈아입었다.

❷ 빛깔 따위가 흐리지 않고 맑다. ▶ 산에 오르다가 깨끗한 계곡물에 발을 담갔다.

❸ 가지런히 잘 정돈되어 말끔하다. ▶ 안 입는 옷들을 버리고 옷장을 깨끗이 정리했다.

❹ 맛이 개운하다. ▶ 그 집의 해장국은 뒷맛이 깨끗한 것이 특징이다.

❺ 남은 것이나 자취가 전혀 없다. ▶ 강아지가 밥그릇을 깨끗하게 비웠다.

❻ 마음에 구구함이나 연연함이 없다. ▶ 그는 선거 결과에 깨끗하게 승복하겠다고 말했다.

❼ 후유증이 없이 말짱하다. ▶ 무릎에 난 상처가 며칠 만에 깨끗하게 아물었다.

❽ 마음씨나 행동 따위가 허물이 없이 떳떳하고 올바르다. ▶ 그는 깨끗한 공무원이다.

❾ 마음이나 표정 따위에 구김살이 없다. ▶ 아이의 표정이 더없이 맑고 깨끗했다.

□ 깨다¹	❶ 단단한 물체를 쳐서 조각이 나게 하다. ▶ 설거지를 하다가 실수로 그릇을 깼다.
	❷ 일이나 상태 따위를 중간에서 어그러뜨리다. ▶ 그는 일을 주겠다는 약속을 깨 버렸다.
	❸ 머리나 무릎 따위를 부딪치거나 맞거나 하여 상처가 나게 하다.
	▶ 계단에서 굴러 무릎을 깨고 말았다.
	❹ 어려운 장벽이나 기록 따위를 넘다. ▶ 우리나라 선수가 마라톤에서 세계 기록을 깼다.

□ 깨다²	❶ 술기운 따위가 사라지고 온전한 정신 상태로 돌아오다. ▶ 환자가 마취에서 깼다.
	❷ 생각이나 지혜 따위가 사리를 가릴 수 있게 되다. ▶ 늘 의식이 깬 사람이 되어야 한다.
	❸ 잠, 꿈 따위에서 벗어나다. 또는 벗어나게 하다. ▶ 아침마다 잠에서 깨는 것이 힘들다.

□ 꺾다	❶ 길고 탄력이 있거나 단단한 물체를 구부려 다시 펴지지 않게 하거나 아주 끊어지게 하
	다. ▶ 꽃을 꺾지 마시오.
	❷ 얇은 물체를 구부리거나 굽히다. ▶ 벽과 만나는 지점에서 장판을 꺾었다.
	❸ 몸의 한 부분을 구부리거나 굽히다. ▶ 경찰이 팔을 꺾어서 범인을 제압했다.
	❹ 생각이나 기운 따위를 제대로 펴지 못하게 억누르다. ▶ 그는 끝내 뜻을 꺾지 않았다.
	❺ 목청이나 곡조 따위를 한껏 높였다가 갑자기 낮추다.
	▶ 그는 기분이 좋을 때면 유행가 한 곡조를 멋들어지게 꺾곤 했다.
	❻ 경기나 싸움 따위에서 상대를 이기다. ▶ 우리 팀이 결승에서 상대를 2 대 1로 꺾었다.
	❼ 방향을 바꾸어 돌리다. ▶ 운전자는 사람을 발견하고는 급히 오른쪽으로 핸들을 꺾었다.

□ 꾸미다	❶ 모양이 나게 매만져 차리거나 손질하다.
	▶ 송년 파티에 초대된 이들 모두 한껏 꾸미고 왔다.
	❷ 거짓이나 없는 것을 사실인 것처럼 지어내다. ▶ 꾸미지 말고 사실대로 말해라.
	❸ 여러 요소를 조합하거나 하여 나름의 구성이나 체계를 가진 것으로 만들다.
	▶ 내일까지 선생님께 제출할 보고서를 꾸며야 한다.
	❹ 살림 따위를 차리고 갖추거나 마련하다. ▶ 두 사람은 신혼집을 아담하게 꾸몄다.
	❺ 어떤 일을 짜고 만들다. ▶ 악당이 주인공을 제거하려고 흉계를 꾸미고(≒모의하고) 있다.
	❻ 언어 구나 문장에서 다른 성분의 상태·성질·정도 따위를 자세하게 하거나 분명하게 하
	다. ▶ 부사는 용언을 꾸미는 역할을 한다.

(1~4) 밑줄 친 말이 제시문과 가장 유사한 의미로 쓰인 것을 고르시오.

1. 그 공연을 보고 표현할 길이 없는 감동을 느꼈다.
  ① 의사의 길을 걷다.　　　　② 길이 잘 든 말을 타다.　　　③ 그를 설득하는 길을 찾다.　　　④ 선진국의 길에 들어서다.
2. 산에는 진달래꽃이 지천으로 깔려 있었다.
  ① 사회 저변에 깔려 있는 이기주의가 극복되어야 한다.　　　　② 회사 안에는 그들에 대한 소문이 좍 깔려 있었다.
3. 아이의 기를 꺾지 마세요.
  ① 누나는 꽃을 꺾어 머리에 꽂았다.　　　　② 어머니의 눈물이 나의 의지를 꺾었다.
4. 소설은 기본적으로 꾸며 낸 이야기이다.
  ① 그는 거짓말을 그럴듯하게 꾸며 대었다.　　　　② 간신들이 그가 역모를 꾸미고 있다고 모함하였다.

[정답] 1. ③ 2. ② 3. ② 4. ①
[해설] 1. 길-❼ ① 길-❺ ② 동음이의어 길-❷ ④ 길-❹ 2. 깔리다-❺ ① 깔리다-❻ 3. 꺾다-❹ ① 꺾다-❶ 4. 꾸미다-❷ ② 꾸미다-❺

□ 꿈	❶ 잠자는 동안에 깨어 있을 때와 마찬가지로 여러 가지 사물을 보고 듣는 정신 현상

❶ 잠자는 동안에 깨어 있을 때와 마찬가지로 여러 가지 사물을 보고 듣는 정신 현상
▶ 공포 영화를 보고 잤더니 무서운 꿈을 꾸었다.

❷ 실현하고 싶은 희망이나 이상
▶ 어릴 때는 과학자가 되는 것이 꿈이었다.

❸ 실현될 가능성이 아주 적거나 전혀 없는 헛된 기대나 생각
▶ 허황된 꿈은 빨리 버리는 것이 좋다.

□ 끊다

❶ 실, 줄, 끈 따위의 이어진 것을 잘라 따로 떨어지게 하다.
▶ 엉킨 줄을 풀 수가 없어서 중간을 끊어(≒잘라) 버렸다.

❷ 관계를 이어지지 않게 하다. ▶ 오늘부터 너와 인연을 끊을 것이다.

❸ 하던 일을 하지 않거나 멈추게 하다. ▶ 갑작스런 질문이 강의의 흐름을 끊었다.

❹ 습관처럼 하던 것을 더 이상 하지 않다. ▶ 고등학생이 되면서 게임을 끊었다.

❺ 공급하던 것을 중단하다. ▶ 요금 미납을 이유로 전기를 끊어 버렸다.

❻ 배달하던 것을 배달하지 못하게 하다. ▶ 10년 동안 보던 신문을 끊었다.

❼ 길 따위의 통로를 막다. ▶ 다리를 폭파해서 적들의 퇴로를 끊었다(≒막았다).

❽ 말을 잠시 중단하다. ▶ 그는 말을 잠시 끊고(≒중단하고) 관중들을 둘러보았다.

❾ 말이나 문장 따위에서 사이를 두다. ▶ 그는 큰 소리로 또박또박 끊어서 말하였다.

❿ 옷감이나 표 따위를 사다. ▶ 어머니는 천을 끊어다(≒사다) 직접 커튼을 만드셨다.

⓫ 수표나 어음 따위를 발행하다. ▶ 천만 원짜리 어음을 끊어(≒발행해) 대금을 지불했다.

⓬ 목숨을 이어지지 않게 하다. ▶ 그는 안타깝게도 스스로 목숨을 끊었다.

⓭ 전화 통화의 송수신을 멈추게 하다. ▶ 상대편이 일방적으로 전화를 끊었다.

⓮ 거래나 셈 따위를 매듭짓다. ▶ 노동자들은 밀린 일당을 끊어 달라고 요구하였다.

⓯ 목표 지점을 통과하다. ▶ 100미터를 9초대에 끊는(≒주파하는) 선수가 나왔으면 좋겠다.

□ 끌다

❶ 바닥에 댄 채로 잡아당기다.
▶ 교실 안에서 의자 끄는 소리가 시끄럽게 들렸다.

❷ 바퀴 달린 것을 움직이게 하다.
▶ 그는 면허를 따자마자 차를 끌고(≒운전하고) 나왔다.

❸ 짐승을 부리다. ▶ 농부는 소를 끌고 논으로 갔다.

❹ 남의 관심 따위를 쏠리게 하다.
▶ 새로 나온 스마트폰이 선풍적 인기를 끌고 있다.

❺ 시간이나 일을 늦추거나 미루다. ▶ 공연히 시간 끌지 말고 빨리 말해라.

❻ 길게 빼어 늘이다. ▶ 그는 흥분하면 말끝을 끄는 버릇을 가지고 있다.

❼ 목적하는 곳으로 바로 가도록 같이 가면서 따라오게 하다.
▶ 아이가 친구들을 끌고 집으로 왔다.

❽ 어느 곳에서 원하는 곳에 이르도록 전선 따위를 늘리다.
▶ 일단 옆집에서 전기를 끌어 쓰기로 했다.

□ 끼치다¹

영향, 해, 은혜 따위를 당하거나 입게 하다.
▶ 그는 어릴 때 어리석은 행동으로 부모님께 걱정을 끼쳤다.

□ 끼치다²

❶ 소름이 한꺼번에 돋아나다.
▶ 그 소식을 듣자 온몸에 소름이 쫙 끼쳤다.

❷ 기운이나 냄새, 생각, 느낌 따위가 덮치듯이 확 밀려들다.
▶ 출입문을 열자 페인트 냄새가 확 끼쳐 들었다.

☐ **나가다**

❶ 일정한 지역이나 공간의 범위와 관련하여 그 안에서 밖으로 이동하다.
▶ 아버지께서 주무시니 모두 마당에 나가서 놀자.

❷ 앞쪽으로 움직이다. ▶ 소년은 연단으로 나가 준비해 온 이야기를 하기 시작했다.

❸ 생산되거나 만들어져 사회에 퍼지다.
▶ 오랫동안 준비해 온 신제품이 시장에 나가자 반응이 폭발적이었다.

❹ 말이나 사실, 소문 따위가 널리 알려지다. ▶ 방송에 광고가 나가자 매출이 늘었다.

❺ 사회적인 활동을 시작하다. ▶ 그는 이번에 새로 문단에 나가게 되었다.

❻ 일정한 직장이나 일터에 다니다. ▶ 딸은 게임 회사에 나가고 있다.

❼ 모임에 참여하거나, 운동 경기에 출전하거나, 선거 따위에 입후보하다.
▶ 그는 이번 국회의원 선거에 나가기로 결심하였다.

❽ 일정한 지역이나 공간에서 벗어나거나 집이나 직장 따위를 떠나다.
▶ 그는 점심 식사 후에 집에서 나간 후에 아직 돌아오지 않았다.

❾ 어떤 행동이나 태도를 취하다. ▶ 그렇게 소극적인 태도로 나가다가는 아무 일도 못한다.

❿ 값이나 무게 따위가 어느 정도에 이르다. ▶ 어제 3kg쯤 나가는 물고기를 잡았다.

⓫ 월급이나 비용 따위가 지급되거나 지출되다. ▶ 물가가 올라서 생활비가 많이 나간다.

⓬ 옷이나 신, 양말 따위가 해지거나 찢어지다. ▶ 축구를 했더니 구두가 다 나갔다.

⓭ 사고나 충격으로 사물 따위가 부서지거나 신체의 일부를 다치다.
▶ 접촉 사고로 자동차 범퍼가 나갔다.

⓮ 의식이나 정신이 없어지다. ▶ 자식의 사고 소식을 들은 어머니는 완전히 넋이 나갔다.

⓯ 감기 따위의 병이 낫다. ▶ 한번 든 감기가 겨우내 나가지 않아 고생을 했다.

⓰ 팔거나 세를 주려고 내놓은 집이나 방이 계약이 이루어지다.
▶ 그 집은 싸고 위치도 좋아서 잘 나갈 것 같다.

⓱ 전기 공급이 끊어지거나 전깃불이 꺼지다. ▶ 수명이 다 됐는지 형광등이 나갔다.

⓲ 물건이 잘 팔리거나 유행하다. ▶ 이 옷이 요즘 제일 잘 나간다.

⓳ 어떤 일을 하러 가다. ▶ 그는 반려견을 데리고 산책을 나갔다.

⓴ 살던 집이나 방을 비우고 이사를 하다. ▶ 세입자가 어제 이사를 나갔다.

㉑ 일의 과정이 어느 정도 진행되다. ▶ 공사는 이미 반 이상을 나간 상태이다.

확인문제

(1~5) 밑줄 친 말이 제시문과 가장 유사한 의미로 쓰인 것을 고르시오.

1. 누구에게나 꿈 많은 어린 시절이 있었다.
　① 내 꿈은 화가가 되는 것이다. 　　　　　　　② 그 사람은 아직도 헛된 꿈에서 깨어나지 못하고 있다.
2. 그는 술을 끊고 새 사람이 되겠다고 거듭 약속하였다.
　① 왕래를 끊다. 　　② 신문을 끊다. 　　③ 노름을 끊다. 　　④ 수표를 끊다. 　　⑤ 수송로를 끊다.
3. 나는 어떤 일이든지 미적미적 끄는 것은 질색이다.
　① 수레를 끌다. 　　② 시간을 끌다. 　　③ 백마를 끌다. 　　④ 주목을 끌다. 　　⑤ 수도를 끌어 오다.
4. 선거가 물가에 끼치는 영향은 적지 않다.
　① 주인에게 폐를 끼쳐서 여간 미안한 것이 아니다. 　　② 그녀는 찬 기운이 끼치는 방안에 혼자 누워 있다.
5. 꼭 올림픽에 나가서 메달을 따고 싶다.
　① 정신이 나가다. 　　② 이사를 나가다. 　　③ 전등이 나가다. 　　④ 전쟁에 나가다. 　　⑤ 물건이 잘 나가다.

[정답] 1. ① 2. ③ 3. ② 4. ① 5. ④
[해설] 1. 꿈─❷ ① 꿈─❸ 2. 끊다─❹ ① 끊다─❷ ② 끊다─❻ ④ 끊다─⓫ ⑤ 끊다─❼ 3. 끌다─❺ ① 끌다─❷ ③ 끌다─❸ ④ 끌다─❹ ⑤ 끌다─❽ 4. 끼치다¹ ② 끼치다²─❷ 5. 나가다─❼ ① 나가다─⓮ ② 나가다─⓴ ③ 나가다─⓱ ⑤ 나가다─⓲

1. 〈보기〉는 단어의 의미 관계에 관한 수업 자료의 일부이다. 〈보기〉에서 이끌어 낼 수 있는 내용으로 적절하지 <u>않은</u> 것은?

(2013 고3 10월 학평A)

─〈보 기〉─

※ 유의 관계에 있는 '기르다', '키우다', '먹이다'의 쓰임 비교(두 단어가 결합 가능하면 ○, 그렇지 않으면 ×)

	기르다	키우다	먹이다	
돼지를	○	○	○	…… ⓐ
감나무를	○	○	×	…… ⓑ
인내심을	○	○	×	…… ⓒ
수염을	○	×	×	…… ⓓ
첨단산업을	×	○	×	…… ⓔ

① ⓐ의 경우 '기르다', '키우다', '먹이다'는 모두 '사육하다'를 대신해 쓸 수 있다.

② ⓑ의 경우 '기르다'와 '키우다'는 '재배하다'를 대신해 쓸 수 있다.

③ ⓒ와 ⓔ를 보면 '키우다'는 '기르다', '먹이다'와 달리 추상적인 의미를 지닌 말과 결합하여 쓸 수 있다.

④ ⓓ의 경우 '기르다'는 '깎다'와 반의 관계에 있다고 할 수 있다.

⑤ ⓐ~ⓔ를 보면 '기르다'는 '먹이다'에 비해 '키우다'와 더 많은 상황에서 서로 바꾸어 쓸 수 있다.

(2~4) 문맥으로 보아 빈칸에 알맞은 말을 고르시오.

2. 본격적인 공략에 앞서 현지인을 통해 (   )을/를 수집할 방침이다.

① 기별   ② 낭보   ③ 비보   ④ 오보   ⑤ 첩보

3. 나는 그들이 서로 (   )하여 흉계를 꾸밀지도 모른다고 생각하였다.

① 결탁   ② 기탁   ③ 의탁   ④ 위탁   ⑤ 청탁

4. 그의 변명은 책임 (   )(으)로밖에 보이지 않는다.

① 기탄   ② 기피   ③ 도피   ④ 면피   ⑤ 회피

(5~6) 밑줄 친 말과 바꾸어 쓰기에 적절하지 <u>않은</u> 것을 고르시오.

5. ────────────────────────────── (2012 6월 모평)

　　1883년 백열전구를 개발하고 있던 에디슨은 우연히 진공에서 전류가 흐르는 현상을 발견했다. 이것은 플레밍이 2극 진공관을 발명하는 <u>토대가 되었다.</u>

① 기준이 되었다   ② 기초가 되었다   ③ 기틀이 되었다   ④ 바탕이 되었다   ⑤ 발판이 되었다

6. ────────────────────────────── (2017 6월 모평)

　　인간과 동물 모두 고통을 느끼는데 인간에게 고통을 <u>끼치는</u> 실험은 해서는 안 되고 동물에게 고통을 끼치는 실험은 해도 된다고 생각하는 것은 공평하지 않다고 생각하기 때문이다.

① 맡기는   ② 가하는   ③ 주는   ④ 안기는   ⑤ 겪게 하는

7. ㈀과 바꿔 쓸 수 있는 말로 가장 적절한 것은? (2013 고3 3월 학평A)

> 같은 광물의 결정은 그 면각이 같다는 사실을 통해 다양한 모양의 결정들의 종류를 판별할 수 있다. 면각 일정의 법칙은 광물의 결정을 판별하는 데 가장 기본적이고 중요한 기준으로, 현대 광물학의 ㈀초석이 되었다.

① 지붕돌   ② 고임돌   ③ 버팀돌   ④ 굳은돌   ⑤ 주춧돌

8. ㈀ : ㈁의 의미 관계와 유사한 것은? (2010 고3 4월 학평)

> 회화사적으로 공재 윤두서의 면모를 드높여 주는 것은 서민을 소재로 한 ㈀속화(俗畵)이다. 그는 선비나 신선 아니면 미인 정도가 나오던 조선 전기 ㈁회화에서 벗어나 현실 속에서 일하는 사람을 전면에 등장시켰다. 이렇게 '서민'이 선비나 신선의 자리를 밀어내고 화폭의 주인공으로 당당히 자리 잡게 된 것은 회화적 혁명으로 볼 수 있다.

① 그의 생각은 늘 기발하고 참신하다.   ② 판소리는 우리의 아름다운 예술이다.
③ 번잡한 도시를 떠나 한적한 숲 속을 걷고 싶다.   ④ 속박과 질곡 속에서 걸어온 나날을 잊지 말아야 한다.
⑤ 과거의 잘못을 답습하지 않기 위해 분위기를 쇄신해야 한다.

9. 〈보기〉의 용례로 '길'의 의미를 파악하는 활동을 해 보았다. 〈보기〉에서 이끌어 낸 '길'의 의미로 적절하지 않은 것은? (2010 고3 10월 학평)

> ─〈보 기〉─
> ◦ 시내로 가는 길을 넓혔다. / 아이들이 길에서 놀고 있다.
> ◦ 내가 살아온 길을 회고해 보았다. / 문명이 발전해 온 길을 돌아본다.
> ◦ 출장 가는 길에 잠시 고향에 들렀다. / 일을 마치고 돌아오는 길이다.
> ◦ 제자를 자식처럼 아끼는 것이 스승의 길이다. / 나라를 지키는 것이 군인의 길이다.

① 어떤 일을 행하는 수단과 방법   ② 어떤 행위가 벌어지는 도중이나 기회
③ 어떤 것이 지나갈 수 있게 땅 위에 난 공간   ④ 어떤 것이 시간의 흐름에 따라 전개되는 과정
⑤ 어떤 자격이나 신분으로서 해야 할 도리나 임무

(10~17) 밑줄 친 말 중, ㈀과 가장 가까운 뜻으로 쓰인 것을 고르시오.

10. ────────────(2013 고3 4월 학평A)

> 어떤 상품을 소비할 때 소수만이 소유하기를 바라는 심리가 ㈀깔려 있는 경우, 그 상품을 구입하는 사람들이 많아지면 그 상품을 구입하지 않으려는 사람들도 생기게 된다. 이렇게 소비를 결정하는 과정에서 다른 사람들이 물건을 사는 것에 영향을 받아 그 물건을 구입하지 않게 되는 것을 속물 효과라 한다.

① 내 가방에 깔려 납작해진 빵을 발견했다.   ② 할머니 집 마루에는 돗자리가 깔려 있었다.
③ 그 사람의 말에는 좋은 의도가 깔려 있었다.   ④ 동네에는 그에 대한 소문이 쫙 깔려 있었다.
⑤ 여기저기에 깔려 있는 돈만 해도 상당한 액수였다.

11.

어떠한 경우에도 흥미와 관심을 ㉠끌게 하는 강조의 중심점은 하나여야 하며 둘 이상이 되어서는 안 된다. 디자인의 요소들이 각각 비슷한 정도, 비슷한 비중으로 공존할 때는 우리의 시선이 디자인에서 중심점을 찾지 못해 방황하게 되고, 그 디자인은 긴장감을 잃게 된다.

① 그에겐 인기를 <u>끄는</u> 특별한 이유가 있다.
② 괜히 시간만 <u>끌지</u> 말고 빨리 가도록 해라.
③ 안 가겠다고 우는 아이를 <u>끌고</u> 병원에 갔다.
④ 이 부분은 교과서 내용에서 <u>끌어</u> 온 것이다.
⑤ 옆집에서 전기를 <u>끌어</u> 쓰려니 몹시 불편하다.

12.

선비가 지조를 ㉠꺾고 돈의 노예가 된다는 것은 슬픈 일이다.

① 그 가수는 소리를 <u>꺾는</u> 창법이 독특하다.
② 한국이 네덜란드를 <u>꺾고</u> 조 2위로 4강에 올랐다.
③ 부모가 뭐라 하건 그는 자기 고집을 <u>꺾는</u> 일이 없었다.
④ 형사들은 소매치기의 팔을 등 뒤로 <u>꺾고</u> 수갑을 채웠다.
⑤ 핸들을 <u>꺾을</u> 때마다 이상한 소리가 나서 정비소에 수리하러 갔다.

13.

그는 과거의 화려했던 삶은 ㉠깨끗하게 잊어버리고 새 출발을 하기로 마음먹었다.

① 비가 오고 난 뒤라 공기가 <u>깨끗하다</u>.
② 아이는 밥 한 그릇을 <u>깨끗하게</u> 비웠다.
③ 얼룩이 묻은 행주는 표백제로 <u>깨끗하게</u> 빨아라.
④ 적어도 그는 <u>깨끗하게</u> 살려고 노력하는 사람이다.
⑤ 모든 후보자가 투표 결과에 <u>깨끗하게</u> 승복하였다.

14.

그 영화는 기존의 틀을 ㉠깨고 새로운 양식을 도입한 것으로 평가된다.

① 그는 괜한 소리를 해서 분위기를 <u>깼다</u>.
② 그분은 생각이 많이 <u>깨어</u> 있는 것 같다.
③ 삼촌은 아직 술이 덜 <u>깨서</u> 횡설수설한다.
④ 국악은 대중성이 없다는 잘못된 통념을 <u>깨야</u> 한다.
⑤ 후반 시작 10분 만에 넣은 골이 양 팀의 균형을 <u>깼다</u>.

15.

> 그새 서방님이 무슨 큰일을 ㉠꾸미고 있다는 낌새를 알자 대뜸 여기로 달려온 것이었다.

① 당신 의견을 서류로 <u>꾸며</u> 제출하시오.
② 그는 거짓말을 그럴듯하게 <u>꾸며</u> 대었다.
③ 그는 집안을 으리으리하게 <u>꾸미고</u> 살았다.
④ 새 교실을 예쁘게 <u>꾸미고</u> 나니 기분이 좋다.
⑤ 간신이 충신을 몰아낼 계교를 <u>꾸미고</u> 있다.

16.

> 아이들을 가르치는 데 있어 너무 강경하게 ㉠나가면 오히려 역효과가 생길지도 모른다.

① 삼촌은 체중이 100kg이나 <u>나간다</u>.
② 그는 20년이 넘게 한 직장을 <u>나가고</u> 있다.
③ 친구는 전국 체전에 우리 도의 대표로 <u>나갔다</u>.
④ 윗사람들과 대화하면서 그렇게 무례히 <u>나가지</u> 마라.
⑤ 상인들은 경기가 나빠 물건이 안 <u>나간다고</u> 엄살을 부렸다.

17.

> 그는 세상과 인연을 ㉠끊고 산속으로 들어갔다.

① 부모님은 그와의 교제를 <u>끊으라고</u> 강요하였다.
② 밤에 통 잠을 이루지 못하니 커피를 <u>끊어야겠다</u>.
③ 그는 자신의 몸을 묶고 있는 사슬을 <u>끊고</u> 도망갔다.
④ 적들이 다리를 <u>끊어</u> 놓아 육로로는 추격이 불가능하다.
⑤ 그는 하려던 말을 <u>끊고</u> 뒷짐을 지고 다시 거닐기 시작하였다.

[정답] 1. ③ 2. ⑤ 3. ① 4. ⑤ 5. ① 6. ① 7. ⑤ 8. ② 9. ① 10. ③ 11. ① 12. ③ 13. ① 14. ④ 15. ⑤ 16. ④ 17. ①
[해설] 1. '기르다'도 '인내심'이라는 추상적 의미를 나타내는 말(추상명사)과 결합할 수 있다. 2. 오보: 어떠한 사건이나 소식을 그릇되게 전하여 알려 줌. 또는 그 사건이나 소식. 3. 청탁: 청하여 남에게 부탁함. 4. 면피: 면하여 피함. 5. 기준: 기본이 되는 표준. 6. '영향, 해, 은혜 따위를 당하거나 입게 하다.'는 의미의 '끼치다'는 '어떤 일에 대한 책임을 지우거나 담당하게 하다'는 의미의 '맡기다'와 뜻이 다르다. 7. '초석'은 어떤 사물의 기초를 뜻하는 비유적 의미로 사용되었다. 8. 속화는 회화의 범주 안에 속하는 것이므로 상하 관계에 해당한다. 판소리도 예술의 범주 안에 들어가므로, 상하 관계에 해당한다. ①, ④는 유의 관계, ③, ⑤는 반의 관계 9. ①은 〈보기〉의 용례에서 확인할 수 없는 의미이다. 10. ㉠ 사상이나 감정, 생각 따위가 겉으로 드러나지 않고 묻혀 있다. ① 무엇을 밑에 두고 누르다. ② 바닥에 펴 놓다. ④ 널리 퍼져 있다. 또는 많이 퍼져 있다. ⑤ 돈이나 물건 따위를 여기저기 빌려 주거나 팔려고 내놓다. 11. ㉠ 남의 관심 따위를 쏠리게 하다. ② 시간이나 일을 늦추거나 미루다. ③ 이끌다. ④ 어떤 사실이나 글을 옮겨 오거나 옮겨 가다. ⑤ 어느 곳에 이르도록 늘이다. 12. ㉠ 생각이나 기운 따위를 제대로 펴지 못하게 억누르다. ① 목청이나 곡조 따위를 한껏 높였다가 갑자기 낮추다. ② 경기나 싸움 따위에서 상대를 이기다. ④ 몸의 한 부분을 구부리거나 굽히다. ⑤ 방향을 바꾸어 돌리다. 13. ㉠ 마음에 구구함이나 연연함이 없다. ① 빛깔 따위가 흐리지 않고 맑다. ② 남은 것이나 자취가 전혀 없다. ③ 사물이 더럽지 않다. ④ 마음씨나 행동 따위가 허물이 없이 떳떳하고 올바르다. 14. ㉠ 어려운 장벽이나 기록 따위를 넘다. ①·⑤ 일이나 상태 따위를 중간에서 어그러뜨리다. ② 생각이나 지혜 따위가 사리를 가릴 수 있게 되다. ③ 술기운 따위가 사라지고 온전한 정신 상태로 돌아오다. 15. ㉠ 어떤 일을 짜고 만들다. ① 글 따위를 지어서 만들다. ② 거짓이나 없는 것을 사실인 것처럼 지어내다. ③ 살림 따위를 차리고 갖추거나 마련하다. ④ 모양이 나게 매만져 차리거나 손질하다. 16. ㉠ 어떤 행동이나 태도를 취하다. ① 값이나 무게 따위가 어느 정도에 이르다. ② 일정한 직장이나 일터에 다니다. ③ 모임에 참여하거나, 운동 경기에 출전하거나, 선거 따위에 입후보하다. ⑤ 물건이 잘 팔리거나 유행하다. 17. ㉠ 관계를 이어지지 않게 하다. ② 습관처럼 하던 것을 더 이상 하지 않다. ③ 실, 줄, 끈 따위의 이어진 것을 잘라 따로 떨어지게 하다. ④ 길 따위의 통로를 막다. ⑤ 말을 잠시 중단하다.

□ **나누다**

❶ 하나를 둘 이상으로 가르다.
▶ 사과를 깎기 위해 네 조각으로 나누었다(≒쪼개었다).
❷ 여러 가지가 섞인 것을 구분하여 분류하다.
▶ 우리는 모든 상품을 등급에 따라 나누었다(≒분류하였다).
❸ 나눗셈을 하다. ▶ 25를 5로 나누면 5가 된다.
❹ 몫을 분배하다. ▶ 이익금을 공정하게 나누어야(≒분배해야) 불만이 생기지 않는다.
❺ 음식 따위를 함께 먹거나 갈라 먹다.
▶ 사람들은 마을 회관에 모여 술과 음식을 나누면서 대화를 했다.
❻ 말이나 이야기, 인사 따위를 주고받다 ▶ 친구와 이야기를 나눠 봐야겠다.
❼ 즐거움이나 고통, 고생 따위를 함께하다.
▶ 고통은 주위 사람들과 나누면 작아지고, 즐거움은 나누면 커진다고 한다.
❽ 같은 핏줄을 타고나다. ▶ 그와 나는 피를 나눈 형제이다.

□ **나다**

❶ 신체 표면이나 땅 위에 솟아나다. ▶ 고등학생이 되면서 여드름이 나기 시작했다.
❷ 길, 통로, 창문 따위가 생기다. ▶ 집 앞으로 큰길이 났다(≒생겼다).
❸ 어떤 사물에 구멍, 자국 따위의 형체 변화가 생기거나 작용에 이상이 일어나다.
▶ 아침에 신을 땐 몰랐는데 지금 보니 양말에 구멍이 났다.
❹ 신문, 잡지 따위에 어떤 내용이 실리다. ▶ 스캔들 기사가 잡지에 났다(≒실렸다).
❺ 자연재해가 일어나다. ▶ 남쪽에 홍수가 나서(≒일어나서/발생해서) 수재민이 생겼다.
❻ 농산물이나 광물 따위가 산출되다. ▶ 강원도에서는 감자가 많이 난다.
❼ 어떤 현상이나 사건이 일어나다. ▶ 축대가 무너져서 온 동네에 난리가 났다.
❽ 인물이 배출되다. ▶ 어머니는 우리 집에 천재가 났다면서 좋아하셨다.
❾ 이름이나 소문 따위가 알려지다. ▶ 대학 홈페이지(≒누리집)에 합격자 발표가 났다.
❿ 문제 따위가 출제되다. ▶ 이런 문제가 시험에 날(≒출제될) 가능성이 높다.
⓫ 흥미, 짜증, 용기 따위의 감정이 일어나다. ▶ 그의 얼굴을 보니 더 겁이 났다.
⓬ 구하던 대상이 나타나다. ▶ 판매직에 자리가 하나 나서 연락을 해 보았다.
⓭ 돈, 물건 따위가 생기다. ▶ 그 돈이 어디에서 났는지(≒생겼는지) 모르겠다.
⓮ 생명체가 태어나다. ▶ 나는 부산에서 나서(≒태어나서) 서울에서 자랐다.
⓯ 소리, 냄새 따위가 밖으로 드러나다. ▶ 청국장에서는 구수한 냄새가 난다.
⓰ 신체에서 땀, 피, 눈물 따위의 액체 성분이 흐르다. ▶ 손에서 피가 났다.
⓱ 어떤 나이에 이르다. ▶ 아홉 살 난 형이 다섯 살 난 동생을 살뜰히 보살핀다.
⓲ 병 따위가 발생하다. ▶ 찬 음식을 많이 먹었더니 배탈이 났다.
⓳ 생각, 기억 따위가 일다. ▶ 그는 멋진 생각이 났는지 무릎을 탁 쳤다.
⓴ 시간적 여유가 생기다. ▶ 시간이 나면 꼭 연락을 주십시오.
㉑ 기풍, 멋 따위가 더 나아지다. ▶ 모자를 쓰니 한결 멋이 났다.
㉒ 어떤 작용에 따른 효과, 결과 따위의 현상이 이루어져 나타나다.
▶ 오랜 논의 끝에 마침내 결론이 났다.
㉓ 속도, 열, 빛 따위의 속성이 드러나다. ▶ 그의 그림은 볼수록 더욱 빛이 났다.
㉔ 맛이 생기다. ▶ 그녀가 만든 음식은 조미료를 안 써도 기막힌 맛이 난다.
㉕ 햇빛 따위가 나타나다. ▶ 햇빛이 나면 경기를 계속 진행할 것이다.
㉖ 사람 됨됨이나 생김새가 뛰어나다. ▶ 그는 모든 면에서 난(≒뛰어난) 사람이다.
㉗ 밖으로 나오거나 나가다. ▶ 든 자리는 몰라도 난 자리는 표가 난다.
㉘ 철이나 기간을 보내다. ▶ 겨울잠을 자는 곰처럼 집에서만 겨울을 났다.
㉙ 살림, 세간 따위를 따로 차리다. ▶ 부부는 결혼 후 따로 살림을 났다(≒차렸다).

□ 나오다

❶ 안에서 밖으로 오다. ▶ 아이들은 길에 나와서 아버지를 기다렸다.

❷ 속에서 바깥으로 솟아나다. ▶ 벌써 가지 끝에 새순이 나왔다.

❸ 일정한 목적으로 어떠한 곳에 오다. ▶ 그는 약속 장소에 나오지 않았다.

❹ 책, 신문 따위에 글, 그림 따위가 실리다.

　▶ 이 글은 마키아벨리가 지은 〈군주론(君主論)〉에 나온다.

❺ 어떠한 분야에 투신하다. ▶ 그 사람은 정계에 나온(≒투신한) 후 수없이 변신을 했다.

❻ 새 상품이 시장에 나타나다. ▶ 이 상품은 시장에 나온 후 바로 큰 인기를 끌었다.

❼ 소속된 단체나 직장 따위에 일하러 오다.

　▶ 사장님은 거래처에 먼저 가셨기 때문에 회사에는 아직 안 나오셨다.

❽ 어떠한 곳에 모습이 나타나다. ▶ 그녀는 출산 후 처음으로 공식 석상에 나왔다.

❾ 액체나 기체 따위가 밖으로 흐르다. ▶ 상처에서 진물이 나온다.

❿ 어떠한 물건이 발견되다. ▶ 하루 종일 찾던 휴대폰이 가방 안에서 나왔다(≒발견됐다).

⓫ 상품이나 인물 따위가 산출되다. ▶ 여기서 나오는(≒생산하는) 제품은 믿을 만하다.

⓬ 어떠한 근원에서 발생하다. ▶ 작은 욕심에서 나온 행동이 큰 화를 불렀다.

⓭ 어떤 곳을 벗어나다. ▶ 그는 책을 들고 방에서 나왔다.

⓮ 소속된 단체나 직장 따위에서 물러나다.

　▶ 그는 사업을 하기 위해서, 20년간 근무했던 회사에서 나왔다.

⓯ 어떠한 태도를 취하여 겉으로 드러내다.

　▶ 그쪽에서 계속 비협조적인 태도로 나오면 무시하고 일을 진행해라.

⓰ 처리나 결과로 이루어지거나 생기다. ▶ 내일이면 검사 결과가 나온다.

⓱ 받을 돈 따위가 주어지거나 세금 따위가 물려지다.

　▶ 입사한 지 한 달 만에 첫 월급이 나왔다.

⓲ 어떤 일을 알리거나 요구·명령하는 서류가 전해지다.

　▶ 그는 입대 영장이 갑자기 나와서 하던 일을 바쁘게 정리했다.

⓳ 음식 따위가 차려지다. ▶ 오늘 점심으로는 돈가스가 나왔다.

⓴ 목적한 곳이 눈에 띄게 되다. ▶ 저 산을 넘으면 바다가 나온다.

㉑ 무엇을 살 만한 돈이 되다. ▶ 그렇게 일해서 생활비라도 나오겠니?

㉒ 방송을 듣거나 볼 수 있다. ▶ 워낙 깊은 산골이라서 라디오도 잘 안 나온다.

㉓ 앞으로 내밀어지다. ▶ 출산일이 가까워질수록 아내의 배가 많이 나왔다.

㉔ 감정 표현이나 생리 작용 따위가 나타나다. ▶ 자꾸만 웃음이 나와서 혼났다.

㉕ 교육 기관의 일정한 과정을 끝내고 졸업하다. ▶ 그는 명문대를 나왔다(≒졸업했다).

㉖ 어떠한 목적으로 오다. ▶ 세무서에서 조사를 나왔다.

확 인 문 제

(1~3) 밑줄 친 말이 제시문과 가장 유사한 의미로 쓰인 것을 고르시오.

1. 그는 자신의 몫을 나누어 달라고 주장하였다.
　① 그들은 일감을 똑같이 나누었다.　　② 이 기쁨을 아내와 나누고 싶다.　　③ 그와는 가끔 인사를 나누는 사이다.

2. 요새는 매사에 신경질이 난다.
　① 이 지역에는 금이 많이 난다.　　② 엉덩이에 종기가 났다.　　③ 그 일에 용기가 나기 시작했다.

3. 수학 성적이 엉망으로 나왔다.
　① 모임에 나오다.　　② 싹이 나오다.　　③ 울음이 나오다.　　④ 세금 고지서가 나오다.　　⑤ 점괘가 나오다.

[정답] 1. ① 2. ③ 3. ⑤
[해설] 1. 나누다-❹ ① 나누다-❼ ② 나누다-❻ 2. 나다-⓫ ① 나다-❻ ② 나다-❶ 3. 나오다-⓰ ① 나오다-❽ ② 나오다-❷ ③ 나오다-㉔ ④ 나오다-⓲

□ 나타나다	❶ 보이지 아니하던 어떤 대상의 모습이 드러나다. ▶ 사건의 목격자가 드디어 <u>나타났다</u>.
	❷ 어떤 일의 결과나 징후가 겉으로 드러나다. ▶ 열심히 공부한 결과가 성적으로 <u>나타났다</u>.
	❸ 생각이나 느낌 따위가 글, 그림, 음악 따위로 드러나다.
	▶ 그의 주장은 이 글에 잘 <u>나타나</u> 있다.
	❹ 내면적인 심리 현상이 얼굴, 몸, 행동 따위로 드러나다.
	▶ 그의 얼굴에는 굳은 의지가 <u>나타나</u> 있다.
	❺ 어떤 새로운 현상이나 사물이 발생하거나 생겨나다. ▶ 약효가 금방 <u>나타났다</u>.

□ 나태 懶 게으를 나 怠 게으를 태	행동, 성격 따위가 느리고 게으름. ▶ <u>나태</u>한 사람은 성공하기가 힘들다.
	참고어휘 + **안일**(安편안안 逸편안할일): 편안하고 한가로움. 또는 편안함만을 누리려는 태도.
	▶ 우리는 <u>안일</u>과 나태에 젖은 생활에서 벗어나야 한다.

□ 낙담 落 떨어질 낙 膽 쓸개 담	(너무 놀라 간이 떨어지는 듯함. →) 바라던 일이 뜻대로 되지 않아 마음이 몹시 상함.
	▶ 시험에 떨어진 그는 <u>낙담</u>이 이만저만이 아니다.
	유의어 + **낙심**(落떨어질낙 心마음심): 바라던 일이 이루어지지 아니하여 마음이 상함.
	▶ 대회에서 상을 못 받았다고 너무 <u>낙심</u>하지 마라.
	참고어휘 + '落(떨어질낙)'을 공유하는 한자어
	낙루(落떨어질낙 淚눈물루): 눈물을 흘림. 또는 그 눈물 ▶ 그 소식에 임금도 <u>낙루</u>를 하였다.
	낙오(落떨어질낙 伍다섯사람오): ❶ 대오에서 처져 뒤떨어짐.
	▶ 그는 행군 중에 다리를 다쳐 대열에서 <u>낙오</u>되었다.
	❷ 사회나 시대의 진보에 뒤떨어짐. ▶ 부단한 자기 계발 없이는 경쟁 사회에서 <u>낙오</u>하기 쉽다.

□ 난무 亂 어지러울 난 舞 춤출 무	❶ 엉킨 듯이 어지럽게 추는 춤. 또는 그렇게 춤을 춤. ▶ 나비들의 <u>난무</u>를 감상했다.
	❷ 함부로 나서서 마구 날뜀. ▶ 그는 권모술수가 <u>난무</u>하는 정치판을 떠나기로 마음먹었다.
	유의어 + **횡행**(橫가로횡 行다닐행): (모로 감. →) 아무 거리낌 없이 제멋대로 행동함.
	▶ 사회 기강은 해이해지고 국민의 생활은 처참하여 각지에서 도적이 <u>횡행</u>하였다.
	낭자(狼이리낭 藉깔자)**하다:** ❶ 여기저기 흩어져 어지럽다. ▶ 전쟁터가 된 마을에는 유혈이 <u>낭자</u>하였다.
	❷ 왁자지껄하고 시끄럽다. ▶ 교실에서 아이들이 웃고 떠드는 소리가 <u>낭자</u>하게 들렸다.

□ 난삽하다 難 어려울 난 澁 떫을 삽 –	글이나 말이 매끄럽지 못하면서 어렵고 까다롭다. ▶ 그의 글은 <u>난삽</u>해서 이해하기 어렵다.
	참고어휘 + **난잡**(亂어려울난 雜섞일잡)**하다:** ❶ 행동이 막되고 문란하다.
	▶ 그의 생활은 여전히 <u>난잡</u>하다.
	❷ 사물의 배치나 사람의 차림새 따위가 어수선하고 너저분하다. ▶ 물건들이 <u>난잡</u>하게 널려 있다.

□ 날	❶ 지구가 한 번 자전하는 동안 ▶ 어느 날 우연히 그를 만났다.
	❷ 하루 중 환한 동안 ▶ 날이 저물기 전에 어서 돌아가자.
	❸ 날씨 ▶ 어제는 비가 오더니 오늘은 날이 참 좋다.
	❹ 날짜 ▶ 하루빨리 만날 날을 정하기로 했다.
	❺ 어떠한 시절이나 때 ▶ 그는 가끔 화려했던 날의 추억을 이야기하곤 한다.
	❻ 경우 ▶ 이 일이 들통 나는 날에는 큰 벌을 받게 될 것이다.
	동음이의어 + **날:** 연장의 가장 얇고 날카로운 부분 ▶ 그는 날이 날카로운 가위로 옷감을 잘랐다.

□ 남다	❶ 다 쓰지 않거나 정해진 수준에 이르지 않아 나머지가 있게 되다.
	▶ 팔다 <u>남은</u> 물건들을 모아 자선 단체에 기부하였다.
	❷ 들인 밑천이나 제 값어치보다 얻는 것이 많다. 또는 이익을 보다.
	▶ 장사는 모름지기 이익이 <u>남아야</u> 한다.

❸ 나눗셈에서, 나누어 떨어지지 않고 나머지가 얼마 있게 되다.

▶ 5를 2로 나누면 1이 <u>남는다</u>.

❹ 다른 사람과 함께 떠나지 않고 있던 그대로 있다. ▶ 그는 끝까지 농촌에 <u>남았다</u>.

❺ 잊히지 않거나 뒤에까지 전하다. ▶ 그의 마지막 모습이 아직도 기억에 <u>남</u> 있다.

❻ 어떤 상황의 결과로 생긴 사물이나 상태 따위가 다른 사람이나 장소에 있다.

▶ 사업에 실패한 형에게는 빚만 <u>남았다</u>.

□ **낫다**

보다 더 좋거나 앞서 있다. ▶ 서민들 살기에는 아무래도 겨울보다 여름이 <u>낫다</u>.

[동음이의어+] **낫다**: 병이나 상처 따위가 고쳐져 본래대로 되다.

▶ 약을 먹고 푹 쉬었더니 감기가 다 <u>나았다</u>.

□ **낳다**

❶ 배 속의 아이, 새끼, 알을 몸 밖으로 내놓다. ▶ 아내가 딸을 <u>낳았다</u>(≒출산했다).

❷ 어떤 결과를 이루거나 가져오다. ▶ 불신이 분열을 <u>낳는다</u>(≒초래한다).

❸ 어떤 환경이나 상황의 영향으로 어떤 인물이 나타나도록 하다.

▶ 그는 한국이 <u>낳은</u>(≒배출한) 천재 피아니스트라는 수식어가 전혀 아깝지 않다.

□ **내놓다**

❶ 물건을 밖으로 옮기거나 꺼내 놓다. ▶ 날이 따뜻해졌으니 화분을 마당에 <u>내놓아야겠다</u>.

❷ 붙잡아 두었던 사람이나 짐승 따위를 자유롭게 활동할 수 있도록 해 주다.

▶ 날씨가 따뜻해지자 우사에 있는 소를 들판에 <u>내놓았다</u>.

❸ 음식 따위를 대접하다. ▶ 어머니가 손님에게 차와 과일을 <u>내놓았다</u>.

❹ 집이나 물건 따위를 매매나 임대를 목적으로 사람들에게 선보이다.

▶ 지방으로 발령이 나는 바람에 살던 집을 부동산 시장에 <u>내놓았다</u>.

❺ 작품이나 보고서 및 상품 따위를 발표하거나 선보이다.

▶ 그는 가수 데뷔 30주년을 기념하여 새 음반을 <u>내놓았다</u>.

❻ 생각이나 의견을 제시하다. ▶ 그는 늘 참신한 생각을 <u>내놓았다</u>.

❼ 가지거나 차지하고 있던 돈이나 자리 따위를 내주다. ▶ 후배에게 자리를 <u>내놓았다</u>.

❽ 신체나 신체의 일부를 바깥으로 드러나게 하다. ▶ 배꼽을 <u>내놓는</u> 것이 유행이다.

❾ 안의 생성물을 밖으로 내보내다. ▶ 그 곤충은 꽁무니에서 분비물을 <u>내놓고</u> 있었다.

❿ 일정한 범위에서 제외하거나 버리다. ▶ 그 문제는 <u>내놓고</u> 이 문제부터 풀자.

⓫ 목숨, 명예 따위의 희생을 무릅쓰다. ▶ 조국을 위해서라면 목숨도 <u>내놓을</u> 수 있다.

⓬ 사실이나 행위를 공개적으로 드러내다. ▶ 그는 나를 사랑한다고 <u>내놓고</u> 말한다.

확인문제

(1~4) 문맥에 어울리는 말을 괄호 안에서 고르시오.

1. 문장이 복잡해서 (난삽 / 난잡)한 느낌을 준다.

2. 바람에 떨어진 꽃잎들이 발밑에 (난무 / 낭자)하였다.

3. 그는 자신의 이익과 일신의 (나태 / 안일)만을 추구한다.

4. (낙오 / 낙루)된 사람 하나 없이 무사히 행군을 마쳤다.

(5~7) 밑줄 친 말이 제시문과 가장 유사한 의미로 쓰인 것을 고르시오.

5. 법을 시행한 지 얼마 되지 않아 예상하지 못했던 문제점들이 <u>나타났다</u>.

① 얼굴에 피곤한 기색이 <u>나타났다</u>. ② 그는 약속 장소에 <u>나타나지</u> 않았다. ③ 핵전쟁의 위험이 현실로 <u>나타났다</u>.

6. 시험 문제가 쉬워서 시험 시간이 <u>남았다</u>.

① 이제 결승선까지 한 바퀴 <u>남았다</u>. ② 세종은 역사에 길이 <u>남을</u> 인물이다. ③ 그는 교실에 <u>남아</u> 청소를 하였다.

7. 그는 친구들에게 새로운 여행 계획을 <u>내놓았다</u>.

① 사장직을 <u>내놓다</u>. ② 타협안을 <u>내놓다</u>. ③ <u>내놓고</u> 잘난 체하다.

④ 이를 <u>내놓고</u> 웃다. ⑤ 집을 복덕방에 <u>내놓다</u>.

[정답] 1. 난삽 2. 낭자 3. 안일 4. 낙오 5. ③ 6. ① 7. ②

[해설] 5. 나타나다-❷ ① 나타나다-❹ ② 나타나다-❶ 6. 남다-❶ ② 남다-❺ ③ 남다-❹ 7. 내놓다-❻ ① 내놓다-❼ ③ 내놓다-⓬ ④ 내놓다-❽ ⑤ 내놓다-❹

□ **내력** 來 올 내 歷 지날 력	❶ 지금까지 지내온 경로나 경력 ▶ 아버지께서는 살아온 <u>내력</u>을 책으로 엮으셨다. ❷ 일정한 과정을 거치면서 이루어진 까닭 ▶ 나는 일이 그렇게 된 <u>내력</u>을 아직도 모른다. ❸ 내림(부모나 조상으로부터 내려오는 유전적인 특성) ▶ 그의 병은 집안 <u>내력</u>이다. **참고어휘 +** '歷(지날력)'을 공유하는 한자어 **이력**(履밟을이 歷지날력): ❶ 지금까지 거쳐 온 학업, 직업, 경험 등의 내력 ▶ 이번에 뽑은 경력 사원들은 <u>이력</u>이 화려하다. ❷ 많이 겪어 보아서 얻게 된 슬기 ▶ 그도 이제 장사에는 <u>이력</u>이 났을 것이다. **역정**(歷지날역 程길정): 지금까지 지나온 경로 ▶ 작가의 인생 <u>역정</u>을 살펴보면 그의 작품을 이해하기 쉽다.
□ **내리다**	❶ 눈, 비, 서리, 이슬 따위가 오다. ▶ 아침에 일어나니 함박눈이 펑펑 <u>내리고</u> 있었다. ❷ 어둠, 안개 따위가 짙어지거나 덮여 오다. ▶ 나는 땅거미가 <u>내릴</u> 무렵 집으로 돌아왔다. ❸ 쪘거나 부었던 살이 빠지다. ▶ 그는 부었던 살이 <u>내리니</u> 아주 건강해 보였다. ❹ 타고 있던 물체에서 밖으로 나와 어떤 지점에 이르다. ▶ 우리는 전철을 타고 가다 명동에 <u>내려</u> 쇼핑을 했다. ❺ 비행기 따위가 지상에 도달하여 멈추다. ▶ 비행기가 활주로에 <u>내렸다</u>. ❻ 탈것에서 밖이나 땅으로 옮아가다. ▶ 우리는 차에서 <u>내려</u> 집으로 들어갔다. ❼ 위에 있는 것을 낮은 곳 또는 아래로 끌어당기거나 늘어뜨리다. ▶ 그는 걷었던 소매를 <u>내리고</u> 옷매무새를 다듬었다. ❽ 판단, 결정을 하거나 결말을 짓다. ▶ 노조는 파업에 돌입하기로 결론을 <u>내렸다</u>. ❾ 위에 올려져 있는 물건을 아래로 옮기다. ▶ 운반차가 트럭에서 짐을 <u>내리고</u> 있다. ❿ 가루 따위를 체에 치다. ▶ 혼합된 가루를 체에 <u>내린</u> 후 반죽을 하였다. ⓫ 값이나 수치, 온도, 성적 따위가 이전보다 떨어지거나 낮아지다. 또는 그렇게 하다. ▶ 해열제를 먹었더니 열이 <u>내렸다</u>. ⓬ 먹은 음식물 따위가 소화되다. 또는 그렇게 하다. ▶ 동치미 국물을 마시자 체증이 <u>내리는</u> 것처럼 느껴졌다. ⓭ 막, 휘장, 커튼 따위가 위에서 아래로 옮겨 가다. 또는 그렇게 하다. ▶ 무대에 막이 <u>내리고</u> 관객들이 나가기 시작했다. ⓮ 뿌리가 땅속으로 들어가다. ▶ 봄에 심은 묘목이 튼튼하게 뿌리를 <u>내렸다</u>. ⓯ 윗사람으로부터 아랫사람에게 상이나 벌 따위가 주어지다. 또는 그렇게 하다. ▶ 주인이 도둑질을 한 노비에게 벌을 <u>내렸다</u>. ⓰ 명령이나 지시 따위를 선포하거나 알려 주다. 또는 그렇게 하다. ▶ 임금이 신하들에게 어명을 <u>내렸다</u>.
□ **내막** 內 안 내 幕 장막 막	겉으로 드러나지 아니한 일의 속 내용=속사정 ▶ 그가 왜 갑자기 한국을 떠났는지 자세한 <u>내막</u>은 알 수 없다. **참고어휘 +** **내실**(內안내 實열매실): ❶ 내부의 실제 사정 ▶ 회사 경영의 <u>내실</u>은 외부에 공개할 수 없다. ❷ 내적인 가치나 충실성 ▶ 겉멋만 내지 말고 <u>내실</u>을 다져라. **실정**(實열매실 情뜻정): 실제의 사정이나 정세 ▶ 우리나라 <u>실정</u>에 맞는 대체 에너지 개발이 필요하다. **전말**(顛엎드러질전 末끝말): 처음부터 끝까지 일이 진행되어 온 경과 ▶ 사건의 <u>전말</u>이 투명하게 밝혀지는 것이 우리 모두의 바람이다. **자초지종**(自~부터자 初처음초 至이를지 終마칠종): 처음부터 끝까지의 과정 ▶ 그의 일기를 보니 그가 떠나게 된 <u>자초지종</u>을 알 수 있을 것 같았다.
□ **내응** 內 안 내 應 응할 응	내부에서 몰래 적과 통함. 또는 적의 내부에서 몰래 아군과 통함. ▶ 적과의 <u>내응</u>으로 새로운 정보를 알아내었다.

유의어 + **내통**(內안내 通통할통): 외부의 조직이나 사람과 남몰래 관계를 가지고 통함.
▶ 사장은 누군가의 내통에 의해 회사 기밀이 누출되었다고 주장했다.

□ **내재**
內 안 내 **在** 있을 재

어떤 사물이나 범위의 안에 들어 있음. 또는 그런 존재
▶ 죽음에 대한 공포는 인간의 마음에 항상 내재해 있다.

연관어휘 + **내재적**(內안내 在있을재 的~의 적): 어떤 현상이 안에 존재하는. 또는 그런 것
▶ 내재적 관점에 따른 감상은 작품을 언어적 특징, 구조, 표현 등 내재적 요소들에 근거해 해석한다.
내재율(內안내 在있을재 律법칙율): 문장에 잠재적으로 깃들어 있는 운율 ↔ 외형률(外바깥외 形모양형 律법칙률) ▶ 시조는 3·4조의 외형률을 지니고 있지만, 현대시는 대부분 내재율을 지니고 있다.

참고어휘 + **내포**(內안내 包감쌀포): 어떤 성질이나 뜻 따위를 속에 품음.
▶ 이 시어는 복합적인 의미를 내포하고 있다.
함축(含머금을함 蓄모을축): (겉으로 드러내지 아니하고 속에 간직함. →) 말이나 글이 많은 뜻을 담고 있음. ▶ 그의 말에는 여러 가지 의미가 함축되어 있다.
함의(含머금을함 意뜻의): 말이나 글 속에 어떠한 뜻이 들어 있음. 또는 그 뜻
▶ 그의 글 속에 담긴 함의부터 파악해야 한다.

□ **냉대**
冷 찰 냉 **待** 대우할 대

푸대접(정성을 들이지 않고 아무렇게나 하는 대접)
▶ 그는 다른 사람들의 멸시와 냉대, 비웃음 속에서도 꿋꿋이 자신의 길을 걸어왔다.

유의어 + **홀대**(忽갑자기홀 待대우할대): 소홀히 대접함. ▶ 돈 몇 푼 때문에 사람을 홀대해서는 안 된다.

□ **냉소**
冷 찰 냉 **笑** 웃음 소

쌀쌀한 태도로 비웃음. 또는 그런 웃음 ▶ 그는 철새 정치인들을 냉소적으로 비판하였다.

참고어휘 + '笑(웃음소)'를 공유하는 한자어
조소(嘲비웃을조 笑웃음소): 비웃음 ▶ 그는 출세욕에 사로잡힌 속물들을 조소했다.
고소(苦쓸고 笑웃음소): 쓴웃음 ▶ 변명에만 급급한 그의 태도에 모두들 고소를 금치 못하였다.
실소(失잃을실 笑웃음소): 어처구니가 없어 저도 모르게 웃음이 툭 터져 나옴. 또는 그 웃음
▶ 발표자의 엉뚱한 대답이 청중들의 실소를 자아냈다.
대소(大클대 笑웃음소): 크게 웃음. ▶ 장군은 적장의 말에 대소하면서 그의 잘못을 꾸짖었다.
파안대소(破깨뜨릴파 顏낯안 大클대 笑웃음소): 매우 즐거운 표정으로 활짝 웃음.
▶ 경로잔치에 참석한 노인들은 아이들의 재롱에 파안대소하며 즐거워했다.
박장대소(拍칠박 掌손바닥장 大클대 笑웃음소): 손뼉을 치며 크게 웃음.
▶ 사회자의 농담에 박장대소가 터졌다.

확 인 문 제

1. 어휘들의 의미 관계가 이질적인 것은?
① 내포 - 함축 　　② 내응 - 내통 　　③ 내력 - 이력 　　④ 냉대 - 환대 　　⑤ 전말 - 자초지종

(2~7) 밑줄 친 말의 쓰임이 문맥에 적절한지 판단하시오.

2. 노인의 인생 역정은 한 편의 대하드라마 같았다. 　　　3. 신생 회사라 아직 내막이 충분히 다져지지 않았다.

4. 그 사건에는 위험한 요소가 내재하고 있다. 　　　　　5. 나는 그 작품이 함의하는 바를 알 수 없었다.

6. 나는 그의 친절에 냉소를 지으며 감사를 전했다. 　　　7. 잘못한 사람이 도리어 화를 내니 파안대소를 금치 못하겠다.

8. 밑줄 친 말의 문맥적 의미가 같은 것끼리 짝지어진 것을 모두 고르시오.
① 비가 내리다. - 뿌리가 내리다. 　　② 살이 내리다. - 열이 내리다. 　　③ 어둠이 내리다. - 안개가 내리다.
④ 물가가 내리다. - 주의보가 내리다. 　　⑤ 정의를 내리다. - 판정을 내리다. 　　⑥ 결론을 내리다. - 짐을 내리다.
⑦ 처벌을 내리다. - 작위를 내리다. 　　⑧ 커튼을 내리다. - 어명을 내리다. 　　⑨ 활주로에 내리다. - 체에 내리다.

[정답] 1. ④ 2. 적절 3. 부적절 4. 적절 5. 적절 6. 부적절 7. 부적절 8. ③, ⑤, ⑦
[해설] 1. ④만 반의 관계이다. 3. → 내실 6. '냉소'와 '감사'는 어울리지 않는다. 7. → 고소 8. ③ 내리다-❷ ⑤ 내리다-❽ ⑦ 내리다-❻

(1~7) 밑줄 친 말의 문맥적 의미가 ㉠과 같은 것을 고르시오.

1. ─────────────────────────────── (2017 고2 9월 학평)

미술품 복원 작업은 목적에 따라 예방 보존 작업과 긴급 보존 처리 작업, 보존 복원 처리 작업으로 ㉠나눌 수 있다.

① 이 사과를 세 조각으로 나누자.   ② 나는 물건들을 색깔별로 나누는 작업을 한다.
③ 형제란 한 부모의 피를 나눈 사람들을 말한다.   ④ 우리 차라도 한잔 나누면서 이야기를 해 봅시다.
⑤ 상금을 모두에게 공정하게 나누어야 불만이 생기지 않는다.

2. ─────────────────────────────── (2015 고3 7월 학평A)

어두운 곳에서 밝은 곳으로 나오면 망막의 감응도가 어두운 곳에 고정되어 있어 순간적으로 눈이 부시다. 이는 강한 빛 자극에 막대세포와 원뿔세포에 있는 대량의 광수용 색소가 즉각적으로 분해되기 때문이다. 이때 양극세포는 막대세포의 기능을 억제하고 원뿔세포의 기능을 활성화하여 원뿔세포가 약 1분 이내에 빛의 밝기에 알맞게 반응하도록 조절한다. 반대로 어두운 곳으로 들어가면 양극세포에 의해 원뿔세포의 기능이 억제되고 막대세포의 기능이 활성화되어 막대세포가 로돕신을 왕성하게 합성하면서 망막의 감응도가 증가하여 20~30분 내에 빛의 밝기에 알맞게 반응하게 된다. 이 둘의 반응 시간이 차이가 ㉠나는 이유는 다른 광수용 색소보다 로돕신의 합성에 시간이 더 걸리기 때문이다.

① 몸에 땀이 많이 나서 옷이 젖었다.   ② 이제야 광고 효과가 나기 시작했다.
③ 신문에 합격자 발표가 나지 않아 걱정이다.   ④ 따뜻한 남쪽 지방에서 겨울을 나고 돌아왔다.
⑤ 언덕 쪽으로 길이 나면 읍내로 가는 시간이 적게 든다.

3. ─────────────────────────────── (2011 6월 모평)

유명인 모델의 광고 효과를 높이기 위해서는 유명인이 자신과 잘 어울리는 한 상품의 광고에만 지속적으로 ㉠나오는 것이 좋다. 이렇게 할 경우 상품의 인지도가 높아지고, 상품을 기억하기 쉬워지며, 광고 메시지에 대한 신뢰도가 제고된다. 유명인의 유명세가 상품에 전이되고 소비자가 유명인이 진실하다고 믿게 되기 때문이다.

① 어제 신문에 그 기사가 나왔다.   ② 맑은 날보다 흐린 날에 사진이 잘 나온다.
③ 하루 종일 찾던 지갑이 세탁물 속에서 나왔다.   ④ 수도에서 녹물이 나오는 바람에 빨래를 못 했다.
⑤ 며칠 전 씨를 뿌린 곳에서 싹이 나오기 시작했다.

4. ─────────────────────────────── (2016 고1 6월 학평)

두 개의 옳은 도덕 법칙이 충돌할 때 의무론적 관점에 따르면 결정을 ㉠내릴 수 없다. 예를 들어 1번 철로에는 3명의 인부가, 2번 철로에는 5명의 인부가 일을 하고 있을 때 브레이크가 고장 난 기차의 기관사는 어떤 길을 선택해야 할까? 의무론적 관점은 이 상황에서 어떤 철로를 선택해야 할지 결정을 내릴 수 없다.

① 하루 종일 비가 내렸다.   ② 저녁이 되자 어둠이 내렸다.
③ 어머니가 밀가루를 체에 내렸다.   ④ 심사 위원들이 노래에 대한 평가를 내렸다.
⑤ 그는 회의에 참석하기 위해 서울역에서 내렸다.

5.

고대 그리스인들은 몸짓, 언어, 그리고 멜로디와 리듬으로 감정과 충동을 표현하는 활동에 심취하여 사제를 통해 신과 교감하는 상태인 엔투시아스모스에 이를 수 있다고 믿었다. 그리고 이러한 활동에서 춤, 시, 음악이 ㉠나왔다고 생각하였다.

① 이 상품은 시장에 나온 후에 바로 큰 인기를 끌었다.
② 상대가 비열하게 나오면 우리도 더 이상 참을 수 없다.
③ 우리 학교 신문에 내 친구의 사진이 큼지막하게 나왔다.
④ 그녀는 방에서 무슨 일을 하는지 도무지 밖으로 나오지 않는다.
⑤ 경기에서 상대에게 진 것은 욕심에서 나온 그의 행동 때문이다.

6.

이러구러 그 날 밤 지날 적에 아기는 기진하니 어둔 눈이 더욱 침침하여 어찌할 바를 모르더니, 동방이 밝아지며 우물가에 두레 소리 귀에 얼른 들리거늘 ㉠날 샌 줄을 짐작하고 문 펄떡 열뜨리고 우퉁퉁 밖에 나가,
"우물에 오신 부인 뉘신 줄을 모르나, 칠 일 안에 어미 잃고 젖 못 먹어 죽게 된 이 아기 젖 좀 먹여 주오."

– 작자 미상, 〈심청전〉

① 날이 가물어서 걱정이다.
② 날을 정해서 한번 만나자.
③ 날이 차니 옷을 단단히 입어라.
④ 날이 저물기 전에 도착해야 해.
⑤ 날이 갈수록 우리의 우정은 깊어만 갔다.

7.

사회복지 향상을 위해 정부가 활동 영역을 좀 더 넓혀야 할 부분이 아직 많이 ㉠남아 있고, 그렇다면 조세부담률이 어느 정도 높아지는 것은 불가피한 일로 보인다.

① 나는 역사에 이름이 남는 사람이 되고 싶다.
② 그들이 떠난 자리에는 쓰레기만 남아 주위가 어지러웠다.
③ 영희는 용돈을 절약하여 남은 돈으로 필요한 물건을 샀다.
④ 그의 첫인상이 나에게 오래도록 남아 기억에서 사라지지 않았다.
⑤ 은수는 아직 공부해야 할 부분이 남아 있어서 다른 것을 할 수 없다.

(8~10) 문맥상 ㉠과 바꿔 쓰기에 가장 적절한 것을 고르시오.

8.

지레는 막대를 어떤 점에 받쳐서 그 받침점을 중심으로 움직일 수 있게 한 도구이다. 지렛대로 쓰이는 막대를 고정한 곳이 받침점, 지렛대에 힘을 주는 곳이 힘점, 물체를 움직이게 하는 곳이 작용점이다. 지레는 가운데에 어떤 점이 놓이느냐에 따라 1종, 2종, 3종 지레로 ㉠나뉜다.

① 분류(分類)된다　　② 분석(分析)된다　　③ 대체(代替)된다
④ 정의(定義)된다　　⑤ 판단(判斷)된다

9.

(2012 9월 모평 응용)

가격이 한계 비용보다 높아지면 상대적으로 높은 가격으로 인해 수요량이 줄면서 거래량이 따라 줄고, 결과적으로 생산량도 감소한다. 이는 사회 전체의 관점에서 볼 때 자원이 효율적으로 배분되지 못하는 상황이므로 사회 전체의 만족도가 떨어지는 결과를 ⊙낳는다.

① 출산(出産)한다　　② 초래(招來)한다　　③ 배출(輩出)한다　　④ 도입(導入)한다　　⑤ 유지(維持)한다

10.

(2020 9월 학평 응용)

시각 매체의 확장은 사료의 유형을 더욱 다양하게 했다. 이에 따라 역사학에서 영화를 통한 역사 서술에 대한 관심이 일고, 영화를 사료로 파악하는 경향도 ⊙나타났다.

① 대두(擡頭)했다　　② 유행(流行)했다　　③ 전파(傳播)됐다　　④ 배부(配付)했다　　⑤ 파악(把握)됐다

11. 〈보기〉의 설명을 참고할 때, ⊙∼ⓒ에 쓸 수 있는 말의 기본형을 바르게 나열한 것은?　　(2009 9월 모평)

〈보 기〉

말과 말이 결합할 때에 제약이 발생하는 경우가 있다. 가령 '눈, 우박, 서리'를 써서 기상 현상을 나타내는 문장을 만들어 보자. '눈'에 대해서 '내리다, 오다'는 쓰지만 '떨어지다'는 쓰지 않는다. '우박'에 대해서 '내리다, 떨어지다'는 쓰지만 '오다'는 쓰지 않는다. '서리'에 대해서 '내리다'는 쓰지만 '오다, 떨어지다'는 쓰지 않는다.

- 우리는 그가 범인일 것이라고 결론을 (⊙).
- 이 소설에서는 주인공이 죽는 것으로 결말을 (ⓒ).
- 그는 그 저택을 사들이기로 결정을 (ⓒ).

① ⊙ 짓다　ⓒ 맺다　ⓒ 하다　　　② ⊙ 짓다　ⓒ 내리다　ⓒ 맺다
③ ⊙ 맺다　ⓒ 하다　ⓒ 내리다　　　④ ⊙ 하다　ⓒ 짓다　ⓒ 내리다
⑤ ⊙ 내리다　ⓒ 하다　ⓒ 짓다

12. ⊙과 ⓒ을 공통으로 대치할 수 있는 말로 가장 적절한 것은?　　(2011 9월 모평)

(가) 음악사학자들은 서양 음악의 기원을 고대 그리스 음악에서 찾는다. 그러나 고대 그리스인들이 향유하던 음악이 실제로 어떠했는지는 분명치 않다. 그 이유는 음악적 실체를 밝힐 문헌 자료가 충분치 않고, 현존하는 자료의 대부분이 음악 그 자체보다는 이론이 어떠했는지의 정보에 편중되어 있기 때문이다. 한 가지 분명한 사실은 그들에게 음악은 기예 영역이라기보다 학문적 영역이었다는 점인데, 이는 고대 그리스 음악 이론에 ⊙내재한 수학적인 사고에서 쉽게 찾아볼 수 있다.
(나) 고대 그리스 음악 이론의 두 전통은 논리냐 경험이냐의 대조적인 사유의 두 축을 이루며, 서양 음악 이론의 맥을 형성하였다. 이 두 전통에 ⓒ배어 있는 대립적 성향은 비단 이론뿐 아니라, 창작·연주·감상에 이르는 다양한 음악 활동을 평가하는 잣대로 자리매김하여 오늘에 이르고 있다.

① 겹쳐 있는　　② 들어 있는　　③ 쏠려 있는　　④ 안겨 있는　　⑤ 얹혀 있는

13. ⑤~⑩을 활용하여 짧은 글을 지어 보았다. 적절하지 <u>않은</u> 것은?

(2006 고3 10월 학평)

> 그렇다면 자유의 속성상 인간은 불가피하게 새로운 ⑤속박으로 도피할 수밖에 없는가? 개인이 하나의 독립된 자아로서 존재하면서도 외부 세계와 ⑥합치되는 적극적인 자유의 상태는 없는가?
> '자발성'은 이에 대한 하나의 해답이 된다. 사람은 자발적으로 자아를 실현하는 과정에서 자신을 외부 세계에 새롭게 ⑦결부시키기 때문에, 자아의 완전성을 희생시키지 않고 고독을 극복할 수 있는 것이다. 앞에서 살펴보았듯이 소극적인 자유는 개인을 고독한 존재로 만들며 개인과 세계와의 관계를 ⑧소원하게 만들고 자아를 약화시켜 끊임없는 위협을 느끼게 한다. 자발성에 바탕을 둔 적극적 자유에는 다음과 같은 원리가 ⑨내포되어 있다. 개인적 자아보다 더 높은 힘은 존재하지 않고 인간은 그의 생활의 중심이자 목적이라는 원리와 인간의 개성의 성장과 실현은 그 어떤 목표보다 우선한다는 원리가 그것이다. 이러한 심리적인 측면에 더하여 인간이 사회를 지배하고 사회 과정에 적극적으로 참여할 수 있는 사회적 여건이 갖추어질 때 근대 이후 인간을 괴롭히던 고독감과 무력감은 극복될 수 있다.

① ⑤: 봉건질서의 붕괴로 노비들이 신분의 <u>속박</u>에서 벗어났다.
② ⑥: 그의 생각은 내 생각과 <u>합치</u>되어서 일하기가 수월하다.
③ ⑦: 그는 권력가와 <u>결부</u>하여 출세하려고 애를 썼다.
④ ⑧: 나와 <u>소원</u>하게 지내던 그가 별안간 나를 찾아왔다.
⑤ ⑩: 그의 말 속에 <u>내포</u>된 저의가 몹시 궁금하였다.

14. 다음 글에 나타난 승객들의 웃음으로 적절한 것은?

(2010 고3 7월 학평)

> 밤늦은 시간, 눈 내린 시골길의 마을버스에서 할머니와 손녀로 보이는 어린아이가 내렸다. 그런데 손님을 내려놓고 이내 달릴 것 같았던 버스는 방향만 조금 틀었을 뿐, 한참 동안이나 움직이지 않았다. 빨리 집으로 가고 싶었던 승객들은 웅성거리며 의아한 눈으로 버스 앞 쪽을 바라보았다. 그런데 그 앞에는 환하게 비치는 버스 불빛의 도움을 받으며 미끄러운 눈길을 조심조심, 손잡고 걷는 두 사람이 있었다. 그제야 운전기사의 의도를 알게 된 승객은 모두 웃으며, 이 행복한 기다림에 동참하였다.

① 폭소(爆笑)　　② 대소(大笑)　　③ 미소(微笑)　　④ 고소(苦笑)　　⑤ 실소(失笑)

[정답] 1. ② 2. ③ 3. ① 4. ④ 5. ⑥ 6. ④ 7. ⑤ 8. ① 9. ② 10. ① 11. ① 12. ② 13. ③ 14. ③

[해설] 1. ⑤ 여러 가지가 섞인 것을 구분하여 분류하다. ① 하나를 둘 이상으로 가르다. ③ 같은 핏줄을 타고나다. ④ 음식 따위를 함께 먹거나 갈라 먹다. ⑤ 몫을 분배하다. 2. ⑤ 어떤 작용에 따른 효과, 결과 따위의 현상이 이루어져 나타나다. ① 신체에서 땀, 피, 눈물 따위의 액체 성분이 흐르다. ③ 이름이나 소문 따위가 알려지다. ④ 철이나 기간을 보내다. ⑤ 길, 통로, 창문 따위가 생기다. 3. ⑤ 책, 신문 따위에 글, 그림 따위가 실리다. ② 처리나 결과로 이루어지거나 생기다. ③ 어떠한 물건이 발견되다. ④ 액체나 기체 따위가 밖으로 흐르다. ⑤ 속에서 바깥으로 솟아나다. 4. ⑤ 판단, 결정을 하거나 결말을 짓다. ① 눈, 비, 서리, 이슬 따위가 오다. ② 어둠, 안개 따위가 짙어지거나 덮어 오다. ③ 가루 따위를 체에 치다. ⑤ 타고 있던 물체에서 밖으로 나와 어떤 지점에 이르다. 5. ⑤ 어떠한 근원에서 발생하다. ① 새 상품이 시장에 나타나다. ② 어떠한 태도를 취하여 겉으로 드러내다. ③ 책, 신문 따위에 글, 그림 따위가 실리다. ④ 안에서 밖으로 나오다. 6. ⑤ 하루 중 환한 동안 ①·③ 날씨 ② 날짜 ⑤ 지구가 한 번 자전하는 동안 7. ⑤ 정해진 수준에 이르지 않아 나머지가 있게 되다. ① 뒤에까지 전하다. ② 어떤 상황의 결과로 생긴 사물이나 상태 따위가 다른 사람이나 장소에 있다. ③ 다 쓰지 않아 나머지가 있게 되다. ④ 잊히지 않다. 8. '사물을 공통되는 성질에 따라 종류별로 가르다'는 의미를 지닌 '분류(分類)'가 들어간 '분류(分類)된다'로 바꿔 쓸 수 있다. 9. ⑤ 어떤 결과를 이루거나 가져오다.≒초래하다 10. ⑤(어떤 새로운 현상이나 사물이 발생하거나 생겨나다.)은 '대두(擡頭: 어떤 세력이나 현상이 나타남.)'로 바꿔 쓸 수 있다. ② 어떤 새로운 양식이나 현상이 사회에 널리 퍼짐. 11. '결론'은 '내리다', '짓다'와 결합하고, '하다'와 결합하지 않는다. (소설의) '결말'은 '맺다'와 가장 잘 어울린다. '결정'은 '하다', '내리다' 등과 결합하지만, '맺다'와는 결합하지 않는다. 12. '내재하다'는 '어떤 사물이나 범위의 안에 들어 있다', '배다'는 '느낌, 생각 따위가 깊이 느껴지거나 오래 남아 있다'는 의미이므로 공통적으로 적용할 수 있는 어휘는 '들어 있다'이다. 13. '결부(結付)'는 '일정한 사물이나 현상을 서로 연관시킴'이라는 의미이다. ③과 같이 나쁜 일을 위해 서로 한통속이 되는 경우는 '결탁(結託)'이라는 단어가 적절하다. ④ 지내는 사이가 두텁지 아니하고 거리가 있어서 서먹서먹함.

09 너나들이하다~다각적

☐ **너나들이하다**

서로 너니 나니 하고 부르며 허물없이 말을 건네다.
▶ 그 사람과 나는 <u>너나들이하는</u> 친한 사이다.

참고어휘 ＋ **데면데면하다:** ❶ 사람을 대하는 태도가 친밀감이 없이 예사롭다.
▶ 그들은 서로 전혀 모르는 사이처럼 <u>데면데면하게</u> 군다.

❷ 성질이 꼼꼼하지 않아 행동이 신중하거나 조심스럽지 아니하다.
▶ 그는 <u>데면데면하여</u> 자주 실수를 저지른다.

겉돌다: ❶ 사물이 한데 섞이지 않고 따로따로 되다. ▶ 국물에 기름이 <u>겉돌고</u> 있다.

❷ 대화의 요점이 서로 잘 맞지 않다. ▶ 두 사람의 생각이 너무 달라 이야기가 <u>겉돌고</u> 있다.

❸ 다른 사람과 잘 어울리지 못하고 따로 지내다. ▶ 그는 모임에서 이방인처럼 <u>겉돌고</u> 있다.

❹ 바퀴나 나사 따위가 헛돌다. ▶ 뒷바퀴가 도랑에 빠져 <u>겉돈다</u>.

설면하다: ❶ 자주 만나지 못하여 낯이 좀 설다.
▶ 고향을 떠나온 후 오랜만에 만난 친구라서 할 말도 없고 <u>설면하였다</u>.

❷ 사이가 정답지 아니하다. ▶ 이미 그녀에게서 마음이 멀어진 그는 그녀를 <u>설면하게</u> 대하였다.

서먹하다: 낯이 설거나 친하지 아니하여 어색하다.
▶ 모임에 나온 회원들이 다들 초면이라 그런지 분위기가 <u>서먹했다</u>.

☐ **너스레**

수다스럽게 떠벌려 늘어놓는 말이나 짓늑넉살
▶ 그는 익살스러운 이야기를 하며 <u>너스레</u>를 떨었다.

참고어휘 ＋ **인사치레:** 성의 없이 겉으로만 하는 인사. 또는 인사를 치러 내는 일
▶ 다른 사람들이 <u>인사치레</u>로 좀 더 있기를 권했지만 나는 몸이 불편하다고 사양했다.

어깃장: 짐짓 어기대는 행동 ▶ 그의 속마음을 다 알면서도 때로는 <u>어깃장</u>도 놓고 대들기도 했다.

빈말: 실속 없이 헛된 말 ▶ 다들 도와주겠다니 <u>빈말</u>이라도 고마웠다.

볼멘소리: 서운하거나 성이 나서 퉁명스럽게 하는 말투
▶ 공부하라는 선생님 말씀에 그는 <u>볼멘소리</u>로 투덜댔다.

☐ **넘다**

❶ 일정한 시간, 시기, 범위 따위에서 벗어나 지나다. ▶ 내 나이가 벌써 쉰이 <u>넘었다</u>.

❷ 높은 부분의 위를 지나가다. ▶ 저 산을 <u>넘으면</u> 마을이 있다.

❸ 경계를 건너 지나다. ▶ 그의 가족은 국경을 <u>넘어</u> 외국으로 탈출하였다.

❹ 일정한 기준이나 한계 따위를 벗어나 지나다. ▶ 옥수수의 키가 어른의 키를 <u>넘었다</u>.

❺ 어려움이나 고비 따위를 겪어 지나다. ▶ 이번 고비만 잘 <u>넘으면</u> 한시름 놓을 수 있다.

❻ 건너뛰다(일정한 공간을 사이에 두고 건너편으로 뛰다).
▶ 도랑을 <u>넘어</u> 반대편에 있는 밭으로 갔다.

❼ 일정한 곳에 가득 차고 나머지가 밖으로 나오다.
▶ 수도꼭지가 고장나 물이 새는 바람에 세면대에서 물이 <u>넘고</u> 있다.

연관어휘 ＋ **넘기다:** ❶ '넘다 ❶'의 사동사 ▶ 쉰 살을 <u>넘기니</u> 은퇴할 때가 됐다는 생각이 든다.

❷ '넘다 ❷'의 사동사 ▶ 우리 선수가 간신히 공을 네트 위로 <u>넘겼다</u>.

❸ '넘다 ❺'의 사동사 ▶ 위기를 <u>넘기면</u> 기회가 올 것이라고 믿는다.

❹ '넘다 ❼'의 사동사 ▶ 불을 잘 조정해서 밥물을 <u>넘기지</u> 마라.

❺ 종이, 책장 따위를 젖히다. ▶ 책장을 <u>넘길</u> 때마다 주옥같은 시를 만날 수 있어 행복했다.

❻ 머리카락을 어느 한 방향으로 가게 하다. ▶ 소녀가 앞머리를 빗어 왼쪽으로 <u>넘겼다</u>.

❼ 서 있는 것을 넘어지게 하다. ▶ 씨름 선수가 상대 선수의 다리를 걸어 <u>넘겼다</u>.

❽ 음식물, 침 따위를 목구멍으로 넘어가게 하다. ▶ 목이 부어 음식을 <u>넘기지</u> 못한다.

❾ 물건, 권리, 책임, 일 따위를 맡기다. ▶ 이 일을 총무팀으로 <u>넘겨야</u> 한다.

❿ 지나쳐 보내다. ▶ 내 말을 소홀하게 <u>넘기지</u> 마라.

□ **노고** 勞 힘쓸 노 苦 쓸 고	힘들여 수고하고 애씀. ▶ 장군은 전투에서 승리한 병사들의 <u>노고</u>를 치하했다.

참고어휘 + 노력과 관련된 한자성어

삼고초려(三석삼 顧돌아볼고 草풀초 廬농막집려): 인재를 맞아들이기 위하여 참을성 있게 노력함.
▶ 회사의 미래를 위해서는 <u>삼고초려</u>라도 해서 그분을 모셔 와야 한다.

견마지로(犬개견 馬말마 之~의 지 勞힘쓸로): (개나 말 정도의 하찮은 힘 →) 윗사람에게 충성을 다하는 자신의 노력을 낮추어 이르는 말 ▶ 민족을 위해서 어떤 일이든 <u>견마지로</u>를 다할 각오이다.

우공이산(愚어리석을우 公벼슬공 移옮길이 山뫼산): (우공이 산을 옮김. →) 어떤 일이든 끊임없이 노력하면 반드시 이루어짐. ▶ <u>우공이산</u>이라고 하니 묵묵히 일하다 보면 언젠가는 성과가 나타날 것이다.

고군분투(孤외로울고 軍군사군 奮떨칠분 鬪싸울투): (따로 떨어져 도움을 받지 못하게 된 군사가 많은 수의 적군과 용감하게 잘 싸움. →) 남의 도움을 받지 아니하고 힘에 벅찬 일을 잘해 나감.
▶ 그 영화는 가정을 지키기 위해 <u>고군분투</u>하는 아버지를 그렸다.

□ **노독** 路 길 노 毒 독 독	먼 길에 지치고 시달려서 생긴 피로나 병

▶ 여기까지 오느라 <u>노독</u>이 심하였을 테니 오늘 하루는 쉬었다 가자.

유의어 + **여독**(旅나그네여 毒독독): 여행으로 말미암아 생긴 피로나 병
▶ 미국에서 돌아온 지 사흘이 지났지만 아직도 <u>여독</u>이 덜 풀린 것 같다.

□ **녹다**	❶ 얼음이나 얼음같이 매우 차가운 것이 열을 받아 액체가 되다. ▶ 얼음이 <u>녹았다</u>.

❷ 고체가 열기나 습기로 말미암아 제 모습을 갖고 있지 못하고 물러지거나 물처럼 되다.
▶ 한여름의 뙤약볕에 아스팔트마저 <u>녹아</u> 버렸다.

❸ 추워서 굳어진 몸이나 신체 부위가 풀리다. ▶ 난롯불을 쬐니 언 몸이 <u>녹았다</u>.

❹ 감정이 누그러지다. ▶ 형의 사과를 듣는 순간 언짢았던 마음이 스르르 <u>녹아</u> 버렸다.

❺ 음식의 맛이 부드럽고 맛있다. ▶ 생선회가 입 안에서 살살 <u>녹는다</u>.

❻ 결정체 따위가 액체 속에서 풀어져 섞이다. ▶ 이 물질은 산성 용액에 잘 <u>녹는다</u>.

❼ 어떤 물체나 현상 따위에 스며들거나 동화되다.
▶ 한 편의 글에는 글쓴이의 지식이나 경험이 <u>녹아</u> 있다.

❽ 어떤 대상에 몹시 반하거나 홀리다. ▶ 그는 마을 사람들의 인정에 <u>녹아</u> 버렸다.

확인문제

(1~5) 제시된 낱말의 뜻을 풀이하였다. 빈칸에 들어갈 알맞은 말을 쓰시오.

1. 노고: 힘들여 (   )하고 애씀.
2. 여독: (   )으로 말미암아 생긴 피로나 병
3. 인사치레: 성의 없이 겉으로만 하는 (   )
4. 볼멘소리: 서운하거나 성이 나서 (   )스럽게 하는 말투
5. (   )이산: 어떤 일이든 끊임없이 노력하면 반드시 이루어짐.

(6~8) 문맥에 어울리는 말을 괄호 안에서 고르시오.

6. 길이 미끄러워서 차바퀴가 (겉돌고 / 설면하고 / 너나들이하고) 있다.

7. 어차피 할 일이라면 괜히 (빈말 / 너스레 / 어깃장) 부리지 말고 좋은 얼굴로 합시다.

8. 김 선생님은 오늘도 문제 학생들을 바른길로 이끌기 위해 (견마지로 / 고군분투 / 삼고초려)하고 계신다.

(9~11) 밑줄 친 말이 제시문과 가장 유사한 의미로 쓰인 것을 고르시오.

9. 시간은 이미 자정이 <u>넘었다</u>.
  ① 오늘 내로 고개 둘 <u>넘어야</u> 한다.   ② 모은 돈이 백만 원이 <u>넘었다</u>.   ③ 그는 삼팔선을 <u>넘어</u> 남으로 내려왔다.

10. 아스팔트가 <u>녹을</u> 정도로 태양열이 뜨겁다.
  ① 용광로에서 쇳덩이가 <u>녹는다</u>.   ② 따뜻한 차를 마시니 몸이 <u>녹았다</u>.   ③ 선조의 정신이 우리 마음속에 <u>녹아</u> 있다.

11. 시민들이 도둑을 잡아서 경찰에 <u>넘겼다</u>.
  ① 서류 제출 기한을 <u>넘겨서</u> 탈락했다.   ② 땅의 소유권을 구매자에게 <u>넘겼다</u>.   ③ 우리는 함께 생사의 고비를 <u>넘겼다</u>.

[정답] 1. 수고 2. 여행 3. 인사 4. 퉁명 5. 우공 6. 겉돌고 7. 어깃장 8. 고군분투 9. ② 10. ① 11. ②
[해설] 9. 넘다-❶ ① 넘다-❷ ③ 넘다-❸ 10. 녹다-❷ ② 녹다-❸ ③ 녹다-❼ 11. 넘기다-❾ ① 넘기다-❶ ③ 넘기다-❸

□ 논지 論 논할 **논** 旨 뜻 **지**	논하는 말이나 글의 취지 ▶ 이 글은 <u>논지</u>가 분명하지 않다. **유의어 +** **취지**(趣 뜻 **취** 旨 뜻 **지**): 어떤 일의 근본이 되는 목적이나 긴요한 뜻 ▶ 이 법은 직장 내 성폭력을 근절한다는 <u>취지</u>로 마련되었다. **참고어휘 +** **논거**(論 논할 **논** 據 근거 **거**): 어떤 이론이나 논리, 논설 따위의 근거 ▶ <u>논거</u>가 빈약한 주장은 설득력이 약하다.
□ 놀라다	❶ 뜻밖의 일이나 무서움에 가슴이 두근거리다. ▶ 고함 소리에 화들짝 <u>놀랐다</u>. ❷ 뛰어나거나 신기한 것을 보고 매우 감동하다. ▶ 엄청난 환영에 <u>놀라지</u> 않을 수 없었다. ❸ 어처구니가 없거나 기가 막히다. ▶ 그녀는 그의 뻔뻔함에 <u>놀랐다</u>. ❹ 평소와 다르게 심한 반응을 보이다. ▶ 고기를 먹어서 창자가 <u>놀랐는지</u> 배가 아프다. **연관어휘 +** **놀랍다**: ❶ 감동을 일으킬 만큼 훌륭하거나 굉장하다. ▶ 한국은 해방 이후 <u>놀라운</u>(≒굉장한/경이로운) 경제 성장을 이룩했다 ❷ 갑작스러워 두렵거나 흥분 상태에 있다. ▶ 비보를 듣고 모두들 <u>놀라워</u> 입을 열지 못했다. ❸ 어처구니없을 만큼 괴이하다. ▶ 1년 만에 그렇게 변할 수 있다니 그저 <u>놀랍기만</u> 할 뿐이다.
□ 놓다	❶ 손을 펴거나 힘을 빼서 잡고 있거나 누르고 있던 물건이 손 밖으로 **빠져나가게 하다.** ▶ 아이는 잡고 있던 손을 <u>놓고</u> 놀이터로 뛰어갔다. ❷ 계속해 오던 일을 그만두고 하지 아니하다. ▶ 요새 건강이 좋지 않아 일을 <u>놓고</u> 있다. ❸ 걱정이나 근심, 긴장 따위를 잊거나 풀어 없애다. ▶ 졸업하고 몇 년 동안 실업자로 지내던 친구가 이번에 취직이 되어서 한시름 <u>놓았다</u>. ❹ 노름이나 내기에서 돈을 걸다. ▶ 그는 돈 <u>놓고</u> 돈 먹는 노름에 빠져 폐인이 되었다. ❺ 논의의 대상으로 삼다. ▶ 동문회에서 학교 이전 문제를 <u>놓고</u> 의견이 분분했다. ❻ 잡거나 쥐고 있던 물체를 일정한 곳에 두다. ▶ 그는 책을 탁자 위에 <u>놓았다</u>. ❼ 일정한 곳에 기계나 장치, 구조물 따위를 설치하다. ▶ 홍수로 다리가 떠내려간 개울에 새로 다리를 <u>놓았다</u>. ❽ 짐승이나 물고기를 잡기 위하여 일정한 곳에 무엇을 장치하다. ▶ 사냥꾼은 멧돼지가 다니는 길목에 덫을 <u>놓았다</u>. ❾ 무늬나 수를 새기다. ▶ 어머니는 손수건에 수를 <u>놓고</u> 계셨다. ❿ 불을 지르거나 피우다. ▶ 논두렁을 태우려고 <u>놓은</u> 불이 마을 전체를 태워 버렸다. ⓫ 옷이나 이불, 방석 따위를 꾸밀 때 속에 솜이나 털과 같은 내용물을 넣다. ▶ 어머니는 솜을 두둑이 <u>놓아</u> 겨울옷을 지어 주셨다. ⓬ 어떤 목적을 위하여 사람이나 짐승을 내보내다. ▶ 경찰은 들판에 개를 <u>놓아</u> 범인을 추적했다. ⓭ 치료를 위하여 주사나 침을 찌르다. ▶ 간호사가 팔에 예방 주사를 <u>놓았다</u>. ⓮ 상대에게 어떤 행동을 하다. ▶ 마을 사람들이 사기꾼에게 몰매를 <u>놓았다</u>. ⓯ 집이나 돈, 쌀 따위를 세나 이자를 받고 빌려주다. ▶ 이전에 살던 집을 신혼부부에게 전세를 <u>놓았다</u>. ⓰ 장기나 바둑에서 돌이나 말을 두다. ▶ 아버지와 바둑을 둘 때는 두 점을 <u>놓고</u> 둬도 질 때가 많다. ⓱ 말을 존대하지 않고 맞상대하거나 낮춰서 말하다. ▶ 그는 만나자마자 나에게 대뜸 말을 <u>놓으면서</u> 건방을 떨었다. ⓲ 기계 장치를 조작하여 원하는 상태가 되게 하다. ▶ 그는 고속도로에서 자동차를 100km로 <u>놓고</u> 달렸다.

□ **누설**
漏 샐 누 泄 샐 설

❶ 기체나 액체 따위가 밖으로 새어 나감. 또는 그렇게 함.
▶ 방사능의 누설로 일대가 크게 오염되었다.

❷ 비밀이 새어 나감. 또는 그렇게 함.
▶ 그가 회사 기밀을 경쟁 회사에 누설했다니 믿을 수 없는 일이다.

유의어 + **발설**(發필발 說말씀설): 입 밖으로 말을 냄.
▶ 우리 중에 누가 그 사실에 대하여 발설했는지 아무도 모른다.

□ **눈**

❶ 빛의 자극을 받아 물체를 볼 수 있는 감각 기관
▶ 할머니의 이야기를 듣고 있는 아이들의 눈이 초롱초롱하다.

❷ 시력(물체의 존재나 형상을 인식하는 눈의 능력)
▶ 나는 눈(≒시력)이 좋아서 안경을 쓸 필요가 없다.

❸ 사물을 보고 판단하는 힘 ▶ 그는 사람을 보는 눈(≒안목)이 정확하다.

❹ 무엇을 보는 표정이나 태도 ▶ 그는 나를 의심하는 눈으로 바라보았다.

❺ 사람들의 눈길 ▶ 보는 눈(≒시선)이 있으니 얌전히 행동해라.

❻ 태풍에서, 중심을 이루는 부분 ▶ 마을이 태풍의 눈 속에 들어갔다.

□ **느끼다**

❶ 감각 기관을 통하여 어떤 자극을 깨닫다. ▶ 4월에도 제법 추위를 느낄 수 있다.

❷ 마음속으로 어떤 감정 따위를 체험하고 맛보다. ▶ 나는 그의 말에 불쾌감을 느꼈다.

❸ 어떤 사실, 책임, 필요성 따위를 체험하여 깨닫다. ▶ 나는 그 사고에 책임을 느꼈다.

❹ 특정한 대상이나 상황에 대하여 어떠하다고 생각하거나 인식하다.
▶ 그가 그렇게 가난했다는 것을 평소에는 전혀 느끼지 못했다.

동음이의어 + **느끼다**: 서럽거나 감격에 겨워 울다.
▶ 꿈속에서 어머니를 안고 느끼며 밤새 울었다.

□ **느리다**

❶ 어떤 동작을 하는 데 걸리는 시간이 길다. ▶ 자동차가 느리게 움직였다.

❷ 어떤 일이 이루어지는 과정이나 기간이 길다.
▶ 학생들이 수학을 어려워해서 다른 과목에 비해 수학 과목의 진도가 유난히 느리다.

❸ 성질이 누그러져 야무지지 못하다. ▶ 그는 성미가 느리다.

❹ 소리가 높지 아니하면서 늘어져 길다. ▶ 멀리서 느린 육자배기가 들렸다.

확 인 문 제

(1~4) 제시된 낱말의 뜻을 풀이하였다. 빈칸에 들어갈 알맞은 말을 쓰시오.

1. 논지: 논하는 말이나 글의 (   )
2. 논거: 어떤 이론이나 논리, 논설 따위의 (   )
3. 누설: (   )이 새어 나감.
4. 발설: 입 밖으로 (   )을 냄.

(5~8) 밑줄 친 말이 제시문과 가장 유사한 의미로 쓰인 것을 고르시오.

5. 아이는 천둥소리에 놀라 잠을 이루지 못했다.
　① 나는 아들의 그림 솜씨에 놀랐다.　② 나는 그의 눈빛에 흠칫 놀랐다.　③ 갑작스런 운동에 근육이 놀란 모양이다.

6. 광고주가 광고를 빼겠다면서 언론사에 으름장을 놓았다.
　① 그는 늘 우리 일에 훼방을 놓았다.　② 우리는 그 일을 놓고 격론을 벌였다.　③ 그는 자기에 대해 마음 놓으라고 말했다.

7. 그 환자는 회복이 느린 편이다.
　① 요즘은 경제 성장이 느리다.　② 그는 가급적 느린 걸음으로 걸었다.　③ 그는 성질이 느리고 미련스러웠다.

8. 세상을 그렇게 부정적인 눈으로만 보지는 마라.
　① 그는 물건을 보는 눈이 높다.　② 사람들의 눈이 무서운 줄 알아라.　③ 소년은 그를 동경의 눈으로 바라보았다.

[정답] 1. 취지 2. 근거 3. 비밀 4. 말 5. ② 6. ① 7. ① 8. ③
[해설] 5. 놀라다-❶ ① 놀라다-❷ ③ 놀라다-❹ 6. 놓다-⓮ ② 놓다-❺ ③ 놓다-❸ 7. 느리다-❷ ② 느리다-❶ ③ 느리다-❸ 8. 눈-❹ ① 눈-❸ ② 눈-❺

□ **늘다**	❶ 물체의 길이나 넓이, 부피 따위가 본디보다 커지다. ▶ 벼 재배 면적이 늘었다.
	❷ 수나 분량, 시간 따위가 본디보다 많아지다. ▶ 제품 판매량이 늘었다.
	❸ 힘이나 기운, 세력 따위가 이전보다 큰 상태가 되다. ▶ 지지 세력이 늘었다.
	❹ 재주나 능력 따위가 나아지다. ▶ 독해력이 늘었다.
	❺ 살림이 넉넉해지다. ▶ 살림살이가 늘었다.
	❻ 시간이나 기간이 길어지다. ▶ 쉬는 시간이 늘었다.
	연관어휘 + **늘리다**: '늘다'의 사동사(단, '늘다 ❶'의 의미 중 '길이'와 관련된 것은 '늘이다'로 표현)
	▶ 면적을 늘렸다. 판매량을 늘렸다. 지지 세력을 늘렸다. 독해력을 늘렸다. 살림살이를 늘렸다. 쉬는 시간을 늘렸다.
	늘이다: ❶ 본디보다 더 길어지게 하다. ▶ 엿가락을 늘였다.
	❷ 선 따위를 연장하여 계속 긋다. ▶ 선분 ㄱㄴ을 늘이면 다른 선분과 만나게 된다.
	늘어나다: ❶ 부피나 분량 따위가 본디보다 커지거나 길어지거나 많아지다. ▶ 고무줄이 늘어났다.
	❷ 본디보다 더 넉넉해지다. ▶ 살림이 늘어났다.

□ **능멸** 凌 업신여길 **능** 蔑 업신여길 **멸**	업신여기어 깔봄. ▶ 감히 임금을 능멸하고도 무사하기를 바라느냐?
	유의어 + **모욕**(侮업신여길모 辱욕될욕): 깔보고 욕되게 함. ▶ 그는 나를 비겁자라며 모욕하였다.
	모멸(侮업신여길모 蔑업신여길멸): 업신여기고 얕잡아 봄.
	▶ 예전에 장군들은 적에게 모멸을 당하고 사느니 차라리 자결하는 쪽을 택했다.

□ **늦다**	❶ 정해진 때보다 지나다. ▶ 그는 약속 시간에 항상 늦는다.
	❷ 기준이 되는 때보다 뒤져 있다. ▶ 시계가 오 분 늦다.
	❸ 시간이 알맞을 때를 지나 있다. 또는 시기가 한창인 때를 지나 있다.
	▶ 우리는 늦은 점심을 먹고 시장에 갔다.
	❹ 곡조, 동작 따위의 속도가 느리다. ▶ 발걸음이 늦다.
	연관어휘 + **늦추다**: ❶ '늦다 ❶'의 사동사 ▶ 그는 약속 시간을 늦추었다.
	❷ '늦다 ❷'의 사동사 ▶ 시계를 오 분 늦추다.
	❸ '늦다 ❹'의 사동사 ▶ 발걸음을 늦추다.
	❹ 바싹 하지 아니하고 느슨하게 하다. ▶ 배가 너무 불러서 허리띠를 늦추었다.
	❺ 긴장을 조금 풀다. ▶ 경각심을 늦춰선 안 된다.

□ **다각적** 多 많을 **다** 角 뿔 **각** 的 ~의 **적**	여러 방면이나 부문에 걸친. 또는 그런 것 ▶ 환경 문제를 해결하기 위해 다각적인 대책이 필요하다.
	참고어휘 + '的(~의 적)'이 붙어서 이루어진 말
	다층적(多많을다 層층층 的): 여러 가지 다른 층으로 된. 또는 그런 것
	▶ 동북아의 갈등 구조는 매우 복잡하고 다층적으로 얽혀 있다.
	다의적(多많을다 義의미의 的): 한 낱말이나 표현에 여러 가지 뜻이 있는. 또는 그런 것
	▶ 많은 단어들이 다의적 의미를 지니고 있다.
	파편적(破깨뜨릴파 片조각편 的): 전체적으로 이어지거나 완성되지 않은 짧은 부분이나 면모를 가진.
	또는 그런 것 ▶ 이런 파편적인 자료만으로는 종합적인 결론을 내릴 수가 없다.
	통시적(通통할통 時때시 的): 어떤 시기를 종적으로 바라보는. 또는 그런 것
	▶ 이 책은 고전소설의 발전 과정을 통시적으로 고찰하였다.
	공시적(共한가지공 時때시 的): 어떤 시기를 횡적으로 바라보는. 또는 그런 것
	▶ 그 학자는 언어 현상을 공시적 관점에서 연구하였다.
	중추적(中가운데중 樞지도리추 的): 가장 중요한 부분이나 자리가 되는. 또는 그런 것
	▶ 김 선수는 우리 팀의 우승에 중추적인 역할을 했다.
	부수적(附붙을부 隨따를수 的): 주된 것이나 기본적인 것에 붙어서 따르는. 또는 그런 것
	▶ 그는 맡은 일에 최선을 다하면 돈은 부수적으로 따른다고 말했다.

전형적(典법전 型모양형 的): 어떤 부류의 특징을 가장 잘 나타내는. 또는 그런 것

▶ 청명한 하늘과 맑은 햇살은 전형적인 한국의 가을 날씨이다.

전위적(前앞전 衛지킬위 的): 예술 사상이나 예술에서 혁신적이고 급진적인. 또는 그런 것

▶ 우리 극단은 전위적인 연극을 지향하는 젊은 연극인들로 구성되었다.

전지적(全온전할전 知알지 的): 사물과 현상의 모든 것을 다 아는. 또는 그런 것

▶ 이 작품에서는 전지적 시점의 서술자가 등장인물을 내면까지 서술하고 있다.

잠재적(潛잠길잠 在있을재 的): 겉으로 드러나지 않고 숨은 상태로 존재하는. 또는 그런 것

▶ 나는 그의 잠재적 가능성을 높이 평가하고 싶다.

잠정적(暫잠깐잠 定정할정 的): 임시로 정하는. 또는 그런 것

▶ 공사 때문에 통행로를 잠정적으로 폐쇄했다.

암묵적(暗어두울암 黙잠잠할묵 的): 자기의 의사를 밖으로 나타내지 아니한. 또는 그런 것

▶ 정부는 환경 단체의 개발 반대 의견에 암묵적으로 동의했다.

미온적(微작을미 溫따뜻할온 的): 태도가 미적지근한. 또는 그런 것

▶ 우리의 제안이 탐탁하지 않았는지 그쪽의 반응은 매우 미온적이었다.

유동적(流흐를유 動움직일동 的): 끊임없이 흘러 움직이는. 또는 그런 것 ▶ 회담의 성사 여부가 유동적이다.

역동적(力힘역 動움직일동 的): 힘차고 활발하게 움직이는. 또는 그런 것 ▶ 이 강의 흐름이 매우 역동적이다.

우회적(迂에돌우 廻돌회 的): 곧바로 가지 않고 멀리 돌아서 가는. 또는 그런 것

▶ 그는 일에 대한 불만을 직접 토로하지 않고 우회적으로 표현하였다.

순차적(順따를순 次버금차 的): 순서를 따라 차례대로 하는. 또는 그런 것

▶ 고전 소설은 순차적 사건 전개를 특징으로 한다.

애상적(哀슬플애 傷다칠상 的): 슬퍼하거나 가슴 아파하는. 또는 그런 것

▶ 이 작품은 낙엽이 지는 모습에서 느끼는 애상적 정서를 노래하고 하였다.

원초적(原근원원 初처음초 的): 일이나 현상이 비롯하는 맨 처음이 되는. 또는 그런 것

▶ 그 영화는 인간의 원초적인 욕망을 그리고 있다.

목가적(牧칠목 歌노래가 的): 농촌처럼 소박하고 평화로우며 서정적인. 또는 그런 것

▶ 아버지는 퇴직 후에 귀향하여 목가적 삶을 영위하고 계신다.

우호적(友벗우 好좋을호 的): 개인끼리나 나라끼리 서로 사이가 좋은. 또는 그런 것

▶ 우리 민족은 오랜 역사 동안 타민족과 맞서기도 하고, 우호적인 관계를 맺기도 하였다.

호전적(好좋을호 戰싸움전 的): 싸우기를 좋아하는. 또는 그런 것

▶ 역사 속의 독재자들은 호전적인 성격의 소유자가 많다.

확 인 문 제

(1~3) 문맥에 맞는 말을 괄호 안에서 고르시오.

1. 등교 시간을 8시에서 9시로 (늘리었다 / 늦추었다).　　　　2. 노비는 상전을 (능멸 / 차별) 했다는 이유로 벌을 받았다.

3. 아이는 새총에 달린 고무줄을 길게 (늘였다가 / 늘렸다가) 놓았다.

(4~11) 괄호 안에 알맞은 말을 〈보기〉에서 고르시오.

4. 철도는 산업 근대화 과정에서 (　　) 역할을 수행했다.　　　　5. 대표들 간의 담판에 따라 협상 결과는 (　　)이다.

6. 그 다큐멘터리는 나비의 일생을 (　　)으로 보여준다.　　　　7. 그 노래는 (　　)인 노랫말로 애잔한 느낌을 준다.

8. 동생도 용돈 인상 요구에 (　　)으로 동의하고 있다.　　　　9. 전쟁을 많이 치렀다고 민족성이 (　　)인 것은 아니다.

10. 고객의 (　　) 욕구를 충족시키는 제품을 개발하였다.　　　　11. K-Pop의 인기가 한국 관광을 늘리는 (　　) 효과를 낳았다.

〈보 기〉							
순차적	부수적	암묵적	애상적	유동적	잠재적	중추적	호전적

[정답] 1. 늦추었다 2. 능멸 3. 늘였다가 4. 중추적 5. 유동적 6. 순차적 7. 애상적 8. 암묵적 9. 호전적 10. 잠재적 11. 부수적

[해설] 5. 담판(談判): 서로 맞선 관계에 있는 쌍방이 의논하여 옳고 그름을 판단함. 7. 애잔하다: 애처롭고 애틋하다.

1. 밑줄 친 말 중, ㉠의 상황을 표현하는 데 쓰일 수 없는 것은?　　　　　　　　　　　　　　　　　　　　　　(2009 6월 모평)

> 　현대 사회에서도 연민은 생길 수 있으며 연민의 가치 또한 커질 수 있다. 그 이유를 세 가지로 제시할 수 있다. 첫째, 현대 사회는 과거보다 안전한 것처럼 보이지만 실은 도처에 위험이 도사리고 있다. 둘째, 행복과 불행이 과거보다 사람들의 관계에 더욱 의존하고 있다. ㉠친밀성은 줄었지만 사회·경제적 관계가 훨씬 촘촘해졌기 때문이다. 셋째, 교통과 통신이 발달하면서 현대인은 이전에 몰랐던 사람들의 불행까지도 의식할 수 있게 되었다. 물론 간접 경험에서 연민을 갖기가 어렵다고 치더라도 고통을 대면하는 경우가 많아진 만큼 연민의 필요성이 커져 가고 있다. 이런 정황에서 볼 때 연민은 그 어느 때보다 절실히 요구되며 그만큼 가치도 높다.

① 그 사람과는 너나들이하는 사이다.　　　　　　② 그들은 데면데면하게 수인사를 나누었다.

③ 그는 사람들과 어울리지 못하고 이방인처럼 겉돈다.　　④ 석 달 동안 헤어져 있었대서 설면할 것은 없으련마는.

⑤ 그 일이 있은 후로 그 사람과 서먹서먹하게 지내고 있어.

2. ㉠의 의미는 결여되어 있으면서 ㉡의 의미는 들어 있는 낱말로 가장 적절한 것은?　　　　　　　　(2008 6월 모평)

> 　아리스토텔레스는 좋은 성품을 얻는 것을 기술을 습득하는 것에 비유한다. 그에 따르면, 리라(lyra)를 켬으로써 리라를 켜는 법을 배우며 말을 탐으로써 말을 타는 법을 배운다. 어떤 기술을 얻고자 할 때 처음에는 교사의 지시대로 행동한다. 그리고 반복 연습을 통하여 그 행동이 점점 더 하기 쉽게 되고 마침내 제2의 천성이 된다. 이와 마찬가지로 어린아이는 어떤 상황에서 어떻게 행동해야 ㉠진실되고 관대하며 ㉡예의를 차리게 되는지 일일이 배워야 한다. 훈련과 반복을 통하여 그런 행위들을 연마하다 보면 그것들을 점점 더 쉽게 하게 되고, 결국에는 스스로 판단할 수 있게 된다.

① 빈말　　　　　② 너스레　　　　　③ 생트집　　　　　④ 어깃장　　　　　⑤ 인사치레

(3~4) 제시어를 활용하여 문장을 만든 것 중 적절하지 않은 것을 고르시오.

3. ① 노독: 오늘밤은 여기서 노독을 풀고 내일 아침 다시 길을 떠납시다.

　② 취지: 이번 체육대회는 학생들의 체력을 높이려는 취지에서 마련되었다.

　③ 노고: 그분은 의지할 곳 없는 노인들을 돌보는 일에 정성과 노고를 아끼지 않았다.

　④ 삼고초려: 그는 세속의 정치와 타협하지 않고 평생을 삼고초려에서 가난하게 살았다.

　⑤ 우공이산: 우공이산이라고 하니, 너무 조급해하지 말고 꾸준히 노력하다 보면 좋은 결과가 있을 것이다.

4. ① 누설: 음식물 섭취도 중요하지만 누설도 그 못지않게 중요하다.

　② 고군분투: 그는 정치가로서 대의명분을 지키기 위해 고군분투하였다.

　③ 논거: 논지를 정확하게 전달하기 위해서는 타당한 논거를 제시해야 한다.

　④ 견마지로: 면접관에게 회사의 발전을 위해서라면 견마지로를 다하겠다고 말했다.

　⑤ 능멸: 내가 무시당하는 것은 참을 수 있어도 조상을 능멸하는 것은 그냥 넘길 수가 없다.

(5~8) 밑줄 친 말이 제시문과 가장 유사한 의미로 사용된 것을 고르시오.

5. 냉수 속 얼음은 1시간을 <u>넘기지</u> 못하고 모두 녹아버린다.

(2018 고1 6월 학평)

① 그는 목감기에 걸려 밥을 <u>넘기지</u> 못했다.　　② 그는 나무를 제대로 베어 <u>넘기지</u> 못했다.

③ 그는 네트 너머로 배구공을 <u>넘기지</u> 못했다.　　④ 그는 끝내 원고를 출판사에 <u>넘기지</u> 않았다.

⑤ 그는 그 일을 처리하는 데 일주일을 <u>넘기지</u> 않았다.

6. 주머니 속에 넣어 둔 초콜릿이 체온 때문에 다 <u>녹아</u> 버렸다.

① 설탕은 찬물에 잘 <u>녹지</u> 않는다.　　② 용광로에서 쇳덩이가 <u>녹고</u> 있다.

③ 탕수육이 입안에서 살살 <u>녹는다</u>.　　④ 방에 들어오니 몸이 좀 <u>녹는</u> 것 같다.

⑤ 종교에는 사람들의 온갖 생각이 <u>녹아</u> 있다.

7. 모두들 무사하다는 편지가 왔다고 하기에 겨우 마음을 <u>놓았다</u>.

① 그와 나는 말을 <u>놓기</u>로 했다.　　② 아버지가 마당에 모깃불을 <u>놓았다</u>.

③ 어머니가 신문을 탁자 위에 <u>놓았다</u>.　　④ 삼촌은 일을 <u>놓은</u> 지 한참이 되었다.

⑤ 나는 아들의 합격 소식을 듣고 한시름 <u>놓았다</u>.

8. 이 책은 세계화를 보는 다양한 <u>눈</u>을 제공한다.

① 그는 물건을 보는 <u>눈</u>이 정확하다.　　② 그는 <u>눈</u>을 부라리며 따지고 들었다.

③ <u>눈</u>이 나빠서 버스 번호판이 보이지 않는다.　　④ 항상 보는 <u>눈</u>이 있다는 걸 잊지 말아야 한다.

⑤ 그는 내가 하는 행동을 의심하는 <u>눈</u>으로 보았다.

9. 밑줄 친 말의 의미가 가장 <u>이질적인</u> 것은?

① 가을에 접어들면서 그녀는 외로움을 <u>느꼈다</u>.　　② 나는 그를 고약한 사람이라고 <u>느끼고</u> 있었다.

③ 나는 심장이 매우 심하게 뛰고 있음을 <u>느꼈다</u>.　　④ 그는 헐헐 <u>느끼면서도</u> 하던 일을 계속하여 했다.

⑤ 국민 모두가 헌법을 개정해야 할 필요성을 <u>느끼고</u> 있다.

10. 글쓴이의 의도가 직접 드러나도록 ㉠을 바꾸어 쓴다고 할 때, 가장 적절한 것은?

(2007 수능)

> 일단 권위자가 무엇인가를 발견했다고 알려지면 그것이 존재하지 않는다는 것을 입증하기란 쉽지 않다. 더구나 관측의 신뢰도를 결정하는 척도로 망원경의 성능보다 다른 조건들이 더 중시되던 당시 분위기에서는 이러한 오류가 수정되기 어려웠다. 성능이 더 좋아진 대형 망원경으로는 종종 '운하'가 보이지 않았는데, ㉠<u>놀랍게도</u> '운하' 가설 옹호자들은 이것에 대해 대형 망원경이 높은 배율 때문에 어떤 대기 상태에서는 오히려 왜곡이 심해서 소형 망원경보다 해상도가 떨어질 수 있다고 '해명'하곤 했던 것이다.

① 경이롭게도　　　② 굉장하게도　　　③ 기발하게도

④ 갑작스럽게도　　⑤ 어처구니없게도

11. ㉠～㉤을 바꾸어 쓴 말로 적절한 것은?

(2012 고3 7월 학평 응용)

그렇다면 이러한 환자들을 어떻게 치료해야 할까? 그 원리는 간단하다. 예를 들어 주의력결핍증 환자의 경우 자신이 집중한 상태 자체를 알기 어렵기 때문에, 집중 상태의 뇌파를 화면을 통해 실시간으로 보여줌으로써, 스스로 그 상태로 잘 ㉠들어가도록 반복 훈련을 하게 한다. 즉 다양한 사고를 하게 하면서 집중력과 관련된 베타파가 나올 때가 어떤 때인지를 스스로 점검하게 하고, 그러한 상태를 유지하도록 피드백을 ㉡이끄는 방법으로 치료하는 것이다. 이것은 마치 파블로프 박사가 발견한 조건반사와 같은 것이다. 즉 특정 뇌파가 ㉢나오는 상황을 환자에게 알려주면, 환자들은 그 상황을 유지하려는 노력을 하게 된다. 그러면 뇌에서는 해당 뇌파의 발생 회로가 발달되고 훈련을 계속하면 그 회로가 강화되어 특정 뇌파가 ㉣늘어나게 되는 것이다.

실제로 1971년 루바 박사는 베타파를 이용한 뉴로피드백으로 주의력결핍증 치료에 성공하였으며, 1995년에 로젠펠트 박사는 좌뇌와 우뇌의 뇌파 속도의 균형을 맞춰주는 뉴로피드백 훈련을 통해 우울증을 치료하는 데 성공했다. 현재 뉴로피드백은 자폐증, 불면증 등 다양한 질환을 ㉤고치는 데 이용되고 있다.

① ㉠: 잠입(潛入)하도록 ② ㉡: 유도(誘導)하는 ③ ㉢: 돌출(突出)하는
④ ㉣: 팽창(膨脹)하게 ⑤ ㉤: 수선(修繕)하는

---

12. 〈보기〉에 제시된 국어사전의 정보를 완성한다고 할 때, ㉠～㉤에 대한 설명으로 적절하지 <u>않은</u> 것은?

(2015 고2 11월 학평)

〈보 기〉

늦다

[Ⅰ] 동사

　　 ㉠ 　정해진 때보다 지나다.

　　¶ 그는 약속 시간에 항상 늦는다. / 그는 버스 시간에 늦어 고향에 가지 못했다.

[Ⅱ] 　 ㉡ 　

　　① 기준이 되는 때보다 뒤져 있다. ¶ 시계가 오 분 늦게 간다.

　　② 시간이 알맞을 때를 지나 있다. 또는 시기가 한창인 때를 지나 있다.

　　¶ 우리 일행은 예정보다 늦게 도착했다. / 　㉢　

　　③ 곡조, 동작 따위의 속도가 느리다. ¶ 박자가 늦다. / 　㉣　

이르다 형용사

　　【…보다】【-기에】대중이나 기준을 잡은 때보다 앞서거나 빠르다.

　　¶ 그는 여느 때보다 이르게 학교에 도착했다. / 아직 포기하기엔 이르다.

　반의어　 　　　㉤　　　

① ㉠에 들어갈 말은 '【 …에】'이다.
② ㉡에 들어갈 말은 '형용사'이다.
③ ㉢에는 '발걸음이 늦다.'를 넣을 수 있다.
④ ㉣에는 '그는 다른 사람보다 서류 작성이 늦다.'를 넣을 수 있다.
⑤ ㉤에 들어갈 말은 '늦다[Ⅱ]①'이다.

(13~14) 밑줄 친 말과 바꾸어 쓰기에 가장 적절한 것을 고르시오.

13. ─── (2017 고1 9월 학평 응용)

> 돈을 어떻게 쓰고, 모으고, 굴리고, 빌릴지의 선택 상황에서 정확한 계산을 해야 손해를 보지 않는다. 현재의 소비를 늦추고 미래를 계획하는 사람이라면, 자신의 자산을 안전하게 형성할 필요가 있다. 금리에 대한 정확한 이해와 계산이 현재의 소비와 미래의 소비를 결정하는 중요한 기준이라는 점을 잊지 말아야 한다.

① 포기(暴棄)하고   ② 저지(沮止)하고   ③ 해제(解除)하고
④ 보류(保留)하고   ⑤ 감소(減少)시키고

14. ─── (2016 고3 7월 학평 응용)

> 수평적 인수합병은 같은 업종 간에 이루어지는 인수합병이다. 예를 들면 두 전자 회사가 결합하여 하나의 전자회사가 되는 경우이다. 일반적으로 수평적 인수합병이 이루어지면 경쟁 관계에 있던 회사가 결합하여 불필요한 경쟁이 줄고 이전보다 큰 규모에서 생산이 이루어지게 되므로 인수합병한 기업은 생산량을 늘릴 수 있게 된다.

① 보완(補完)할   ② 신장(伸張)할   ③ 연장(延長)할   ④ 증진(增進)할   ⑤ 증가(增加)시킬

15. 괄호 안에서 문맥에 맞는 말을 고른 것으로 적절한 것은?

① 범인은 거짓말과 협잡술에 능한 (전위적/ 전형적)인 사기꾼이다.

② 정부는 중소기업을 지원하기 위한 방안을 (다각적 /다의적)으로 마련하고 있다.

③ 선사 시대부터 현대에 이르기까지의 한국사를 (공시적/ 통시적)으로 살펴보았다.

④ 기상청은 북상하는 이번 태풍의 진로가 (암묵적/ 유동적)이라고 예보했다.

⑤ 친일 세력 청산에 대한 과거 정부의 (미온적/ 잠정적) 태도에 많은 국민들이 불만을 품었다.

[정답] 1. ① 2. ⑤ 3. ④ 4. ① 5. ⑤ 6. ② 7. ⑤ 8. ① 9. ④ 10. ⑤ 11. ② 12. ③ 13. ④ 14. ⑤ 15. ⑤

[해설] 1. ① 서로 너니 나니 하고 부르며 허물없이 말을 건네다. → 친밀한 관계와 관련된다. 2. '인사치레'에는 ㉠에서 언급한 '진실'이라는 의미는 없고, ㉡에서 언급한 '예의를 차린다'는 의미는 포함되어 있다. 3. ④ 문맥에 어울리는 말은 '초가삼간'이다. 4. ① 문맥에 어울리는 말은 '배설'이다. 5. '넘다(일정한 시간, 시기, 범위 따위에서 벗어나 지나다)'의 사동사 ① 음식물, 침 따위를 목구멍으로 넘어가게 하다. ② 서 있는 것을 넘어지게 하다. ③ '넘다(높은 부분의 위를 지나가다)'의 사동사 ④ 물건, 권리, 책임, 일 따위를 맡기다. 6. 고체가 열이나 습기로 말미암아 제 모습을 갖고 있지 못하고 물러지거나 물처럼 되다. ① 결정체 따위가 액체 속에서 풀어져 섞이다. ③ 음식의 맛이 부드럽고 맛있다. ④ 추워서 굳어진 몸이나 신체 부위가 풀리다. ⑤ 어떤 물체나 현상 따위에 스며들거나 동화되다. 7. 걱정이나 근심, 긴장 따위를 잊거나 풀어 없애다. ① 말을 존대하지 않고 맞상대하거나 낮춰서 말하다. ② 불을 지르거나 피우다. ③ 잡거나 쥐고 있던 물체를 일정한 곳에 두다. ④ 계속해 오던 일을 그만두고 하지 아니하다. 8. 사물을 보고 판단하는 힘. ② 빛의 자극을 받아 물체를 볼 수 있는 감각 기관. ③ 시력. ④ 사람들의 눈길. ⑤ 무엇을 보는 표정이나 태도. 9. ④(서럽거나 감격에 겨워 울다.)는 나머지 말의 동음이의어이다. ① 마음속으로 어떤 감정 따위를 체험하고 맛보다. ② 특정한 대상이나 상황에 대하여 어떠하다고 생각하거나 인식하다. ③ 감각 기관을 통하여 어떤 자극을 깨닫다. ⑤ 어떤 사실, 책임, 필요성 따위를 체험하여 깨닫다. 10. 성능이 더 좋아진 대형 망원경으로 관측해서 운하가 보이지 않았을 경우에는 운하의 존재에 대해 의심해 봐야 할 것 같지만, 예상외로 과학자들이 기존의 이론에 관찰된 상황을 끼워맞추려고 했다는 점을 부정적으로 말하고 있다. 그러므로 '놀랍게도'와 가장 유사한 의미를 지니고 있는 것은 '일이 너무 뜻밖이어서 기가 막히다'라는 의미를 지닌 '어처구니없게도'이다. 11. ② 사람이나 물건을 목적한 장소나 방향으로 이끎. ① 남몰래 숨어듦. ③ 쑥 내밀거나 붙거져 있음. ④ 부풀어서 부피가 커짐. ⑤ 낡거나 헌 물건을 고침. 12. '발걸음이 늦다.'는 ⓔ에 넣을 수 있다. 13. 현재의 소비를 뒤로 미루는 것이므로 '보류하다(어떤 일을 당장 처리하지 아니하고 나중으로 미루어 두다.)'가 적절하다. 14. 생산량을 많게 하는 것이므로 '증가시킬'이 적절하다. ② 신장: 세력이나 권리 따위가 늘어남. 또는 늘어나게 함. ④ 증진: 기운이나 세력 따위가 점점 더 늘어 가고 나아감.

☐ **다다르다**
❶ 목적한 곳에 이르다. ▶ 긴 항해 끝에 드디어 보물섬에 <u>다다랐다</u>(≒당도했다/도착했다).
❷ 어떤 수준이나 한계에 미치다. ▶ 대화의 분위기가 최고조에 <u>다다랐다</u>(≒도달했다).

☐ **다다익선**
多 많을 다 **多** 많을 다
益 더할 익 **善** 착할 선

많으면 많을수록 더욱 좋음.
▶ 다다익선이라는데 우리 부부도 자식을 많이 낳는 게 좋겠다.
한자성어 + **동가홍상**(同같을동 價값가 紅붉을홍 裳치마상): (같은 값이면 다홍치마 →) 같은 값이면 좋은 물건을 가짐. ▶ 동가홍상이라고 했으니, 이왕이면 크고 실한 과일로 보내 주십시오.
속담 + **우선 먹기는 곶감이 달다**: 앞일은 생각해 보지도 아니하고 당장 좋은 것만 취함.
▶ <u>우선 먹기는 곶감이 달겠지만</u>, 손님이 모른다고 질 낮은 재료를 써서 이익을 남기고 싶지는 않다.

☐ **다루다**
❶ 일거리를 처리하다. ▶ 회계 업무를 <u>다루려면</u>(≒처리하려면) 관련 자격증이 있어야 한다.
❷ 어떤 물건을 사고파는 일을 하다. ▶ 우리 가게는 A사의 전자제품만을 <u>다룬다</u>.
❸ 기계나 기구 따위를 사용하다. ▶ 그는 컴퓨터를 참 잘 <u>다룬다</u>.
❹ 어떤 물건이나 일거리 따위를 어떤 성격을 가진 대상 혹은 어떤 방법으로 취급하다.
▶ 그 변호사는 형사 사건만을 <u>다룬다</u>(≒취급한다).
❺ 사람이나 짐승 따위를 부리거나 상대하다.
▶ 무고한 이를 범인으로 <u>다루다니</u>(≒취급하다니) 어이가 없다. 그는 나를 아기로 <u>다룬다</u>(≒취급한다).
❻ 어떤 것을 소재나 대상으로 삼다.
▶ 회의에서 물가 안정을 당면 과제로 <u>다루었다</u>. 그 소설은 실향민의 삶을 <u>다루었다</u>.

☐ **다르다**
❶ 비교가 되는 두 대상이 서로 같지 아니하다.
▶ 그 일에 대한 내 생각은 너와 <u>다르다</u>(≒상이하다).
❷ 보통의 것보다 두드러진 데가 있다.
▶ 고장 난 문을 감쪽같이 고치다니 기술자는 역시 <u>다르다</u>.

☐ **다리**
❶ 물을 건너거나 또는 한편의 높은 곳에서 다른 편의 높은 곳으로 건너다닐 수 있도록 만든 시설물 ▶ 저 <u>다리</u>만 건너면 바로 할머니 댁이다.
❷ 둘 사이의 관계를 이어 주는 사람이나 사물
▶ 나는 그 사람을 잘 모르니 네가 <u>다리</u>가 되어 주었으면 좋겠다.
❸ 중간에 거쳐야 할 단계나 과정
▶ 일전에 잃어버린 물건이 몇 <u>다리</u> 거쳐서 이제야 내 수중에 들어왔다.
동음이의어 + **다리**: ❶ 사람이나 동물의 몸통 아래 붙어 있는 신체의 부분
▶ 그는 하루 종일 서서 근무하니 아침마다 <u>다리</u>가 붓는다.
❷ 물체의 아래쪽에 붙어서 그 물체를 받치거나 직접 땅에 닿지 아니하게 하거나 높이 있도록 버티어 놓은 부분 ▶ 오래된 책상의 <u>다리</u>가 부러졌다.
❸ 오징어나 문어 따위의 동물의 머리에 여러 개 달려 있어, 헤엄을 치거나 먹이를 잡거나 촉각을 가지는 기관 ▶ 그는 술안주로 오징어 <u>다리</u>를 씹었다.
❹ 안경의 테에 붙어서 귀에 걸게 된 부분
▶ 그는 <u>다리</u>가 부러진 안경을 새것으로 교체하기 위해 안경점에 갔다.

☐ **다반사**
茶 차 다 **飯** 밥 반 **事** 일 사

(차를 마시고 밥을 먹는 일 →) 보통 있는 예사로운 일≒일상다반사, 항다반사
▶ 놀부에게 내쫓긴 흥부네는 굶기가 <u>다반사</u>(≒예사/예삿일)였다.
연관어휘 + **여반장**(如같을여 反돌이킬반 掌손바닥장): (손바닥을 뒤집는 것 같다. →) 일이 매우 쉬움.
▶ 어린아이의 주의를 딴 데로 돌리기는 <u>여반장</u>이다.

□ 다스리다	❶ 국가나 사회, 단체, 집안의 일을 보살펴 관리하고 통제하다.
	▶ 몽골은 한때 천하를 다스렸다(≒통치했다).
	❷ 사물을 일정한 목적에 따라 잘 다듬어 정리하거나 처리하다.
	▶ 예부터 바른 정치를 하려면 물을 잘 다스려야 했다.
	❸ 어지러운 일이나 상태를 수습하여 바로잡다.
	▶ 나라가 부강하려면 지금의 난국을 잘 다스려야(≒수습해야) 한다.
	❹ 죄의 사실을 밝혀 벌을 주다. ▶ 흉악한 죄인들은 중벌로 다스려야 한다.
	❺ 음식물을 먹어서 배고픔 따위를 없애다. ▶ 과음하였을 때에는 꿀물로 속을 다스린다.
	❻ 병을 낫게 하다. ▶ 병은 그 근본을 잘 다스려야(≒치유해야) 한다.
	❼ 몸이나 마음을 가다듬거나 노력을 들여서 바로잡다.
	▶ 그는 동요하는 감정을 다스리지(≒진정하지) 못한 채 말까지 더듬거렸다.

□ 다지다¹	❶ 누르거나 밟거나 쳐서 단단하게 하다. ▶ 아버지는 논둑을 다져 흙이 패지 않게 하셨다.
	❷ 마음이나 뜻을 굳게 가다듬다. ▶ 우리는 모두 필승의 결의를 다졌다.
	❸ 기초나 터전 따위를 굳고 튼튼하게 하다. ▶ 기초를 잘 다져야 좋은 성적을 거둘 수 있다.
	❹ 뒷말이 없도록 단단히 강조하거나 확인하다.
	▶ 그는 나에게 약속을 반드시 지키라고 다지고 또 다졌다.

□ 다지다²	고기, 채소 양념감 따위를 여러 번 칼질하여 잘게 만들다.
	▶ 고기를 다져 떡갈비를 만들었다.
	참고어휘 + 빻다: 물기가 없는 것을 짓찧어서 가루로 만들다.
	▶ 말린 고추를 빻아 고춧가루를 만들었다.
	찧다: ❶ 곡식 따위를 빻거나 속껍풀을 벗겨 깨끗하게 하려고 절구에 담고 공이로 내리치다.
	▶ 보리쌀을 찧어서 죽을 쑤었다.
	❷ 무거운 물건을 들어서 아래 있는 물체를 내리치다.
	▶ 망치질을 할 때는 못을 잡은 손을 찧지 않도록 주의해야 한다.
	❸ 마주 부딪다. ▶ 얼음판에 엉덩방아를 쿵 찧고야 말았다.

확 인 문 제

(1~2) 괄호 안에서 문맥에 맞는 말을 고르시오.

1. 용돈이란 (다다익선 / 동가홍상)이니, 많이 받으면 받을수록 좋다.

2. 열차 사고로 100여 명이 부상하는 (다반사 / 불상사)가 발생했다.

(3~7) 밑줄 친 말이 제시문과 가장 유사한 의미로 쓰인 것을 고르시오.

3. 선수들의 체력이 한계에 다다랐다.
    ① 그는 버스 정류장에 다다라서야 걸음을 늦추었다.   ② 올해는 불우이웃 돕기 모금액이 목표량에 다다르지 못했다.

4. 모든 신문에서 남북 회담을 특집으로 다루고 있다.
    ① 이 병원은 피부병만을 다루고 있다.   ② 환경 문제를 다룬 책이 서점가에 많이 나와 있다.

5. 그는 한강 다리가 폭파되는 바람에 피난을 가지 못했다.
    ① 우리 마을 입구에는 나무로 만든 다리가 있다.   ② 이웃사람이 다리가 되어 두 사람의 선 자리를 마련하였다.

6. 집안을 다스리지 못하는 자가 어찌 한 나라를 다스릴 수 있겠는가.
    ① 병을 다스리다.   ② 백성을 다스리다.   ③ 허기를 다스리다.   ④ 난리를 다스리다.   ⑤ 분노를 다스리다.

7. 체육 행사를 통해 마을 사람들이 친선과 화합을 다졌다.
    ① 그는 부하에게 비밀을 지키라고 한 번 더 다져 두었다.   ② 우리 회사는 그 군부대와 10년이 넘게 유대를 다져 오고 있다.

[정답] 1. 다다익선 2. 불상사 3. ② 4. ② 5. ① 6. ② 7. ②
[해설] 2. 불상사(不祥事): 상서롭지 못한 일. 3. 어떤 수준이나 한계에 미치다. 4. 어떤 것을 소재나 대상으로 삼다. 7. 기초나 터전 따위를 굳고 튼튼하게 하다.

□ 닦다	❶ 때, 먼지 녹 따위의 더러운 것을 없애거나 윤기를 내려고 거죽을 문지르다.

❶ 때, 먼지 녹 따위의 더러운 것을 없애거나 윤기를 내려고 거죽을 문지르다.
▶ 충치를 예방하려면 이를 잘 <u>닦아야</u> 한다.
❷ 거죽의 물기를 훔치다. ▶ 농부는 수건으로 얼굴의 땀을 <u>닦았다</u>.
❸ 길 따위를 내다. ▶ 우리는 새로 <u>닦아</u> 놓은 운동장에서 축구를 했다.
❹ 건물 따위를 지을 터전을 평평하게 다지다. ▶ 아저씨들이 집터를 <u>닦고</u> 있었다.
❺ 학문이나 기술을 배우고 익히다. ▶ 대학은 학문을 <u>닦는</u> 터전이다.
❻ 품행이나 도덕을 바르게 다스려 기르다. ▶ 마음을 <u>닦으면</u> 누구나 부처가 될 수 있다.
❼ 어떤 일을 하기 위한 기초를 마련하다. ▶ 그는 회사의 기반을 <u>닦는</u> 데 공헌한 바가 크다.

□ 단서
端 끝 단 緒 실마리 서

❶ 어떤 문제를 해결하는 방향으로 이끌어 가는 일의 첫 부분≒실마리
▶ 경찰은 사건의 <u>단서</u>를 찾으려고 현장을 샅샅이 조사했다.
❷ 어떤 일의 시초 ▶ 측량술의 발달은 수학 발달의 <u>단서</u>가 되었다.

유의어 **+** **단초**(端끝단 初처음초): 일이나 사건을 풀어 나갈 수 있는 첫머리
▶ 그 사건이 이번 정계 개편의 <u>단초</u>가 되었다.

참고어휘 **+** **갈피**: ❶ 겹치거나 포갠 물건의 하나하나의 사이. 또는 그 틈
▶ 할아버지는 책의 <u>갈피</u>에 돈을 넣어 두곤 하셨다.
❷ 일이나 사물의 갈래가 구별되는 어름 ▶ 그가 무슨 생각으로 그러는지 <u>갈피</u>를 잡을 수가 없다.

□ 단정
斷 끊을 단 定 정할 정

딱 잘라서 판단하고 결정함. ▶ 재판이 끝나기 전까지는 함부로 유죄를 <u>단정</u>해서는 안 된다.

참고어휘 **+** '定(정할정)'을 공유하는 한자어
추정(推밀추 定정할정): 미루어 생각하여 판정함. ▶ 경찰은 화재의 원인을 전기 누전으로 <u>추정</u>하고 있다.
산정(算셈산 定정할정): 셈하여 정함. ▶ 회사는 피해를 입은 소비자에게 지불할 배상액을 <u>산정</u>하였다.
상정(想생각상 定정할정): 어떤 정황을 가정적으로 생각하여 단정함. 또는 그런 단정
▶ 우리는 회담이 성공할 것이라고 <u>상정</u>하고 다음 계획을 세웠다.
판정(判판단할판 定정할정): 판별하여 결정함. ▶ 재판부는 피고가 무죄라고 <u>판정</u>하였다.
획정(劃그을획 定정할정): 경계 따위를 명확히 구별하여 정함. ▶ 선거구 <u>획정</u> 문제로 정치권이 대립하고 있다.
규정(規법규 定정할정): ❶ 규칙으로 정함. 또는 그 정하여 놓은 것 ▶ 맞춤법 <u>규정</u>에 맞는 말을 씁시다.
❷ 내용이나 성격, 의미 따위를 밝혀 정함. 또는 그 정하여 놓은 것
▶ 예술을 한마디로 <u>규정</u>하기는 어렵다.
지정(指가리킬지 定정할정): ❶ 가리키어 확실하게 정함. ▶ 우리는 미리 <u>지정</u>된 장소로 각자 출발하였다.
❷ 관공서, 학교, 회사, 개인 등이 어떤 것에 특정한 자격을 줌.
▶ 시 의회에서 이 산을 환경 보호 지역으로 <u>지정</u>하였다.
제정(制지을제 定정할정): 제도나 법률 따위를 만들어서 정함. ▶ 성폭력 방지를 위한 특별법을 <u>제정</u>하였다.
개정(改고칠개 定정할정): 이미 정하였던 것을 고쳐 다시 정함.
▶ 학생회에서는 변화된 현실에 맞게 학칙을 <u>개정</u>해야 한다고 주장했다.

동음이의어 **+** **개정**(改고칠개 訂바로잡을정): 글자나 글의 틀린 곳을 고쳐 바로잡음.
▶ 출판사에서는 기존의 책의 일부 내용을 <u>개정</u>하여 재출간하기로 결정하였다.

□ 달관
達 통달할 달 觀 볼 관

사소한 사물이나 일에 얽매이지 않고 세속을 벗어난 활달한 식견이나 인생관에 이름. 또는 그 식견이나 인생관 ▶ 그의 표정은 모든 것을 <u>달관</u>한 사람처럼 평온해 보였다.

유의어 **+** **초연**(超뛰어넘을초 然그럴연)하다: ❶ 어떤 현실 속에서 벗어나 그 현실에 아랑곳하지 않고 의젓하다. ▶ 죽음 앞에서는 그 누구도 <u>초연</u>할 수 없다.
❷ 보통 수준보다 훨씬 뛰어나다. ▶ 그분은 청빈을 이야기할 수 있을 만큼 <u>초연</u>한 성품을 지니셨다.
초탈(超뛰어넘을초 脫벗을탈): 세속적인 것이나 일반적인 한계를 벗어남.
▶ 스님은 나에게 지상의 모든 인연을 <u>초탈</u>해 보라고 말하였다.

□ **달다¹**

❶ 타지 않는 단단한 물체가 열로 몹시 뜨거워지다.
  ▶ 장작을 너무 많이 지핀 탓에 방바닥이 뜨겁게 달았다.
❷ 열이 나거나 부끄러워서 몸이나 몸의 일부가 뜨거워지다.
  ▶ 마음에 두고 있던 소녀 앞에서 넘어진 소년은 부끄러움으로 얼굴이 화끈 달았다.
❸ 안타깝거나 조마조마하여 마음이 몹시 조급해지다.
  ▶ 합격자 발표를 기다리는 그의 마음은 바싹 달아 있었다.

□ **달다²**

❶ 물건을 일정한 곳에 걸거나 매어 놓다. ▶ 벽에 액자를 달았다.
❷ 물건을 일정한 곳에 붙이다. ▶ 어머니가 옷에 단추를 달았다.
❸ 어떤 기기를 설치하다. ▶ 요즘은 유선 전화를 다는 집이 많지 않다.
❹ 글이나 말에 설명 따위를 덧붙이거나 보태다.
  ▶ 본문에 각주를 달아 어려운 내용을 이해하기 쉽다.
❺ 이름이나 제목 따위를 정하여 붙이다
  ▶ 작가는 책의 내용에 어울리는 제목을 달기 위해 고민하였다.
❻ 장부에 적다. ▶ 오늘 술값은 장부에 달아 두세요.
❼ 윷판에서 처음으로 말을 놓다. ▶ 비어 있는 윷판에 새로 말을 달았다.
❽ 물건을 잇대어 붙이다. ▶ 기관차에 객차를 달았다.
❾ 사람을 동행하거나 거느리다. ▶ 그는 꼭 친구를 달고 다닌다.

□ **달다³**

저울로 무게를 헤아리다.
  ▶ 정육점에서는 고기를 저울에 달아 판매하고 있다.

□ **달다⁴**

말하는 이가 듣는 이에게 어떤 것을 주도록 요구하다.
  ▶ 아이가 어머니에게 용돈을 달라고 말했다.

□ **달다⁵**

❶ 꿀이나 설탕의 맛과 같다. ▶ 초콜릿이 너무 달아서 싫다고 말하는 사람도 있다.
❷ 입맛이 당기도록 맛이 있다. ▶ 다이어트를 해야 하는데 밥이 너무 달아 큰일이다.
❸ 흡족하여 기분이 좋다. ▶ 토요일 오후에 낮잠을 달게 잤다.
❹ 마땅하여 기껍다. ▶ 그는 자신의 죄를 인정하고 벌을 달게 받겠다고 말했다.

확인문제

(1~4) 괄호 안에서 문맥에 맞는 말을 고르시오.

1. 신입사원이 일의 (갈피 / 단서)를 잡지 못하고 있다.
2. 그는 내가 돈을 훔쳤다고 (단정 / 규정)했다.
3. 그분의 수필에는 인생에 대한 (달관 / 집착)과 초월의 경지가 잘 나타나 있다.
4. 이 책은 오류가 많은데도 (개정(改定) / 개정(改訂))이 이루어지지 않고 있다.

(5~6) 밑줄 친 말이 제시문과 가장 유사한 의미로 쓰인 것을 고르시오.

5. 나는 방바닥을 걸레로 닦았다.
  ① 구두를 닦다.   ② 눈물을 닦다.   ③ 학문을 닦다.   ④ 기초를 닦다.   ⑤ 도로를 닦다.
6. 그는 내가 하는 말에 항상 토를 달았다.
  ① 배에 돛을 달다.   ② 거실에 전화를 달다.   ③ 본문에 주석을 달다.   ④ 보고서에 제목을 달다.   ⑤ 저고리에 동정을 달다.
7. 밑줄 친 말들의 의미 관계가 이질적인 것은?
  ① 사탕이 달다. – 무게를 달다.   ② 입맛이 달다. – 얼굴이 달다.   ③ 친구를 달고 오다. – 밥을 달라고 하다.
  ④ 충고를 달게 받다. – 외상을 당부에 달다.   ⑤ 쇠가 벌겋게 달다. – 걱정으로 마음이 달다.

[정답] 1. 갈피 2. 단정 3. 달관 4. 개정(改訂) 5. ① 6. ③ 7. ⑤
[해설] 5. 닦다-❶ 6. 달다²-❹ ① 달다²-❶ ② 달다²-❸ ④ 달다²-❺ ⑤ 달다²-❷ 7. ⑤는 다의 관계, 나머지는 동음이의 관계

☐ **달리다¹**	❶ '닫다(빨리 뛰어가다)'의 사동사 ▶ 그는 넓은 초원에서 말을 달렸다.
	❷ 달음질쳐 빨리 가거나 오다. ▶ 그는 문 쪽으로 쏜살같이 달렸다.
	❸ 차, 배 따위가 빨리 움직이다. ▶ 버스가 시내를 향해 달렸다.
☐ **달리다²**	❶ '달다²-❶'의 피동사 ▶ 벽에 액자가 달렸다.
	❷ '달다²-❷'의 피동사 ▶ 소녀의 옷에 달린 단추가 매우 특이하다.
	❸ '달다²-❸'의 피동사 ▶ 그 집 거실에는 유선 전화가 달려 있었다.
	❹ '달다²-❹'의 피동사 ▶ 이 논문에는 각주가 많이 달려 있다.
	❺ '달다²-❺'의 피동사 ▶ 이 책에 달린 제목은 책의 내용과 어울리지 않는다.
	❻ '달다²-❻'의 피동사 ▶ 그가 먹은 술값이 내 이름으로 장부에 달려 있다.
	❼ '달다²-❼'의 피동사 ▶ 윷판에 우리 편의 말이 새로 달린 후부터 놀이가 더 재미있어졌다.
	❽ '달다²-❽'의 피동사 ▶ 기관차에 객차가 달려 있다.
	❾ '달다²-❾'의 피동사 ▶ 그는 얼떨결에 사람들에게 달려서 그곳까지 가게 되었다.
	❿ 열매가 맺히다. ▶ 나무에 사과가 많이 달렸다.
	⓫ 어떤 일에 줄곧 매이다. ▶ 그는 일주일 동안 그 일에 달려 있다.
	⓬ 어떤 일이나 상태 따위가 무엇에 의존하다. ▶ 일의 성패가 우리에게 달려 있다.
☐ **달리다³**	'달다²-❾'의 사동사 ▶ 목욕탕에 가는 남편에게 아이를 달려 보냈다.(남편에게 달고 가게 함)
	참고어휘 + **딸리다**: '따르다(다른 사람이나 동물의 뒤에서, 그가 가는 대로 같이 가다)'의 사동사
	▶ 할아버지에게 아이를 딸려 보냈다.(아이에게 따르게 함)
☐ **달리다⁴**	재물이나 기술, 힘 따위가 모자라다. ▶ 기운이 달려(딸려×) 일을 더 이상 못 하겠다.
	참고어휘 + **딸리다**: ❶ 어떤 것에 매이거나 붙어 있다. ▶ 그 집에는 비교적 넓은 앞마당이 딸려 있다.
	❷ 어떤 부서나 종류에 속하다. ▶ 염소는 솟과에 딸린 짐승이다.
☐ **달초** 撻 때릴 달 楚 회초리 초	❶ 어버이나 스승이 자식이나 제자의 잘못을 징계하기 위하여 회초리로 볼기나 종아리를 때림. ▶ 훈장님이 졸고 있는 학동을 불러내 달초하셨다.
	❷ 닦달하거나 죄나 잘못을 따짐. ▶ 관아에서 범인을 달초하여 자백을 받았다.
	참고어휘 + **교편**(敎가르칠교 鞭채찍편): 교사가 수업이나 강의를 할 때 필요한 사항을 가리키기 위하여 사용하는 가느다란 막대기 ▶ 그는 시골의 한 고등학교에서 교편을 잡고 있다.
☐ **답보** 踏 밟을 답 步 걸음 보	제자리걸음(상태가 나아가지 못하고 한 자리에 머무르는 일) ▶ 의견 대립으로 회담은 답보 상태다.
	유의어 + **지연**(遲더딜지 延늘일연): 무슨 일을 더디게 끌어 시간을 늦춤. 또는 시간이 늦추어짐.
	▶ 열차 도착이 지연되는 바람에 많은 승객들이 불편을 겪었다.
	지체(遲더딜지 滯막힐체): 때를 늦추거나 질질 끎. ▶ 그는 잠시도 지체하지 않고 바로 집으로 돌아갔다.
	| **동음이의어 +** **지체**: 어떤 집안이나 개인이 사회에서 차지하고 있는 신분이나 지위
	| ▶ 그는 지체 높은 집안의 자손이라는 데 자부심을 가지고 있었다.
☐ **당기다**	❶ 좋아하는 마음이 일어나 저절로 끌리다. ▶ 나는 마음이 당기지 않는 일은 하지 않는다.
	❷ 입맛이 돋우어지다. ▶ 어쩐 일인지 고기반찬에도 입맛이 당기지 않았다.
	❸ 물건 따위를 힘을 주어 자기 쪽이나 일정한 방향으로 가까이 오게 하다.
	▶ 어부들이 그물을 당겨 올렸다. 적을 향해 방아쇠를 당겼다.
	❹ 정한 시간이나 기일을 앞으로 옮기거나 줄이다. ▶ 결혼식을 6월에서 5월로 당겼다.
	참고어휘 + **댕기다**: 불이 옮아 붙다. 또는 그렇게 하다. ▶ 그는 성냥으로 초에 불을 댕겼다.
	땅기다: 몹시 단단하고 팽팽하게 되다. ▶ 한참을 웃었더니 수술한 자리가 땅겼다.

□ 당사자	어떤 일이나 사건에 직접 관계가 있거나 관계한 사람
當 마땅 당 事 일 사 者 사람 자	▶ 그 문제는 당사자들끼리의 합의에 따라 조용히 해결되었다.

참고어휘 + '者(사람자)'를 공유하는 한자어

제삼자(第차례제 三석삼 者사람자): 일정한 일에 직접 관계가 없는 사람

▶ 사소한 감정싸움에 제삼자가 개입하는 바람에 갈등이 터무니없이 커졌다.

수혜자(受받을수 惠은혜혜 者사람자): 혜택을 받는 사람

▶ 성적이 우수한 학생보다는 가정 형편이 어려운 학생이 일차적으로 장학금의 수혜자가 되었다.

피의자(被입을피 疑의심할의 者사람자): 범죄의 혐의가 있어서 정식으로 입건되었으나, 아직 공소 제기가 되지 아니한 사람 ▶ 경찰은 피의자로부터 범행 일체를 자백 받았다.

위정자(爲할위 政정사정 者사람자): 정치를 하는 사람

▶ 국민의 의식주를 해결해 주는 것이 위정자의 기본 의무이다.

조력자(助도울조 力힘력 者사람자): 도와주는 사람

▶ 교사는 학생들이 진로를 정할 때 도움말을 해 주는 조력자가 되어야 한다.

은자(隱숨을은 者사람자): 산야에 묻혀 숨어 사는 사람

▶ 그 은자는 산중에 있는 굴속에서 오랫동안 숨어 살았다.

□ 당위	마땅히 그렇게 하거나 되어야 하는 것
當 마땅 당 爲 할 위	▶ 통일은 어렵더라도 결코 회피해서는 안 될 당위이다.

연관어휘 + **당위성**(當마땅당 爲할위 性성품성): 마땅히 그렇게 하거나 되어야 할 성질

▶ 기미 독립 선언서는 독립의 당위성을 강조하는 내용으로 되어 있다.

□ 닿다	❶ 어떤 물체가 다른 물체에 맞붙어 사이에 빈틈이 없게 되다.
	▶ 얼음장처럼 차가운 손이 내 볼에 닿았다.

❷ 어떤 곳에 이르다. ▶ 이야기하며 걷는 사이에 학교에 닿았다(≒도착했다).

❸ 소식 따위가 전달되다. ▶ 그에게 기별이 닿도록(≒전달되도록) 조치를 취해야 한다.

❹ 어떤 대상에 미치다. ▶ 장롱 위에 있는 상자를 내려야 하는데 손이 닿지 않는다.

❺ 기회, 운 따위가 긍정적인 범위에 도달하다. ▶ 기회가 닿으면 다시 만나고 싶다.

❻ 정확히 맞다. ▶ 그의 말이 이치에 닿는다.

❼ 글의 의미가 자연스럽게 통하다. ▶ 그 글은 뜻이 잘 닿지 않는다.

❽ 서로 관련이 맺어지다. ▶ 그 사람은 경제인 단체에 줄이 닿아 있다.

확인문제

(1~7) 문맥에 맞는 말을 괄호 안에서 고르시오.

1. 물자가 (달리니 / 딸리니) 원조를 부탁합니다.　　2. 원님이 직접 범인을 (달초 / 교편)하였다.

3. 우리 문제이니 (당사자 / 제삼자)는 상관하지 마라.　　4. 기간을 (당겨 / 댕겨 / 땅겨) 예정보다 일찍 공사를 끝냈다.

5. 이산가족을 보며 통일의 (고유성 / 당위성)을 절감했다.　　6. 교육 여건이 10년 전 상태를 그대로 (답보 / 지체)하고 있다.

7. 나무는 사람들에게 그늘을 만들어 주는 (수혜자 / 시혜자)이다.

(8~9) 밑줄 친 말이 제시문과 가장 유사한 의미로 쓰인 것을 고르시오.

8. 모든 것이 네 마음에 달렸다.

　① 올해는 대추가 많이 달렸다.　　② 공급량이 달려서 가격이 올랐다.　　③ 국가의 운명이 이번 싸움에 달려 있다.

9. 반가운 소식이 그에게 빨리 닿기를 기도했다.

　① 그곳에 닿는 대로 전화해라.　　② 이야기가 조리에 닿지 않는다.　　③ 그 사람과는 우연히 연락이 닿았다.

　④ 그는 발길에 닿는 물건을 모두 걷어찼다.　　⑤ 따뜻한 인정의 손길이 소외된 지역에 닿았다.

[정답] 1. 달리니　2. 달초　3. 제삼자　4. 당겨　5. 당위성　6. 답보　7. 시혜자　8. ③　9. ③

[해설] 7. 시혜자(施惠者): 은혜를 베푸는 사람.　8. 달리다²-❷ ① 달리다²-❶ ② 달리다⁴　9. 닿다-❸ ① 닿다-❷ ② 닿다-❻ ④ 닿다-❶ ⑤ 닿다-❹

(1~2) ㉠~㉤의 사전적 의미로 적절하지 <u>않은</u> 것을 고르시오.

1. ──(2014 고2 6월 학평 응용)

　　기존의 경제학은 인간을 철저하게 합리적이고 이기적인 존재로 ㉠상정(想定)하여, 인간은 시간과 공간에 관계없이 일관된 ㉡선호(選好)를 보이며 효용을 극대화하는 방향으로 선택을 한다고 본다. 그래서 기존의 경제학자들은 인간의 행동이 ㉢예측(豫測) 가능하다는 것을 ㉣전제(前提)로 경제 이론을 발전시켜 왔다. 반면 행동경제학에서는 인간이 제한적으로 합리적이며 감성적인 존재라고 보며, 처한 상황에 따라 선호가 바뀌기 때문에 그 행동을 예측하기 어렵다고 생각한다. 또한 인간은 효용을 극대화하기보다는 어느 정도 만족하는 선에서 선택을 한다고 본다. 행동경제학은 기존의 경제학이 가정하는 인간관을 지나치게 이상적이고 비현실적이라고 비판한다. 그래서 행동경제학은 인간이 때로는 이타적인 행동을 하고 비합리적인 행동을 하는 존재라는 점을 인정하며, 현실에 ㉤실재(實在)하는 인간을 연구 대상으로 한다.

① ㉠: 토의할 안건을 회의에 내어 놓음　　　　　② ㉡: 여럿 가운데서 특별히 가려서 좋아함.

③ ㉢: 미리 헤아려 짐작함　　　　　　　　　　④ ㉣: 어떤 현상을 이루기 위하여 먼저 내세우는 것

⑤ ㉤: 실제로 존재함

2. ──(2010 9월 모평 응용)

　　이는 분명 종래의 예술관에 대한 도전이다. 종래의 예술관은 수용자의 참여를 허락하지 않았을 뿐만 아니라 예술 감상을 미적 관조로 ㉠한정하고 있었기 때문이다. 즉 예술 작품에 대한 감상은 예술 이외의 모든 관심과 욕구로부터 ㉡초연한 상태에서 가능하다는 것이다. 더구나 이러한 관조적 태도와 함께 예술 작품 자체도 모든 것에서 벗어난 순수한 객체가 됨으로써 이제 예술은 그 어떤 ㉢권위도 침해할 수 없는 자율적 영역이 된다. 이 때문에 종종 예술은 쓸모없는 것으로 평가절하되기도 하지만, 현실의 모든 ㉣긴장과 갈등으로부터 벗어날 수 있는 해방 공간으로 ㉤승화되기도 한다.

① ㉠: 수량이나 범위 따위를 제한하여 정함.

② ㉡: 어떤 현실 속에서 벗어나 그 현실에 아랑곳하지 않고 의젓함.

③ ㉢: 일정한 분야에서 사회적으로 인정을 받고 영향력을 끼칠 수 있는 위신.

④ ㉢: 마음을 조이고 정신을 바짝 차림.

⑤ ㉤: 서로 잘 어울림.

(3~4) 다음 글을 읽고 물음에 답하시오.

　　헌법의 ㉠개정이란 헌법에 규정된 개정 절차에 따라 헌법의 특정 조항을 의식적으로 수정 또는 삭제하거나 추가함으로써 형식이나 내용에 변경을 가하는 행위이다. 이것은 기존의 헌법을 ㉡소멸시킬 뿐만 아니라 그 헌법의 토대가 되어 있는 헌법 ㉢제정 권력까지도 ㉣배제하는 헌법의 ㉤파기와는 ㉥다르다.

3. ㉠~㉤의 뜻풀이로 적절하지 <u>않은</u> 것은?　　　　　　　　　　　　　　　　(2015 고3 10월 학평A 응용)

① ㉠: 이미 정하였던 것을 고쳐 다시 정함.　　　② ㉡: 사라져 없어짐.

③ ㉢: 제도나 법률 따위를 만들어서 정함.　　　④ ㉣: 있는 사물을 뭉개어 아주 없애 버림.

⑤ ㉤: 깨뜨리거나 찢어서 내버림.

4. ㉂과 관련하여 다양한 예문을 찾아 유의어를 적은 것이다. ㉂의 의미와 가장 유사한 것은?

(2009 고3 7월 학평 응용)

	예문	유의어
①	지방마다 <u>다른</u> 생활과 풍습이 있다.	상이하다
②	이러자 저러자 의견이 <u>달라</u> 끝이 없다.	분분하다
③	나의 기대와 <u>달리</u> 여행 내내 비가 왔다.	어긋나다
④	그에게는 아주 <u>다른</u> 그 무엇인가가 있다.	특별하다
⑤	볼이 부어 입술이 <u>다른</u> 곳에 붙은 것 같다.	엉뚱하다

5. 문맥상 ㉠과 바꾸어 쓸 수 있는 말은?

(2012 고2 3월 학평)

> 이저는 텍스트 속에 독자의 역할이 들어 있다고 보았다. 그러나 독자가 어떠한 역할을 수행할지는 ㉠<u>정해져</u> 있지 않기 때문에 독자는 텍스트를 읽는 과정에서 텍스트의 내용과 형식에 끊임없이 반응한다. 이러한 상호작용 과정을 통해 독자는 작품을 재생산한다. 텍스트는 다양한 독자에 따라 다른 작품으로 태어날 수 있으며, 같은 독자라도 시간과 장소에 따라 다른 작품으로 생산될 수 있는 것이다.

① 개정(改定)되어   ② 고정(固定)되어   ③ 선정(選定)되어
④ 추정(推定)되어   ⑤ 판정(判定)되어

6. 〈보기〉의 문장을 밑줄 친 단어의 의미 관계에 따라 구분한 것으로 적절한 것은?

(2010 고3 3월 학평)

〈보 기〉

㉠ 밥을 <u>달게</u> 먹고 잠을 푹 잤다.
㉡ 그는 불 속에서 빨갛게 <u>단</u> 인두를 꺼내 들었다.
㉢ 선생님의 조언을 <u>달게</u> 받아들였기에 지금의 내가 있다.
㉣ 혈관마다 일시에 더운 피가 끓어올라 얼굴이 화끈 <u>달았다</u>.
㉤ 경기가 3분밖에 남지 않자 그는 애가 <u>달아</u> 어쩔 줄 몰라 했다.

① ㉠, ㉡ / ㉢, ㉣, ㉤   ② ㉠, ㉢ / ㉡, ㉣, ㉤   ③ ㉠, ㉤ / ㉡, ㉢, ㉣
④ ㉡, ㉢ / ㉠, ㉣, ㉤   ⑤ ㉡, ㉣ / ㉠, ㉢, ㉤

(7~8) 밑줄 친 말의 문맥적 의미가 ㉠과 가장 가까운 것을 고르시오.

7.

(2009 고3 4월 학평)

> 1980년대 연구자들은 전류가 흐르는 센서에 어떤 기체분자가 ㉠<u>닿을</u> 경우 센서의 전기 저항값이 바뀐다는 사실을 발견했다. 그리고 이 저항값의 변화를 적당한 소프트웨어를 이용하여 분석해 좌표상의 한 점으로 변환하면 자체 데이터베이스를 통해 그 기체분자에 대한 정보를 얻을 수 있다는 것도 알아냈다.

① 손이 천장에 <u>닿다</u>.   ② 그에게 기별이 <u>닿았다</u>.
③ 그의 말은 이치에 <u>닿는다</u>.   ④ 기회가 <u>닿으면</u> 연락하겠습니다.
⑤ 모르는 사이에 버스 정류소에 <u>닿았다</u>.

8.

처녀항해에 나선 타이타닉호가 빙산 지역을 최고 속도로 ㉠<u>달리다</u> 사상 최악의 해난 사고를 당해 침몰한 데도 해운사 간의 치열한 경쟁이 깔려 있다.

① 처마끝에 고드름이 달렸다.

② 회사의 운명은 이 제품에 달려 있다.

③ 우리는 결승점을 향하여 힘껏 달렸다.

④ 그는 다른 사람들에 비해 실력이 달렸다.

⑤ 저고리에 새로 달린 동정이 아주 예쁘다.

9. 〈보기〉의 ㉠~㉣에 들어갈 말로 알맞은 것은?

(2011 9월 모평)

〈보 기〉

요리에서 재료를 가공하는 방법을 표현하는 동사들 중에 '다지다 : 빻다 : 썰다 : 찢다' 같은 것들이 있다. 아래에서 이들의 용법이 어떻게 구분되는지 알아보자.

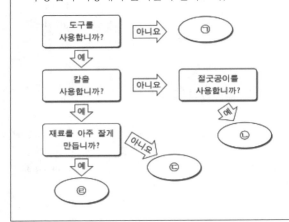

	㉠	㉡	㉢	㉣			㉠	㉡	㉢	㉣
①	빻다	썰다	찢다	다지다		②	빻다	썰다	다지다	찢다
③	찢다	빻다	썰다	다지다		④	찢다	빻다	다지다	썰다
⑤	다지다	찢다	빻다	썰다						

10. ㉠, ㉡의 사전적 뜻풀이가 바르게 짝지어진 것은?

(2016 6월 모평A 응용)

도덕 실재론에서는 도덕적 판단과 도덕적 진리를 과학적 판단 및 과학적 진리와 마찬가지라고 본다. 즉 과학적 판단이 '참' 또는 '거짓'을 ㉠<u>판정</u>할 수 있는 명제를 나타내고 이때 참으로 판정된 명제를 과학적 진리라고 부르는 것처럼, 도덕적 판단도 참 또는 거짓으로 판정할 수 있는 명제를 나타내고 참으로 판정된 명제가 곧 도덕적 진리라고 ㉡<u>규정</u>하는 것이다.

	㉠	㉡
①	셈하여 정함.	가리키어 확실하게 정함.
②	판별하여 결정함.	규칙에 의해 일정한 한도를 정함.
③	일을 확실하게 정함	경계 따위를 명확히 구별하여 정함.
④	새로 만들어 정해 둠.	한번 정한 대로 변경하지 아니함.
⑤	확실히 그렇다고 여김.	여럿 가운데서 어떤 것을 뽑아 정함.

11. 다음은 '달다'에 관한 사전 자료의 일부분이다. 이를 탐구한 결과로 적절하지 <u>않은</u> 것은?

(2015 고3 3월 학평A)

┌─〈보 기〉────────────────────────────────

달다¹ 图【…에 …을】[달아, 다니, 다오]
　　㉠ 물건을 일정한 곳에 걸거나 매어 놓다. **예** 배에 돛을 달다.
　　㉡ 이름이나 제목 따위를 정하여 붙이다. **예** 작품에 제목을 달다.
달다² 图 [달아, 다니, 다오]
　　㉠ 꿀이나 설탕의 맛과 같다. **예** 아이스크림이 달다. **속** 달면 삼키고 쓰면 뱉는다.
　　㉡ 흡족하여 기분이 좋다. **예** 나른한 식곤에 잠이 달았다.

└──

① '달다¹'과 '달다²'는 별개의 표제어로 기술된 걸 보니 동음이의어에 해당하는군.
② '달다¹'과 '달다²'는 모두 연결 어미 '–니'가 결합되면 '다니'로 활용되는군.
③ '달다¹' ㉠의 용례로 '소금의 무게를 저울에 달아 보았다.'를 추가할 수 있겠군.
④ '달다²' ㉠의 속담은 '달다'와 '쓰다'의 반의 관계를 이용한 것이군.
⑤ '달다¹' ㉡은 '달다²' ㉡보다 서술어가 필수적으로 요구하는 문장 성분의 개수가 더 많군.

12. 〈보기〉를 참조하여 일상생활에서 잘못 사용되고 있는 어휘를 고쳐 사용하는 활동을 하였다. 적절하지 <u>않은</u> 것은?　　(2007 고3 10월 학평)

┌─〈보 기〉────────────────────────────────

당기다: 1. 좋아하는 마음이 일어나 저절로 끌리다.
　　　　　2. 입맛이 돋우어지다.
　　　　　3. 물건 따위를 힘을 주어 자기 쪽이나 일정한 방향으로 가까이 오게 하다.
　　　　　4. 정한 시간이나 기일을 앞으로 옮기거나 줄이다.
댕기다: 불이 옮아 붙다. 또는 그렇게 하다.
땅기다: 몹시 단단하고 팽팽하게 되다.

└──

① 활의 시위를 <u>댕기었다</u>.(→ 당기었다)
② 많이 걸어 종아리가 <u>댕겼다</u>.(→ 당겼다)
③ 입맛이 <u>땅겨</u> 과식하게 되었다.(→ 당겨)
④ 예정보다 이틀 <u>땅겨</u> 출발했다.(→ 당겨)
⑤ 성냥으로 담배에 불을 <u>당겼다</u>.(→ 댕겼다)

[정답] 1. ① 2. ⑤ 3. ④ 4. ① 5. ⑤ 6. ② 7. ① 8. ③ 9. ③ 10. ② 11. ③ 12. ②
[해설] 1. '상정(想定)'은 '어떤 정황을 가정하여 단정함'을 의미한다. ①을 뜻하는 낱말은 '상정(上程)'이다. 2. '승화'는 '어떤 현상이 더 높은 상태로 발전하는 일'을 의미한다. ⑤를 뜻하는 낱말은 '조화'이다. 3. '배제'는 '받아들이지 아니하고 물리쳐 제외함.'을 의미한다. ④를 뜻하는 낱말은 '말살'이다. 4. ⓔ의 문맥적 의미는 '서로 같지 않다'이다. 5. ⊙은 '확실하게 정함'의 의미이다. 6. ㉠(입맛이 당기도록 맛이 있다.)과 ⓔ(마땅하여 기껍다.), ㉡(단단한 물체가 열로 몹시 뜨거워지다.)과 ⓔ(몸이나 몸의 일부가 뜨거워지다.)과 ㉢(마음이 몹시 조급해지다.)이 각각 다의 관계이다. 7. ㉠ 어떤 물체가 다른 물체에 맞붙어 사이에 빈틈이 없게 되다. ② 소식이 전달되다. ③ 정확히 맞다. ④ 기회, 운 따위가 긍정적인 범위에 도달하다. ⑤ 어떤 곳에 이르다. 8. ㉠(차, 배 따위가 빨리 움직이다.)과 ③(달음질쳐 빨리 가거나 오다.)은 다의 관계이다. 이 말과 ①·②·⑤, ④는 동음이의 관계이다. 9. '찢다'는 도구를 쓰지 않는다. – ㉠, '빻다'는 절굿공이 등의 도구를 사용하고 칼을 사용하지 않는다. – ㉡, '다지다'는 칼을 사용하여 아주 잘게 만든다. – ㉢, '썰다'는 아주 잘게 만들지 않는다. – ㉣ 10. ① 산정 – 지정 ③ 확정 – 획정 ④ 설정 – 고정 ⑤ 인정 – 선정 11. '소금의 무게를 저울에 달아 보았다.'에서 '달다'는 '(…을 …에) 저울로 무게를 헤아리다.'는 뜻이므로, ㉠의 용례로 추가하기에는 부적절하다. ① 동음이의어는 사전에 별개의 표제어로 등재된다. ⑤ '달다¹'은 주어 외에도 부사어('…에')와 목적어('…을')를 필수적으로 요구하는 서술어이고, '달다²'는 주어 외에 필수적으로 요구하는 문장 성분이 없는 서술어이다. 12. ② → 많이 걸어 종아리가 <u>땅겼다</u>.

□ 대다

❶ 정해진 시간에 닿거나 맞추다. ▶ 기차 시간에 <u>대려</u>면 서둘러야 한다.

❷ 어떤 것을 목표로 삼거나 향하다. ▶ 그는 창밖에 <u>대고</u> 무어라고 소리를 질렀다.

❸ 무엇을 어디에 닿게 하다. ▶ 아이는 벽에 등을 <u>대고</u> 앉았다.

❹ 어떤 도구나 물건을 써서 일을 하다. ▶ 일을 쉬었던 화가가 다시 그림에 붓을 <u>대었다</u>.

❺ 차, 배 따위의 탈것을 멈추어 서게 하다. ▶ 아버지는 집 앞에 차를 <u>대었다</u>.

❻ 돈이나 물건 따위를 마련하여 주다. ▶ 우리가 그 회사에 원자재를 <u>대고</u> 있다.

❼ 무엇을 덧대거나 뒤에 받치다. ▶ 예전에는 공책에 책받침을 <u>대고</u> 썼다.

❽ 어떤 것을 목표로 하여 총, 호스 따위를 겨냥하다.
▶ 그는 차마 같은 동포에게 총부리를 <u>댈</u> 수가 없었다.

❾ 사람을 구해서 소개해 주다. ▶ 건설 현장에 인부를 <u>대는</u> 일은 결코 쉽지 않다.

❿ 어떤 곳에 물을 끌어 들이다. ▶ 아버지께서는 논에 물을 <u>대러</u> 나가셨다.

⓫ 잇닿게 하거나 관계를 맺다. ▶ 실력자에게 연줄을 <u>대려는</u> 사람들이 너무 많다.

⓬ 다른 사람과 신체의 일부분을 닿게 하다. ▶ 아내가 남편의 어깨에 머리를 <u>대었다</u>.

⓭ 서로 견주어 비교하다. ▶ 그에게 <u>대면</u> 내 키는 결코 작은 것이 아니다.

⓮ 이유나 구실을 들어 보이다. ▶ 그녀는 아프다는 핑계를 <u>대고</u> 결근하였다.

⓯ 어떤 사실을 드러내어 말하다. ▶ 경찰이 그에게 알리바이를 <u>대라고</u> 말했다.

□ 대동
大클 대 同 한가지 동

❶ 큰 세력이 합동함. ▶ 우리는 <u>대동</u> 화합의 정신으로 반대파와도 협력하였다.

❷ 온 세상이 번영하여 화평하게 됨. ▶ 그는 인류가 <u>대동</u> 세상을 이루기를 바랐다.

❸ 조금 차이는 있어도 대체로 같음. ▶ 그들은 처지가 <u>대동</u>하여 쉽게 가까워졌다.

[동음이의어 +] **대동**(帶띠대 同한가지동): 어떤 모임이나 행사에 거느려 함께 함.
▶ 두 정상은 통역만 <u>대동</u>하고 정상 회담을 가졌다.

[한자성어 +] **상부상조**(相서로상 扶도울부 相서로상 助도울조): 서로서로 도움.
▶ 이웃끼리 <u>상부상조</u>하는 것은 우리 겨레의 아름다운 풍속이다.

고장난명(孤외로울고 掌손바닥장 難어려울난 鳴울명): ❶ (외손뼉만으로는 소리가 울리지 아니한다. →) 혼자의 힘만으로 어떤 일을 이루기 어려움.
▶ 내 의견에 동의하는 사람이 하나도 없으니 실로 <u>고장난명</u>이다.

❷ 맞서는 이가 없으면 싸움이 되지 않음.
▶ <u>고장난명</u>이라고 둘이 똑같이 유치하게 구니까 자꾸 싸움이 난다.

십시일반(十열십 匙숟가락시 一한일 飯밥반): (밥 열 술이 한 그릇이 된다. →) 여러 사람이 조금씩 힘을 합하면 한 사람을 돕기 쉬움. ▶ 직원들이 <u>십시일반</u>으로 돈을 모아 동료 직원의 수술비를 마련하였다.

순망치한(脣입술순 亡망할망 齒이치 寒찰한): (입술이 없으면 이가 시리다. →) 서로 이해관계가 밀접한 사이에 어느 한쪽이 망하면 다른 한쪽도 그 영향을 받아 온전하기 어려움.
▶ <u>순망치한</u>이라고 부모가 없으니 어린 애들이 몹시 고생을 한다.

□ 대로
大클 대 怒 성낼 로

크게 화를 냄. ▶ 아버님께서는 동생의 철없는 행동을 들으시고는 <u>대로</u>하셨다.

[참고어휘 +] '大(클대)'를 사용하여 감정이나 태도를 표현하는 한자어
대희(大클대 喜기쁠희): 크게 기뻐함. 또는 큰 기쁨.
▶ 임금은 적군이 물러갔다는 소식을 듣고 <u>대희</u>하였다.

대책(大클대 責꾸짖을책): 몹시 꾸짖음. 또는 큰 꾸지람.
▶ 그가 충신을 모함하자 임금이 <u>대책</u>하여 말하였다.

대경(大클대 驚놀랄경): 크게 놀람. ▶ 큰바람이 일자 도둑이 <u>대경</u>하여 도망을 쳤다.

[한자성어 +] **대경실색**(大클대 驚놀랄경 失잃을실 色빛색): 몹시 놀라 얼굴빛이 하얗게 질림.
▶ 아버지에게 닥친 뜻밖의 사고 소식에 가족들은 모두 <u>대경실색</u>하였다.

□ **대면** **對** 대할 대 **面** 낯 면	서로 얼굴을 마주 보고 대함. ▶ 내가 그 사람을 <u>대면</u>한 것은 이번이 처음이다. **참고어휘+** '面(낯면)'를 공유하는 한자어 **직면**(直곧을직 面낯면): 어떠한 일이나 사물을 직접 당하거나 접함. 　▶ 그 회사는 무리한 사업 확장으로 인해 자금난에 <u>직면</u>하였다. **당면**(當마땅당 面낯면): 바로 눈앞에 당함. ▶ 청년 실업문제의 해결이 정부의 <u>당면</u> 과제이다. **외면**(外바깥외 面낯면): ❶ 마주치기를 꺼리어 피하거나 얼굴을 돌림. 　▶ 그들은 서로를 <u>외면</u>하고 지나갔다. 　❷ 어떤 사상이나 이론, 현실, 사실, 진리 따위를 인정하지 않고 도외시함. 　▶ 그는 현실의 모순을 <u>외면</u>한 채 체제에 순응하며 살았다.
□ **던지다**	❶ 손에 든 물건을 다른 곳에 떨어지게 팔과 손목을 움직여 공중으로 내보내다. 　▶ 아이들이 연못에 돌을 <u>던졌다</u>. ❷ 자기 몸을 떨어지게 하거나 뛰어들다. ▶ 심청은 인당수에 몸을 <u>던졌다</u>. ❸ 어떤 행동을 상대편에게 하다. ▶ 관중들이 심판에게 야유를 <u>던졌다</u>. ❹ 어떤 것을 향하여 보다. ▶ 여자는 아이에게 슬픈 눈길을 <u>던졌다</u>. ❺ 어떤 것을 향하여 비추다. ▶ 고요한 밤하늘에 달과 별들만이 빛을 <u>던지고</u> 있다. ❻ 어떤 화제나 파문 따위를 일으키다. ▶ 그의 갑작스런 은퇴가 연예계에 파문을 <u>던졌다</u>. ❼ 어떤 문제 따위를 제기하다. ▶ 이 사건은 우리 사회에 심각한 도덕적 문제를 <u>던져</u> 주었다. ❽ 그림자를 나타내다. ▶ 소나무 한 그루가 석양에 긴 그림자를 <u>던지고</u> 있다. ❾ 관심을 가지지 아니하고 돌보지 아니하다. ▶ 그는 신의를 헌신짝처럼 <u>던져</u> 버렸다. ❿ 재물이나 목숨을 아낌없이 내놓다. ▶ 그분은 조국을 위하여 자신의 목숨을 <u>던졌다</u>. ⓫ 일 따위를 중도에 그만두다. ▶ 그녀는 아들을 보자 하던 일을 <u>던지고</u> 달려 나왔다.
□ **도달** **到** 이를 도 **達** 통달할 달	목적한 곳이나 수준에 다다름. ▶ 우리는 곧 목적지에 <u>도달</u>할 것이다. **참고어휘+** **도래**(到이를도 來올래): 어떤 시기나 기회가 닥쳐옴. 　▶ 정보가 경쟁력인 시대가 <u>도래</u>하였다.
□ **도모** **圖** 그림 도 **謀** 꾀 모	어떤 일을 이루기 위하여 대책과 방법을 세움. ▶ 친목을 <u>도모</u>하기 위해 모임을 만들었다. **참고어휘+** **모의**(謀꾀모 議의논할의): 어떤 일을 꾀하고 의논함. ▶ 그들은 반란을 일으키기로 <u>모의</u>하였다. **모면**(謀꾀모 免할면): 어떤 일이나 책임을 꾀를 써서 벗어남. ▶ 그는 뛰어난 말재주로 위기를 <u>모면</u>했다.

확인문제

(1~5) 제시된 단어의 뜻풀이를 완성되도록 빈칸에 알맞은 말을 쓰시오.

1. 대동(大同): 큰 세력이 (　　　)함.　　　2. 대로(大怒): 크게 (　　　)를 냄.　　　3. 대희(大喜): 크게 (　　　).

4. 대책(大責): 몹시 (　　　).　　　5. 대경(大驚): 크게 (　　　).

(6~9) 문맥에 맞는 말을 괄호 안에서 고르시오.

6. 바야흐로 통일의 시대가 (도달 / 도래)하였다.　　　7. 그들은 쿠데타를 (모면 / 모의)한 혐의로 체포되었다.

8. 그 누구도 현실을 (대면 / 외면)할 수 없다.　　　9. 아무도 도와주지 않아서 실로 (고장난명 / 순망치한)이었다.

(10~11) 밑줄 친 말이 제시문과 가장 유사한 의미로 쓰인 것을 고르시오.

10. 내 실력을 그의 솜씨에 <u>댈</u> 게 아니라고 생각한다.

　① 내가 한 일에 대해 핑계를 <u>대고</u> 싶지는 않다.　　　② 아이들은 서로 신발의 크기를 <u>대어</u> 보았다.

11. 그 사건은 어른들에게 큰 충격을 <u>던져</u> 주었다.

　① 그는 사장직을 <u>던지고</u> 시골로 내려가 농사를 지었다.　　　② 이번 사건에 경찰이 관련되었다는 사실이 파문을 <u>던졌다</u>.

[정답] 1. 합동 2. 화 3. 기뻐함 4. 꾸짖음 5. 놀람 6. 도래 7. 모의 8. 외면 9. 고장난명 10. ② 11. ②
[해설] 10. 서로 견주어 비교하다. ① 이유나 구실을 들어 보이다. 11. 어떤 화제나 파문 따위를 일으키다. ① 일 따위를 중도에 그만두다.

☐ **독려**
督 감독할 독 勵 힘쓸 려

감독하며 격려함. ▶ 사장은 생산을 <u>독려</u>하기 위해 수시로 공장을 방문하였다.

참고어휘 + **장려**(獎장려할장 勵힘쓸려): 좋은 일에 힘쓰도록 북돋아 줌.

▶ 정부에서는 저축을 <u>장려</u>하고 있다.

한자성어 + **주마가편**(走달릴주 馬말마 加더할가 鞭채찍편): (달리는 말에 채찍질한다. →) 잘하는 사람을 더욱 장려함. ▶ 감독은 선수들을 <u>주마가편</u>하여 대회 2연패를 달성하였다.

☐ **독선**
獨 홀로 독 善 착할 선

자기 혼자만이 옳다고 믿고 행동하는 일 ▶ 객관성을 잃은 일방적 주장은 <u>독선</u>이 되기 쉽다.

참고어휘 + **독단**(獨홀로독 斷끊을단): 남과 상의하지 않고 혼자서 판단하거나 결정함.

▶ 그녀는 다른 사람과 상의 없이 <u>독단</u>으로 일을 처리하곤 한다.

한자성어 + **독야청청**(獨홀로독 也어조사야 靑푸를청 靑푸를청): 남들이 모두 절개를 꺾는 상황 속에서도 홀로 절개를 굳세게 지킴. ▶ 그는 억압의 시대 속에도 자신의 의지를 지키며 <u>독야청청</u>했던 사람이다.

☐ **독점**
獨 홀로 독 占 점령할 점

❶ 독차지(혼자서 모두 차지함). ▶ 놀부는 부모가 물려준 재산을 <u>독점</u>하고 흥부를 내쫓았다.

❷ 개인이나 하나의 단체가 다른 경쟁자를 배제하고 생산과 시장을 지배하여 이익을 독차지함. 또는 그런 경제 현상 ▶ 시장을 <u>독점</u>한 기업이 공급을 조절하여 가격을 상승시켰다.

참고어휘 + **과점**(寡적을과 占점령할점): 몇몇 기업이 어떤 상품 시장의 대부분을 지배하는 상태

▶ 온라인 도서 시장은 3개 회사가 <u>과점</u>하고 있다.

독과점(獨홀로독 寡적을과 占점령할점): 독점과 과점

▶ 대형 배급사의 스크린 <u>독과점</u>으로 관객들은 영화 선택의 폭이 줄어들었다.

강점(强강할강 占점령할점): 남의 물건, 영토, 권리 따위를 강제로 차지함.

▶ 3·1운동은 일제의 <u>강점</u>과 수탈에 육탄으로 맞선 우리 민족의 항거이다.

☐ **돌다**

❶ 물체가 일정한 축을 중심으로 원을 그리면서 움직이다. ▶ 바퀴가 <u>돈다</u>(≒회전한다).

❷ 일정한 범위 안에서 차례로 거쳐 가며 전전하다. ▶ 술잔이 한 바퀴 <u>돌았다</u>.

❸ 기능이나 체제가 제대로 작용하다. ▶ 기름을 치니 기계가 잘 <u>돈다</u>(≒작동한다).

❹ 돈이나 물자 따위가 유통되다. ▶ 불경기라서 돈이 <u>돌지</u>(≒유통되지) 않는다.

❺ 기억이나 생각이 얼른 떠오르지 아니하다. ▶ 이름이 혀끝에서 돌 뿐 기억나지 않았다.

❻ 눈이나 머리 따위가 정신을 차릴 수 없도록 아찔하여지다.

▶ 아찔한 건물의 높이에 머리가 핑 <u>돌았다</u>.

❼ 정신에 이상이 생기다. ▶ 그는 더 이상 가족 만날 수 없다는 사실에 정신이 돌 것 같았다.

❽ 어떤 기운이나 빛이 겉으로 나타나다. ▶ 그의 입가에 야릇한 미소가 <u>돌았다</u>.

❾ 눈물이나 침 따위가 생기다. ▶ 고기를 보니 입 안에 군침이 <u>돈다</u>.

❿ 술이나 약의 기운이 몸속에 퍼지다. ▶ 감기약을 먹었더니 약기운이 <u>도는</u> 것 같다.

⓫ 소문이나 돌림병 따위가 퍼지다. ▶ 그가 아직도 살아 있다는 소문이 온 동네에 <u>돌았다</u>.

⓬ 방향을 바꾸다. ▶ 역으로 가려면 저기 사거리에서 오른쪽으로 <u>돌아</u> 계속 가세요.

⓭ 생각이나 노선을 바꾸다. ▶ 그는 좌익에서 우익으로 <u>돌았다</u>(≒전환했다).

⓮ 근무지나 직책 따위를 옮겨 다니다. ▶ 그는 실적 좋은 지점으로만 <u>돌았다</u>.

⓯ 무엇의 주위를 원을 그리면서 움직이다. ▶ 달은 지구 주위를 <u>돈다</u>(≒회전한다).

⓰ 어떤 장소의 가장자리를 따라 움직이다. ▶ 그는 아침마다 운동장을 한 바퀴 <u>돌았다</u>.

⓱ 가까운 길을 두고 멀리 비켜 가다. ▶ 이 길로 가면 먼 길을 <u>돌게</u> 되니 지름길로 가자.

⓲ 길을 끼고 방향을 바꾸다. ▶ 모퉁이를 <u>돌면</u> 우리 집이 보인다.

⓳ 일정한 범위 안을 이리저리 왔다 갔다 하다. ▶ 싼 물건을 찾아 시장을 <u>돌았다</u>.

⓴ 볼일로 이곳저곳을 다니다. ▶ 그는 이곳저곳을 <u>돌면서</u> 물건을 팔았다.

㉑ 차례차례 다니다. ▶ 마을 어른들에게 세배를 <u>돌았다</u>.

☐ **돌아가다**

❶ 물체가 일정한 축을 중심으로 원을 그리면서 움직여 가다.
  ▶ 바퀴가 돌아간다(≒회전한다).
❷ 일이나 형편이 어떤 상태로 진행되어 가다. ▶ 모든 일이 잘 돌아가고(≒진행되고) 있다.
❸ 어떤 것이 차례로 전달되다. ▶ 술자리가 무르익자 술잔이 돌아가기 시작했다.
❹ 차례대로 순번을 옮겨 가다. ▶ 돌아가며 자기 생각을 말하기로 하자.
❺ 기능이 제대로 작동하다. ▶ 기름을 치니 기계가 잘 돌아간다(≒작동한다).
❻ 돈이나 물건 따위의 유통이 원활하다. ▶ 불경기라서 돈이 돌아가지(≒유통되지) 않는다.
❼ 정신을 차릴 수 없게 아찔하다. ▶ 아찔한 건물의 높이에 머리가 핑핑 돌아간다.
❽ '죽다(생명이 없어지거나 끊어지다)'의 높임말 ▶ 할아버지께서 90세에 노환으로 돌아가셨다.
❾ 원래의 있던 곳으로 다시 가거나 다시 그 상태가 되다.
  ▶ 할머니는 고향에 돌아가시는 게 꿈이었는데, 끝내 꿈을 이루지 못하셨다.
❿ 차례나 몫, 승리, 비난 따위가 무엇의 차지가 되다.
  ▶ 귤이 일인당 두 개씩 돌아간다. 그는 직원들에게 돌아갈 몫을 가로챘다.
⓫ 일이나 형편이 어떤 상태로 끝을 맺다. ▶ 지금까지의 노력이 수포로 돌아갔다.
⓬ 원래의 방향에서 다른 곳을 향한 상태가 되다. ▶ 추운 곳에 있으면 입이 돌아간다.
⓭ 먼 쪽으로 둘러서 가다. ▶ 그는 검문을 피해 일부러 옆길로 돌아갔다.
⓮ 어떤 장소를 끼고 원을 그리듯이 방향을 바꿔 움직여 가다.
  ▶ 모퉁이를 돌아가면 우리 집이 보인다.
⓯ 일정한 구역 안을 이리저리 왔다 갔다 하다. ▶ 고삐를 뗀 소가 마당을 돌아가며 날뛰었다.

☐ **돌아오다**

❶ 원래 있던 곳으로 다시 오거나 다시 그 상태가 되다.
  ▶ 네가 우리에게 돌아오다니 꿈만 같구나.
❷ 무엇을 할 차례나 순서가 닥치다. ▶ 이제 곧 내가 발표할 차례가 돌아온다.
❸ 몫, 비난, 칭찬 따위를 받다. ▶ 모든 비난이 그에게 돌아왔다.
❹ 먼 쪽으로 둘러서 오다. ▶ 산사태로 도로가 봉쇄되어서 먼 길로 돌아왔다.
❺ 본래의 상태로 회복하다. ▶ 환자의 정신이 돌아왔다.
❻ 일정한 간격으로 되풀이되는 것이 다시 닥치다. ▶ 이제 곧 추석이 돌아온다.
❼ 어떤 장소를 끼고 원을 그리듯이 방향을 바꿔 움직여 오다.
  ▶ 그가 모퉁이를 돌아왔다. 버스가 로터리를 돌아온다.
❽ 갔던 길을 되짚어서 오다. ▶ 잃어버린 물건을 찾으려고 갔던 길을 다시 돌아왔다.

확 인 문 제

(1~6) 제시된 뜻풀이에 해당하는 말을 괄호 안에서 고르시오.
1. 감독하며 격려함: (독려 / 장려)
2. 혼자서 판단하거나 결정함: (독단 / 독선)
3. 혼자서 모두 차지함: (강점 / 과점 / 독점)
4. 남의 것을 강제로 차지함: (강점 / 과점 / 독점)
5. 잘하는 사람을 더욱 장려함: (주마간산 / 주마가편)
6. 홀로 절개를 굳세게 지킴: (독야청청 / 득의양양)

(7~9) 밑줄 친 말이 제시문과 가장 유사한 의미로 쓰인 것을 고르시오.
7. 학교에 이상한 소문이 도는데 너 혹시 들었니?
  ① 물레방아가 돌고 있다.   ② 전국에 독감이 돌았다.   ③ 입 안에 군침이 돌았다.   ④ 운동장을 한 바퀴 돌았다.
8. 친구들끼리 돌아가면서 점심을 사기로 했다.
  ① 기계가 돌아가다.   ② 차례가 돌아가다.   ③ 자금이 잘 돌아가다.   ④ 일이 잘 돌아가다.
9. 우리는 돌아오는 일요일에 놀이공원에서 만나기로 했다.
  ① 설날이 돌아왔다.   ② 기운이 돌아왔다.   ③ 청소 당번이 돌아왔다.   ④ 정해진 몫이 돌아왔다.

- -

[정답] 1. 독려 2. 독단 3. 독점 4. 강점 5. 주마가편 6. 독야청청 7. ② 8. ② 9. ①
[해설] 7. 돌다-⓫ ① 돌다-❶ ③ 돌다-❾ ④ 돌다-⓰ 8. 돌아가다-❹ 9. 돌아오다-❻

115

☐ **돕다**	❶ 남이 하는 일이 잘되도록 거들거나 힘을 보태다. ▶ 나는 그의 일을 <u>도왔다</u>(≒보조했다).
	❷ 위험한 처지나 어려운 상황에서 벗어나게 하다. ▶ 불우한 이웃을 <u>도웁시다</u>.
	❸ 어떤 상태를 증진하거나 촉진하다. ▶ 우유는 수면을 <u>돕는</u>(≒촉진하는) 음식이다.
	❹ 서로 거들거나 의지하며 보살피다. ▶ 이웃들끼리는 서로 <u>돕고</u> 살아야 한다.

☐ **되다¹**	❶ 새로운 신분이나 지위를 가지다. ▶ 아이는 커서 디자이너가 <u>되고</u> 싶다고 말했다.
	❷ 다른 것으로 바뀌거나 변하다. ▶ 얼음이 물이 <u>되었다</u>.
	❸ 어떤 때나 시기, 상태에 이르다. ▶ 손자가 벌써 초등학교에 갈 나이가 <u>되었다</u>.
	❹ 일정한 수량에 차거나 이르다. ▶ 법안에 찬성하는 의원이 50명이 <u>되었다</u>.
	❺ 수량, 요금 따위가 얼마이거나 장소가 어디이다. ▶ 입장료가 만 원이나 <u>되었다</u>.
	❻ 사람으로서의 품격과 덕을 갖추다. ▶ 그는 제대로 <u>된</u> 사람이다.
	❼ 어떠한 심리적 상태에 놓이다. ▶ 태연한 척했지만 속으로는 무척 걱정이 <u>되었다</u>.
	❽ 어떤 사람과 어떤 관계를 맺고 있다. ▶ 이 사람이 제 아우가 <u>됩니다</u>.
	❾ 어떤 재료나 성분으로 이루어지다. ▶ 나무로 <u>된</u> 책상을 샀다.
	❿ 어떤 형태나 구조로 이루어지다. ▶ 타원형으로 <u>된</u> 탁자가 마음에 든다.
	⓫ 문서나 서류에 어떤 사람이나 조직의 이름이 쓰이다.
	▶ 단체의 이름으로 <u>된</u> 청원서를 제출하였다.
	⓬ 어떤 사물이나 현상이 생겨나거나 만들어지다. ▶ 밥이 맛있게 <u>되었다</u>.
	⓭ 일이 목적하는 바대로 잘 이루어지다. ▶ 일이 잘 <u>되었다</u>. 곡식이 알차게 <u>되었다</u>.
	⓮ 어떤 사물이 제 기능을 다 하거나 수명이 다하다. ▶ 세탁기가 다 <u>되었다</u>.
	⓯ 어떤 상황이나 사태에 이르다. ▶ 아이는 오늘부터 한글을 배우게 <u>되었다</u>.
	⓰ 운명으로 결정되거나 규칙, 절차 따위로 정해지다. ▶ 사람은 어울려 살게 <u>되어</u> 있다.
	⓱ 어떤 일이 이루어져야 하다. ▶ 작가는 상상력이 있어야 <u>된다</u>.
	⓲ 괜찮거나 바람직하다. ▶ 모로 가도 서울만 가면 <u>된다</u>.
	⓳ 어떤 일이 가능하거나 허락될 수 있다. ▶ 이제 너는 가도 <u>된다</u>.
	⓴ 누구에게 어떤 일을 당하다. ▶ 저 아이는 그 사람에게 양육이 <u>되었다</u>.
	㉑ 어떤 특별한 뜻을 가지는 상태에 놓이다. ▶ 그런 행동은 너에게 해가 <u>된다</u>.

☐ **되다²**	❶ 반죽이나 밥 따위가 물기가 적어 빡빡하다. ▶ 밥이 너무 <u>되어</u> 먹기가 힘들다.
	❷ 일이 힘에 벅차다. ▶ 일이 <u>되면</u> 쉬어 가면서 해라.
	❸ 몹시 심하거나 모질다. ▶ 집안 어른한테 <u>된</u> 꾸중을 들었다.

☐ **두각** 頭 머리 두 角 뿔 각	(짐승의 머리에 있는 뿔 →) 뛰어난 학식이나 재능 ▶ 그는 운동에도 <u>두각</u>을 나타냈다.
	참고어휘 + **발군**(拔뽑을발 群무리군): 여럿 가운데에서 특별히 뛰어남.
	▶ 그는 수학에서 <u>발군</u>의 성적을 보였다.
	굴지(屈굽힐굴 指가리킬지): (무엇을 셀 때, 손가락을 꼽음. →) 매우 뛰어나 수많은 가운데서 손꼽힘.
	▶ 그는 국내 <u>굴지</u>의 기업에 다니고 있다.
	현저(顯나타날현 著나타날저)**하다**: 뚜렷이 드러나 있다.
	▶ 적군의 움직임이 어제부터 <u>현저</u>하게 뜸해졌다.
	한자성어 + **군계일학**(群무리군 鷄닭계 一한일 鶴학학): (닭의 무리 가운데에서 한 마리의 학 →) 많은 사람 가운데서 뛰어난 인물
	▶ 잘 생긴 인물에 총명한 눈빛을 가진 그는 동료들 사이에서 단연 <u>군계일학</u>이었다.
	낭중지추(囊주머니낭 中가운데중 之~의 지 錐송곳추): (주머니 속의 송곳 →) 재능이 뛰어난 사람은 숨어 있어도 저절로 사람들에게 알려짐.
	▶ <u>낭중지추</u>라고 하니 언젠가는 너의 실력이 사람들 눈에 뜨일 것이다.

☐ **두다**

❶ 일정한 곳에 놓다. ▶ 그릇을 식탁 위에 <u>두었다</u>.

❷ 어떤 상황이나 상태 속에 놓다. ▶ 우리 팀은 승리를 눈앞에 <u>두고</u> 있다.

❸ 가져가거나 데려가지 않고 남기거나 버리다.

　▶ 그는 북에 <u>두고</u> 온 자식을 생각하면 가슴이 미어졌다.

❹ 사람을 머물거나 묵게 하다. ▶ 그를 계속 집에 <u>두었다가는</u> 살림이 거덜 나겠다.

❺ 진영 따위를 설치하다. ▶ 우리 군은 산 밑에 본진을 <u>두었다</u>(≒설치했다).

❻ 직책이나 조직, 기구 따위를 설치하다. ▶ 회사는 세계 각지에 지사를 <u>두고</u> 있다.

❼ 중요성이나 가치 따위를 부여하다. ▶ 정부 정책은 경제 문제에 초점을 <u>두고</u> 있다.

❽ 생각 따위를 가지다. ▶ 이번 일을 염두에 <u>두지</u> 마라.

❾ 인정, 사정 따위를 헤아려 주다. ▶ 우리는 그런 비열한 짓에는 인정을 <u>두지</u> 않는다.

❿ 공식적인 직장으로 가지다. ▶ 그는 대학에 적을 <u>두고</u> 있다.

⓫ 행위의 준거점, 목표, 근거 따위를 설정하다.

　▶ 우리가 이번에 설립하는 단체는 환경 보호에 목적을 <u>두고</u> 있다

⓬ 어떤 것을 공간적으로 남겨 놓거나 향하다. ▶ 바다를 코앞에 <u>두고</u> 발길을 돌렸다.

⓭ 사용하지 않고 보관하거나 간직하다. ▶ 그것을 잘 <u>두었다가</u>(≒보관했다가) 요긴할 때 써라.

⓮ 어떤 일을 처리하지 않고 미루다. ▶ 그 사건은 <u>두었다가</u> 나중에 처리합시다.

⓯ 시간적 여유나 공간적 간격 따위를 주다. ▶ 그는 간격을 <u>두고</u> 말을 했다.

⓰ 어떤 상황이 어떤 시간이나 기간에 걸치다. ▶ 그 문제를 한 달을 <u>두고</u> 고민했다.

⓱ 사람을 데리고 쓰다. ▶ 국회의원은 자신의 도와줄 보좌관를 <u>두고</u>(≒고용하고) 있다.

⓲ 어떤 사람을 가족이나 친인척으로 가지다. ▶ 그는 자식을 셋 <u>두었다</u>.

⓳ 어떤 것을 논쟁이나 감정, 언급의 대상으로 삼다. ▶ 그 문제를 <u>두고</u> 언쟁을 벌였다.

⓴ 앞의 것을 부정하고 뒤의 것을 긍정하거나 선택하다.

　▶ 나는 학교에 빨리 가기 위해 큰길을 <u>두고</u> 샛길로 갔다.

㉑ 바둑이나 장기 따위의 놀이를 하다. 또는 그 알을 놓거나 말을 쓰다.

　▶ 할아버지와 아버지는 자주 바둑을 <u>두셨다</u>.

㉒ 세상이나 사람들과 밀접한 관계를 갖지 않고 얼마간 떨어져 있다.

　▶ 그는 그녀를 좀더 객관적으로 지켜보기 위해서 일부러 그녀에게 일정한 거리를 <u>두었다</u>.

㉓ 어떤 대상을 일정한 상태로 있게 하다.

　▶ 아이들을 절대로 그 상태로 <u>두어서는</u> 안 됩니다.

확 인 문 제

(1~2) 밑줄 친 말의 쓰임이 문맥에 맞는지 판단하시오.

1. 사춘기 때에는 신체의 변화가 <u>현저하게</u> 나타난다.

2. 낭중지추라 하듯이 허황된 꿈은 버리는 것이 좋다.

3. 다음 중 '뛰어남'과 거리가 먼 것은?

　① 두각(頭角)　　　② 발군(拔群)　　　③ 굴지(屈指)　　　④ 장삼이사(張三李四)　　　⑤ 군계일학(群鷄一鶴)

(4~6) 밑줄 친 말이 제시문과 가장 유사한 의미로 쓰인 것을 고르시오.

4. 이 글은 예시를 활용하여 이해를 <u>돕고</u> 있다.

　① 부부는 서로 <u>도우며</u> 사는 법이다.　　② 이 약은 소화를 <u>돕는</u> 데 효과가 있다.　　③ 그는 소년 소녀 가장을 <u>돕고</u> 있다.

5. 새로 지은 집에 격자무늬로 <u>된</u> 창문을 달았다.

　① 커서 화가가 <u>되었다</u>.　　② 풀을 <u>되게</u> 쑤었다.　　③ 쇠로 <u>된</u> 그릇을 샀다.　　④ 방 세 개로 <u>된</u> 집을 샀다.

6. 그는 그들의 제안을 받아들일 것인지를 <u>두고</u> 망설이고 있다.

　① 독서에 목적을 <u>두다</u>.　　② 동료들과 거리를 <u>두다</u>.　　③ 며칠을 <u>두고</u> 생각하다.　　④ 참가를 <u>두고</u> 고민하다.

- -

[정답] 1. 적절 2. 부적절 3. ④ 4. ② 5. ④ 6. ④

[해설] 4. 돕다─❸ 5. 되다¹─❿ ① 되다¹─❶ ② 되다²─❶ ③ 되다¹─❾ 6. 두다─⓳ ① 두다─⓫ ② 두다─㉒ ③ 두다─⓰

(1~3) 문맥상 ㉠과 바꿔 쓰기에 가장 적절한 것을 고르시오.

1.

> 귀족과 소부르주아, 서민은 각각 사고방식의 기준이 달라서 공통의 문제에 ㉠직면했을 때 타협점을 찾기가 쉽지 않았다.

① 맞댈   ② 맞붙을   ③ 맞닿을   ④ 맞물릴   ⑤ 맞닥뜨릴

2. —————————————————————————————————————— (2018 9월 모평 응용)

> 최근에는 상호 배타적인 상태의 공존을 적용함으로써 초고속 연산을 수행하는 양자 컴퓨터에 대한 연구가 진행되고 있다. 이는 양자 역학에서 말하는 상호 배타적인 상태의 공존이 현실에서 실제로 구현될 수 있음을 잘 보여 주는 예라 할 수 있다. 미시 세계에 대한 이러한 연구 성과는 거시 세계에 대해 우리가 자연스럽게 지니게 된 상식적인 생각들에 근본적인 의문을 ㉠던지고 있다.

① 투척(投擲)하고   ② 투표(投票)하고   ③ 포기(抛棄)하고   ④ 제기(提起)하고   ⑤ 희생(犧牲)하고

3.

> 다섯 시간에 걸친 긴 논의 끝에 우리는 결론에 ㉠도달할 수 있었다.

① 잇따를   ② 다다를   ③ 봉착할   ④ 회귀할   ⑤ 기인할

4. ㉠~㉤을 바꿔 쓰기에 적절하지 않은 것은? (2008 6월 모평 응용)

> 콜링우드는 톨스토이와 생각이 ㉠달랐다. 콜링우드는 연대감이나 형제애를 사회에 전달하는 예술이 부작용을 초래할 수 있다고 보았다. 전체주의적 대규모 집회에서 ㉡드러나듯 예술적 효과를 통한 연대감의 전달은 때론 비합리적 선동을 강화하는 결과를 ㉢낳는다. 톨스토이 식으로 예술과 감정을 연관시키는 것은 예술에 대한 앞서의 비판에서 ㉣벗어나기 힘들다. 따라서 콜링우드는 감정의 전달이라는 외적 측면보다는 감정의 정리라는 내적 측면에 관심을 ㉤둔다.

① ㉠: 상이(相異)했다   ② ㉡: 확인(確認)되듯   ③ ㉢: 초래(招來)한다
④ ㉣: 탈피(脫皮)하기   ⑤ ㉤: 전환(轉換)한다

(5~6) 문맥에 맞는 어휘를 바르게 선택하지 못한 것을 고르시오.

5. ① 어린아이들은 엄마를 (강점 /독점))하고 싶어 한다.

② 그의 태도와 말이 불손하여 좌중이 모두 (대로)/ 대희)하였다.

③ 장군은 지친 부하들을 (독려)/ 장려)하는 한편 구원병을 요청했다.

④ 두 사람은 오늘 처음으로 (당면)/ 대면)했지만 서로 편안함을 느꼈다.

⑤ 농촌과 도시의 균형 있는 발전을 (도모)/ 모면)하지 않고서는 안정과 성장을 기대할 수 없다.

6. ① 상인들의 농간으로 현지의 쌀값이 (미미 /(현저))하게 떨어졌다.

　② 그는 아들이 국내 ((굴지)/ 발군)의 대학에 입학한 것을 자랑스러워했다.

　③ 임금이 신하들의 무능을 (대경 /(대책))하자 모두들 어쩔 줄을 몰라 했다.

　④ 그는 다른 사람과 상의하지 않고 모든 일을 ((독선)/ 독단)으로 처리했다.

　⑤ 그는 최근 실력이 부쩍 향상되어 반에서 ((두각)/ 마각)을 나타내기 시작했다.

(7~8) 밑줄 친 말의 쓰임이 문맥에 맞는 것을 고르시오.

7. ① 얼마 전에 산 휴대폰이 벌써 망가지다니 고장난명이 아닐 수 없다.

　② 자전거 타기는 재미있으면서 건강에도 좋으니 상부상조라 할 수 있다.

　③ 춥다고 움츠리지만 말고 순망치한의 정신으로 추위와 당당히 맞서야 한다.

　④ 시간이 부족해서 그렇게 멋진 경치를 주마가편으로 구경할 수밖에 없었다.

　⑤ 가둬둔 도둑이 밤새 감쪽같이 줄행랑을 쳤으니 경찰은 대경실색할 노릇이었다.

8. ① 그는 한마디면 족할 이야기를 유구무언 늘어놓았다.

　② 아군의 피해는 적군의 피해에 비하면 군계일학에 불과했다.

　③ 학생들은 십시일반으로 모은 돈을 불우이웃 돕기 성금으로 사용했다.

　④ 그는 살기 위해 양심을 파는 일도 서슴지 않으며 독야청청하게 살았다.

　⑤ 그는 자신감을 주는 말로 주마간산하는 부모님 덕분에 더 열심히 공부하게 되었다.

(9~13) 밑줄 친 말의 문맥적 의미가 ㉠과 가장 유사한 것을 고르시오.

9. 네가 그때 왜 그런 행동을 했는지를 나에게 ㉠대라.

　① 그는 어제 집 앞에 차를 대다가 접촉 사고를 냈다.

　② 아무리 고문을 해도 독립군의 명단을 댈 수는 없었다.

　③ 그는 고위층과 줄을 대려고 노력하였지만 헛수고였다.

　④ 나비는 벌써 말라 있어서, 손을 대는 정도로도 쉽게 부서졌다.

　⑤ 운전사는 사장이 회의 시간에 댈 수 있도록 지름길로 차를 몰았다.

10. 좋은 일이 있는지 그의 얼굴에 생기가 ㉠돌았다.

　① 요즘은 자금이 원활하게 돌지 않는다. 　　② 그의 공장은 무리 없이 잘 돌고 있다.

　③ 그의 표정에서 경계하는 빛이 돌았다. 　　④ 사람들이 탑 주위를 돌면서 소원을 빌었다.

　⑤ 요즘은 시골 오일장을 돌면서 장사하는 사람이 드물다.

11. 모든 일이 물거품으로 ㉠돌아갔지만 그는 실망하지 않았다.

　① 길고 긴 전쟁은 연합군의 승리로 돌아갔다.

　② 우리는 돌아가며 자신의 의견을 말하기로 했다.

　③ 일이 너무 바쁘게 돌아가서 정신을 차릴 수가 없다.

　④ 그는 가족이 있는 곳으로 돌아가는 것이 소원이었다.

　⑤ 침수로 인해 도로가 통제되는 바람에 다른 길로 돌아가야 했다.

───────────────────────────────(2015 고1 6월 학평)

밀폐된 용기 속에 물을 담아 두면 물 분자들은 표면에서 일정한 속도로 증발한다. 이 과정에서 액체 상태의 물이 기체 상태로 변하기 때문에 물의 양은 점점 줄어든다. 그렇지만 일정 시간이 지나면 물의 양은 더 이상 줄어들지 않는다. 그 이유는 물에서 증발하는 분자 수와 물로 ㉠돌아오는 분자 수가 같아지기 때문이다.

① 그는 원래 있던 자리로 다시 돌아왔다.
② 이제 곧 내가 발표할 차례가 돌아온다.
③ 나는 지름길을 두고 먼 길을 돌아왔다.
④ 우리 부서에 돌아온 것은 비난뿐이었다.
⑤ 모퉁이를 돌아오면 처음에 보이는 집이 우리 집이다.

───────────────────────────────(2007 고3 4월 학평)

13.

경제의 역동성을 유지하면서도 복지국가로서의 기능을 다하려면 다음의 방식이 매우 유용하다. 즉, 복지 재원 조달방식이 스스로 노력하는 자들을 역차별할 정도로 지나치게 고율이어서는 안 된다는 것과, 복지제도가 음지에 있는 사람들을 양지로 이끌어내는 데 그 근본 목적을 ㉠두어야 한다는 것이다. 결국 복지 지출은 자력갱생의 길로 이끌어낼 수 있도록 '스스로 돕는 자'가 되려고 노력하는 사람들을 더 우대하는 방향으로 이루어져야 한다는 점이다.

① 황소 한 마리를 두고 씨름판을 벌이다.
② 식품을 필요 이상으로 고온에 두지 마라.
③ 소화기는 눈에 잘 띄는 곳에 두어야 한다.
④ 기준을 어디에 두느냐에 따라 결과는 달라진다.
⑤ 요즘에는 이불에 오리털을 두어서 누비기도 한다.

14. ㉠과 관련하여 '돕다'가 쓰인 다양한 예문을 찾아보았다. 각 예문에 쓰인 '돕다'의 유의어로 적절하지 **않은** 것은?   (2008 수능)

촉매는 마법의 돌이라고도 불린다. 화학 공정을 통하여 저렴하고 풍부한 원료로부터 원하는 물질을 제조하고자 할 때, 촉매는 활성화 에너지가 낮은 새로운 반응 경로를 제공하여 마치 마술처럼 원하는 반응이 쉽게 일어나도록 ㉠돕기 때문이다.

	예문	유의어
①	수재 의연금을 내서 수재민을 도왔다.	구명하다
②	임금님을 도와 좋은 나라를 만들었다.	보필하다
③	친구가 임무를 마칠 수 있도록 도왔다.	조력하다
④	이 약은 원기를 돕는 효과가 매우 크다.	증진하다
⑤	두 회사는 그 사업을 위해 회사끼리 돕기로 했다.	제휴하다

15. 〈보기〉의 국어사전 정보를 탐구한 것으로 적절하지 <u>않은</u> 것은?

┌─〈보 기〉───

되다¹ 「동사」

　[1]【…이】「1」 새로운 신분이나 지위를 가지다. ¶ 커서 선생님이 되고 싶다.

　　　　　「2」【…으로】 다른 것으로 바뀌거나 변하다. ¶ 물이 얼음이 되다. 물이 얼음으로 되다.

　[2]【…으로】 어떤 재료나 성분으로 이루어지다. ¶ 나무로 된 책상

되다² 「형용사」

　[1] 반죽이나 밥 따위가 물기가 적어 빡빡하다. ¶ 밥이 너무 되다.

　[2] 일이 힘에 벅차다. ¶ 일이 되면 쉬어 가면서 해라.

└───

① 되다¹과 되다²는 형태가 같지만 의미는 다르다.

② 되다¹은 되다²와 달리 주어 이외의 문장성분을 필요로 한다.

③ 되다²는 되다¹과 달리 성질이나 상태를 나타내는 품사이다.

④ 되다¹ [1]-「2」의 용례로 '국토가 산으로 되어 있다.'를 추가할 수 있다.

⑤ 되다² [2]의 유의어로 '힘들다'를 쓸 수 있다.

16. ㉠과 관련이 깊은 것은?

┌───

　정 소저가 춘운에게 말하였다.

　"㉠보검은 땅에 묻혔어도 그 빛이 별을 쏘고, 큰 조개는 바다 밑에 잠겨 있어도 빛이 신기루를 만드나니, 이 소저가 같은 땅에 있으면서도 우리가 일찍이 듣지 못하였으니 괴이하다."

　　　　　　　　　　　　　　　　　　　　　　　　　　　　　　　－ 김만중, 〈구운몽(九雲夢)〉

└───

① 가인박명(佳人薄命)　　　② 낭중지추(囊中之錐)　　　③ 당랑거철(螳螂拒轍)

④ 막역지우(莫逆之友)　　　⑤ 백년하청(百年河淸)

[정답] 1. ⑤ 2. ④ 3. ② 4. ⑤ 5. ④ 6. ④ 7. ⑤ 8. ③ 9. ② 10. ③ 11. ① 12. ① 13. ④ 14. ① 15. ④ 16. ②

[해설] 1. ㉠ 어떠한 일이나 사물을 직접 당하거나 접하다. ≒ 맞닥뜨리다 2. ② 어떤 문제 따위를 제기하다. 3. ㉠ 목적한 곳이나 수준에 다다르다. ① 사건이나 행동이 이어 발생하다. ③ 어떤 상태에 부닥치다. ④ 한 바퀴 돌아 제자리로 돌아가다. ⑤ 어떤 것에 원인을 두다. 4. ㉤은 '가치 따위를 부여하다'의 의미로, '다른 방향이나 상태로 바꾸다'는 의미의 '전환(轉換)'으로 바꿔 쓰는 것은 적절하지 않다. ① 서로 다름. ② 틀림없이 그러한가가 알아보아지거나 인정됨. ③ 어떤 결과를 가져오게 함. ④ 일정한 상태나 처지에서 완전히 벗어남. 6. ① 미미하다: 보잘것없이 아주 작다. ⑤ 마각(馬脚): 가식하여 숨긴 본성이나 진상(眞相). 7. ② → 일석이조, 일거양득 ④ → 주마간산(말을 타고 달리며 산천을 구경한다는 뜻으로, 자세히 살피지 아니하고 대충대충 보고 지나감을 이르는 말) 8. ① 유구무언(입은 있어도 말은 없다는 뜻으로, 변명할 말이 없거나 변명을 못함을 이르는 말) → 중언부언(이미 한 말을 자꾸 되풀이함. 또는 그런 말) ② → 조족지혈(새 발의 피라는 뜻으로, 매우 적은 분량을 비유적으로 이르는 말) ⑤ → 주마가편 9. ㉠: 어떤 사실을 드러내어 말하다. ① 차, 배 따위의 탈것을 멈추어 서게 하다. ③ 잇닿게 하거나 관계를 맺다. ④ 무엇을 어디에 닿게 하다. ⑤ 정해진 시간에 닿거나 맞추다. 10. ㉠ 어떤 기운이나 빛이 겉으로 나타나다. ① 돈이나 물자 따위가 유통되다. ② 기능이나 체제가 제대로 작용하다. ④ 무엇의 주위를 원을 그리면서 움직이다. ⑤ 볼일로 이곳저곳을 다니다. 11. ㉠ 일이나 형편이 어떤 상태로 끝을 맺다. ② 차례대로 순번을 옮겨 가다. ③ 일이나 형편이 어떤 상태로 진행되어 가다. ④ 원래의 있던 곳으로 다시 가거나 다시 그 상태가 된다. ⑤ 먼 쪽으로 둘러서 가다. 12. ㉠ 원래 있던 곳으로 다시 오거나 다시 그 상태가 된다. ② 무엇을 할 차례나 순서가 닥치다. ③ 먼 쪽으로 둘러서 오다. ④ 못, 비난, 칭찬 따위를 받다. ⑤ 어떤 장소를 끼고 원을 그리듯이 방향을 바꿔 움직여 오다. 13. ㉠ 행위의 준거점, 목표, 근거 따위를 설정하다. ① 어떤 것을 논쟁이나 감정, 언급의 대상으로 삼다. ② 어떤 상황이나 상태 속에 놓다. ③ 일정한 곳에 놓다. ⑤ 이부자리나 옷 따위에 솜 따위를 넣다. 14. ㉤은 '빈민, 이재민에게 금품을 주어 구제하다'의 의미를 지닌 '구휼(救恤)'이 적절하다. '구명(救命)하다'는 '목숨을 구하다'라는 의미이다. 15. '국토가 산으로 되어 있다'의 '되다'는 되다¹ [2]와 같이 '어떤 재료나 성분으로 이루어지다'의 의미이다. ② 되다¹ [1]은 주어 이외에 보어를 필요로 하며, [2]는 필수적으로 부사어를 필요로 한다. 16. ① 아름다운 여자는 명이 짧음. ③ 제 분수도 모르고 강적에게 반항함. ④ 아주 허물이 없는 벗 ⑤ 아무리 기다려도 어떤 일이 이루어지기 어려움.

12 둔화~떨어지다

□ 둔화
鈍 둔할 둔 化 될 화

느리고 무디어짐. ▶ 경기가 후반으로 갈수록 선수들의 움직임이 눈에 띄게 둔화되었다.

〔참고어휘+〕 '化(될화)'를 공유하는 한자어

격화(激격할격 化될화): 격렬하게 됨. ▶ 그들은 이야기를 하면서 점점 감정이 격화되었다.

퇴화(退물러날퇴 化될화): 진보 이전의 상태로 되돌아감. 늑퇴행(退물러날퇴 行다닐행), 퇴보(退물러날퇴 步걸음보) ▶ 경제 논리로만 학문을 평가한다면 일부 순수 학문은 퇴화할 것이다.

정화(淨깨끗할정 化될화): 불순하거나 더러운 것을 깨끗하게 함. ▶ 훌륭한 예술은 우리의 내면을 정화한다.

도식화(圖그림도 式법식 化될화): ❶ 사물의 구조, 관계, 변화 상태 따위를 그림이나 양식으로 만듦.
▶ 선생님께서는 실험의 전체 과정을 간단하게 도식화하여 설명하셨다.
❷ 사물이나 현상 따위가 일정한 형식이나 틀에 기계적으로 꿰어 맞춰짐.
▶ 이 영화 속의 인물들은 너무 도식화되어 있다.

고착화(固굳을고 着붙을착 化될화): 어떤 상황이나 현상이 굳어져 변하지 않는 상태가 됨. 또는 그렇게 함. ▶ 엄중한 수사와 처벌만이 비리의 고착화를 막을 수 있다.

희화화(戲놀이희 畵그림화 化될화): 어떤 인물의 외모나 성격, 또는 사건이 의도적으로 우스꽝스럽게 묘사되거나 풍자됨. 또는 그렇게 만듦. ▶ '적벽가'에서는 조조라는 영웅이 희화화되고 있다.

형상화(形모양형 象코끼리상 化될화): 형체로는 분명히 나타나 있지 않은 것을 어떤 방법이나 매체를 통하여 구체적이고 명확한 형상으로 나타냄. ▶ 홍길동은 비범한 능력을 지닌 영웅으로 형상화되어 있다.

정형화(定정할정 型모형형 化될화): 일정한 형식이나 틀로 고정됨.
▶ 무엇이 이상적인 인간형이라고 정형화해서 말하기는 어렵다.

명료화(明밝을명 瞭밝을료 化될화): 어떤 일이나 현상이 분명하고 또렷하게 됨.
▶ 프로그램을 만들 때는 대상을 명료화하지 않으면서 시청자들의 외면을 받을 수 있다.

신격화(神귀신신 格격식격 化될화): 어떤 대상을 신의 자격을 가진 것으로 만듦.
▶ 독재자들은 스스로를 신격화하는 경우가 많다.

〔참고어휘+〕 **완화**(緩느릴완 和화할화): 긴장된 상태나 급박한 것을 느슨하게 함. ▶ 지역감정이 완화되었다.

유화(宥너그러울유 和화할화): 상대편을 너그럽게 용서하고 사이좋게 지냄.
▶ 정복자들의 유화 정책에 따라 피정복 지역의 지배층 일부가 그들의 통치에 동조하기 시작했다.

□ 둘러싸다

❶ 둘러서 감싸다. ▶ 어머니는 아기 몸에 포대기를 둘러싸고 밖으로 나갔다.
❷ 둥글게 에워싸다. ▶ 경찰이 시위대를 둘러쌌다.
❸ 어떤 것을 행동이나 관심의 중심으로 삼다. ▶ 이 문제를 둘러싸고 의견이 분분하다.

□ 뒤

❶ 향하고 있는 방향과 반대되는 쪽이나 곳 ▶ 절대로 뒤를 돌아보지 마라.
❷ 시간이나 순서상으로 다음이나 나중 ▶ 나는 먼저 갈 테니 뒤에 오세요.
❸ 보이지 않는 배후나 겉으로 드러나지 않는 부분 ▶ 사건 뒤에 누가 있는지 궁금하다.
❹ 일의 끝이나 마지막이 되는 부분 ▶ 영화는 뒤로 갈수록 재미가 없어졌다.
❺ 선행한 것의 다음을 잇는 것 ▶ 향가의 뒤를 이어 시조가 나타났다.
❻ 어떤 일을 할 수 있게 이바지하거나 도와주는 힘 ▶ 스승은 제자가 잘되도록 뒤를 밀어주고 싶었다.
❼ 어떤 일이 진행된 다음에 나타난 자취나 흔적 또는 결과 ▶ 수술 뒤가 좋지 않다.
❽ 좋지 않은 감정이 있은 다음에도 여전히 남아 있는 감정
▶ 그는 성격이 괄괄하지만 뒤는 없는 사람이다.
❾ 사람의 똥을 완곡하게 이르는 말 ▶ 뒤가 급해서 얼른 화장실로 달려갔다.
❿ '엉덩이'를 완곡하게 이르는 말 ▶ 그는 의자에 털썩 뒤를 붙이고 앉았다.

□ 드러나다

❶ 가려 있거나 보이지 않던 것이 보이게 되다. ▶ 구름이 걷히자 산봉우리가 드러났다.
❷ 알려지지 않은 사실이 널리 밝혀지다. ▶ 진실은 반드시 드러나는 법이다.

❸ 겉에 나타나 있거나 눈에 띄다. ▶ 그는 속마음과 겉으로 드러나는 행동에 차이가 있다.

❹ 다른 것보다 두드러져 보이다. ▶ 그녀의 얼굴에는 드러나게 경계의 표정이 어렸다.

□ 득실
得 얻을 득 失 잃을 실

❶ 얻음과 잃음. ▶ 승패가 같을 경우에는 골의 득실을 따져 본선 진출 팀을 가린다.

❷ 이익과 손해 ▶ 그녀는 여러 가지로 득실을 따져 본 끝에 입을 다물기로 했다.

참고어휘 + 반의 관계의 한자들이 합성된 한자어

경중(輕가벼울경 重무거울중): ❶ 가벼움과 무거움. 또는 가볍고 무거운 정도

▶ 죄의 경중에 따라 벌을 내렸다.

❷ 중요함과 중요하지 않음. ▶ 일의 경중을 가려서 우선순위를 정하기로 했다.

가감(加더할가 減덜감): 더하거나 빼는 일. 또는 그렇게 하여 알맞게 맞추는 일.

▶ 우리 신문에서는 이번 사건을 가감 없이 보도할 것이다.

원근(遠멀원 近가까울근): ❶ 멀고 가까움. ▶ 노안 되면 원근 조절 능력이 약해진다.

❷ 먼 곳과 가까운 곳. 또는 그곳의 사람. ▶ 많은 사람이 그를 만나기 위해서 원근에서 달려왔다.

장단(長길장 短짧을단): ❶ 길고 짧음. ▶ 매미 소리에도 높낮이가 있고 장단이 있다.

❷ 장단점(좋은 점과 나쁜 점) ▶ 모든 일에는 장단이 있기 마련이다.

완급(緩느릴완 急급할급): ❶ 느림과 빠름. ▶ 운전을 할 때는 차 속도의 완급을 조절할 줄 알아야 한다.

❷ 일의 급함과 급하지 않음. ▶ 사안의 완급에 따라 행정관서의 지원에 차별이 있을 수 있다.

증감(增더할증 減덜감): 많아지거나 적어짐. 또는 늘리거나 줄임.

▶ 프로그램 담당자들은 시청률의 증감에 민감하게 반응한다.

난이(難어려울난 易쉬울이): 어려움과 쉬움. ▶ 이 문제는 사람마다 난이의 차이가 있을 수 있다.

참고 이번 시험은 난이도가 높다(×). – '어렵고 쉬운 정도'가 높아질 수는 없으므로 '난도'가 맞다.

등락(登오를등 落떨어질락): 물가 따위가 오르고 내림. ▶ 올해 들어 주가가 연일 등락을 거듭하고 있다.

명암(明밝을명 暗어두울암): ❶ 밝음과 어두움. ▶ 이 사진은 명암이 굉장히 뚜렷하다.

❷ 기쁜 일과 슬픈 일 또는 행복과 불행 ▶ 인생에는 명암이 교차하기 마련이다.

진위(眞참진 僞거짓위): 참과 거짓 또는 진짜와 가짜 ▶ 그 발언의 진위가 언론의 관심을 끌었다.

허실(虛빌허 實열매실): ❶ 허함과 실함. ▶ 경기에서는 상대 선수의 허실을 먼저 판단하는 쪽이 유리하다.

❷ 참과 거짓 ▶ 그 이야기의 허실을 증빙할 만한 자료는 어디에도 없다.

가부(可옳을가 否아닐부): ❶ 옳고 그름. ▶ 세상사에 대하여 가부를 논하기는 쉽지 않다.

❷ 찬성과 반대 ▶ 이 안건은 표결에 부쳐 학우들에게 가부를 묻기로 하였다.

확 인 문 제

(1~6) 문맥에 맞는 말을 괄호 안에서 고르시오.

1. 부패한 사회를 (완화 / 정화)해야 한다.

2. 이 작품은 작가의 체험을 (명료화 / 형상화)하고 있다.

3. 원시인들은 자연을 (신격화 / 희화화)하여 숭배하였다.

4. 정부는 피해의 (경중 / 득실)을 따져 보상금에 차등을 두었다.

5. 그는 사람들에게 사실을 (가감 / 진위) 없이 전달했다.

6. 곡물 가격이 기후에 따라 (등락 / 증감)하였다.

(7~9) 밑줄 친 말이 제시문과 가장 유사한 의미로 쓰인 것을 고르시오.

7. 주문을 한 지 한참 뒤에야 물건이 도착했다.

　① 그 문제는 뒤에 다시 얘기하자.　　② 기자가 정치인의 뒤를 파기 시작했다.　　③ 그는 가난한 형제의 뒤를 보살펴 주었다.

8. 그 사건을 둘러싼 사람들의 반응은 다양했다.

　① 그릇을 신문지로 잘 둘러쌌다.　　② 유산을 둘러싸고 분쟁이 발생했다.　　③ 푸른 산이 마을을 둘러싸고 있다.

9. 정부가 밀어붙이는 정책의 허구성이 만천하에 드러났다.

　① 그는 드러나게 사람을 차별한다.　　② 이 일로 그의 속마음이 드러났다.　　③ 썰물 때는 드넓은 갯벌이 드러난다.

[정답] 1. 정화 2. 형상화 3. 신격화 4. 경중 5. 가감 6. 등락 7. ① 8. ② 9. ②

[해설] 7. 뒤-❷ ② 뒤-❸ ③ 뒤-❺ 8. 둘러싸다-❸ ① 둘러싸다-❶ ③ 둘러싸다-❷ 9. 드러나다-❷ ① 드러나다-❹ ③ 드러나다-❶

득죄
得 얻을 득 **罪** 허물 죄

남에게 큰 잘못을 저질러 죄를 얻음. ▶ 선녀가 옥황상제께 <u>득죄</u>하여 인간세상으로 쫓겨났다.

참고어휘 **+** '得(얻을득)'을 공유하는 한자어

득도(得얻을득 道길도): 오묘한 이치나 도를 깨달음. ▶ 그분은 도를 닦은 지 십 년 만에 <u>득도</u>하였다.

득음(得얻을득 音소리음): 노래나 연주 솜씨가 매우 뛰어난 경지에 이름.
▶ 그 소리꾼은 피나는 수련 끝에 <u>득음</u>의 경지에 이르렀다.

한자성어 **+** **득의양양**(得얻을득 意뜻의 揚날릴양 揚날릴양): 뜻한 바를 이루어 우쭐거리며 뽐냄.
▶ 사냥꾼은 노루를 어깨에 메고 <u>득의양양</u>하게 집으로 돌아갔다.

일거양득(一한일 擧들거 兩둘양 得얻을득): 한 가지 일을 하여 두 가지 이익을 얻음. ≒일석이조(一한일 石돌석 二두이 鳥새조)
▶ 이번 공사로 마을에는 저수지가 생겨서 좋고, 일한 사람들은 품삯이 나오니 <u>일거양득</u>이다.

듣다

❶ 소리를 감각 기관을 통해 알아차리다. ▶ 밤에 아기 울음소리를 <u>들었</u>다.

❷ 다른 사람의 말이나 소리에 스스로 귀 기울이다. ▶ 나는 매일 라디오를 <u>듣는</u>다.

❸ 다른 사람의 말을 받아들여 그렇게 하다. ▶ 아이가 엄마 말을 참 잘 <u>듣는</u>다.

❹ 기계, 장치 따위가 정상적으로 움직이다. ▶ 브레이크가 말을 <u>듣지</u> 않아 사고가 났다.

❺ 다른 사람에게서 일정한 내용을 가진 말을 전달받다.
▶ 나는 친구들에게 그런 말을 <u>듣고</u>는 더 이상 참을 수 없었다.

❻ 주로 윗사람에게 꾸지람을 맞거나 칭찬을 받다. ▶ 오늘 선생님께 칭찬을 <u>들었</u>다.

❼ 어떤 것을 무엇으로 이해하거나 받아들이다. ▶ 그는 내 말을 잔소리로 <u>듣는</u> 것 같다.

❽ 주로 약 따위가 효험을 나타내다. ▶ 그 약은 감기에 잘 <u>듣는</u>다.

동음이의어 **+** **듣다**: 눈물, 빗물 따위의 액체가 방울져 떨어지다. ▶ 빗방울이 지붕에 <u>듣는</u>다.

들다[1]

❶ 밖에서 속이나 안으로 향해 가거나 오거나 하다. ▶ 우리는 서둘러 안방에 <u>들었</u>다.

❷ 빛, 볕, 물 따위가 안으로 들어오다. ▶ 이 방에는 볕이 잘 <u>든다</u>.

❸ 방이나 집 따위에 있거나 거처를 정해 머무르게 되다. ▶ 호텔에 손님 세 명이 <u>들었</u>다.

❹ 길을 택하여 가거나 오다. ▶ 컴컴한 골목길에 <u>들고</u>부터는 그녀의 발걸음이 빨라졌다.

❺ 수면을 취하기 위한 장소에 가거나 오다. ▶ 어제는 일찍 잠자리에 <u>들었</u>다.

❻ 어떤 일에 돈, 시간, 노력, 물자 따위가 쓰이다. ▶ 잔치 음식에는 품이 많이 <u>든다</u>.

❼ 물감, 색깔, 물기, 소금기가 스미거나 배다. ▶ 설악산에 곱게 단풍이 <u>들었</u>다.

❽ 어떤 범위나 기준, 또는 일정한 기간 안에 속하거나 포함되다.
▶ 그 선수는 지금도 세계 랭킹 5위 안에 <u>든다</u>(≒포함된다).

❾ 안에 담기거나 그 일부를 이루다. ▶ 빵 속에 <u>든</u> 단팥이 정말 맛있다.

❿ 어떤 처지에 놓이다. ▶ 너도 이제 고생길에 <u>들었</u>구나.

⓫ 어떤 물건이나 사람이 좋게 받아들여지다. ▶ 그는 사윗감이 매우 마음에 <u>들었</u>다.

⓬ 어떤 일이나 기상 현상이 일어나다. ▶ 남부 지방에 가뭄이 <u>들었</u>다.

⓭ 어떠한 시기가 되다. ▶ 4월에 <u>들어</u>서 가게에 손님이 크게 늘었다.

⓮ 어떤 조직체에 가입하여 구성원이 되다. ▶ 친구의 권유로 만화 동아리에 <u>들었</u>다.

⓯ 적금이나 보험 따위의 거래를 시작하다. ▶ 자동차를 사고 자동차 보험에도 <u>들었</u>다.

⓰ 어떤 때, 철이 되거나 돌아오다. ▶ 밤이 <u>들자</u> 기온이 떨어졌다.

⓱ 잠이 생기어 몸과 의식에 작용하다. ▶ 나는 기차에서 잠깐 풋잠이 <u>들었</u>다.

⓲ 나이가 많아지다. ▶ 아이는 나이가 <u>들수록</u> 병치레가 잦아졌다.

⓳ 과일, 음식의 맛 따위가 익어서 알맞게 되다. ▶ 김치가 맛이 <u>들었</u>다.

⓴ 몸에 병이나 증상이 생기다. ▶ 그는 병이 <u>드는</u> 바람에 병원에 입원했다.

㉑ 의식이 회복되거나 어떤 생각이나 느낌이 일다. ▶ 자꾸만 잡생각이 <u>들어</u>서 괴롭다.

㉒ 버릇이나 습관이 몸에 배다. ▶ 그 아이는 편식을 하는 나쁜 버릇이 들었다.

㉓ 식물의 뿌리나 열매가 속이 단단한 상태가 되다. ▶ 배추가 속이 알차게 들었다.

㉔ 남을 위하여 어떤 일을 하다. ▶ 나는 몸이 불편하신 아버님의 시중을 들었다.

㉕ 돈을 내고 셋집을 얻어 살다. ▶ 우리는 아는 사람 집에 월세를 들어 살고 있다.

□ 들다²

❶ 손에 가지다.

▶ 꽃다발을 든 그의 손이 떨리고 있었다.

❷ 아래에 있는 것을 위로 올리다.

▶ 나는 마당에 떨어진 돌을 들어 담 위에 올렸다.

❸ 설명하거나 증명하기 위하여 사실을 가져다 대다.

▶ 그는 예를 들어 설명하였다.

❹ '먹다(음식 따위를 입을 통하여 배 속에 들여보내다)'의 높임말

▶ 어르신, 이 떡 좀 드세요. 이 나물 반찬도 좀 들어 보세요.

□ 들다³

날이 날카로워 물건이 잘 베어지다.

▶ 숫돌이 갈았더니 칼이 정말 잘 든다.

□ 들어가다

❶ 밖에서 안으로 향하여 가다. ▶ 아이들은 앞을 다투어 물속에 들어갔다.

❷ 전기나 수도 따위의 시설이 설치되다. ▶ 이 마을에 수도가 들어갈(≒설치될) 계획이다.

❸ 새로운 상태나 시기가 시작되다. ▶ 농번기에 들어가면 시간 내기가 어려울 것 같다.

❹ 어떤 일에 돈, 노력, 물자 따위가 쓰이다. ▶ 아이들 교육에 돈이 적잖이 들어간다.

❺ 안에 삽입되다. ▶ 그림이 많이 들어간(≒삽입된) 책이라 재미있게 볼 수 있다.

❻ 어떤 단체의 구성원이 되다. ▶ 나는 일곱 살에 학교에 들어갔다.

❼ 일정한 범위나 기준 안에 속하거나 포함되다. ▶ 저 마을도 관할 구역에 들어간다.

❽ 말이나 글의 내용이 이해되어 머릿속에 남다. ▶ 내용이 머리에 잘 들어가지 않는다.

❾ 물체의 표면이 우묵하게 되다. ▶ 며칠을 앓고 났더니 볼이 움푹 들어갔다.

❿ 어떤 현상이 뚜렷이 드러났다가 사라지다. ▶ 요즘은 개헌 얘기가 쏙 들어가 버렸다.

⓫ 지식이나 학문 따위 등을 깊이 인식해 가다. ▶ 이 분야는 깊이 들어갈수록 어렵다.

⓬ 옷이나 신 따위의 치수가 몸에 맞다. ▶ 살이 쪄서 바지가 안 들어간다.

확 인 문 제

1. 다음 빈칸에 공통적으로 들어갈 말을 쓰시오.

• 죄를 얻음: □죄   • 뜻한 바를 이루어 우쭐거리며 뽐냄: □의양양   • 한 가지 일을 하여 두 가지 이익을 얻음: 일거양□

(2～4) 밑줄 친 말이 제시문과 가장 유사한 의미로 쓰인 것을 고르시오.

2. 몇 사람이 그의 얘기를 이상하게 듣고는 비판을 했다.

　① 이 약은 피부병에 잘 듣는다.   ② 그녀는 농담을 진담으로 듣는다.   ③ 그가 내 말을 들으려 하지 않아 안타깝다.

3. 낫이 안 ㉠들어 벼를 베는 데 힘이 ㉡든다.

　① 보기를 들다.   ② 보험에 들다.   ③ 풍년이 들다.   ④ 고개를 들다.   ⑤ 비용이 들다.
　⑥ 손님이 들다.   ⑦ 칼이 잘 들다.   ⑧ 사람이 마음에 들다.   ⑨ 상위권에 들다.   ⑩ 봉숭아물이 들다.

4. 이 대목은 아무래도 소설의 마지막 부분에 들어가는 것이 적당해 보인다.

　① 군대에 들어가다.   ② 협상에 들어가다.   ③ 그림이 들어가다.   ④ 바지가 들어가다.   ⑤ 산골에 전기가 들어가다.

[정답] 1. 득 2. ② 3. ㉠-⑦ ㉡-⑤ 4. ③

[해설] 2. 듣다-❼ ① 듣다-❽ ③ 듣다-❸ 3. ㉠ 들다³ ㉡ 들다¹-❻ ④ 들다²-❷ ⑩ 들다¹-❼ 4. 들어가다-❺ ② 들어가다-❸

□ **따르다**

❶ 다른 사람이나 동물의 뒤에서, 그가 가는 대로 같이 가다.
▶ 아이들이 선생님의 뒤를 **따랐다**.
❷ 앞선 것을 좇아 같은 수준에 이르다. ▶ 아무도 어머니의 음식 솜씨를 **따를** 수 없다.
❸ 좋아하거나 존경하여 가까이 좇다. ▶ 그는 유난히 나를 잘 **따르는** 후배이다.
❹ 관례, 유행이나 명령, 의견 따위를 그대로 실행하다. ▶ 군인은 명령에 **따라** 행동한다.
❺ 일정한 선 따위를 그대로 밟아 움직이다. ▶ 반란군은 강을 **따라** 내려갔다.
❻ 남이 하는 대로 같이 하다. ▶ 의원들이 모두 의장을 **따라** 자리에서 일어섰다.
❼ 어떤 일이 다른 일과 더불어 일어나다. ▶ 개발에 **따른** 공해 문제를 해결해야 한다.
❽ 어떤 경우, 사실이나 기준 따위에 의거하다. ▶ 공구를 사용 목적에 **따라** 분류하였다.
`동음이의어 +` **따르다**: 그릇을 기울여 안에 들어 있는 액체를 밖으로 조금씩 흐르게 하다.
▶ 물을 컵에 **따랐다**.

□ **따지다**

❶ 문제가 되는 일을 상대에게 캐묻고 분명한 답을 요구하다.
▶ 피해자 가족들이 관계 당국에 사고의 원인을 **따졌다**(≒추궁했다).
❷ 옳고 그른 것을 밝혀 가리다. ▶ 이제 와 새삼스럽게 잘잘못을 **따지고** 싶지는 않다.
❸ 계산, 득실, 관계 따위를 낱낱이 헤아리다. ▶ 어떤 차를 살지 비용을 **따져서** 결정하자.
❹ 계획을 세우거나 일을 하는 데에 어떤 것을 특히 중요하게 여겨 검토하다.
▶ 아직도 직원을 채용할 때 학력을 **따지는** 회사가 많다.
❺ 어떤 것을 기준으로 순위, 수량 따위를 헤아리다.
▶ 나이로 **따지면** 그는 내 자식뻘이다.

□ **때**

❶ 시간의 어떤 순간이나 부분 ▶ 휴대 전화의 알람 소리가 일어날 **때**를 알렸다.
❷ 끼니 또는 식사 시간 ▶ 바쁘더라도 **때**를 거르지는 말아라.
❸ 좋은 기회나 알맞은 시기 ▶ 아직은 네가 나설 **때**가 아니다
❹ 일정한 일이나 현상이 일어나는 시간 ▶ 가물 **때**는 인공적으로 물을 대 주어야 한다.
❺ 어떤 경우 ▶ 가끔 현기증이 날 **때**가 있다.
❻ 일정한 시기 동안 ▶ 방학 **때** 패스트푸드점에서 아르바이트를 했다.
❼ 계절 ▶ **때**는 바야흐로 여름이다.

□ **떨다¹**

❶ 물체가 작은 폭으로 빠르게 반복하여 흔들리다. ▶ 바람에 마른 잎이 **떨고** 있다.
❷ 매우 인색하여 좀스럽게 행동하다. ▶ 그는 단돈 몇 푼에도 벌벌 **떠는** 구두쇠이다.
❸ 몹시 추워하거나 두려워하다. ▶ 지난밤 보일러가 고장 나는 바람에 밤새 벌벌 **떨었다**.
❹ 몸이나 몸의 일부를 빠르고 잦게 자꾸 흔들다. ▶ 노인은 말하는 내내 손을 **떨었다**.
❺ 목청 따위가 순조롭지 않게 울림을 심하게 일으키다. ▶ 그는 목소리를 **떨며** 말했다.
❻ 어떤 행동을 경망스럽게 자꾸 하다. 또는 그런 성질을 겉으로 나타내다.
▶ 그는 모든 사실을 다 알고 있으면서도 모른다고 능청을 **떨었다**.

□ **떨다²**

❶ 달려 있거나 붙어 있는 것을 쳐서 떼어 내다.
▶ 옷의 먼지를 **떨었다**.
❷ 돈이나 물건을 있는 대로 써서 없애다.
▶ 그는 3년 만에 부모의 유산을 다 **떨어** 없앴다.
❸ 언짢은 생각 따위를 없애다.
▶ 지난 일에 대한 후회는 다 **떨고** 새 일을 구상하기로 하자.
❹ 팔다 남은 것을 모두 팔아 버리거나 사다.
▶ 파장이니 남은 물건을 싸게 **떨고** 가자.

□ 떨어지다

❶ 위에서 아래로 내려지다. ▶ 굵은 빗방울이 머리에 한두 방울씩 떨어지기 시작했다.

❷ 어떤 상태나 처지에 빠지다. ▶ 종일 신나게 뛰어논 아이는 이내 깊은 잠에 떨어졌다.

❸ 진지나 성 따위가 적에게 넘어가게 되다. ▶ 그 성이 적의 손에 떨어졌다(≒함락되었다).

❹ 정이 없어지거나 멀어지다. ▶ 그 사람한테 정이 떨어진 지 오래되었다.

❺ 급한 일이나 임무가 맡겨지다. ▶ 곧 너에게 중요한 임무가 떨어질(≒부여될) 것이다.

❻ 명령이나 허락 따위가 내려지다. ▶ 드디어 우리에게도 출동 명령이 떨어졌다.

❼ 다른 것보다 수준이 처지거나 못하다. ▶ 외모만 보면 그도 남에게 떨어지지는 않는다.

❽ 시험, 선거, 선발 따위에 응하여 뽑히지 못하다. ▶ 아들이 입학시험에 떨어졌다.

❾ 함께 하거나 따르지 않고 뒤에 처지다. ▶ 나는 일행에서 떨어져 마을로 들어갔다.

❿ 달렸거나 붙었던 것이 갈라지거나 떼어지다. ▶ 소매에서 단추가 떨어졌다.

⓫ 지녔던 것이 흘러서 빠지다. ▶ 주머니에서 동전이 떨어졌다.

⓬ 관계가 끊어지거나 헤어지다. ▶ 아이가 부모와 떨어져 지내는 것은 힘든 일이다.

⓭ 일정한 거리를 두고 있다. ▶ 식당은 본관과 조금 떨어져 있는 별관에 있다.

⓮ 값, 기온, 수준, 형세 따위가 낮아지거나 내려가다.

　▶ 지난 시험보다 성적이 많이 떨어져서 걱정이다.

⓯ 병이나 습관 따위가 없어지다. ▶ 감기가 잘 떨어지지 않아 고생했다.

⓰ 해, 달이 서쪽으로 지다. ▶ 해가 떨어지기 전에 일을 마치었다.

⓱ 이익이 남다. ▶ 과자 한 봉지를 팔면 10원이 떨어진다.

⓲ 뒤를 대지 못하여 남아 있는 것이 없게 되다. ▶ 양식이 떨어져 이틀을 굶었다.

⓳ 입맛이 없어지다. ▶ 피곤해서 그런지 입맛이 떨어졌다.

⓴ 옷이나 신발 따위가 해어져서 못 쓰게 되다. ▶ 신발이 떨어져서 새로 샀다.

㉑ 숨이 끊어지다. ▶ 환자의 숨이 막 떨어졌다.

㉒ 밴 아이가 유산이 되다. ▶ 임신 초기엔 아이가 떨어질 위험이 있으므로 조심해야 한다.

㉓ 나눗셈에서 나머지가 없이 나뉘다. ▶ 4는 2로 나누어 떨어진다.

㉔ 말이 입 밖으로 나오다. ▶ 아이들이 떠들자 선생님의 호령이 떨어졌다.

㉕ 지정된 신호 따위가 나타나다. ▶ 파란불 신호가 떨어지자 차들이 달리기 시작했다.

확인문제

(1~5) 밑줄 친 말이 제시문과 가장 유사한 의미로 쓰인 것을 고르시오.

1. 우리 집 강아지는 할머니를 유난히 <u>따른다</u>.
　① 아무도 그의 축구 실력을 <u>따를</u> 수 없다.　② 로마에서는 로마의 법을 <u>따라야</u> 한다.　③ 그는 나를 잘 <u>따르는</u> 후배이다.

2. 투표하면서 후보가 어느 지역 출신인지 <u>따지지</u> 않았다.
　① 일의 시시비비를 <u>따지다</u>.　② 사태의 원인을 <u>따지다</u>.　③ 경력을 <u>따져</u> 채용하다.　④ 이자를 <u>따져서</u> 예금하다.

3. <u>때</u>를 아는 사람이 천하를 다스릴 수 있다.
　① <u>때</u>를 거르지 마라.　② 방학 <u>때</u> 여행을 갔다.　③ 아플 <u>때</u>는 만사가 귀찮다.　④ 효도에도 <u>때</u>가 있는 법이다.

4. 그는 조그만 상처에도 목숨이 위험한 것처럼 엄살을 <u>떤다</u>.
　① 밤나무의 밤을 <u>떨다</u>.　② 아빠에게 야양을 <u>떨다</u>.　③ 작은 돈에도 벌벌 <u>떨다</u>.　④ 죄책감을 <u>떨어</u> 버리다.

5. 정상 회담 결렬의 영향으로 주가가 큰 폭으로 <u>떨어졌다</u>.
　① 정당 지지율이 <u>떨어지다</u>.　② 타락의 길로 <u>떨어지다</u>.　③ 실력이 남보다 <u>떨어지다</u>.　④ 선생님의 불호령이 <u>떨어지다</u>.

[정답] 1. ③　2. ③　3. ④　4. ②　5. ①
[해설] 1. 따르다―❸ ① 따르다―❷ ② 따르다―❹ 2. 따지다―❹ 3. 때―❸ ① 때―❷ ② 때―❻ ③ 때―❺ 4. 떨다¹―❻ ④ 떨다²―❸ 5. 떨어지다―⓮ ② 떨어지다―❷

1. ㉠~㉤의 사전적 의미로 적절하지 <u>않은</u> 것은? (2016 고3 4월 학평 응용)

볼탕스키가 아마추어 사진을 오브제로 활용한 것은 그것이 갖는 특징인 이데오그램과 소시오그램에 ㉠<u>주목</u>했기 때문이다. 이데오그램은 사회가 공유하는 사진의 ㉡<u>전형적</u> 스타일을 의미하는데, 아마추어 사진에서의 정면을 바라보는 모습, 고정된 시선, 상황에 따른 ㉢<u>정형화</u>된 자세와 같은 전형적인 포즈 등을 예로 들 수 있다. 그리고 소시오그램은 개인들 간의 사회 문화적 관계 양상을 드러내는 사회적 지표이다. 결혼식이나 축제 등을 기록하고 기념할 목적으로 찍은 아마추어 사진은 가족이나 사회 구성원들 간의 관계를 드러냄으로써 그들이 공동체의 구성원으로서 가지는 감정을 재확인하고 공동체의 ㉣<u>결속</u>을 이끄는 역할도 한다.

볼탕스키는 이러한 특징을 지닌 아마추어 사진을 오브제로 활용하여 감상자로 하여금 오랫동안 ㉤<u>고착화</u>된 사회적 규범 체제나 공동체의 특징과 같은 일종의 문화적 코드를 읽게 함으로써, 작품 해석에 능동적으로 참여할 수 있게 한다.

① ㉠: 관심을 가지고 주의 깊게 살핌.
② ㉡: 어떤 부류의 특징을 가장 잘 나타내는.
③ ㉢: 일정한 형식이나 틀로 고정됨.
④ ㉣: 뜻이 같은 사람끼리 서로 단결함.
⑤ ㉤: 어떤 일이나 현상이 분명하고 또렷하게 됨.

2. 밑줄 친 단어의 문맥적 의미가 ㉠과 유사한 것은? (2006 6월 모평)

청소년 문화를 ㉠<u>둘러싸고</u> 벌어지는 이러한 견해 차이는 청소년이 과연 고유한 문화를 가질 수 있는지 그리고 그 속에서 사회가 받아들일 만한 가치 있는 집단적 정체성을 형성할 수 있는지에 대한 서로 다른 전망에서 비롯된다.

① 잠시 일을 <u>놓고</u> 쉬는 중이다.
② 중매쟁이를 <u>놓아</u> 혼인을 주선했다.
③ 건강을 위해 밥에 콩을 <u>놓아</u> 먹는다.
④ 정신을 <u>놓고</u> 창밖을 멍하니 바라보았다.
⑤ 됨됨이만 <u>놓고</u> 보면 나무랄 데 없는 사람이다.

3. 문맥상 ㉠과 바꿔 쓰기에 가장 적절한 것은? (2016 6월 모평B 응용)

자아와 타자는 서로의 존재를 온전히 전제할 때 자신들의 존재가 ㉠<u>드러날</u> 수 있다고 장자는 말한다. 예컨대, 내가 편견 없는 눈의 감각으로 꽃을 응시하면 그 꽃으로 인해 나의 존재가 성립되고 나로 인해 그 꽃 또한 존재의 의미를 획득하게 된다는 것이다.

① 노출(露出)될
② 유출(流出)될
③ 폭로(暴露)될
④ 구현(具現)될
⑤ 출현(出現)할

4. 낱말의 의미상 짜임이 <u>이질적인</u> 것은?

① 난이(難易)
② 경중(輕重)
③ 명암(明暗)
④ 가부(可否)
⑤ 협찬(協贊)

5. 어휘의 선택이 문맥에 맞지 <u>않는</u> 것은?

① 최근 들어 수출 신장률이 계속해서 ((격화)/ 둔화)되고 있다.

② 정부는 농산물 수입 제한을 ((완화)/ 유화)하겠다고 발표했다.

③ 국회는 이 사건의 (장단 / (진위))를 캐기 위해 특위를 구성했다.

④ 두 상품 중 어느 쪽이 유리한지 ((득실)/ 허실)을 따져 보고 선택하기로 했다.

⑤ 시일이 급박해 일 처리에 시행착오도 있었고 ((완급)/ 원근) 조절에도 아쉬움이 있었다.

(6~13) 밑줄 친 말의 문맥적 의미가 ㉠과 가장 유사한 것을 고르시오.

6. 우리 회사의 순위를 매출액으로 ㉠<u>따지면</u> 세계 20위 정도는 될 것이다.

① 우리 회사는 학력 같은 것은 안 <u>따진다</u>.
② 항렬을 <u>따져</u> 보니 조카뻘 되는 사람이었다.
③ 적금 이자를 <u>따지면</u> 이 은행이 가장 높다.
④ 형과 동생은 누가 잘못했는지를 <u>따지고</u> 있다.
⑤ 기자들이 그에게 몰려가 사건에 대해 <u>따졌다</u>.

7. 그는 바쁜 일을 ㉠<u>뒤</u>로 미루고 자녀의 학교 행사에 참여했다.

① 집 <u>뒤</u>에는 산이 있다.
② 한참 <u>뒤</u>에 전화가 왔다.
③ 그 일이 어떻게 되었는지 <u>뒤</u>가 궁금하다.
④ 그는 무뚝뚝하지만 <u>뒤</u>는 없는 사람이다.
⑤ 누군가 그 사람 <u>뒤</u>를 봐주는 것이 분명하다.

8. 공부하는 것도 다 ㉠<u>때</u>가 있는 법이다.

① 그가 왔을 <u>때</u> 나는 집에 없었다.
② 그녀는 어렸을 <u>때</u> 공부를 꽤 잘했다.
③ 이젠 증명서를 뗄 <u>때</u> 돈이 필요 없게 되었다.
④ 다이어트를 하더라도 <u>때</u>를 걸러서는 안 된다.
⑤ 그는 적이 방심한 <u>때</u>를 놓치지 않고 공격을 했다.

9. ── (2020 6월 모평)

금융 시스템 위험 요인은 경기 순응성을 가진다. 즉 경기가 호황일 때는 금융 회사들이 대출을 늘려 신용 공급을 팽창시킴에 따라 자산 가격이 급등하고, 이는 다시 경기를 더 과열시키는 반면 불황일 때는 그 반대의 상황이 일어난다. 이를 완화할 수 있는 정책 수단으로는 경기 대응 완충자본 제도를 ㉠<u>들</u> 수 있다.

① 나는 그 사람에게 친근감이 <u>든다</u>.
② 그는 목격자의 진술을 증거로 <u>들고</u> 있다.
③ 그분은 이미 대가의 경지에 <u>든</u> 학자이다.
④ 하반기에 <u>들자</u> 수출이 서서히 증가하기 시작했다.
⑤ 젊은 부부는 집을 마련하기 위해 적금을 <u>들기</u>로 했다.

10. ── (2018 고1 9월 학평)

이렇게 시누소이드를 거친 혈액은 중심 정맥으로 유입된 후, 다시 간정맥으로 합쳐져 심장으로 ㉠<u>들어가는</u> 것이다.

① 그는 방으로 <u>들어가</u> 버렸다.
② 통신비로 <u>들어간</u> 돈이 너무 많다.
③ 고생을 많이 했는지 눈이 쑥 <u>들어갔다</u>.
④ 다음 주부터 본격적인 선거전으로 <u>들어간다</u>.
⑤ 동생은 올해 여덟 살이 되어 초등학교에 <u>들어갔다</u>.

『일본서기』에는 신라를 '눈부신 황금의 나라'로 표현하고 있다. 이 표현에 딱 맞는 유물이 바로 금으로 만든 허리띠이다. 이 허리띠는 금관보다도 두세 배나 많은 금을 ⊙들여 만들었는데, 풀잎무늬를 새겨 넣고 그 아래로 여러 줄의 드리개를 길게 늘어뜨렸다.

① 누님은 손톱에 봉숭아 물을 곱게 들였다.
② 나는 정원에 있던 화분을 거실로 들여 놓았다.
③ 고모님께서는 많은 비용을 들여 집을 수리하셨다.
④ 집 안에 볕을 잘 들이기 위해 정원의 나무들을 잘라 냈다.
⑤ 선배들은 신입생을 자기 동아리에 들이려고 홍보를 하고 다녔다.

전통적 공리주의에서 행동의 결과를 평가할 때의 유일한 기준은 바로 행동의 결과가 산출할, 계산 가능한 '행복의 양'이다. 이에 ⊙따르면 불행과 대비하여 행복의 양을 많이 산출할수록 선한 행동이 되며, 가장 선한 행동은 최대 다수의 최대 행복을 산출하는 것이다.

① 어머니 말씀을 따르면 항상 좋은 일이 생긴다.
② 누구라도 나를 잘 따르면 귀여워할 수밖에 없다.
③ 누구나 남들이 하는 대로 따르면 비슷한 결과가 나온다.
④ 네가 어머니의 음식 솜씨를 따르면 좋은 요리사가 될 거다.
⑤ 이러한 원칙에 따르면 그 사람에게는 상을 주는 것이 맞다.

포토 리얼리즘 화가들은 화면에 물감을 두껍게 바르는 일이 거의 없었다. 물감을 많이 사용하게 되면 거친 질감이 느껴져 사실성이 ⊙떨어지기 때문에 물감의 양을 최소화하여 그림을 그렸던 것이다.

① 딱지가 떨어지는 것을 보니 상처가 잘 아물어가나 보다.
② 오늘은 본전을 빼고도 만원이나 더 떨어져서 기분이 좋았다.
③ 이번에 새로 오신 분은 예전 분보다 친화력이 떨어져 걱정이다.
④ 열심히 싸웠으나 결국 요새가 적들의 수중에 떨어지고 말았다.
⑤ 녹색 신호가 떨어지자 많은 사람들이 일제히 횡단보도를 건넜다.

14. 〈보기 1〉의 원칙에 따라 〈보기 2〉의 밑줄 친 단어들을 국어사전에 수록하는 수행 평가를 해 보았다. 가장 바르게 정리한 것은?

〈보기 1〉

• 국어사전 수록의 원칙: '동음이의어(同音異義語)'는 형태는 같지만 어휘의 의미 사이에 상호 연관성이 없는 낱말로 국어사전에는 다른 표제어로 구분하여 수록한다. 반면 다의어(多義語)는 하나의 어휘가 문맥에 따라 다른 뜻으로 사용되는 것으로 기본적이고 핵심적인 의미를 '중심 의미'라 하고, '중심 의미'가 확장되어 달라진 의미를 '주변 의미'라 하여 하나의 낱말로 수록한다.

<보기 2>

㉠ 그는 사진 동호회에 <u>들기</u>로 했다.　　　㉡ 오른손을 머리 위로 높이 <u>들었다</u>.

㉢ 몸을 깨끗하게 씻고 법당에 <u>들었다</u>.　　　㉣ 책상 위에 놓인 가방을 <u>들고</u> 따라오시오.

㉤ 낫이 안 <u>들어</u> 벼를 베는 데 어려움이 많다.

	들다¹	들다²	들다³
①	㉠	㉡, ㉢	㉣, ㉤
②	㉠, ㉡	㉢	㉣, ㉤
③	㉠, ㉡	㉢, ㉣	㉤
④	㉠, ㉢	㉡, ㉣	㉤
⑤	㉠, ㉤	㉡, ㉢	㉣

15. ㉠에 이어서 '정씨'가 할 수 있는 말을 <보기>와 같이 구성하려고 할 때, 빈칸에 들어갈 표현으로 가장 적절한 것은? (2014 고3 3월 학평A)

정씨는 대합실 나무의자에 피곤하게 기대어 앉은 백화 쪽을 힐끗 보고 나서 말했다.

"같이 가시지. 내 보기엔 좋은 여자 같군."

"그런 거 같아요."

"㉠또 알우? 인연이 닿아서 말뚝 박구 살게 될지. 이런 때 아주 뜨내기 신셀 청산해야지."

　　　　　　　　　　　　　　　　　　　　　　　　　　　　　　 – 황석영, <삼포 가는 길>

<보 기>

"게다가 백화가 일자리도 주선해 준다고 하는데 [　　　　　　　　　　] 아니겠소?"

① 일석이조(一石二鳥)　　　② 다다익선(多多益善)　　　③ 전화위복(轉禍爲福)

④ 이심전심(以心傳心)　　　⑤ 금의환향(錦衣還鄕)

☐ **떼다**

❶ 붙어 있거나 잇닿은 것을 떨어지게 하다. ▶ 벽에서 벽보를 <u>떼었다</u>.

❷ 전체에서 한 부분을 덜어 내다. ▶ 월급에서 식대를 <u>떼었다</u>.

❸ 어떤 것에서 마음이 돌아서다. ▶ 아이한테서 정을 <u>떼기가</u> 너무 어렵다.

❹ 눈여겨 지켜보던 것을 그만두다. ▶ 엄마는 아이에게서 잠시도 눈을 <u>떼지</u> 않았다.

❺ 장사를 하려고 한꺼번에 많은 물건을 사다. ▶ 그는 도매 시장에서 물건을 <u>떼어다</u> 판다.

❻ 함께 있던 것을 홀로 남기다. ▶ 그는 친구를 <u>떼고</u> 혼자 모임에 왔다.

❼ 봉한 것을 뜯어서 열다. ▶ 편지 봉투를 <u>떼어</u> 편지를 꺼내었다.

❽ 걸음을 옮기어 놓다. ▶ 그는 내키지 않는 발걸음을 <u>떼어</u> 놓았다.

❾ 말문을 열다. ▶ 이야기의 서두를 어떻게 <u>떼야</u> 할지 모르겠다.

❿ 부탁이나 요구 따위를 거절하다. ▶ 나는 그의 부탁을 과감하게 <u>떼어</u> 버렸다.

⓫ 버릇이나 병 따위를 고치다. ▶ 감기를 확실히 <u>떼었다</u>.

⓬ 아기를 유산시키다. ▶ 경제적 이유로 아이를 <u>떼는</u> 경우도 있다.

⓭ 배우던 것을 끝내다. ▶ 아들이 천자문을 <u>떼었다</u>.

⓮ 성장의 초기 단계로서 일상적으로 하던 일을 그치다. ▶ 아기가 젖을 <u>떼었다</u>.

⓯ 수표나 어음, 증명서 따위의 문서를 만들어 주거나 받다. ▶ 재학 증명서를 <u>떼었다</u>.

⓰ 권리를 없애거나 직위를 그만두게 하다. ▶ 백성들의 고발을 듣고 그의 관직을 <u>떼었다</u>.

☐ **뛰다¹**

❶ 있던 자리로부터 몸을 높이 솟구쳐 오르다. ▶ 그는 제자리에서 높이 <u>뛰었다</u>.

❷ 맥박이나 심장 따위가 벌떡벌떡 움직이다. ▶ 춘향을 본 이 도령의 가슴이 <u>뛰었다</u>.

❸ 값이나 가치 따위가 갑자기 오르다. ▶ 1년 만에 물가가 두 배로 <u>뛰었다</u>.

❹ 대단한 기세를 나타내다. ▶ 그는 그게 될 법이나 한 얘기냐고 펄쩍 <u>뛰었다</u>.

❺ 공중으로 솟아올랐다가 일정한 거리에 가서 내리다. ▶ 나는 도랑을 <u>뛰어</u> 건넜다.

❻ 그네를 타고 발을 굴러 공중에서 앞뒤로 왔다 갔다 하다.
▶ 단옷날에 여자는 창포물에 머리를 감고 그네를 <u>뛰며</u>, 남자는 씨름을 한다.

❼ 널에 올라 발을 굴러 공중으로 오르내리다. ▶ 설날에 널을 <u>뛰었다</u>.

☐ **뛰다²**

❶ 발을 몹시 재게 움직여 빨리 나아가다. ▶ 그는 차에서 내리자마자 집으로 마구 <u>뛰었다</u>.

❷ 어떤 자격으로 일하다. ▶ 그는 메이저리그 선수로 3년을 <u>뛰었다</u>.

❸ '달아나다'를 속되게 이르는 말 ▶ 경찰을 본 도둑은 냅다 <u>뛰기</u> 시작했다.

❹ 적극적으로 활동하다. ▶ 나는 현장에서 발로 <u>뛰는</u> 외근 기자가 되고 싶다.

❺ 어떤 공간을 달려 지나가다. ▶ 100미터를 10초 안에 <u>뛰는</u> 선수가 되고 싶다.

❻ 일터를 바쁘게 돌아다니며 일하다. ▶ 그는 하루에 아르바이트를 세 개나 <u>뛴다</u>.

☐ **뜨다¹**

❶ 가라앉거나 내려앉지 않고 물 위·공중에 있거나 위로 솟아오르다.
▶ 거북선이 물에 <u>뜨자</u> 사람들이 환호성을 질렀다.

❷ 착 달라붙지 않아 틈이 생기다. ▶ 풀칠이 잘못되어 도배지가 <u>떴다</u>.

❸ 차분하지 못하고 어수선하게 들떠 가라앉지 않게 되다.
▶ 수학여행을 앞두고 있어서 2학년 교실 분위기가 붕 <u>떠</u> 있다.

❹ (속되게) 두려운 인물이 어떤 장소에 모습을 나타내다. ▶ 경찰이 <u>떴으니</u> 도망가자.

❺ (속되게) 인기를 얻게 되고 유명해지다. ▶ 그 가수는 노래가 뒤늦게 <u>뜨기</u> 시작했다.

☐ **뜨다²**

❶ 물기 있는 물체가 제 훈김으로 썩기 시작하다. ▶ 밭에 쌓아둔 퇴비가 <u>뜨기</u> 시작했다.

❷ 누룩이나 메주 따위가 발효하다. ▶ 어릴 적 할머니 집에서 메주 <u>뜨는</u> 냄새가 났다.

❸ 병 따위로 얼굴빛이 누르고 살갗이 부은 것처럼 되다. ▶ 아파서 얼굴이 누렇게 <u>떴다</u>.

☐ 뜨다³	❶ 다른 곳으로 가기 위하여 있던 곳에서 다른 곳으로 떠나다. ▶ 그는 서울에서 떴다. ❷ (속되게) 몰래 달아나다. ▶ 그녀는 밤중에 몰래 이 마을을 떴다.
☐ 뜨다⁴	❶ 큰 것에서 일부를 떼어 내다. ▶ 우리는 저쪽 산 밑에서 떼를 떴다. ❷ 물속에 있는 것을 건져 내다. ▶ 양어장에서 커다란 뜰채로 물고기를 떴다. ❸ 어떤 곳에 담겨 있는 물건을 퍼내거나 덜어 내다. ▶ 어머니가 항아리에서 간장을 떴다. ❹ 수저 따위로 음식을 조금 먹다. ▶ 아무리 바빠도 한술 뜨고 가거라. ❺ 고기 따위를 얇게 저미다. ▶ 낚시로 잡은 생선을 회를 떠서 먹었다. ❻ 종이나 김 따위를 틀에 펴서 낱장으로 만들어 내다. ▶ 김은 틀로 하나씩 떠서 말린다. ❼ 피륙에서 옷감이 될 만큼 끊어 내다. ▶ 한복을 만들기 위해 옷감을 떠 왔다.
☐ 뜨다⁵	감았던 눈을 벌리다. ▶ 그는 잠이 깨어 눈을 떴다.
☐ 뜨다⁶	상대편의 속마음을 알아보려고 어떤 말이나 행동을 넌지시 걸어 보다. ▶ 아내는 남편의 마음을 슬쩍 떠 보았다.
☐ 뜨다⁷	❶ 행동 따위가 느리고 더디다. ▶ 그이는 동작이 떠서 보는 사람을 답답하게 한다. ❷ 공간적으로 거리가 꽤 멀다. ▶ 집에서 학교까지는 사이가 떠서 걸어갈 만한 거리가 아니다. ❸ 시간적으로 동안이 오래다. ▶ 이 동네는 버스가 떠서 겨울이면 차를 기다리는 일이 힘들다.
☐ 뜻하다	❶ 무엇을 할 마음을 먹다. ▶ 모든 일이 뜻하는 대로 되면 좋겠다. ❷ 미리 생각하거나 헤아리다. ▶ 그는 뜻하지 않게 이 사건에 휘말렸다. ❸ 어떤 의미를 가지다. ▶ 정부라고 하면 대개의 경우 행정부를 뜻한다.

확 인 문 제

(1~4) 밑줄 친 말이 제시문과 가장 유사한 의미로 쓰인 것을 고르시오.

1. 인간과 자연은 <u>떼려야</u> 뗄 수 없는 관계이다.
   ① 그는 병원에 진단서를 <u>떼러</u> 갔다.　　② 점원이 옷에서 가격표를 <u>떼었다.</u>　　③ 형은 논 몇 마지기를 <u>떼어</u> 아우에게 주었다.
2. 불이 나자 사람들이 비상구 쪽으로 <u>뛰었다.</u>
   ① 아이들이 운동장에서 <u>뛰고</u> 있다.　　② 놀라서 가슴이 벌떡벌떡 <u>뛰었다.</u>　　③ 그는 농구 국가 대표 선수로 <u>뛰고</u> 있다.
3. 이미 해가 중천에 <u>떠</u> 있는데도 사람들은 아직 자리에서 일어나지 않았다.
   ① 종지에 간장을 <u>뜨다.</u>　　② 얼굴이 누렇게 <u>뜨다.</u>　　③ 새벽에 눈을 <u>뜨다.</u>　　④ 풍선이 공중으로 <u>뜨다.</u>
4. 민수는 <u>뜻하는</u> 바가 있어 미국 유학의 길에 올랐다.
   ① <u>뜻했던</u> 일들이 모두 이루어졌다.　　② 길에서 <u>뜻하지</u> 않게 친구를 만났다.　　③ 숫자 4는 흔히 불행이나 죽음을 <u>뜻한다.</u>

(5~6) 밑줄 친 낱말들의 의미 관계가 동음이의 관계인지, 다의 관계인지 판단하시오.

5. 전국의 땅값이 엄청나게 <u>뛰었다.</u> 그는 등록금을 벌기 위해 아르바이트를 <u>뛰었다.</u>
6. 그는 상대편의 속마음을 슬쩍 <u>떠</u> 보았다. 동생은 눈치가 상당히 <u>뜬</u> 편이다.

[정답] 1. ② 2. ① 3. ③ 4. ① 5. 동음이의 6. 동음이의
[해설] 1. 떼다-❶ ① 떼다-❺ ③ 떼다-❷ 2. 뛰다²-❶ ① 뛰다¹-❷ ③ 뛰다²-❷ 3. 뜨다¹-❶ ① 뜨다⁴-❸ ② 뜨다²-❸ ③ 뜨다⁵ 4. 뜻하다-❶ ② 뜻하다-❷ ③ 뜻하다-❸ 5. 뛰다¹-❸ - 뛰다²-❷ 6. 뜨다⁶ - 뜨다⁷-❶

□ (으)로	❶ 움직임의 방향을 나타냄. ▶ 어디로 가는 것이 좋을까요?
	❷ 움직임의 경로를 나타냄. ▶ 서울에서 대구로 해서 부산에 갔다.
	❸ 변화의 결과를 나타냄. ▶ 개구쟁이 아이가 늠름한 청년으로 성장했다.
	❹ 어떤 물건의 재료나 원료를 나타냄. ▶ 나무로 집을 지었다.
	❺ 어떤 일의 수단·도구를 나타냄. ▶ 칼로 과일을 잘랐다.
	❻ 어떤 일의 방법이나 방식을 나타냄. ▶ 우리는 연필을 낱개로도 판다.
	❼ 어떤 일의 원인이나 이유를 나타냄. ▶ 이번 겨울에는 감기로 고생했다.
	❽ 지위나 신분 또는 자격을 나타냄. ▶ 그는 부잣집의 막내로 태어났다.
	❾ 시간을 나타냄. ▶ 오늘 이후로 규칙적으로 생활하겠다.
	❿ 시간을 셈할 때 셈에 넣는 한계를 나타냄. ▶ 서울에 온 지 올해로 십 년이 된다.
	⓫ 약속이나 결정을 나타냄. ▶ 그와 내일 만나기로 약속했다.
	⓬ 어떤 사물에 대하여 생각하는 바임을 나타냄. ▶ 그는 나를 바보로 여기는 것 같다.

□ 마르다	❶ 물기가 다 날아가서 없어지다. ▶ 날씨가 맑아 빨래가 잘 마른다.
	❷ 입이나 목구멍에 물기가 적어져 갈증이 나다. ▶ 운동을 했더니 목이 몹시 마른다.
	❸ 살이 빠져 야위다. ▶ 편식을 해서 그런지 몸이 많이 말랐다.
	❹ 강이나 우물 따위의 물이 줄어 없어지다. ▶ 가뭄에도 이 우물은 마르지 않는다.
	❺ 돈이나 물건 따위가 다 쓰여 없어지다. ▶ 수입이 줄어도 그의 주머니는 마르지 않았다.
	❻ 감정이나 열정 따위가 없어지다. ▶ 그에 대한 애정이 다 애정이 말라 버렸다.

□ 마음	❶ 사람이 본래부터 지닌 성격이나 품성 ▶ 그는 마음이 참 좋은 사람이다.
	❷ 사람이 다른 사람이나 사물에 대하여 감정이나 의지, 생각 따위를 느끼거나 일으키는 작용이나 태도 ▶ 마음을 곱게 써야 사람들과 좋은 관계를 유지할 수 있다.
	❸ 사람의 생각, 감정, 기억 따위가 생기거나 자리 잡는 공간이나 위치
	▶ 안 좋은 일을 마음에 담아 두면 병이 된다.
	❹ 사람이 어떤 일에 대하여 가지는 관심 ▶ 내 동생은 공부에는 마음이 없다.
	❺ 사람이 사물의 옳고 그름이나 좋고 나쁨을 판단하는 심리나 심성의 바탕
	▶ 사장은 자기 마음에 드는 사람을 채용하였다.
	❻ 이성이나 타인에 대한 사랑이나 호의의 감정 ▶ 너는 그에게 마음이 있는 모양이구나.
	❼ 사람이 어떤 일을 생각하는 힘 ▶ 마음을 집중해서 공부해라.

□ 마이동풍 馬 말 마 耳 귀 이 東 동녘 동 風 바람 풍	(동풍이 말의 귀를 스쳐 감. →) 남의 말을 귀담아듣지 아니하고 지나쳐 흘려버림.
	▶ 그에게는 나의 충고가 마이동풍이었다.
	[한자성어 +] 우이독경(牛소우 耳귀이 讀읽을독 經글경): (쇠귀에 경 읽기 →) 아무리 가르치고 일러 주어도 알아듣지 못함.
	▶ 그는 고집이 워낙 세서 아무리 알아듣게 일러주어도 우이독경일 뿐이었다.
	목불식정(目눈목 不아닐불 識알식 丁고무래정): (아주 간단한 글자인 '丁' 자를 보고도 그것이 '고무래'인 줄을 모름. →) 아주 까막눈임.
	▶ 소인은 간신히 목불식정을 면한 보잘것없는 사람입니다.

□ 막다	❶ 길, 통로 따위가 통하지 못하게 하다. ▶ 구석에 있는 쥐구멍을 막았다.
	❷ 트여 있는 곳을 가리게 둘러싸다. ▶ 커튼을 쳐서 창문을 막았다.
	❸ 강물, 추위, 햇빛 따위가 어떤 대상에 미치지 못하게 하다. ▶ 댐으로 강물을 막았다.
	❹ 어떤 일이나 행동을 못하게 하다. ▶ 아버지가 나서서 이웃 간의 싸움을 막았다.
	❺ 어떤 현상이 일어나지 못하게 하다. ▶ 그 무엇도 노화를 막지는(≒예방하지는) 못한다.

❻ 베풀어 주려는 뜻을 물리치다. ▶ 진심에서 우러나오는 호의라면 막지(≒거부하지) 않겠다.

❼ 외부의 공격이나 침입 따위에 버티어 지키다. ▶ 단결된 힘으로 적의 침입을 막았다.

❽ 돈을 갚거나 결제하다. ▶ 부동산을 처분해서 어음을 막았다.

❾ 어떤 공간을 나누기 위하여 사이를 가리다. ▶ 한 사무실을 칸막이로 막아 사용하였다.

❿ 병 따위의 입구를 통하지 못하게 하다. ▶ 병에 마개를 막았다.

□ 막역지우
莫 없을 막 逆 거스를 역
之 ~의 지 友 벗 우

(거스름이 없는 친구 →) 허물이 없이 아주 친한 친구≒막역지간(莫없을막 逆거스를역 之~의 지 間사이간) ▶ 두 사람은 호되게 싸우고 난 뒤에 오히려 막역지우가 되었다.

한자성어 + 지기지우(知알지 己몸기 之~의 지 友벗우): 자기의 속마음을 참되게 알아주는 친구≒지음(知알지 音소리음) ▶ 그와 나는 서로의 마음을 잘 헤아리는 지기지우이다.

문경지교(刎목벨문 頸목경 之~의 지 交사귈교): (서로를 위해서라면 목이 잘려도 후회하지 않을 정도의 사이 →) 생사를 같이할 수 있는 아주 가까운 사이, 또는 그런 친구≒관포지교(管대롱관 鮑절인물고기포 之~의 지 交사귈교)
▶ 그는 곤경에 처해서야 비로소 자신에게 한 사람의 문경지교도 없음을 깨달았다.

간담상조(肝간간 膽쓸개담 相서로상 照비칠조): 서로 속마음을 털어놓고 친하게 사귐.
▶ 간담상조하던 벗이 떠나 마음이 쓸쓸하다.

□ 만들다

❶ 노력이나 기술 따위를 들여 목적하는 사물을 이루다.
▶ 그는 친구들과 함께 피자를 만들어 먹었다.

❷ 새로운 상태를 이루어 내다. ▶ 그는 농담으로 유쾌한 분위기를 만들었다(≒조성했다).

❸ 글이나 노래 따위를 새로이 작성하거나 창작하다. ▶ 새 노래를 만들었다(≒창작했다).

❹ 규칙이나 법, 제도 따위를 정하다. ▶ 청소년 보호법을 새로 만들었다.

❺ 기관이나 단체 따위를 결성하다. ▶ 친구들과 함께 게임 동아리를 만들었다(≒결성했다).

❻ 돈이나 일 따위를 마련하다. ▶ 여름내 아르바이트를 해서 여행 경비를 만들었다.

❼ 틈, 시간 따위를 짜내다. ▶ 꼭 만나서 이야기해야 한다면 시간을 만들어 보겠습니다.

❽ 허물이나 상처 따위를 생기게 하다. ▶ 장난을 치다가 얼굴에 상처를 만들었다.

❾ 말썽이나 일 따위를 일으키거나 꾸며 내다. ▶ 괜한 일을 만들어서 사람을 귀찮게 한다.

❿ 무엇이 되게 하다. ▶ 이웃 나라를 식민지로 만들었다.

⓫ 그렇게 되게 하다. ▶ 압도적인 힘으로 상대를 꼼짝 못 하게 만들었다.

확인문제

(1~5) 밑줄 친 말의 의미가 유사한 것을 2개씩 고르시오.

1. ① 배탈로 결근하다.　② 회사 일로 바쁘다.　③ 얼음이 물로 되다.　④ 도끼로 나무를 베다.　⑤ 일찍 자기로 결심하다.

2. ① 땀이 마르다.　② 목이 마르다.　③ 돈이 마르다.　④ 빨래가 마르다.　⑤ 인정이 마르다.

3. ① 마음에 들다.　② 마음이 넓다.　③ 마음이 아프다.　④ 마음이 어질다.　⑤ 마음은 청춘이다.

4. ① 다리를 막다.　② 소음을 막다.　③ 피해를 막다.　④ 어음을 막다.　⑤ 자외선을 막다.

5. ① 두부를 만들다.　② 기회를 만들다.　③ 밑천을 만들다.　④ 흠집을 만들다.　⑤ 비자금을 만들다.

(6~9) 밑줄 친 말의 쓰임이 문맥에 적절한지 판단하시오.

6. 그는 나에 대해 가장 잘 아는 막역지우이다.

7. 자기 이익에 따라 친구를 배신하다니 문경지교에 다름 아니다.

8. 우이독경이라고, 누구나 노력하면 큰일을 이룰 수 있다.

9. 할머니는 학교를 다니지 못한 목불식정이 평생의 한이었다.

[정답] 1. ①, ②　2. ①, ④　3. ②, ④　4. ②, ⑤　5. ③, ⑤　6. 적절　7. 부적절　8. 부적절　9. 적절

[해설] 1. ①·② 로—❼ ③ 로—❸ ④ 로—❺ ⑤ 로—⓫　2. ①·④ 마르다—❶ ② 마르다—❷ ③ 마르다—❺ ⑤ 마르다—❻　3. ②·④ 마음—❶ ① 마음—❺ ③ 마음—❸ ⑤ 마음—❷　4. ②·⑤ 막다—❸ ① 막다—❶ ③ 막다—❺ ④ 막다—❽　5. ③·⑤ 만들다—❻ ① 만들다—❶ ② 만들다—❼ ④ 만들다—❽

☐ **만시지탄** 晩 늦을 만 時 때 시 之 ~의 지 歎 탄식할 탄	시기에 늦어 기회를 놓쳤음을 안타까워하는 탄식 ▶ 시험공부를 좀 더 일찍 시작했어야 한다고 후회해 봤자 만시지탄일 뿐이었다. **한자성어 +** **풍수지탄**(風바람풍 樹나무수 之~의 지 歎탄식할탄): 효도를 다하지 못한 채 어버이를 여원 자식의 슬픔 ▶ 풍수지탄이라는 말을 가슴에 새기고 부모님 살아생전에 섬기기를 다해야 한다. **맥수지탄**(麥보리맥 秀빼어날수 之~의 지 歎탄식할탄): 고국의 멸망을 한탄함. ▶ 길재의 시조에는 망한 고려 왕조에 대한 맥수지탄이 담겨 있다. **망양지탄**(望바랄망 洋큰바다양 之~의 지 歎탄식할탄): (큰 바다를 바라보며 하는 한탄 →) 어떤 일에 자기 자신의 힘이 미치지 못할 때에 하는 탄식 ▶ 국제 학술 대회에 참가한 초보 과학자는 세계 석학들의 놀라운 연구 성과를 들으며 망양지탄을 금할 수 없었다. **망양지탄**(亡망할망 羊양양 之~의 지 歎탄식할탄): (갈림길이 매우 많아 잃어버린 양을 찾을 길이 없음을 탄식함. →) 학문의 길이 여러 갈래여서 한 갈래의 진리도 얻기 어려움. ≒다기망양(多많을다 岐갈림길기 亡망할망 羊양양) ▶ 그처럼 저명한 학자도 때때로 망양지탄을 토로하고는 했다.
☐ **만연** 蔓 덩굴 만 延 늘일 연	(식물의 줄기가 널리 뻗음. →) 전염병이나 나쁜 현상이 널리 퍼짐. ▶ 사회에 만연하는 부정과 부패를 몰아내야 한다. **유의어 +** **팽배**(澎물소리팽 湃물결칠배): (큰 물결이 맞부딪쳐 솟구침. →) 어떤 기세나 사조 따위가 매우 거세게 일어남. ▶ 경제적인 위기감이 팽배하여 사회적 불안이 가중되고 있다. **창궐**(猖미쳐날뛸창 獗날뛸궐): 못된 세력이나 전염병 따위가 세차게 일어나 걷잡을 수 없이 퍼짐. ▶ 관리들의 부정부패와 사회의 혼란 속에서 도둑 떼가 창궐하였다. **농후**(濃짙을농 厚두터울후)**하다:** ❶ 맛, 빛깔, 성분 따위가 매우 짙다. ▶ 단백질이 농후한 사료를 구입했다. ❷ 어떤 경향이나 기색 따위가 뚜렷하다. ▶ 그 단체는 종교적인 색채가 농후하다.
☐ **말**	❶ 사람의 생각이나 느낌 따위를 표현하고 전달하는 데 쓰는 음성 기호 ▶ 인간은 말과 글을 통해 생각을 전달한다. ❷ 음성 기호로 생각이나 느낌을 표현하고 전달하는 행위. 또는 그런 결과물 ▶ 바르고 고운 말을 씁시다. ❸ 일정한 주제나 줄거리를 가진 이야기 ▶ 그는 옆 사람에게 말을 건넸다. ❹ 단어, 구, 문장 따위를 통틀어 이름. ▶ 슬픔에 빠진 친구를 위로할 말을 찾을 수 없었다. ❺ 소문이나 풍문 ▶ 그가 이미 한국을 떠났다는 말이 퍼졌다. ❻ 다시 강조하거나 확인하는 뜻을 나타냄. ▶ 나보고 이런 것을 먹으란 말이냐? ❼ '망정이지'의 뜻을 나타냄. ▶ 집에서 일찍 나왔으니 말이지 하마터면 차를 놓칠 뻔했다. ❽ 어떤 행위가 잘 이루어지지 않음을 탄식함. ▶ 차를 사고 싶은데 돈이 있어야 말이지. ❾ 앞에서 언급한 사실을 강조하여 말하는 뜻을 나타냄. ▶ 돈이라니, 며칠 전에 네가 내게 준 돈 말이냐? ❿ 어감을 고르게 할 때 쓰는 군말(상대편의 주의를 끌거나 말을 다짐하는 뜻을 나타냄.) ▶ 그런데 말이야.
☐ **말하다**	❶ 생각이나 느낌 따위를 말로 나타내다. ▶ 청중들에게 자신의 느낌을 말하는 일은 어렵다. ❷ 어떠한 사실을 말로 알려 주다. ▶ 친구에게 약속 장소를 말하지 않은 것이 생각났다. ❸ 무엇을 부탁하다. ▶ 친구에게 미리 혼처를 말해 두었으니, 찾아가 보면 무슨 말이 있을 것이다. ❹ 말리는 뜻으로 타이르거나 꾸짖다. ▶ 친구에게 자신이 저지른 잘못을 따끔하게 말해 주어도 그는 전혀 반성의 기미를 보이지 않았다.

❺ 평하거나 논하다. ▶ 사람들은 흔히 내 글을 관념적이라고 말한다.

❻ 어떤 사정이나 사실, 현상 따위를 나타내 보이다.

　▶ 수채화란 투명한 그림물감을 써서 그린 그림을 말한다.

❼ 앞말의 내용을 알기 쉽게 다른 말로 바꾸거나 앞말에 설명을 덧붙이는 뜻을 나타냄.

　▶ 가사는 4음보의 연속체이다. 말하자면 행의 길이만 일정할 뿐 행의 수에는 제한이 없다는 것이다.

❽ 확인·강조의 뜻을 나타냄. ▶ 힘센 걸로 말하면 우리 아버지를 따라갈 사람이 없다.

□ **맛**

❶ 음식 따위를 혀에 댈 때에 느끼는 감각 ▶ 초콜릿은 맛이 달콤하다.

❷ 어떤 사물이나 현상에 대하여 느끼는 기분 ▶ 그의 글에는 참신한 맛이 있다.

❸ 제격으로 느껴지는 만족스러운 기분

　▶ 파르르 떨리는 낚싯대의 감촉, 바로 이 맛에 낚시를 한다.

□ **맛보다**

❶ 음식의 맛을 알기 위하여 먹어 보다. ▶ 국을 맛보니 조금 짠 것 같았다.

❷ 몸소 겪어 보다. ▶ 이역만리에서 조국의 고마움을 비로소 맛보았다.

❸ 몹시 혼나다. ▶ 한번 뜨겁게 맛봐야 그 버릇을 고칠 것이다.

□ **망극하다**

罔 그물 망 極 극진할 극 –

임금이나 어버이의 은혜가 한이 없다. ▶ 성은(聖恩)이 망극하옵니다.

참고어휘 + **황공**(惶두려울황 恐두려울공)**하다**: 위엄이나 지위 따위에 눌리어 두렵다.

　▶ 전하께서 친히 납시시니 황공하기 이를 데 없사옵니다.

　송구(悚두려울송 懼두려워할구)**하다**: 두려워서 마음이 거북스럽다. ▶ 어머니께 말씀드리기가 송구합니다.

□ **망발**

妄 망령될 망 發 필 발

망령이나 실수로 그릇된 말이나 행동을 함. 또는 그 말이나 행동

　▶ 봉사 정신을 돈으로 사겠다니 그게 무슨 망발이냐?

□ **망연하다**

茫 아득할 망 然 그럴 연 –

❶ 매우 넓고 멀어서 아득하다. ▶ 눈앞에는 망연하게 펼쳐진 바다가 있었다.

❷ 아무 생각이 없이 멍하다. ▶ 그는 주인의 뜻을 알 수가 없어 망연한 눈으로 쳐다보았다.

한자성어 + **망연자실**(茫아득할망 然그럴연 自스스로자 失잃을실): 멍하니 정신을 잃음.

　▶ 그는 돈이 든 지갑을 잃어버리고 망연자실하였다.

확인문제

(1~4) 괄호 안에서 문맥에 맞는 말을 고르시오.

1. 현대 사회는 이기주의와 함께 쾌락주의가 (만연 / 망연)해 있다.

2. 말씀드리기가 (망극 / 송구)하오나 지금 하시는 일은 옳지 않다고 생각합니다.

3. 부모님이 돌아가시고 나면 자식들은 (맥수지탄 / 풍수지탄)에 빠지곤 한다.

4. 자연이 이미 되돌릴 수 없을 만큼 훼손되었으니 후회해 봤자 (만시지탄 / 망양지탄)이다.

(5~8) 밑줄 친 말이 제시문과 가장 유사한 의미로 쓰인 것을 고르시오.

5. 이 기분을 표현할 적당한 <u>말</u>이 없을까.

　① 발 없는 <u>말</u>이 천리를 간다.　　② 내 사전에 불가능이란 <u>말</u>은 없다.　　③ 나보고 피에로 분장을 하란 <u>말</u>인가?

6 사람들은 나의 그림을 너무 추상적이라고 <u>말한다</u>.

　① 그를 나쁘게 <u>말하는</u> 사람은 없다.　　② 참으라고 아무리 <u>말해도</u> 듣지 않는다.　　③ 빠른 것으로 <u>말하면</u> 현수가 일등이다.

7. 이번 일은 새로운 <u>맛</u>이 없어 재미없다.

　① 매운탕은 식으면 <u>맛</u>이 떨어진다.　　② 이제 제법 여름 <u>맛</u>이 나는 것 같았다.　　③ 요즘은 자식들 효도 받는 <u>맛</u>에 산다.

8. 옆집에서 가져온 떡을 내가 먼저 <u>맛보았다</u>.

　① 비애를 <u>맛보다</u>.　　② 좌절을 <u>맛보다</u>.　　③ 환희를 <u>맛보다</u>.　　④ 고독감을 <u>맛보다</u>.　　⑤ 고추장을 <u>맛보다</u>.

[정답] 1. 만연 2. 송구 3. 풍수지탄 4. 만시지탄 5. ② 6. ① 7. ② 8. ⑤

[해설] 5. 말-❹ ① 말-❺ ③ 말-❻ 6. 말하다-❺ ② 말하다-❹ ③ 말하다-❽ 7. 맛-❷ ① 맛-❶ ③ 맛-❸ 8. 맛보다-❶ ①~④ 맛보다-❷

1. ㉠~㉤의 사전적 뜻풀이로 바르지 <u>않은</u> 것은?　　　　　　　　　　　　　　　　　　　　　　　(2011 수능 응용)

> 　　귀족의 반대를 무릅쓰고 단행한 자산의 개혁 조치에 따라 정나라는 부국강병을 이루었다. 그리고 법을 알려면 글을 알아야 하기 때문에, 성문법 ㉠도입(導入)은 백성들도 교육을 받을 수 있는 ㉡계기(契機)가 되는 등 그의 개혁 조치는 이전보다 상대적으로 백성의 ㉢위상(位相)을 높였다. 하지만 그의 개혁은 힘에만 의존하여 다스리는 역치(力治)의 가능성이 ㉣농후(濃厚)하였고, 결국 국가의 엄한 형벌과 과중한 세금 수취로 이어지는 ㉤폐단(弊端)을 낳기도 했다.

① ㉠: 기술, 방법, 물자 따위를 끌어들임.
② ㉡: 어떤 일이 일어나거나 변화하도록 만드는 결정적인 원인이나 기회
③ ㉢: 어떤 대상이 다른 대상과의 관계 속에서 가지는 위치나 상태
④ ㉣: 어떤 일이 이루어질 가능성이 적음.
⑤ ㉤: 어떤 일이나 행동에서 나타나는 옳지 못한 경향이나 해로운 현상

(2~3) 문맥상 ㉠~㉤과 바꿔 쓰기에 적절하지 <u>않은</u> 것을 고르시오.

2. ━━(2015 고3 7월 학평A 응용)

> 　　사르트르는 "실재 세계와 상상 세계는 본질적으로 서로 공존할 수 없다."라고 ㉠말하며 이 두 세계는 지각과 상상이라는 인식 방법의 차이에 따라 달리 인식되는 것이라 설명한다. 이는 두 세계가 존재하는 것이 아니라 현실 세계를 지각에 의해 인식하기도 하고 상상에 의해 이미지로 인식하기도 한다는 것을 ㉡뜻한다. 결국 사르트르는 현실 세계가 우리의 의식이 지향하는 바에 ㉢따라 실재 세계와 상상 세계로 ㉣나누어지며 이 둘이 동시에 인식될 수 없다고 주장한다. 따라서 사르트르는 이전까지 실재 세계에 속한 영역이자 열등한 복사물 정도로 ㉤여겨져 왔던 이미지를 실재 세계에서 완전히 독립하여 상상 세계에서 이루어지는 정신 의식으로 규정하였다.

① ㉠: 간언하며　　　② ㉡: 의미한다　　　③ ㉢: 의거하여　　　④ ㉣: 분류되며　　　⑤ ㉤: 간주되어

3. ━━(2014 수능B 응용)

> 　　"강남홍은 인간지락(人間之樂)이 어떠한가?"
> 　　강남홍이 ㉠망연히 깨닫지 못하여 왈,
> 　　"도사는 누구시며 인간지락은 무엇을 이르시는 것입니까?"
> 　　보살이 웃고 석장을 공중에 던지니 한 줄기 무지개 되어 하늘에 닿았거늘 보살이 강남홍을 ㉡인도하여 무지개를 밟아 공중에 올라가더니 앞에 큰 문이 있고 오색구름이 어리었는지라. 강남홍이 문 왈,
> 　　"이는 무슨 문입니까?"
> 　　보살 왈,
> 　　"남천문이니 그대는 문 위에 올라가 보라."
> 　　강남홍이 보살을 따라 올라 한 곳을 바라보니 일월(日月) 광채 ㉢휘황한데 누각 하나가 허공에 솟았거늘 백옥 난간이며 유리 기둥이 ㉣영롱하여 눈이 부시고 누각 아래 푸른 난새와 붉은 봉황이 쌍쌍이 ㉤배회하며 몇몇 선동(仙童)과 서너 명의 시녀가 신선 차림으로 난간머리에 섰으며 누각 위를 바라보니 한 선관과 다섯 선녀가 난간에 의지하여 취하여 자는지라.
> 　　　－ 남영로, 〈옥루몽〉

① ㉠: 멍하니　　　② ㉡: 이끌어　　　③ ㉢: 눈부신데　　　④ ㉣: 찬란하여　　　⑤ ㉤: 어울리며

(4~7) 밑줄 친 말이 ㉠과 유사한 의미로 사용된 것을 고르시오.

4.
(2005 고3 3월 학평 응용)

> 흘림뜨기 방식으로 종이를 ㉠뜨면 섬유 조직이 상하 좌우로 얼기설기 얽히어 종이의 강도가 높아진다.

① 봄이 되면, 알맞게 뜬 메주로 장을 담갔다.
② 얇게 뜬 김은 부드럽고 맛이 좋아서 높은 값에 팔린다.
③ 누나가 아버지의 생신 선물로 준비한 것은 직접 뜬 조끼였다.
④ 이번 답사에서 가장 인상 깊었던 일은 직접 탁본을 뜬 일이야.
⑤ 오늘은 우리 하늘에 우리 손으로 만든 비행기가 뜬 역사적인 날입니다.

5.
(2011 수능)

> 릴리우스는 연도가 4의 배수인 해를 ㉠윤년으로 삼아 하루를 더하는 율리우스력의 방식을 받아들이되, 100의 배수인 해는 평년으로, 400의 배수인 해는 다시 윤년으로 하는 규칙을 추가할 것을 제안했다.

① 이 안경테는 플라스틱으로 만들어서 가볍다.
② 그 문제는 가능하면 토론으로 해결하자.
③ 그가 동창회의 차기 회장으로 뽑혔다.
④ 사장은 간부들을 현장으로 불렀다.
⑤ 지난겨울에는 독감으로 고생했다.

6.
(2008 고3 3월 학평)

> 공공재는 배제성과 경합성이 없는 재화를 말한다. 배제성이란 사람들이 재화를 소비하는 것을 ㉠막을 수 있는 가능성을 말하고, 경합성이란 한 사람이 재화를 소비하면 다른 사람이 소비에 제한을 받는 속성을 말한다.

① 노사 협상을 통해 파업만은 막아야 합니다.
② 추위를 어떻게 막아야 할지 걱정이 앞선다.
③ 어둠을 틈타서 공격해 올 적을 막아야 한다.
④ 어음을 막지 못해 그 기업은 결국 도산했다.
⑤ 땅주인이 차가 다니지 못하도록 길을 막았다.

7.
(2006 고3 10월 학평)

> 식물들은 햇빛의 에너지를 거의 100%에 가깝게 활용하여 자신에게 필요한 에너지를 ㉠만들어 사용한다.

① 네가 힘을 써서 새 분위기를 만들어 봐라.
② 너는 왜 자꾸 나를 바보로 만들려고 하지?
③ 이곳은 합성수지로 책상을 만드는 공장입니다.
④ 판소리 동아리를 만들기 위해 준비하고 있는 중이다.
⑤ 상대를 꼼짝 못 하게 만드는 기술을 가르쳐 드리겠습니다.

8. 다음에 나타난 '유림'의 태도와 가장 잘 어울리는 말은?
(2012 고1 9월 학평)

> 영철은 몇 번이고 유림에게 간청하였으나 유림은 끝내 영철의 청을 흘려듣고 들어주지 아니하였다.
>
> — 홍세태, 〈김영철전〉

① 자포자기(自暴自棄)
② 연목구어(緣木求魚)
③ 마이동풍(馬耳東風)
④ 동병상련(同病相憐)
⑤ 일희일비(一喜一悲)

9. 〈보기 1〉의 단어들을 〈보기 2〉의 밑줄 친 '말'과 바꿔 쓰려고 할 때, 어느 것과도 바꿔 쓰기 어려운 것은? (2008 고3 3월 학평)

─〈보기 1〉─

○ '말'에 대응하는 한자어를 조사한 결과

• 대화(對話: 마주 대하여 말함.)·····················ⓐ
• 자백(自白: 자기의 비밀을 털어놓음.)··············ⓒ
• 항변(抗辯: 어떤 일에 대항하여 자신을 변호함.)·····ⓔ
• 진술(陳述: 자세히 벌여 말함.)·····················ⓑ
• 개진(開陳: 주장을 밝히기 위해 의견을 말함.)·······ⓓ

─〈보기 2〉─

○ 나는 사건의 자초지종을 아는 대로 말했다.
○ 나는 회의 시간에 두발 자율화에 대한 생각을 말했다.
○ 그는 자신의 죄를 수사관 앞에서 빠짐없이 말했다.
○ 그는 자신에 대한 보도 내용이 사실과 다르다고 말했다.

① ⓐ   ② ⓑ   ③ ⓒ   ④ ⓓ   ⑤ ⓔ

10. 〈보기 1〉은 '마음'의 유의어를 나타낸 것이다. 이를 참고하여 〈보기 2〉의 '마음'을 유의어로 바꿀 때 적절하지 않은 것은? (2015 고2 9월 학평)

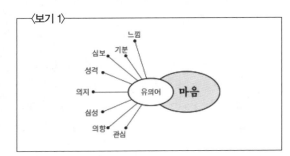

─〈보기 2〉─

○ 그는 ㉠마음이 곱고 바르다.
○ 아이가 공부에는 ㉡마음이 없고 노는 데만 정신이 팔렸다.
○ 그는 이번 일을 성사시키려는 ㉢마음을 보였다.
○ 그는 친구의 냉담한 태도에 ㉣마음이 상했다.
○ 나를 만날 ㉤마음이 있으면 여기로 와.

① ㉠은 '타고난 마음씨'를 의미하므로 '심성'으로 바꿀 수 있다.
② ㉡은 '어떤 것에 마음이 끌려 주의를 기울임'을 의미하므로 '관심'으로 바꿀 수 있다.
③ ㉢은 '마음을 쓰는 속 바탕'을 의미하므로 '심보'로 바꿀 수 있다.
④ ㉣은 '대상·환경 따위에 따라 마음에 절로 생기며 한동안 지속되는 감정'을 의미하므로 '기분'으로 바꿀 수 있다.
⑤ ㉤은 '마음이 향하는 바. 또는 무엇을 하려는 생각'을 의미하므로 '의향'으로 바꿀 수 있다.

11. 〈보기〉는 국어사전을 토대로 '맛'과 관련된 어휘 사이의 의미 관계를 그려 본 것이다. 다음 설명 중 적절하지 않은 것은? (2010 6월 모평)

─〈보 기〉─

맛 몡 ❶ 음식 따위를 혀에 댈 때에 느끼는 감각. ❷ 제격으로 느껴지는 만족스러운 기분.

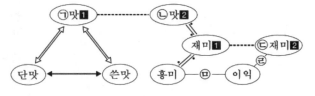

① "여행을 꼭 해외로 가야만 맛인가?"의 '맛'은 ㉠과 다의 관계이다.

② "음식에 설탕을 넣어 단맛을 내다."의 '단맛'은 ㉠의 하의어이고, '단맛'과 반의 관계인 '쓴맛'도 ㉠의 하의어이다.

③ "내가 어제 본 만화는 정말 재미가 있었어."의 '재미'가 ㉡과 유의 관계라면, ㉠과는 다의 관계가 된다.

④ "시세가 올라 이익을 본 상인이 많다."의 '이익'이 ㉢과 유의 관계라면, ㉣의 표시는 '늑'이 알맞다.

⑤ "소설의 결말을 알면 흥미가 반감된다."의 '흥미'와 '이익' 사이에서는 〈보기〉에 제시된 의미 관계를 찾을 수 없으므로, ㉤은 주어진 부호로는 표시할 수 없다.

---

12. '지경'이 다음 상황을 〈보기〉와 같이 표현했을 때, (   )에 들어갈 말로 가장 적절한 것은? (2011 고3 3월 학평)

> 박씨는 지경이 미워 바로 보지 아니하니, 지경 또한 바로 보는 적이 없더라.
>
> — 작자 미상, 〈윤지경전〉

〈보 기〉

> "나는 박씨와 (   )이므로 서로 마주 대할 일이 없습니다."

① 막역지간(莫逆之間)　　　② 문경지교(刎頸之交)　　　③ 견원지간(犬猿之間)
④ 수어지교(水魚之交)　　　⑤ 관포지교(管鮑之交)

---

13. ㉠의 상황을 표현하는 말로 가장 적절한 것은? (2014 고3 10월 학평A)

> 　의기투합한 두 녀석은 그 즉시 텔레비전 앞으로 달려가 버렸다. 모든 것—일테면, 밝고 따뜻한 봄볕과 파 뒤집어 놓은 흙과, 거기 점점이 흩뿌려져 있는 색색의 고운 구슬들과 함께 그들의 아버지까지도 죄다 미련 없이 내버려둔 채 말이다……. ㉠혼자가 된 나기배 씨는 한동안 우두커니 서 있기만 하였다. 더 이상 삽질하고픈 생각이 없었다. 어찌, 흙을 파 뒤집는 일만이겠는가. 지금까지 열심히 매달려 씨름해 왔던 온갖 일들은 물론, 앞으로 새로이 부딪치게 될 작업들에 대해서조차도 아무런 기대나 의욕을 느낄 것 같지 않았다.
>
> — 이동하, 〈밝고 따뜻한 날〉

① 간담상조(肝膽相照)　　　② 망연자실(茫然自失)　　　③ 전전긍긍(戰戰兢兢)
④ 절치부심(切齒腐心)　　　⑤ 새옹지마(塞翁之馬)

[정답] 1. ④ 2. ① 3. ⑤ 4. ② 5. ③ 6. ① 7. ③ 8. ③ 9. ① 10. ③ 11. ③ 12. ③ 13. ②

[해설] 1. ⓔ 어떤 경향이나 기색이 뚜렷함. ④ → 희박(稀薄) 2. ㉠ → 단언(주저하지 아니하고 딱 잘라 말함.), 간언: 웃어른이나 임금에게 옳지 못하거나 잘못된 일을 고치도록 말함. 3. 배회: 아무 목적도 없이 어떤 곳을 중심으로 어슬렁거리며 이리저리 돌아다님. 4. ㉠ 종이나 김 따위를 틀에 펴서 낱장으로 만들어 냄. ① 누룩이나 메주 따위가 발효함. ③ 실 따위로 코를 얽어서 무엇을 만듦. ④ 새겨진 글씨나 무늬 따위를 드러나게 함. ⑤ 물속이나 지면 따위에서 가라앉거나 내려앉지 않고 물 위나 공중에 있거나 위쪽으로 솟아오름. 5. ㉠ 지위나 신분 또는 자격을 나타냄. ① 어떤 물건의 재료나 원료. ② 어떤 일의 방법이나 방식. ④ 움직임의 방향. ⑤ 원인이나 이유를 각각 나타낸다. 6. 어떤 현상이 일어나거나 생기지 못하게 하다. ② 추위 따위가 어떤 대상에 미치지 못하게 하다. ③ 외부의 공격이나 침입 따위를 버티어 지키다. ④ 돈을 갚거나 결제하다. ⑤ 길, 통로 따위가 통하지 못하게 하다. 7. 목적이나 기술 따위를 들여 사물을 이루다. 8. ② 도저히 불가능한 일을 굳이 하려 함. ④ 어려운 처지에 있는 사람끼리 서로 가엾게 여김. ⑤ 한편으로는 기뻐하고 한편으로는 슬퍼함 또는 기쁨과 슬픔이 번갈아 일어남. 9. 첫째 문장: 진술(陳述), 둘째 문장: 자백(自白), 셋째 문장: 개진(開陳), 넷째 문장: 항변 10. ㉢ 사람이 다른 사람이나 사물에 대하여 감정이나 의지, 생각 따위를 느끼거나 일으키는 작용이나 태도 → 의지 11. '만화가 재미있다'의 '재미'는 '흥미'를 뜻하므로 '재미❶'에 해당한다. 〈보기〉에 제시된 대로, '재미❶'과 '맛❷'가 유의 관계인 것은 맞지만, '재미❶'과 '맛❶'은 다의 관계로 보기 어렵다. 다의 관계가 되기 위해서는 '맛❶'과 '맛❷'의 다의 관계에서처럼 형태가 같아야 하지만, '재미❶'과 '맛❶'은 형태가 다르다. 12. ③ 사이가 매우 나쁜 관계 13. ③ 몹시 두려워서 벌벌 떨며 조심함. ④ 몹시 분하여 이를 갈며 속을 썩임. ⑤ 인생의 길흉화복은 변화가 많아서 예측하기 어려움.

□ **맞다¹**
❶ 문제에 대한 답이 틀리지 아니하다. ▶ 내가 쓴 답이 맞았다.
❷ 말, 육감, 사실 따위가 틀림이 없다. ▶ 엄마는 항상 맞는 말씀만 하신다.
❸ '그렇다' 또는 '옳다' ▶ 다시 생각해 보니 네 말이 맞다.
❹ 어떤 대상이 누구의 소유임이 틀림이 없다. ▶ 이것이 네 것이 맞니?
❺ 어떤 대상의 내용, 정체 따위의 무엇임이 틀림이 없다. ▶ 그가 범인이 맞았다.
❻ 어떤 대상의 맛, 온도, 습도 따위가 적당하다. ▶ 음식 맛이 내 입에 맞는다.
❼ 크기, 규격 따위가 다른 것의 크기, 규격 따위와 어울리다. ▶ 반지가 손가락에 맞는다.
❽ 어떤 행동, 의견, 상황 따위가 다른 것과 같거나 어울리다.
▶ 이번 공연에서는 멤버들 간에 춤 동작이 맞지 않았다.
❾ 모습, 분위기, 취향 따위가 다른 것에 잘 어울리다. ▶ 그 옷은 내 취향과 안 맞는다.

□ **맞다²**
❶ 오는 사람이나 물건을 예의로 받아들이다. ▶ 주인이 현관에서 방문객을 맞았다.
❷ 적이나 어떤 세력에 대항하다. ▶ 수많은 군사들이 왜군을 맞아 싸우다 전사했다.
❸ 시간이 흐름에 따라 오는 어떤 때를 대하다. ▶ 새해를 맞아 다이어트를 결심했다.
❹ 자연 현상에 따라 내리는 눈, 비 따위의 닿음을 받다. ▶ 눈을 맞으며 거리를 걸었다.
❺ 점수를 받다. ▶ 삼촌이 운전면허시험에서 만점을 맞았다.
❻ 어떤 좋지 아니한 일을 당하다. ▶ 아이가 아버지에게 야단을 맞고 의기소침해 있다.
❼ 가족의 일원으로 예를 갖추어 데려오다. ▶ 그는 친구의 여동생을 아내로 맞았다.

□ **맞다³**
❶ 외부로부터 어떤 힘이 가해져 몸에 해를 입다. ▶ 멀리서 날아온 공에 머리를 맞았다.
❷ 침, 주사 따위로 치료를 받다. ▶ 아이는 예방 주사를 맞지 않겠다고 몸부림을 쳤다.
❸ 쏘거나 던지거나 한 물체가 어떤 물체에 닿다. 또는 그런 물체에 닿음을 입다.
▶ 선수가 쏜 화살이 과녁에 정확하게 맞았다.

□ **맞추다**
❶ 서로 떨어져 있는 부분을 제자리에 맞게 대어 붙이다. ▶ 문틀에 문짝을 맞추었다.
❷ 둘 이상의 일정한 대상들을 나란히 놓고 비교하여 살피다.
▶ 나는 가장 친한 친구와 답을 맞추어 보았다. 최 부장은 물품을 물품 대장과 일일이 맞추어 확인했다.
❸ 서로 어긋남이 없이 조화를 이루다. ▶ 다른 직원과 보조를 맞추어 작업을 진행하였다.
❹ 어떤 기준이나 정도에 어긋나지 아니하게 하다. ▶ 심사 기준에 맞추어 서류를 준비했다.
❺ 어떤 기준에 틀리거나 어긋남이 없이 조정하다. ▶ 카메라의 초점을 아기에게 맞추었다.
❻ 일정한 수량이 되게 하다. ▶ 전시회에서는 1회 관람객을 50명으로 맞추고 있다.
❼ 열이나 차례 따위에 똑바르게 하다. ▶ 학생식당 앞에 학생들이 줄을 맞추어 섰다.
❽ 다른 사람의 의도나 의향 따위에 맞게 행동하다. ▶ 그는 상사의 비위를 맞추었다.
❾ 약속 시간 따위를 넘기지 아니하다. ▶ 약속 시간을 맞추려면 지금 길을 나서야 한다.
❿ 일정한 규격의 물건을 만들도록 미리 주문을 하다. ▶ 결혼식에 신을 구두를 맞추었다.
⓫ 다른 어떤 대상에 닿게 하다. ▶ 아이의 이마에 입을 맞추었다.

□ **맡다**
❶ 어떤 일에 대한 책임을 지고 담당하다. ▶ 그분은 3반 담임을 맡고 계시다.
❷ 어떤 물건을 받아 보관하다. ▶ 화장실에 간 친구의 가방을 맡아 두었다.
❸ 자리나 물건 따위를 차지하다. ▶ 아침 일찍 가야 도서관에서 자리를 맡을 수 있다.
❹ 면허나 증명, 허가, 승인 따위를 얻다. ▶ 관할 구청에서 건축 허가를 맡았다.
❺ 주문 따위를 받다. ▶ 손님한테서 주문을 맡았다.
동음이의어 + **맡다:** ❶ 코로 냄새를 느끼다. ▶ 그는 들로 나가 흙냄새를 맡았다.
❷ 어떤 일의 낌새를 눈치 채다. ▶ 형사는 그의 말투와 행동에서 그가 범인이라는 냄새를 맡았다.

□ **매각**
賣 팔 매. 却 물리칠 각

물건을 팔아 버림. ▶ 나는 서울에 있는 집을 세입자에게 매각하여 빚을 정리했다.

참고어휘 + **매수**(買살매 收거둘수): ❶ 물건을 사들임. ▶ 토지 공사에서 대지를 싼값에 매수하였다.

❷ 금품 등의 수단으로 남의 마음을 사서 자기편으로 만드는 일 ▶ 그는 돈으로 경쟁자를 매수하였다.

양도(讓사양할양 渡건널도): 재산이나 물건을 남에게 넘겨줌. ▶ 그는 딸에게 회사의 지분을 양도하였다.

매도(賣팔매 渡건널도): 값을 받고 물건의 소유권을 다른 사람에게 넘김.

▶ 어머니는 살던 집을 지인에게 매도했다.

동음이의어 + **매도**(罵꾸짖을매 倒넘어질도): 심하게 욕하며 나무람.

▶ 사람들은 그를 기회주의자라고 매도한다.

□ **매개**
媒 중매 매 介 낄 개

둘 사이에서 양편의 관계를 맺어 줌.

▶ 광고는 생산자를 소비자와 매개하는 역할을 한다.

□ **매기다**

❶ 일정한 기준에 따라 사물의 값이나 등수 따위를 정하다.

▶ 과일에 등급을 매겼다.

❷ 일정한 숫자나 표지를 적어 넣다.

▶ 심사위원들이 응모 작품에 점수를 매겼다.

□ **맹신**
盲 소경 맹 信 믿을 신

옳고 그름을 가리지 않고 덮어놓고 믿는 일

▶ 약을 맹신해서는 안 된다.

참고어휘 + **맹종**(盲소경맹 從좇을종): 옳고 그름을 가리지 않고 남이 시키는 대로 덮어놓고 따름.

▶ 신도들은 사이비 교주에게 맹종하여 그의 말이라면 무엇이든 믿고 따랐다.

맹목적(盲소경맹 目눈목 的~의 적): 주관이나 원칙이 없이 덮어놓고 행동하는. 또는 그런 것

▶ 그는 아무 목표도 없이 맹목적으로 공부만 했다.

□ **맺다**

❶ 물방울이나 땀방울 따위가 생겨나 매달리다. ▶ 더위 때문에 이마에 땀방울이 맺었다.

❷ 열매나 꽃망울 따위가 생겨나거나 그것을 이루다. ▶ 사과나무에 열매가 많이 맺었다.

❸ 끄나풀, 실, 노끈 따위를 얽어 매듭을 만들다. ▶ 어부가 그물을 맺고 있었다.

❹ 하던 일을 끝내다. ▶ 그는 하던 일의 끝을 맺고 일어섰다.

❺ 관계나 인연 따위를 이루거나 만들다. ▶ 이번에 새로운 거래처와 관계를 맺었다.

확인문제

(1~4) 괄호 안에서 문맥에 맞는 말을 고르시오.

1. 그를 배신자로 (매도 / 양도)하는 것은 잘못이다.

2. 그 죄수는 교도관들을 (매각 / 매수)하여 탈옥에 성공했다.

3. 말라리아는 모기를 (매개 / 목표)로 하여 전염된다.

4. 그는 나의 말이라면 모두 옳다고 (맹신 / 회의)했다.

(5~9) 밑줄 친 말의 의미가 유사한 것을 2개씩 고르시오.

5. ① 침을 맞다. ② 해방을 맞다. ③ 생일을 맞다. ④ 100점을 맞다. ⑤ 네 말이 맞다.

6. ① 빠진 어깨뼈를 맞추다. ② 새 양복을 맞추다. ③ 서로 답을 맞추다. ④ 점심때를 맞추다. ⑤ 친구와 일정을 맞추다.

7. ① 짐을 맡다. ② 반장을 맡다. ③ 냄새를 맡다. ④ 허락을 맡다. ⑤ 경영을 맡다.

8. ① 재산을 기준으로 세금을 매겼다. ② 공책에 페이지를 매겼다. ③ 성적순으로 등수를 매겼다.

9. ① 끝을 맺다. ② 이슬이 맺다. ③ 동맹을 맺다. ④ 의형제를 맺다. ⑤ 꽃봉오리가 맺다.

- -

[정답] 1. 매도 2. 매수 3. 매개 4. 맹신 5. ②, ③ 6. ③, ⑤ 7. ②, ⑤ 8. ①, ③ 9. ③, ④

[해설] 5. ②·③ 맞다²─❸ 6. ③·⑤ 맞추다─❷ ① 맞추다─❶ ④ 맞추다─❸ 7. ②·⑤ 맡다─❶ 8. ①·③ 매기다─❶ 9. ③·④ 맺다─❺

□ 머리	❶ 사람이나 동물의 목 위의 부분 ▶ 머리가 커서 모자가 잘 맞지 않는다.
	❷ 생각하고 판단하는 능력 ▶ 그 학생은 머리가 나쁜 것이 아니라 노력을 하지 않는 것이다.
	❸ 머리털 ▶ 머리가 길어서 관리하기 힘드니 미용실에 가서 잘라야겠다.
	❹ 단체의 우두머리 ▶ 그는 우리 모임의 머리 노릇을 하고 있다.
	❺ 사물의 앞이나 위 ▶ 장도리의 머리 부분에 페인트가 튀었다.
	❻ 일의 시작이나 처음 ▶ 머리도 끝도 없이 일이 뒤죽박죽이 되었다.

□ 머무르다	❶ 도중에 멈추거나 일시적으로 어떤 곳에 묵다. ▶ 그는 한곳에 오래 머무를 수 없었다.
	❷ 더 나아가지 못하고 일정한 수준이나 범위에 그치다. ▶ 한국은 준우승에 머물렀다.

□ 먹다	❶ 음식 따위를 입을 통하여 배 속에 들여보내다. ▶ 어머니가 해 주신 밥을 먹었다.
	❷ 담배나 아편 따위를 피우다. ▶ 그것은 호랑이 담배 먹던 시절의 이야기이다.
	❸ 연기나 가스 따위를 들이마시다. ▶ 요즘에도 연탄가스를 먹는 사고가 종종 발생한다.
	❹ 어떤 마음이나 감정을 품다. ▶ 그는 나에게 앙심을 먹고 투서를 했다.
	❺ 일정한 나이에 이르거나 나이를 더하다. ▶ 그는 세 살 먹은 딸을 데리고 나왔다.
	❻ 겁, 충격 따위를 느끼게 된다. ▶ 그는 겁을 먹고 모든 죄를 실토하였다.
	❼ 욕, 핀잔 따위를 듣거나 당하다. ▶ 그는 파렴치한 행동으로 욕을 먹었다.
	❽ (속되게) 뇌물을 받아 가지다. ▶ 공무원이 뇌물을 먹고 청탁을 들어 주었다.
	❾ 수익이나 이문을 차지하여 가지다. ▶ 남은 이익은 모두 네가 먹어라.
	❿ 물이나 습기 따위를 빨아들이다. ▶ 옷 안에 든 솜이 물을 먹어서 너무 무거웠다.
	⓫ 어떤 등급을 차지하거나 점수를 따다. ▶ 아이가 이번 음악 콩쿠르에서 1등을 먹었다.
	⓬ 구기 경기에서, 점수를 잃다. ▶ 우리 팀이 전반전에 한 골을 먹었다.
	⓭ 매 따위를 맞다. ▶ 그는 상대의 센 주먹을 한 방 먹고 나가떨어졌다.
	⓮ 남의 재물을 다루거나 맡은 사람이 그 재물을 부당하게 자기의 것으로 만들다.
	▶ 경리 직원이 회사의 공금을 먹고 도망쳤다.
	⓯ 바르는 물질이 배어들거나 고루 퍼지다. ▶ 옷감에 풀이 잘 먹어야 다림질하기 좋다.
	⓰ 벌레, 균 따위가 파 들어가거나 퍼지다. ▶ 벌레 먹은 복숭아가 더 맛이 있다.
	⓱ 돈이나 물자 따위가 들거나 쓰이다. ▶ 공사에 철근이 생각보다 많이 먹어 걱정이다.

□ 명문 名 이름 명 文 글월 문	뛰어나게 잘 지은 글. ▶ 그의 글은 당대의 명문으로 이름나 있다.
	동음이의어 + 명문(名이름명 門문문): ❶ 이름 있는 문벌. 또는 훌륭한 집안
	▶ 그는 충청도의 명문 출신이다.
	❷ 이름난 좋은 학교 ▶ 형은 서울에 있는 명문 사립 대학교에 지원했다.
	명문(明밝을명 文글월문): 글로 명백히 기록된 문구. 또는 그런 규정
	▶ 그 사실은 회의록에 명문화되어 있다.

□ 명색 名 이름 명 色 빛 색	실속 없이 그럴듯하게 불리는 허울만 좋은 이름
	▶ 반장은 명색일 뿐 사실은 온갖 일을 도맡아 하는 심부름꾼이다.
	참고어휘 + '色(빛색)'을 공유하는 한자어
	구색(具갖출구 色빛색): 여러 가지 물건을 고루 갖춤. 또는 그런 모양새 ▶ 구색을 맞추어 밥상을 차렸다.
	행색(行다닐행 色빛색): ❶ 겉으로 드러나는 차림이나 태도 ▶ 그는 마치 걸인처럼 남루한 행색이었다.
	❷ 길을 떠나기 위하여 차리고 나선 모양 ▶ 삼촌은 산에 가는 행색으로 나타났다.
	물색(物물건물 色빛색): ❶ 물건의 빛깔 ▶ 어머니는 물색이 고운 한복을 차려입고 외출을 했다.
	❷ 어떤 기준으로 거기에 알맞은 사람이나 물건, 장소를 고르는 일
	▶ 그는 여러 조건을 따져 가며 적임자 물색에 착수했다.

❸ 어떤 일의 까닭이나 형편 ▶ 물색도 모르고 나서지 마라.

❹ 자연의 경치 ▶ 명기가 많고 물색이 좋은 진주 놀음판을 함께 즐깁시다.

퇴색(退물러날퇴 色빛색): ❶ 빛이나 색이 바램. ▶ 오래된 사진이라 퇴색이 심하다.

❷ 무엇이 낡거나 몰락하면서 그 존재가 희미해지거나 볼품없이 됨.

▶ 공산주의 이념의 퇴색으로 동구 공산 국가들이 붕괴되었다.

☐ **명시**
明 밝을 명 示 보일 시

분명하게 드러내 보임. ▶ 은유는 원관념과 보조관념 사이의 관계가 명시적으로 드러나지 않는다.

[참고어휘 +] '示(보일시)'를 공유하는 한자어

묵시(默잠잠할묵 示보일시): 직접적으로 말이나 행동으로 드러내지 않고 은연중에 뜻을 나타내 보임.

▶ 급여 문제는 사장과 묵시적으로 합의를 본 사안이었다.

계시(啓열계 示보일시): 깨우쳐 보여 줌. ▶ 그는 하느님의 계시를 받고 목사가 되었다고 말했다.

암시(暗어두울암 示보일시): 넌지시 알림. 또는 그 내용 ▶ 이 소설에서 흰옷은 죽음을 암시한다.

☐ **모골**
毛 터럭 모 骨 뼈 골

털과 뼈 ▶ 무서운 얘기를 듣고 나는 모골이 오싹해졌다.

[참고어휘 +] **송연**(悚두려울송 然그럴연)**하다**: 두려워 몸을 옹송그릴 정도로 오싹 소름이 끼치는 듯하다. ▶ 할머니가 들려주시는 귀신 이야기는 언제 들어도 모골이 송연하도록 무서웠다.

☐ **모사**
模 본뜰 모 寫 베낄 사

❶ 어떠한 대상이나 현상을 있는 그대로 본떠서 언어나 그림으로 묘사함.

▶ 문학은 현실에 바탕을 두고 있지만 사실 그대로의 모사는 아니다.

❷ 어떤 그림을 보고 그대로 본떠서 그림. 또는 그러한 그림

▶ 나는 고흐의 화법에 매력을 느껴 그의 작품을 모사해 보았다.

❸ 무엇을 흉내 내어 그대로 나타냄. ▶ 내 친구는 정말 성대모사의 달인이다.

❹ 원본을 베끼어 씀. ▶ 학자가 되려는 사람들에게는 모사를 경계하는 윤리 교육이 필요하다.

[참고어휘 +] **표절**(剽겁박할표 竊훔칠절): 시나 글, 노래 따위를 지을 때에 남의 작품의 일부를 몰래 따다 씀. ▶ 학자는 절대로 남의 논문을 표절해서는 안 된다.

답습(踏밟을답 襲엄습할습): 예로부터 해 오던 방식이나 수법을 좇아 그대로 행함.

▶ 지난 세대의 잘못을 답습해서는 안 된다.

[한자성어 +] **부화뇌동**(附붙을부 和화할화 雷우레뇌 同한가지동): 줏대 없이 남의 의견에 따라 움직임.

▶ 잘 알지도 못하면서 함부로 부화뇌동하지 마라.

확 인 문 제

(1~4) 문맥에 어울리는 말을 괄호 안에서 고르시오.

1. 텃밭에 이것저것 (물색 / 구색)을 갖추어 채소를 심었다.   2. 예산의 실제 사용처를 (명시 / 묵시)적으로 밝혀 주십시오.

3. 심심풀이로 피카소의 명화를 (답습 / 모사)해 보았다.   4. 잔인한 이야기를 들으니 모골이 (숙연 / 송연)해졌다.

(5~8) 밑줄 친 말이 제시문과 가장 유사한 의미로 쓰인 것을 고르시오.

5. 그는 행동이 가볍고 민첩한데다가 머리까지 뛰어났다.

　① 머리를 감았다.　　　② 머리를 다쳤다.　　　③ 회사의 머리가 되었다.　　　④ 좋은 머리를 썩히고 있다.

6. 명화든 명문이든 창작의 고통 없이 이루어지는 것은 없다.

　① 그는 명문의 자제이다.　　　② 그것은 헌법에 명문으로 규정되어 있다.　　　③ 그 연설문은 역사에 길이 남을 명문이다.

7. 계획에만 머무르지 말고 실행하도록 해라.

　① 성적이 늘 하위권에 머물렀다.　　　② 제주도에서 3박 4일을 머물렀다.　　　③ 장마 전선이 남부 지방에 머물러 있다.

8. 그는 속없는 소리를 하다가 가끔 핀잔을 먹곤 했다.

　① 나이를 먹다.　　　② 경고를 먹다.　　　③ 뇌물을 먹다.　　　④ 우승을 먹다.　　　⑤ 벌레가 먹다.

[정답] 1. 구색 2. 명시 3. 모사 4. 송연 5. ④ 6. ③ 7. ① 8. ②

[해설] 5. 머리-❷ 6. 명문(名文) ① 명문(名門) ② 명문(明文) 7. 머무르다-❷ 8. 먹다-❼ ⑤ 먹다-⓰

□ 모으다	❶ 한데 합치다. ▶ 아이들은 두 손을 모으고 기도를 드렸다.
	❷ 특별한 물건을 구하여 갖추어 가지다. ▶ 할아버지는 수석을 모으는 취미가 있으시다.
	❸ 돈이나 재물을 써 버리지 않고 쌓아 두다. ▶ 형은 열심히 일해서 돈을 많이 모았다.
	❹ 숨을 한껏 들이마시다. ▶ 엑스레이를 찍는데 간호사가 숨을 모으라고 말했다.
	❺ 정신, 의견 따위를 한곳에 집중하다. ▶ 우리는 그 제안에 반대하기로 의견을 모았다.
	❻ 힘, 노력 따위를 한곳에 집중하다. ▶ 힘을 모아 난국을 헤쳐 나가자.
	❼ 다른 이들의 관심이나 흥미를 끌다. ▶ 그의 성공이 세간의 관심을 모으고 있다.
	❽ 여러 사람을 한곳에 오게 하거나 한 단체에 들게 하다.
	▶ 이장이 사람들을 마을 회관에 모아 놓고 연설을 했다.

□ 모첨 茅 띠 모 檐 처마 첨	초가지붕의 처마 ▶ 정철의 〈사미인곡〉에서 화자는 밤에 '모첨 찬 자리'로 돌아왔다고 말한다.
	참고어휘 + 토방(土흙토 房방방): 방에 들어가는 문 앞에 좀 높이 편평하게 다진 흙바닥
	▶ 그는 토방으로 올라서며 잔기침으로 인기척을 냈다.
	박주(薄엷을박 酒술주): ❶ 맛이 좋지 못한 술 ▶ 나는 초가집에 베옷 입고 박주를 마시는 삶에 만족한다.
	❷ 남에게 대접하는 술을 겸손하게 이르는 말 ▶ 내 집에 온 귀한 손님인데 박주라도 한잔 나눕시다.

□ 모태 母 어머니 모 胎 아이 밸 태	(어미의 태 안 →) 사물의 발생·발전의 근거가 되는 토대 ▶ 설화는 소설의 모태이다.
	참고어휘 + 귀감(龜거북귀 鑑거울감): 거울로 삼아 본받을 만한 모범 ▶ 그분은 한국 여성의 귀감이다.
	척도(尺자척 度법도): (자로 재는 길이의 표준 →) 평가하거나 측정할 때 의거할 기준
	▶ 돈을 가치의 척도로 삼아서는 안 된다.

□ 목도 目 눈 목 睹 볼 도	눈으로 직접 봄.=목격(目눈목 擊칠격) ▶ 나는 전쟁의 참상을 목도했다.
	참고어휘 + '目(눈목)'을 공유하는 한자어
	목전(目눈목 前앞전): ❶ 눈으로 볼 수 있는 아주 가까운 곳 ▶ 끔찍한 일이 목전에서 벌어졌다.
	❷ 아주 가까운 장래 ▶ 그는 죽음을 목전에 두자 자신의 지난 잘못을 고백했다.
	이목(耳귀이 目눈목): (귀와 눈 →) ❶ 주의나 관심 ▶ 오늘 회담에 전 국민의 이목이 집중되고 있다.
	❷ 귀와 눈을 중심으로 한 얼굴의 생김새 ▶ 그는 덩치도 좋고 이목도 수려했다.

□ 몰두 沒 빠질 몰 頭 머리 두	어떤 일에 온 정신을 다 기울여 열중함. ▶ 그는 일생토록 학문에만 몰두하였다.
	유의어 + 골몰(汨골몰할골 沒빠질몰): 다른 생각을 할 여유도 없이 한 가지 일에만 파묻힘.
	▶ 아이는 요즘 새로운 게임에 골몰하고 있다.
	몰입(沒빠질몰 入들입): 깊이 파고들거나 빠짐. ▶ 그는 뛰어난 말솜씨로 사람들을 이야기에 몰입시켰다.
	전념(專오로지전 念생각념): 오직 한 가지 일에만 마음을 씀. ▶ 공부에만 전념하더니 시험에 합격하였다.
	심취(心마음심 醉취할취): 어떤 일이나 사람에 깊이 빠져 마음을 빼앗김. ▶ 그는 한때 음악에 심취했었다.
	천착(穿뚫을천 鑿뚫을착): (구멍을 뚫음. →) 어떤 원인이나 내용 따위를 따지고 파고들어 알려고 하거나 연구함. ▶ 이번 공동 연구에서는 이 주제를 좀 더 천착할 필요가 있다.
	경주(傾기울경 注부을주): (물 따위를 기울여 붓거나 쏟음. →) 힘이나 정신을 한곳에만 기울임.
	▶ 그들은 목적 달성을 위해 최선의 노력을 경주했다.
	매진(邁멀리갈매 進나아갈진): 어떤 일을 전심전력을 다하여 해 나감. ▶ 아무 걱정 말고 공부에만 매진해라.

□ 몽상 夢 꿈 몽 想 생각 상	실현성이 없는 헛된 생각을 함. 또는 그 생각 ▶ 그녀는 내 생각을 몽상이라고 비웃었다.
	참고어휘 + '想(생각상)'을 공유하는 한자어
	공상(空빌공 想생각상): 현실적이지 못하거나 실현될 가망이 없는 것을 막연히 그리어 봄. 또는 그런 생각 ▶ 요즘은 공상 과학 소설보다는 판타지 소설이 더 인기이다.
	망상(妄망령될망 想생각상): 이치에 맞지 아니한 망령된 생각을 함. 또는 그 생각
	▶ 그는 누군가 자기를 감시하고 있다는 망상에 시달리고 있다.

□ 무너지다	❶ 쌓여 있거나 서 있는 것이 허물어져 내려앉다. ▶ 지진 때문에 건물이 <u>무너졌다</u>.
	❷ 몸이 힘을 잃고 쓰러지거나 밑바닥으로 내려앉다. ▶ 그는 <u>무너지듯</u> 바닥에 주저앉았다.
	❸ 질서, 제도, 체제 따위가 파괴되다. ▶ 공직 사회의 기강이 <u>무너졌다</u>.
	❹ 권력이 소멸하거나 나라가 망하다. ▶ 고려 왕조가 <u>무너지고</u> 조선이 건국되었다.
	❺ 계획이나 구상, 생각 따위가 뜻대로 되어 가지 못하고 깨지다.
	▶ 그 일로 인해 딸에 대한 기대가 <u>무너졌다</u>.
	❻ 슬픈 일 따위를 당하여 감정이 안정을 잃고 한꺼번에 내려앉다.
	▶ 남편을 잃은 아내는 슬픔에 가슴이 <u>무너졌다</u>.
	❼ 기준, 선 따위가 뚫리거나 깨지다. ▶ 포위망이 <u>무너져</u> 적이 빠져나갔다.
	❽ 세력 따위가 없어지거나 약해지다. ▶ 경칩이 지나자 겨울의 기세도 <u>무너지기</u> 시작했다.
	❾ 일정한 형태나 태도, 정적인 상태 따위가 깨지다. ▶ 원형의 모양이 <u>무너졌다</u>.
	❿ 운동 경기 따위에서 지다. ▶ 경기 초반에 선발 투수가 힘없이 <u>무너졌다</u>.

□ 무모 無 없을 무 謀 꾀 모	앞뒤를 잘 헤아려 깊이 생각하는 신중성이나 꾀가 없음. ▶ 강물에 <u>무모</u>하게 뛰어들었다.
	참고어휘 + '無(없을무)'를 공유하는 한자어
	무욕(無없을무 慾욕심욕): 욕심이 없음. ▶ 나는 아직 수양이 부족하여 <u>무욕</u>의 경지에 이르지 못했다.
	무고(無없을무 辜허물고): 죄가 될 만한 허물이 없음. ▶ 그 사람은 자신이 <u>무고</u>하다고 계속 주장하고 있다.
	무단(無없을무 斷끊을단): 사전에 허락이 없음. 또는 아무 사유가 없음.
	▶ 시중에 판매하는 음반을 <u>무단</u> 복제하는 것은 불법이다.
	무도(無없을무 道길도): 말이나 행동이 인간으로서 지켜야 할 도리에 어긋나서 막됨.
	▶ 그 일로 그는 천하에 <u>무도</u>한 사람이라는 비난을 감수해야 했다.
	한자성어 + **무용지물**(無없을무 用쓸용 之~의 지 物물건물): 쓸모없는 물건이나 사람
	▶ 컴퓨터는 소프트웨어가 없으면 <u>무용지물</u>이다.
	무위도식(無없을무 爲할위 徒무리도 食먹을식): 하는 일 없이 놀고먹음.
	▶ 그는 직장을 그만두고 <u>무위도식</u>하고 있다.
	속담 + **섶을 지고 불로 들어가려 한다**: 앞뒤 가리지 못하고 미련하게 행동함.
	▶ 적들이 함정을 파고 있는 줄도 모르고 무작정 전진했으니 <u>섶을 지고 불로 들어가려 한</u> 꼴이다.
	자는 범 코침 주기: 가만히 내버려두면 아무 일이 없었을 것을 공연히 건드려 화를 입게 됨.=자는 벌집 건드린다. ▶ 공부하는 형에게 장난을 치다 혼쭐이 났으니 <u>자는 범 코침 주기</u>가 따로 없다.

확 인 문 제

(1~9) 밑줄 친 말의 쓰임이 문맥에 적절한지 판단하시오.

1. 주인은 산해진미와 박주로 호화롭게 술상을 차렸다.
2. 놀부의 악행은 사람들에게 귀감이 되고 있다.
3. 그녀는 동료들의 이목을 전혀 의식하지 않고 있다.
4. 그의 머릿속은 갖가지 몽상으로 가득 차 있었다.
5. 선생님은 제자를 가르치는 일에 매진해 왔다.
6. 아무런 정보도 없이 그 일에 뛰어드는 것은 무단하다.
7. 그는 가족의 생계를 위해 힘한 일도 가리지 않고 무위도식하고 있다.
8. 소방관은 섶을 지고 불로 들어가려 하는 용감한 행동으로 위기에 처한 시민을 구했다.
9. 말 안 했으면 몰랐을 것을 괜히 말했다가 경을 치게 생겼으니 자는 벌집 건드린 꼴이다.

(10~11) 밑줄 친 말이 제시문과 가장 유사한 의미로 쓰인 것을 고르시오.

10. 이 노래가 요즘 십 대들의 인기를 <u>모으고</u> 있는 곡이다.
　① 숨을 <u>모으다</u>.　　② 시선을 <u>모으다</u>.　　③ 회원을 <u>모으다</u>.　　④ 의견을 <u>모으다</u>.　　⑤ 재산을 <u>모으다</u>.

11. 한 사람의 실수로 그 계획은 한순간에 무너져 버렸다.
　① 큰 다리가 <u>무너지다</u>.　　② 우리의 바람이 <u>무너지다</u>.　　③ 사회 질서가 <u>무너지다</u>.　　④ 경찰 저지선이 <u>무너지다</u>.

[정답] 1. 부적절 2. 부적절 3. 적절 4. 적절 5. 적절 6. 부적절 7. 부적절 8. 부적절 9. 적절 10. ② 11. ②
[해설] 11. 모으다-❼ 12. 무너지다-❺

(1~2) 어휘의 선택이 문맥에 맞지 <u>않는</u> 것을 고르시오.

1. ① 그 나라는 경제 발전에 전력을 (몰두 /(경주))하고 있다.

② 정부는 재단의 설립 근거를 법에 ((명시)/ 묵시)해 놓았다.

③ 기관들의 주식 ((매도)/ 매수)가 늘면서 주가가 떨어지고 있다.

④ (행색 /(명색))이 지식인이라는 사람이 제 잇속만 챙겨서는 안 된다.

⑤ 너희가 하는 일은 결국 기성세대의 잘못을 (답습 /(표절))하는 결과가 된다.

2. ① 나는 가끔 미래의 내 모습을 ((공상)/ 망상)하곤 한다.

② 그들은 신중론을 펼치는 그를 회색분자로 ((매도)/ 천착)하였다.

③ 그는 남들이 추기는 대로 쉽게 (각주구검 /(부화뇌동))하는 사람이다.

④ 그들은 차마 눈 뜨고 볼 수 없는 비참한 광경을 (목도 / 매개)하였다.

⑤ 피의자는 끝까지 혐의를 부인하며 자신은 ((무고)/ 무도)하다고 말했다.

3. 문맥상 ㉠~㉤과 바꾸어 쓰기에 적절하지 않은 것은?　　　　　　　　　　　　　　　　　　　　　　　(2018 고2 3월 학평 응용)

> 　　조각이 장소와 긴밀한 관련성을 지니고 그 장소의 맥락과 의미를 강조하는 수단으로 활용되는 경향은 근대에 들어서면서 큰 변화를 맞이했다. 종교의 영향력 및 왕권이 약화되면서 관련 장소가 지녔던 권위도 ㉠퇴색하여, 그 장소에 놓인 조각에 ㉡부여되었던 종교적, 정치적 의미도 약해진 것이다. 또 특정 장소의 상징으로서의 조각이 원래의 장소에서 물리적으로 ㉢분리되어 기존의 맥락을 ㉣상실하는 경우도 생겨났다. 이러한 상황이 전시 및 교육을 목적으로 하는 박물관, 미술관 등 근대적 장소가 ㉤출현하는 상황과 맞물리면서 조각에 대한 새로운 관점이 부각되기 시작했다. 조각이 박물관이나 미술관에 놓이면서 미적 감상의 대상인 '작품'으로서의 성격이 강조된 것이다. 사람들은 조각을 예술적인 기법이나 양식 등 순수한 미적 현상이 구현된 독립적인 작품으로 감상하게 되었다.

① ㉠: 희미해져　　　② ㉡: 주어졌던　　　③ ㉢: 떨어져서　　　④ ㉣: 잃어버리는　　　⑤ ㉤: 드러나는

(4~5) 밑줄 친 말이 ㉠과 유사한 의미로 사용된 것을 고르시오.

4.　　　(2007 고3 3월 학평)

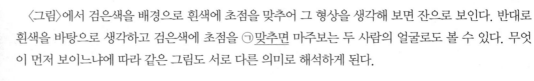

〈그림〉에서 검은색을 배경으로 흰색에 초점을 맞추어 그 형상을 생각해 보면 잔으로 보인다. 반대로 흰색을 바탕으로 생각하고 검은색에 초점을 ㉠맞추면 마주보는 두 사람의 얼굴로도 볼 수 있다. 무엇이 먼저 보이느냐에 따라 같은 그림도 서로 다른 의미로 해석하게 된다.

〈그림〉 루빈의 잔

① 젓가락의 짝을 <u>맞추어</u> 밥상에 올려놓았다.　　　② 아기의 볼에 입을 <u>맞추며</u> 행복한 미소를 지었다.

③ 그의 가족은 늘 같은 안경점에서 안경을 <u>맞춘다</u>.　　　④ 컴퓨터를 조심해서 분해한 다음, 본래대로 <u>맞추어</u> 보아라.

⑤ 어머니는 가족 중, 아버지의 입맛에 <u>맞추어</u> 음식을 하신다.

5. ──────────────────────────────────── (2015 고3 4월 학평)

> 17세기 프랑스 화가 푸생(N. Poussin)은 작품 속의 인물들을 표현할 때, 주제를 가장 잘 드러내기 위해 고대 조각상 중에서 자신의 표현 의도에 ㉠맞는 가장 이상적으로 생각하는 상을 골라 인위적인 자세를 취하도록 해야 한다고 보았다.

① 이 안경이 바로 아까 그 학생 것이 맞다.
② 이 식당의 음식 맛은 내 입에 잘 맞는다.
③ 그녀는 아무리 보아도 네게 잘 맞는 것 같다.
④ 과연 그 답이 맞는지 더 생각해 보기로 하자.
⑤ 나의 의견이 그의 생각과 맞을 것이라고 확신한다.

6. 〈보기〉는 '매기다'의 의미를 정리한 것이다. 용례로 적절하지 <u>않은</u> 것은? (2011 고3 3월 학평)

─〈보 기〉─
> ㉠ 일정한 기준에 따라 사물의 값이나 등수 따위를 정하다.
> ㉡ 일정한 숫자나 표식을 적어 넣다.

① ㉠: 가을에 출하되는 쌀을 등급대로 가격을 매겼다.
② ㉠: 관세청에서는 그 수입품에 높은 관세를 매겼다.
③ ㉡: 선생님은 신체검사를 통해 학생들의 신체 등급을 매겼다.
④ ㉡: 그는 순서대로 일련번호를 매겨 장부를 보관하였다.
⑤ ㉡: 심사위원장은 응모작에 매긴 점수를 합하여 대상을 결정하였다.

(7～9) 문맥상 ㉠과 바꿔 쓸 수 있는 말을 고르시오.

7. ──────────────────────────────── (2017 고3 3월 학평)

> 놀이공원 입장료와 놀이 기구 이용료를 생각해 보자. 독점적 지위에 있는 생산자는 놀이 기구 이용료와 별도로 놀이공원 입장료를 받아 두 차례 가격을 치르도록 할 수 있다. 이때 생산자는 놀이공원을 이용할 수 있는 권리인 입장료를 적절한 수준으로 결정해야 자신의 이익을 극대화할 수 있다. 입장료를 지나치게 높은 수준으로 ㉠매기면 다수의 소비자들이 이용을 포기할 것이고, 너무 낮은 수준으로 매기면 수입이 줄어들기 때문이다.

① 감정하면 ② 배정하면 ③ 시정하면
④ 책정하면 ⑤ 제정하면

8. ──────────────────────────────── (2012 고1 11월 학평 응용)

> 이 기업에서는 기업의 설립과 운영에 가장 많은 돈을 기부한 창립자라 하더라도 다른 일반 구성원들과 동등한 의사 결정권을 가진다. 뿐만 아니라 구성원 모두의 자발적인 참여를 유도하고, 구성원의 의견을 민주적으로 ㉠모아서 기업이 운영된다. 이는 조직 운영의 민주성을 보여주는 것이다.

① 수렴(收斂)하여 ② 수집(蒐集)하여 ③ 모집(募集)하여
④ 집중(集中)하여 ⑤ 규합(糾合)하여

(2015 고2 성취도평가)

> "매 소리를 하겠거든 다시 내 집에 발을 들여놓지 말게. 인간이 불쌍해서 그쯤 알아듣게 살 궁리를 해 보라고 했으면 귀
> 가 좀 뚫릴 법도 한데 원 사람이라군……."
> 그런 소리를 뒤에 남기고 버버리네 아랫방으로 돌아온 곽 서방은 밥도 굶고 생각에만 ⊙잠겨 있었다.
>
> – 이청준, 〈매잡이〉

① 고취(鼓吹)하여   ② 골몰(汨沒)하여   ③ 도취(陶醉)하여   ④ 몰각(沒却)하여   ⑤ 침체(沈滯)하여

10. 〈보기〉는 '사전 활용하기' 학습 활동을 위한 자료이다. 이에 대한 이해로 적절하지 <u>않은</u> 것은? (2014 고3 10월 학평A)

─〈보 기〉─

맞다¹ [맏따] 〔맞아, 맞으니, 맞는[만-]〕 「동사」
　「1」 문제에 대한 답이 틀리지 아니하다.
　　¶과연 그 답이 맞는지는 더 생각해 보기로 하자.
　「2」 어떤 대상의 맛, 온도, 습도 따위가 적당하다.
　　【…에/에게】¶음식 맛이 내 입에 맞는다.

맞다² [맏따] 〔맞아, 맞으니, 맞는[만-]〕 「동사」
　「1」 오는 사람이나 물건을 예의로 받아들이다.
　　【…을】¶현관에서 방문객을 맞다.
　「2」 시간이 흐름에 따라 오는 어떤 때를 대하다.
　　【…을】¶그 신문은 창간 일곱 돌을 맞았다.

① 맞다²는 주어 이외에도 다른 문장 성분을 필요로 하는군.
② 맞다²의 「1」의 용례로 '추석을 맞아 온 가족이 모였다.'를 추가할 수 있겠군.
③ 맞다¹과 맞다²는 동음이의어라 할 수 있군.
④ 맞다¹의 「2」는 부사어를 반드시 필요로 하는군.
⑤ 맞다¹과 맞다²는 활용을 할 때에 어간의 형태가 변하지 않는군.

11. 제시된 단어의 의미를 살려 문장을 만드는 과제를 수행하였다. 적절하지 <u>않은</u> 것은? (2007 고3 7월 학평)

단어	의미		문장 만들기
먹다	안 좋은 소리를 듣다.	⇒	그는 호되게 욕을 <u>먹고</u> 물러나왔다. ·························· ①
	하려는 뜻을 품다.	⇒	마음을 굳게 <u>먹고</u> 책상 앞에 앉았다. ·························· ②
	병에 걸리다.	⇒	더위를 <u>먹지</u> 않도록 조심해야 한다. ·························· ③
	남의 것으로 욕심을 채우다.	⇒	그 선비는 나라에서 주는 녹을 <u>먹지</u> 않았다. ··············· ④
	두려움을 느끼다.	⇒	호통에 겁을 <u>먹은</u> 듯 얼굴이 파래졌다. ······················ ⑤

12. 〈보기〉에 제시된 국어사전 정보를 탐구한 내용으로 적절하지 <u>않은</u> 것은? (2015 고1 3월 학평)

─〈보 기〉─

맞다 [맏따] 「동사」 ❶【…에게 …을】외부로부터 어떤 힘이 가해져 몸에 해를 입다. ¶훈장에게 종아리를 맞다.
　　❷【…에 …을】침, 주사 따위로 치료를 받다. ¶팔에 예방 주사를 맞다.
맡다 [맏따] 「동사」 【…을】❶ 코로 냄새를 느끼다. ¶흙냄새를 맡다.
　　❷ 어떤 일의 낌새를 눈치 채다. ¶그의 말투와 행동에서 그가 범인이라는 냄새를 맡았다.

① '맞다'와 '맡다'는 표기 형태는 다르지만 발음은 동일하군.

② '맞다'와 '맡다'는 모두 동작이나 작용을 나타내는 품사로 분류되는군.

③ '맞다'와 '맡다'는 모두 두 가지 이상의 의미를 지니고 있는 다의어이군.

④ '맞다'는 '맡다'와 다르게 문장을 구성할 때 부사어를 필요로 하는군.

⑤ '맡다'는 '맞다'와 다르게 피동의 의미가 포함되어 있는 단어이군.

13. 〈보기〉의 설명에 해당하는 예로 적절하지 <u>않은</u> 것은?

(2013 고3 3월 학평A)

〈보 기〉

'보다', '듣다', '느끼다', '맛보다', '맡다'와 같은 단어들은 감각 기관을 통해 인식한 것을 표현하기도 하지만, 추상적인 인식이나 판단을 표현하기도 합니다. 그럼, 각각에 해당하는 예를 찾아볼까요?

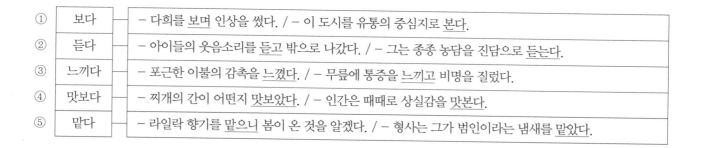

①	보다	– 다희를 <u>보며</u> 인상을 썼다. / – 이 도시를 유통의 중심지로 <u>본다</u>.
②	듣다	– 아이들의 웃음소리를 <u>듣고</u> 밖으로 나갔다. / – 그는 종종 농담을 진담으로 <u>듣는다</u>.
③	느끼다	– 포근한 이불의 감촉을 <u>느꼈다</u>. / – 무릎에 통증을 <u>느끼고</u> 비명을 질렀다.
④	맛보다	– 찌개의 간이 어떤지 <u>맛보았다</u>. / – 인간은 때때로 상실감을 <u>맛본다</u>.
⑤	맡다	– 라일락 향기를 <u>맡으니</u> 봄이 온 것을 알겠다. / – 형사는 그가 범인이라는 냄새를 <u>맡았다</u>.

14. 〈보기〉의 (   ) 속에 들어갈 어휘로 가장 적절한 것은?

(2009 고3 3월 학평)

차원에 대한 정의를 자유롭게 만든 리만 덕택에, 아인슈타인은 이 우주가 사차원의 다양체라고 결론 내릴 수 있었다. 공간을 이루는 세 개의 차원에 시간이라는 한 개의 차원을 더하면 우주의 운동을 설명할 수 있다고 본 것이다.

〈보 기〉

리만의 발상은 아인슈타인의 이론의 (   )이/가 되었다.

① 모태(母胎) ② 규범(規範) ③ 귀감(龜鑑) ④ 표본(標本) ⑤ 척도(尺度)

[정답] 1. ⑤ 2. ④ 3. ⑤ 4. ⑤ 5. ⑤ 6. ③ 7. ④ 8. ① 9. ② 10. ② 11. ④ 12. ⑤ 13. ③ 14. ①

[해설] 2. ③ 각주구검: 융통성 없이 현실에 맞지 않는 낡은 생각을 고집하는 어리석음을 이르는 말 3. ⓔ은 '나타나는'으로 바꾸어 쓸 수 있다. '드러나는'은 '겉으로 나타나는', '(알려지지 않은 사실이) 밝혀지는'의 뜻을 가진 어휘이므로 적절하지 않다. 4. ㉠ 기준이나 정도에 알맞게 하다. ① 순서를 고르게 하거나 짝을 채우다. ② 서로 닿게 하다. ③ 시킬 일, 주로 물건을 만드는 일을 약속해 부탁하다. ④ 떨어져 있는 부분을 제자리에 맞게 하다. 결합하다. 5. ㉠ 어떤 행동, 의견, 상황 따위가 다른 것과 서로 어긋나지 아니하고 같거나 어울리다. ① 어떤 대상이 누구의 소유임이 틀림이 없다. ② 어떤 대상의 맛, 온도, 습도 따위가 적당하다. ③ 모습, 분위기, 취향 따위가 다른 것에 잘 어울리다. ④ 문제에 대한 답이 틀리지 아니하다. 6. ③은 ㉠의 의미로 사용된 사례이다. 7. ㉠은 값을 정하는 것이므로 '책정(계획이나 방책을 세워 결정함).'으로 바꿔 쓸 수 있다. ① 사물의 특성이나 참과 거짓, 좋고 나쁨을 분별하여 판정함. ② 몫을 나누어 정함. ③ 잘못된 것을 바로잡음. ⑤ 제도나 법률 따위를 만들어서 정함. 8. ㉠은 의견을 모으는 것이므로 '수렴(의견이나 사상 따위가 여럿으로 나뉘어 있는 것을 하나로 모아 정리함.)'으로 바꿔 쓸 수 있다. ⑤ 어떤 일을 꾸미려고 세력이나 사람을 모음. 9. ㉠은 생각에 잠기는 것이므로 '골몰'로 바꿔 쓸 수 있다. ① 힘을 내도록 격려하여 용기를 북돋움. ③ 어떠한 것에 마음이 쏠려 취하다시피 됨. ④ 아주 없애 버림. ⑤ 어떤 현상이나 사물이 진전하지 못하고 제자리에 머무름. 10. '추석을 맞아 온 가족이 모였다.'의 '맞아'는 맞다² 「2」의 용례에 해당한다. 11. '녹을 먹다'는 '나라에서 주는 봉록을 받다'라는 의미로, '욕심을 채우다'와는 거리가 멀다. 12. '맡다'에는 '느끼다', '눈치 채다'와 같이 주체의 능동적 행위를 나타내는 의미가 나타나 있다. 피동의 의미는 포함되어 있지 않다. ④ '맞다' ❶의 '…에게 …을', ❷의 '…에 …을'을 보면 '맞다'는 부사어와 목적어를 필요로 하는 단어이다. 그러나 '맡다'는 '…을'을 보면 목적어만을 필요로 하는 단어이다. 13. 이불의 감촉을 느끼는 것과 통증을 느끼는 것은 모두 추상화된 확장 의미가 아니라 기본 의미이다. 14. 아인슈타인은 리만의 발상을 기반으로 하여 이론을 전개한 것이므로 '사물의 발생 · 발전의 근거가 되는 토대'를 비유적으로 이르는 말인 '모태'가 적절하다.

□ **묵과**
默 잠잠할 **묵** 過 지날 **과**

잘못을 알고도 모르는 체하고 그대로 넘김. ▶ 나는 그의 무례한 행동을 <u>묵과</u>할 수 없었다.

유의어 **+** **묵살**(默잠잠할묵 殺죽일살): 의견이나 제안 따위를 듣고도 못 들은 척함.
▶ 위원장은 야당의 항의를 <u>묵살</u>한 채 회의를 계속 진행하였다.

□ **묵중**
默 잠잠할 **묵** 重 무거울 **중**

말이 적고 몸가짐이 신중함. ▶ 그는 나이에 비해 몸가짐이 <u>묵중</u>한 청년이다.

참고어휘 **+** '重(무거울중)'을 공유하는 한자어

엄중(嚴엄할엄 重무거울중): ❶ 몹시 엄함. ▶ 군대에서 위계질서를 어기는 자는 <u>엄중</u>한 처벌을 받는다.
❷ 엄격하고 정중함. ▶ 정부는 일본 대사의 망언에 대해 <u>엄중</u>하게 항의하였다.
❸ 예사로 여길 수 없을 정도로 중대함. ▶ 정부는 이번 사태를 <u>엄중</u>하게 바라보고 있다고 밝혔다.
위중(危위태할위 重무거울중)**하다**: ❶ 병세가 위험할 정도로 중하다. ▶ 할아버지의 병환이 몹시 <u>위중</u>하다.
❷ 어떤 사태가 매우 위태롭고 중하다. ▶ 사태가 <u>위중</u>하니 신속히 조치를 취해야 한다.

□ **문외한**
門 문 **문** 外 바깥 **외**
漢 사나이 **한**

(어떤 일에 직접 관계가 없는 사람 →) 어떤 일에 전문적인 지식이 없는 사람
▶ 그들이 산삼이라고 가져온 것들은 <u>문외한</u>의 눈으로도 가짜처럼 보였다.

참고어휘 **+** 특정 사람을 표현하는 어휘

불한당(不아닐불 汗땀한 黨무리당): ❶ 떼를 지어 돌아다니며 재물을 마구 빼앗는 사람들의 무리
▶ 흉년이 든 해부터 조선의 각처에는 <u>불한당</u>과 좀도적이 놀랍게도 많아졌다.
❷ 남 괴롭히는 것을 일삼는 파렴치한 사람들의 무리
▶ 사내는 솜털도 안 가신 <u>불한당</u> 녀석에게 반말을 듣게 된 것이 불쾌하였다.
심복(心마음심 腹배복): (가슴과 배 →) 마음 놓고 부리거나 일을 맡길 수 있는 사람
▶ 그 사람은 자기의 <u>심복</u>에게 결국 배반을 당하였다.
볼모: ❶ (약속 이행의 담보로 상대편에 잡혀 두는 사람이나 물건 →) 주장 따위를 내세우는 바탕이
되는 힘 또는 빌미 ▶ 언론은 두 단체의 분쟁이 국민을 <u>볼모</u>로 삼는 집단 이기주의라고 비판했다.
❷ 예전에, 나라 사이에 조약 이행을 담보로 상대국에 억류하여 두던 왕자나 그 밖의 유력한 사람
▶ 봉림 대군은 청나라에 <u>볼모</u>로 잡혀갔다가 돌아왔다.

□ **물다**

❶ 윗니나 아랫니 또는 양 입술 사이에 끼운 채 떨어지거나 빠져나가지 않도록 다소 세게
누르다. ▶ 아기가 젖병을 <u>물고</u> 있다.
❷ 윗니와 아랫니 사이에 끼운 채 상처가 날 만큼 세게 누르다. ▶ 개가 사람을 <u>물었다</u>.
❸ 벌레가 주둥이 끝으로 살을 찌르다. ▶ 모기가 팔을 <u>물었다</u>.
❹ (속되게) 이익이 되는 어떤 것이나 사람을 차지하다. ▶ 그는 돈 많은 후원자를 <u>물었다</u>.
❺ 입 속에 넣어 두다. ▶ 물을 한 모금 입에 <u>물었다</u>.
동음이의어 **+** **물다**: ❶ 갚아야 할 것을 치르다. ▶ 주인에게 외상값을 <u>물어</u>(≒지불해) 주었다.
❷ 남에게 입힌 손해를 돈으로 갚아 주거나 본래의 상태로 해 주다.
▶ 축구하다 깨뜨린 유리의 값을 <u>물어</u>(≒변상해/배상해) 주었다.

□ **물리다**

❶ 정해진 시기를 뒤로 늦추다. ▶ 우리는 약속 날짜를 이틀 뒤로 <u>물렸다</u>.
❷ 사람이나 물건 따위를 다른 자리로 옮겨 가게 하거나 옮겨 놓다.
▶ 그는 식사를 마치자 밥상을 윗목으로 <u>물렸다</u>.
❸ 재물이나 관리, 지위 따위를 다른 사람에게 내려주다. ▶ 그는 재산을 아들에게 <u>물렸다</u>.
동음이의어 **+** **물리다**: 다시 대하기 싫을 만큼 몹시 싫증이 나다. ▶ 똑같은 반찬에 이젠 완전히 <u>물렸다</u>.

□ **미봉책**
彌 두루 **미** 縫 꿰맬 **봉**
策 꾀 **책**

눈가림만 하는 일시적인 계책 ▶ 이번 대책은 <u>미봉책</u>에 머물 뿐 근본적인 해결책이 될 수 없다.
한자성어 **+** **임시방편**(臨임할임 時때시 方방법방 便편할편): 갑자기 터진 일을 우선 간단하게 둘러맞추
어 처리함.≒임시변통(臨임할임 時때시 變변할변 通통할통)

▶ 그 정책은 흉흉해진 민심을 가라앉히기 위한 임시방편이었다.

임기응변(臨임할임 **機**틀기 **應**응할응 **變**변할변**):** 그때그때 처한 사태에 맞추어 즉각 그 자리에서 결정하거나 처리함. ▶ 그는 임기응변에 강하여 위기를 잘 모면하곤 한다.

고식지계(姑시어머니고 **息**쉴식 **之**~의 지 **計**셀계**):** 우선 당장 편한 것만을 택하는 꾀나 방법

▶ 당장 눈앞의 일에만 급급하여 고식지계를 낼 것이 아니라, 백년대계(百年大計)를 생각해야 한다.

궁여지책(窮다할궁 **餘**남을여 **之**~의 지 **策**꾀책**):** 궁한 나머지 생각다 못하여 짜낸 계책

▶ 그는 내키지 않았지만 궁여지책으로 거짓말을 하고 말았다.

하석상대(下아래하 **石**돌석 **上**윗상 **臺**대대**):** 임시변통으로 이리저리 둘러맞춤. 늑윗돌 빼서 아랫돌 괴고 아랫돌 빼서 윗돌 괴기 ▶ 새로 대출을 받아 이전의 대출금을 갚는 것은 하석상대가 아닐 수 없다.

동족방뇨(凍얼동 **足**발족 **放**놓을방 **尿**오줌뇨**):** 잠시 동안만 효력이 있을 뿐 효력이 바로 사라짐. 늑언 발에 오줌 누기 ▶ 그 정당에서 제시한 대책은 대부분 동족방뇨라는 평가를 받고 있다.

□ **미쁘다**

믿음성이 있다. 늑미덥다 ▶ 그는 빈둥빈둥 놀기만 하는 아들이 영 미쁘지 않았다.

참고어휘 **+** **오(달)지다: ❶** 마음에 흡족하게 흐뭇하다. ▶ 그는 딸을 볼 때마다 오달진 마음이 들었다.

❷ 허술한 데가 없이 야무지고 알차다. ▶ 어린 녀석이 꼬박꼬박 말대답하는 것이 아주 오달지다.

푼푼하다: ❶ 모자람이 없이 넉넉하다. ▶ 아이들도 잘 크고 살림도 푼푼하여 나는 더없이 행복하다.

❷ 옹졸하지 아니하고 시원스러우며 너그럽다. ▶ 그는 성품이 워낙 푼푼하여 따르는 사람들이 많다.

헛헛하다: ❶ 배 속이 빈 듯한 느낌이 있다. ▶ 그는 속이 헛헛하여 토스트를 사 먹었다.

❷ 채워지지 아니한 허전한 느낌이 있다. ▶ 그녀가 탄 버스가 떠나자 그는 마음이 헛헛하였다.

심드렁하다: ❶ 마음에 탐탁하지 아니하여서 관심이 거의 없다. ▶ 그는 매사에 심드렁하였다.

❷ 병이 중하지 않고 오래 끌면서 그만저만하다. ▶ 아버지의 병환이 그저 심드렁하다.

샐쭉하다: ❶ 어떤 감정을 나타내면서 입이나 눈이 한쪽으로 약간 샐그러지게 움직이다. 또는 그렇게 하다. ▶ 그가 입술을 샐쭉하고 웃으며 나에게 다가왔다.

❷ 마음에 차지 아니하여서 약간 고까워하는 데가 있다. 또는 그런 태도가 드러나다.

▶ 그는 사례금이 적은지 샐쭉한 표정을 지었다.

흔연(欣기쁠흔 **然**그럴연**)하다:** 기쁘거나 반가워 기분이 좋다. ▶ 선생님은 바쁘신 중에도 흔연히 도와주셨다.

황망(慌어리둥절할황 **忙**바쁠망**)하다:** 마음이 몹시 급하여 당황하고 허둥지둥하는 면이 있다.

▶ 그는 약속 시간에 늦어 황망하게 밖으로 나갔다.

생때같다: ❶ 아무 탈 없이 멀쩡하다. ▶ 어머니는 생때같은 아들이 죽었다는 말을 믿을 수가 없었다.

❷ 공을 많이 들여 매우 소중하다. ▶ 주식이 폭락하는 바람에 생때같은 내 돈을 다 날렸다.

확 인 문 제

(1~4) 밑줄 친 말이 문맥에 적절한지 판단하시오

1. 노약자를 학대하는 것은 묵과할 수 없는 죄악이다.

2. 장관은 학교 폭력을 근절할 미봉책을 강구하라고 지시하였다.

3. 농촌에서는 아직도 동족방뇨하는 미풍을 이어 오고 있다.

4. 교육은 한 나라의 장래를 결정하는 고식지계라고 할 수 있다.

(5~10) 문맥에 맞는 말을 괄호 안에서 고르시오.

5. 그는 (묵중 / 위중)하게 침묵만 지키고 있었다.

6. 권력자는 자신을 비호할 (볼모 / 심복)을 요직에 심었다.

7. 그는 매사 (미쁘고 / 심드렁하고) 진실하여 신뢰가 간다.

8. 반가운 소식에 기쁘고 (흔연하기 / 샐쭉하기) 짝이 없다.

9. (오달진 / 생때같은) 사람이 하루아침에 병신이 되었다.

10. 기다리던 딸이 오지 않자 공연히 마음이 (황망 / 헛헛)했다.

(11~12) 밑줄 친 말의 의미가 유사한 것을 2개씩 고르시오.

11. ① 손해를 물다. ② 미끼를 물다. ③ 빨대를 물다. ④ 집세를 물다. ⑤ 치료비를 물다.

12. ① 약속을 물리다. ② 재갈을 물리다. ③ 좌우를 물리다. ④ 점심상을 물리다. ⑤ 부과금을 물리다.

[정답] 1. 적절 2. 부적절 3. 부적절 4. 부적절 5. 묵중 6. 심복 9. 미쁘고 8. 흔연하기 9. 생때같은 10. 헛헛 11. ④, ⑤ 12. ③, ④
[해설] 2. '근절'과 '미봉책'은 어울리지 않는다. 4. → 백년대계 11. ④·⑤ 갚아야 할 것을 치르다. 12. ③·④ 사람이나 물건 따위를 다른 자리로 옮겨 가게 하거나 옮겨 놓다. ① 정해진 시기를 뒤로 늦추다. ② '물다(입 속에 넣어 두다.)'의 사동사 ⑤ '물다(갚아야 할 것을 치르다.)'의 사동사

미증유

未 아닐 미 曾 일찍 증
有 있을 유

지금까지 한 번도 있어 본 적이 없음. ▶ 남과 북의 분단은 <u>미증유</u>의 비극이었다.

한자성어 + **전대미문**(前앞전 代시대대 未아닐미 聞들을문): 이제까지 들어 본 적이 없음.
▶ 이 작품은 <u>전대미문</u>의 살인 사건을 영화화한 것이다.

전인미답(前앞전 人사람인 未아닐미 踏밟을답): ❶ 이제까지 누구도 가 보지 못함.
▶ 탐험가들은 <u>전인미답</u>의 원시림 속으로 발을 들여놓았다.

❷ 이제까지 누구도 손을 대어 본 일이 없음.
▶ 그는 오랫동안 인공지능에 관해 연구하여 그 분야에서 <u>전인미답</u>의 경지를 개척하였다.

전무후무(前앞전 無없을무 後뒤후 無없을무): 이전에도 없었고 앞으로도 없음.
▶ 그는 올림픽 5연패라는 <u>전무후무</u>의 대기록을 세웠다.

미치다¹

❶ 정신에 이상이 생겨 말과 행동이 보통 사람과 다르게 되다.
▶ 그녀는 전쟁 통에 어린 자식을 잃고는 끝내 <u>미치고</u> 말았다.

❷ (낮잡는 뜻으로) 상식에서 벗어나는 행동을 하다. ▶ 그런 짓을 하다니 <u>미친</u> 거 아니니?

❸ 정신이 나갈 정도로 매우 괴로워하다. ▶ 매일 집에만 있으려니 지겨워 <u>미치겠다</u>.

❹ 어떤 일에 지나칠 정도로 열중하다. ▶ 그녀가 노래에 <u>미친</u> 것은 작년부터였다.

미치다²

❶ 공간적 거리나 수준 따위가 일정한 선에 닿다.
▶ 우리 편 선수는 결승점에 못 <u>미쳐서</u> 넘어지고 말았다.

❷ 영향이나 작용 따위가 대상에 가하여지다. 또는 그것을 가하다.
▶ 이번 광고는 판매량을 높이는 데에 큰 영향을 <u>미쳤다</u>.

미혹

迷 미혹할 미 惑 미혹할 혹

❶ 무엇에 홀려 정신을 차리지 못함.
▶ 스승은 세속적 삶에 대한 <u>미혹</u>에서 벗어나지 못하는 제자를 나무랐다.

❷ 정신이 헷갈리어 갈팡질팡 헤맴. ▶ 너희에게는 긴 방황과 <u>미혹</u>의 세월이 기다리고 있다.

유의어 + **현혹**(眩어지러울현 惑미혹할혹): 정신을 빼앗겨 하여야 할 바를 잊어버림. 또는 그렇게 되게 함. ▶ 그는 장사꾼의 말에 <u>현혹</u>되어 필요도 없는 물건을 잔뜩 샀다.

바꾸다

❶ 원래 있던 것을 없애고 다른 것으로 채워 넣거나 대신하게 하다.
▶ 건전지를 새것으로 <u>바꾸었다</u>(≒교체했다).

❷ 한 언어를 다른 언어로 번역하여 옮기다. ▶ 이 영문을 한글로 <u>바꿔라</u>(≒번역해라).

❸ 자기가 가진 물건을 다른 사람에게 주고 대신 그에 필적할 만한 다른 사람의 물건을 받다. ▶ 나는 친구와 옷을 <u>바꾸어</u>(≒교환해) 입었다.

❹ 원래의 내용이나 상태를 다르게 고치다. ▶ 우리는 여행 계획을 <u>바꾸었다</u>(≒변경했다).

❺ 곡식이나 피륙 따위를 돈을 주고 사다. ▶ 장에 가서 양식 좀 <u>바꾸어</u>(≒구매해) 오너라.

바닥

❶ 평평하게 넓이를 이룬 부분 ▶ 그는 욕실 <u>바닥</u>을 깨끗이 청소했다.

❷ 물체의 밑부분 ▶ 구두 <u>바닥</u>에 껌이 붙었다.

❸ 지역이나 장소 ▶ 좁은 시골 <u>바닥</u>이라 그 소문은 내일이면 파다하게 퍼질 것이다.

❹ 주가가 매우 많이 내려서 낮은 수준에 있는 상태
▶ 주가가 오후가 되면서 <u>바닥</u>을 치고 반등하기 시작했다.

바라다

❶ 생각이나 바람대로 어떤 일이나 상태가 이루어지거나 그렇게 되었으면 하고 생각하다.
▶ 우리 모두 전쟁이 빨리 끝나기를 <u>바란다</u>.

❷ 원하는 사물을 얻거나 가졌으면 하고 생각하다. ▶ 돈을 <u>바라고</u> 너를 도운 게 아니다.

❸ 어떤 것을 향하여 보다. ▶ 우리는 죽을힘을 다해서 인왕산을 <u>바라고</u> 뛰었다.

□ **바람**

❶ 기압의 변화 또는 사람이나 기계에 의하여 일어나는 공기의 움직임

▶ 바람이 분다. 바람에 빨래가 날려 갔다.

❷ 공이나 튜브 따위와 같이 속이 빈 곳에 넣는 공기 ▶ 축구공에 바람을 가득 넣었다.

❸ 몰래 다른 이성과 관계를 가짐. ▶ 이 소설의 주인공은 이웃집 남자와 바람이 났다.

❹ 사회적으로 일어나는 일시적인 유행이나 분위기 또는 사상적인 경향

▶ 오랫동안 독재에 시달리던 그 나라에 민주화의 바람이 불고 있다.

❺ 남의 비난의 목표가 되거나 어떤 힘의 영향을 잘 받아 불안정한 일

▶ 이 자리는 보는 눈이 많은 만큼 바람도 세서 늘 불안하다.

❻ 남을 부추기거나 얼을 빼는 일 ▶ 동생은 공부하는 형에게 나가 놀자며 바람을 넣었다.

❼ 들뜬 마음이나 일어난 생각 ▶ 그 녀석은 뱃속에 바람만 잔뜩 들었다.

❽ 무슨 일에 더불어 일어나는 기세 ▶ 술 바람에 할 말을 다 했다.

❾ 뒷말의 근거나 원인을 나타냄. ▶ 급히 먹는 바람에 체했다.

❿ 그 옷차림의 뜻을 나타냄. ▶ 불이 났다는 소리에 잠옷 바람으로 뛰어나갔다.

□ **바래다**

볕이나 습기를 받아 색이 변하다. ▶ 누렇게 바랜 벽지를 뜯어내고 도배를 새로 했다.

동음이의어 + **바래다:** 가는 사람을 일정한 곳까지 배웅하거나 바라보다.

▶ 멀리서 찾아온 친구가 돌아갈 때, 역까지 바래다 주었다.

□ **바로**

❶ 비뚤어지거나 굽은 데가 없이 곧게 ▶ 표를 만들려면 선을 바로 그어야 한다.

❷ 거짓이나 꾸밈없이 있는 그대로 ▶ 숨길 생각 말고 바로 말해라.

❸ 사리나 원리, 원칙 등에 어긋나지 아니하게 ▶ 마음을 바로 써야 복을 받는다.

❹ 도리, 법식, 규정, 규격 따위에 어긋나지 아니하게 ▶ 한복 바로 입는 법을 배웠다.

❺ 시간적인 간격을 두지 아니하고 곧 ▶ 도착하면 바로 전화해라.

❻ 특정의 대상을 집어서 가리키는 말 ▶ 바로 뒤에 앉은 사람이 수상하다.

❼ 다름이 아니라 곧 ▶ 내가 좋아하는 건 바로 너다.

□ **바로잡다**

❶ 굽거나 비뚤어진 것을 곧게 하다. ▶ 그는 회의에 참석하기에 앞서 옷매무새를 바로잡았다.

❷ 그릇된 일을 바르게 만들거나 잘못된 것을 올바르게 고치다.

▶ 자식이 잘못된 길을 걷고 있다면 바로잡아 주는 것이 부모의 도리이다.

확인문제

(1~2) 밑줄 친 말이 문맥에 적절한지 판단하시오

1. 홍수는 해마다 되풀이되는 미증유의 재난이다.

2. 항간에 떠도는 근거 없는 소문에 현혹되지 마십시오.

(3~10) 밑줄 친 말의 의미가 유사한 것을 2개씩 고르시오.

3. ① 주전자 바닥을 닦았다.　　② 그는 이 바닥에서 유명한 사람이다.　　③ 그를 찾으려고 서울 바닥을 헤매었다.

4. ① 우리의 바람은 통일이다.　　② 서구화 바람이 불었다.　　③ 신제품이 바람을 일으켰다.　　④ 배탈이 나는 바람에 결석했다.

5. ① 담을 바로 쌓다.　　② 바로 오늘이 생일이다.　　③ 일을 마치고 바로 왔다.　　④ 편지를 보낸 사람은 바로 나다.

6. ① 기가 막혀 미치겠다.　　② 생산이 수요에 못 미친다.　　③ 점수가 기대에 미치지 못했다.　　④ 그것이 여론에 영향을 미쳤다.

7. ① 너의 성공을 바란다.　　② 계곡을 바라고 내려갔다.　　③ 기적이 있기를 바란다.　　④ 대가를 바라고 한 일은 아니다.

8. ① 종이가 누렇게 바랬다.　　　② 색이 바랜 사진을 들여다보았다.　　③ 친구를 정류장까지 바래다 주었다.

9. ① 폐단을 바로잡다.　　　② 기강을 바로잡다.　　　③ 앉은 자세를 바로잡다.

10. ① 침대를 바꾸다.　　② 투수를 바꾸다.　　③ 분위기를 바꾸다.　　④ 한글을 영어로 바꾸다.　　⑤ 동전을 지폐와 바꾸다.

[정답] 1. 부적절 2. 적절 3. ②, ③ 4. ②, ③ 5. ②, ④ 6. ②, ③ 7. ①, ③ 8. ①, ② 9. ①, ② 10. ①, ②

[해설] 4. ① 어떤 일이 이루어지기를 기다리는 간절한 마음 10. ①·② 바꾸다-❶ ③ 바꾸다-❹ ⑤ 바꾸다-❸

☐ **바르다¹**

❶ 풀칠한 종이나 헝겊 따위를 다른 물건의 표면에 고루 붙이다.
▶ 일꾼이 벽에 벽지를 <u>바르고</u> 있다.
❷ 차지게 이긴 흙 따위를 다른 물체의 표면에 고르게 덧붙이다.
▶ 그는 손수 지은 집 벽에 황토 흙을 <u>발랐다</u>.
❸ 물이나 풀, 약, 화장품 따위를 물체의 표면에 문질러 묻히다.
▶ 어머니가 넘어져서 다친 상처에 약을 <u>발라</u> 주셨다.

☐ **바르다²**

❶ 껍질을 벗기어 속에 들어 있는 알맹이를 집어내다. ▶ 밤송이에서 알밤을 <u>발라</u> 내었다.
❷ 뼈다귀에 붙은 살을 걷거나 가시 따위를 추려 내다. ▶ 어머니가 생선을 <u>발라</u> 주셨다.

☐ **바르다³**

❶ 겉으로 보기에 비뚤어지거나 굽은 데가 없다.
▶ 산을 깎아서 도로를 <u>바르게</u> 했다. 의자에 <u>바르게</u> 앉아라.
❷ 말이나 행동 따위가 사회적인 규범이나 사리에 어긋나지 아니하고 들어맞다.
▶ 그는 생각이 <u>바른</u> 사람이다.
❸ 사실과 어긋남이 없다. ▶ 숨기지 말고 <u>바르게</u> 대답하시오.
❹ 그늘이 지지 아니하고 햇볕이 잘 들다. ▶ 죽은 개를 양지가 <u>바른</u> 곳에 묻어 주었다.

☐ **바치다**

❶ 신이나 웃어른에게 정중하게 드리다. ▶ 새로 부임한 수령에게 음식을 만들어 <u>바쳤다</u>.
❷ 반드시 내거나 물어야 할 돈을 가져다주다. ▶ 백성들이 나라에 세금을 <u>바쳤다</u>.
❸ 무엇을 위하여 모든 것을 아낌없이 내놓거나 쓰다.
▶ 그는 기초 과학 연구에 몸을 <u>바쳤다</u>.

☐ **받치다¹**

❶ 먹은 것이 잘 소화되지 않고 위로 치밀다. ▶ 먹는 것이 자꾸 <u>받치니</u> 한동안 굶어야겠다.
❷ 단단한 곳에 닿아 몸의 일부분이 아프게 느껴지다.
▶ 맨바닥에서 잠을 자려니 등이 <u>받쳐서</u> 잠이 오지 않는다.
❸ 화 따위의 심리적 작용이 강하게 일어나다. ▶ 그녀는 감정이 <u>받쳐서</u> 울음을 터뜨렸다.

☐ **받치다²**

❶ 물건의 밑이나 옆 따위에 다른 물체를 대다.
▶ 예전에는 공책에 책받침을 <u>받치고</u> 글씨를 썼다.
❷ 옷의 색깔이나 모양이 조화를 이루도록 함께 하다.
▶ 양복 속에 두꺼운 내복을 <u>받쳐서</u> 입으면 옷맵시가 나지 않는다.
❸ 한글에서 모음 글자 밑에 자음 글자를 붙여 적다. ▶ '가'에 'ㅇ'을 <u>받치면</u> '강'이 된다.
❹ 어떤 일을 잘할 수 있도록 뒷받침해 주다.
▶ 배경 음악이 그 장면을 잘 <u>받쳐</u> 주어서 전체적인 분위기가 훨씬 감동적이었다.
❺ 비나 햇빛과 같은 것이 통하지 못하도록 우산이나 양산을 펴 들다.
▶ 아이들이 우산을 <u>받쳐</u> 들고 나란히 걸어가고 있다.

☐ **밭치다**

❶ 건더기와 액체가 섞인 것을 체나 거르기 장치에 따라서 액체만을 따로 받아 내다.
▶ 김치 담글 때 쓰려고 젓국을 <u>밭쳐</u> 놓았다.
❷ 구멍이 뚫린 물건 위에 국수나 야채 따위를 올려 물기를 빼다.
▶ 씻어 놓은 상추를 채반에 <u>밭쳤다</u>.

☐ **박대**
薄 엷을 박 待 기다릴 대

❶ 정성을 들이지 않고 아무렇게나 하는 대접=푸대접 ▶ 그는 찾아온 손님을 <u>박대</u>하였다.
❷ 인정 없이 모질게 대함. ▶ 그는 병든 아버지를 <u>박대</u>하는 조카를 꾸짖었다.

반의어 + **환대**(歡 기쁠 환 待 기다릴 대): 반갑게 맞아 정성껏 후하게 대접함.
▶ 그는 멀리서 찾아온 친구를 <u>환대</u>하였다.

□ **박복**
薄 엷을 박 福 복 복

복이 없음. 또는 팔자가 사나움. ▶ 그녀는 자식을 앞세운 자신의 박복한 팔자를 한탄했다.

참고어휘＋ '薄(엷을박)'을 공유하는 한자어

박덕(薄엷을박 德덕덕): 얕은 심덕. 덕이 적음. ▶ 스승의 엄한 소리가 그의 박덕을 꾸짖는 것 같았다.

박명(薄엷을박 明밝을명): 해가 뜨기 전이나 해가 진 후 얼마 동안 주위가 희미하게 밝은 상태
▶ 갈 길이 급한 이들은 박명에 길을 떠났다.

가인박명(佳아름다울가 人사람인 薄엷을박 命목숨명): 미인은 불행하거나 병약하여 요절하는 일이 많음.=미인박명(美아름다울미 人사람인 薄엷을박 命목숨명)
▶ 가인박명이라더니, 그녀는 갑작스러운 교통사고로 세상을 떠났다.

□ **밖**

❶ 어떤 선이나 금을 넘어선 쪽 ▶ 공이 이 선 밖으로 나가면 점수를 내주게 된다.

❷ 겉이 되는 쪽. 또는 그런 부분 ▶ 택배 상자 밖에 이름을 적었다.

❸ 일정한 한도나 범위에 들지 않는 나머지 다른 부분이나 일
▶ 그녀는 기대 밖의 높은 점수를 얻었다.

❹ 무엇에 의하여 둘러싸이지 않은 공간. 또는 그쪽 ▶ 밖에 나가서 놀아라.

❺ 집안의 남자 주인을 이르는 말 ▶ 밖에서 하시는 일을 안에서 어찌 알겠습니까?

□ **반듯하다**

❶ 작은 물체, 또는 생각이나 행동 따위가 비뚤어지거나 기울거나 굽지 아니하고 바르다.
▶ 아이는 사각형을 반듯하게 잘랐다.

❷ 생김새가 아담하고 말끔하다. ▶ 반듯한 이목구비가 한눈에 보아도 그 사람이 틀림없었다.

연관어휘＋ **번듯하다**: ❶ 큰 물체가 비뚤어지거나 기울거나 굽지 아니하고 바르다.
▶ 서재 한쪽에는 온통 네모지고 번듯한 책장이 놓여 있다.

❷ 생김새가 훤하고 멀끔하다. ▶ 그는 인물은 번듯하지만 아무것도 내세울 것이 없다.

❸ 형편이나 위세 따위가 버젓하고 당당하다. ▶ 나는 농사만은 누구보다도 번듯하게 해낼 자신이 있다.

□ **반등**
反 돌이킬 반 騰 오를 등

물가나 주식 따위의 시세가 떨어지다가 오름.
▶ 주가가 지난주 시세를 회복하면서 4일 만에 반등했다.

참고어휘＋ **반향**(反돌이킬반 響울릴향): 어떤 사건이나 현상 따위가 세상에 영향을 미치어 일어나는 반응 ▶ 그는 가수로 데뷔하자마자 가요계에 큰 반향을 불러일으켰다.

확인문제

(1~6) 밑줄 친 말이 문맥에 적절한지 판단하시오.

1. 미국의 경제가 회복되면서 달러화의 <u>반등</u>이 예상된다.
2. 그의 이야기는 내 마음에 큰 <u>반향</u>을 가져왔다.
3. 그 사람은 어찌나 <u>박복</u>한지 고생주머니를 달고 산다.
4. 해가 중천에 뜬 <u>박명</u>에 길을 떠나 밤늦게 집에 도착했다.
5. <u>가인박명</u>이라더니, 그 미인은 서른도 안 돼서 죽었다.
6. 그들은 신분이 낮다는 이유로 무시와 <u>환대</u>를 참아야 했다.

(7~9) 괄호 안에서 문맥에 맞는 말을 고르시오.

7. 잘 삶은 국수를 찬물에 헹군 후 체에 (바쳐 / 받쳐 / 밭쳐) 놓았다.
8. 이 조끼는 무난해서 어떤 셔츠에 (바쳐 / 받쳐 / 밭쳐) 입어도 다 잘 어울린다.
9. 아버지는 (반듯한 / 번듯한) 집 한 채 마련하지 못한 자신의 무능을 한탄하셨다.

(10~11) 밑줄 친 말이 제시문과 가장 유사한 의미로 쓰인 것을 고르시오.

10. 그는 회사에서 가장 인사성이 <u>바른</u> 사람이다.
　① 행실이 <u>바르다</u>.　　② 식빵에 버터를 <u>바르다</u>.　　③ 생선의 가시를 <u>바르다</u>.　　④ 줄을 <u>바르게</u> 서다.

11. 그는 상식 <u>밖</u>의 몰지각한 행동으로 비난을 받았다.
　① 봉투 <u>밖</u>에 주소를 썼다.　　② <u>밖</u>은 추우니 안에서 놀자.　　③ 내 능력 <u>밖</u>의 일이다.　　④ 동구 <u>밖</u>까지 마중을 나갔다.

- -

[정답] 1. 적절 2. 적절 3. 적절 4. 부적절 5. 적절 6. 부적절 7. 밭쳐 8. 받쳐 9. 번듯한 10. ① 11. ③
[해설] 10. 바르다³-❷ ④ 바르다³-❶ 11. 밖-❸ ① 밖-❷ ② 밖-❹ ④ 밖-❶

(1~2) ㉠과 문맥적 의미가 가장 유사한 것을 고르시오.

1. ────────────────────────────────────(2008 수능)

예전에 당(唐) 태종이 방현령에게 이르기를 "선대(先代)의 사관(史官)이 기록한 것을 임금에게 보지 못하게 한 것은 무슨 이유인가?" 하니, 방현령이 대답하기를 "사관은 거짓으로 칭찬하지 않으며 나쁜 점을 숨기지 않으니, 임금이 이를 보면 반드시 노하게 될 것이므로 감히 임금에게 드릴 수가 없습니다." 했습니다. 그러나 태종은 방현령에게 명하여 순서대로 편찬하여 올리게 했습니다. 방현령은 선대의 실록을 편찬하여 올렸지만, 말에 은근히 숨긴 것이 많았습니다. 어질고 슬기로웠던 태종으로서는 마땅히 바른대로 쓰여 있더라도 싫어할 점이 없었을 것인데, 방현령 같은 일세의 현명한 재상도 오히려 사실을 숨기고 피하여 감히 바른대로 쓰지 못했습니다. 하물며, 혹시 태종에게 ㉠미치지도 못하는 후세의 군주가 자기 시대의 역사를 보고자 한다면, 아첨하는 신하가 어찌 방현령처럼 사실을 숨기고 피하는 것에 그치겠습니까?

– 〈태조실록〉

① 산업 시설에도 황사 피해가 미친다.
② 광고는 판매에 미치는 영향이 크다.
③ 백성들의 원성이 왕에게까지 미치지 못했다.
④ 세계적인 불황의 여파가 우리나라에도 미쳤다.
⑤ 그녀의 솜씨는 아직 어머니 솜씨에 미치지 못했다.

2. ────────────────────────────────────(2013 9월 모평)

고대인들은 평상시에는 생존하기 위해 각자 노동에 힘쓰다가, 축제와 같은 특정 시기가 되면 함께 모여 신에게 제의를 올리며 놀이를 즐겼다. 노동은 신이 만든 자연을 인간이 자신에게 유용하게 만드는 속된 과정이다. 이는 원래 자연의 모습을 훼손하는 것이기에 신에게 죄를 짓는 것이다. 이러한 죄를 씻기 위해 유용하게 만든 사물을 다시 원래의 상태로 되돌리는 집단적 놀이가 ㉠바로 제의였다.

① 집에 도착하거든 바로 전화해 주십시오.
② 청소년의 미래는 바로 나라의 미래이다.
③ 마음을 바로 써야 복을 받는다고들 한다.
④ 우리는 국기를 바로 다는 방법을 배웠다.
⑤ 학생들은 모자를 바로 쓰고 단정히 앉았다.

(3~4) ㉠과 바꾸어 쓰기에 적절한 것을 고르시오.

3. ────────────────────────────────────(2012 고3 7월 학평 응용)

아날로그 형태인 뇌파를 A/D 컨버터를 통해 디지털 형태로 ㉠바꾸어 주어야 컴퓨터 화면으로 쉽게 뇌파를 확인할 수 있다.

① 교환(交換)해 ② 교체(交替)해 ③ 대체(代替)해 ④ 전환(轉換)해 ⑤ 번역(飜譯)해

4. ────────────────────────────────────(2014 9월 모평B 응용)

주희는 개인이 마음을 어떻게 수양하여 도덕적 완성에 이를 것인가에 관심을 둔 반면, 정약용은 당대의 학자들이 마음 수양에 치우쳐 개인과 사회를 위한 구체적인 덕행의 실천에는 한 걸음도 나아가지 못하는 문제를 ㉠바로잡고자 하는 데 관심이 있었다.

① 개편(改編)하고자 ② 개정(改訂)하고자 ③ 교정(矯正)하고자
④ 수습(收拾)하고자 ⑤ 쇄신(刷新)하고자

5. 〈보기〉는 '사전 활용하기' 학습 활동을 위한 자료이다. 이에 대해 탐구한 내용으로 적절하지 <u>않은</u> 것은? (2017 고2 11월 학평)

〈보 기〉

물리다¹ 　동사　 【…에/에게】다시 대하기 싫을 만큼 몹시 싫증이 나다. ¶ 세 끼 꼬박 국수를 먹어서 이젠 국수에 물렸다.

물리다² 　동사　 [1]【…에/에게 …을】「1」'물다²[1]「2」'의 피동사. ¶ 사나운 개에게 팔을 물리다.

　　　　　　　　　　　「2」'물다²[1]「3」'의 피동사. ¶ 어젯밤 모기에게 코를 물렸다.

　　　　　　 [2]【…에게】'물다²[1]「4」'의 피동사. ¶ 그놈들에게 잘못 물렸다가는 큰일 치른다.

물리다³ 　동사　 [1]【…을】「1」'무르다²[1]「1」'의 사동사. ¶ 친구는 새로 구입한 책을 모두 물렸다.

　　　　　　 [2]【…을 …으로】「1」___㉠___ ¶ 약속 날짜를 이틀 뒤로 물리다.

---

① 물리다¹, 물리다², 물리다³은 서로 동음이의 관계이군.

② 물리다², 물리다³은 각각 다의어임을 알 수 있군.

③ 물리다¹의 용례로 '버스가 고장이 나 승객들이 차표를 도로 물리는 소동이 있었다.'를 추가할 수 있군.

④ 물리다² [1]은 물리다¹에 비해 서술어가 요구하는 필수적 문장 성분이 더 많다고 할 수 있군.

⑤ 물리다³의 ㉠에는 '정해진 시기를 뒤로 늦추다.'가 들어갈 수 있겠군.

6. 의미 관계가 ㉠ : ㉡과 <u>다른</u> 하나는? (2010 고3 7월 학평)

　　3세대 이동통신 시대로 들어서면서 2세대와 다른 특성 중 우리에게 ㉠낯설게 다가오는 것은 바로 USIM(범용 가입자 식별 모듈)이다. 〈중략〉 금융 결제뿐만 아니라 교통 요금 결제, 멤버십 및 쿠폰 이용 등 지갑에 있는 모든 카드를 하나로 통합하는 USIM의 원칩 멀티 펑션(One Chip Multi Function)은 보다 편리한 삶을 제공할 것이다. 이런 일들이 아직은 ㉡생소하게 느껴질 수도 있지만, 이미 이동통신사와 17개의 시중은행, 금융결제원 등이 협력하여 USIM 뱅킹 서비스를 시행 중이다.

---

① 얻다 : 획득하다　　　　　② 같다 : 일치하다　　　　　③ 바라다 : 지양하다

④ 바꾸다 : 대체하다　　　　⑤ 사람답다 : 인간답다

7. ㉠의 '–는 바람에'와 의미적 기능이 가장 유사한 것은? (2007 9월 모평)

　　다게레오타입은 한 번의 촬영으로 단 한 장의 사진만을 얻을 수 있었으나 톨벗의 새 기술은 여러 장의 똑같은 종이 사진을 만들어 낼 수 있게 해 줌으로써 사진을 다량으로 복제하는 시대를 열었던 것이다. 톨벗은 자신의 새로운 기법을 '칼로타입'이라고 명명하였다. 하지만 톨벗이 칼로타입과 관련된 특허를 출원하고 그 기술에 대해 많은 사용료를 ㉠요구하는 바람에 이 기술의 확산에는 제동이 걸렸다.

---

① 함께 늙어 가는 <u>마당에</u> 가릴 것이 뭐가 있소?

② 친구들이 떠드는 <u>통에</u> 교실에선 공부를 못 하겠다.

③ 이 일이 들통 나는 <u>날에는</u> 큰 벌을 받게 될 것이다.

④ 아직 거기까지는 멀었으니 참는 <u>김에</u> 더 참아 봅시다.

⑤ 경찰에서 풀려나는 <u>길로</u> 나는 그 애를 따라 서울로 갔어.

8. 〈보기〉의 ㉠~㉤에 들어갈 예문으로 적절하지 <u>않은</u> 것은? (2018 고2 6월 학평)

┌─〈보 기〉───┐
바치다 통 ① 반드시 내거나 물어야 할 돈을 가져다주다. ¶ ㉠_____

받치다¹ 통 ① 화 따위의 심리적 작용이 강하게 일어나다. ¶ ㉡_____

받치다² 통 ① 어떤 물건의 밑이나 안에 다른 물건을 대다. ¶ ㉢_____

　　　　② 어떤 일을 잘 할 수 있도록 뒷받침해 주다. ¶ ㉣_____

밭치다 통 ① 건더기와 액체가 섞인 것을 거르기 장치에 따라서 액체만을 따로 받아 내다 ¶ ㉤_____
└───┘

① ㉠: 매년 국가에 성실하게 세금을 <u>바치고</u> 있다.　　② ㉡: 그는 설움에 <u>받쳐서</u> 끝내 울음을 터뜨렸다.

③ ㉢: 그녀는 쟁반에 음료수 잔을 <u>받치고</u> 걸어갔다.　　④ ㉣: 그가 우산을 <u>받쳐</u> 들고 거리를 거닐고 있다.

⑤ ㉤: 어머니께서 멸치젓을 체에 <u>밭쳐</u> 놓았다.

9. 〈보기 1〉은 '사전 활용하기' 학습 활동을 위한 자료이다. 이를 바탕으로 〈보기 2〉의 ㉠~㉤을 탐구한 내용으로 적절하지 <u>않은</u> 것은? (2018 고3 4월 학평)

┌─〈보기 1〉──┐
1. **밖** 명사 「1」 어떤 선이나 금을 넘어선 쪽. ¶ 이 선 밖으로 나가시오.

　　「2」 겉이 되는 쪽. 또는 그런 부분. ¶ 옷장 안은 깨끗했으나, 밖은 긁힌 자국으로 엉망이었다.

　　「3」 일정한 한도나 범위에 들지 않는 나머지 다른 부분이나 일. ¶ 예상 밖으로 일이 복잡해졌다.

2. **밖에** 조사 (주로 체언이나 명사형 어미 뒤에 붙어) '그것 말고는', '그것 이외에는', '기꺼이 받아들이는', '피할 수 없는'의 뜻을 나타내는 보조사. ¶ 공부밖에 모르는 학생

3. **뜻밖-에** 부사 생각이나 기대 또는 예상과 달리. ≒의외로. ¶ 아버지께 여행을 가겠다고 조심스럽게 말씀드렸는데 뜻밖에도 흔쾌히 허락하셨다.
└───┘

┌─〈보기 2〉──┐
　　출입문 ㉠밖 복도는 시끌시끌하다. 이런 생기를 느낄 수 있는 날도 ㉡며칠 밖에 남지 않았다. 졸업이 가까워지면 후련할 줄 알았는데 ㉢뜻밖에도 아쉬움이 더 크다. 추억이 많으니 그럴 ㉣수밖에 없는 것 같다. 하지만 졸업 후 주어질 ㉤기대 밖의 선물 같은 시간들을 그려 보며 남은 시간을 잘 마무리해야겠다.
└───┘

① ㉠은 〈보기 1〉의 1 「1」의 의미로 쓰인 것이군.

② ㉡은 〈보기 1〉의 2가 사용되었으므로 '며칠'과 '밖에'를 붙여 써야겠군.

③ ㉢은 〈보기 1〉의 3이 사용되었으므로 '의외로'라고 바꿔 쓸 수 있겠군.

④ ㉣은 〈보기 1〉의 1 「2」의 의미이므로 '수'와 '밖에'를 띄어 써야겠군.

⑤ ㉤은 〈보기 1〉의 1 「3」의 용례로 추가할 수 있겠군.

10. 어휘의 선택이 문맥에 맞지 <u>않는</u> 것은?

① 부업으로 생기는 돈이 (푼푼하여/ 헛헛하여) 용돈은 감당할 수 있다.

② 그 환자는 하루에도 몇 번씩 사선을 헤맬 정도로 상태가 (엄중 /위중)하다.

③ 이 식당은 1인분만 주문해도 (박대 /환대)하지 않고 친절하게 배달해 준다.

④ 나는 물리학을 공부하는 학도로서 언어학에 대해서는 (문외한/ 불한당)이다.

⑤ 사돈끼리 영감 마누라가 싸움질을 하는 (전대미문/ 하석상대)의 해괴한 일이 일어났다.

11. 〈보기〉를 참고하여, 문장에서의 쓰임이 자연스러운 단어에 밑줄을 그어 보았다. 적절하지 <u>않은</u> 것은? (2009 고3 3월 학평)

┌─〈보 기〉──┐

∘ **반듯하다¹**[-드타-] ㉠ 작은 물체, 또는 생각이나 행동 따위가 비뚤어지거나 기울거나 굽지 아니하고 바르다.

　　　　　　　　㉡ 생김새가 아담하고 말끔하다.

∘ **번듯하다**[-드타-] ㉠ 큰 물체가 비뚤어지거나 기울거나 굽지 않고 바르다.

　　　　　　　　㉡ 생김새가 훤하고 멀끔하다.

　　　　　　　　㉢ 형편이나 위세 따위가 버젓하고 당당하다.

└──┘

① 나는 농사만은 (반듯하게/번듯하게) 해낼 수 있다.

② 그 신랑은 이목구비가 (반듯하게/번듯하게) 생겼다.

③ 모자를 비뚤게 쓰지 말고 (반듯하게/번듯하게) 써라.

④ 그는 이미 주견이 (반듯한/번듯한) 성인으로 성장해 있었다.

⑤ 고래 등 같은 기와집이 (반듯하게/번듯하게) 자리 잡고 있다.

12. ㉠을 〈보기〉와 같이 표현해 보았다. 빈칸에 들어갈 어휘로 가장 적절한 것은? (2005 고3 3월 학평)

┌──┐

　　기본 모델에서 가격은 증권시장 밖의 객관적인 기준, 즉 기본 가치를 근거로 하여 결정되는 반면에 자기참조 모델에서 ㉠가격은 증권시장에 참여한 사람들의 여론에 의해 결정된다. 따라서 투자자들은 증권시장 밖의 객관적인 기준을 분석하기보다는 다른 사람들의 생각을 꿰뚫어 보려고 안간힘을 다할 뿐이다.

└──┘

┌─〈보 기〉──┐

　　가격은 여론의 (　　　　　)에 달려 있다.

└──┘

① 반향(反響)　　　　　　② 비준(批准)　　　　　　③ 상충(相衝)

④ 진퇴(進退)　　　　　　⑤ 향배(向背)

[정답] 1. ⑤ 2. ② 3. ④ 4. ③ 5. ③ 6. ③ 7. ② 8. ④ 9. ④ 10. ③ 11. ① 12. ⑤

[해설] 1. ㉠ 일정한 기준 혹은 수준에 도달한다. ①·④ 어떤 대상에게 힘이나 작용이 가 닿다. ② (영향을) 끼치다. ③ 말이나 생각이 어떤 대상에까지 이르다. 2. ㉠ 다름이 아니라 곧 ① 시간적인 간격을 두지 아니하고 곧 ③ 사리나 원리, 원칙 등에 어긋나지 아니하게 ④ 도리, 법식, 규정, 규격 따위에 어긋나지 아니하게 ⑤ 비뚤어지거나 굽은 데가 없이 곧게 3. ㉠ 다른 형태나 상태로 바꾸다. → 전환(轉換: 다른 방향이나 상태로 바뀌거나 바꿈.) ① 서로 바꿈. ② 사람이나 사물을 다른 사람이나 사물로 대신함. ③ 다른 것으로 대신함. ⑤ 어떤 언어로 된 글을 다른 언어의 글로 옮김. 4. ㉠ 그릇된 일을 바르게 만들거나 잘못된 것을 올바르게 고치다. → 교정(矯正: 바로잡아 고침.) ① 책이나 과정 따위를 고쳐 다시 엮음. ② 글자나 글의 틀린 곳을 고쳐 바로잡음. ④ 어수선한 사태를 거두어 바로잡음. ⑤ 나쁜 폐단이나 묵은 것을 버리고 새롭게 함. 5. '버스가 고장이 나 승객들이 차표를 도로 물리는 소동이 있었다.'의 '물리다'는 물리다³ [1]의 용례이다. ④ 목적어가 더 필요하다. 6. ㉠ : ㉡은 유의 관계이다. 7. 의존 명사 '바람'은 '-는 바람에'의 구성으로 쓰여, 이어지는 말의 근거나 원인을 나타낸다. 8. ④의 '받치다'는 '비나 햇빛과 같은 것이 통하지 못하도록 우산이나 양산을 펴 들다.'의 의미이다. 9. ㉢은 〈보기 1〉의 2가 사용되었으므로 '수'와 '밖에'를 붙여 쓰는 것이 맞다. 11. ① 반듯하게 → 번듯하게(번듯하다) ㉢ 12. ㉠은 '가격은 여론이 어떻게 되어 가느냐에 달려 있다.'라는 뜻이므로 '향배(向背: 어떤 일이 되어가는 추세나 어떤 일에 대한 사람들의 태도)'로 바꾸어 쓸 수 있다. ① 어떤 사건이나 발표 따위가 세상에 영향을 미치어 일어나는 반응 ② 조약을 헌법상의 조약 체결권자가 최종적으로 확인·동의하는 절차 ③ 맞지 아니하고 서로 어긋남. ④ 앞으로 나아가고 뒤로 물러남.

☐ **반론**
反 돌이킬 **반** 論 논할 **론**

남의 논설이나 비난, 논평 따위에 대하여 반박함. 또는 그런 논설
▶ 찬성 측이 반대 측 주장에 반론을 펴고 있다.

참고어휘 + '反(돌이킬반)'을 공유하는 유의 한자어

반문(反돌이킬반 問물을문): ❶ 물음에 대답하지 아니하고 되받아 물음. 또는 그 물음
▶ 어른이 묻는 말에 대답은 않고 오히려 어른에게 말씀하신 바를 반문하는 것은 예절에 어긋난다.
❷ 상대의 주장이나 의견에 대하여 동의하지 않는 부분이 있어 이의를 제기하며 질문함.
▶ 내가 왜 그렇게 해야 하냐고 반문하자 그들은 무척 당황했다.

반박(反돌이킬반 駁논박할박): 어떤 의견, 주장, 논설 따위에 반대하여 말함.
▶ 그는 나의 주장을 반박하였다.

☐ **반신반의**
半 반 **반** 信 믿을 **신**
半 반 **반** 疑 의심할 **의**

얼마쯤 믿으면서도 한편으로는 의심함.
▶ 어머니는 내 말을 반신반의하는 표정이었다.

참고어휘 + **일희일비**(一한일 喜기쁠희 一한일 悲슬플비): ❶ 한편으로는 기쁘고 또 한편으로는 슬픔.
▶ 이번 시험에 큰아이는 합격하고 작은아이는 불합격했다는 소식에 어머니는 일희일비하셨다.
❷ 기쁜 일과 슬픈 일이 번갈아서 일어남.
▶ 인생사는 일희일비로 이어진다.

☐ **받다**

❶ 다른 사람이 주거나 보내오는 물건 따위를 가지다. ▶ 친구에게서 선물을 받았다.
❷ 다른 사람이 바치거나 내는 돈이나 물건을 책임 아래 맡아 두다.
▶ 정부는 국민들로부터 세금을 받아 국가를 운영한다.
❸ 다른 사람이나 대상이 가하는 행동, 심리적인 작용 따위를 당하거나 입다.
▶ 그는 막내라서 부모님의 사랑을 특별히 많이 받았다.
❹ 점수나 학위 따위를 따다. ▶ 삼촌이 이번에 공학 박사 학위를 받았다.
❺ 여러 사람에게 팔거나 대어 주기 위해 한꺼번에 많은 양의 물품을 사다.
▶ 거래처에서 물건을 받을 때는 이상이 없는지 꼼꼼히 살펴보아야 한다.
❻ 공중에서 떨어지거나 자기 쪽으로 향해 오는 것을 잡다. ▶ 날아오는 공을 받았다.
❼ 어떤 상황이 자기에게 미치다. ▶ 죄를 지은 사람은 벌을 받아야 한다.
❽ 빛, 볕, 열이나 바람 따위의 기운이 닿다. ▶ 우리는 햇빛을 받으며 걸었다.
❾ 요구, 신청, 질문, 공격, 도전, 신호 따위의 작용을 당하거나 거기에 응하다.
▶ 세계 랭킹 1위의 선수가 도전자의 도전을 받았다.
❿ 다른 사람의 어리광, 주정 따위에 무조건 응하다. ▶ 아이의 어리광을 받아 주었다.
⓫ 사람을 맞아들이다. ▶ 가게를 새로 단장한 후 처음으로 손님을 받았다.
⓬ 남의 노래, 말 따위에 응하여 뒤를 잇다. ▶ 그가 내 말을 받아 이야기를 이어갔다.
⓭ 태어나는 아이를 거두다. ▶ 시어머니는 며느리의 해산을 돕고 손주를 손수 받았다.
⓮ 동식물의 씨나 알 따위를 거두어 내다. ▶ 길가에 핀 코스모스에서 꽃씨를 받았다.
⓯ 술 따위를 사다. ▶ 아버지는 양조장에서 술을 받아 오라고 하셨다.
⓰ 흐르거나 쏟아지거나 하는 것을 그릇 따위에 담기게 하다. ▶ 욕조에 물을 받았다.
⓱ 색깔이나 모양이 어떤 것에 어울리다. ▶ 아이는 노란색 옷이 잘 받는다.
⓲ 음식물 따위가 비위에 맞다. ▶ 그는 고기가 몸에 받는다고 말했다.
⓳ 화장품 따위가 곱게 잘 발린다. ▶ 피부가 거칠어져서 화장이 잘 받지 않는다.
⓴ 사진이 더 잘 나오는 특성이 있다. ▶ 그는 얼굴이 작아서 사진이 잘 받는다.

동음이의어 + **받다:** ❶ 머리나 뿔 따위로 세차게 부딪치다. ▶ 차가 다리 난간을 받고 부서졌다.
❷ (속되게) 부당한 일을 한다고 생각되는 사람에게 맞서서 대들다.
▶ 선배가 너무 심하게 괴롭혀서 받아 버렸다.

□ 받아들이다	❶ 사람들에게서 돈이나 물건 따위를 거두어 받다. ▶ 기업체에서 기부금을 받아들였다.

❶ 사람들에게서 돈이나 물건 따위를 거두어 받다. ▶ 기업체에서 기부금을 받아들였다.

❷ 다른 문화, 문물을 받아서 자기 것으로 되게 하다. ▶ 서양에서 문화를 받아들였다.

❸ 다른 사람의 요구, 성의, 말 따위를 들어주다. ▶ 나는 그의 요구를 받아들일 수 없다.

❹ 조직체나 가정 따위에서 어떤 사람을 구성원으로 들어오게 하다.
▶ 부서에서 오랜만에 신입 사원을 받아들였다.

❺ 어떤 사실 따위를 인정하고 용납하거나 이해하고 수용하다.
▶ 우리들은 몹시 힘들었지만 현실을 받아들였다.

❻ 다른 사람의 의견이나 비판 따위를 찬성하여 따르다. 또는 옳다고 인정하다.
▶ 그는 아내의 충고를 받아들였다.

□ **발상**
發 필 **발** 想 생각 **상**

어떤 생각을 해 냄. 또는 그 생각 ▶ 요즘 기업에서는 사원들에게 발상의 전환을 강조한다.

[참고어휘 +] '想(생각상)'을 공유하는 한자어

착상(着붙을착 想생각상): 어떤 일이나 창작의 실마리가 되는 생각이나 구상 따위를 잡음. 또는 그 생각이나 구상 ▶ 갑자기 그의 머릿속에 기발한 착상이 떠올랐다.

구상(構얽을구 想생각상): 앞으로 이루려는 일에 대하여 그 일의 내용이나 규모, 실현 방법 따위를 어떻게 정할 것인지 이리저리 생각함. 또는 그 생각
▶ 그는 급변하는 사회 현실에 맞는 새로운 사업을 구상하였다.

연상(聯연이을연 想생각상): 하나의 관념이 다른 관념을 불러일으키는 현상
▶ 학의 우아한 모습은 고귀한 선비를 연상하게 한다.

□ **밝다**

❶ 밤이 지나고 환해지며 새날이 오다. ▶ 어느새 날이 밝았다.

❷ 불빛 따위가 환하다. ▶ 밝은 조명 아래에서 보니 아이는 훨씬 귀여웠다.

❸ 빛깔의 느낌이 환하고 산뜻하다. ▶ 그는 밝은 색깔의 옷이 잘 어울린다.

❹ 감각이나 지각의 능력이 뛰어나다. ▶ 아무리 눈이 밝아도 상대를 알아보기는 힘들었다.

❺ 생각이나 태도가 분명하고 바르다. ▶ 사리에 밝은 그녀가 그런 행동을 했을 리 없다.

❻ 분위기, 표정 따위가 환하고 좋아 보이거나 그렇게 느껴지는 데가 있다.
▶ 할아버지의 부름에 손녀가 밝은 목소리로 대답했다.

❼ 인지(認知)가 깨어 발전된 상태에 있다. ▶ 모름지기 장사꾼은 이재에 밝아야 한다.

❽ 예측되는 미래 상황이 긍정적이고 좋다. ▶ 올해 우리 경제의 전망은 밝을 것이다.

❾ 어떤 일에 대하여 잘 알아 막히는 데가 없다. ▶ 그는 이곳 지리에 밝다.

확인문제

(1~6) 제시된 뜻풀이에 맞는 단어가 되도록 빈칸을 채우시오.

1. 물음에 대답하지 아니하고 되받아 물음: 반□

2. 얼마쯤 믿으면서도 한편으로는 의심함: 반□반□

3. 한편으로는 기뻐하고 한편으로는 슬퍼함: 일□일□

4. 어떤 일을 되풀이하여 음미하거나 생각함: 반□

5. 어떤 생각을 해 냄: 발□

6. 고요한 마음으로 사물·현상을 관찰하거나 비추어 봄: 관□

(7~9) 밑줄 친 말이 제시문과 가장 유사한 의미로 쓰인 것을 고르시오.

7. 대통령 후보는 기자들로부터 질문을 받았다.
① 햇살을 받다. ② 용돈을 받다. ③ 공격을 받다. ④ 주목을 받다. ⑤ 통행료를 받다.

8. 그의 이기적인 요구를 받아들여야 할지 말아야 할지 모르겠다.
① 지적을 받아들이다. ② 직원을 받아들이다. ③ 현실을 받아들이다. ④ 성의를 받아들이다.

9. 어려운 환경 속에서도 그 아이는 늘 밝고 쾌활하다.
① 귀가 밝다. ② 표정이 밝다. ③ 색깔이 밝다. ④ 장래성이 밝다. ⑤ 인사성이 밝다.

[정답] 1. 문 2. 신, 의 3. 희, 비 4. 추 5. 상 6. 조 7. ③ 8. ④ 9. ②
[해설] 7. 받다-❾ ④ 받다-❸ 8. 받아들이다-❸ ① 받아들이다-❻ ③ 받아들이다-❺ 9. 밝다-❻ ① 밝다-❹ ④ 밝다-❽ ⑤ 밝다-❺

☐ **밝혀지다**	❶ 빛을 내는 물건이 환하게 되다. ▶ 불이 대낮처럼 <u>밝혀져</u> 있는데도 인기척은 없었다.
	❷ 진리, 가치, 옳고 그름 따위가 판단되어 드러나 알려지다. ▶ 숨은 진실이 <u>밝혀졌다</u>.
	❸ 드러나지 않거나 알려지지 않은 사실, 내용, 생각 따위가 드러나 알려지다.
	▶ 경찰의 수사로 사건의 전모가 <u>밝혀졌다</u>.

☐ **밝히다**	❶ '밝다'의 사동사 ▶ 가로등이 어둠을 <u>밝히고</u> 있다.
	❷ 빛을 내는 물건에 불을 켜다. ▶ 해가 지자 아버지가 등불을 <u>밝혔다</u>.
	❸ 자지 않고 지내다. ▶ 시험공부를 하느라 밤을 꼬박 <u>밝혔다</u>.
	❹ 눈, 신경, 두뇌 따위의 작용을 날카롭게 하다. ▶ 눈을 <u>밝히고</u> 어둠 속을 살폈다.
	❺ 드러나게 좋아하다. ▶ 그는 속물답게 돈과 지위를 <u>밝혔다</u>.
	❻ 진리, 가치, 옳고 그름 따위를 판단하여 드러내 알리다. ▶ 그는 사리를 <u>밝혀</u> 따졌다.
	❼ 드러나지 않거나 알려지지 않은 사실, 내용, 생각 따위를 드러내 알리다.
	▶ 내가 먼저 그에게 이름을 <u>밝히며</u> 인사를 하였다.

☐ **방관** 傍 곁 방 觀 볼 관	어떤 일에 직접 나서서 관여하지 않고 곁에서 보기만 함. ▶ 사태를 더 이상 <u>방관</u>할 수만은 없다. **참고어휘 +** **방치**(放놓을방 置둘치): 내버려 둠. ▶ 누군가 고장 난 차를 공터에 <u>방치</u>하였다. **방임**(放놓을방 任맡길임): 돌보거나 간섭하지 않고 제멋대로 내버려 둠. ▶ 아이를 자유롭게 키우는 것도 좋지만 그렇다고 <u>방임</u>해서는 안 된다. **한자성어 +** **수수방관**(袖소매수 手손수 傍곁방 觀볼관): (팔짱을 끼고 보고만 있음. →) 간섭하거나 거들지 아니하고 그대로 버려둠. ▶ 아이들은 두 친구의 싸움을 말리지 않고 <u>수수방관</u>하고 있었다. **오불관언**(吾나오 不아닐불 關관계할관 焉어찌언): 나는 그 일에 상관하지 아니함. ▶ 인터넷 시대에 해커들의 해킹을 <u>오불관언</u>하면 국가적으로 큰 위협이 될 수 있다.

☐ **방만하다** 放 놓을 방 漫 흩어질 만 –	맺고 끊는 데가 없이 제멋대로 풀어져 있다. ▶ 각종 공공 기금의 <u>방만한</u> 운용에 대한 통제가 좀더 강화되어야 한다. **참고어휘 +** **방자**(放놓을방 恣마음대로자)**하다**: ❶ 어려워하거나 조심스러워하는 태도가 없이 무례하고 건방지다. ▶ 선생께서는 그의 <u>방자한</u> 언사에 몹시 언짢아 하셨다. ❷ 제멋대로 거리낌 없이 노는 태도가 있다. ▶ 그는 나라에 큰 죄를 지어 유배 온 죄인이었지만 자신의 분수를 저버리고 <u>방자한</u> 생활을 했다.

☐ **방불하다** 彷 비슷할 방 佛 비슷할 불 –	❶ 거의 비슷하다. ▶ 그녀의 기품 있는 모습은 여신에 <u>방불한</u> 데가 있었다. ❷ 흐릿하거나 어렴풋하다. ▶ 돌아가신 어머니의 모습이 <u>방불하게</u> 눈앞에 떠오른다. ❸ 무엇과 같다고 느끼게 하다. ▶ 붕괴 현장은 전쟁터를 <u>방불케</u> 했다. **참고어휘 +** **흡사**(恰마치흡 似닮을사): 거의 같을 정도로 비슷한 모양 ▶ 어린 동생이 뒤뚱거리며 걷는 모습이 <u>흡사</u> 오리 같았다. **사이비**(似닮을사 而말이을이 非아닐비): 겉으로는 비슷하나 속은 완전히 다름. 또는 그런 것 ▶ 그는 <u>사이비</u> 종교에 중독되어 판단력을 상실하였다.

☐ **방약무인** 傍 곁 방 若 같을 약 無 없을 무 人 사람 인	곁에 사람이 없는 것처럼 아무 거리낌 없이 함부로 말하고 행동하는 태도가 있음. ▶ 그는 술에 취한 채 <u>방약무인</u>하게 행동했다. **한자성어 +** **안하무인**(眼눈안 下아래하 無없을무 人사람인): (눈 아래에 사람이 없음. →) 방자하고 교만하여 다른 사람을 업신여김. ▶ 사람이 돈을 좀 벌더니 <u>안하무인</u>이 되었다. **후안무치**(厚두터울후 顔낯안 無없을무 恥부끄러울치): 뻔뻔스러워 부끄러움이 없음. ▶ 그는 돈을 떼먹고도 당당하게 행동하는 친구의 <u>후안무치</u>에 기가 막힐 따름이었다.

오만무도(傲거만할오 慢거만할만 無없을무 道길도): 태도나 행동이 건방지거나 거만하여 도의(道義)를 지키지 아니함. ▶ <u>오만무도</u>한 그의 행동은 많은 사람을 불쾌하게 만들었다.

기고만장(氣기운기 高높을고 萬일만만 丈어른장): ❶ 펄펄 뛸 만큼 대단히 성이 남.

▶ 내가 부탁을 거절하자 그는 <u>기고만장</u>해서 목청을 돋우며 대들었다.

❷ 일이 뜻대로 잘될 때, 우쭐하여 뽐내는 기세가 대단함. ▶ 그는 조금만 추어올려도 <u>기고만장</u>해진다.

☐ **방조**
傍 곁 방 助 도울 조

곁에서 도와줌. ▶ 그는 살인 사건을 <u>방조</u>한 혐의로 수배 중이다.

참고어휘 **+ 동조**(同한가지동 調고를조): (같은 가락 →) 남의 주장에 자기의 의견을 일치시키거나 보조를 맞춤. ▶ 나는 고개를 끄덕여 그에게 <u>동조</u>하는 태도를 보였다.

☐ **방증**
傍 곁 방 證 증거 증

사실을 직접 증명할 수 있는 증거가 되지는 않지만, 주변의 상황을 밝힘으로써 간접적으로 증명에 도움을 줌. 또는 그 증거

▶ 이번에 발견된 자료도 독도가 우리 땅이라는 사실을 <u>방증</u>해 준다.

참고어휘 **+** '證(증거증)'을 공유하는 한자어

반증(反돌이킬반 證증거증): 어떤 사실이나 주장이 옳지 아니함을 그에 반대되는 근거를 들어 증명함. 또는 그런 증거 ▶ 우리에게는 그 사실을 뒤집을 만한 <u>반증</u>이 없다.

입증(立설입 證증거증): 어떤 증거 따위를 내세워 증명함. ▶ 그는 의뢰인의 무죄를 <u>입증</u>하기 위해 노력했다.

☐ **배다**¹

❶ 스며들거나 스며 나오다. ▶ 긴장을 한 탓인지 손에 땀이 <u>배었다</u>.

❷ 버릇이 되어 익숙해지다. ▶ 이제는 일이 손에 <u>배어서</u> 예전만큼 힘이 들지 않는다.

❸ 냄새가 스며들어 오래도록 남아 있다. ▶ 점심에 청국장을 먹었더니 냄새가 옷에 <u>배었다</u>.

❹ 느낌, 생각 따위가 깊이 느껴지거나 오래 남아 있다.

▶ 농악에는 우리 민족의 정서가 <u>배어</u> 있다.

☐ **배다**²

❶ 배 속에 아이나 새끼를 가지다. ▶ 집에서 기르는 개가 새끼를 <u>뱄다</u>.

❷ 식물의 줄기 속에 이삭이 생기다. 또는 이삭을 가지다. ▶ 벼 포기에 이삭이 <u>배었다</u>.

❸ 물고기 따위의 배 속에 알이 들다. 또는 알을 가지다. ▶ 알이 <u>밴</u> 고기가 더 맛있다.

❹ 사람의 근육에 뭉친 것과 같은 것이 생기다. ▶ 운동을 했더니 다리에 알이 <u>뱄다</u>.

☐ **배다**³

물건의 사이가 비좁거나 촘촘하다. ▶ 곡식을 너무 <u>배게</u> 심으면 성장에 지장이 생긴다.

확인문제

(1~6) 제시된 뜻풀이에 맞는 단어가 되도록 빈칸을 채우시오.

1. 나는 그 일에 상관하지 아니함: ☐불☐언
2. 맺고 끊는 데가 없이 제멋대로 풀어져 있다: 방☐하다
3. 거의 비슷하다: 방☐하다
4. 뻔뻔스러워 부끄러움이 없음: ☐안☐치
5. 곁에서 도와줌: ☐조
6. 어떤 증거 따위를 내세워 증명함: ☐증

(7~9) 밑줄 친 말이 제시문과 가장 유사한 의미로 쓰인 것을 고르시오.

7. 오늘 드라마에서 여자 주인공이 남자 주인공의 딸이라는 사실이 <u>밝혀졌다</u>.

① 신원이 <u>밝혀지다</u>.   ② 결백이 <u>밝혀지다</u>.   ③ 등불이 <u>밝혀지다</u>.

8. 그는 언론에 사건의 전모를 자세히 <u>밝혔다</u>.

① 밤을 <u>밝히다</u>.   ② 촛불을 <u>밝히다</u>.   ③ 먹을 것을 <u>밝히다</u>.   ④ 장래 계획을 <u>밝히다</u>.

9. 그의 근면함은 이미 어린 시절부터 몸에 <u>밴</u> 것이다.

① 모를 <u>배게</u> 심다.   ② 옷에 땀이 <u>배다</u>.   ③ 일이 손에 <u>배다</u>.   ④ 옷에 냄새가 <u>배다</u>.   ⑤ 팔에 알이 <u>배다</u>.

[정답] 1. 오, 관 2. 만 3. 불 4. 후, 무 5. 방 6. 입 7. ① 8. ④ 9. ③

[해설] 7. 밝혀지다–❸ ② 밝혀지다–❷ ① 신원(身元): 개인의 성장 과정과 관련된 자료. 곧 신분이나 평소 행실, 주소, 원적(原籍), 직업 따위를 이른다. 8. 밝히다–❼ 9. 배다¹–❷ ① 배다³ ② 배다¹–❶ ④ 배다¹–❸ ⑤ 배다²–❹

□ **배상** 賠 물어줄 배 償 갚을 상	남의 권리를 침해한 사람이 그 손해를 물어 주는 일 ▶ 피해자에게 손해를 배상하였다. **유의어 +** 보상(報갚을보 償갚을상): ❶ 남에게 진 빚 또는 받은 물건을 갚음. ▶ 빌린 돈의 보상을 약속하였다. ❷ 어떤 것에 대한 대가로 갚음. ▶ 감사의 인사만으로도 그간의 노고에 대해 보상을 받은 느낌이다.
□ **배우다**	❶ 새로운 지식이나 교양을 얻다. ▶ 3년 내내 같은 선생님께 수학을 배웠다. ❷ 새로운 기술을 익히다. ▶ 아기가 걸음마를 배웠다. ❸ 남의 행동, 태도를 본받아 따르다. ▶ 아이들은 일상 속에서 부모의 생활 태도를 배운다. ❹ 경험하여 알게 되다. ▶ 농촌 봉사 활동을 통하여 학생들은 농민들의 어려움을 배웠다. ❺ 습관이나 습성이 몸에 붙다. ▶ 그는 아버지에게 술을 배웠다.
□ **배제** 排 밀칠 배 除 덜 제	받아들이지 아니하고 물리쳐 제외함. ▶ 문제를 대할 때에는 일체의 선입관을 배제해야 한다. **유의어 +** 배척(排떨칠배 斥물리칠척): 따돌리거나 거부하여 밀어 내침. ▶ 저질 음란 문화를 배척해야 한다. **배타**(排떨칠배 他다를타): 남을 배척함. ▶ 통일을 위해서는 남북한 모두 배타적인 시각을 버려야 한다.
□ **백년하청** 百 일백 백 年 해 년 河 물 하 淸 푸를 청	(중국의 황허강이 늘 흐려 맑을 때가 없음. →) 아무리 오랜 시일이 지나도 어떤 일이 이루어지기 어려움. ▶ 이번에도 물러서면 지역 현안의 해결은 백년하청이 될 것이다.
□ **버리다**	❶ 가지거나 지니고 있을 필요가 없는 물건을 내던지거나 쏟거나 하다. ▶ 휴지를 휴지통에 버렸다. ❷ 못된 성격이나 버릇 따위를 떼어 없애다. ▶ 그는 낭비하는 습관을 버려야 한다. ❸ 가정이나 고향 또는 조국 따위를 떠나 스스로 관계를 끊다. ▶ 그는 가정과 고향을 버리고 독립운동의 대열에 뛰어들었다. ❹ 종사하던 일정한 직업을 스스로 그만두고 다시는 손을 대지 아니하다. ▶ 그는 직장을 버리고 나와 개인 사업을 시작하였다. ❺ 직접 깊은 관계가 있는 사람과의 사이를 끊고 돌보지 아니하다. ▶ 그는 가족도 친구도 다 버렸다. ❻ 품었던 생각을 스스로 잊다. ▶ 돈으로 모든 것을 하려고 하는 생각을 버려라. ❼ 본바탕을 상하게 하거나 더럽혀서 쓰지 못하게 망치다. ▶ 흙탕물이 튀어 옷을 버렸다.
□ **번** 番 차례 번	❶ 차례로 숙직이나 당직을 하는 일 ▶ 요 며칠 동안 계속해서 내가 번을 섰다. ❷ 일의 차례를 나타내는 말 ▶ 둘째 번에 만난 사람이 가장 마음에 든다. ❸ 일의 횟수를 세는 단위 ▶ 우리는 작년에 두 번 만났다. ❹ 어떤 범주에 속한 사람이나 사물의 차례를 나타내는 단위 ▶ 4번 타자가 홈런을 쳤다. **참고어휘 +** 한번: ❶ 지난 어느 때나 기회 ▶ 한번은 그를 방송국에서 만난 적이 있다. ❷ 어떤 일을 시험 삼아 시도함을 나타내는 말 ▶ 자신은 없지만 한번 해 보겠습니다. ❸ 기회 있는 어떤 때에 ▶ 우리 집에 한번 놀러 오세요. ❹ 어떤 행동이나 상태를 강조하는 뜻을 나타내는 말 ▶ 아이고, 춤 한번 잘 춘다. ❺ 일단 한 차례 ▶ 그 개는 한번 물면 절대로 놓지 않는다.
□ **벌리다**	❶ 둘 사이를 넓히거나 멀게 하다. ▶ 지하철 안에서 다리를 벌리고 앉는 것은 실례이다. ❷ 껍질 따위를 열어 젖혀서 속의 것을 드러내다. ▶ 생선의 배를 벌리고 내장을 제거했다. ❸ 우므러진 것을 펴지거나 열리게 하다. ▶ 자루를 벌리고 쌀을 퍼 담았다.

☐ **벌어지다**

❶ 갈라져서 사이가 뜨다. ▶ 출입구의 벌어진 틈새로 매캐한 연기가 새어 들어왔다.

❷ 가슴이나 어깨, 등 따위가 옆으로 퍼지다. ▶ 그는 가슴팍이 떡 벌어진 다부진 체형이다.

❸ 식물의 잎이나 가지 따위가 넓게 퍼져서 활짝 열리다. ▶ 나뭇가지가 벌어졌다.

❹ 그릇 따위가 속은 얕고 위가 넓게 되다. ▶ 벌어진 사발에 국수를 말아 먹었다.

❺ 막힌 데가 없이 넓게 탁 트이다. ▶ 눈앞에 강 쪽으로 쫙 벌어진 들판이 있었다.

❻ 음식 따위를 번듯하게 차리다. ▶ 아내가 생일상을 떡 벌어지게 차렸다.

❼ 차이가 커지다. ▶ 시간이 지날수록 선두와 나의 간격이 차이가 벌어졌다.

❽ 사람의 사이에 틈이 생기다. ▶ 그녀와 사이가 벌어진 지 오래되었다.

동음이의어 + **벌어지다**: 어떤 일이 일어나거나 진행되다.

▶ 그 일로 인해 논란이 벌어졌다(≒발생했다).

☐ **벌이다**

❶ 일을 계획하여 시작하거나 펼쳐 놓다. ▶ 할아버지의 팔순 잔치를 벌였다.

❷ 놀이판이나 노름판 따위를 차려 놓다. ▶ 정자에서 노인들이 장기판을 벌였다.

❸ 여러 가지 물건을 늘어놓다. ▶ 책상 위에 책을 어지럽게 벌여 두고 공부를 한다.

❹ 가게를 차리다. ▶ 아들이 읍내에 음식점을 벌였다.

❺ 전쟁이나 말다툼 따위를 하다. ▶ 아무 것도 아닌 일로 친구와 논쟁을 벌였다.

☐ **벗다**

❶ 사람이 몸 또는 몸의 일부에 착용한 물건을 몸에서 떼어 내다. ▶ 옷을 벗었다.

❷ 메거나 진 배낭이나 가방 따위를 몸에서 내려놓다. ▶ 배낭을 벗어 의자에 올려놓았다.

❸ 동물이 껍질, 허물, 털 따위를 갈다. ▶ 뱀은 일정한 시기가 되면 허물을 벗는다.

❹ 의무나 책임 따위를 면하게 되다. ▶ 그는 열흘만 지나면 병역의 의무를 벗는다.

❺ 누명이나 치욕 따위를 씻다. ▶ 그는 목격자의 증언 덕분에 누명을 벗었다.

❻ 증오나 불신을 없애다. ▶ 수십 년간에 걸친 증오와 불신을 벗고 서로 협력해야 한다.

❼ 고통이나 괴로운 상태를 감당하지 않게 되다. ▶ 가난을 벗고 생활의 여유가 생겼다.

❽ 사람이 어수룩하거나 미숙한 태도를 생활의 적응을 통하여 없애다.

▶ 그는 이제 겨우 신참 티를 벗었다.

❾ 어떤 위치에서 물러나다. ▶ 그는 법복을 벗고 농부의 삶을 살기로 결심했다.

☐ **벗겨지다**

❶ 덮이거나 씌워진 물건이 외부의 힘에 의하여 떼어지거나 떨어지다.

▶ 신발이 꽉 끼어 잘 벗겨지지 않는다.

❷ 사실이 밝혀져 죄나 누명 따위에서 벗어나다. ▶ 그가 죽은 후에야 누명이 벗겨졌다.

확인문제

(1~4) 밑줄 친 말의 쓰임이 문맥에 맞는지 판단하시오.

1. 그는 아무런 보상도 바라지 않고 나를 도와주었다.
2. 대중의 참여가 배제된 대중문화는 의미가 없다.
3. 그는 죽을 때까지 지조를 지키며 백년하청하게 살았다.
4. 일을 벌렸으면 끝을 봐야지, 쉽게 포기해서는 안 된다.

(5~10) 밑줄 친 말의 의미가 가장 유사한 것을 2개씩 고르시오.

5. ① 술을 배우다.　　② 수영을 배우다.　　③ 중국어를 배우다.　　④ 삶의 가치를 배우다.　　⑤ 부모의 성실함을 배우다.

6. ① 편견을 버리다.　　② 친구를 버리다.　　③ 나라를 버리다.　　④ 쓰레기를 버리다.　　⑤ 늦잠 습관을 버리다.

7. ① 나는 1학년 2반 12번이다.　　② 누구나 한 번은 겪는 일이다.　　③ 다음 번 면담은 너이다.　　④ 그 문제를 여러 번 다시 풀었다.

8. ① 싸움이 벌어지다.　　② 사이가 벌어지다.　　③ 공사가 벌어지다.　　④ 상처가 벌어지다.　　⑤ 꽃봉오리가 벌어지다.

9. ① 모자를 벗다.　　② 고통을 벗다.　　③ 혐의를 벗다.　　④ 열등감을 벗다.　　⑤ 소녀티를 벗다.

10. ① 빗장이 벗겨지다.　　② 안개가 벗겨지다.　　③ 오명이 벗겨지다.

- -

[정답] 1. 적절 2. 적절 3. 부적절 4. 부적절 5. ②, ③ 6. ①, ⑤ 7. ②, ④ 8. ①, ③ 9. ②, ④ 10. ①, ②

[해설] 5. ② · ③ 배우다-❶ 6. ① · ⑤ 버리다-❷ 7. ② · ④ 번-❸ 8. ① · ③ 어떤 일이 일어나거나 진행되다. 9. ② · ④ 벗다-❼ 10. ① · ② 벗겨지다-❶

1. ⊙~⑩의 사전적 의미로 적절하지 <u>않은</u> 것은?   (2015 9월 모평B 응용)

> 맹자는 사적인 욕망으로부터 비롯된 이익의 추구는 개인적으로는 '의(義)'의 실천을 가로막고, 사회적으로는 혼란을 ⊙야기한다고 보았다. 특히 작은 이익이건 천하의 큰 이익이건 '의'에 앞서 이익을 내세우면 천하는 필연적으로 상하 질서의 ⓒ문란이 초래될 것이라고 ⓒ역설하였다. 그래서 그는 사회 안정을 위해 사적인 욕망과 ⓐ결부된 이익의 추구는 '의'에서 ⑩배제되어야 한다고 주장하였다.

① ⊙: 일이나 사건 따위를 끌어 일으킴.   ② ⓒ: 도덕, 질서, 규범 따위가 어지러움.

③ ⓒ: 자기의 뜻을 힘주어 말함.   ④ ⓐ: 유대나 연관 관계를 끊음.

⑤ ⑩: 받아들이지 아니하고 물리쳐 제외함.

(2~3) 어휘의 선택이 문맥에 맞지 <u>않는</u> 것을 고르시오.

2. ① 죽은 물고기가 저수지에 그대로 (방임 /방치)된 채 썩고 있다.

② 그는 질문을 던진 나에게 오히려 묻는 이유를 (반문/ 반박)해 왔다.

③ 용돈을 모아서 자동차를 사겠다니 (방약무인/ 백년하청)이 아닐 수 없다.

④ 내가 그 사람을 믿는다고 하지만 아직은 (반신반의/ 일희일비) 수준이다.

⑤ 그는 이익이 없을 것 같은 일에는 거리를 두고 (오만무도 /오불관언)의 태도를 취한다.

3. ① 그는 (배상 /보상)을 약속하고 그녀에게서 사업 자금을 빌렸다.

② 오늘 마을 회관에서 어르신들을 위한 잔치를 (벌린다 /벌인다)고 한다.

③ 청중들은 그의 말이 끝나자 박수를 치며 (동조/ 방조)하는 태도를 보였다.

④ 풍부한 예화와 포괄적인 강의는 선생님의 해박한 지식을 (반증/ 방증)하는 것이었다.

⑤ 회사가 엄청난 규모의 적자에 시달리게 된 것은 (방만/ 방자)한 경영과 과잉 투자 때문이다.

4. ⊙~⑩을 대체할 수 있는 말로 적절하지 <u>않은</u> 것은?   (2005 고3 7월 학평 응용)

> 당시에 성행했던 심리학 연구나 심리학을 정신의학에 응용하는 연구는 주로 의식에 초점이 맞춰져 있었다. 따라서 단어 연상법의 심리학에 대한 실험 연구도 의식을 바탕으로 해서 진행되었다. 하지만 융은 의식 또는 의지의 작용을 ⊙넘어서는 무엇인가가 있을 것이라고 생각했다. 여기서 그는 콤플렉스라는 개념을 ⓒ끌어들인다. 융의 정의에 ⓒ따르면 그것은 특수한 종류의 감정으로 이루어진 무의식 속의 관념 덩어리인데, 이것이 응답 시간을 지연시켰다는 것이다. 이후 여러 차례 실험을 ⓐ거듭한 결과 그 결론은 사실임이 ⑩밝혀졌으며, 콤플렉스와 개인적 속성은 융의 사상 체계에서 핵심적인 요소가 되었다.

① ⊙: 초과(超過)하는   ② ⓒ: 도입(導入)한다   ③ ⓒ: 의거(依據)하면

④ ⓐ: 반복(反復)한   ⑤ ⓐ: 입증(立證)되었으며

(5~7) ⊙과 바꿔 쓰기에 가장 적절한 것을 고르시오.

5. ────────────────────────────────────── (2012 고2 6월 학평B 응용)

'부모는 자식을 사랑한다.'나 '건강한 사람은 오래 산다.'와 같이 그 사회가 일반적으로 ⊙받아들이는 상식이 '일반적 통념'이다.

① 시인(是認)하는   ② 포섭(包攝)하는   ③ 수용(受容)하는
④ 흡수(吸收)하는   ⑤ 섭취(攝取)하는

6. ────────────────────────────────────── (2019 9월 모평 응용)

영화는 조각난 필름들이 일정한 속도로 흘러가면서 움직임을 만들어 낸다는 점에서 공장에서 컨베이어 벨트가 만들어 내는 기계의 리듬을 ⊙떠올리게 한다.

① 가상(假想)하게   ② 구상(構想)하게   ③ 발상(發想)하게
④ 연상(聯想)하게   ⑤ 착상(着想)하게

7. ────────────────────────────────────── (2007 수능 응용)

'자전거가 왼쪽으로 기울면 핸들을 왼쪽으로 틀어라'와 같은 정보를 이용해서 자전거 타는 법을 ⊙배운 사람이라도 자전거를 익숙하게 타게 된 후에는 그러한 정보를 전혀 의식하지 않고서도 자전거를 잘 탈 수 있다.

① 납득(納得)한   ② 습득(習得)한   ③ 획득(獲得)한
④ 취득(取得)한   ⑤ 터득(攄得)한

(8~10) 밑줄 친 말의 문맥적 의미가 ⊙과 가장 유사한 것을 고르시오.

8. ──────────────────────────────────────

두 사람은 달빛 아래 ⊙벌어지고 있는 광경을 숨을 죽이고 지켜보고 있었다.

① 밤송이가 벌어진 모양이 탐스러웠다.   ② 마을 근처에서 치열한 전투가 벌어졌다.
③ 그 기업들의 월 매출 차이는 점점 벌어졌다.   ④ 선물로 받은 아이는 입이 함박만큼 벌어졌다.
⑤ 교문 앞에는 어깨가 딱 벌어진 선배들이 서 있었다.

9. ────────────────────────────────────── (2017 고1 9월 학평)

정조의 명을 ⊙받아 단원이 그린 〈구룡연〉은 금강산의 구룡폭포를 직접 찾아가 그 모습을 담은 것이다.

① 그녀는 어두운 옷보다 밝은 옷이 잘 받는다.   ② 그는 갑작스레 딱딱한 억양으로 말을 받았다.
③ 정부는 국민으로부터 세금을 받아 국가를 운영한다.   ④ 내일까지 서류를 제출하라는 학교의 통고를 받았다.
⑤ 회사의 미래를 생각하면 그 사람을 받지 않을 수 없다.

정치학자와 선거 전문가들은 선거와 관련하여 유권자들의 투표 행위에 대해 연구해 왔다. 이 연구는 일반적으로 유권자들의 투표 성향, 즉 투표 참여 태도나 동기 등을 조사하여, 이것이 투표 결과와 어떤 상관관계가 있는가를 ㉠밝힌다.

① 그는 돈과 지위를 지나치게 밝힌다.　　② 그녀는 경찰에게 이름과 신분을 밝혔다.
③ 동생이 불을 밝혔는지 장지문이 환해졌다.　　④ 학계에서는 사태의 진상을 밝히기 위해 애썼다.
⑤ 할머니를 간호하느라 가족 모두 뜬눈으로 밤을 밝혔다.

11. 〈보기〉를 참고할 때, 문장 구조가 다름에 따라 단어의 의미가 달라진 예로 볼 수 <u>없는</u> 것은?　　(2006 9월 모평)

─〈보 기〉─

　단어의 의미는 그 단어가 쓰이는 구조와 밀접한 관련이 있다. 예를 들면 '놓다'는 '…에 …을 놓다' 구조로 쓰이느냐, '…을 놓다'의 구조로 쓰이느냐에 따라 그 의미가 다르다. 전자는 "(어떤 장소에 무엇을) 두다[置]"의 뜻에 가까우나, 후자는 "(잡고 있던 것을) 풀다[放]"에 가깝다.

① 우리 형은 세상 물정에 밝다. / 오늘밤은 유난히 달이 밝다.
② 나는 밥을 먹으러 식당에 갔다. / 그 설명은 수긍이 간다.
③ 우리 팀은 상대 팀에 깨지고 말았다. / 둘 사이의 약속이 깨진 원인은 무엇일까?
④ 철수는 남의 일에 간섭하기를 싫어한다. / 이 집안에는 딸의 행동을 간섭하는 사람이 없었다.
⑤ 선생님 말씀에 주의를 기울이는 것이 매우 중요하다. / 커피 잔을 기울이는 선생님의 모습이 보였다.

12. ㉠를 〈보기〉와 같이 표현했을 때, ⓐ에 들어갈 말로 가장 적절한 것은?　　(2012 고2 9월 학평B)

상이 화난 얼굴로 가로되, / "너를 사랑하여 부마(駙馬)를 정하였거늘, 어찌 사양하느뇨?"
지경이 머리를 땅에 닿아 가로되, / "최녀로 성례함이 없사오면 어찌 감히 방은택(房恩澤)을 사양하리이까?"
상이 크게 화가 나서 가로되,
㉠"네 불과 소년 장원하여 세상에 환세(幻世)*코자 하여 옹주인 줄을 염이 여김이라, 가장 범람하도다."

　　　　　　　　　　　　　　　　　　　　　　　　　　　　　　　　 – 작자 미상, 〈윤지경전〉

* 환세(幻世): 변하고 바뀌어 무상한 세상. 문맥상 '세상에 영합함' 정도의 뜻

─〈보 기〉─

"네 어린 나이에 장원 급제하더니 (　　　ⓐ　　　)하여 과인의 명을 거역하려는가!"

① 감언이설(甘言利說)　　　　② 기고만장(氣高萬丈)　　　　③ 대기만성(大器晚成)
④ 면종복배(面從腹背)　　　　⑤ 수수방관(袖手傍觀)

13. 〈보기〉는 국어사전의 일부이다. 이를 탐구한 것으로 적절하지 <u>않은</u> 것은?　　(2015 고3 7월 학평A)

─〈보 기〉─

번(番)　Ⅰ　 ㉠ 　차례로 숙직이나 당직을 하는 일. ¶ 번을 서다.
　　　　Ⅱ　 의존명사 　① 일의　 ㉡ 　을/를 나타내는 말. ¶ 둘째 번.

② 일의 횟수를 세는 단위. ¶ 여러 번.

한-번(-番) Ⅰ 명사 ((주로 '한번은' 꼴로 쓰여)) 지난 어느 때나 기회. ¶ 한번은 그런 일도 있었지.

Ⅱ 부사 ① ((주로 '-어 보다' 구성과 함께 쓰여)) 어떤 일을 시험 삼아 시도함을 나타내는 말.

¶ 한번 해 보다. / 한번 먹어 보다.

② 기회 있는 어떤 때에. ¶ 우리 집에 한번 놀러 오세요. / _____ ⓒ _____ / 한번 찾아뵐게요.

③ ((㉣ 바로 뒤에 쓰여)) 어떤 행동이나 상태를 강조하는 뜻을 나타내는 말.

¶ 춤 한번 잘 춘다. / 공 한번 잘 찬다.

① ㉠, ㉣에 들어갈 말은 모두 '명사'이겠군.

② ㉡에 들어갈 말은 '차례'이겠군.

③ ㉢에는 '시간 날 때 낚시나 한번 갑시다.'를 넣을 수 있겠군.

④ '한-번 Ⅰ'과 달리 '한-번 Ⅱ'는 문장에서 자립하여 쓰일 수 없겠군.

⑤ '난 제주도에 한 번 가 봤어.'에서 '번'은 '번 Ⅱ-②'의 뜻으로 쓰였겠군.

14. 〈보기〉의 ㉠, ㉡에 들어갈 내용으로 적절한 것은?

(2017 고1 3월 학평)

〈보 기〉

단어는 문맥에 따라 여러 가지 뜻을 가진다. 그래서 반의어도 여럿이 될 수 있다. 예를 들어 '시계가 서다.'에서 '서다'의 반의어는 '가다'인데, '기강이 서다.'에서 '서다'의 반의어는 '무너지다'가 된다. '벗다'도 문맥에 따라 여러 가지 뜻을 가지기 때문에 반의어가 여럿이다.

단어	예문	반의어
벗다	외투를 벗다.	입다
	㉠	쓰다
	배낭을 벗다.	㉡

	㉠	㉡		㉠	㉡
①	누명을 벗다.	메다	②	안경을 벗다.	끼다
③	장갑을 벗다.	차다	④	모자를 벗다.	걸다
⑤	허물을 벗다.	들다			

[정답] 1. ④ 2. ③ 3. ④ 4. ① 5. ③ 6. ④ 7. ② 8. ② 9. ④ 10. ④ 11. ④ 12. ② 13. ④ 14. ①

[해설] 1. ㉣ 일정한 사물이나 현상을 서로 연관시킴. 4. ㉠ → 초월하는(어떠한 한계나 표준을 뛰어넘는) 5. ① 어떤 내용이나 사실이 옳거나 그러하다고 인정하다. ② 상대편을 자기편으로 감싸 끌어들이다. 6. ① 사실이 아니거나 사실 여부가 분명하지 않은 것을 사실이라고 가정하여 생각하다. 7. ① 다른 사람의 말이나 행동, 형편 따위를 잘 알아서 긍정하고 이해하다. ② 배워서 자기 것으로 하다. ⑤ 깊이 생각하여 이치를 깨달아 알아내다. 8. ㉠ 어떤 일이 일어나거나 진행되다. 9. ㉠ 요구, 신청 질문 따위의 작용을 당하거나 거기에 응하다. ① 색깔이나 모양이 어떤 것에 어울리다. ② 남의 노래, 말 따위에 응하여 뒤를 잇다. ③ 다른 사람이 바치거나 내는 돈이나 물건을 책임 아래 맡아 두다. ⑤ 사람을 맞아들이다. 10. ㉠ 진리, 가치, 옳고 그름 따위를 판단하여 드러내 알리다. ① 드러나게 좋아하다. ② 드러나지 않거나 알려지지 않은 사실, 내용, 생각 따위를 드러내 알리다. ③ 빛을 내는 물건에 불을 켜다. ⑤ 자지 않고 지내다. 11. ④에서 앞의 '간섭하기'나 뒤의 '간섭하는'은 모두 '남의 일에 참견함'의 의미로 쓰였다. ① 잘 알아서 막힘이 없다.-빛이 환하다. ② 어떤 방향으로 이동을 하다.-이해가 된다. ③ 운동 경기에서 참패를 당하다. 지다.-약속, 예정, 기대 따위가 이루어지지 못하고 틀어지다. ⑤ 마음, 힘 따위를 쏠리게 하다.-기울게 하다. 12. ④ 겉으로는 복종하는 체하면서 내심으로는 배반함. 13. 부사도 자립 형태소이다. 14. '누명을 벗다.'에서 '벗다'는 '누명이나 치욕 따위를 씻다.'라는 뜻이다. 이때 '벗다'의 반의어는 '사람이 죄나 누명 따위를 가지거나 입게 되다.'라는 뜻의 '쓰다'가 될 수 있다. '배낭을 벗다.'에서 '벗다'는 '메거나 진 배낭이나 가방 따위를 몸에서 내려놓다.'라는 뜻이다. 이때 '벗다'의 반의어는 '어깨에 걸치거나 올려놓다.'라는 뜻의 '메다'가 될 수 있다.

☐ **벗어나다**

❶ 공간적 범위나 경계 밖으로 빠져나오다. ▶ 기차가 막 터널에서 벗어났다.

❷ 어떤 힘이나 영향 밖으로 빠져나오다. ▶ 남부 지방은 태풍의 영향권에서 벗어났다.

❸ 구속이나 장애로부터 자유로워지다. ▶ 시험에서 벗어나니 기분이 날아갈 것 같다.

❹ 어려운 일이나 처지에서 헤어나다. ▶ 그는 가난에서 벗어나기 위해 열심히 일했다.

❺ 맡은 일에서 놓여나다. ▶ 그는 모처럼 바쁜 일과에서 벗어나 여행을 떠났다.

❻ 이야기의 흐름이 빗나가다. ▶ 이야기를 할 때는 주제에서 벗어나지 않도록 해야 한다.

❼ 동아리나 어떤 집단에서 빠져나오다. ▶ 한 사람이라도 대열에서 벗어나서는 안 된다.

❽ 신분 따위를 면하다. ▶ 천민들이 자신들의 신분에서 벗어나기 위해 양반의 족보를 샀다.

❾ 규범이나 이치, 체계 따위에 어긋나다. ▶ 그것은 관례에서 벗어나는 일이다.

❿ 남의 눈에 들지 못하다. ▶ 신입 직원은 상사의 눈에 벗어나는 행동은 하지 않았다.

☐ **베다**

❶ 날이 있는 연장 따위로 무엇을 끊거나 자르거나 가르다. ▶ 낫으로 벼를 베었다.

❷ 날이 있는 물건으로 상처를 내다. ▶ 칼로 살을 베었다.

❸ 이로 음식 따위를 끊거나 자르다. ▶ 그는 방금 딴 사과를 한 입 뚝 베었다.

`동음이의어 +` **베다**: 누울 때, 베개 따위를 머리 아래에 받치다. ▶ 베개를 베고 잠이 들었다.

☐ **변별**
辨 분별할 **변** 別 나눌 **별**

사물의 옳고 그름이나 좋고 나쁨을 가림. ▶ 진품과 위조품을 변별해 내는 것은 쉽지 않다.

`유의어 +` **판별**(判판단할판 別나눌별): 옳고 그름이나 좋고 나쁨을 판단하여 구별함. 또는 그런 구별
▶ 그는 고급 와인을 잘 판별하는 것으로 유명하다.

식별(識알식 別나눌별): 분별하여 알아봄. ▶ 총격이 오가는 상황에서는 적군과 아군을 식별하기 어려웠다.

감별(鑑거울감 別나눌별): ❶ 보고 식별함. ▶ 병아리의 암수를 감별하는 일은 쉽지 않다.

❷ 예술 작품이나 골동품 따위의 가치와 진위를 판단함.
▶ 대를 이어 보관해 온 가보를 감별했더니 국보급으로 판명되었다.

분간(分나눌분 揀가릴간): ❶ 사물이나 사람의 옳고 그름, 좋고 나쁨 따위와 그 정체를 구별하거나 가려서 앎. ▶ 나는 그가 한 말이 장난인지 진심인지 분간이 안 갔다.

❷ 어떤 대상이나 사물을 다른 것과 구별하여 냄. ▶ 보석의 진위 분간은 전문가만이 할 수 있다.

☐ **변천**
變 변할 **변** 遷 옮길 **천**

세월의 흐름에 따라 바뀌고 변함. ▶ 이번 전시회에서는 한복의 변천을 한눈에 볼 수 있다.

`참고어휘 +` '變(변할변)'을 공유하는 한자어
변모(變변할변 貌모양모): 모양이나 모습이 달라지거나 바뀜. 또는 그 모양이나 모습
▶ 시골이 도시로 변모했다.

변용(變변할변 容얼굴용): 용모가 바뀜. 또는 그렇게 바뀐 용모 ▶ 성리학은 한국 풍토에 맞게 변용되었다.

변주(變변할변 奏아뢸주): (선율·리듬·화성 따위를 여러 가지로 변형하여 연주함. →) 색깔이나 모양 또는 내용을 다르게 바꿈. ▶ 이 작품에서는 외부 세계의 폭력이 여러 가지 양상으로 변주되어 나타난다.

변조(變변할변 調고를조): 보통과 다른 상태가 됨. 또는 상태를 바꿈.
▶ 유괴범은 목소리를 변조해서 전화를 걸었다.

변조(變변할변 造지을조): ❶ 권한 없이 형상이나 내용을 변경함. ▶ 아무도 복권의 번호를 변조할 수 없다.

❷ 사람이 이미 있던 사물을 다른 모양이나 물건으로 바꾸어 만듦.
▶ 군용 장비를 도색, 변조한 뒤 부대 밖으로 빼돌려 온 일당이 잡혔다.

☐ **병치**
竝 나란히 **병** 置 둘 **치**

두 가지 이상의 것을 한곳에 나란히 두거나 설치함.
▶ 이 부분에서는 동시에 일어나는 두 가지 사건이 병치되고 있다.

`참고어휘 +` **대치**(代대신할대 置둘치): 다른 것으로 바꾸어 놓음.
▶ 재래시장들이 대규모 할인점으로 대치되고 있다.

대치(對대할대 峙언덕치): 서로 맞서서 버팀. ▶ 아군과 적군이 강을 사이에 두고 대치하였다.

□ 보다

❶ 눈으로 대상의 존재나 형태적 특징을 알다. ▶ 이것은 난생처음 <u>보는</u> 꽃이다.

❷ 눈으로 대상을 즐기거나 감상하다. ▶ 친구와 영화를 <u>보러</u> 영화관에 갔다.

❸ 책이나 신문 따위를 읽다. ▶ 요즘은 지하철 안에서 책을 <u>보는</u> 사람이 많지 않다.

❹ 대상의 내용이나 상태를 알기 위하여 살피다. ▶ 시계를 <u>보니</u> 오후 3시이다.

❺ 일정한 목적 아래 만나다. ▶ 그는 이웃 사람의 주선으로 맞선을 <u>보았다</u>.

❻ 맡아서 보살피거나 지키다. ▶ 부부는 아이를 <u>봐</u> 줄 사람을 구하고 있다.

❼ 상대편의 형편 따위를 헤아리다. ▶ 너를 <u>보아</u> 내가 참기로 했다.

❽ 점 따위로 운수를 알아보다. ▶ 새해가 되면 신년 운수를 <u>보는</u> 사람들이 많다.

❾ 자신의 실력이 나타나도록 치르다. ▶ 시험 잘 <u>봤니</u>?

❿ 어떤 일을 맡아 하다. ▶ 그녀는 조그만 무역회사에서 경리를 <u>보고</u> 있다.

⓫ 어떤 결과나 관계를 맺기에 이르다. ▶ 끝장을 <u>볼</u> 때까지 물러서지 않겠다.

⓬ 음식상이나 잠자리 따위를 채비하다. ▶ 어머니는 저녁상을 <u>보느라</u> 바쁘시다.

⓭ (완곡한 표현으로) 대소변을 누다. ▶ 아이가 드디어 변기에 소변을 <u>보기</u> 시작했다.

⓮ 어떤 관계의 사람을 얻거나 맞다. ▶ 그는 나이 오십에 벌써 사위를 <u>보았다</u>.

⓯ 부도덕한 이성 관계를 갖다. ▶ 본처를 박대하던 주인이 시앗을 <u>보았다</u>.

⓰ 어떤 일을 당하거나 겪거나 얻어 가지다. ▶ 그는 이번 일로 상당한 이익을 <u>보았다</u>.

⓱ 의사가 환자를 진찰하다. ▶ 원장님은 오전에만 환자를 <u>보십니다</u>.

⓲ 신문, 잡지 따위를 구독하다. ▶ <u>보던</u> 신문을 끊고 다른 신문으로 바꾸었다.

⓳ 음식 맛이나 간을 알기 위하여 시험 삼아 조금 먹다. ▶ 찌개 맛 좀 <u>봐</u> 주세요.

⓴ 남의 결점 따위를 들추어 말하다. ▶ 그는 곧잘 다른 사람의 흉을 <u>보았다</u>.

㉑ 남의 결점이나 약점 따위를 발견하다. ▶ 누구나 자기의 단점을 <u>보기</u>는 어렵다.

㉒ 기회, 때, 시기 따위를 살피다. ▶ 기회를 <u>봐서</u> 부모님께 말씀드리는 게 좋겠다.

㉓ 땅, 집, 물건 따위를 사기 위하여 살피다. ▶ 하루 종일 이사 갈 집을 <u>보러</u> 다녔다.

㉔ 물건을 팔거나 사다. ▶ 반찬이 다 떨어져서 시장을 <u>보러</u> 갔다.

㉕ 고려의 대상이나 판단의 기초로 삼다. ▶ 이것은 너를 <u>보고</u> 하는 말이 아니다.

㉖ 무엇을 바라거나 의지하다. ▶ 그녀는 평생 아들만 <u>보고</u> 살았다.

㉗ 사람을 만나다. ▶ 학교를 졸업한 후 처음으로 그와 서로 <u>보게</u> 되었다.

㉘ 대상을 평가하다. ▶ 그의 행동은 실수로 <u>볼</u> 수 없다.

확 인 문 제

(1~4) 문맥에 맞는 말을 괄호 안에서 고르시오.

1. 어느 작품이 진품인지 (식별 / 분류)하기 어렵다.

2. 필적을 (감별 / 변별)한 결과 본인의 것이 아님이 판명되었다.

3. 그는 문서를 (변조 / 변주)해서 많은 돈을 횡령했다.

4. 회사 로고를 시대감각에 맞는 것으로 (대치 / 병치)하였다.

(5~7) 밑줄 친 말의 의미가 유사한 것을 2개씩 고르시오.

5. ① 예의에서 <u>벗어나다</u>.　② 서울에서 <u>벗어나다</u>.　③ 선생님 눈에 <u>벗어나다</u>.　④ 고통에서 <u>벗어나다</u>.　⑤ 상식에서 <u>벗어나다</u>.

6. ① 떡을 <u>베어</u> 먹다.　② 팔을 <u>베고</u> 눕다.　③ 목침을 <u>베고</u> 자다.　④ 칼에 손가락을 <u>베다</u>.　⑤ 도끼로 나무를 <u>베다</u>.

7. ① 회사 업무를 <u>보다</u>.　② 피해를 <u>보다</u>.　③ 동생 흉을 <u>보다</u>.　④ 그 일을 장난으로 <u>보다</u>.　⑤ 상대를 만만하게 <u>보다</u>.

[정답] 1. 식별　2. 감별　3. 변조　4. 대치　5. ①, ⑤　6. ②, ③　7. ④, ⑤

[해설] 5. ①·⑤ 벗어나다-❾　6. ②·③ 누울 때, 베개 따위를 머리 아래에 받치다.　7. ④·⑤ 보다-㉘

□ **보명**
保 지킬 **보** 命 목숨 **명**

목숨을 보전함. ▶ 언제 어디에 폭탄이 떨어질지 알 수 없는 상황에서 보명은 힘든 일이었다.

한자성어 + **구사일생**(九아홉구 死죽을사 一한일 生날생): (아홉 번 죽을 뻔하다 한 번 살아남. →) 죽을 고비를 여러 차례 넘기고 겨우 살아남. ▶ 그는 비행기 사고에서 구사일생으로 살아남았다.

기사회생(起일어날기 死죽을사 回돌아올회 生날생): 거의 죽을 뻔하다가 도로 살아남.
▶ 우리 팀은 경기 내내 뒤지다가 종료 직전에 골을 넣어 기사회생하였다.

□ **보은**
報 갚을 **보** 恩 은혜 **은**

은혜를 갚음. ▶ 흥부는 부러진 제비 다리를 고쳐 주고 그 보은으로 부자가 되었다.

한자성어 + **결초보은**(結맺을결 草풀초 報갚을보 恩은혜은): 죽은 뒤에라도 은혜를 잊지 않고 갚음.
▶ 그동안 보살펴 주신 은혜는 반드시 결초보은하겠습니다.

백골난망(白흰백 骨뼈골 難어려울난 忘잊을망): (죽어서 백골이 되어도 잊을 수 없음. →) 남에게 큰 은덕을 입었을 때 고마움의 뜻으로 이르는 말≒각골난망(刻새길각 骨뼈골 難어려울난 忘잊을망)
▶ 아들을 구해 주신 은혜는 정말로 백골난망입니다.

□ **보전**
保 지킬 **보** 全 온전할 **전**

온전하게 보호하여 유지함. ▶ 환경 보전에 힘쓰는 일은 결국 우리의 후손을 위하는 일이다.

참고어휘 + **보존**(保지킬보 存있을존): 잘 보호하고 간수하여 남김.
▶ 그 고문서는 보존 상태가 좋지 않았다.

□ **복권**
復 회복할 **복** 權 권세 **권**

한 번 상실한 권세를 다시 찾음. ▶ 정치범들은 새로운 정부가 들어서자 전원이 복권되었다.

참고어휘 + **복원**(復회복할복 元으뜸원): 원래대로 회복함. ▶ 훼손된 문화재의 복원이 시급하다.

□ **복병**
伏 엎드릴 **복** 兵 병사 **병**

❶ 적을 기습하기 위하여 적이 지날 만한 길목에 군사를 숨김. 또는 그 군사
▶ 이곳은 길이 좁고 험한 산이 많아 복병을 두기에 알맞은 장소이다.

❷ 예상하지 못한 뜻밖의 경쟁 상대 ▶ 우리 팀은 예선에서 복병을 만나 고전했다.

참고어휘 + **복선**(伏엎드릴복 線줄선): 만일의 경우에 대비하여 남모르게 미리 꾸며 놓은 일
▶ 그는 말을 할 때 항상 나중을 대비해 복선을 까는 버릇이 있다.

□ **복안**
腹 배 **복** 案 책상 **안**

겉으로 드러내지 아니하고 마음속으로만 생각함. 또는 그런 생각
▶ 이번 선거에서는 직접 출마하지 않고 당의 선거 운동을 진두지휘하겠다는 것이 그의 복안이다.

□ **부가**
附 붙을 **부** 加 더할 **가**

주된 것에 덧붙임.≒첨가(添더할첨 加더할가) ▶ 그 여행 상품에는 전 일정 식사가 부가되어 있다.

참고어휘 + **부언**(附붙을부 言말씀언): 덧붙여 말함. 또는 그런 말≒첨언(添더할첨 言말씀언)
▶ 그는 자신의 가설을 발표한 후 아직 증명된 것은 아니라고 부언했다.

부연(敷펼부 衍넓을연): 이해하기 쉽도록 설명을 덧붙여 자세히 말함.
▶ 그는 그동안의 진행 과정을 부연하여 설명하였다.

부과(賦부세부 課공부할과): ❶ 세금이나 부담금 따위를 매기어 부담하게 함.
▶ 교통법 위반 차량에 범칙금을 부과하였다.

❷ 일정한 책임이나 일을 부담하여 맡게 함. ▶ 그는 부하 직원에게 새로운 임무를 부과하였다.

한자성어 + **중언부언**(重거듭할중 言말씀언 復다시부 言말씀언): 이미 한 말을 자꾸 되풀이함. 또는 그런 말 ▶ 그는 아무래도 마음이 찜찜한 듯 평소 같지 않게 중언부언이었다.

□ **부끄럽다**

❶ 일을 잘 못하거나 양심에 거리끼어 볼 낯이 없거나 매우 떳떳하지 못하다.
▶ 나는 거짓말을 한 내 자신이 부끄럽다.

❷ 스스러움을 느끼어 매우 수줍다. ▶ 아이는 부끄러운지 옷고름만 만지작거리고 있었다.

□ **부단하다**
不 아닐 **부** 斷 끊을 **단**－

❶ 꾸준하게 잇대어 끊임이 없다. ▶ 그는 자신의 결점을 고치기 위해 부단한 노력을 기울였다.

❷ 결단력이 없다. ▶ 그는 부단한 성격 때문인지 갈팡질팡한다.

한자성어 + **우유부단**(優넉넉할우 柔부드러울유 不아닐부 斷끊을단): 어물어물 망설이기만 하고 결단성이 없음. ▶ 그는 이러지도 저러지도 못하는 자기의 <u>우유부단</u>이 죽도록 싫었다.

좌고우면(左왼쪽좌 顧돌아볼고 右오른쪽우 眄곁눈질할면): (이쪽저쪽을 돌아봄. →) 앞뒤를 재고 망설임. ▶ 더 이상 <u>좌고우면</u>하다가는 기회를 놓치고 말 것이다.

□ **부득이**
不 아닐 부 得 얻을 득
已 이미 이

마지못하여 하는 수 없이≒부득불(不아닐부 得얻을득 不아닐불)/불가불(不아닐불 可허락할가 不아닐불) ▶ 나는 <u>부득이</u>한 사정으로 약속을 취소하였다.

참고어휘 + **불가피**(不아닐불 可허락할가 避피할피)**하다**: 피할 수 없다.
▶ 반란군을 진압하기 위해서는 병력 동원이 <u>불가피</u>하였다.

□ **부르다**

❶ 말이나 행동 따위로 다른 사람의 주의를 끌거나 오라고 하다.
▶ 지나가는 친구를 큰 소리로 <u>불렀다</u>.

❷ 이름이나 명단을 소리 내어 읽으며 대상을 확인하다.
▶ 시상자가 수상 후보자들의 이름을 <u>불렀다</u>.

❸ 남이 자신의 말을 받아 적을 수 있게 또박또박 읽다. ▶ 내가 <u>부르는</u> 대로 받아 적어라.

❹ 곡조에 맞추어 노래의 가사를 소리 내다. ▶ 그는 늘 옛날 노래를 <u>불렀다</u>.

❺ 값이나 액수 따위를 얼마라고 말하다. ▶ 그 가게에서는 값을 비싸게 <u>불렀다</u>.

❻ 구호나 만세 따위를 소리 내어 외치다. ▶ 3·1절 기념식에서 만세를 <u>불렀다</u>.

❼ 어떤 방향으로 따라오거나 동참하도록 유도하다. ▶ 조국이 우리를 <u>부른다</u>.

❽ 어떤 행동이나 말이 관련된 다른 일이나 상황을 초래하다.
▶ 복수는 또 다른 복수를 <u>부른다</u>.

❾ 청하여 오게 하다. ▶ 의사를 집으로 <u>불렀다</u>.

❿ 무엇이라고 가리켜 말하거나 이름을 붙이다.
▶ 앞으로 우리는 그를 선생님으로 <u>부르면서</u> 깍듯이 대접할 것이다.

동음이의어 + **부르다**: ❶ 먹은 것이 많아 속이 꽉 찬 느낌이 들다. ▶ 점심을 먹었더니 배가 <u>부르다</u>.
❷ 불룩하게 부풀어 있다. ▶ 출산 예정일이 가까워지자 눈에 띄게 배가 <u>불렀다</u>.

□ **부상**
浮 뜰 부 上 윗 상

❶ 물 위로 떠오름. ▶ 잠수함이 물 위로 <u>부상</u>하였다.

❷ 어떤 현상이 관심의 대상이 되거나 어떤 사람이 훨씬 좋은 위치로 올라섬.
▶ 그가 차기 회장감으로 <u>부상</u>하고 있다.

유의어 + **대두**(擡들대 頭머리두): (머리를 쳐듦. →) 어떤 세력이나 현상이 새롭게 나타남.
▶ 지나친 사치 풍조가 사회 문제로 <u>대두</u>하였다.

확 인 문 제

(1~12) 밑줄 친 말의 쓰임이 문맥에 적절한지 판단하시오.

1. 새로운 예술 경향이 <u>대두</u>하였다.
2. 범죄 현장이 잘 <u>보전</u>되어 있었다.
3. 집안 사정으로 <u>부득이</u> 학업을 중단하였다.
4. 발표 내용이 너무 어려워서 <u>부연</u>이 필요합니다.
5. 혼수상태에 있던 환자가 기적같이 <u>기사회생</u>했다.
6. 오늘의 치욕을 <u>각골난망</u>하여 반드시 갚아 줄 것이다.
7. 상황이 너무 급박하여 <u>좌고우면</u>하지 않을 수 없었다.
8. 그는 자기에게 <u>복안</u>이 있으니 믿고 따르라고 말했다.
9. 그 선수가 대회의 흐름을 바꿀 <u>복병</u>으로 부상하였다.
10. 귀금속 가공 공업은 <u>부과</u> 가치가 높은 유망 산업이다.
11. 그는 한마디면 족할 이야기를 <u>중언부언</u> 늘어놓았다.
12. 대역 죄인으로 처형된 성삼문 등 사육신은 숙종 때 <u>복원</u>되었다.

13. 밑줄 친 말의 의미가 가장 <u>이질적인</u> 것은?

① 배가 <u>부르다</u>.　　　② 화를 <u>부르다</u>.　　　③ 출석을 <u>부르다</u>.　　　④ 노래를 <u>부르다</u>.　　　⑤ 누나라고 <u>부르다</u>.

[정답] 1. 적절 2. 부적절 3. 적절 4. 적절 5. 적절 6. 부적절 7. 부적절 8. 적절 9. 적절 10. 부적절 11. 적절 12. 부적절 13. ①
[해설] 2. → 보존 10. → 부가 12. → 복권 13. ②~⑤는 ①과 동음이의 관계에 있는 다의어이다.

□ 부재
不아닐부 在있을재

그곳에 있지 아니함. ▶ 어머니는 아버지의 부재로 젊은 시절에 많은 고생을 하셨다.

참고어휘 + '在(있을재)'을 공유하는 한자어

산재(散흩을산 在있을재): 여기저기 흩어져 있음. ▶ 이 지역에는 수많은 명승고적이 산재해 있다.

편재(遍치우칠편 在있을재): 한곳에 치우쳐 있음. ▶ 부가 일부 계층에 편재되어 있다.

혼재(混섞을혼 在있을재): 뒤섞이어 있음. ▶ 이 도시에는 과거와 현재가 혼재하고 있다.

□ 부착
附붙을부 着붙을착

떨어지지 아니하게 붙음. 또는 그렇게 붙이거나 닮. ▶ 그는 벽보를 게시판에 부착하였다.

참고어휘 + '着(붙을착)'을 공유하는 한자어

장착(裝꾸밀장 着붙을착): 의복, 기구, 장비 따위에 장치를 부착함. ▶ 운전석에 에어백을 장착하였다.

유착(癒병나을유 着붙을착): 사물들이 서로 깊은 관계를 가지고 결합하여 있음.

▶ 경찰이 조직폭력배와 유착되었다는 의혹이 제기되었다.

봉착(逢만날봉 着붙을착): 어떤 처지나 상태에 부닥침. ▶ 양측의 협상이 난관에 봉착하였다.

□ 부치다

❶ 편지나 물건 따위를 일정한 수단이나 방법을 써서 상대에게로 보내다.

▶ 지방에 사는 친구에게 보내는 선물을 택배로 부쳤다.

❷ 어떤 문제를 다른 곳이나 다른 기회로 넘기어 맡기다.

▶ 국회는 개헌안을 국민 투표에 부쳐 최종 확정하기로 했다.

❸ 어떤 일을 거론하거나 문제 삼지 아니하는 상태에 있게 하다. ▶ 회의 내용을 비밀에 부쳤다.

❹ 원고를 인쇄에 넘기다. ▶ 접수된 원고를 편집하여 인쇄에 부쳤다.

❺ 마음이나 정 따위를 다른 것에 의지하여 대신 나타내다.

▶ 시인은 인생의 희로애락을 자연 현상에 부쳐 노래하였다.

❻ 먹고 자는 일을 제집이 아닌 다른 곳에서 하다. ▶ 나는 삼촌 집에 숙식을 부쳤다.

❼ 어떤 행사나 특별한 날에 즈음하여 어떤 의견을 나타내다.

▶ 그는 등반대원들의 출발에 부쳐 덕담을 해 주었다.

동음이의어 + 부치다: 모자라거나 미치지 못하다. ▶ 그 일은 힘에 부친다.

부치다: 논밭을 이용하여 농사를 짓다. ▶ 그는 부쳐 먹을 땅 한 평 없는 처지를 한탄했다.

부치다: 번철이나 프라이팬 따위에 기름을 바르고 빈대떡, 전병 따위의 음식을 익혀서 만들다.

▶ 동생이 달걀을 부쳐 주었다.

부치다: 부채 따위를 흔들어서 바람을 일으키다. ▶ 부채를 아무리 부쳐 봐도 더위가 가시지 않는다.

□ 분개
憤분할분 慨슬퍼할개

몹시 분하게 여김. ▶ 사람들은 오만불손한 그의 말에 모두 분개하였다.

한자성어 + 분기탱천(憤분할분 氣기운기 撑버틸탱 天하늘천): 분한 마음이 격렬하게 북받쳐 오름. ≒분기충천(憤분할분 氣기운기 衝찌를충 天하늘천) ▶ 거듭되는 수탈에 백성들은 분기탱천하였다.

비분강개(悲슬플비 憤분할분 慷슬플강 慨슬퍼할개): 슬프고 분하여 의분이 북받침.

▶ 그는 폭정에 신음하는 민중의 현실을 목도하면서 비분강개하였다.

함분축원(含머금을함 憤분할분 蓄모을축 怨원망할원): 분한 마음을 품고 원한을 쌓음.

▶ 이웃들에게 배신당하고 마을에서도 내쫓긴 그는 함분축원의 세월을 살았다.

절치부심(切끊을절 齒이치 腐썩을부 心마음심): 몹시 분하여 이를 갈며 속을 썩임.

▶ 부친을 잃고 절치부심하던 그는 아버지의 원수를 갚겠다고 다짐했다.

와신상담(臥누울와 薪섶신 嘗맛볼상 膽쓸개담): (불편한 섶에 몸을 눕히고 쓸개를 맛봄. →) 원수를 갚거나 마음먹은 일을 이루기 위하여 온갖 어려움과 괴로움을 참고 견딤.

▶ 우리 팀은 예선에서 탈락한 작년의 수모를 씻고자 와신상담의 노력을 기울여 왔다.

권토중래(捲거둘권 土흙토 重거듭할중 來올래): (땅을 말아 일으킬 것 같은 기세로 다시 옴. →) 어떤 일에 실패한 뒤에 힘을 가다듬어 다시 그 일에 착수함.

▶ 그는 대입 수시 지원에서 낙방한 뒤 권토중래의 마음으로 정시 지원을 준비했다.

□ 분류 分 나눌 분 類 무리 류	종류에 따라서 가름. ▶ 영화를 청소년용과 성인용으로 <u>분류</u>하였다. [참고어휘 +] '分(나눌분)'을 공유하는 한자어 **분석**(分나눌분 析쪼갤석): 얽혀 있거나 복잡한 것을 풀어서 개별적인 요소나 성질로 나눔. ▶ 물은 수소 분자 둘과 산소 분자 하나로 <u>분석</u>된다. **구분**(區구분할구 分나눌분): 일정한 기준에 따라 전체를 몇 개로 갈라 나눔. ▶ 서정시와 서사시의 <u>구분</u>은 상대적일 뿐이다. **세분**(細가늘세 分나눌분): 사물을 여러 갈래로 자세히 나누거나 잘게 가름. ▶ 이 분야는 세 가지 하위 분야로 다시 <u>세분</u>할 수 있다. **양분**(兩두양 分나눌분): 둘로 가르거나 나눔. ▶ 동양에서는 세상을 음과 양으로 <u>양분</u>하여 이해한다.
□ 분신 分 나눌 분 身 몸 신	하나의 주체에서 갈라져 나온 것 ▶ 자식을 자신의 <u>분신</u>쯤으로 여기는 부모들이 있다. [참고어휘 +] **화신**(化될화 身몸신): 어떤 추상적인 특질이 구체화 또는 유형화된 것 ▶ 학창 시절 그 친구는 미의 <u>화신</u>으로 통했다.
□ 붇다	❶ 물에 젖어서 부피가 커지다. ▶ 콩이 물에 <u>붇었다</u>. ❷ 분량이나 수효가 많아지다. ▶ 폭우에 개울물이 <u>붇었다</u>. ❸ 살이 찌다. ▶ 먹기만 하고 운동은 안 했더니 몸이 많이 <u>붇었다</u>.
□ 불과하다 不 아닐 불 過 지날 과–	❶ 그 수량에 지나지 아니한 상태이다. ▶ 분교의 학생은 다섯 명에 <u>불과하다</u>. ❷ 그 수준을 넘지 못한 상태이다. ▶ 영원한 사랑이란 환상에 <u>불과하다</u>.
□ 불다	❶ 바람이 일어나서 어느 방향으로 움직이다. ▶ 동풍이 세차게 <u>불었다</u>. ❷ 유행, 풍조, 변화 따위가 일어나 휩쓸다. ▶ 사무실에 영어 회화 바람이 <u>불었다</u>. ❸ 입을 오므리고 날숨을 내어보내어, 입김을 내거나 바람을 일으키다. ▶ 유리창에 입김을 <u>불었다</u>. ❹ 입술을 좁게 오므리고 그 사이로 숨을 내쉬어 소리를 내다. ▶ 휘파람을 <u>불었다</u>. ❺ 코로 날숨을 세게 내어보내다. ▶ 소가 콧김을 불고 있다. ❻ 관악기를 입에 대고 숨을 내쉬어 소리를 내다. ▶ 피리 <u>부는</u> 소년을 보았다. ❼ (속되게) 숨겼던 죄나 감추었던 비밀을 사실대로 털어놓다. ▶ 범인은 경찰에게 자신이 지은 죄를 낱낱이 <u>불었다</u>.

확 인 문 제

(1~10) 괄호 안에서 문맥에 맞는 말을 고르시오.

1. 그는 자동차를 자신의 (분신 / 화신)처럼 다루었다.
2. 그 사실을 아는 사람은 (불과 / 아주) 몇 명뿐이었다.
3. 현장에서 수거한 액체의 성분을 (분류 / 분석)하였다.
4. 제품의 생산 과정이 여러 단계로 (세분 / 양분)되어 있다.
5. 약국 문에는 휴업 안내문이 (부착 / 장착)되어 있었다.
6. 우리는 뜻하지 않은 문제로 인해 난관에 (봉착 / 유착)했다.
7. 이곳에는 동서양의 문화가 (편재 / 혼재)되어 나타난다.
8. 감독의 통솔력 (부재 / 산재)로 팀의 전력이 흔들리고 있다.
9. 그 일에 (절치부심 / 분기탱천)하여 즉각 항의하였다.
10. 그는 실패를 거울삼아 (권토중래 / 함분축원)의 각오를 다졌다.

(11~14) 의미 관계에 따라 밑줄 친 단어의 종류를 나누시오.

11. ① 힘이 <u>부치다</u>.   ② 소포를 <u>부치다</u>.   ③ 부채를 <u>부치다</u>.   ④ 인쇄에 <u>부치다</u>.   ⑤ 극비에 <u>부치다</u>.
12. ① 농토를 <u>부치다</u>.   ② 숙식을 <u>부치다</u>.   ③ 표결에 <u>부치다</u>.   ④ 재판에 <u>부치다</u>.   ⑤ 김치전을 <u>부치다</u>.
13. ① 나팔을 <u>불었다</u>.   ② 태풍이 <u>불었다</u>.   ③ 입김을 <u>불었다</u>.   ④ 국수가 <u>불었다</u>.   ⑤ 재산이 <u>불었다</u>.
14. ① 몸이 <u>불었다</u>.   ② 유행이 <u>불었다</u>.   ③ 촛불을 <u>불었다</u>.   ④ 잘못을 <u>불었다</u>.   ⑤ 콧김을 <u>불었다</u>.

[정답] 1. 분신 2. 불과 3. 분석 4. 세분 5. 부착 6. 봉착 7. 혼재 8. 부재 9. 분기탱천 10. 권토중래 11. ① / ③ / ②·④·⑤ 12. ① / ②·③·④·⑤ 13. ①·②·③ / ④·⑤ 14. ① / ②·③·④·⑤

[해설] 13. ①·②·③: '불다'의 과거형 / ④·⑤: '붇다'의 과거형 14. ①: '붇다'의 과거형 / ②·③·④·⑤: '불다'의 과거형

(1~2) ㉠~㉢의 사전적 뜻풀이로 바르지 <u>않은</u> 것을 고르시오.

1. ──────────────────────────────────(2009 9월 모평 응용)─

무릇 영웅이란 죽고 나서 한층 더 길고 ㉠파란만장한 삶을 살아가며, 그런 사후 인생이 펼쳐지는 무대는 바로 후대인들의 변화무쌍한 기억이다. 잔 다르크는 계몽주의 시대에는 '신비와 경건을 ㉡가장한 바보 처녀'로 ㉢치부되었지만, 프랑스 혁명기와 나폴레옹 집권기에 와서는 애국의 ㉣화신으로 ㉤추앙받기 시작했다.

① ㉠: 사람의 생활이나 일의 진행이 곡절과 시련이 많고 변화가 심함.
② ㉡: 태도를 거짓으로 꾸밈.
③ ㉢: 마음속으로 그러하다고 보거나 여김.
④ ㉣: 본을 받을 만한 대상.
⑤ ㉤: 높이 받들어 우러러봄.

2. ──────────────────────────────────(2012 고2 9월 학평B 응용)─

단순 약물 방출의 경우에는 약물이 ㉠정상(正常) 조직에 작용하여 ㉡부작용(副作用)을 일으키기도 하는데, 특히 항암제나 호르몬제와 같은 약물은 정상 조직에 작용할 경우 심각한 부작용을 ㉢초래(招來)할 수도 있다. 따라서 치료가 필요한 ㉣국부적(局部的)인 부위에만 약물을 투여할 수 있도록 하는 방안의 필요성이 ㉤대두(擡頭)되고 있다.

① ㉠: 특별한 변동이나 탈이 없이 제대로인 상태.　　② ㉡: 어떤 일에 부수적으로 일어나는 바람직하지 못한 일.
③ ㉢: 어떤 결과를 가져오게 함.　　④ ㉣: 여러 가지를 한데 모아 합한 것.
⑤ ㉤: 어떤 세력이나 현상이 새롭게 나타남.

(3~5) ㉠과 바꿔 쓰기에 가장 적절한 것을 고르시오.

3. ──────────────────────────────────(2006 고3 4월 학평 응용)─

꽃 속에 묻힌 섬진 윗마을을 이리 보고 저리 보면서 터덕터덕 지나가다가, 산자락에 눈에 띄는 외딴 집이 있어 그 오두막에 올라가 보았다. 누가 살다 버리고 갔는지 빈집인데 가재도구들이 여기저기 ㉠흩어진 채였다. – 법정, 〈섬진 윗마을의 매화〉

① 혼재(混在)한　　② 내재(內在)한　　③ 산재(散在)한　　④ 부재(不在)한　　⑤ 편재(偏在)한

4. ──────────────────────────────────(2005 고3 10월 학평)─

어떤 언어 형식이 단어인가 아닌가를 ㉠판별하는 일은 그리 단순하지 않다. 학자에 따라서는 어절을 단어로 보기도 하며 더 분석된 단위를 단어로 취급하기도 한다.

① 가려내는　　② 뽑아내는　　③ 골라내는　　④ 끌어내는　　⑤ 갈라내는

5.

> 편협한 자아를 잊었다는 것은 편견과 아집의 상태에서 ⓐ벗어나 세계와 자유롭게 소통하는 합일의 경지에 도달할 수 있음을 의미한다.

① 일탈(逸脫)하여   ② 이탈(離脫)하여   ③ 탈피(脫皮)하여   ④ 탈락(脫落)하여   ⑤ 탈퇴(脫退)하여

(6~7) 어휘의 선택이 문맥에 맞지 <u>않는</u> 것을 고르시오.

6. ① 이 유물은 박물관 수장고에 넣어 (보존/ 보전)해야 한다.

② 김 박사는 우리나라의 인구 (변모/ 변천)을 연구하고 있다.

③ 바리케이드를 사이에 두고 양 진영이 (병치 /대치)하고 있다.

④ 이 절은 전쟁 때 불타 없어졌다가 최근에 (복권 /복원)되었다.

⑤ 이 작품에는 비극적 결말을 암시하는 (복선/ 복안)이 곳곳에 깔려 있다.

7. ① 우리 사업은 자금난에 (부착 /봉착)하여 고전을 면치 못하고 있다.

② 그녀는 자신에게 (부가/ 부과)된 임무는 무슨 일이 있어도 해내는 사람이다.

③ (불과한 /부단한) 자기 개발이 없이는 경쟁 사회에서 낙오를 면하기 어렵다.

④ 적군에게 부하들을 잃은 그는 (각골난망 /절치부심)을 하며 복수의 의지를 다졌다.

⑤ 더 이상 (좌고우면/ 와신상담)하지 말고 한 길을 택하여 신념으로 밀고 나가야 한다.

8. 문맥상 ⓐ을 대체할 말로 적절하지 <u>않은</u> 것은?

> 수학자들은 이 세계의 한 일정한 측면을 들여다보고 그 복잡성을 벗겨내어 그 안에 숨겨져 있는 골격을 드러내 보여준다. 이 과정에서 세상을 보는 관점에 따라 수학은 여러 분야로 ⓐ나누어지는데, 이들은 서로 다른 종류의 양식들에 초점을 맞추게 된다. 예를 들어 산술과 수론은 수와 셈의 양식, 기하학은 형태의 양식, 확률론은 우연의 양식 등에 초점을 맞추게 되는 것이다.

① 구별(區別)되는데   ② 분기(分岐)되는데   ③ 분리(分離)되는데

④ 세분(細分)되는데   ⑤ 양분(兩分)되는데

(9~10) 밑줄 친 말이 ⓐ과 가장 가까운 의미로 쓰인 것을 고르시오.

9.

> 휴리스틱은 종종 판단 착오를 낳기도 하지만, 경험에 기반하여 답을 찾는 효율적인 방법이라고 ⓐ볼 수도 있다.

① 김 씨는 오십이 넘어 늦게 아들을 <u>보았다</u>.   ② 나는 날씨가 좋을 것으로 <u>보고</u> 세차를 했다.

③ 그녀는 남편이 사업에 실패할까 <u>봐</u> 걱정했다.   ④ 다른 사람의 흉을 <u>보는</u> 것은 좋지 못한 습관이다.

⑤ 그는 <u>보던</u> 신문을 끊고 다른 신문을 새로 신청했다.

──────────────────────────────

10

특정 집단이나 단체가 경제적 지대를 늘리거나 유지하기 위해 인위적으로 노동 공급을 제한하여 비탄력적으로 만드는 활동을 '지대추구행위'라고 한다. 하지만 이와 같은 행위는 진입장벽을 높여 타 집단과의 자유경쟁을 억압하고 시장 전체의 비효율성을 ㉠부른다.

① 내가 부르는 대로 받아 적어라.　　　　　　　② 저 멀리 푸른 바다가 우리를 부른다.
③ 화는 또 다른 화를 부르기 마련이다.　　　　④ 우리는 체육대회에서 신나게 응원가를 불렀다.
⑤ 그 가게에서는 값을 비싸게 불러 거래하지 않는다.

11. 〈보기〉를 참고하여 작성한 ㉮~㉺의 예문으로 알맞은 것은? 　　　　　　　　　　　　　　　　　　　　

〈보 기〉

부르다¹ 통 [1] 말이나 행동으로 다른 사람의 주의를 끌거나 오라고 하다.
　　　　　　[2] 무엇이라고 가리켜 말하거나 이름을 붙이다.
부르다² 통 먹은 것이 많아 속이 꽉 찬 느낌이 들다.
붇다¹ 통 물에 젖어서 부피가 커지다.
붇다² 통 분량이나 수효가 많아지다.

㉮ '부르다¹' [1]의 피동　　　　㉯ '붇다²'의 사동
㉰ '부르다¹' [2]의 피동　　불리다　　㉱ '붇다¹'의 사동
㉲ '부르다²'의 사동

① ㉮: 그는 많은 사람들에게 천재라고 불렸다.　　　② ㉯: 반장이 가장 먼저 불려 갔다.
③ ㉰: 주먹밥 하나로 아이들의 주린 배를 불릴 수는 없었다.　　④ ㉱: 그는 요즘 재산을 불리는 재미에 빠져 있다.
⑤ ㉲: 메주를 쑤려면 콩을 물에 불려야 한다.

12. ㉠의 의미를 포함하고 있는 말로 볼 수 <u>없는</u> 것은? 　　　　　　　　　　　　　　　　　　　　　

일단 생겨난 각운동량은 외부의 돌림힘이 더해지지 않는 한, 회전하는 동안에 질량과 속도, 회전반경의 곱이 항상 같은 값을 유지하면서 그 운동량을 ㉠보존하려 하는데 이것을 '각운동량 보존의 법칙'이라 한다.

① 아이는 모래를 가지고 장난하기를 좋아한다.　　　② 그 사람의 목걸이를 오랫동안 간직하고 있다.
③ 이 양식은 겨우살이를 위해 갈무리된 것이다.　　　④ 스승님은 연구 결과를 논문으로 남기고 있다.
⑤ 어머니께서 물려주신 것이라 소중히 지니고 있다.

13. ㉠에 들어갈 말로 가장 적절한 것은? 　　　　　　　　　　　　　　　　　　　　　　　　　　

유 원수가 눈을 들어본즉 이는 평생에 전혀 알지 못한 사람이라. 손을 들어 칭찬하며,
"뉘신지는 모르거니와 뜻밖에 죽어 가는 사람을 살려 본국 귀신이 되게 하시니 [　㉠　]이오나, 이제 패군한 장수가 되어 군부(君父)를 욕되게 하오니 무슨 면목으로 군부를 뵈오리오?"

① 사면초가(四面楚歌)　　　　② 백골난망(白骨難忘)　　　　③ 어부지리(漁父之利)
④ 이심전심(以心傳心)　　　　⑤ 적반하장(賊反荷杖)

14. 〈보기〉의 용례를 ㉮와 ㉯로 나누었을 때, 그 결과로 적절한 것은?　　　(2012 고3 7월 학평)

─〈보 기〉─

　'수줍다'와 '부끄럽다'는 의미가 비슷한 단어로, 혼동해서 쓰는 경우가 있다. 주체가 지니는 특성을 가리킬 때는 ㉮두 단어를 모두 사용할 수 있지만, 주어 자신의 잘못이나 과거에 대한 태도를 가리킬 때는 ㉯'부끄럽다'만 가능하다는 것을 안다면 쉽게 구분하여 사용할 수 있다.

　㉠ 나는 (수줍음을 / 부끄러움을) 많이 타는 성격이다.

　㉡ 그는 거짓말을 하고도 (수줍은 / 부끄러운) 줄을 모른다.

　㉢ 아이는 처음 만난 친구 앞에서 몹시 (수줍어했다 / 부끄러워했다).

　㉣ (수줍은 / 부끄러운) 일을 반복하지 않기 위해 더 열심히 살고 있다.

	㉮	㉯		㉮	㉯
①	㉠	㉡, ㉢, ㉣	②	㉠, ㉢	㉡, ㉣
③	㉠, ㉣	㉡, ㉢	④	㉡, ㉢	㉠, ㉣
⑤	㉠, ㉢, ㉣	㉡			

15. ㉠의 상황을 두고 〈보기〉와 같이 이야기할 때 빈 칸에 들어갈 말로 가장 적절한 것은?　　　(2014 고3 3월 학평B)

　"양반은 비록 가난하지만 늘 존경을 받는데, ㉠우리는 비록 부자라 하지만 늘 천대만 받고 말 한번 타지도 못할 뿐더러 양반만 보면 굽실거리고 뜰 아래서 엎드려 절하고 코가 땅에 닿게 무릎으로 기어 다니니 이런 모욕이 어디 있단 말이요. 마침 양반이 가난해서 관곡을 갚을 도리가 없으므로 형편이 난처하게 되어 양반이란 신분마저 간직할 수 없게 된 모양이니 이것을 우리가 사서 가지도록 합시다."

　　　– 박지원, 〈양반전〉

─〈보 기〉─

　"평생 양반에게 괄시 받고 살았던 부자의 (　　　　　)이 느껴지는군."

① 함분축원(含憤蓄怨)　　　② 안분지족(安分知足)　　　③ 교언영색(巧言令色)

④ 수구초심(首丘初心)　　　⑤ 만시지탄(晩時之歎)

[정답] 1. ④ 2. ④ 3. ③ 4. ① 5. ③ 6. ② 7. ② 8. ⑤ 9. ① 10. ② 11. ③ 12. ① 13. ② 14. ② 15. ①
[해설] 1. ㉣ 어떤 추상적인 특질이 구체화 또는 유형화된 것 2. ㉣ 전체의 어느 한 부분에만 한정되는 것 3. ① 한데 모였던 것이 따로따로 떨어지거나 사방으로 퍼지다. ② 어떤 사물이나 범위의 안에 들어 있음. 4. '판별(判別)'은 '옳고 그름이나 좋고 나쁨을 판단하여 구별한다'는 뜻인데, 문맥 속에서는 '여럿 가운데서 일정한 것을 골라낸다', 즉 '가려낸다'의 뜻으로 쓰였다. 5. ① 정하여진 영역 또는 본디의 목적이나 길, 사상, 규범, 조직 따위로부터 빠져 벗어나다. ② 어떤 범위나 대열 따위에서 떨어져 나오거나 떨어져 나가다. ③ 일정한 상태나 처지에서 완전히 벗어나다. 6. ②→ 변천 ① 수장고(收藏庫): 귀중한 것을 고이 간직하는 창고 7. ②→ 부과 8. ⑤(둘로 가르거나 나눔.)는 '여러 분야'라는 문맥과 어울리지 않는다. 9. ① 대상을 평가하다. ① 어떤 관계의 사람을 얻거나 맞다. ③ 앞말이 뜻하는 상황이 될 것 같다 걱정하거나 두려워함을 나타내는 말 ④ 남의 결점 따위를 들추어 말하다. ⑤ 책이나 신문 따위를 읽다. 10. ① 어떤 행동이나 말이 관련된 다른 일이나 상황을 초래하다. ① 남이 자신의 말을 받아 적을 수 있게 또박또박 읽다. ② 어떤 방향으로 따라 오거나 동참하도록 유도하다. ④ 곡조에 맞추어 노래의 가사를 소리 내다. ⑤ 값이나 액수를 얼마라고 말하다. 11. ① '부르다¹' ②'의 피동형(㉯) ② '부르다¹' ①'의 피동형(㉮) ④ '붙다²'의 사동형(㉺) ⑤ '붙다¹'의 사동형(㉻) 12. ②~⑤는 모두 '무엇을 간직하여 보존하다, 간수하다'의 의미를 갖는다. ①은 '수단'의 의미이다. 13. 목숨을 잃을 위기에서 자신을 구해 준 사람에게 할 말로는 '죽어서 백골이 되어도 은혜를 잊을 수 없다'는 백골난망이 가장 적절하다. ⑤ 잘못한 사람이 도리어 아무 잘못도 없는 사람을 나무람. 14. ㉠은 성격, ㉢은 태도상의 특징을 표현하는 것이므로 두 단어를 모두 사용할 수 있다. ㉡은 주체의 잘못을, ㉣은 과거에 대한 태도를 표현하므로 '부끄러움'만 사용할 수 있다. 15. ㉠에서 부자는 양반들에게 오랜 세월 동안 천대와 멸시를 받으면서 모욕감을 느꼈으므로 이를 표현하기에 적합한 말은 '함분축원(含憤蓄怨)'이다. ④ 고향을 그리워하는 마음

□ **불복**
不 아닐 불 服 복종할 복

남의 명령·결정 따위에 대하여 복종·항복·복죄(服罪) 따위를 하지 아니함.
▶ 그는 1심 판결에 불복하고 고등 법원에 재심을 청구하였다.
참고어휘 + '不(아닐불)'을 공유하는 한자어
불화(不아닐불 和화할화): 서로 화합하지 못함. 또는 서로 사이좋게 지내지 못함.
▶ 가정불화는 청소년 탈선의 한 원인이다.
불문(不아닐불 問물을문): ❶ 묻지 아니함. ▶ 너의 지난 잘못은 모두 불문에 부치기로 하겠다.
❷ 가리지 아니함. ▶ 청바지는 남녀노소를 불문하고 입을 수 있는 옷이다.

□ **불우**
不 아닐 불 遇 만날 우

❶ 재능이나 포부를 가지고 있으면서도 때를 만나지 못하여 출세를 못함.
▶ 최치원은 자신의 능력을 인정받지 못한 채 불우하게 세상을 마쳤다.
❷ 살림이나 처지가 딱하고 어려움. ▶ 연말이 되면 불우한 이웃을 돕자는 목소리가 높아진다.
참고어휘 + **불후**(不아닐불 朽썩을후): (썩지 아니함 →) 영원토록 변하거나 없어지지 아니함.
▶ 베토벤은 악조건 속에서도 불후의 대작을 남겼다.
불초(不아닐불 肖닮을초): (아버지를 닮지 않았음. →) ❶ 아버지의 덕망이나 유업(遺業)을 이을 만한
자질이나 능력이 없음. 그렇게 못나고 어리석은 사람 ▶ 그는 벼슬을 못한 불초의 자손임을 부끄러워했다.
❷ 아들이 부모를 상대하여 자기를 낮추어 이르는 일인칭 대명사=불초자(不아닐불 肖닮을초 子아
들자) ▶ 불초 소생은 이곳 이역만리 타향에서 부모님의 강녕을 비옵니다.

□ **불타다**

❶ 불이 붙어서 타다. ▶ 그 건물은 화재로 모두 불타 버렸다.
❷ 매우 붉은빛으로 빛나다. ▶ 하늘에 석양이 불타고 있다.
❸ 의욕이나 정열 따위가 끓어오르다. ▶ 대원들의 눈에서는 전의가 불탔다.

□ **붙다**

❶ 맞닿아 떨어지지 아니하다. ▶ 전신주에 광고지가 붙어(≒부착되어) 있었다.
❷ 시험 따위에 합격하다. ▶ 언니는 가고 싶어 하던 대학에 붙었다(≒합격했다).
❸ 불이 옮아 타기 시작하다. ▶ 산불이 여기저기에 붙었다.
❹ 어떤 일에 나서다. 또는 어떤 일에 매달리다. ▶ 그는 종일 게임에 붙어 있다.
❺ 시설이 딸려 있다. ▶ 그 열차에는 식당차가 붙어 있다.
❻ 조건, 이유, 구실 따위가 따르다. ▶ 그 법률에는 유보 조건이 붙어(≒부가되어) 있었다.
❼ 어떤 장소에 오래 머무르다. 또는 어떤 판에 끼어들다. ▶ 제발 집에 붙어 있어라.
❽ 주가 되는 것에 달리거나 딸리다. ▶ 그 논문에는 주석이 붙어 있다.
❾ 물체와 물체 또는 사람이 서로 바짝 가까이하다. ▶ 그는 벽에 바짝 붙어 섰다.
❿ 생활을 남에게 기대다. ▶ 그는 지금 남의 집에 붙어서 겨우 끼니를 잇고 있는 형편이다.
⓫ 바로 옆에서 돌보다. ▶ 위급 환자에게는 항상 간호사가 붙어 있다.
⓬ 어떤 놀이나 일, 단체 따위에 참여하다. ▶ 일손이 부족하니 구경만 말고 너도 붙어!
⓭ 좇아서 따르다. ▶ 이편에 붙었다 저편에 붙었다 하지 말고 줏대를 지켜라.
⓮ 귀신 따위가 옮아 들어 작용하다. ▶ 그 사람에게 귀신이 붙었다는 소문이 있다.
⓯ 실력 따위가 더 생겨 늘다. ▶ 이제 어느 정도 가르치는 일에 관록이 붙은 것 같다.
⓰ 어떤 것이 더해지거나 생겨나다. ▶ 몸에 살이 붙었다.
⓱ 목숨이나 생명 따위가 끊어지지 않고 있다. ▶ 생명이 붙어 있는 한 너를 지키겠다.
⓲ 이름이 생기다. ▶ 그 선생님에게는 독사라는 별명이 붙게 되었다.
⓳ 겨루는 일 따위가 서로 어울려 시작되다. ▶ 모르는 사람과 시비가 붙었다.
⓴ 어떤 감정이나 감각이 생겨나다. ▶ 그와 정이 붙어서 이제는 헤어지고 싶지 않다.

□ **비견**
比 견줄 비 肩 어깨 견

(어깨를 나란히 함. →) 낮고 못할 것이 없이 정도가 서로 비슷하게 함.
▶ 그는 뉴턴에 비견할 만한 과학자이다.

유의어+ **비등**(比견줄비 等무리등)**하다:** 비교하여 볼 때 서로 비슷하다.

▶ 영수는 제 형과 체격이 비등하다.

백중(伯맏백 仲버금중): (맏이와 둘째 →) 재주나 실력, 기술 따위가 서로 비슷하여 낮고 못함이 없음. 또는 그런 형세 ▶ 양 팀은 결승전에서 우열을 가리기 힘든 백중한 경기를 벌였다.

필적(匹짝필 敵대적할적): 능력이나 세력이 엇비슷하여 서로 맞섬.

▶ 이 분야에서 그를 필적할 만한 사람은 없다.

한자성어+ **난형난제**(難어려울난 兄형형 難어려울난 弟아우제): (누구를 형이라 하고 누구를 아우라 하기 어려움. →) 두 사물이 비슷하여 낮고 못함을 정하기 어려움.

▶ 두 선수의 실력이 난형난제라 승패를 점치기 어렵다.

용호상박(龍용용 虎범호 相서로상 搏두드릴박): (용과 범이 서로 싸움. →) 강자끼리 서로 싸움.

▶ 지난 대회에 이어 또다시 결승전에서 맞붙은 두 선수의 경기는 실로 용호상박이었다.

□ **비다**

❶ 일정한 공간에 사람, 사물 따위가 들어 있지 아니하게 되다. ▶ 교실이 비었다.

❷ 손에 들거나 몸에 지닌 것이 없게 되다. ▶ 그는 부모님 댁에 빈 몸으로 왔다.

❸ 할 일이 없거나 할 일을 끝내서 시간이 남다. ▶ 내일은 시간이 빈다.

❹ 주의가 허술하고 모자라는 구석이 생기다.

▶ 빈 구석이 없도록 경비를 섰는데도 도둑이 들었다.

❺ 진실이나 알찬 내용이 들어 있지 아니하게 되다.

▶ 그의 주장은 현실성이 없는 빈 이론에 불과하다.

❻ 지식이나 생각, 판단하는 능력이 없어지다. ▶ 책을 안 읽었더니 머리가 비어 버렸다.

❼ 돈, 재산 따위가 없어지다. ▶ 그런 식으로 돈을 쓴다면 네 금고는 금방 비게 될 것이다.

❽ 사람의 마음이 의지할 대상이나 보람으로 여길 만한 것이 없어 외롭고 쓸쓸하게 되다.

▶ 가을이 되자 텅 빈 가슴이 더욱 쓸쓸해졌다.

❾ 욕심이나 집착 따위의 어지러운 생각이 없게 되다.

▶ 그는 마음이 비어 아무런 아쉬움 없이 집을 내주었다.

❿ 일정한 액수나 수량에서 얼마가 모자라게 되다. ▶ 십만 원에서 천 원이 빈다.

□ **비등**
沸 끓을 비 騰 오를 등

물이 끓듯 떠들썩하게 일어남. ▶ 정부 정책에 대한 부정적 여론이 비등하였다.

참고어휘+ **비화**(飛날비 火불화): (튀어 박히는 불똥 →) 어떠한 일의 영향이 직접 관계가 없는 다른 데에까지 번짐. ▶ 한 지방 공무원의 비리 사건이 중앙 정계로까지 비화되었다.

확인문제

(1~6) 제시된 뜻풀이에 맞는 단어가 되도록 빈칸에 알맞은 말을 쓰시오.

1. 서로 화합하지 못함: 불□

2. 영원토록 변하거나 없어지지 아니함: 불□

3. 낮고 못할 것이 없이 정도가 서로 비슷하게 함: 비□

4. 능력이나 세력이 엇비슷하여 서로 맞섬: 필□

5. 물이 끓듯 떠들썩하게 일어남: 비□

6. 어떠한 일의 영향이 직접 관계가 없는 다른 데에까지 번짐: 비□

(7~8) 밑줄 친 말이 제시문과 가장 유사한 의미로 쓰인 것을 고르시오.

7. 우리 상품에도 국제 경쟁력이 붙었는지 해외 수출이 늘고 있다.

① 정이 붙다.　　　② 시합이 붙다.　　　③ 자신이 붙다.　　　④ 각주가 붙다.　　　⑤ 권력자에게 붙다.

8. 집이 비어서 외출을 할 수가 없다.

① 사무실이 비었다.　　　② 통장이 텅 비었다.　　　③ 십만 원에서 천 원이 빈다.　　　④ 그의 작품들은 내용이 비었다.

- -

[정답] 1. 화 2. 후 3. 견 4. 적 5. 등 6. 화 7. ③ 8. ①

[해설] 7. 붙다-❺ ① 붙다-⓴ ② 붙다-⓳ ④ 붙다-❽ ⑤ 붙다-⓭ 8. 비다-❶ ② 비다-❼ ③ 비다-❿ ④ 비다-❺

□ **비복**
婢 여자종 비 僕 종 복

계집종과 사내종을 아울러 이르는 말 ▶ 그 만석꾼은 비복만도 백여 명에 이르렀다.
유의어 + **노복**(奴종노 僕종복): 사내종 ▶ 그는 장성한 아들 하나와 집안 노복 셋을 데리고 왔다.
시비(侍모실시 婢여자종비): 곁에서 시중을 드는 계집종 ▶ 마님은 시비를 거느리고 길을 나섰다.

□ **비애**
悲 슬플 비 哀 슬플 애

슬퍼하고 서러워함. 또는 그런 것 ▶ 그는 미국에서 이방인의 설움과 비애를 맛보았다.
유의어 + **비탄**(悲슬플비 歎탄식할탄): 몹시 슬퍼하면서 탄식함. 또는 그 탄식
▶ 어린 공주가 죽자 온 백성이 비탄에 잠겼다.
한자성어 + **애이불비**(哀슬플애 而말이을이 不아닐불 悲슬플비): 슬프지만 겉으로는 슬픔을 나타내지
아니함. ▶ 뮤지컬 〈아리랑〉의 연출자는 "슬프지만 슬프지 않은 '애이불비'의 정서를 그려내겠다."고 밝혔다.

□ **비치**
備 갖출 비 置 둘 치

마련하여 갖추어 둠. ▶ 가정에도 상비약을 항상 비치해 두는 것이 좋다.
참고어휘 + **배치**(配나눌배 置둘치): 사람이나 물자 따위를 일정한 자리에 알맞게 나누어 둠.
▶ 그녀의 방은 가구의 배치가 독특하게 되어 있었다.
| **동음이의어 +** **배치**(背등배 馳달릴치): 서로 반대로 되어 어그러지거나 어긋남.
▶ 너의 행동은 네가 평소 말해 왔던 이념에 배치되는 것이다.

□ **비호**
庇 덮을 비 護 도울 호

편들어서 감싸 주고 보호함. ▶ 그 폭력배가 경찰의 비호를 받고 있다는 소문이 있다.
유의어 + **엄호**(掩가릴엄 護도울호): ❶ 남의 허물을 덮어서 숨겨 줌. ▶ 친구라도 잘못을 엄호할 수는 없다.
❷ 덮거나 가리어 보호함. ▶ 어머니는 온몸으로 아들을 엄호하면서 강도들을 노려보았다.
❸ 아군을 적의 감시나 공격으로부터 보호함. ▶ 우리 부대는 통신 부대를 엄호하라는 명령을 받았다.
두호(斗말두 護도울호): 남을 두둔하여 보호함. ▶ 그는 아들이 실수한 것을 알면서도 끝까지 두호하였다.
두둔(斗말두 頓조아릴둔): 편들어 감싸 주거나 역성을 들어 줌.
▶ 잘못이 있어도 무조건 두둔만 하니 아이가 버릇이 없어진다.
역성: 옳고 그름에는 관계없이 무조건 한쪽 편을 들어 주는 일 ▶ 어머니는 항상 형 역성만 드셨다.

□ **빈고**
貧 가난할 빈 苦 쓸 고

가난하고 고생스러움. ▶ 그의 가족은 아버지가 돌아가신 후 빈고한 생활을 할 수밖에 없었다.
참고어휘 + **빈궁**(貧가난할빈 窮다할궁): 가난하고 궁색함. ▶ 우리는 열심히 일했지만 항상 빈궁에 허덕였다.
빈천(貧가난할빈 賤천할천): 가난하고 천함. ▶ 부귀한 사람이나 빈천한 사람이나 법 앞에서는 모두 평등하다.
적빈(赤붉을적 貧가난할빈): 몹시 가난함. ▶ 그는 집안이 적빈하여 끼니를 때우기도 어렵다.
청빈(淸맑을청 貧가난할빈): 성품이 깨끗하고 재물에 대한 욕심이 없어 가난함.
▶ 청빈한 그는 자신에게 오는 모든 뇌물을 내쳤다.
극빈(極극진할극 貧가난할빈): 몹시 가난함. ▶ 가세가 극빈한 탓에 누구라도 구걸을 나서야 했다.
곤궁(困곤할곤 窮다할궁): 가난하여 살림이 구차함. ▶ 그는 생활이 곤궁하여 학업을 계속할 수 없었다.
구차(苟진실로구 且또차): ❶ 살림이 몹시 가난함. ▶ 살림이 구차스러워 누구를 초대하기가 꺼려졌다.
❷ 말이나 행동이 떳떳하거나 버젓하지 못함. ▶ 그는 살려 달라고 구차하게 목숨을 구걸하지 않았다.
도탄(塗칠할도 炭숯불탄): (진구렁에 빠지고 숯불에 탐. →) 몹시 곤궁하여 고통스러운 지경
▶ 나라에서 심하게 세금을 수탈해 백성들이 도탄에 빠졌다.
빈한(貧가난할빈 寒찰한)**하다**: 살림이 가난하여 집안이 쓸쓸하다. ▶ 그는 집안이 빈한하여 대학을 못 갔다.
궁색(窮다할궁 塞막힐색)**하다**: ❶ 아주 가난하다. ▶ 그 시절 우리는 부지런히 일해도 늘 궁색하였다.
❷ 말이나 태도, 행동의 이유나 근거 따위가 부족하다.
▶ 궁색한 변명처럼 들리겠지만 아내가 아파서 결근할 수밖에 없었다.
남루(檻헌누더기남 褸헌누더기루)**하다**: 옷 따위가 낡아 해지고 차림새가 너저분하다.
▶ 옷차림이 남루하다고 사람을 함부로 대해서는 안 된다.
한자성어 + **적수공권**(赤붉을적 手손수 空빌공 拳주먹권): (맨손과 맨주먹 →) 아무것도 가진 것이 없
음. ▶ 그는 적수공권으로 외국에 나가 큰돈을 모았다.

삼순구식(三석삼 旬열흘순 九아홉구 食밥식): (삼십 일 동안 아홉 끼니밖에 먹지 못함. →) 몹시 가난함. ▶ 그 집은 작년 홍수에 농사를 망치고 요즘은 <u>삼순구식</u>하는 형편이 되었다.

☐ **빠르다**	❶ 어떤 동작을 하는 데 걸리는 시간이 짧다. ▶ 그는 걸음이 <u>빠르다</u>.
	❷ 어떤 일이 이루어지는 과정이나 기간이 짧다. ▶ 그는 두뇌 회전이 <u>빠르다</u>.
	❸ 어떤 것이 기준이나 비교 대상보다 시간 순서상으로 앞선 상태에 있다.
	▶ 그녀는 나보다 생일이 여섯 달이나 <u>빠르다</u>.
	❹ 어떤 일이 생기거나 어떤 일을 하기에는 아직 시간이 더 필요한 상태에 있다.
	▶ 겨울 낚시를 하기에는 아직 <u>빠르다</u>(≒이르다).

☐ **빠지다¹**	❶ 박힌 물건이 제자리에서 나오다. ▶ 책상 다리에서 못이 <u>빠졌다</u>.
	❷ 어느 정도 이익이 남다. ▶ 이번 장사에서는 아이들 과자 값 정도도 안 <u>빠질</u> 것 같다.
	❸ 원래 있어야 할 것에서 모자라다. ▶ 내가 가진 돈은 만 원에서 천 원이 <u>빠진다</u>.
	❹ 속에 있는 액체나 기체 또는 냄새 따위가 밖으로 새어 나가거나 흘러 나가다.
	▶ 방에 냄새가 <u>빠지게</u> 창문을 열어 두었다.
	❺ 때, 빛깔 따위가 씻기거나 없어지다. ▶ 이 세제는 때가 잘 <u>빠진다</u>.
	❻ 차례를 거르거나 일정하게 들어 있어야 할 곳에 들어 있지 아니하다.
	▶ 이 책에는 중요한 내용이 <u>빠져</u>(≒누락되어) 있다.
	❼ 정신이나 기운이 줄거나 없어지다. ▶ 그의 말을 들으니 온몸에서 기운이 <u>빠졌다</u>.
	❽ 어떤 일이나 모임에 참여하지 아니하다. ▶ 몸살 때문에 동창 모임에 <u>빠졌다</u>(≒불참했다).
	❾ 그릇이나 신발 따위의 밑바닥이 떨어져 나가다. ▶ 구두가 밑창이 <u>빠졌다</u>.
	❿ 살이 여위다. ▶ 며칠 밤을 새웠더니 눈이 쑥 들어가고 얼굴의 살이 쪽 <u>빠졌다</u>.
	⓫ 일정한 곳에서 다른 데로 벗어나다. ▶ 이야기가 자꾸 샛길로 <u>빠졌다</u>.
	⓬ 생김새가 미끈하게 균형이 잡히다. ▶ 요즘 아이들은 다리가 미끈하게 <u>빠졌다</u>.
	⓭ 남이나 다른 것에 비해 뒤떨어지거나 모자라다. ▶ 내 실력도 남에게 <u>빠지지</u> 않는다.

☐ **빠지다²**	❶ 물이나 구덩이 따위 속으로 떨어져 잠기거나 잠겨 들어가다. ▶ 개울에 <u>빠졌다</u>.
	❷ 곤란한 처지에 놓이다. ▶ 방심하다가 궁지에 <u>빠지고</u> 말았다.
	❸ 그럴듯한 말이나 꾐에 속아 넘어가다. ▶ 과소비의 유혹에 <u>빠지지</u> 않도록 주의해야 한다.
	❹ 잠이나 혼수상태에 들게 되다. ▶ 그는 깊은 잠에 <u>빠져서</u> 일어날 줄을 모른다.
	❺ 무엇에 정신이 아주 쏠리어 헤어나지 못하다. ▶ 나는 그와 첫눈에 사랑에 <u>빠졌다</u>.

확 인 문 제

(1~8) 제시된 뜻풀이에 맞는 단어가 되도록 빈칸에 알맞은 말을 쓰시오.

1. 사내종: 노☐

2. 옷 따위가 낡아 해지고 차림새가 너저분하다: ☐☐하다

3. 마련하여 갖추어 둠 : ☐치

4. 편들어서 감싸 주고 보호함: 비☐

5. 가난하고 천함: 빈☐

6. 성품이 깨끗하고 재물에 대한 욕심이 없어 가난함 : ☐빈

7. 슬프지만 겉으로는 슬픔을 나타내지 아니함: ☐이불☐

8. 아무것도 가진 것이 없음 : 적☐공☐

(9~10) 밑줄 친 말이 제시문과 가장 유사한 의미로 쓰인 것을 고르시오.

9. 요즘은 사회 변화가 너무나 <u>빨라서</u> 정신을 차릴 수가 없다.

   ① 추석이 <u>빠르다</u>.   ② 출세가 <u>빠르다</u>.   ③ 시계가 <u>빠르다</u>.   ④ 발놀림이 <u>빠르다</u>.   ⑤ 수영하기에 <u>빠르다</u>.

10. 양국의 평화 회담이 교착 상태에 <u>빠졌다</u>.

   ① 바람이 <u>빠지다</u>.   ② 때가 <u>빠지다</u>.   ③ 냄새가 <u>빠지다</u>.   ④ 위험에 <u>빠지다</u>.   ⑤ 바다에 <u>빠지다</u>.

- -

[정답] 1. 복 2. 남. 루 3. 비 4. 호 5. 천 6. 청 7. 애. 비 8. 수. 권 9. ② 10. ④
[해설] 9. 빠르다─❷ ①·③ 빠르다─❸ ④ 빠르다─❶ ⑤ 빠르다─❹ 10. 빠지다²─❷ ①·③ 빠지다¹─❹ ② 빠지다¹─❺ ⑤ 빠지다²─❶

□ **빼다**

❶ 속에 들어 있거나 끼여 있거나, 박혀 있는 것을 밖으로 나오게 하다.
▶ 목구멍에서 가시를 <u>뺐</u>다.
❷ 전체에서 일부를 제외하거나 덜어 내다. ▶ 식품 구입 목록에서 과자를 <u>뺐</u>다.
❸ 긴 형태의 물건을 뽑아내다. ▶ 고치에서 실을 <u>빼</u> 냈다.
❹ 저금이나 보증금 따위를 찾다. ▶ 나는 필요할 때마다 통장에서 돈을 <u>빼</u> 쓴다.
❺ 셋방 따위를 비우다. ▶ 지금 살고 있는 집에서 방을 <u>빼</u>면 갈 데가 없다.
❻ 일정한 공간 속에 갇혀 있는 공기나 물·바람 따위를 밖으로 나오게 하다.
▶ 튜브에서 바람을 <u>뺐</u>다.
❼ 때나 얼룩 따위를 물이나 약품 따위로 빨거나 씻어 없애다. ▶ 옷의 얼룩을 <u>뺐</u>다.
❽ 힘이나 기운 따위를 몸에서 없어지게 하다. ▶ 몸에 힘을 <u>빼</u>고 편히 누워라.
❾ 살 따위를 줄이다. ▶ 운동으로 뱃살을 <u>뺐</u>다.
❿ 목을 길게 뽑아 늘이다. ▶ 아이가 아빠를 목을 길게 <u>빼</u>고 기다리고 있다.
⓫ 목소리를 길게 늘이다. ▶ 그는 목청을 길게 <u>빼</u>면서 구성진 노래를 했다.
⓬ 꼭 그대로 물려받다. ▶ 아들은 목소리까지 제 아버지를 쏙 <u>뺐</u>다.
동음이의어 + **빼다:** ❶ 차림을 말끔히 하다. ▶ 그는 정장을 쫙 <u>빼</u>고 나섰다.
❷ 짐짓 행동이나 태도를 꾸미다. ▶ 그는 평소와 달리 점잔을 <u>빼</u>며 말했다.
빼다: ❶ 두렵거나 싫어서 하지 아니하려고 하다. ▶ 자꾸 <u>빼</u>지 말고 한번 먹어 보거나.
❷ 내빼다((속되게) 피하여 달아나다). ▶ 돈을 받은 삼촌은 부리나케 서울로 <u>뺐</u>다.

□ **뽑다**

❶ 박힌 것을 잡아당기어 빼내다. ▶ 밭에서 무를 <u>뽑</u>았다.
❷ 속에 들어 있는 기체나 액체를 밖으로 나오게 하다. ▶ 혈관에서 피를 <u>뽑</u>았다.
❸ 무엇에 들인 돈이나 밑천 따위를 도로 거두어들이다. ▶ 사업에서 본전을 <u>뽑</u>았다.
❹ 원료나 재료로 길게 생긴 물건을 만들다. ▶ 누에고치에서 명주실을 <u>뽑</u>았다.
❺ 여럿 가운데에서 골라내다. ▶ 네 명 중에서 대표를 <u>뽑</u>기로(≒선발하기로) 했다.
❻ 물질에서 특정 성분을 빼내다. ▶ 제대혈에서 줄기세포를 <u>뽑</u>았다(≒추출했다).
❼ 길게 늘이어 솟구다. ▶ 목을 길게 <u>뽑</u>아서 창밖을 살폈다.
❽ 소리를 길게 내다. ▶ 그는 흥이 나는지 노래를 한 곡조 <u>뽑</u>았다.
❾ 운동 경기 따위에서 점수를 얻다. ▶ 4번 타자의 홈런으로 우리 팀이 선취점을 <u>뽑</u>았다.
❿ 차를 새로 마련하다. ▶ 그는 생활비도 없으면서 무리하게 새 차를 <u>뽑</u>았다.
⓫ 어떤 일에 들 돈을 미리 계산해 보다.
▶ 예산을 <u>뽑</u>아(≒계산해) 보니 행사를 치르기에는 돈이 부족했다.

□ **사라지다**

❶ 현상이나 물체의 자취 따위가 없어지다. ▶ 해가 구름 속으로 <u>사라졌</u>다.
❷ 생각이나 감정 따위가 없어지다. ▶ 오빠가 무사히 돌아와 어머니의 시름이 <u>사라졌</u>다.
❸ '죽다'를 달리 이르는 말 ▶ 지난 수백 년 동안 세상에는 많은 인물이 나고 또한 <u>사라졌</u>다.

□ **사람**

❶ 생각을 하고 언어를 사용하며, 도구를 만들어 쓰고 사회를 이루어 사는 동물
▶ <u>사람</u>은 만물의 영장이다.
❷ 어떤 지역이나 시기에 태어나거나 살고 있거나 살았던 자 ▶ 그는 서울 <u>사람</u>이다.
❸ 일정한 자격이나 품격 등을 갖춘 이 ▶ 그는 <u>사람</u>이 되려면 아직 멀었다.
❹ 인격에서 드러나는 됨됨이나 성질 ▶ 그는 <u>사람</u>이 괜찮다.
❺ 상대편에게 자기 자신을 엄연한 인격체로서 가리키는 말
▶ 돈 좀 있다고 <u>사람</u> 무시하지 마라.
❻ 친근한 상대편을 가리키거나 부를 때 사용하는 말 ▶ 이 <u>사람</u>아, 이게 얼마 만인가?
❼ 자기 외의 남을 막연하게 이르는 말 ▶ <u>사람</u>들이 뭐라 해도 할 수 없다.

❽ 뛰어난 인재나 인물 ▶ 이곳은 <u>사람</u>이 많이 난 고장이다.

❾ 어떤 일을 시키거나 심부름을 할 일꾼이나 인원 ▶ 그 일은 <u>사람</u>이 많이 필요하다.

한자성어+ **갑남을녀**(甲갑옷갑 男사내남 乙새을 女여자녀): (갑이란 남자와 을이란 여자 →) 평범한 사람들≒필부필부(匹짝필 夫지아비부 匹짝필 婦며느리부)/장삼이사(張성씨장 三석삼 李성씨이 四넉사)/초동급부(樵나무할초 童아이동 汲길을급 婦며느리부)

▶ 올바른 사회란 <u>갑남을녀</u>가 골고루 평화롭게 살아가는 사회이다.

□ **사례**
事 일 사 例 법식 례

어떤 일이 전에 실제로 일어난 예 ▶ 그는 구체적인 <u>사례</u>를 들어 자신의 주장이 옳음을 밝혔다.

참고어휘+ **용례**(用쓸용 例법식례): 쓰고 있는 예. 또는 용법의 보기

▶ 이 사전은 <u>용례</u>가 풍부하게 실려 있어서 좋다.

전례(前앞전 例법식례)/**선례**(先먼저선 例법식례): ❶ 이전부터 있었던 사례

▶ 시장 경제는 인류에게 역사상 <u>전례</u> 없는 경제적 발전과 풍요를 가져다주었다.

❷ 예로부터 전하여 내려오는 일 처리의 관습

▶ 이번 사건에 대해서 주최 측은 <u>전례</u>에 따라 모든 일을 처리하겠다고 밝혔다.

유례(類무리유 例법식례): ❶ 같거나 비슷한 예 ▶ 그들의 잔혹한 통치는 세계에서 <u>유례</u>를 찾기 힘들다.

❷ 이전부터 있었던 사례 ▶ 그 일은 역사상 <u>유례</u>가 없는 이변이다.

실례(實열매실 例법식례): 구체적인 실제의 보기

▶ 그 학생은 설명을 한 뒤에 항상 <u>실례</u>를 들어 주어야 내용을 이해했다.

□ **사로잡다**

❶ 사람이나 짐승 따위를 산 채로 잡다. ▶ 적군을 포로로 <u>사로잡았다</u>.

❷ 생각이나 마음을 온통 한곳으로 쏠리게 하다.

▶ 그는 뛰어난 연설 솜씨로 단박에 청중을 <u>사로잡았다</u>.

□ **사뢰다**

웃어른에게 말씀을 올리다.

▶ 선생님께 <u>사뢰올</u> 말씀은 다음과 같습니다.

□ **사상누각**
砂 모래 사 上 윗 상
樓 다락 누 閣 집 각

(모래 위에 세운 누각 →) 기초가 튼튼하지 못하여 오래 견디지 못할 일이나 물건

▶ 문화적 기반이 없는 국제화란 <u>사상누각</u>에 불과하다.

확인문제

(1~6) 밑줄 친 말의 쓰임이 문맥에 적절한지 판단하시오.

1. 어머님, 동생에게 못 보고 간다고 <u>사뢰어</u> 주십시오.

2. 나도 세상일에 연연하는 <u>필부필부</u>의 한 명이다.

3. <u>용례</u>를 보여 주면 단어의 뜻을 더 정확히 알 수 있다.

4. 이번 폭발 사건은 <u>유례</u>가 없는 참사로 기록될 것이다.

5. 지지율이 높아도 뿌리가 없으면 <u>사상누각</u>이 될 수 있다.

6. 많은 사람 중에서도 그의 품격은 <u>갑남을녀</u> 격으로 두드러졌다.

(7~10) 밑줄 친 말이 제시문과 가장 유사한 의미로 쓰인 것을 고르시오.

7. 여기 박혀 있는 못을 좀 <u>빼야겠다</u>.

   ① 양전을 <u>빼다</u>.　　② 얼룩을 <u>빼다</u>.　　③ 목에서 힘을 <u>빼다</u>.　　④ 논에서 물을 <u>빼다</u>.　　⑤ 주머니에서 손을 <u>빼다</u>.

8. 우리 회사에서는 올해 백여 명의 인턴사원을 <u>뽑을</u> 예정이다.

   ① 피를 <u>뽑다</u>.　　② 본전을 <u>뽑다</u>.　　③ 이빨을 <u>뽑다</u>.　　④ 반장을 <u>뽑다</u>.　　⑤ 점수를 <u>뽑다</u>.

9. 요즘 그 공장은 <u>사람</u>이 없어서 기계를 놀리고 있다.

   ① 그는 <u>사람</u>이 무르다.　　② 아버지는 충남 <u>사람</u>이다.　　③ <u>사람</u> 괄시하지 말아요.　　④ <u>사람</u>을 보내 마중을 나갔다.

10. 그는 선물로 상대편의 마음을 <u>사로잡으려</u> 했으나 잘되지 않았다.

   ① 1960년대 대중을 <u>사로잡은</u> 매체는 영화였다.　　② 성질이 포악한 멧돼지를 <u>사로잡는</u> 것은 쉬운 일이 아니다.

[정답] 1. 부적절 2. 적절 3. 적절 4. 적절 5. 적절 6. 부적절 7. ⑤ 8. ④ 9. ④ 10. ①

[해설] 7. 빼다─❶ ① 짐짓 행동이나 태도를 꾸미다. 8. 뽑다─❺ 9. 사람─❾ ① 사람─❹ ② 사람─❷ ③ 사람─❺ 10. 사로잡다─❷

1. ㉠~㉤의 사전적 뜻풀이로 옳지 않은 것은?   (2016 6월 모평A 응용)

> 옳음과 옳지 않음을 감정과 ㉠동일시하는 정서주의에도 몇 가지 문제점이 ㉡제기될 수 있다. 첫째, 감정이 변할 때마다 도덕적 판단도 변한다고 해야 하지만, 도덕적 판단은 ㉢수시로 바뀌지 않는다. 둘째, 감정은 아무 이유 없이 변할 수 있지만 도덕적 판단은 뚜렷한 근거 없이 바뀔 수 없다. 셋째, 감정이 없다면 '도덕적으로 옳음'과 '도덕적으로 옳지 않음'도 없다고 해야 하지만, '도덕적으로 옳음'과 '도덕적으로 옳지 않음'이 없다는 것은 ㉣보편적 인식과 ㉤배치된다.

① ㉠: 둘 이상의 것을 똑같은 것으로 봄.   ② ㉡: 의견이나 문제를 내어 놓음.
③ ㉢: 어떤 제한이 없이 마음대로.   ④ ㉣: 두루 널리 미치는.
⑤ ㉤: 서로 반대되어 어긋남.

2. 〈보기〉는 사전의 뜻풀이이다. ㉠의 의미에 가장 가까운 것은?   (2007 고3 4월 학평)

> 아이들 성장에 정서적인 환경이 마련되지 못한다면, 즉 아이들 교육에 정서 교육이 ㉠빠진다면, 그 아이가 아무리 많은 지식을 습득하여 뛰어난 판단력을 가졌다 하더라도 종합적으로 정상적이고 합리적인 생각을 못하는 결함을 안게 될 것이다.

─〈보 기〉─

빠지다 동 ㉮ 어느 정도 이익이 남다. ¶ 이번 장사에서는 이자 돈 정도는 빠질 것 같다.
    ㉯ 원래 있어야 할 것에서 모자라다. ¶ 천 원에서 백 원이 빠지는 셈이구나.
    ㉰ 차례를 거르거나 일정하게 들어 있어야 할 곳에 들어 있지 아니하다. ¶ 이 책에는 중요한 내용이 빠져 있다.
    ㉱ 일정한 곳에서 다른 데로 벗어나다. ¶ 그놈은 쥐도 새도 모르게 뒷길로 빠져 달아났다.
    ㉲ 남이나 다른 것에 비해 뒤떨어지거나 모자라다. ¶ 이 정도 실력이면 어디에 내놓아도 빠지지 않는다.

① ㉮   ② ㉯   ③ ㉰   ④ ㉱   ⑤ ㉲

(3~4) 문맥상 ㉠과 바꿔 쓰기에 가장 적절한 것을 고르시오.

3. ─────────────────────────────(2017 고1 9월 학평 응용)

> 예금이나 적금의 기간이 길어서 이자를 여러 번 받는다면, 매번 지급된 이자가 원금이 되어서 이자에 이자가 붙는 복리인지, 원금에 대한 이자만 ㉠붙는 단리인지도 살펴야 실효수익률을 알 수 있다.

① 부착(附着)되는   ② 부가(附加)되는   ③ 부연(敷衍)되는   ④ 의존(依存)하는   ⑤ 부과(賦課)되는

4. ─────────────────────────────(2014 6월 모평A 응용)

> 광장의 가운데에 배치된 기마상은 타원이 지닌 두 개의 초점을 ㉠사라지게 하는 효과를 나타내어 광장을 하나의 중심을 가진 원형 공간처럼 변모시킨 것이다. 타원형의 광장이 집중성을 가진 공간으로 전환되면서 광장에는 중심과 주변이라는 위계가 생기게 된다. 위계의 정점은 기마상이다.

① 소진(消盡)되게   ② 소멸(消滅)되게   ③ 소모(消耗)되게   ④ 소비(消費)되게   ⑤ 말소(抹消)되게

5. ㉠~㉣을 한자어로 바꾼 것으로 적절한 것은?

(2009 고1 성취도평가 응용)

> 지도 제작자들은 자신들이 ㉠가지고 있는 세계관이나 의도에 따라 지도를 변형하기도 한다. 예를 들어 오스트레일리아 사람들은 오스트레일리아가 남반구의 아래쪽에 뚝 ㉡떨어진 채 그려져 있는 지도를 좋아하지 않는다. 자신들이 세계의 변방에 있는 것처럼 ㉢보이기 때문이다. 그래서 그들은 북반구와 남반구를 ㉣뒤집은 지도를 제작하였다. 북반구와 남반구를 뒤집어 놓았을 뿐만 아니라 지도의 중앙에 오스트레일리아를 ㉤놓고 면적마저 확대해 놓은 지도도 있다.

① ㉠: 소지(所持)하고
② ㉡: 추락(墜落)한
③ ㉢: 관람(觀覽)되기
④ ㉣: 전복(顚覆)한
⑤ ㉤: 배치(配置)하고

6. ㉠~㉤을 한자어로 바꾼 것으로 적절하지 <u>않은</u> 것은?

(2013 9월 모평 응용)

> 공자가 제시한 군자는 도덕적 인격을 완성하기 위해 ㉠애쓰는 사람이기도 하면서 자신의 도덕적 수양을 통해 예를 실현하는 사람이다. 원래 군자는 정치적 지배 계층을 ㉡가리키는 말로 일반 서민을 가리키는 소인과 대비되는 개념이었다. 공자는 이러한 개념을 확장하여 군자와 소인을 도덕적으로도 구별하였다. 사리사욕에 ㉢사로잡혀 자신의 이익과 욕심을 ㉣채우는 데만 몰두하는 소인과 도덕적 수양을 최우선으로 삼는 군자를 도덕적으로 차별화한 것이다. 군자는 이익을 ㉤따지기보다는 무엇이 옳고 그른지를 먼저 판단해야 한다고 하였다.

① ㉠: 노력(努力)하는
② ㉡: 지칭(指稱)하는
③ ㉢: 매수(買收)되어
④ ㉣: 충족(充足)하는
⑤ ㉤: 계산(計算)하기

(7~8) 밑줄 친 말의 문맥적 의미가 ㉠과 가장 유사한 것을 고르시오.

7.
(2018 고3 7월 학평 응용)

> 자외선 불꽃 감지기는 특정 파장에 해당하는 미세한 자외선의 발생 유무도 감지할 수 있어 화재 상황에 ㉠빠르게 대처할 수 있도록 해 준다.

① 저녁을 먹기에는 너무 <u>빠르다</u>.
② 그는 시험에 나보다 일 년 <u>빠르게</u> 합격했다.
③ 그는 행동이 <u>빠르고</u> 민첩하다는 평가를 받는다.
④ 동생이 벌써 고등학생이 되다니, 세월이 <u>빠르다</u>.
⑤ 우리 사무실에서는 내가 출근 시간이 제일 <u>빠르다</u>.

8.
(2016 수능A)

> "귀납이 정당한 추론이다."라는 주장은 "자연은 일양적이다."라는 다른 지식을 전제로 하는데 그 지식은 다시 귀납에 의해 정당화되어야 하는 경험적 지식이므로 귀납의 정당화는 순환 논리에 ㉠빠져 버린다는 것이다.

① 혼란에 <u>빠진</u> 적군은 지휘 계통이 무너졌다.
② 그의 말을 듣자 모든 사람들이 기운이 <u>빠졌다</u>.
③ 그는 무릎 위까지 푹푹 <u>빠지는</u> 눈길을 헤쳐 왔다.
④ 그의 강연에 자신의 주장이 <u>빠져</u> 모두 아쉬워했다.
⑤ 우리 제품은 타사 제품에 <u>빠지지</u> 않는 우수한 것이다.

9. 수업 시간에 다음과 같은 학습지를 받고 과제를 수행했다고 할 때, 잘못 해결한 것은? (2005 고3 10월 학평)

과제 학습지	제3학년 (3)반 (33)번 이름 : (○삼순)

※ 다음의 낱말을 이용하여 문장을 만들어 보자.
◦ 괄시(恝視) : 사람의 겉모습이 초라하다고 해서 괄시해서는 안 된다. ················· ①
◦ 불문(不問) : 아버지께서는 몸살에도 불문하고 회사에 출근을 하셨다. ············· ②
◦ 반증(反證) : 그의 주장은 논리가 워낙 치밀해서 반증하기가 매우 어렵다. ············· ③
◦ 애증(愛憎) : 그를 10년 만에 다시 만난 순간 그녀에게는 애증의 감정이 교차했다. ··········· ④
◦ 파란(波瀾) : 극심한 의견 대립으로 인해 이번 국회에서도 한바탕 파란이 예상된다. ·········· ⑤

10. ㉠의 의미를 알아보기 위해 사전을 찾아보았다. 〈보기〉의 밑줄 친 부분과 쓰임이 유사하지 않은 것은? (2006 수능)

고기 썩는 냄새가 역한 배 안에서 물결에 흔들리다가 깜빡 잠든 사이에, 유토피아의 꿈을 꾸고 있는 그 자신이 있다. 조선인 콜호스* 숙소의 창에서 ㉠불타는 저녁놀의 힘을 부러운 듯이 바라보고 있는 그도 있다.

　* 콜호스: 구소련의 집단 농장.

　　　 – 최인훈, 〈광장〉

〈보 기〉

불－타다 1. 불이 붙어서 타다. ¶ 화재로 집이 불타다.
　　　　　2. (비유적으로) 매우 붉은 빛으로 빛나다. ¶ 불타는 노을.

① 오늘 한창 물오른 싱싱한 생선이 나왔다.　　② 어린 동생은 자기의 나이를 손꼽아 세었다.
③ 분홍색 메꽃이 군데군데 두렁을 수놓고 있다.　　④ 바람 소리도 잠들고 짐승들 울음소리마저 사라졌다.
⑤ 오월의 신록을 살찌게 하는 비가 부슬거리고 있었다.

11. 〈보기〉는 단어 학습을 위해 활용한 사전의 일부분이다. 이에 대한 이해로 가장 적절한 것은? (2015 고1 6월 학평)

〈보 기〉

비다¹ 통 ㉠ 일정한 공간에 사람, 사물 따위가 들어 있지 아니하게 되다. ¶ 조금 있으면 자리 하나가 빈다.
　　　　㉡ 할 일이 없거나 할 일을 끝내서 시간이 남다. ¶ 내일은 시간이 빈다.
차다¹ 통 ㉠ (…에, …으로) 일정한 공간에 사람, 사물, 냄새 따위가 더 들어갈 수 없이 가득하게 되다. ¶ 버스에 사람이
　　　　차다.
　　　　㉡ (…에) 감정이나 기운 따위가 가득하게 되다. ¶ 실의에 차다.
　　　　㉢ (…에) 어떤 대상이 흡족하게 마음에 들다. ¶ 선을 본 사람이 마음에 차지 않는다.

① '비다¹'의 ㉠과 ㉡은 동음이의어이다.
② 속담 '빈 수레가 요란하다.'의 '빈'은 '차다¹' ㉢의 반의어를 이용한 것이다.
③ '비다¹'과 '차다¹'은 모두 목적어를 필요로 한다.
④ '차다¹' ㉠의 예로 '물이 가득 차다.'를 추가할 수 있다.
⑤ '차다¹' ㉡의 반의어는 '비다¹' ㉡이 된다.

12. 다음을 한자성어로 표현할 때, 가장 적절한 것은?

(2008 고3 7월 학평)

> 안평국 왕비는 성의를 보내고 슬픔을 이기지 못하여 병세가 점점 더해갔다. 밤낮으로 눈물을 흘리며 말하길,
> "십여 세 어린 아이가 이상한 도사의 말을 듣고 어미를 위하여 만리창파에 어디로 정처없이 갔는고? 망망창해의 파도는 매우 세차게 일고 구름 걸린 산봉우리는 첩첩한데 어느 날에 다시 돌아올꼬? 한번 떠난 후로 생사를 알지 못하니 어찌 슬프지 아니 하겠는가? 이제 다시 못 보고 죽으면 어찌 눈을 감을소냐?"
> 하시며 슬퍼하셨다.
>   – 작자 미상, 〈적성의전〉

① 성의의 생사를 알 길이 없어 왕비는 노심초사(勞心焦思)하는군.
② 왕비와 성의는 이심전심(以心傳心)으로 서로를 그리워하고 있군.
③ 위기에 처해 있지만 도움을 요청할 수 없는 왕비는 고립무원(孤立無援)이겠군.
④ 자식을 걱정하는 마음을 겉으로 표현할 수 없는 왕비의 심정은 애이불비(哀而不悲)라 하겠군.
⑤ 성의를 다시 만날 수 있다고 굳게 믿는 모습에서 왕비의 초지일관(初志一貫)의 자세를 볼 수 있군.

13. '흥보'의 상황을 〈보기〉와 같이 표현할 때 빈칸에 들어갈 말로 가장 적절한 것은?

(2018 고2 성취도평가 응용)

> "형님 통촉하옵시오. 형님은 뉘시오며 흥보는 뉘오리까. 골육형제(骨肉兄弟) 나 아니오. 천륜지정(天倫之情) 생각하여 동생 흥보 살려 주오. 길을 두고 뫼로 갈까, 의탁할 길 없는 동생이 아니 불쌍하오. 어제저녁 그저 있고 오늘 아침 못 먹었소. 자식들도 배가 고파 반죽음 되었삽고 동생도 배가 고파 죽을 지경 되었으니, 형님 처분 바라며 겨우 살아왔사오니, 돈이든 쌀이든 되는 대로 주옵소서. 그것 저것 못 줄진대, 찬밥이나 몽근겨나 싸라기나 지게미나 무엇이든 주옵시면 며칠 동안 굶은 자식 한 끼 먹여 살려내겠소."
>   – 작자 미상, 〈흥보전〉

〈보 기〉

> 흥보는 (　　　　　)의 처지를 호소하며 놀보에게 구걸하고 있다.

① 삼순구식(三旬九食)　　　② 난형난제(難兄難弟)　　　③ 초동급부(樵童汲婦)
④ 용호상박(龍虎相搏)　　　⑤ 장삼이사(張三李四)

[정답] 1. ③ 2. ③ 3. ② 4. ② 5. ⑤ 6. ③ 7. ③ 8. ① 9. ② 10. ② 11. ④ 12. ① 13. ①

[해설] 1. ⓒ 아무 때나 늘. '어떤 제한이 없이 마음대로'는 '임의로'의 의미이다. 2. ① 차례를 거르거나 일정하게 들어 있어야 할 곳에 들어 있지 아니하다. 3. ① 주가 되는 것에 달리거나 딸리다. 4. 문맥상 '사라져 없어짐'을 뜻하는 '소실(消失)'이나 '소멸(消滅)'이 적절하다. ① 다 써서 없앰. ③·④ 써서 없앰. ⑤ 기록되어 있는 사실 따위를 지워서 아주 없애 버림. 5. ① 물건을 지니고 있다. ② 높은 곳에서 떨어지다. ③ 연극, 영화, 운동 경기, 미술품 따위를 구경하다. ④ 차나 배 따위가 뒤집히다. 6. ⓒ 생각이나 마음이 온통 한곳으로 쏠리게 되다. '매수'는 '금품이나 그 밖의 수단으로 남의 마음을 사서 자기편으로 만드는 일을 의미하는 것으로, 사리사욕에 마음이 쏠린 상태와는 관련이 없다. 7. ① 어떤 동작을 하는 데 걸리는 시간이 짧다. ① 어떤 일이 생기거나 어떤 일을 하기에는 아직 시간이 더 필요한 상태에 있다. ②·⑤ 어떤 것이 기준이나 비교 대상보다 시간 순서상으로 앞선 상태에 있다. ④ 어떤 일이 이루어지는 과정이나 기간이 짧다. 8. ① 곤란한 처지에 놓이다. ② 정신이나 기운이 줄거나 없어지다. ③ 물이나 구덩이 따위 속으로 떨어져 잠기거나 잠겨 들어가다. ④ 차례를 거르거나 일정하게 들어 있어야 할 곳에 들어 있지 아니하다. ⑤ 남이나 다른 것에 비해 뒤떨어지거나 모자라다. 9. '불문(不問)'은 '묻지 아니함 또는 가리지 아니함'을 뜻하는 말이다. 따라서 ②의 문장에서는, '불문하고'대신에 '얽매여 거리끼지 아니하다'의 뜻을 가진 '불구(不拘)하고'를 써야 한다. 10. 〈보기〉에서 '불타다 1'은 기본적 의미이고 '불타다 2'는 확장된 의미인데, ①은 확장된 의미에 해당한다. 그런데 ②의 '손꼽아'는 문맥상 '손가락을 꼽아 수를 세다.'라는 기본적 의미로 풀이된다. 11. ① 다의 관계이다. ② '빈 수레가 요란하다.'의 '빈'은 '차다¹' ①의 반의어를 활용한 것이다. ③ '차다¹'과 '비다'은 모두 목적어가 필요 없는 용언이다. 12. 왕비는 성의의 생사를 몰라서, 가슴 졸이며 애를 태우고 있다. 왕비의 이런 마음과 가장 잘 어울리는 한자성어는 노심초사(勞心焦思)이다. ③ 고립되어 구원을 받을 데가 없음. ⑤ 처음에 세운 뜻을 끝까지 밀고 나감.

□ **사실**
事 일 사 實 열매 실

❶ 실제로 있었던 일이나 현재에 있는 일 ▶ 그는 어제 있었던 일을 <u>사실</u>대로 말했다.

❷ 겉으로 드러나지 아니한 일을 솔직하게 말할 때 쓰는 말

▶ 나는, <u>사실</u>은, 자신은 없었지만, 그 일은 안 할 수 없었다.

❸ 자신의 말이 옳다고 강조할 때 쓰는 말 ▶ <u>사실</u>이지, 늘 행복하기만 한 사람은 없다.

【동음이의어 +】 **사실**(史역사사 實열매실): 역사에 실제로 있는 사실(事實)

▶ 역사가는 <u>사실</u>을 바탕으로 역사를 기술한다.

사실(寫베낄사 實열매실): 사물을 있는 그대로 그려 냄. ▶ 그 영화는 전후의 가난을 <u>사실</u>적으로 그리고 있다.

□ **사욕**
私 사사 사 慾 욕심 욕

자기 한 개인의 이익만을 꾀하는 욕심 ▶ 지방 관리들은 <u>사욕</u>을 채우기에 급급하였다.

【한자성어 +】 **사리사욕**(私사사사 利이로울리 私사사사 慾욕심욕): 사사로운 이익과 욕심

▶ 사장은 <u>사리사욕</u>을 채우기 위해 회사 돈을 빼돌렸다.

□ **사유**
思 생각 사 惟 생각할 유

대상을 두루 생각하는 일 ▶ 그 시절의 나는 '나'라는 존재를 <u>사유</u>하며 고뇌하였다.

【유의어 +】 **사료**(思생각사 料헤아릴료): 깊이 생각하여 헤아림.

▶ 그 문제를 <u>사료</u>하여 보았지만 해결책이 없다.

사색(思생각사 索찾을색): 어떤 것에 대하여 깊이 생각하고 이치를 따짐.

▶ 그는 말년을 <u>사색</u>과 독서로 보냈다.

명상(冥어두울명 想생각상): 고요히 눈을 감고 깊이 생각함. 또는 그런 생각

▶ 나는 머리가 복잡할 때면 <u>명상</u>을 하면서 잠시 휴식을 갖는다.

상기(想생각상 起일어날기): 지난 일을 돌이켜 생각하여 냄. ▶ 그는 행복했던 시절을 <u>상기</u>하며 눈물을 흘렸다.

【동음이의어 +】 **사유**(私사사사 有있을유): 개인이 사사로이 소유함. 또는 그런 소유물

▶ 공산주의 국가에서는 토지의 <u>사유</u>를 인정하지 않는다.

사유(事일사 由말미암을유): 일의 까닭≒연고(緣인연연 故연고고)/연유(緣인연연 由말미암을유)

▶ 큰 결격 <u>사유</u>가 없는 한 대부분 1차 시험은 통과할 것이다.

□ **사의**
謝 사례할 사 意 뜻 의

감사하게 여기는 뜻 ▶ 오늘 이 자리에 참석해 주신 여러분께 심심한 <u>사의</u>를 표합니다.

【동음이의어 +】 **사의**(辭말씀사 意뜻의): 맡아보던 일자리를 그만두고 물러날 뜻

▶ 장관은 일신상의 이유로 <u>사의</u>를 밝혔다.

□ **사전**
辭 말씀 사 典 법 전

어떤 범위 안에서 쓰이는 낱말을 모아서 일정한 순서로 배열하여 싣고 그 각각의 발음, 의미, 어원, 용법 따위를 해설한 책 ▶ 학생들은 낯선 단어의 뜻을 국어<u>사전</u>에서 찾았다.

【동음이의어 +】 **사전**(事일사 典법전): 여러 가지 사항을 모아 일정한 순서로 배열하고 그 각각에 해설을 붙인 책 ▶ 기초적인 정보를 얻는 데는 백과<u>사전</u>이 최고이다.

□ **사필귀정**
事 일 사 必 반드시 필
歸 돌아갈 귀 正 바를 정

모든 일은 반드시 바른길로 돌아감.

▶ 그는 <u>사필귀정</u>으로 자신의 결백함이 밝혀져 곧 감옥에서 풀려나게 될 것을 믿어 의심치 않았다.

【한자성어 +】 **인과응보**(因인할인 果열매과 應응할응 報갚을보): 선(善)을 행하면 선(善)의 결과가, 악(惡)을 행하면 악(惡)의 결과가 반드시 뒤따름. ▶ 악한 짓을 한 놀부가 벌을 받게 되는 것은 <u>인과응보</u>이다.

종두득두(種씨종 豆콩두 得얻을득 豆콩두): (콩을 심으면 반드시 콩이 나옴. →) 원인에 따라 결과가 생김. ▶ 공부를 제대로 안 해서 성적이 엉망이니 <u>종두득두</u>라 아니할 수 없다.

□ **사활**
死 죽을 사 活 살 활

(죽기와 살기 →) 어떤 중대한 문제를 비유적으로 이르는 말

▶ 각 기업은 고객 확보에 <u>사활</u>을 걸고 있다.

【참고어휘 +】 **사생결단**(死죽을사 生날생 決결단할결 斷끊을단): 죽고 사는 것을 돌보지 않고 끝장을 내려고 함. ▶ 그는 이번 일에 <u>사생결단</u>의 각오로 뛰어들었다.

□ **살다**

❶ 생명을 지니고 있다. ▶ 그는 백 살까지 <u>살았</u>다.

❷ 불 따위가 타거나 비치고 있는 상태에 있다. ▶ 잿더미에 불씨가 아직도 <u>살아</u> 있다.

❸ 본래 가지고 있던 색깔이나 특징 따위가 그대로 있거나 뚜렷이 나타나다.
   ▶ 선생님은 개성이 <u>살아</u> 있는 글을 써야 한다고 조언하셨다.

❹ 성질이나 기운 따위가 뚜렷이 나타나다. ▶ 칭찬 몇 마디에 기운이 <u>살아서</u> 잘난 척한다.

❺ 마음이나 의식 속에 남아 있거나 생생하게 일어나다.
   ▶ 어렸을 때 배운 노래 한 구절이 머릿속에 아직도 <u>살아</u> 있다.

❻ 움직이던 물체가 멈추지 않고 제 기능을 하다. ▶ 세게 부딪혔는데도 시계가 <u>살아</u> 있다.

❼ 경기나 놀이 따위에서, 상대편에게 잡히지 않고 제 기능을 하다.
   ▶ 포는 죽고 차만 <u>살아</u> 있다.

❽ 글이나 말, 또는 어떤 현상의 효력 따위가 현실과 관련되어 생동성이 있다.
   ▶ 이번 일에서 우리는 <u>산</u> 교훈을 얻었다.

❾ 어느 곳에 거주하거나 거처하다. ▶ 고래는 물에 <u>사는</u> 짐승이다.

❿ 어떤 직분이나 신분의 생활을 하다. ▶ 우리 조상 중에 벼슬을 <u>산</u> 사람은 없다.

⓫ 어떤 생활을 영위하다. ▶ 그녀는 참으로 파란만장한 삶을 <u>살았</u>다.

⓬ 어떤 사람과 결혼하여 함께 생활하다. ▶ 지금의 아내와 <u>살게</u> 되기까지 사연이 많았다.

□ **살포**
撒 뿌릴 살 布 펼 포

❶ 액체, 가루 따위를 흩어 뿌림. ▶ 논에 농약을 <u>살포</u>했다.

❷ 금품, 전단 따위를 여러 사람에게 나누어 줌. ▶ 그를 비방하는 유인물이 대량 <u>살포</u>됐다.

유의어 + '布(펼포)'를 공유하는 한자어

유포(流흐를유 布펼포): 세상에 널리 퍼짐. 또는 퍼뜨림. ▶ 그는 허위 사실을 <u>유포</u>한 혐의로 체포되었다.

분포(分나눌분 布펼포): 일정한 범위에 흩어져 퍼져 있음. ▶ 이 곤충은 세계 전역에 널리 <u>분포</u>되어 있다.

공포(公공평할공 布펼포): 일반 대중에게 널리 알림.
   ▶ 정부는 4대강 사업으로 인해 수질 오염이 심해졌다고 <u>공포</u>했다.

□ **살피다**

❶ 두루두루 주의하여 자세히 보다. ▶ 그는 조심스럽게 사방을 <u>살피며</u> 걸었다.

❷ 형편이나 사정 따위를 자세히 알아보다. ▶ 지도자는 민심을 <u>살필</u> 줄 알아야 한다.

확 인 문 제

(1~6) 제시된 뜻풀이에 맞는 단어가 되도록 빈칸에 알맞은 말을 쓰시오.

1. 세상에 널리 퍼짐: □포

2. 감사하게 여기는 뜻: □의

3. 지난 일을 돌이켜 생각하여 냄: 상□

4. 사사로운 이익과 욕심 : 사□사□

5. 모든 일은 반드시 바른길로 돌아감: 사□□정

6. 죽고 사는 것을 돌보지 않고 끝장을 내려고 함: 사생□□

(7~9) 밑줄 친 말들이 같은 단어인지 판단하시오.

7. 요즘은 종이로 된 국어<u>사전</u>을 쓰는 사람이 거의 없다. – 그는 걸어 다니는 백과<u>사전</u>이라고 불린다.

8. 그는 피해자의 주장이 <u>사실</u>과 다르다고 반박했다. – 그 작품은 농촌의 현실을 <u>사실</u>적으로 그리고 있다.

9. 그는 양반들의 노비 <u>사유</u>를 제한해야 한다는 주장했다. – 그 판사의 재임용 탈락 <u>사유</u>는 법관 품위 손상이었다.

(10~11) 밑줄 친 말이 제시문과 가장 유사한 의미로 쓰인 것을 고르시오.

10. 아이는 그렇게 혼나고도 성질이 <u>살아서</u> 자기가 잘못했다고 말하지 않았다.

   ① 연탄불이 <u>살아</u> 있다   ② 고달픈 삶을 <u>살고</u> 있다.   ③ 제주도에서 <u>살고</u> 싶다.   ④ 옷에 풀기가 <u>살아</u> 있다.

11. 그는 자신의 폭로에 대한 누리꾼의 반응을 <u>살폈</u>다.

   ① 그는 주변을 <u>살피며</u> 낮은 목소리로 말했다.   ② 이번 일은 정세를 <u>살핀</u> 후에 결정하기로 하였다.

[정답] 1. 유 2. 사 3. 기 4. 리, 욕 5. 필, 귀 6. 결, 단 7~9. 모두 다른 단어(동음이의어)이다. 10. ④ 11. ②
[해설] 7. 사전(辭典)–사전(事典) 8. 사실(事實)–사실(寫實) 9. 사유(私有)–사유(事由) 10. 살다-❹ ① 살다-❷ ② 살다-⓫ ③ 살다-❾ 11. 살피다-❷

193

□ 삼다	❶ 어떤 대상과 인연을 맺어 자기와 관계있는 사람으로 만들다.
	▶ 그는 친구 아들을 사위로 <u>삼았다</u>.
	❷ 무엇을 무엇이 되게 하거나 여기다. ▶ 위기를 전화위복의 계기로 <u>삼아야</u> 한다.
	❸ 무엇을 무엇으로 가정하다. ▶ 그녀는 딸을 친구 <u>삼아</u> 이야기하곤 한다.
	동음이의어 **+** **삼다**: 짚신이나 미투리 따위를 결어서 만들다. ▶ 그는 밤새도록 짚신을 <u>삼았다</u>.

□ 상경 上 윗 상 京 서울 경	지방에서 서울로 감. ▶ <u>상경</u>한 지 10년이 넘으니 서울도 고향만큼이나 정이 들었다.
	연관어휘 **+** **귀경**(歸돌아갈귀 京서울경): 서울로 돌아가거나 돌아옴. ▶ 고속도로에 <u>귀경</u> 차량이 몰렸다.

□ 상반 相 서로 상 反 돌이킬 반	서로 반대되거나 어긋남. ▶ 그의 행동은 자신의 주장과 <u>상반</u>된 것이었다.
	참고어휘 **+** **상이**(相서로상 異다를이)**하다**: 서로 다르다. ▶ 형은 나와 성격 면에서 매우 <u>상이</u>하다.
	상충(相서로상 衝찌를충): 맞지 아니하고 서로 어긋남. ▶ 두 나라 간의 이해관계 <u>상충</u>으로 전쟁이 일어났다.
	대척(對대할대 蹠밟을척): 어떤 사물이나 현상을 비교해 볼 때, 서로 정반대가 됨.
	▶ 그 사람과 나는 이념적으로 <u>대척</u>적 입장에 있다.
	상쇄(相서로상 殺감할쇄): 상반되는 것이 서로 영향을 주어 효과가 없어지는 일
	▶ 그의 힘겹고도 눈물겨운 노력은 이제껏 그가 저지른 모든 실수를 <u>상쇄</u>하고도 남음이 있다.

□ 상응 相 서로 상 應 응할 응	서로 응하거나 어울림. ▶ 그는 자신의 능력에 <u>상응</u>하는 보수를 받고 있다.
	참고어휘 **+** **상통**(相서로상 通통할통): ❶ 서로 막힘이 없이 길이 트임.
	▶ 통일이 되면 이 기찻길은 북한과 <u>상통</u>하게 될 것이다.
	❷ 서로 마음과 뜻이 통함. ▶ 나는 그와 <u>상통</u>하는 부분이 많다.
	❸ 서로 어떠한 일에 공통되는 부분이 있음. ▶ 모든 학문은 진리를 탐구한다는 점에서 <u>상통</u>한다.
	한자성어 **+** **수미상관**(首머리수 尾꼬리미 相서로상 關관계할관): 머리와 꼬리, 처음과 끝이 서로 이어 통함.=수미상응(首머리수 尾꼬리미 相서로상 應응할응)
	▶ 이 시는 1연과 마지막 연이 유사한 <u>수미상관</u> 방식으로 전개된다.

□ 상전벽해 桑 뽕나무 상 田 밭 전 碧 푸를 벽 海 바다 해	(뽕나무밭이 변하여 푸른 바다가 됨. →) 세상일의 변천이 심함.
	▶ 허허벌판이었던 곳에 주택이 빈틈없이 들어섰으니 <u>상전벽해</u>가 따로 없구나.
	한자성어 **+** **격세지감**(隔사이뜰격 世인간세 之~의 지 感느낄감): 오래지 않은 동안에 몰라보게 변하여 아주 다른 세상이 된 것 같은 느낌 ▶ 오랜만에 찾은 고향의 모습이 많이 달라져서 <u>격세지감</u>이 들었다.

□ 상존 常 항상 상 存 있을 존	언제나 존재함. ▶ 교통사고의 가능성은 모두에게 <u>상존</u>하기 때문에 운전할 때는 늘 조심해야 한다.
	참고어휘 **+** '存(있을존)'을 공유하는 한자어
	상존(尙오히려상 存있을존): 아직 그대로 존재함. ▶ 이 땅에 <u>상존</u>하는 일제의 잔재를 청산해야 한다.
	공존(共한가지공 存있을존): ❶ 두 가지 이상의 사물이나 현상이 함께 존재함.
	▶ 자본주의는 풍요와 결핍이 <u>공존</u>하는 기현상을 보인다.
	❷ 서로 도와서 함께 존재함. ▶ 인간은 자연과 조화를 이루면서 <u>공존</u>하고 있다.

□ 상흔 傷 다칠 상 痕 흔적 흔	상처를 입은 자리에 남은 흔적
	▶ 이산가족의 가슴속엔 아직도 전쟁의 <u>상흔</u>이 남아 있다.

□ 색출 索 찾을 색 出 날 출	샅샅이 뒤져서 찾아냄. ▶ 경찰이 범인 <u>색출</u> 작업에 나섰다.
	참고어휘 **+** '出(날출)'을 공유하는 한자어
	반출(搬옮길반 出날출): 운반하여 냄. ▶ 국외로 <u>반출</u>된 문화재의 반환을 추진하고 있다.
	배출(排밀칠배 出날출): 안에서 밖으로 밀어 내보냄. ▶ 폐수를 함부로 하천에 <u>배출</u>한 업체가 적발되었다.
	배출(輩무리배 出날출): 인재가 계속하여 나옴. ▶ 이 학교에서 <u>배출</u>한 법조인은 모두 35명이다.

방출(放놓을방 出날출): 비축하여 놓은 것을 내놓음. ▶ 이재민을 위하여 정부에서 비축미를 방출하였다.

산출(産낳을산 出날출): 물건을 생산하여 내거나 인물·사상 따위를 냄. ▶ 콩의 산출이 줄어들었다.

산출(算셈산 出날출): 계산하여 냄. ▶ 제품의 제조 원가를 정확히 산출하는 것이 급선무이다.

도출(導인도할도 出날출): 판단이나 결론 따위를 이끌어 냄. ▶ 여야는 회담에서 합의를 도출하지 못했다.

창출(創비롯할창 出날출): 전에 없던 것을 처음으로 생각하여 지어내거나 만들어 냄.

▶ 현재의 선거 풍토를 대폭 개선해서 새로운 정치 문화를 창출해야 한다.

추출(抽뽑을추 出날출): 전체 속에서 어떤 물건, 생각, 요소 따위를 뽑아냄.

▶ 이 화장품은 포도씨에서 추출한 기름을 주성분으로 사용했다.

☐ **생각**

❶ 사물을 헤아리고 판단하는 작용 ▶ 그는 문제를 해결할 방법을 생각해 보았다.

❷ 어떤 사람이나 일 따위에 대한 기억 ▶ 문득 고향 생각이 난다.

❸ 어떤 일을 하고 싶어 하거나 관심을 가짐. 또는 그런 일

▶ 우리 수영장 갈 건데 너도 생각이 있으면 같이 가자.

❹ 어떤 일을 하려고 마음을 먹음. 또는 그런 마음 ▶ 나는 그녀에게 청혼할 생각이다.

❺ 앞으로 일어날 일에 대하여 상상해 봄. 또는 그런 상상

▶ 미처 생각하지도 못했던 일이 일어났다.

❻ 어떤 일에 대한 의견이나 느낌을 가짐. 또는 그 의견이나 느낌

▶ 나는 문득 그가 보고 싶다는 생각이 들었다.

❼ 어떤 사람이나 일에 대하여 성의를 보이거나 정성을 기울임. 또는 그런 일.

▶ 고생하시는 부모님을 생각해서라도 이번에 꼭 시험에 합격해야 한다.

❽ 사리를 분별함. 또는 그런 일. ▶ 그는 생각이 깊다.

유의어＋ **소견**(所바소 見볼견): 어떤 일이나 사물을 살펴보고 가지게 되는 생각이나 의견

▶ 그는 주위의 눈치를 보지 않고 자신의 소견을 당당하게 밝히는 사람이다.

☐ **생경하다**
生 날 생 硬 굳을 경 –

❶ 세상 물정에 어둡고 완고하다. ▶ 그런 생경한 이데올로기로는 변화하는 현실에 대응할 수 없다.

❷ 글의 표현이 세련되지 못하고 어설프다. ▶ 이 글은 생경한 구호의 나열에 불과하다.

❸ 익숙하지 않아 어색하다. ▶ 낯선 세계의 풍경이 생경한 느낌으로 다가왔다.

유의어＋ **생소**(生날생 疏소통할소)**하다**: ❶ 어떤 대상이 친숙하지 못하고 낯이 설다.

▶ 당시만 해도 우리나라에서 큐레이터는 생소한 직업이었다.

❷ 익숙하지 못하고 서투르다. ▶ 처음에는 일이 생소하겠지만 두어 달 지나면 익숙해질 것이다.

확인문제

(1~10) 밑줄 친 말의 쓰임이 문맥에 적절한지 판단하시오.

1. 이 고장에서는 많은 학자가 창출되었다.
2. 정당의 종국적 목적은 정권의 도출에 있다.
3. 예기치 못한 사고의 위험이 상존하고 있다.
4. 전쟁의 상흔은 이 땅에 아직까지 존재한다.
5. 그는 자신의 역할에 상응하는 대우를 요구했다.
6. 두 사람은 책을 좋아한다는 점에서 상충한다.
7. 변함없는 고향의 모습은 상전벽해를 실감케 했다.
8. 영희는 겁이 많아서 생경한 길로만 다닌다.
9. 그는 대학교에 입학하면서 고향을 떠나 홀로 상경했다.
10. 그는 추한 외모를 상쇄할 만큼의 재주를 지녔다.

(11~12) 밑줄 친 말이 제시문과 가장 유사한 의미로 쓰인 것을 고르시오.

11. 그는 정직을 신조로 삼고 있다.

① 친구의 딸을 며느리로 삼았다.　　② 요리하는 것을 낙으로 삼았다.　　③ 고양이를 친구 삼아 여행을 떠났다.

12. 나는 그가 그렇게 생각이 없는 행동을 할 줄 몰랐다.

① 그녀는 생각이 깊다.　　② 앞날을 생각해 보자.　　③ 친구와 놀던 생각이 난다.　　④ 어머니를 생각해서 지은 노래

[정답] 1. 부적절 2. 부적절 3. 적절 4. 적절 5. 적절 6. 부적절 7. 부적절 8. 부적절 9. 적절 10. 적절 11. ② 12. ①

[해설] 1. → 배출 2. → 창출 6. → 상통 8. → 익숙한 11. 삼다-❷ ① 삼다-❶ ③ 삼다-❸ 12. 생각-❽ ② 생각-❺ ③ 생각-❷ ④ 생각-❼

□ 생기다	❶ 없던 것이 새로 있게 되다. ▶ 양말에 구멍이 <u>생겼다</u>.
	❷ 자기의 소유가 아니던 것이 자기의 소유가 되다. ▶ 오랜만에 돈이 <u>생겼다</u>.
	❸ 어떤 일이 일어나다. ▶ 계획에 지장이 <u>생겼다</u>.
	❹ 사람이나 사물의 생김새가 어떠한 모양으로 되다. ▶ 그는 서구적으로 <u>생겼다</u>.
	❺ 일의 상태가 부정적인 어떤 지경에 이르게 됨을 나타내는 말
	▶ 그 가족은 당장 굶어 죽게 <u>생긴</u> 모양이었다.
□ 서다	❶ 사람이나 동물이 발을 땅에 대고 다리를 쭉 뻗으며 몸을 곧게 하다.
	▶ 그녀는 마당에 <u>서서</u> 밤하늘을 바라보았다.
	❷ 처져 있던 것이 똑바로 위를 향하여 곧게 되다. ▶ 토끼의 귀가 쫑긋 <u>섰다</u>.
	❸ 계획, 결심, 자신감 따위가 마음속에 이루어지다. ▶ 그에게 도전할 결심이 <u>섰다</u>.
	❹ 무딘 것이 날카롭게 되다. ▶ 그는 시퍼렇게 날이 <u>선</u> 칼로 고기를 잘랐다.
	❺ 질서나 체계, 규율 따위가 올바르게 있게 되거나 짜이다.
	▶ 교통질서가 바로 <u>서야</u> 우리 모두가 편하다.
	❻ 아이가 배 속에 생기다. ▶ 아이가 <u>서는지</u> 입덧이 심하다.
	❼ 줄이나 주름 따위가 두드러지게 생기다. ▶ 다림질을 했더니 바지에 주름이 <u>섰다</u>.
	❽ 물품을 생산하는 기계 따위가 작동이 멈추다. ▶ 기계가 갑자기 <u>선</u> 이유를 찾고 있다.
	❾ 부피를 가진 어떤 물체가 땅 위에 수직의 상태로 있게 되다. ▶ 열사의 동상이 <u>섰다</u>.
	❿ 나라나 기관 따위가 처음으로 이루어지다. ▶ 고려가 망하고 조선이 <u>섰다</u>.
	⓫ 어떤 곳에서 다른 곳으로 가던 대상이 어느 한 곳에서 멈추다.
	▶ 승용차 한 대가 바로 내 앞에 와서 <u>섰다</u>.
	⓬ 사람이 어떤 위치나 처지에 있게 되거나 놓이다. ▶ 그는 나와 반대 입장에 <u>서</u> 있다.
	⓭ 장이나 씨름판 따위가 열리다. ▶ 이곳에는 5일마다 장이 <u>선다</u>.
	⓮ 어떤 모양이나 현상이 이루어져 나타나다. ▶ 그의 눈에는 핏발이 <u>서</u> 있었다.
	⓯ 체면 따위가 바로 유지되다. ▶ 그는 가족에게 위신이 <u>서지</u> 않아서 괴로웠다.
	⓰ 어떤 역할을 맡아서 하다. ▶ 언니 결혼식에 들러리를 <u>섰다</u>.
	⓱ 줄을 짓다. ▶ 학생들은 급식을 받기 위해 줄을 <u>섰다</u>.
□ 선별 選 가릴 선 別 나눌 별	가려서 따로 나눔. ▶ 농부는 큰 과일들만 <u>선별</u>하여 따로 포장하셨다.
	참고어휘 ➕ '選(가릴선)'을 공유하는 한자어
	선정(選가릴선 定정할정): 여럿 가운데서 어떤 것을 뽑아 정함. ▶ 기자단은 그를 이달의 선수에 <u>선정</u>하였다.
	선출(選가릴선 出날출): 여럿 가운데서 골라냄. ▶ 대통령은 국민들의 직접 선거를 통해 <u>선출</u>된다.
□ 선사 膳 선물 선 賜 줄 사	존경, 친근, 애정의 뜻을 나타내기 위하여 남에게 선물을 줌.
	▶ 나는 졸업하는 언니에게 꽃다발을 한 아름 <u>선사</u>했다.
	참고어휘 ➕ **증정**(贈줄증 呈드릴정): 어떤 물건 따위를 성의 표시나 축하 인사로 줌.
	▶ 백화점에서 구매자들에게 사은 선물을 <u>증정</u>한다고 한다.
	증여(贈줄증 與줄여): 물품 따위를 선물로 줌. ▶ 이 논밭은 할아버지로부터 <u>증여</u>받은 것이다.
	진상(進나아갈진 上윗상): 진귀한 물품이나 지방의 토산물 따위를 임금이나 고관 따위에게 바침.
	▶ 한 노인이 임금에게 <u>진상</u>할 산삼을 들고 왔다.
	하사(下아래하 賜줄사): 임금이 신하에게, 또는 윗사람이 아랫사람에게 물건을 줌.
	▶ 왕은 그에게 쌀 2백 석을 <u>하사</u>하였다.
□ 선행 先 먼저 선 行 다닐 행	❶ 어떠한 것보다 앞서가거나 앞에 있음. ▶ 국어에서 수식어는 피수식어에 <u>선행</u>한다.
	❷ 딴 일에 앞서 행함. 또는 그런 행위. ▶ 정부에서는 무엇보다 수재민 구호 사업을 <u>선행</u>하기로 결정했다.

참고어휘+ **전제**(前앞전 提끌제): 어떠한 사물이나 현상을 이루기 위하여 먼저 내세우는 것

▶ 그는 결혼에는 사랑이 전제되어야 한다고 말했다.

속담+ **호랑이 굴에 가야 호랑이 새끼를 잡는다**: 뜻하는 성과를 얻으려면 그에 마땅한 일을 하여야 함. ▶ 호랑이 굴에 가야 호랑이 새끼를 잡는다고 공부를 해야 대학 시험에 합격할 수 있다.

☐ **섭렵**
涉 건널 섭 獵 사냥 렵

(물을 건너 찾아다님. →) 많은 책을 널리 읽거나 여기저기 찾아다니며 경험함.

▶ 그는 경전과 제자백가의 사상까지 두루 섭렵했다.

☐ **성마르다**
性 성품 성–

참을성이 없고 성질이 조급하다. ▶ 그는 성격이 성말라서 친구가 별로 없다.

참고어휘+ 사람의 성격이나 태도와 관련된 말

의뭉스럽다: 보기에 겉으로는 어리석어 보이나 속으로는 엉큼한 데가 있다.

▶ 남학생들의 의뭉스러운 질문에 교생 선생님은 쉽사리 대답을 하지 못했다.

암팡지다: 몸은 작아도 힘차고 다부지다. ▶ 꼬마가 엄마가 하는 말에 암팡지게 대꾸를 했다.

잔망스럽다: 얄밉도록 맹랑한 데가 있다. ▶ 옆집 아이는 어린것이 여간 잔망스럽지가 않다.

심약(心마음심 弱약할약)**하다**: 마음이 여리고 약하다.

▶ 그는 벌레 한 마리 죽이지 못하는 심약한 사람이다.

용렬(庸떳떳할용 劣못할렬)**하다**: 사람이 변변하지 못하고 졸렬하다.

▶ 그는 용렬한 언행으로 비난을 받았다.

조촐하다: ❶ 아담하고 깨끗하다. ▶ 언덕 위에 서 있는 교회는 조촐하였다.

❷ 행동, 행실 따위가 깔끔하고 얌전하다. ▶ 그녀는 조촐하고 똑똑한 여인이다.

❸ 외모나 모습 따위가 말쑥하고 맵시가 있다. ▶ 그는 조촐한 용모에 말씨도 예의를 갖추고 있었다.

❹ 호젓하고 단출하다. ▶ 금년 동창회는 몇 사람만 참석하여 조촐하게 진행되었다.

진솔(眞참진 率거느릴솔)**하다**: 진실하고 솔직하다. ▶ 그는 사람을 늘 진솔하게 대한다.

유덕(有있을유 德덕덕)**하다**: 덕이나 덕망이 있다. ▶ 그는 유덕한 사람이라 주변에 따르는 사람이 많다.

소쇄(瀟맑고깊을소 灑뿌릴쇄)**하다**: 기운이 맑고 깨끗하다. ▶ 소쇄한 그 모습은 귀공자의 풍모가 역력했다.

☐ **성화**
成 이룰 성 火 불 화

❶ 일 따위가 뜻대로 되지 아니하여 답답하고 애가 탐. 또는 그런 증세

▶ 그는 휴가를 못 가서 성화가 났다.

❷ 몹시 귀찮게 구는 일 ▶ 아이가 자전거를 사 달라고 성화를 부린다.

유의어+ **등쌀**: 몹시 귀찮게 구는 짓 ▶ 그 가족은 빚쟁이들 등쌀에 먼 곳으로 야반도주하였다.

확 인 문 제

(1~10) 밑줄 친 말의 쓰임이 문맥에 적절한지 판단하시오.

1. 야당 중진 의원이 국회의장으로 선별되었다.

2. 장군은 사병들에게 금일봉을 진상했다.

3. 그는 고전 무용부터 탭 댄스까지 다양한 춤을 섭렵했다.

4. 내 짝은 선이 가늘고 심약해 보이는 아이였다.

5. 그들은 진솔한 대화를 나누고 친구가 되었다.

6. 그는 아이를 구하려고 불길 속에 뛰어든 용렬한 사람이다.

7. 부부는 아이들의 성화에 못 이겨 놀이공원에 갔다.

8. 여러분께 즐거운 노래와 춤을 증정합니다.

9. 그는 피곤에 지친 소쇄한 모습으로 나타났다.

10. 그 계약에는 전제 조건이 여러 개 따라붙었다.

(11~12) 밑줄 친 말이 제시문과 가장 유사한 의미로 쓰인 것을 고르시오.

11. 요즘 얼굴에 여드름이 생겼다.

① 흉터가 생겼다.　　② 차질이 생겼다.　　③ 공돈이 생겼다.　　④ 볼품없이 생겼다.　　⑤ 모두 다 죽게 생겼다.

12. 정부의 권위가 서야 나라의 기강이 바로잡힌다.

① 주례를 서다.　　② 오일장이 서다.　　③ 눈에 핏발이 서다.　　④ 체면이 서다.　　⑤ 민주 진영에 서다.

[정답] 1. 부적절 2. 부적절 3. 적절 4. 적절 5. 적절 6. 부적절 7. 적절 8. 부적절 9. 부적절 10. 적절 11. ① 12. ④

[해설] 1. → 선출 2. → 하사 6. → 용감한 8. → 선사 9. → 추레한 11. 생기다-❶ ② 생기다-❸ 12. 서다-⑮ ① 서다-⑯ ② 서다-⑬ ③ 서다-⑭ ⑤ 서다-⑫

1. 어휘의 선택이 문맥에 맞지 않는 것은?

① 노사(勞使)는 이해관계가 (상통 /(상충))해서 갈등을 겪고 있다.

② 그는 한우와 수입 소고기를 ((선별)/ 선정)하는 요령을 상세하게 설명했다.

③ 그의 전화 한 통이 온종일 나를 괴롭히던 우울을 모두 ((상쇄)/ 상응)시켜 버렸다.

④ 그는 어딘가 좀 지레 시치미를 떼고 엉뚱하게 (의뭉 /(잔망))을 떠는 것처럼 느껴졌다.

⑤ 즉각적인 대답을 듣지 못한 그는 ((성마른)/ 암팡진) 표정을 지으며 초조하게 마른침을 삼켰다.

(2~3) ㉠과 바꾸어 쓰기에 가장 적절한 것을 고르시오.

2. ───────────────────────────────────── (2016 고2 3월 학평)

식물이 빛을 향해 휘어지는 굴광성은 옥신이 세포막 좌우에 위치하고 있는 PIN 단백질을 거쳐 빛의 반대 방향으로 이동하기 때문에 일어나는 현상이다. 대체로 PIN 단백질은 세포막 아래쪽에 주로 ㉠퍼져 있는데, 이로 인해 옥신은 줄기에서 뿌리 쪽으로 이동하며 식물 세포의 신장을 촉진하게 된다.

① 공포하는데   ② 배포하는데   ③ 분포하는데   ④ 살포하는데   ⑤ 유포하는데

3. ───────────────────────────────────── (2008 고3 10월 학평)

한쪽에 A염기가 존재하면 거기에 연결되는 반대쪽에는 반드시 T염기가, 그리고 C염기에 대응해서는 반드시 G염기가 존재하게 된다. 염기들이 짝을 지을 때 나타나는 이러한 선택적 특성을 이용하여 유전병을 일으키는 유전자를 ㉠찾아낼 수 있다.

① 색출(索出)할   ② 반출(搬出)할   ③ 배출(排出)할   ④ 갹출(醵出)할   ⑤ 유출(流出)할

4. ㉠~㉤을 문맥에 맞게 바꿀 때, 적절하지 않은 것은?   (2006 고3 3월 학평 응용)

에너지 준위가 높아지면 전자가 ㉠보유하는 에너지도 높아지며, 보유 에너지가 낮은 전자부터 원자핵에 가까운 에너지 준위를 채워나간다. 전자가 외부의 에너지를 ㉡흡수하면 자신의 자리를 ㉢이탈하여 바깥쪽 에너지 준위로 올라가게 되는데, 전자가 자신의 자리에 있을 때를 '바닥 상태', 높은 에너지 준위로 올라갔을 때를 '들뜬 상태'라고 한다. 들뜬 상태의 전자들은 바닥 상태로 ㉣복귀하려는 경향이 있고, 원래의 자리로 갈 때는 빛 등의 에너지를 ㉤방출하게 된다.

① ㉠: 이끌어내는   ② ㉡: 받아들이면   ③ ㉢: 벗어나   ④ ㉣: 되돌아가려는   ⑤ ㉤: 내보내게

5. 문맥상 ㉠과 바꾸어 쓸 수 있는 단어를 탐구한 내용으로 가장 적절한 것은?   (2017 고2 성취도평가)

오늘날 독서하는 사람은 두루 혹은 널리 배운다는 박학에만 집착할 뿐 심문을 비롯한 네 가지 방법에 대해서는 관심조차 두지 않는다. 또한 한나라 시대 유학자의 학설이라면 그 요점과 본줄기도 따져 보지 않고, 그 끝맺는 취지도 ㉠살피지 않은 채 오로지 한마음으로 믿고 추종한다.

                                                        − 정약용, 〈다산시문집〉

① 한 곳을 똑바로 바라본다는 뜻이니 '응시(凝視)하지'로 바꿀 수 있겠군.

② 생각하고 헤아려 본다는 뜻이니 '고려(考慮)하지'로 바꿀 수 있겠군.

③ 자기의 마음을 반성하고 살핀다는 뜻이니 '성찰(省察)하지'로 바꿀 수 있겠군.

④ 일을 해결할 수 있는 방법을 찾는다는 뜻이니 '모색(摸索)하지'로 바꿀 수 있겠군.

⑤ 사물이나 현상을 주의하여 자세히 살펴본다는 뜻이니 '관찰(觀察)하지'로 바꿀 수 있겠군.

(6~8) 밑줄 친 말의 문맥적 의미가 ㉠과 가장 유사한 것을 고르시오.

6. ── ─〈2016 9월 모평A〉

> 이 사진에서는 피사체들의 질감이 뚜렷이 ㉠살지 않게 처리하여 모든 피사체들이 사람인 듯한 느낌을 주고자 하였다.

① 이 소설가는 개성이 살아 있는 문체로 유명하다.

② 아궁이에 불씨가 살아 있으니 장작을 더 넣어라.

③ 어제까지도 살아 있던 손목시계가 그만 멈춰 버렸다.

④ 흰긴수염고래는 지구에 살고 있는 동물 중 가장 크다.

⑤ 부부가 행복하게 살려면 서로를 존중하고 사랑해야 한다.

7. ── ─〈2016 고2 6월 학평〉

> 쥐의 CA3과 CA1 사이의 경로를 차단하여 길을 찾게 하는 실험을 했더니, 가 본 길임에도 불구하고 길을 찾는 데 걸리는 시간이 처음과 비슷하였다. 왜냐하면 길을 찾는 데 도움을 주는 CA3의 회상 능력에 문제가 ㉠생겼기 때문이다.

① 최선을 다하면 좋은 일이 생길 것이다. ② 학교 주변에 새로운 문구점이 생겼다.

③ 새로 뽑힌 봉사부장은 듬직하게 생겼다. ④ 날카로운 못에 걸려 옷에 구멍이 생겼다.

⑤ 다음 달에 이사 가면 내 방이 생길 것이다.

8. ── ─〈2012 고2 9월 학평A〉

> 발굴될 당시에는 '500년에 백제의 동성왕이 공산성 안에 못을 파 놀이터로 ㉠삼았으며'라는 『삼국사기』의 기록에 근거하여 공산성의 원형 연못도 이러한 방식으로 만들어진 것으로 추정하였다.

① 그녀는 강아지를 반려동물로 삼았다. ② 할머니는 베를 짜기 위해 모시를 삼았다.

③ 철수는 진공청소기를 장난감 삼아 놀았다. ④ 할아버지는 윗목에서 짚신을 삼고 있었다.

⑤ 그는 친구의 딸을 며느리로 삼기로 하였다.

9. 밑줄 친 어휘들의 의미 관계가 이질적인 것은?

① 이 작품은 특정 사실과 관련이 없다. – 그의 말년은 사실 너무도 고독한 것이었다.

② 그녀는 사의를 표하고 회사를 그만두었다. – 그동안 베풀어 주신 은혜에 사의를 표합니다.

③ 학생들은 모르는 단어의 뜻을 사전에서 찾았다. – 그의 이름이 인명사전에 오르게 되었다.

④ 인간은 사유하는 동물이다. – 대학을 나오지 않은 것이 결격 사유가 된다고는 생각하지 않는다.

⑤ 아직도 우리 사회에 남녀 차별은 상존하고 있다. – 인간인 이상 오류를 범할 가능성은 상존한다.

10. ㉠의 의미를 포함하고 있는 말로 볼 수 <u>없는</u> 것은?

(2012 고3 7월 학평)

> 다윈 시대부터 생물학자들은 진화와 발생이 밀접한 관련을 맺고 있음에 주목했다. 즉, 단순한 생명체가 세대를 거듭하며 점차 복잡한 생명체로 진화하는 것이 발생과 비슷하다고 ㉠<u>생각</u>한 것이다.

① 학생들은 요즘 유행하는 <u>음악</u>을 들었다.
② 그들은 한때 돈벌이에만 <u>관심</u>을 가졌다.
③ 그는 잠시 어머니에 대한 <u>기억</u>을 떠올렸다.
④ 이번에 그녀에게 청혼하려고 <u>마음</u>을 먹었다.
⑤ 나는 문득 그가 보고 싶다는 <u>느낌</u>이 들었다.

11. 〈보기 1〉을 참조하여 〈보기 2〉의 빈칸을 채울 때, [A]~[C]에 들어갈 말을 바르게 배열한 것은?

(2006 수능)

〈보기 1〉

> 단어는 문맥에 따라 여러 가지 뜻을 가진다. 그래서 반의어도 여럿이 될 수 있다. 예를 들어, "철수가 뛰었다."에서 '뛰다'의 반의어는 '걷다'이지만 "물가(物價)가 뛰었다."에서는 '떨어지다'가 된다.

〈보기 2〉

단어	예문		반의어
서다	버스에 자리가 없어서 한참 동안 <u>서서</u> 왔다.	↔	앉다
	고장이 나서 시계가 <u>서</u> 버렸다.	↔	[A]
	[B]	↔	깎이다
	기강이 <u>서야</u> 사회가 안정된다.	↔	[C]

	[A]	[B]	[C]
①	가다	가족에게 위신이 <u>서서</u> 기뻤다.	내리다
②	가다	토끼의 귀가 쫑긋 <u>섰다</u>.	내리다
③	가다	회장으로서 체면이 <u>서지</u> 않았다.	무너지다
④	죽다	바지의 주름이 잘 <u>섰다</u>.	무너지다
⑤	죽다	친구와 같은 입장에 <u>서서</u> 말했다.	벗어나다

12. ㉠을 가장 잘 나타낸 것은?

(2014 9월 모평A)

> 일제시대, 소련군 점령하의 감옥 생활, 6·25 사변, 38선, 미군 부대, 그동안 몇 차례의 ㉠<u>아슬아슬한 죽음의 고비</u>를 넘긴 것인가.
> — 전광용, 〈꺼삐딴 리〉

① 고진감래(苦盡甘來)   ② 내우외환(內憂外患)   ③ 맥수지탄(麥秀之嘆)
④ 사생결단(死生決斷)   ⑤ 생사기로(生死岐路)

13. ㉠, ㉡에 들어갈 말을 바르게 짝지은 것은?

(2009 고3 4월 학평 응용)

> A: 저는 당신의 무고함을 믿습니다. (　　㉠　　)(이)라고 했으니, 참고 견디시면 머지않아 모든 것이 밝혀질 것입니다.
>
> B: 제가 부덕해서 벌어진 것인데 (　　㉡　　)하겠습니까? 그저 오해가 풀리길 기다릴 따름이지요.

	㉠	㉡		㉠	㉡
①	사필귀정(事必歸正)	수원수구(誰怨誰咎)	②	새옹지마(塞翁之馬)	감탄고토(甘呑苦吐)
③	고진감래(苦盡甘來)	표리부동(表裏不同)	④	인과응보(因果應報)	일희일비(一喜一悲)
⑤	전화위복(轉禍爲福)	부화뇌동(附和雷同)			

14. 글쓴이가 '선비'에게 당부할 법한 말로 가장 적절한 것은?

(2010 고2 성취도평가)

　　선비들이 젊었을 때에는 학문에 뜻을 두고 밤낮없이 쉬지 않고 부지런히 육경백사(六經百史)를 탐독(耽讀)하지 않음이 없고 문장과 시문(詩文)을 익히지 않음이 없다. 그렇게 닦은 뛰어난 재주를 품고서 과거 시험에 나아가 기예(技藝)를 겨루는데, 한 번에 뜻을 이루지 못하면 실망하고, 두 번에도 뜻을 이루지 못하면 번민하고, 세 번에도 뜻을 이루지 못하면 망연자실하면서 이렇게 말한다. "공명(功名)을 이루는 것은 분수가 있는 것이어서 배워서 이룰 수 있는 것이 아니며, 부귀를 누리는 것도 천명(天命)이 있는 것이어서 배워서 이룰 수 있는 것이 아니다." 그러고는 자신이 하던 공부를 팽개쳐 버리고 아울러 지금까지 해 놓았던 공부도 모두 포기한다. 어떤 사람은 절반쯤 학문이 이루어졌는데도 내던져 버리고, 어떤 사람은 용문(龍門)의 문턱까지 이르렀는데도 주저앉아 버리는 것은, 마치 한 삼태기의 흙이 모자라 산을 완성하지 못하는 것과 같으니, 게으름을 피우며 곡식 싹들을 김매 주지 않은 농부와 같은 무리가 아니겠는가?

　　　　　　　　　　　　　　　　　　　　　　　　　　　　　　　　　- 성현, 〈타농설(惰農說)〉

① 귤화위지(橘化爲枳)라고 인간은 환경의 영향을 받게 마련이다.

② 종두득두(種豆得豆)라고 노력한 만큼 결과가 따르게 마련이다.

③ 근묵자흑(近墨者黑)이라고 사람은 주변 사람의 영향을 받게 된다.

④ 읍참마속(泣斬馬謖)이라고 공과 사를 엄격하게 구분할 수 있어야 한다.

⑤ 과유불급(過猶不及)이라고 너무 지나치면 오히려 일을 그르칠 수도 있다.

[정답] 1. ④ 2. ③ 3. ① 4. ① 5. ② 6. ① 7. ① 8. ③ 9. ① 10. ① 11. ③ 12. ⑤ 13. ① 14. ②

[해설] 2. 분포하다: 일정한 범위에 흩어져 퍼져 있다. ① 일반 대중에게 널리 알리다. ② 신문이나 책자 따위를 널리 나누어 주다. ④ 액체, 가루 따위를 흩어 뿌리다. ⑤ 세상에 널리 퍼뜨리다. 3. 많은 것 중에서 찾아낸다는 의미이므로 '색출'이 적절하다. ④ 같은 목적을 위하여 여러 사람이 돈을 나누어 냄. 4. '보유'는 '가지고 있거나 간직하고 있음'을 뜻한다. 따라서 '갖고 있는' 정도로 바꾸는 것이 적절하다. 6. ㉠ 본래 가지고 있던 색깔이나 특징 따위가 그대로 있거나 뚜렷이 나타난다. 7. ㉠ 어떤 일이 일어난다. ②·④ 없던 것이 새로 있게 된다. ③ 사람이나 사물의 생김새가 어떠한 모양으로 되어 있다. ⑤ 자기의 소유가 아니던 것이 자기의 소유가 되다. 8. ㉠ 무엇을 무엇으로 가정하다(여기다). 9. ①은 다의 관계, ②~⑤는 동음이의 관계이다. 10. '생각'은 '어떤 일을 하고 싶어 하거나 관심을 가지다(②)', '어떤 사람이나 일 따위에 대해 기억하다(③)', '어떤 일을 하려고 마음을 먹다(④)', '어떤 일에 대한 의견이나 느낌을 가지다(⑤)' 등의 의미를 지니고 있다. 그러나 '음악을 듣는 것'은 '생각'의 의미와 관련이 없다. 11. [A]의 경우 '시계가 서다'의 반의어가 들어가야 하므로 '(시계가) 가다'가 맞고, [B]의 경우 '깎이다'와 반의 관계인 '서다'가 사용된 예문이 들어가야 하므로 '회장으로서 체면이 서지 않았다.'가 맞고(체면이 서다 ↔ 체면이 깎이다), [C]의 경우 '기강이 서다'의 반의어가 들어가야 하므로 '(기강이) 무너지다'가 맞다. 12. ㉠ 사느냐 죽느냐 하는 갈림길 → 생사기로 ① 고생 끝에 즐거움이 옴. 13. ㉡ 수원수구(誰怨誰咎): 누구를 원망하고 누구를 탓하겠냐는 뜻으로, 남을 원망하거나 탓할 것이 없음을 이르는 말. ② 새옹지마: 인생의 길흉화복은 변화가 많아서 예측하기가 어려움. 감탄고토: 자신의 비위에 따라서 사리의 옳고 그름을 판단함. ③ 표리부동: 마음이 음흉하고 불량하여 겉과 속이 다름. ④ 일희일비: 한편으로는 기쁘고 한편으로는 슬픔. ⑤ 전화위복: 재앙과 화난이 바뀌어 오히려 복이 됨. 부화뇌동: 줏대 없이 남의 의견에 따라 움직임. 14. 공부를 포기하는 것을 비판하고 있으므로 ②가 가장 적절하다. ① 환경에 따라 사람이나 사물의 성질이 변함. ③ 나쁜 사람과 가까이 지내면 나쁜 버릇에 물들기 쉬움. ④ 큰 목적을 위하여 자기가 아끼는 사람을 버림. ⑤ 정도를 지나침은 미치지 못함과 같다는 뜻으로, 중용(中庸)이 중요함을 이르는 말

□ **세다**

❶ 힘이 많다. ▶ 그는 기운이 <u>세다</u>.

❷ 행동하거나 밀고 나가는 기세 따위가 강하다. ▶ 그 아이는 고집이 <u>세다</u>.

❸ 물, 불, 바람 따위의 기세가 크거나 빠르다. ▶ 이곳은 물살이 <u>세서</u> 위험하다.

❹ 능력이나 수준 따위의 정도가 높거나 심하다. ▶ 우리 회사는 연봉이 <u>센</u> 편이다.

❺ 운수나 터 따위가 나쁘다. ▶ 그녀는 자식의 불행이 팔자가 <u>센</u> 자기 탓이라고 생각했다.

동음이의어 + **세다:** 사물의 수효를 헤아리거나 꼽다. ▶ 어머니가 주신 돈을 <u>세어</u> 보았다.

세다: 머리카락이나 수염 따위의 털이 희어지다. ▶ 머리가 허옇게 <u>세었다</u>.

□ **세속**
世 인간 세 俗 풍속 속

❶ 사람이 살고 있는 모든 사회를 통틀어 이르는 말늑세상(世인간세 上윗상)/속세(俗풍속속 世인간세) ▶ 그는 <u>세속</u>을 떠나 산속에서 혼자 살았다.

❷ 세상의 일반적인 풍속 ▶ 시대가 달라짐에 따라 <u>세속</u>도 변하게 마련이다.

참고어휘 + '俗(풍속속)'을 공유하는 한자어

탈속(脫벗을탈 俗풍속속): ❶ 부나 명예와 같은 현실적인 이익을 추구하는 마음으로부터 벗어남.
▶ 그는 평생을 세속에 더럽히지 않고 <u>탈속</u>적인 삶을 추구한 예술가이다.

❷ 속세를 벗어남. ▶ 그가 다니던 직장을 그만두고 <u>탈속</u>하여 스님이 된 동기가 무엇인지 아는 사람이 없다.

비속(卑낮을비 俗풍속속): 격이 낮고 속됨. 또는 그런 풍속 ▶ <u>비속</u>한 말을 고운 말로 바꿔 쓰자.

통속(通통할통 俗풍속속): ❶ 세상에 널리 통하는 일반적인 풍속 ▶ 영웅 소설 속 영웅 개념은 <u>통속</u>적이다.

❷ 비전문적이고 대체로 저속하며 일반 대중에게 쉽게 통할 수 있는 일
▶ 이 책은 말초적인 재미를 추구하는 <u>통속</u> 소설이다.

토속(土흙토 俗풍속속): 그 지방의 특유한 풍속 ▶ 민족 고유의 <u>토속</u> 신앙이 외래 종교에 밀려났다.

□ **소시민**
小 작을 소 市 저자 시
民 백성 민

노동자와 자본가의 중간 계급에 속하는 소상인, 수공업자, 하급 봉급생활자, 하급 공무원 따위를 통틀어 이르는 말
▶ 그 작품은 <u>소시민</u>의 삶과 애환을 다루고 있다.

□ **소요**
騷 떠들 소 擾 시끄러울 요

여럿이 떠들썩하게 들고일어남. 또는 그런 술렁거림과 소란
▶ 사회 불안으로 인해 여기저기에서 <u>소요</u>가 일어났다.

유의어 + **동요**(動움직일동 搖시끄러울요): ❶ 물체 따위가 흔들리고 움직임.
▶ 풍랑에 배가 크게 <u>동요</u>했다.

❷ 생각이나 처지가 확고하지 못하고 흔들림. ▶ 나는 그의 호소에 마음이 <u>동요</u>를 느꼈다.

❸ 어떤 체제나 상황 따위가 혼란스럽고 술렁임. ▶ 당시에는 신분제의 <u>동요</u>가 심각한 수준이었다.

동음이의어 + **소요**(逍노닐소 遙멀요): 자유롭게 이리저리 슬슬 거닐며 돌아다님.
▶ 나는 시간이 날 때마다 작은 오솔길을 <u>소요</u>하곤 했다.

소요(所바소 要요긴할요): 필요로 하거나 요구되는 바 ▶ 여기서 목적지까지는 한 시간 반이 <u>소요</u>된다.

□ **소원**
疏 소통할 소 遠 멀 원

지내는 사이가 두텁지 아니하고 거리가 있어서 서먹서먹함.
▶ 그 사건 이후로 두 사람의 사이는 매우 <u>소원</u>하게 되었다.

□ **소인**
小 작을 소 人 사람 인

❶ 나이가 어린 사람 ▶ 입장 요금은 대인 3,000원, <u>소인</u> 1,000원을 받고 있었다.

❷ 키나 몸집 따위가 작은 사람 ▶ 체격은 <u>소인</u>이지만 마음은 거인이다.

❸ 도량이 좁고 간사한 사람 ▶ 군자의 뜻을 <u>소인</u>이 어찌 알겠는가?

❹ 신분이 낮은 사람이 자기보다 신분이 높은 사람을 상대하여 자기를 낮추어 이르던 일인칭 대명사 ▶ 그럼 <u>소인</u>은 이만 물러가겠습니다.

참고어휘 + '小(작을소)'를 사용하여 자신을 낮추어 표현하는 일인칭 대명사

소자(小작을소 子아들자): 아들이 부모를 상대하여 자기를 낮추는 말 ▶ 지금 <u>소자</u>는 쫓기는 몸입니다.

소첩(小작을소 妾첩첩): 부인이 남편을 상대하여 자기를 낮추는 말 ▶ 제발 <u>소첩</u>의 청을 들어주십시오.

소손(小작을소 孫손자손): 손자가 조부모를 상대하여 자기를 낮추는 말 ▶ <u>소손</u>이 할머님께 인사드립니다.

☐ **소임**
所 바 소 任 맡길 임

맡은 바 직책이나 임무 ▶ 그는 묵묵히 자신의 <u>소임</u>을 완수하였다.

유의어 ＋ **직분**(職직분직 分나눌분): ❶ 직무상의 본분 ▶ 학생이라는 <u>직분</u>에 어울리게 행동해라.

❷ 마땅히 하여야 할 본분 ▶ 국민 모두가 각자의 위치에서 <u>직분</u>을 다하는 것이 애국하는 길이다.

책무(責꾸짖을책 務힘쓸무): 직무에 따른 책임이나 임무 ▶ 진실을 증언하는 것은 시민으로서의 <u>책무</u>이다.

☐ **소진**
消 사라질 소 盡 다할 진

점점 줄어들어 다 없어짐. 또는 다 써서 없앰. ▶ 종일 청소를 했더니 힘이 <u>소진</u>되었다.

유의어 ＋ **탕진**(蕩방탕할탕 盡다할진): ❶ 재물 따위를 다 써서 없앰.

▶ 그는 도박에 빠져 가산을 <u>탕진</u>하였다.

❷ 시간, 힘, 정열 따위를 헛되이 다 써 버림. ▶ 그 나라는 전쟁으로 국력을 <u>탕진</u>하였다.

거덜: ❶ 재산이나 살림 같은 것이 여지없이 허물어지거나 없어지는 것 ▶ 노름으로 살림이 <u>거덜</u> 났다.

❷ 옷, 신 같은 것이 다 닳아 떨어지는 것 ▶ 그는 <u>거덜</u>이 난 작업복을 여전히 입고 있었다.

결딴: 어떤 일이나 물건 따위가 아주 망가져서 도무지 손을 쓸 수 없게 된 상태

▶ 물가가 폭등하면 온 나라가 <u>결딴</u>이 날 수 있다.

참고어휘 ＋ '消(사라질소)'를 공유하는 한자어

소일(消사라질소 日날일): ❶ 하는 일 없이 세월을 보냄. ▶ 그 복덕방은 노인들이 <u>소일</u>하는 곳이다.

❷ 어떠한 것에 재미를 붙여 심심하지 아니하게 세월을 보냄. ▶ 그녀는 휴가 동안 독서로 <u>소일</u>했다.

소비(消사라질소 費쓸비): 돈이나 물자, 노력, 시간 따위를 들이거나 써서 없앰.

▶ 가을 축제를 치르는 데 비용이 많이 <u>소비</u>되었다.

☐ **속**

❶ 거죽이나 껍질로 싸인 물체의 안쪽 부분 ▶ 수박 <u>속</u>이 빨갛게 잘 익었다.

❷ 일정하게 둘러싸인 것의 안쪽으로 들어간 부분 ▶ 아이는 얼른 이불 <u>속</u>으로 들어갔다.

❸ 사람의 몸에서 배의 안 또는 위장 ▶ 저녁에 과식을 했더니 <u>속</u>이 거북하다.

❹ 사람이나 사물을 대하는 자세나 태도 ▶ 그 사람은 <u>속</u>이 넓다.

❺ 품고 있는 마음이나 생각 ▶ 그는 <u>속</u>이 검은 사람이니 조심해야 한다.

❻ 어떤 현상이나 상황, 일의 안이나 가운데 ▶ 그것은 영화 <u>속</u>에서나 가능한 이야기이다.

❼ 감추어진 일의 내용 ▶ 겉으로는 화려하게 보이지만 <u>속</u>을 들여다보면 힘든 일이 많다.

❽ 사리를 분별할 수 있는 힘이나 정신. 또는 줏대 있게 행동하는 태도

▶ 너는 <u>속</u>도 없니? 남에게 이용만 당하게.

확인문제

(1~7) 제시된 뜻풀이에 맞는 단어가 되도록 빈칸에 알맞은 말을 쓰시오.

1. 현실적인 이익을 추구하는 마음으로부터 벗어남: ☐속
2. 노동자와 자본가의 중간 계급에 속하는 사람: ☐시민
3. 자유롭게 이리저리 슬슬 거닐며 돌아다님: 소☐
4. 직무상의 본분: ☐분
5. 점점 줄어들어 다 없어짐. 또는 다 써서 없앰: 소☐
6. 하는 일 없이 세월을 보냄: 소☐
7. 자신을 낮추어 표현하는 일인칭 대명사로는, 신분이 낮은 사람이 자기보다 신분이 높은 사람을 상대하여 말할 때는 ☐☐, 아들이 부모를 상대하여 말할 때는 ☐☐, 부인이 남편을 상대하여 말할 때는 ☐☐, 손자가 조부모를 상대하여 말할 때는 ☐☐이 사용된다.

(8~9) 밑줄 친 말이 제시문과 가장 유사한 의미로 쓰인 것을 고르시오.

8. 시내 중심부에 위치한 집은 값이 <u>세서</u> 우리 형편에 맞지 않는다.
   ① 실력이 <u>세다</u>. ② 텃세가 <u>세다</u>. ③ 불길이 <u>세다</u>. ④ 주먹이 <u>세다</u>. ⑤ 머리가 <u>세다</u>.

9. 그 사건은 온 국민을 충격 <u>속</u>으로 몰아넣었다.
   ① <u>속</u>을 털어놓다. ② 쓰린 <u>속</u>을 다스리다. ③ 잠 <u>속</u>으로 빠져들다. ④ 적진 <u>속</u>에 뛰어들다. ⑤ 사건의 <u>속</u>을 알 수 없다.

[정답] 1. 탈 2. 소 3. 요 4. 직 5. 진 6. 일 7. 소인, 소자, 소첩, 소손 8. ① 9. ③

[해설] 8. 세다-❹ ② 세다-❷ 9. 속-❻ ① 속-❺ ② 속-❸ ④ 속-❷ ⑤ 속-❼

속박
束 묶을 속 縛 얽을 박

어떤 행위나 권리의 행사를 자유로이 하지 못하도록 강압적으로 얽어매거나 제한함.
▶ 나는 나를 속박하는 세상의 관습과 규범에서 벗어나고 싶었다.

유의어 + 구애(拘잡을구 礙거리낄애): 거리끼거나 얽매임. ▶ 사소한 일에 구애되면 큰일을 그르치기 쉽다.
질곡(桎차꼬질 梏수갑곡): (차꼬와 수갑 →) 몹시 속박하여 자유를 가질 수 없는 고통의 상태
▶ 그들은 가난의 질곡에서 벗어나기 위해 온갖 노력을 했다.

속성
屬 무리 속 性 성품 성

사물의 특징이나 성질 ▶ 대중문화는 일반적으로 상업적이라는 속성을 지니고 있다.

참고어휘 + '性(성품성)'을 공유하는 한자어
점성(黏붙을점 性성품성): 차지고 끈끈한 성질 ▶ 쌀을 불려서 밥을 지으면 익는 과정에서 점성이 좋아진다.
개연성(蓋덮을개 然그럴연 性성품성): 절대적으로 확실하지 않으나 아마 그럴 것이라고 생각되는 성질. ▶ 이 교통사고는 운전자의 부주의로 일어났을 개연성이 높다.
정체성(正바를정 體몸체 性성품성): 변하지 아니하는 존재의 본질을 깨닫는 성질. 또는 그 성질을 가진 독립적 존재 ▶ 청소년기는 자신의 정체성을 확립하는 시기이다.
양면성(兩두양 面낯면 性성품성): 한 가지 사물에 속하여 있는 서로 맞서는 두 가지의 성질
▶ 아름다운 장미가 가시를 가진 것처럼 모든 사물은 양면성을 가지고 있다.
실효성(實열매실 效본받을효 性성품성): 실제로 효과를 나타내는 성질
▶ 집값 폭등을 막기 위한 부동산 대책이 발표되었지만 그 실효성은 의문시되고 있다.

속절없다

단념할 수밖에 달리 어찌할 도리가 없다. ▶ 이미 엎지른 물을 다시 담으려 한들 속절없다.
참고어휘 + 하릴없다: ❶ 달리 어떻게 할 도리가 없다.
▶ 중요한 물건을 잃어버렸으니 꾸중을 들어도 하릴없는 일이다.
❷ 조금도 틀림이 없다. ▶ 비를 맞으며 대문에 기대선 그의 모습은 하릴없는 거지였다.
우두망찰하다: 정신이 얼떨떨하여 어찌할 바를 모르다.
▶ 너무나 갑자기 닥친 일이라 그는 그저 우두망찰할 뿐이었다.

손

❶ 사람의 팔목 끝에 달린 부분 ▶ 아이는 손을 흔들며 친구에게 작별 인사를 했다.
❷ 손가락 ▶ 신랑과 신부는 서로의 손에 반지를 끼워 주었다.
❸ 일손 ▶ 농번기가 돌아오자 농촌에는 손이 부족해졌다.
❹ 어떤 일을 하는 데 드는 사람의 힘이나 노력, 기술
▶ 그는 부모님이 일찍 돌아가셔서 할머니의 손에서 자랐다.
❺ 어떤 사람의 영향력이나 권한이 미치는 범위
▶ 범인은 경찰의 손이 미치지 않는 곳으로 도망갔다.
❻ 사람의 수완이나 꾀 ▶ 순진한 마을 사람들이 사기꾼의 손에 놀아나고 있다.

손꼽다

❶ 손가락을 하나씩 고부리며 수를 헤아리다. ▶ 동생은 손꼽으며 더하기를 하고 있다.
❷ 많은 가운데 다섯 손가락 안에 들 만큼 뛰어나거나 그 수가 적다.
▶ 그 나라는 세계에서 손꼽을 수 있는 자동차 생산국이다.
❸ 여럿 중에서 뛰어나다고 여기다. ▶ 모두들 그를 가장 위대한 농구 선수로 손꼽았다.

송축
頌 칭송할 송 祝 빌 축

경사를 기리고 축하함. ▶ 그는 부모의 장수를 송축하는 노래를 불렀다.
참고어휘 + 송덕(頌칭송할송 德덕덕): 공덕을 기림. ▶ 마을의 열녀를 송덕하여 비를 세웠다.

쇄도
殺 빠를 쇄 到 이를 도

❶ 전화, 주문 따위가 한꺼번에 세차게 몰려듦.
▶ 문의 전화가 쇄도해서 업무가 마비될 지경이다.
❷ 어떤 곳을 향하여 세차게 달려듦.
▶ 전시회가 수많은 관객의 쇄도로 연일 성황을 이루었다.

□ 쇠진 **衰** 쇠할 쇠 **盡** 다할 진	점점 쇠퇴하여 바닥이 남. ▶ 오랜 투병 생활로 그녀는 몹시 여위고 기력이 쇠진해 있었다. 한자성어 + **기진맥진**(氣기운기 盡다할진 脈맥맥 盡다할진): 기운이 다하고 맥이 다 빠져 스스로 가누지 못할 지경이 됨. ▶ 그는 며칠간 계속된 격무에 기진맥진해 있었다.
□ 수반 **首** 머리 수 **班** 나눌 반	행정부의 가장 높은 자리에 있는 사람 ▶ 대통령은 대한민국 정부의 수반이다. 참고어휘 + **수급**(首머리수 級등급급): 전쟁에서 베어 얻은 적군의 머리 ▶ 적의 수급 30급을 베었다. **수뇌**(首머리수 腦골뇌): 어떤 조직, 단체, 기관의 가장 중요한 자리의 인물 ▶ 양국 수뇌들이 모여 상호 관심사를 협의했다. **총수**(總다총 帥장수수): ❶ 전군을 지휘하는 사람 ▶ 그가 드디어 삼군의 총수가 되었다. ❷ 어떤 집단의 우두머리 ▶ 한 재벌 기업 총수의 오만한 행동이 국민들의 분노를 샀다. 동음이의어 + **수반**(隨따를수 伴짝반): ❶ 붙좇아서 따름. ▶ 모든 에너지는 질량을 수반한다. ❷ 어떤 일과 더불어 생김. ▶ 겨울 등반은 많은 위험을 수반한다.
□ 수용 **受** 받을 수 **容** 얼굴 용	어떠한 것을 받아들임. ▶ 우리는 그들의 제안을 수용하기로 했다. 동음이의어 + **수용**(收거둘수 容얼굴용): 범법자, 포로, 난민, 관객, 물품 따위를 일정한 장소나 시설에 모아 넣음. ▶ 이 극장은 수용 인원이 얼마 되지 않는다. **수용**(收거둘수 用쓸용): 거두어들여 사용함. ▶ 정부는 농토를 공장 부지로 수용하여 공단을 조성하였다.
□ 수원수구 **誰** 누구 수 **怨** 원망할 원 **誰** 누구 수 **咎** 허물 구	(누구를 원망하고 누구를 탓하겠는가? →) 남을 원망하거나 탓할 것이 없음. ▶ 내 잘못으로 일이 이 지경이 됐으니 수원수구하리오.
□ 수탈 **收** 거둘 수 **奪** 빼앗을 탈	강제로 빼앗음. ▶ 일제의 토지 수탈은 우리 농민들을 소작농으로 전락시켰다. 한자성어 + **가렴주구**(苛가혹할가 斂거둘렴 誅벨주 求구할구): 세금을 가혹하게 거두어들이고, 무리하게 재물을 빼앗음. ▶ 왕실의 가렴주구 때문에 백성들이 반란을 일으켰다. **혹세무민**(惑미혹할혹 世인간세 誣속일무 民백성민): 세상을 어지럽히고 백성을 미혹하게 하여 속임. ▶ 경찰은 사이비 종교의 교주를 혹세무민의 죄명으로 잡아들였다.
□ 숙고 **熟** 익을 숙 **考** 생각할 고	곰곰 잘 생각함. 또는 그런 생각 ▶ 그는 결단을 내리기에 앞서 장기간의 숙고에 들어갔다. 참고어휘 + **숙지**(熟익을숙 知알지): 익숙하게 또는 충분히 앎. ▶ 시험을 잘 보려면 교과서를 숙지해야 한다. **궁구**(窮다할궁 究연구할구): 속속들이 파고들어 깊게 연구함. ▶ 그는 철학의 근본 원리를 궁구했다.

확인문제

(1~12) 밑줄 친 말의 쓰임이 문맥에 적절한지 판단하시오.

1. 이 노래는 임금의 만수무강을 송축하고 있다.
2. 관리들의 가렴주구로 백성들이 삶이 나아졌다.
3. 가게가 방송에 소개된 후에 손님이 쇄도하였다.
4. 이장은 동네 사람들에게 그 일을 널리 숙지하였다.
5. 전분 푼 물을 섞으면 짜장 소스의 점성이 높아진다.
6. 그는 부모의 뜻에 구애되지 않고 자기의 길을 떠났다.
7. 그는 끝내 신분의 질곡에서 완전히 해방되지 못했다.
8. 정신없이 바쁜 중에도 하릴없이 쉴 여유를 찾아야 한다.
9. 하루가 다르게 실력이 쇠진하는 딸의 모습이 대견하다.
10. 그는 공장 노동자로서의 자신의 개연성을 깨달았다.
11. 재외 교포 중에는 정체성 문제로 갈등하는 사람도 많다.
12. 그는 당시 외국에 있었으므로 범인일 실효성은 적다.

(13~14) 밑줄 친 말이 제시문과 가장 유사한 의미로 쓰인 것을 고르시오.

13. 그는 귀중한 골동품을 자기 손에 넣고 대단히 기뻐하였다.
　① 손이 부족해서 일이 지연되었다.　　② 살던 집까지 남의 손에 넘어갔다.　　③ 순진한 사람들이 장사꾼의 손에 놀아났다.

14. 그는 제대하는 날만을 손꼽아 기다렸다.
　① 돌아가신 할아버지 기일이 언제인지 손꼽아 보았다.　　② 후세 사람은 그를 가장 위대한 왕으로 손꼽는다.

[정답] 1. 적절 2. 부적절 3. 적절 4. 부적절 5. 적절 6. 적절 7. 적절 8. 부적절 9. 부적절 10. 부적절 11. 적절 12. 부적절 13. ② 14. ①
[해설] 13. 손-❺ ① 손-❸ ③ 손-❻ 14. 손꼽다-❶ ② 손꼽다-❸

☐ **숙명**
宿 잘 **숙 命** 목숨 **명**

날 때부터 타고난 정해진 운명. 또는 피할 수 없는 운명 ▶ 그는 자신의 가난을 숙명으로 여겼다.

참고어휘 + **천명**(天하늘천 命목숨명): ❶ 타고난 수명 ▶ 그는 천명을 누렸다.

❷ 타고난 운명 ▶ 그에게는 노동만이 슬픈 천명인 듯 주어졌다.

❸ 하늘의 명령 ▶ 그는 세상이 어지러워진 것은 사람들이 천명을 따르지 않았기 때문이라고 생각했다.

☐ **순풍**
順 순할 **순 風** 바람 **풍**

배가 가는 쪽으로 부는 바람 ▶ 최근에는 모든 일에 순풍에 돛을 단 것처럼 순조롭게 풀렸다.

반의어 + **역풍**(逆거스릴역 風바람풍): ❶ 배가 가는 반대쪽으로 부는 바람 ▶ 역풍이 불어 항해가 어려웠다.

❷ 일이 뜻한 바대로 순조롭게 진행되지 못하고 어려움을 겪는 것

▶ 개혁을 해나가는 데는 역풍도 있고 저항도 있다.

☐ **승계**
承 이을 **승 繼** 이을 **계**

선임자나 선대의 업적, 유산, 전통 따위를 뒤이어 물려받음. ≒계승(繼이을계 承이을승)

▶ 헌법상 대통령 유고 시에는 국무총리가 대통령직을 승계한다.

참고어휘 + **인계**(引끌인 繼이을계): 하던 일이나 물품을 넘겨주거나 넘겨받음.

▶ 그는 후임자에게 인계할 서류를 정리하고 있다.

인도(引끌인 渡건널도): 사물이나 권리 따위를 넘겨줌. ▶ 전쟁 포로를 제삼국에 인도하였다.

☐ **승세**
勝 이길 **승 勢** 형세 **세**

싸움에서 이기거나 어떤 일에 성공할 기세 ▶ 우리 팀은 홈런으로 승세를 잡았다.

한자성어 + **기호지세**(騎말탈기 虎범호 之~의 지 勢형세세): (호랑이를 타고 달리는 형세 →) 이미 시작한 일을 중도에서 그만둘 수 없는 경우 ▶ 우리의 일은 기호지세의 형국이니 목적을 달성할 때까지 버티어야 한다.

파죽지세(破깨뜨릴파 竹대죽 之~의 지 勢형세세): (대를 쪼개는 기세 →) 적을 거침없이 물리치고 쳐들어가는 기세 ▶ 아군은 파죽지세로 적군을 이 땅에서 몰아냈다.

승승장구(乘탈승 勝이길승 長길장 驅몰구): 싸움에 이긴 형세를 타고 계속 몰아침.

▶ 신인 선수가 승승장구하며 결승까지 올라왔다.

☐ **시사**
示 보일 **시 唆** 부추길 **사**

어떤 것을 미리 간접적으로 표현해 줌. ▶ 회장은 해직 근로자들의 복직 가능성을 시사했다.

동음이의어 + **시사**(時때시 事일사): 그 당시에 일어난 여러 가지 사회적 사건

▶ 그는 시사에 관심이 많아 매시간 휴대전화로 뉴스를 확인한다.

☐ **시정**
是 옳을 **시 正** 바를 **정**

잘못된 것을 바로잡음. ▶ 그녀는 차별 대우에 대한 시정을 요구하였다.

동음이의어 + **시정**(市저자시 井우물정): 인가가 모인 곳 ▶ 그것은 시정의 무뢰배나 할 짓이다.

☐ **시혜**
施 베풀 **시 惠** 은혜 **혜**

은혜를 베풂. 또는 그 은혜 ▶ 반역자를 참수하지 않은 것만 해도 임금이 시혜를 베푼 것이다.

참고어휘 + **호혜**(互서로호 惠은혜혜): 서로 특별한 혜택을 주고받는 일

▶ 통상에 있어서 양국(兩國)은 호혜와 균형이 유지될 수 있도록 해야 한다.

☐ **식견**
識 알 **식 見** 볼 **견**

(학식과 견문 →) 사물을 분별할 수 있는 능력 ▶ 그는 자기 분야에서 전문가 수준의 식견을 갖고 있다.

참고어휘 + **통찰**(洞밝을통 察살필찰): 예리한 관찰력으로 사물을 꿰뚫어 봄.

▶ 그의 작품에서는 현대 사회에 대한 진지한 통찰을 엿볼 수 있다.

안목(眼눈안 目눈목): 사물을 보고 분별하는 견식 ▶ 그 친구는 물건을 고르는 안목이 뛰어나다.

혜안(慧슬기로울혜 眼눈안): 사물을 꿰뚫어 보는 안목과 식견

▶ 많은 일을 경험하신 할머니는 앞날을 내다볼 줄 아는 혜안을 갖고 계신 것 같았다.

선견지명(先먼저선 見볼견 之~의 지 明밝을명): 어떤 일이 일어나기 전에 미리 앞을 내다보고 아는 지혜 ▶ 율곡 선생은 전쟁에 대한 선견지명이 있었기 때문에 강병설을 주장했다.

☐ **식경**
食 밥 **식 頃** 이랑 **경**

(밥을 먹을 동안 →) 잠깐 동안 ▶ 금방 온다던 사람이 서너 식경이 되어서야 왔다.

참고어휘 + **달포**: 한 달이 조금 넘는 기간 ▶ 그가 떠난 지 달포가량 지났다.

□ 식상 食 밥 식 傷 다칠 상	같은 음식이나 사물이 되풀이되어 물리거나 질림. ▶ 출생의 비밀은 이제 식상한 소재이다. **참고어휘 +** **진부**(陳베풀진 腐썩을부)**하다**: 사상, 표현, 행동 따위가 낡아서 새롭지 못하다. ▶ 그는 생각이 너무 진부해서 우리와 대화가 통하지 않는다. **고루**(固굳을고 陋더러울루)**하다**: 낡은 관념이나 습관에 젖어 고집이 세고 새로운 것을 잘 받아들이지 아니하다. ▶ 흔히들 보수라고 하면 고루하고 케케묵은 것으로만 생각하는 경향이 있다.
□ 신문 訊 물을 신 問 물을 문	알고 있는 사실을 캐어물음. ▶ 검찰이 피의자를 신문하고 있다. **유의어 +** **심문**(審살필심 問물을문): 자세히 따져서 물음. ▶ 그는 내게 심문을 하듯 이것저것 캐물었다. **문초**(問물을문 招부를초): 죄나 잘못을 따져 묻거나 심문함. ▶ 그는 호된 문초에도 끝내 입을 열지 않았다. **취조**(取가질취 調고를조): 범죄 사실을 밝히기 위하여 혐의자나 죄인을 조사함. ▶ 그는 경찰의 취조를 받았다.
□ 신열 身 몸 신 熱 열기 열	병으로 인하여 오르는 몸의 열 ▶ 신열이 펄펄 나던 아이는 급기야 먹은 것을 토해 냈다.
□ 싣다	❶ 물체나 사람을 운반하기 위하여 탈것, 수레, 짐승의 등 따위에 올리다. ▶ 하루 종일 차에 짐을 실어 날랐다. ❷ 사람이 어떤 곳을 가기 위하여 차, 배, 비행기 따위의 탈것에 오르다. ▶ 그는 미국에 가기 위해 비행기에 몸을 실었다. ❸ 글, 그림, 사진 따위를 책이나 신문 따위의 출판물에 내다. ▶ 각 일간지에 대대적으로 신상품에 대한 광고를 실었다(≒게재했다). ❹ 다른 기운을 함께 품거나 띠다. ▶ 그는 조롱을 실은 어조로 빈정대기 시작하였다.
□ 실익 實 열매 실 益 더할 익	실제의 이익≒실리(實열매실 利이로울리) ▶ 이 장사로는 실익을 얻기가 힘들다. **유의어 +** **실**(實열매실)**속**: ❶ 군더더기가 없는, 알맹이가 되는 내용 ▶ 실속 없는 이야기는 그만두어라. ❷ 겉으로 드러나지 아니한 알짜 이익 ▶ 재주는 내가 부리고 실속은 그들이 챙긴 꼴이 되었다. **이문**(利이로울리 文글월문): 이익이 남는 돈 ▶ 조금의 이문도 없이 장사를 하는 사람은 없다. **한자성어 +** **반대급부**(反돌이킬반 對대할대 給줄급 付줄부): 어떤 일에 대응하여 얻게 되는 이익 ▶ 어려운 이웃을 도와주면서 반대급부를 바라다니 씁쓸한 생각이 들었다. **어부지리**(漁고기잡을어 夫지아비부 之~의 지 利이로울리): 두 사람이 이해관계로 서로 싸우는 사이에 엉뚱한 사람이 애쓰지 않고 가로챈 이익 ▶ 여야 후보의 다툼 속에서 무소속 후보가 어부지리로 당선되었다.

확 인 문 제

(1~8) 밑줄 친 말의 쓰임에 문맥에 적절한지 판단하시오.

1. 경찰이 용의자를 신문해 자백을 받아 냈다.
2. 달포 만에 장마가 그치고 반가운 해가 나왔다.
3. 그는 자신에게 주어진 고통을 숙명으로 여겼다.
4. 새로 온 관리는 낡은 제도를 과감하게 시사하였다.
5. 물품 승계는 예정대로 내일 아침에 이루어질 것이다.
6. 그 당은 시대착오적인 색깔론을 펴다가 역풍을 맞고 있다.
7. 그의 자그마한 도움도 나에게는 감지덕지한 호혜였다.
8. 그는 평생 동안 자신의 신열을 쏟은 일에 대한 애착이 강했다.

9. 밑줄 친 말을 괄호 안의 말로 바꾸어 쓸 수 있는 것을 모두 고르시오.
   ① 그는 시대에 뒤떨어진 진부한(→ 고루한) 이론을 폈다.
   ② 그에게는 사물의 본질을 직관하는 혜안(→ 식견)이 있다.
   ③ 대표팀은 파죽지세(→ 기호지세)로 결승전까지 진출했다.
   ④ 교육에 대한 투자는 반대급부(→ 어부지리)를 기대해서는 안 된다.

10. 밑줄 친 말의 의미가 ㉠과 유사한 것은?
   선생님께서는 이번 호 교지부터 만화도 ㉠실어 보자고 제안하셨다
   ① 버스에 몸을 실었다.   ② 트럭에 이삿짐을 실었다.   ③ 기사를 사회면에 실었다.

- -

[정답] 1. 적절 2. 적절 3. 적절 4. 부적절 5. 부적절 6. 적절 7. 부적절 8. 부적절 9. ①, ② 10. ③
[해설] 5. →인계 7. →시혜 10. ㉠ 싣다-❸, ① 싣다-❷, ② 싣다-❶

1. ㉠~㉤의 사전적 의미로 적절하지 <u>않은</u> 것은?　　　　　　　　　　　　　　　　　　　　　　　　　　　(2017 고3 10월 학평 응용)

> ㉠<u>저명한</u> 프랑스의 현대 조각가 로댕의 '생각하는 사람'은 조각이 시각적인 예술이라는 ㉡<u>통념</u>을 거스른다. '생각하는 사람'은 작가가 청동 자체의 질감을 그대로 살려 표면이 거칠며 시각적으로 완벽한 실루엣을 보여 주지 않는다. 이에 따라 '생각하는 사람'을 마주한 감상자는 표면의 거친 질감 자체를 경험하게 된다.
>
> 시각적인 조각 작품을 대한 감상자가 거친 표면에 반응한다는 것은 조각이 오직 '눈'을 위한 예술이 아닌 '몸'을 위한 예술로 바뀌었음을 ㉢<u>시사</u>한다. 표면의 질감에 반응하는 촉각적 경험은 눈과 손, 코와 귀 등이 ㉣<u>총체적</u>으로 얽혀 있는 우리의 '몸'을 ㉤<u>전제</u>하는 것이다. 이와 같은 작품 경향은 프랑스 철학자 모리스 메를로퐁티의 '몸(corps)의 철학'을 생각나게 한다.

① ㉠: 세상에 이름이 널리 드러나 있음.
② ㉡: 일반적으로 널리 통하는 개념.
③ ㉢: 작품 등을 특정인에게 시험적으로 보임.
④ ㉣: 있는 것들을 모두 하나로 합치거나 묶은 것.
⑤ ㉤: 어떠한 사물이나 현상을 이루기 위하여 먼저 내세움.

(2~4) ㉠과 바꾸어 쓰기에 가장 적절한 것을 고르시오.

2. ──(2005 고3 4월 학평)

> 폴 라댕은 『철학자로서의 원시인』이라는 저서에서 원시인에게는 두 가지 유형의 기질이 있다고 주장하였다. 하나는 행동하는 인간으로, 이들은 주로 외부의 대상에 정신을 집중하고 실용적인 결과에만 관심이 있으며 내면에서 벌어지는 ㉠<u>동요</u>에 대해서는 무관심한 사람이다. 또 다른 유형은 생각하는 인간으로, 늘 세계를 분석하고 설명하고 싶어한 사람이다.

① 의표(意表)　　　　　　② 당위(當爲)　　　　　　③ 현혹(眩惑)
④ 의문(疑問)　　　　　　⑤ 당혹(當惑)

3. ──(2009 수능 응용)

> 창조 도시는 하루아침에 인위적으로 만들어지지 않으며 추진 과정에서 위험이 ㉠<u>수반되기도</u> 한다.

① 따르기도　　　　　　② 커지기도　　　　　　③ 사라지기도
④ 느껴지기도　　　　　⑤ 받아들여지기도

4. ──(2013 고3 10월 학평A 응용)

> 영화에 제시되는 시각적 정보는 이미지 트랙에, 청각적 정보는 사운드 트랙에 ㉠<u>실려</u> 있다. 이 중 사운드 트랙에 담긴 영화 속 소리를 통틀어 영화 음향이라고 한다.

① 게재(揭載)되어　　　　② 탑재(搭載)되어　　　　③ 적재(積載)되어
④ 수록(收錄)되어　　　　⑤ 탑승(搭乘)되어

(5~8) 밑줄 친 어휘의 쓰임이 문맥에 맞지 <u>않는</u> 것을 고르시오.

5. ① 그는 결혼 문제에 대해 오랫동안 <u>숙고</u>했다.
   ② 죄인은 임금의 <u>시혜</u>를 입어 석방되었다.
   ③ 그 제품은 모양새만 화려할 뿐 <u>실속</u>은 없다.
   ④ 신제품이 나오자마자 여기저기서 주문이 <u>쇄도</u>했다.
   ⑤ 여당은 무리한 정책 추진으로 정치적 <u>순풍</u>을 맞았다.

6. ① 그 가문은 10여 대에 걸쳐 가업을 <u>승계</u>해 온 명가이다.
   ② 그는 이 소설에서 시정잡배들의 <u>비속한</u> 일상을 다루고 있다.
   ③ 나는 그 일에 대해 대강은 알고 있지만 <u>소상한</u> 내용은 알지 못한다.
   ④ 아침부터 부지런을 떨었더니 오후가 되자 모든 일이 잘 마무리되어 <u>하릴없게</u> 되었다.
   ⑤ 일이 어렵다고 <u>우두망찰하고만</u> 있을 것이 아니라 정신을 바짝 차려서 해결책을 찾아야 한다.

7. ① 용감한 시민들이 강도를 붙잡아 경찰에 <u>인도</u>하였다.
   ② 그때의 다툼 이후로 그와 나는 <u>소원한</u> 상태로 지내고 있다.
   ③ 그는 기자라서 그런지 어려운 <u>시사용어</u>도 모르는 게 없었다.
   ④ 그의 작품에서는 현대 사회에 대한 진지한 <u>통찰</u>을 엿볼 수 있다.
   ⑤ 끼니조차 잇기 힘든 <u>궁구</u>한 집안 형편 때문에 진학은 꿈도 꿀 수 없다.

8. ① 조정에서는 <u>혹세무민</u>하는 무리들을 잡아 처형하였다.
   ② 오랜 행군에 모두들 <u>기진맥진</u>하여 길가에 주저앉았다.
   ③ 그분의 <u>선견지명</u>이 없었던들 어찌 내가 생명을 보전했겠습니까.
   ④ 우리 팀은 올해 벌어진 경기에서 <u>승승장구</u>하면서 침체의 늪에 빠졌다.
   ⑤ 두 후보의 어리석음 때문에 당선 가능성이 없었던 다른 후보가 <u>어부지리</u>를 얻었다.

(9~10) 다음 글을 읽고 물음에 답하시오.

『장자』에는 '나를 잊는다'는 구절이 나오는 ⓐ<u>일화</u> 두 편이 있다. 하나는 장자가 타인의 정원에 넘어 ㉠<u>들어갔다는</u> 것도 모른 채, 기이한 새의 뒤를 ㉡<u>홀린</u> 듯 ㉢<u>쫓는</u> 이야기이다. 여기서 장자는 바깥 사물에 마음을 통째로 빼앗겨 자신조차 ㉣<u>잊어버리는</u> 고도의 ⓑ<u>몰입</u>을 대상에 사로잡혀 끌려 다니는 꼴에 ⓒ<u>불과한</u> 것으로 보았다. 이때 마음은 자신이 원하는 하나의 대상에만 과도하게 집착하여 그 어떤 것도 돌아보지 못한다. 이런 마음은 ⓓ<u>맹목적</u> 욕망일 뿐이어서 감각적 체험을 있는 그대로 받아들이지 못하고 자신에게 이롭다거나 좋다고 생각하는 것만을 과장하거나 왜곡해서 ㉤<u>받아들이고</u> 그렇지 않은 것들은 ⓔ<u>배격</u>하게 된다.

9. 문맥상 ㉠~㉤과 바꿔 쓰기에 적절하지 <u>않은</u> 것은?

(2016 6월 모평B 응용)

   ① ㉠: 침입(侵入)했다는
   ② ㉡: 미혹(迷惑)된
   ③ ㉢: 추방(追放)하는
   ④ ㉣: 망각(忘却)하는
   ⑤ ㉤: 수용(受容)하고

10. ⓐ~ⓔ의 사전적 의미로 적절하지 <u>않은</u> 것은?

   ① ⓐ: 실제로 있는 이야기.
   ② ⓑ: 깊이 파고들거나 빠짐.
   ③ ⓒ: 그 수준을 넘지 못한 상태임.
   ④ ⓓ: 주관이나 원칙이 없이 덮어놓고 행동하는.
   ⑤ ⓔ: 어떤 사상, 의견, 물건 따위를 물리침.

(11~12) 밑줄 친 말이 ⊙과 가장 유사한 의미로 사용된 것을 고르시오.

11. 우리 회사만큼 노동 시간이 길고 노동 강도가 ⊙센 곳도 별로 없다

① 그 여자는 성격이 차갑고 콧대가 <u>세다</u>.   ② 힘만 <u>세다</u>고 싸움에 이기는 것은 아니다.

③ 바람이 <u>세게</u> 부니 옷을 껴입고 나가거라.   ④ 열을 <u>셀</u> 때까지 대답하지 않으면 기회가 없다.

⑤ 그는 엄청나게 <u>센</u> 취업 경쟁률을 뚫고 입사했다.

12. 그는 마을 사람들의 ⊙손을 빌려서 가을걷이를 했다.

① 그는 할머니 <u>손</u>에서 자랐다.   ② 일의 성패는 네 <u>손</u>에 달려 있다.

③ 음식 만드는 일은 <u>손</u>이 많이 간다.   ④ 이번 구조 작업에는 많은 <u>손</u>이 필요하다.

⑤ 사업 실패로 살던 집까지 남의 <u>손</u>에 넘어갔다.

13. 〈보기〉를 바탕으로 '속'과 '안'에 대해 탐구한 내용으로 적절하지 <u>않은</u> 것은?   (2016 고3 3월 학평)

┌─〈보 기〉──────────────────────────────────────┐

⊙ 건물 {속/안}으로 들어가다.

ⓛ 한 시간 {*속/안}에 돌아올게.

ⓒ 벙어리 냉가슴 앓듯 혼자 {속/*안}을 썩였다.

ⓔ 오랜만에 과식했더니 {속/*안}이 더부룩하다.
   외국에 살아도 우리나라 {*속/안}의 일을 훤히 안다.

ⓜ 겉으로는 태연한 척하지만 **속**으로는 겁을 먹었다.
   어제는 바깥에 나가지 않고 온종일 집 **안**에 있었다.

*는 부자연스러운 쓰임

└──┘

① ⊙을 보니 '속'과 '안'은 '사물이나 영역의 내부'라는 공통 의미를 지닌 유의어로군.

② ⓛ을 보니 '속'과 달리 '안'은 시간적 범위를 한정할 때 쓰이는군.

③ ⓒ을 보니 '안'과 달리 '속'은 관용구에 사용되어 사람의 마음을 가리킬 때 쓰이는군.

④ ⓔ을 보니 '속'은 추상적인 대상, '안'은 구체적인 대상의 내부를 가리키는군.

⑤ ⓜ을 보니 '속'은 '겉', '안'은 '바깥'과 각각 반의 관계에 있군.

14. 밑줄 친 어휘들의 의미 관계가 <u>이질적인</u> 것은?

① 이 기구는 운영비가 많이 <u>소요</u>된다. − 그는 이번 <u>소요</u>의 주모자로 나를 지목하였다.

② 그 사람은 <u>시정</u>의 장사치가 아니다. − 그 회사는 불공정 행위로 <u>시정</u> 명령을 받았다.

③ 무지한 백성을 바른길로 <u>인도</u>하기 위해 노력하였다 − 물품을 매수인에게 <u>인도</u>하였다.

④ 나는 이 일에 대해 아무런 <u>시사</u>도 받지 못했다. − 그는 정치 대개혁을 강력히 <u>시사</u>했다.

⑤ 남의 말을 무비판적으로 <u>수용</u>하는 것은 위험하다. − 이 병동은 정신병 환자들을 <u>수용</u>하고 있다.

15. 밑줄 친 말을 괄호 안의 말로 바꾸어 쓸 수 <u>없는</u> 것은?

① 노름으로 살림이 <u>거덜</u>(→ 결딴) 났다.   ② 그는 전통문화에 대해 높은 <u>식견</u>(→ 안목)을 지녔다.

③ 미래 인재 양성은 대학의 <u>소임</u>(→ 책무)이다.   ④ 좋은 노래지만 자꾸 들으니 <u>식상</u>(→ 고루)하다.

⑤ 그는 <u>세속</u>(→ 속세)을/를 떠나 조용히 살고 있다.

16. 밑줄 친 말을 괄호 안의 말로 바꾸어 쓸 수 있는 것은?

① 원님이 죄인을 잡아다가 심문(→ 문초)하였다.

② 양국 수뇌(→ 수급)이/가 핵 문제를 의논하였다.

③ 그가 보낸 사람이 한 달포(→ 식경) 전에 다녀갔다.

④ 이 시는 토속적(→ 통속적) 소재로 향토성을 살렸다.

⑤ 우리 팀이 점수를 올리며 승세(→ 기호지세)를 굳혔다.

17. ㉠과 관련 있는 한자성어로 가장 적절한 것은?

(2013 고2 11월 학평)

> 진공이 옥에서 나오자 부인과 채경이 붙들고 통곡하는데, 진공은 강개*한 모습으로 길게 탄식할 따름이었다.
> "㉠내가 미리 기미를 알아차려 벼슬을 그만둘 것을, 우유부단하게 지체한 탓에 이 같은 몹쓸 일을 당했으니 누구를 원망하겠소. 그렇지만 죽을 목숨을 폐하게서 너그러이 용서하셨으니 이 또한 천지신명이 보살핀 덕이오."
> *강개: 의롭지 못한 것을 보고 의기가 북받쳐 원통하고 슬픔.
> — 조성기, 〈창선감의록〉

① 수원수구(誰怨誰咎)　　② 방약무인(傍若無人)　　③ 결초보은(結草報恩)

④ 고립무원(孤立無援)　　⑤ 자가당착(自家撞着)

18. ㉠의 상황을 나타낼 수 있는 말로 가장 적절한 것은?

(2016 고2 3월 학평)

> 몇 년 뒤 황소(黃巢)가 3만 군사를 모아 ㉠지방의 여러 고을을 거침없이 함락시켰는데, 조정에서는 몇 년 동안이나 토벌에 나섰지만 이길 수 없었다.
> — 작자 미상, 〈최고운전〉

① 파죽지세(破竹之勢)　　② 내우외환(內憂外患)　　③ 좌충우돌(左衝右突)

④ 난형난제(難兄難弟)　　⑤ 권토중래(捲土重來)

[정답] 1. ③ 2. ④ 3. ① 4. ④ 5. ⑤ 6. ④ 7. ⑤ 8. ④ 9. ③ 10. ① 11. ⑤ 12. ④ 13. ④ 14. ④ 15. ④ 16. ① 17. ① 18. ①

[해설] 1. ㉢ 시사(示唆): 어떤 것을 미리 간접적으로 표현해 줌. '작품 등을 특정인에게 시험적으로 보임.'에 해당하는 말은 동음이의어인 '시사(試寫)'이다. 2. ㉠의 문맥적 의미는 인간이 대상에 대해 지닐 수 있는 문제의식이나 의문 정도로 이해하는 것이 적절하다. ① 생각 밖이나 예상 밖. ② 마땅히 그렇게 하거나 되어야 하는 것. 4. ① 글이나 그림 따위를 신문이나 잡지 따위에 실음. ② 배, 비행기, 차 따위에 물건을 실음. ③ 물건이나 짐을 선박, 차량 따위의 운송 수단에 실음. 5. ⑤ → 역풍 6. ④ '하릴없다'는 '달리 어떻게 할 도리가 없다.'는 뜻으로 문맥과 맞지 않는다. 7. ⑤ → 곤궁(困窮)한. 궁구(窮究)하다: 속속들이 파고들어 깊이 연구하다. 8. ④ → 연전연패(連戰連敗): 싸울 때마다 계속하여 짐. 9. ㉢ 어떤 대상을 잡거나 만나기 위하여 뒤를 급히 따른다. 10. ⓔ 일화(逸話): 세상에 널리 알려지지 아니한 흥미 있는 이야기. '실제로 있는 이야기'는 '실화(實話)'이다. 11. ㉠ 능력이나 수준 따위의 정도가 높거나 심하다. ① 행동하거나 밀고 나가는 기세 따위가 강하다. 12. ㉠ 일손 ①·③ 어떤 일을 하는 데 드는 사람의 힘이나 노력, 기술. ② 사람의 수완이나 꾀. ⑤ 어떤 사람의 영향력이나 권한이 미치는 범위. 13. ⓔ을 보면 '속'은 구체적인 대상, '안'은 추상적인 대상의 내부를 가리킨다. 14. ④ 示唆. 나머지는 동음이의 관계이다. ① 소요(所要) – 소요(騷擾) ② 市井 – 是正 ③ 引導 – 引渡 ⑤ 受容 – 收容. 17. 자신의 일을 누구의 탓으로도 돌리지 않고 자신의 탓으로 하겠다는 뜻이므로 '수원수구'가 적절하다. ⑤ 같은 사람의 말이나 행동이 앞뒤가 서로 맞지 아니하고 모순됨. 18. ② '나라 안팎의 여러 가지 어려움'을 이르는 말이다. 이 글에서 황소의 반란은 내우(內憂)에 해당하지 외환(外患)은 아니다.

☐ **실체**
實 열매 실 **體** 몸 체

실제의 물체. 또는 외형에 대한 실제 모습 ▶ 그 사건의 실체가 검찰에 의해 밝혀졌다.

참고어휘 **+** **실제**(實열매실 際즈음제): 사실의 경우나 형편 ▶ 이론과 실제는 다르다.

실재(實열매실 在있을재): 실제로 존재함. ≒실존(實열매실 存있을존) ▶ 이어도는 실재하는 수중 섬이다.

정체(正바를정 體몸체): 참된 본디의 형체 ▶ 우두머리가 검거되면서 그 단체의 정체가 폭로되었다.

마각(馬말마 脚다리각): (말의 다리 →) 가식하여 숨긴 본성이나 진짜 모습

▶ 그들은 처음에는 친절하게 굴었지만 차츰 노인들을 이용하려는 마각을 드러내기 시작했다.

☐ **실팍하다**

사람이나 물건 따위가 보기에 매우 실하다. ≒튼실하다 ▶ 그가 키는 작아도 몸은 실팍하다.

참고어휘 **+** 사람이나 사물의 상태를 표현하는 말

헌걸차다: ❶ 매우 풍채가 좋고 의기가 당당한 듯하다.

▶ 그는 만주 벌판을 달리던 헌걸찬 장수의 모습 그대로였다.

❷ 기운이 매우 장하다. ▶ 그는 성정이 헌걸차고 호방하다.

❸ 키가 매우 크다. ▶ 그는 어디서나 그 헌걸찬 허우대 때문에 쉽게 눈에 띄었다.

함초롬하다: 젖거나 서려 있는 모습이 가지런하고 차분하다. ▶ 비에 젖은 그녀의 모습이 함초롬하다.

추레하다: ❶ 겉모양이 깨끗하지 못하고 생기가 없다. ▶ 나는 옷차림이 추레해서 앞에 나가기 싫다.

❷ 태도 따위가 너절하고 고상하지 못하다. ▶ 연방 굽실거리는 그의 추레한 모습에 경멸을 느꼈다.

청아(淸맑을청 雅맑을아)**하다:** 속된 티가 없이 맑고 아름답다. ▶ 숲에서 청아한 꾀꼬리 울음소리가 들렸다.

단아(端끝단 雅맑을아)**하다:** 단정하고 아담하다. ▶ 어머니는 한복을 단아하게 차려입으셨다.

청초(淸맑을청 楚초나라초)**하다:** 화려하지 않으면서 맑고 깨끗한 아름다움을 지니고 있다.

▶ 그녀의 모습은 연꽃처럼 청초했다.

☐ **심연**
深 깊을 심 **淵** 못 연

❶ (깊은 못 →) 좀처럼 빠져나오기 힘든 구렁

▶ 그 일 이후 나는 절망의 심연에 빠졌다.

❷ 뛰어넘을 수 없는 깊은 간격

▶ 그와 나 사이에는 알 수 없는 심연이 가로놓여 있었다.

☐ **싸다¹**

❶ 물건을 안에 넣고 보이지 않게 씌워 가리거나 둘러 말다. ▶ 선물을 포장지에 쌌다.

❷ 어떤 물체의 주위를 가리거나 막다. ▶ 여행객들이 가이드를 싸고 둘러섰다.

❸ 어떤 물건을 다른 곳으로 옮기기 좋게 상자나 가방 따위에 넣거나 종이나 천, 끈 따위를 이용해서 꾸리다. ▶ 어머니가 소풍 가는 아이를 위해 새벽부터 도시락을 쌌다.

☐ **싸다²**

❶ 물건 값이나 드는 비용이 보통보다 낮다. ▶ 그는 과일을 싸게(≒저렴하게) 팔았다.

❷ 저지른 일 따위에 비추어서 받는 벌이 마땅하거나 오히려 적다.

▶ 저지른 일로 보면 그는 감옥에 가도 싸다.

☐ **싸다³**

❶ 걸음이 재빠르다. ▶ 어머니는 싸게 걸어 나가 아버지를 맞이하였다.

❷ 들은 말 따위를 진중하게 간직하지 아니하고 잘 떠벌리다. ▶ 그는 입이 싸다.

☐ **쓰다¹**

❶ 붓, 펜, 연필과 같이 선을 그을 수 있는 도구로 종이 따위에 획을 그어서 일정한 글자의 모양이 이루어지게 하다. ▶ 아이가 연필로 공책에 글씨를 쓰고 있다.

❷ 머릿속의 생각을 종이 따위에 글로 나타내다. ▶ 그는 수첩에 일기를 써(≒집필해) 왔다.

❸ 원서, 계약서 등과 같은 서류 따위를 작성하거나 일정한 양식을 갖춘 글을 쓰는 작업을 하다. ▶ 그는 지금 계약서를 쓰고(≒작성하고) 있다.

❹ 머릿속에 떠오른 곡을 일정한 기호로 악보 위에 나타내다. ▶ 그는 신곡을 쓰고 있다.

☐ 쓰다²	❶ 모자 따위를 머리에 얹어 덮다. ▶ 제목을 입고 모자를 쓴(≒착용한) 군인이 다가왔다.
	❷ 얼굴에 어떤 물건을 걸거나 덮어쓰다. ▶ 감기가 심할 때는 마스크를 써야 한다.
	❸ 먼지나 가루 따위를 몸이나 물체 따위에 덮은 상태가 되다.
	▶ 광부들이 온몸에 석탄가루를 까맣게 쓰고 일을 한다.
	❹ 우산이나 양산 따위를 머리 위에 펴 들다. ▶ 밖에 비가 오니 우산을 쓰고 가거라.
	❺ 사람이 죄나 누명 따위를 가지거나 입게 되다. ▶ 그는 억울하게 누명을 썼다.

☐ 쓰다³	❶ 어떤 일에 재료나 도구, 수단을 이용하다. ▶ 가위를 써서(≒이용해서) 종이를 잘랐다.
	❷ 사람에게 어떤 일을 하게 하다. ▶ 하수도 공사에 인부를 썼다(≒고용했다).
	❸ 다른 사람에게 베풀거나 내다. ▶ 그는 취직 기념으로 친구들에게 한턱을 썼다.
	❹ 어떤 일에 마음이나 관심을 기울이다. ▶ 그 일에 대해서 더 이상 신경 쓰고 싶지 않다.
	❺ 합당치 못한 일을 강하게 요구하다. ▶ 다 나름의 규칙이 있는데 억지를 쓰면 안 된다.
	❻ 어떤 일을 하는 데 시간이나 돈을 들이다. ▶ 외식에 너무 많은 돈을 썼다(≒사용했다).
	❼ 힘이나 노력 따위를 들이다. ▶ 이상하게도 오늘 그는 상대 선수에게 힘을 쓰지 못했다.
	❽ 몸의 일부분을 제대로 놀리거나 움직이다. ▶ 강속구를 던지려면 허리를 잘 써야 한다.
	❾ 어떤 건물이나 장소를 일정 기간 사용하거나 임시로 다른 일을 하는 곳으로 이용하다.
	▶ 아랫방을 쓰는 사람이 방세를 내지 않는다.
	❿ 어떤 말이나 언어를 사용하다. ▶ 그는 시골 출신인데도 서울말을 잘 쓴다(≒사용한다).
	⓫ 도리에 맞는 바른 상태가 되다. ▶ 어른에게 대들면 못 쓴다.

☐ 쓰다⁴	❶ 혀로 느끼는 맛이 한약이나 소태, 씀바귀의 맛과 같다. ▶ 감기약이 몹시 쓰다.
	❷ 달갑지 않고 싫거나 괴롭다. ▶ 여러 번 실패를 경험했지만 그 맛은 언제나 썼다.
	❸ 몸이 좋지 않아서 입맛이 없다. ▶ 며칠을 앓았더니 입맛이 써서 맛있는 게 없다.

☐ 쓰다⁵	시체를 묻고 무덤을 만들다.
	▶ 공원묘지에 할아버지의 묘를 썼다.

확인문제

(1~6) 밑줄 친 말의 쓰임이 문맥에 적절한지 판단하시오.

1. 그의 실체가 만천하에 밝혀졌다.
2. 사이버스페이스는 실제하는 물리적 공간과 구별된다.
3. 그의 두 아들은 모두 튼실해 보였다.
4. 봄을 맞아 도심의 거리가 밝고 추레하게 단장되었다.
5. 그의 얼굴은 땀과 먼지로 얼룩져 무척 청초하였다.
6. 그들의 사랑은 삶과 죽음의 심연조차 뛰어넘는 숭고한 것이다.

(7~8) 밑줄 친 말들을 의미 관계에 따라 분류하시오.

7. ① 입이 싸다.　　　　　② 집세가 싸다.　　　　　③ 걸음이 싸다.　　　　　④ 도시락을 싸다.
　 ⑤ 옷을 보자기에 싸다.　　⑥ 벌을 받아도 싸다.　　⑦ 탑을 싸고 둘러서다.

8. ① 약이 쓰다.　　② 묘를 쓰다.　　③ 떼를 쓰다.　　④ 삿갓을 쓰다.　　⑤ 글씨를 쓰다.
　 ⑥ 서재로 쓰다.　　⑦ 인부를 쓰다.　　⑧ 소설을 쓰다.　　⑨ 누명을 쓰다.　　⑩ 방독면을 쓰다.

9. 밑줄 친 말의 의미가 ㉠과 가장 유사한 것은?

　 하루 중 일을 하거나 여가에 ㉠쓸 수 있는 시간은 제한적이다.

　 ① 자식에게 쓴 돈은 아깝지 않다.　　② 그렇게 함부로 말을 해서 쓰겠니?　　③ 경력자를 써서 그 일을 하기로 했다.
　 ④ 강한 공을 던지려면 허리를 잘 써야 한다.　　⑤ 아랫방을 쓰는 형이 방을 바꾸자고 했다.

[정답] 1. 적절 2. 부적절 3. 적절 4. 부적절 5. 부적절 6. 적절 7. ①·③ / ②·⑥ / ④·⑤·⑦ 8. ① / ② / ③·⑥·⑦ / ④·⑨·⑩ / ⑤·⑧ 9. ①
[해설] 2. → 실재 7. ①·③: 싸다³ / ②·⑥ 싸다² / ④·⑤·⑦ 싸다¹ 8. ① 쓰다⁴ / ② 쓰다⁵ / ③·⑥·⑦ 쓰다³ / ④·⑨·⑩ 쓰다² / ⑤·⑧ 쓰다¹ 9. ㉠ 쓰다³-❻

☐ **아연실색** 啞 벙어리 **아** 然 그럴 **연** 失 잃을 **실** 色 빛 **색**	뜻밖의 일에 얼굴빛이 변할 정도로 놀람. ▶ 그의 무례한 언동에 사람들은 <u>아연실색</u>하였다. **한자성어 +** **혼비백산**(魂넋혼 飛날비 魄넋백 散흩을산): (혼백이 어지러이 흩어짐. →) 몹시 놀라 넋을 잃음. ▶ 산에서 호랑이를 발견한 그는 <u>혼비백산</u>하여 달아났다.
☐ **안다**	❶ 두 팔을 벌려 가슴 쪽으로 끌어당기거나 그렇게 하여 품 안에 있게 하다. ▶ 어머니가 아기를 품에 <u>안았다</u>. ❷ 두 팔로 자신의 가슴, 머리, 배, 무릎 따위를 꼭 잡다. ▶ 우리는 배를 <u>안고</u> 웃었다. ❸ 바람이나 비, 눈, 햇빛 따위를 정면으로 받다. ▶ 우리는 바람을 <u>안고</u> 걸었다. ❹ 손해나 빚 또는 책임을 맡다. ▶ 빚을 <u>안고</u> 이 집을 샀다. ❺ 생각이나 감정 따위를 마음속에 가지다. ▶ 그는 평생 비밀을 <u>안고</u> 살았다. ❻ 담이나 산 따위를 곧바로 앞에 맞대다. ▶ 어머니는 벽을 <u>안고</u> 누워 꼼짝도 않으셨다.
☐ **안위** 安 편안 **안** 危 위태할 **위**	편안함과 위태함을 아울러 이르는 말 ▶ 그는 늘 국가의 <u>안위</u>를 걱정하였다. **동음이의어 +** **안위**(安편안안 慰위로할위): 몸을 편안하게 하고 마음을 위로함. ▶ 그들은 부패한 권력에 빌붙어 자신들의 <u>안위</u>만을 챙겼다.
☐ **안이하다** 安 편안 **안** 易 쉬울 **이**-	❶ 너무 쉽게 여기는 태도나 경향이 있다. ▶ 그는 이번 일을 너무 <u>안이하게</u> 처리하였다. ❷ 근심이 없이 편안하다. ▶ 부모가 물려준 유산 덕분에 그의 생활은 <u>안이한</u> 편이었다. **참고어휘 +** **용이**(容얼굴용 易쉬울이)**하다**: 어렵지 아니하고 매우 쉽다. ▶ 이 선풍기는 조립하기가 <u>용이하다</u>.
☐ **안일** 安 편안 **안** 逸 편안할 **일**	편안하고 한가로움. 또는 편안함만을 누리려는 태도 ▶ 그는 풍요로움과 <u>안일</u>에 젖어 젊은 시절을 보냈다. **참고어휘 +** '安(편안안)'을 공유하는 한자어 **안주**(安편안안 住살주): ❶ 한곳에 자리를 잡고 편안히 삶. ▶ 그는 서울을 떠나 시골에 <u>안주</u>하였다. ❷ 현재의 상황이나 처지에 만족함. ▶ 그는 현실에 <u>안주</u>하지 않고 보다 나은 미래를 위해 노력하였다. **안거**(安편안안 居살거): 아무런 탈 없이 평안히 지냄. ▶ 그는 쫓기는 몸이라 어디에서도 <u>안거</u>할 수 없었다. **안착**(安편안안 着붙을착): ❶ 어떤 곳에 무사하게 잘 도착함. ▶ 비행기가 인천공항에 <u>안착</u>했다. ❷ 마음의 흔들림 없이 어떤 곳에 착실하게 자리 잡음. ▶ 새로운 대입 제도가 <u>안착</u>되기를 바란다.
☐ **앉다**	❶ 사람이나 동물이 윗몸을 바로 한 상태에서 엉덩이에 몸무게를 실어 다른 물건이나 바닥 에 몸을 올려놓다. ▶ 아이는 의자에 얌전히 <u>앉아</u> 있었다. ❷ 새나 곤충 또는 비행기 따위가 일정한 곳에 내려 자기 몸을 다른 물건 위에 놓다. ▶ 잠자리가 장대 끝에 <u>앉았다</u>. ❸ 건물이나 집 따위가 일정한 방향이나 장소에 자리를 잡다. ▶ 불빛 한 점 없어 동네가 어디쯤 <u>앉아</u> 있는지 알 수 없었다. ❹ 어떤 직위나 자리를 차지하다. ▶ 외부에서 영입한 인물이 사장 자리에 <u>앉았다</u>. ❺ 공기 중에 있던 먼지와 같은 미세한 것이 다른 물건 위에 내려 쌓이다. ▶ 장롱 위에 먼지가 뽀얗게 <u>앉아</u> 있었다. ❻ 어떤 것이 물체 위에 덮이거나 끼다. ▶ 기와지붕에 퍼렇게 이끼가 <u>앉았다</u>. ❼ 어떤 일에 적극적으로 나서지 아니하고 방관하다. ▶ 그는 가만히 <u>앉아서</u> 구경만 했다.

□ **알다**

❶ 교육이나 경험, 사고 행위를 통하여 사물이나 상황에 대한 정보나 지식을 갖추다.
▶ 이 문제는 공식을 알면 누구나 쉽게 풀 수 있다.

❷ 어떤 사실이나 존재, 상태에 대해 의식이나 감각으로 깨닫거나 느끼다.
▶ 감기가 들어 음식 맛을 알(≒감지할) 수가 없다.

❸ 심리적 상태를 마음속으로 느끼거나 깨닫다.
▶ 너는 네가 저지른 잘못에 대해 부끄러움을 알아야 한다.

❹ 사람이 어떤 일을 어떻게 할지 스스로 정하거나 판단하다.
▶ 사람은 분수를 알고(≒판단하고) 행동해야 한다.

❺ 어떤 일을 할 능력이나 소양이 있다. ▶ 나는 자전거를 탈 줄 안다.

❻ 어떤 일에 대하여 관여하거나 관심을 가지다. ▶ 그 일은 내가 알 바가 아니다.

❼ 잘 모르던 대상에 대하여 그 좋은 점을 깨달아 가까이하려 하다.
▶ 어린 녀석이 벌써 술을 알아 가지고 앞으로 어쩌려는지 걱정이다.

❽ 어떤 사람이나 사물에 대하여 소중히 생각하다. ▶ 그는 돈만 아는 구두쇠였다.

❾ 상대편의 어떤 명령이나 요청에 대하여 그대로 하겠다는 동의의 뜻을 나타내는 말
▶ "빨리 가자." "알았어."

❿ 다른 사람과 사귐이 있거나 안면이 있다. ▶ 나는 그녀와 아는 사이이다.

⓫ 어떤 사물이나 사람에 대하여 그것을 어떠한 성격을 가진 것으로 여기다.
▶ 그는 그 소녀를 천사로 아는(≒간주하는) 모양이다.

⓬ 어떠한 사실에 대하여 그러하다고 믿거나 생각하다. ▶ 나는 우리가 이길 줄 알았다.

□ **알선**
斡 돌 알 **旋** 돌 선

남의 일이 잘되도록 주선하는 일 ▶ 친구의 알선으로 일자리를 구하게 되었다.

[참고어휘 +] **중재**(仲버금중 裁마를재): 분쟁에 끼어들어 쌍방을 화해시킴.
▶ 두 나라는 국제 연합에 중재를 요청하였다.

중개(仲버금중 介끼일개): 제삼자로서 두 당사자 사이에 서서 일을 주선함.
▶ 그는 부동산을 중개하고 수수료를 받았다.

주선(周두루주 旋돌선): 일이 잘되도록 여러 가지 방법으로 힘씀. ▶ 그가 우리 부부의 만남을 주선하였다.

거간(居살거 間사이간): ❶ 사고파는 사람 사이에 들어 흥정을 붙임. ▶ 그는 토지를 거간하는 일은 하였다.
❷ 거간꾼 ▶ 그는 거간들의 감언이설에 넘어가 엉뚱한 비용만 실컷 썼다.

중계(中가운데중 繼이을계): ❶ 중간에서 이어 줌. ▶ 무당이 신과 인간를 중계한다고 믿는 사람도 있다.
❷ 중계방송 ▶ 지금 텔레비전에서는 붕괴 현장에서의 인명 구조 상황이 중계되고 있다.

확인문제

(1~6) 괄호 안에서 문맥에 맞는 말을 고르시오.

1. 시어가 평이해서 이해하기가 (안이 / 용이)하다.
2. 현재에 (안주 / 안착)하면 발전이 없다.
3. 텔레비전에서 축구 경기를 (중개 / 중계)하고 있다.
4. 고모부가 그에게 일자리를 (알선 / 중재)했다.
5. 그는 전쟁에 나간 아들의 (안위 / 안일)을/를 걱정했다.
6. 믿었던 그의 배신에 모두들 (교언영색 / 아연실색)했다.

(7~9) 밑줄 친 말이 제시문과 가장 유사한 의미로 쓰인 것을 고르시오.

7. 그는 큰 포부를 <u>안고</u> 사업을 시작하였다.
   ① 손해를 <u>안다</u>. ② 아기를 <u>안다</u>. ③ 희망을 <u>안고</u> 살다. ④ 바람을 <u>안고</u> 달리다.

8. 그는 자신이 사장 자리에 <u>앉기</u>를 바랐다.
   ① 소파에 <u>앉다</u>. ② 요직에 <u>앉다</u>. ③ 먼지가 <u>앉다</u>. ④ 기미가 <u>앉다</u>. ⑤ 새가 가지에 <u>앉다</u>.

9. 적의 동태를 <u>알면</u> 싸움에서 쉽게 승리할 수 있다.
   ① 돈을 제일로 <u>안다</u>. ② 기타를 칠 줄 <u>안다</u>. ③ 시험이 내일인 줄로 <u>알았다</u>. ④ 밖으로 나와서야 추운 것을 <u>알았다</u>.

- -

[정답] 1. 용이 2. 안주 3. 중계 4. 알선 5. 안위 6. 아연실색 7. ③ 8. ② 9. ④
[해설] 6. 교언영색: 아첨하는 말과 알랑거리는 태도 7. 안다-❺ 8. 앉다-❹ ④ 앉다-❻ 9. 알다-❷ ② 알다-❺

☐ **암약하다** 暗 어두울 **암** 躍 뛸 **약**–	남들 모르게 맹렬히 활동하다. ▶ 유흥가에서 <u>암약</u>해 온 범죄 조직이 일망타진되었다. 한자성어 **+** **동분서주**(東동녘동 奔달릴분 西서녘서 走달릴주): (동쪽으로 뛰고 서쪽으로 뜀. →) 사방으로 이리저리 몹시 바쁘게 돌아다님. ▶ 그는 회사를 그만둔 후 새로운 직장을 구하기 위해 <u>동분서주</u>하고 있다.
☐ **앙심** 怏 원망할 **앙** 心 마음 **심**	원한을 품고 앙갚음하려고 벼르는 마음 ▶ 그는 지난번 일로 단단히 <u>앙심</u>을 품은 듯하다. 참고어휘 **+** '心(마음심)'을 공유하는 한자어 **용심**(用쓸용 心마음심): 마음을 씀. ▶ 그는 <u>용심</u>이 간사하고 악독해서 사람들이 모두 천하게 여겼다. **작심**(作지을작 心마음심): 마음을 단단히 먹음. 또는 그 마음 ▶ 부모의 원수를 갚기로 <u>작심</u>하였다. **복심**(腹배복 心마음심): ❶ (배와 가슴 →) 마음속 깊은 곳. 또는 그곳에 품고 있는 심정 ▶ 그는 나에게 <u>복심</u>을 털어놓았다. ❷ 심복 ▶ 이 사람은 내 <u>복심</u>이니 나처럼 대하면 된다. **의구심**(疑의심할의 懼두려워할구 心마음심): 믿지 못하고 두려워하는 마음 ▶ 그는 그 약의 효과에 대해 <u>의구심</u>을 떨쳐버릴 수 없었다. **자긍심**(自스스로자 矜자랑할긍 心마음심): 스스로에게 긍지를 가지는 마음 ▶ 그는 자신의 직업에 대해 <u>자긍심</u>을 가지고 있다. **경각심**(警깨우칠경 覺깨달을각 心마음심): 정신을 차리고 주의 깊게 살피어 경계하는 마음 ▶ 이번 사건으로 인해 음주 운전에 대한 시민들의 <u>경각심</u>이 커졌다. **노파심**(老늙을노 婆할머니파 心마음심): 필요 이상으로 남의 일을 걱정하고 염려하는 마음 ▶ <u>노파심</u>에서 하는 말이니 기분 나쁘게 생각하지 마라. 한자성어 **+** **측은지심**(惻슬퍼할측 隱숨을은 之~의 지 心마음심): 불쌍히 여기는 마음 ▶ 구걸하는 걸인을 동정하는 것은 누구나 가지고 있는 <u>측은지심</u>이다. **언감생심**(焉어찌언 敢감히감 生날생 心마음심): (어찌 감히 그런 마음을 품을 수 있겠는가? →) 전혀 그런 마음이 없었음을 이르는 말 ▶ 흉년이 들어서 하얀 쌀밥을 먹는다는 것은 <u>언감생심</u> 꿈도 못 꿀 일이었다. **견물생심**(見볼견 物물건물 生날생 心마음심): 어떠한 실물을 보게 되면 그것을 가지고 싶은 욕심이 생김. ▶ <u>견물생심</u>이라고, 마트에 가기만 하면 무엇이든 사게 되니까 출입을 자제하는 것이 좋겠다. **이심전심**(以써이 心마음심 傳전할전 心마음심): 마음과 마음으로 서로 뜻이 통함. ▶ 두 사람 사이에는 어느덧 <u>이심전심</u>으로 우정이 싹트고 있었다. 속담 **+** **말 타면 경마 잡히고 싶다**: 사람의 욕심이란 한이 없음. ▶ <u>말 타면 경마 잡히고 싶</u>다고 막상 취직을 하고 나니 좀 더 편한 자리를 찾게 된다.
☐ **야기** 惹 이끌 **야** 起 일어날 **기**	일이나 사건 따위를 끌어 일으킴. ▶ 회사 측의 무성의한 태도가 노사 분규를 <u>야기</u>했다. 유의어 **+** **초래**(招부를초 來올래): 어떤 결과를 가져오게 함. ▶ 순간의 부주의가 엄청난 교통사고를 <u>초래</u>했다. **유도**(誘꾈유 導인도할도): 사람이나 물건을 목적한 장소나 방향으로 이끎. ▶ 주최 측에서는 공개 행사를 통해 일반인의 참여를 <u>유도</u>하였다. **유발**(誘꾈유 發필발): 어떤 것이 다른 일을 일어나게 함. ▶ 움직이는 장난감이 아기의 흥미를 <u>유발</u>했다. **촉발**(觸닿을촉 發필발): ❶ 어떤 일을 당하여 감정, 충동 따위가 일어남. 또는 그렇게 되게 함. ▶ 그의 권위적인 태도는 국민의 불만을 <u>촉발</u>시키고 말았다. ❷ 닿거나 부딪쳐 폭발함. 또는 그렇게 폭발시킴. ▶ <u>촉발</u> 장치를 건드리지 않도록 조심해야 한다.
☐ **약동** 躍 뛸 **약** 動 움직일 **동**	생기 있고 활발하게 움직임. ▶ 봄에는 산천초목에 생명의 기운이 <u>약동</u>한다. 참고어휘 **+** **약진**(躍뛸약 進나아갈진): (힘차게 앞으로 뛰어 나아감. →) 빠르게 발전하거나 진보함. ▶ 올해는 우리 영화의 <u>약진</u>이 두드러졌다. 한자성어 **+** **우후죽순**(雨비우 後뒤후 竹대죽 筍죽순순): (비가 온 뒤에 여기저기 솟는 죽순 →) 어떤 일이 한때에 많이 생겨남. ▶ 수돗물에 대한 불신이 커지면서 생수 회사가 <u>우후죽순</u>으로 생겨나고 있다.

□ 어긋나다	❶ 잘 맞물려 있는 물체가 틀어져서 맞지 아니하다.
	▶ 그는 뼈가 어긋나서 읍내 접골원에 갔다.
	❷ 기대에 맞지 아니하거나 일정한 기준에서 벗어나다.
	▶ 지구가 둥글다는 그의 주장은 당시의 통념과는 어긋나는 것이었다.
	❸ 서로의 마음에 틈이 생기다. ▶ 그 부부는 몇 년 전부터 사이가 어긋나기 시작했다.
	❹ 방향이 비껴서 서로 만나지 못하다. ▶ 나는 길이 어긋나는 바람에 그와 만나지 못했다.
□ 어렵다	❶ 하기가 까다로워 힘에 겹다. ▶ 의사가 어려운 수술을 무사히 마치고 수술실에서 나왔다.
	❷ 겪게 되는 곤란이나 시련이 많다. ▶ 그는 어려서 부모를 잃고 청소년기를 어렵게 지냈다.
	❸ 말이나 글이 이해하기에 까다롭다. ▶ 이 책은 고등학생이 읽기에는 어렵다(≒난해하다).
	❹ 가난하여 살아가기가 고생스럽다. ▶ 어머니는 어려운 살림에도 늘 웃는 얼굴이었다.
	❺ 가능성이 거의 없다. ▶ 시험을 너무 못 봐서 합격하기는 어려울 것 같다.
	❻ 상대가 되는 사람이 거리감이 있어 행동하기가 조심스럽고 거북하다.
	▶ 나는 선생님이 너무 어려워서, 그 앞에서는 말도 제대로 못한다.
□ 어리다¹	❶ 눈에 눈물이 조금 괴다. ▶ 어느새 그의 눈에는 눈물이 어려 있었다.
	❷ 어떤 현상, 기운, 추억 따위가 배어 있거나 은근히 드러나다.
	▶ 나는 그의 정성 어린 선물을 받고 무척 기뻤다.
	❸ 빛이나 그림자, 모습 따위가 희미하게 비치다. ▶ 달빛이 아이의 잠든 낯에 어리었다.
	❹ 연기, 안개, 구름 따위가 한곳에 모여 나타나다.
	▶ 앞들 무논 위에 아지랑이가 어리기 시작했다.
□ 어리다²	❶ 나이가 적다. 10대 전반을 넘지 않은 나이를 이른다.
	▶ 나는 어린 시절을 시골에서 보냈다.
	❷ 나이가 비교 대상보다 적다. ▶ 그 애는 나보다 세 살이 어리니까 올해 열여섯 살이다.
	❸ 동물이나 식물 따위가 난 지 얼마 안 되어 작고 여리다.
	▶ 날이 풀리자 과수원에 어린 묘목을 옮겨 심었다.
	❹ 생각이 모자라거나 경험이 적거나 수준이 낮다.
	▶ 그는 나이는 들었지만 하는 짓은 어려서(≒미숙해서) 아직 큰일을 맡길 수가 없다.

확 인 문 제

(1~8) 제시된 뜻풀이에 맞는 단어가 되도록 빈칸에 알맞은 말을 쓰시오.

1. 마음을 단단히 먹음: □심
2. 빠르게 발전하거나 진보함: □진
3. 남들 모르게 맹렬히 활동함: □약
4. 믿지 못하고 두려워하는 마음: □□심
5. 마음속 깊은 곳에 품고 있는 심정: □심
6. 어떤 일을 당하여 감정, 충동 따위가 일어남: □발
7. 사방으로 이리저리 몹시 바쁘게 돌아다님: 동□서□
8. 어떤 일이 한때에 많이 생겨남: 우후□□

(9~11) 밑줄 친 말이 제시문과 가장 유사한 의미로 쓰인 것을 고르시오.

9. 오빠는 부모님의 기대에 어긋나는 일은 전혀 하지 않는다.
　① 원칙에 어긋나다.　　② 톱니바퀴가 어긋나다.　　③ 친구와 길이 어긋나다.　　④ 연인 사이가 어긋나다.

10. 어려운 단어는 사전에서 뜻을 찾아보세요.
　① 글이 어렵다.　　② 협상이 어렵다.　　③ 살림이 어렵다.　　④ 시부모가 어렵다.　　⑤ 성공하기 어렵다.

11. 병상에 누워 있는 아이를 바라보는 엄마의 얼굴에는 수심이 어렸다.
　① 눈물이 어리다.　　② 생각이 어리다.　　③ 살기가 어리다.　　④ 나보다 두 살 어리다.　　⑤ 나무가 어리다.

[정답] 1. 작 2. 약 3. 암 4. 의, 구 5. 복 6. 촉 7. 분, 주 8. 죽, 순 9. ① 10. ① 11. ③
[해설] 9. 어긋나다-❷ 10. 어렵다-❸ 11. 어리다¹-❷ ① 어리다¹-❶ ② 어리다²-❹ ④ 어리다²-❷ ⑤ 어리다²-❸

1. ㉠~㉤의 사전적 뜻풀이로 바르지 <u>않은</u> 것은?　(2013 수능 응용)

> 　공공 부조는 도덕적 해이를 ㉠<u>야기</u>할 수 있다. ㉡<u>무상</u>으로 ㉢<u>부조</u>가 이루어지므로, 젊은 시절에는 소득을 모두 써 버리고 노년에는 공공 부조에 의존하려는 경향이 생길 수 있기 때문이다. 이와 같은 부작용에 대응하기 위해 공적 연금 제도는 소득이 있는 국민들을 강제 가입시켜 보험료를 ㉣<u>징수</u>한 뒤, 적립된 연금 기금을 국가의 책임으로 ㉤<u>운용</u>하다가, 가입자가 은퇴한 후 연금으로 지급하는 방식을 취하고 있다.

① ㉠: 어떤 일이나 현상이 일어나지 못하게 막음.
② ㉡: 어떤 행위에 대하여 아무런 대가나 보상이 없음.
③ ㉢: 남을 거들어서 도와주는 일.
④ ㉣: 나라, 공공 단체, 지주 등이 돈, 곡식, 물품 따위를 거두어들임.
⑤ ㉤: 무엇을 움직이게 하거나 부리어 씀.

(2~4) 밑줄 친 어휘의 쓰임이 문맥에 맞지 <u>않는</u> 것을 고르시오.

2. ① 눈물을 머금은 아이의 눈이 <u>함초롬</u>했다.　② 홍수 피해에 대한 정부의 대응이 너무 <u>안이</u>하다.
　③ 골목마다 커피 전문점들이 <u>우후죽순</u> 생겨나고 있다.　④ 어머니는 아이의 병을 고치기 위해 <u>동분서주</u>하였다.
　⑤ 그는 성미가 <u>실팍해서</u> 사람들과 쉽게 사귀지 못한다.

3. ① 그의 돋보이는 <u>암약</u> 덕분에 우리 팀이 승리할 수 있었다.
　② 그는 지난번 일을 오해하고 나에게 <u>앙심</u>을 품은 모양이다.
　③ 그 무렵 나는 패배주의의 <u>심연</u> 속에서 헤어나지 못하고 있었다.
　④ 아들은 어머니의 당부를 쓸데없는 <u>노파심</u> 정도로 치부하고 있었다.
　⑤ 이것은 민족의 장래와 국가의 <u>안위</u>에 직결되는 매우 중대한 문제이다.

4. ① 노사 분규가 오래 지속되자 노동부가 <u>중재</u>에 나섰다.
　② 그의 힘찬 걸음에서 젊음이 <u>약동</u>하는 것이 느껴졌다.
　③ 나에게 다른 <u>복심</u>이 있다는 것은 터무니없는 모략이다.
　④ 나는 아버지 친구의 <u>알선</u>으로 이 가게에서 일하고 있다.
　⑤ 그 선수는 출중한 실력으로 경기 초반부터 <u>마각</u>을 나타냈다.

5. ㉠과 바꾸어 쓰기에 가장 적절한 것은?　(2018 9월 모평 응용)

> 　미시 세계에서의 상호 배타적인 상태의 공존을 이해하기 위해, 거시 세계에서 회전하고 있는 반지름 5㎝의 팽이를 생각해 보자. 그 팽이는 시계 방향 또는 반시계 방향 중 한쪽으로 회전하고 있을 것이다. 팽이의 회전 방향은 관찰하기 이전에 이미 정해져 있으며, 다만 관찰을 통해 ㉠<u>알게</u> 되는 것뿐이다.

① 이해(理解)하게　② 납득(納得)하게　③ 인지(認知)하게　④ 간주(看做)하게　⑤ 관여(關與)하게

6. ㉠, ㉡과 바꾸어 쓰기에 적절한 말이 바르게 짝지어진 것은?

(2018 고1 9월 학평 응용)

'접근 통제의 원리'는 보행로, 조경, 문 등을 통해 사람들의 통행을 일정한 경로로 ㉠유도하여 허가받지 않는 사람들의 출입을 통제하거나 ㉡차단하는 것을 말한다.

	㉠	㉡		㉠	㉡		㉠	㉡
①	이끌어	막는	②	넓히어	끊는	③	넘기어	줄이는
④	돌리어	늘리는	⑤	숨기어	여는			

(7~11) 밑줄 친 말이 ㉠과 가장 유사한 의미로 쓰인 것을 고르시오.

7. ────────────────────────────────────── (2007 6월 모평)

어느 공장에서 길이가 7미터인 제품을 생산하고 있다고 하자. 이때 가장 이상적인 제품의 길이는 7미터이다. 하지만 아무리 공정이 안정되고 설비가 우수하다 하더라도 생산된 모든 제품의 길이가 하나같이 7미터가 되게 하는 것은 ㉠어렵고, 7미터를 중심으로 약간씩 오차를 갖기 마련이다.

① 요즘 그가 바빠 만나기가 너무 어렵다.
② 그 사람은 까다로워 대하기가 어렵다.
③ 선생님의 소설은 모두들 어렵다고 합니다.
④ 어려운 살림에 너무 무리하지 않았나 합니다.
⑤ 그는 가난과 외로움으로 청소년기를 어렵게 보냈다.

8. ──────────────────────────────────────

아이는 소풍에 늦지 않으려고 전날 밤에 소풍 가방을 미리 ㉠싸 두었다.

① 그들은 이삿짐을 싸느라 정신이 없었다.
② 그는 두목의 말이 떨어지자 싸게 문을 나섰다.
③ 그따위 파렴치한 짓을 하니 욕먹어도 싸다.
④ 이 동네는 방값이 아주 싸서 독신들이 많이 살고 있다.
⑤ 횃불을 든 사람들이 안채와 사랑채를 겹겹이 싸고 있다.

9. ──────────────────────────────────────

그는 부푼 기대를 ㉠안고 대학에 들어갔다.

① 햇빛을 안고 운전을 하려니 눈이 시다.
② 이곳은 강이 산을 안은 형세라서 명당자리라고 한다.
③ 그는 꼭 성공해야 한다는 부담감을 안고 있다.
④ 어머니는 집에 돌아온 아이를 다정하게 안아 주었다.
⑤ 언니는 졸업식에서 상장과 꽃다발을 가슴에 안고 사진을 찍었다.

10. ────────────────────────────────────── (2015 고2 3월 학평)

아나포라는 수사학에서의 두음(頭音) 반복의 원리를 음악에 적용하여 일정 구절의 앞부분을 반복하는 음형이다. 작곡가는 전달하려는 감정을 강조하기 위해 이 음형을 ㉠쓴다.

① 요즘 신경 쓸 일이 많다.
② 그 공식을 쓰니 문제가 풀렸다.
③ 악기를 사는 데 많은 돈을 썼다.
④ 억지를 쓰는 버릇을 고쳐야 한다.
⑤ 공사를 하게 되어 인부를 써야 한다.

11.

> 제조업자가 제조물의 결함을 ㉠<u>알면서도</u> 적절한 피해 예방 조치를 하지 않은 경우, 또는 주의를 기울였다면 충분히 알 수 있었을 결함을 발견하지 못한 경우에는 책임을 피할 수 없다.

① 이 문제는 당신이 <u>알아서</u> 처리해야 한다.
② 밖으로 나와서야 날씨가 추운 것을 <u>알았다</u>.
③ 그녀는 차가 없었지만 운전을 할 줄 <u>알았다</u>.
④ 그 사람은 공부만 <u>알지</u> 세상 물정을 통 모른다.
⑤ 그녀는 그의 사랑 고백을 농담으로 <u>알고</u> 지나쳤다.

12. 〈보기〉는 문학 작품에 나오는 순우리말의 뜻을 조사한 것이다. 〈보기〉의 어휘를 사용해 빈칸을 채울 수 <u>없는</u> 문장은?

─〈보 기〉─

◦ 헌걸찬 : 풍채가 좋고 의기가 당당한
◦ 추레한 : 겉모습이 보잘것없고 궁상스러운
◦ 심드렁한 : 마음에 탐탁하지 아니하여 관심이 거의 없는
◦ 성마른 : 참을성이 없고, 성질이 조급한
◦ 객쩍은 : 행동이나 말, 생각이 쓸데없고 싱거운

① 달수의 그런 (　　　) 꼴을 본 사람들은 경멸에 앞서 동정을 보냈다.
② (　　　) 소리 그만두어요. 그 따위 실없는 소리를 할 때가 아니에요.
③ 어디서나 그 (　　　) 허우대 때문에 그것만으로도 한결 돋보였다.
④ 정씨까지도 완전히 맥이 탁 풀려 그 전처럼 애타지도 않고 (　　　) 낯색이었다.
⑤ 꽃이 피고 나비가 넘노는 (　　　) 봄날이었다. 태후는 잔치를 열고 왕을 청했다.

13. 〈보기〉의 밑줄 친 부분에 해당하는 예로 적절한 것은?

─〈보 기〉─

　하나의 단어가 관련된 여러 가지 의미를 함께 지니고 있는 것을 '다의어'라고 한다. 다의어의 의미는 '중심적 의미'와 '주변적 의미'로 나뉜다. <u>중심적 의미끼리는 반의 관계가 성립</u>하지만, 중심적 의미와 주변적 의미, 주변적 의미와 주변적 의미 사이에는 반의 관계가 성립하지 않는다.

(학교가) 넓다 ↔ (도로가) 좁다	중심 ↔ 중심
(학교가) 넓다 ↮ (시야가) 좁다	중심 ↮ 주변
(마음이) 넓다 ↮ (시야가) 좁다	주변 ↮ 주변

* ↔ : 반의 관계가 성립함.　 * ↮ : 반의 관계가 성립하지 않음.

① 결심이 <u>서다</u>　　　 — 요직에 <u>앉다</u>
② 차렷 자세로 <u>서다</u> — 잠자리가 장대에 <u>앉다</u>
③ 칼날이 <u>서다</u>　　　 — 책상에 먼지가 <u>앉다</u>
④ 전봇대가 <u>서다</u>　　 — 의자에 <u>앉다</u>
⑤ 일렬로 <u>서다</u>　　　 — 방석을 깔고 <u>앉다</u>

14. 〈보기〉는 단어를 학습하기 위해 활용한 사전 자료이다. 이에 대한 탐구 내용으로 옳지 <u>않은</u> 것은? (2017 고1 6월 학평)

┌─〈보 기〉───┐

어리다¹ 「동사」 ㉠【 …에 】눈에 눈물이 조금 괴다. ¶ 갑순이의 두 눈에 어느덧 눈물이 어리고 있었다.

  ㉡【 …에 】어떤 현상, 기운, 추억 따위가 배어 있거나 은근히 드러나다. ¶ 밤을 새우고 난 그의 얼굴에 피로한 기색이 어렸다.

어리다² 「형용사」 ㉠ 나이가 적다. 10대 전반을 넘지 않은 나이를 이른다. ¶ 나는 어린 시절을 시골에서 보냈다.

  ㉡ 생각이 모자라거나 경험이 적거나 수준이 낮다. ¶ _____

└──┘

① '어리다¹'과 '어리다²'는 모두 다의어이다.   ② '어리다¹'은 목적어가 필요한 동사이다.

③ '어리다¹'과 '어리다²'는 동음이의 관계에 있다.

④ '어리다¹'의 ㉡에 해당하는 또 다른 용례로, '입가에 미소가 어리다.'를 추가할 수 있다.

⑤ '어리다²'의 ㉡에 들어갈 예로, '저의 어린 소견을 경청해 주셔서 고맙습니다.'와 같은 문장을 들 수 있다.

(15~16) ㉠을 나타내기에 가장 적절한 것을 고르시오.

15. ── (2014 6월 모평B)

삼대의 죽음을 보고 ㉠적진이 대경 황망하여 일시에 도망하거늘 원수와 강장이 본진에 돌아와 승전고를 울리니 여러 장수와 군졸이 치하하며 모두 즐기더라.   – 작자 미상, 〈조웅전〉

① 혼비백산(魂飛魄散)   ② 경거망동(輕擧妄動)   ③ 동분서주(東奔西走)

④ 분기탱천(憤氣撐天)   ⑤ 적반하장(賊反荷杖)

16. ── (2017 고1 3월 학평)

밤이 이미 다하여 손님들이 모두 취했을 때입니다. ㉠제가 벽에 구멍을 뚫고 엿보니 진사 역시 제 뜻을 알고 모퉁이를 향해 앉아 있더군요.   – 작자 미상, 〈운영전〉

① 이심전심(以心傳心)   ② 인과응보(因果應報)   ③ 견물생심(見物生心)

④ 역지사지(易地思之)   ⑤ 수구초심(首丘初心)

[정답] 1. ① 2. ⑤ 3. ① 4. ⑤ 5. ③ 6. ① 7. ① 8. ① 9. ③ 10. ② 11. ② 12. ⑤ 13. ⑤ 14. ② 15. ① 16. ①

[해설] 1. ㉠ 일이나 사건 따위를 끌어 일으킴. 2. ⑤ → 괴팍해서 3. ① → 활약 4. ⑤ → 두각 5. ㉠은 몰랐던 사실을 알게(어떤 사실이나 존재, 상태에 대해 의식이나 감각으로 깨닫거나 느끼게) 되는 것이므로 '어떤 사실을 인정하여 알다.'라는 뜻의 '인지(認知)하다.'가 적절하다. 7. ㉠ 일을 해결하기가 까다로워 힘에 겹고 쉽지 않다. ② 상대가 되는 사람이 거리감이 있어 행동하기가 조심스럽고 거북하다. ③ 말이나 글이 이해하기에 까다롭다. ④·⑤ 가난하여 살아가기가 고생스럽다. 8. ㉠ 어떤 물건을 다른 곳으로 옮기기 좋게 상자나 가방 따위에 넣거나 종이나 천, 끈 따위를 이용해서 꾸리다. ⑤ 어떤 물체의 주위를 가리거나 막다. 9. ㉠ 생각이나 감정 따위를 마음속에 가지다. 10. ㉠ 어떤 일을 하는 데에 재료나 도구, 수단을 이용하다. ① 어떤 일에 마음이나 관심을 기울이다. ③ 어떤 일을 하는 데 시간이나 돈을 들이다. ④ 합당치 못한 일을 강하게 요구하다. ⑤ 사람에게 일정한 돈을 주고 어떤 일을 하도록 부리다. 11. ㉠ 어떤 사실이나 존재, 상태에 대해 의식이나 감각으로 깨닫거나 느끼다. ① 사람이 어떤 일을 어떻게 할지 스스로 정하거나 판단하다. ③ 어떤 일을 할 능력이나 소양이 있다. ④ 어떤 사람이나 사물에 대하여 소중히 생각하다. ⑤ 어떤 사람이나 사물에 대하여 그것을 어떠한 성격을 가진 것으로 여기다. 12. ⑤의 빈칸에는 자연 현상을 표현하는 말이 적절하다. 그런데 〈보기〉에 제시된 순우리말 중에서 이에 적합한 말은 없다. 빈칸에 적절한 말은 '흐드러진'이다. ① 추레한 ② 객쩍은 ③ 헌걸찬 ④ 심드렁한 13. '서다'의 중심적 의미는 '사람이나 동물이 발을 땅에 대고 다리를 쭉 뻗으며 몸을 곧게 한다.'이고, '앉다'의 중심적 의미는 '사람이나 동물이 윗몸을 바로 한 상태에서 엉덩이에 몸무게를 실어 다른 물건 위에 몸을 올려놓거나 무릎을 구부려 엉덩이를 다리나 발 위에 올려놓다.'이다. ⑤의 '서다'와 '앉다'가 이러한 중심적 의미로 사용되어 반의 관계가 성립한다. ①·③ '서다'와 '앉다'는 모두 주변적 의미로 사용되었다. ② '서다'는 중심적 의미로 쓰였으나, '앉다'는 '새나 곤충 따위가 일정한 곳에 내려 자기 몸을 다른 물건 위에 놓다.'라는 주변적 의미로 사용되었다. ④ '서다'는 주변적 의미로, '앉다'는 중심적 의미로 사용되었다. 14. '어리다¹'은【 …에】의 문장 구조를 취하고 있으므로, 문장 구조상 '필수 부사어'를 필요로 한다. 15. ② 경솔하여 생각 없이 망령되게 행동함. 16. ④ 처지를 바꾸어서 생각하여 봄. ⑤ 고향을 그리워하는 마음

□ **언변**
흠 말씀 **언** 辯 말씀 **변**

말을 잘하는 재주나 솜씨≒말재주/말재간
▶ 나는 그의 유창한 언변에 설복을 당하지 않을 수 없었다.

참고어휘 + '辯(말씀변)'을 공유하는 한자어

달변(達통달할달 辯말씀변): 능숙하여 막힘이 없는 말 ▶ 그는 달변으로 나를 설득하였다.

눌변(訥말더듬거릴눌 辯말씀변): 더듬거리는 서툰 말솜씨
▶ 비록 눌변인 연설이었지만 그의 말은 청중의 가슴에 와 닿았다.

궤변(詭속일궤 辯말씀변): 상대편을 이론으로 이기기 위해 상대편의 사고를 혼란시키거나 감정을 격
앙시켜 거짓을 참인 것처럼 꾸며 대는 논법
▶ 동포를 위해 일제에 협력했다는 것은 민족 반역자의 궤변이다.

강변(强강할강 辯말씀변): 이치에 닿지 아니한 것을 끝까지 굽히지 않고 주장하거나 변명함.
▶ 그는 오히려 사람들이 자기의 생각을 제대로 이해하지 못했다고 강변했다.

항변(抗겨룰항 辯말씀변): 대항하여 변론함. 또는 그런 변론
▶ 그는 제대로 항변도 못한 채 자신의 모든 권리를 뺏기고 말았다.

□ **언저리**

❶ 둘레의 가 부분 ▶ 그날 저녁 마을 언저리에서 서성이고 있는 낯선 사람을 보았다.
❷ 어떤 나이나 시간의 전후 ▶ 그녀의 나이는 서른 언저리이다.
❸ 어떤 수준이나 정도의 위아래 ▶ 그는 항상 반에서 꼴찌 언저리에 있었다.

참고어휘 + **가장자리**: 둘레나 끝에 해당되는 부분 ▶ 그는 침대 가장자리에 걸터앉았다.

테두리: ❶ 죽 둘러서 친 줄이나 금 또는 장식 ▶ 그 옷은 노란색 바탕에 까만 테두리를 둘렀다.
❷ 둘레의 가장자리 ▶ 잔디밭 테두리에 잡초가 우거졌다.
❸ 일정한 범위나 한계 ▶ 법의 테두리를 벗어난 행동은 어떤 이유에서도 용납될 수 없다.

□ **얹다**

❶ 위에 올려놓다. ▶ 노인은 소년의 어깨에 팔을 얹었다.
❷ 일정한 분량이나 액수 위에 얼마 정도 더 덧붙이다.
▶ 과일 장수는 내가 산 귤에 몇 개를 더 얹어 주었다.

연관어휘 + **얹히다**: ❶ '얹다-❶'의 피동사 ▶ 선반 위에 트렁크가 얹혀 있었다.
❷ '얹다-❷'의 피동사 ▶ 밭 삼천 평에 집이 얹혀 있기는 해도 값이 너무 비싸다.
❸ 기본적인 것에 덧붙여지다.
▶ 그녀는 그에 대한 야속한 마음에 원망까지 얹혀서 된통 쏘아 붙였다.
❹ 남에게 의지하여 신세를 지다. ▶ 그는 형님 댁에 얹혀 지내고 있었다.
❺ 체하다(먹은 음식이 잘 소화되지 아니하고 배 속에 답답하게 처져 있다).
▶ 아침 식사를 너무 급하게 했더니 곧 얹혔다.

□ **얻다**

❶ 거저 주는 것을 받아 가지다. ▶ 거실에 놓을 의자를 이웃집에서 얻었다.
❷ 긍정적인 태도 · 반응 · 상태 따위를 가지거나 누리게 되다.
▶ 그녀는 자신이 하는 일에서 기쁨을 얻었다.
❸ 구하거나 찾아서 가지다. ▶ 실업자 신세 삼 년 만에 직장을 얻었다.
❹ 돈을 빌리다. ▶ 그는 은행에서 빚을 얻어 사업을 시작했다.
❺ 집이나 방 따위를 빌리다. ▶ 나는 교통편이 좋은 지역에 집을 하나 얻었다.
❻ 권리나 결과 · 재산 따위를 차지하거나 획득하다.
▶ 나는 손을 들어 의장으로부터 발언권을 얻었다.
❼ 일꾼이나 일손 따위를 구하여 쓸 수 있게 되다. ▶ 일꾼을 얻는 일이 쉽지가 않다.
❽ 사위, 며느리, 자식, 남편, 아내 등을 맞다. ▶ 그는 소꿉동무를 아내로 얻었다.
❾ 병을 앓게 되다. ▶ 연일 과로한 탓에 병을 얻고 말았다.

| □ 없다 | ❶ 사람, 동물, 물체 따위가 실제로 존재하지 않는 상태이다. ▶ 지구상에 공룡은 <u>없다</u>.
| | ❷ 어떤 사실이나 현상이 현실로 존재하지 않는 상태이다. ▶ 이제 그런 기회는 <u>없다</u>.
| | ❸ 어떤 일이나 현상이나 증상 따위가 생겨 나타나지 않은 상태이다.
| | ▶ 구름 한 점 <u>없는</u> 화창한 날씨이다.
| | ❹ 어떤 것이 많지 않은 상태이다. ▶ 찬은 <u>없지만</u>(≒부족하지만) 많이 드세요.
| | ❺ 재물이 넉넉하지 못하여 가난하다. ▶ <u>없는</u>(≒가난한) 사람끼리 서로서로 도와야 한다.
| | ❻ 어떤 일이 가능하지 않다. ▶ 나는 그 말을 믿을 수 <u>없다</u>.
| | ❼ 사람이나 사물 또는 어떤 사실이나 현상 따위가 어떤 곳에 자리나 공간을 차지하고 존재하지 않는 상태이다. ▶ 방 안에는 아무도 <u>없다</u>.
| | ❽ 사람이나 동물이 어느 곳에 머무르거나 살지 않는 상태이다.
| | ▶ 그는 한 달 전에 여행을 떠나서 지금 집에 <u>없다</u>.
| | ❾ 매우 드물다. ▶ 그는 천하에 <u>없는</u> 효자로 소문이 자자하다.
| | ❿ 일정한 범위에 포함되지 않는 상태이다. ▶ 합격자 명단에는 내 이름이 <u>없었다</u>.
| | ⓫ 어떤 물체를 소유하고 있지 않거나 자격이나 능력 따위를 갖추지 않은 상태이다.
| | ▶ 나에게는 지금 단돈 100원도 <u>없다</u>.
| | ⓬ 일정한 관계를 가진 사람이 존재하지 않는 상태이다. ▶ 그는 어떤 친척도 <u>없다</u>.
| | ⓭ 어떤 사람에게 아무 일도 생기지 않은 상태이다. ▶ 아직 며느리에게 태기가 <u>없다</u>.
| | ⓮ 이유나 가능성 따위로 성립될 수 없는 상태이다. ▶ 그의 반항은 이유가 <u>없었다</u>.
| | ⓯ 상하, 좌우, 위계 따위가 구별될 수 없는 상태이다. ▶ 그는 위아래가 <u>없다</u>.

| □ 엎다 | ❶ 물건 따위를 거꾸로 돌려 위가 밑을 향하게 하다.
| | ▶ 그는 설거지를 마친 그릇을 선반 위에 <u>엎어</u> 놓았다.
| | ❷ 그릇 따위를 부주의로 넘어뜨려 속에 든 것이 쏟아지게 하다.
| | ▶ 대접을 <u>엎으니</u> 물이 쏟아졌다.
| | ❸ 제대로 있는 것을 넘어뜨리다. ▶ 나는 그의 멱살을 잡아 휘둘러 <u>엎었다</u>.
| | ❹ 어떤 일이나 체제 또는 질서 따위를 완전히 뒤바꾸기 위하여 없애다.
| | ▶ 그는 잘 진행되고 있는 일을 중간에 끼어들어 <u>엎어</u> 버렸다.
| | ❺ 이미 있어 온 일이나 주장 따위를 깨뜨리거나 바꾸어서 효력이 없게 하다.
| | ▶ 그는 기존의 견해를 <u>엎고</u> 새로운 주장을 내놓았다.

확 인 문 제

(1~2) 괄호 안에서 문맥에 맞는 말을 고르시오
1. 그는 늘 밤 12시 (가장자리 / 언저리 / 테두리)에 귀가했다.
2. 그가 말도 안 되는 논리로 (궤변 / 눌변)을 늘어놓았지만 나는 그것에 대해 한마디도 (강변 / 항변)하지 않았다.
(3~6) 밑줄 친 말이 제시문과 가장 유사한 의미로 쓰인 것을 고르시오.
3. 그는 친구의 도움에 용기를 <u>얻고</u> 하던 일을 계속했다.
　① 빚을 <u>얻다</u>. 　　② 사위를 <u>얻다</u>. 　　③ 직장을 <u>얻다</u>. 　　④ 위안을 <u>얻다</u>. 　　⑤ 사업권을 <u>얻다</u>.
4. 사고 <u>없는</u> 공사가 되도록 안전에 유의하시오.
　① 남녀 차별이 <u>없다</u>. 　② 그는 집에 <u>없다</u>. 　③ 그를 믿을 수 <u>없다</u>. 　④ 눈 셋인 사람은 <u>없다</u>. 　⑤ 그처럼 착한 사람은 <u>없다</u>.
5. 선반에 <u>엎혀</u> 있는 꽃병 　　① 아침 먹은 것이 <u>엎혔다</u>. 　　② 책상 위에 책이 <u>엎혀</u> 있다. 　③ 친척집에 <u>엎혀</u> 살고 있다.
6. 그는 하던 장사를 <u>엎고</u> 귀농을 결심했다. ① 정권을 <u>엎다</u>. 　　　② 학설을 <u>엎다</u>. 　　　③ 국그릇을 <u>엎었다</u>.

- -

[정답] 1. 언저리 2. 궤변, 항변 3. ④ 4. ① 5. ② 6. ①
[해설] 3. 얻다─❷ 4. 없다─❸ ② 없다─❽ ③ 없다─❻ ④ 없다─❶ ⑤ 없다─❾ 5. 엎히다─❶ 6. 엎다─❹

□ **에서**

❶ 앞말이 행동이 이루어지고 있는 처소의 부사어임을 나타내는 격 조사
▶ 우리는 아침에 도서관에서 만나기로 하였다.

❷ 앞말이 출발점의 뜻을 갖는 부사어임을 나타내는 격 조사 ▶ 서울에서 몇 시에 출발할 예정이냐?

❸ 앞말이 어떤 일의 출처임을 나타내는 격 조사
▶ 그는 모 기업에서 돈을 받은 혐의로 현재 조사 중에 있다.

❹ 앞말이 근거의 뜻을 갖는 부사어임을 나타내는 격 조사 ▶ 고마운 뜻에서 하는 말이다.

❺ 앞말이 비교의 기준이 되는 점의 뜻을 갖는 부사어임을 나타내는 격 조사
▶ 이에서 어찌 더 나쁠 수가 있겠어요?

❻ 앞말이 주어임을 나타내는 격 조사 ▶ 이번 대회는 우리 학교에서 우승을 차지했다.

□ **여담**
餘 남을 여 談 말씀 담

이야기하는 과정에서 본 줄거리와 관계없이 흥미로 하는 딴 이야기
▶ 여담은 그만두고 빨리 용건을 말하시오.

참고어휘+ '談(말씀담)'을 공유하는 한자어

덕담(德덕덕 談말씀담): 남이 잘되기를 비는 말 ▶ 설날에는 세배를 드리고 덕담을 나눈다.
군담(軍군사군 談말씀담): 전쟁에 대한 이야기 ▶ 옛 영웅 소설들에는 군담의 구조를 지닌 작품이 많다.
필담(筆붓필 談말씀담): 말이 통하지 아니하거나 말을 할 수 없을 때에, 글로 써서 서로 묻고 대답함.
▶ 서로 언어는 다르지만 필담과 몸짓으로 어느 정도 의사 표시는 할 수 있었다.
사담(私사사사 談말씀담): 사사로이 이야기함. 또는 그런 이야기
▶ 사담은 나중에 하고 우선 사업 이야기부터 합시다.
대담(對대할대 談말씀담): 마주 대하고 말함. 또는 그런 말 ▶ 그들은 교육 문제에 대해 대담하였다.
환담(歡기쁠환 談말씀담): 정답고 즐겁게 서로 이야기함. 또는 그런 이야기
▶ 정상 회담에 앞서 양국 정상 간에 잠시 환담이 오고 갔다.

□ **여분**
餘 남을 여 分 나눌 분

나머지(어떤 한도에 차고 남은 부분) ▶ 여행을 갈 때는 여분의 옷을 가져가면 유용하다.

참고어휘+ '餘(남을여)'를 공유하는 한자어

여지(餘남을여 地땅지): (남은 땅 →) 어떤 일을 하거나 어떤 일이 일어날 가능성이나 희망
▶ 그의 행동은 의심받을 여지가 있다.
여파(餘남을여 波물결파): (큰 물결이 지나간 뒤에 일어나는 잔물결 →) 어떤 일이 끝난 뒤에 남아 미치는 영향 ▶ 유가 인상의 여파로 물가가 오를 조짐이 보인다.
여한(餘남을여 恨한한): 풀지 못하고 남은 원한 ▶ 막내가 결혼하는 것까지 보았으니 죽어도 여한이 없다.
여념(餘남을여 念생각념): 어떤 일에 대하여 생각하고 있는 것 이외의 다른 생각
▶ 아이들은 문제 풀기에 여념이 없었다.
여생(餘남을여 生날생): 앞으로 남은 인생 ▶ 그는 공직에서 물러난 후 고향에서 조용히 여생을 보냈다.
여운(餘남을여 韻운운): ❶ 아직 가시지 않고 남아 있는 운치 ▶ 그 영화는 마지막에 짙은 여운을 남겼다.
❷ 소리가 그친 뒤에도 귀에 남아 있는 어렴풋한 울림 ▶ 종소리의 여운이 듣기에 좋았다.
잉여(剩남을잉 餘남을여): 쓰고 난 후 남은 것
▶ 구조 조정이 시작되자 잉여 인원을 감축한다는 명분으로 대규모 해고 사태가 발생했다.

□ **역설**
力 힘 역 說 말씀 설

자기의 뜻을 힘주어 말함. 또는 그런 말 ▶ 선생님은 통일의 중요성에 대하여 역설했다.

동음이의어+ **역설**(逆거스릴역 說말씀설): 어떤 주의나 주장에 반대되는 이론이나 말
▶ 생활은 나날이 편리해졌지만 점점 더 시간에 쫓기며 산다는 것, 그것이 우리가 처한 역설이다.

□ **역지사지**
易 바꿀 역 地 땅 지
思 생각 사 之 그것 지

처지를 바꾸어서 생각하여 봄.
▶ 양측이 이 문제를 역지사지해 본다면 합의점을 찾을 수 있을 것이다.

□ 연계 連 잇닿을 연 繫 맬 계	어떤 일이나 사람과 관련하여 관계를 맺음. 또는 그 관계 ▶ 우리는 다른 업체와의 <u>연계</u>를 통해 사업을 확장해 나가려고 한다. 참고어휘 + **연루**(連잇닿을연 累묶을루): 남이 저지른 범죄에 연관됨. ▶ 그는 각종 비리에 <u>연루</u>되어 구속되었다.
□ 연마 鍊 단련할 연 磨 갈 마	❶ 고체를 갈고 닦아서 표면을 반질반질하게 함. ▶ 노동자가 대리석을 <u>연마</u>하고 있다. ❷ 학문이나 기술 따위를 힘써 배우고 닦음. ▶ 그는 산속에서 홀로 무술을 <u>연마</u>하였다. 유의어 + **정진**(精정할정 進나아갈진): 힘써 나아감. ▶ 그는 조용한 절에 머물며 공부에 <u>정진</u>하였다. 한자성어 + **절차탁마**(切끊을절 磋갈차 琢다듬을탁 磨갈마): (옥이나 돌 따위를 갈고 닦아서 빛을 냄. →) 부지런히 학문과 덕행을 닦음. ▶ 그는 지난 시험의 실패를 반복하지 않기 위해 <u>절차탁마</u>하고 있다. **환골탈태**(換바꿀환 骨뼈골 奪빼앗을탈 胎아이밸태): 모습이나 상태가 새롭게 바뀜. ▶ 국민의 신뢰를 얻기 위해서는 검찰의 <u>환골탈태</u>가 필요하다. **온고지신**(溫따뜻할온 故연고고 知알지 新새신): 옛것을 익히고 그것을 미루어서 새것을 앎. ▶ 최근 <u>온고지신</u>이라는 이름 아래 한문학 연구가 활성화되고 있다. **불치하문**(不아닐불 恥부끄러울치 下아래하 問물을문): 손아랫사람이나 지위나 학식이 자기만 못한 사람 에게 모르는 것을 묻는 일을 부끄러워하지 아니함. ▶ 그가 학문적으로 성공할 수 있었던 것은 <u>불치하문</u>했기 때문이다.
□ 연원 淵 못 연 源 근원 원	사물의 근원 ▶ 그 놀이의 <u>연원</u>은 백제 시대까지 거슬러 올라간다. 유의어 + **효시**(嚆울릴효 矢화살시): (전쟁을 시작할 때 쏘았다는 우는 화살 →) 어떤 사물이나 현상이 시작되어 나온 맨 처음 ▶ 홍길동전은 국문 소설의 <u>효시</u>이다.
□ 열다	❶ 닫히거나 잠긴 것을 트거나 벗기다. ▶ 노크 소리를 듣고 문을 <u>열었다</u>. ❷ 모임이나 회의 따위를 시작하다. ▶ 수험생을 대상으로 입시 설명회를 <u>열었다</u>(≒개최했다). ❸ 하루의 영업을 시작하다. ▶ 우리 가게는 오전 10시에 문을 <u>연다</u>. ❹ 사업이나 경영 따위의 운영을 시작하다. ▶ 부모님이 읍내에 커피 전문점을 <u>열었다</u>. ❺ 새로운 기틀을 마련하다. ▶ 왕건은 이 땅에 새 왕조를 <u>열었다</u>. ❻ 자기의 마음을 다른 사람에게 터놓거나 다른 사람의 마음을 받아들이다. ▶ 그는 결국 굳게 닫혔던 마음을 아내에게 <u>열었다</u>. ❼ 다른 사람에게 어떤 일에 대하여 터놓거나 이야기를 시작하다. ▶ 용의자는 마침내 형사에게 입을 <u>열었다</u>. ❽ 어떤 관계를 맺다. ▶ 조선은 청나라와 국교를 <u>열었다</u>.

확 인 문 제

(1~8) 주어진 뜻풀이에 맞는 어휘가 되도록 빈칸에 알맞은 말을 쓰시오.

1. 사물의 근원. : 연□
2. 본 줄거리와 관계없이 흥미로 하는 딴 이야기: □담
3. 풀지 못하고 남은 원한 : □한
4. 자기의 뜻을 힘주어 말함: □설
5. 남이 저지른 범죄에 연관됨: 연□
6. 어떤 일이 끝난 뒤에 남아 미치는 영향: 여□
7. 부지런히 학문과 덕행을 닦음: □차□마
8. 처지를 바꾸어서 생각하여 봄: □지□지

(9~10) 밑줄 친 말이 제시문과 가장 유사한 의미로 쓰인 것을 고르시오.

9. 이번 계약은 홍보부<u>에서</u> 담당하기로 했다.
　① 나는 집<u>에서</u> 쉬고 있다.　　② 그는 서울<u>에서</u> 떠났다.　　③ 고마운 뜻<u>에서</u> 하는 말이다.　　④ 정부<u>에서</u> 조사를 실시했다.

10. 정상회담에 앞서서 준비회담을 <u>열었으나</u> 그 내용은 알려지지 않았다.
　① 입을 <u>열다</u>.　　② 창문을 <u>열다</u>.　　③ 동창회를 <u>열다</u>.　　④ 새 시대를 <u>열다</u>.　　⑤ 아침에 가게 문을 <u>열다</u>.

[정답] 1. 원 2. 여 3. 여 4. 역 5. 루 6. 파 7. 절, 탁 8. 역, 사 9. ④ 10. ③
[해설] 9. 에서―❻ ① 에서―❶ ② 에서―❷ ③ 에서―❹ 10. 열다―❷

☐ **오르다**	❶ 사람이나 동물 따위가 아래에서 위쪽으로 움직여 가다. ▶ 주말마다 산에 <u>오른다</u>.
	❷ 지위나 신분 따위를 얻게 되다. ▶ 세자가 왕위에 올랐다(≒등극했다).
	❸ 탈것에 타다. ▶ 우리가 기차에 <u>오른</u>(≒탑승) 것은 한밤중이 되어서였다.
	❹ 어떤 정도에 달하다. ▶ 사업이 비로소 정상 궤도에 올랐다(≒도달했다).
	❺ 길을 떠나다. ▶ 그는 바쁜 일을 모두 끝내고 여행길에 올랐다.
	❻ 물에서 육지로 옮다. ▶ 뱃멀미가 심해서 고생했는데 뭍에 <u>오르니</u> 살 것 같았다.
	❼ 몸 따위에 살이 많아지다. ▶ 얼굴에 살이 <u>오르니</u> 귀여워 보인다.
	❽ 식탁, 도마 따위에 놓이다. ▶ 모처럼 저녁상에 갈비가 올랐다.
	❾ 남의 이야깃거리가 되다. ▶ 남의 입에 <u>오르지</u> 않도록 조심해라.
	❿ 기록에 적히다. ▶ 아이가 주민등록에 올랐다(≒등재되었다).
	⓫ 값이나 수치, 온도, 성적 따위가 이전보다 많아지거나 높아지다.
	▶ 대학교 등록금이 해마다 <u>오르고</u>(≒상승하고/인상되고) 있다.
	⓬ 기운이나 세력이 왕성하여지다. ▶ 이번의 승리로 선수들의 사기가 올랐다.
	⓭ 실적이나 능률 따위가 높아지다. ▶ 잠을 푹 자야 일에도 능률이 <u>오른다</u>.
	⓮ 어떤 감정이나 기운이 퍼지다. ▶ 그의 모습을 볼 때마다 부아가 치밀어 <u>오른다</u>.
	⓯ 병균이나 독 따위가 옮다. ▶ 옻이 <u>오르게</u> 되면 여간 고생하는 것이 아니다.
	⓰ 물질이나 물체 따위가 위쪽으로 움직이다. ▶ 봉화대에서 연기가 올랐다.
☐ **오리무중** **五** 다섯 **오** **里** 마을 **리** **霧** 안개 **무** **中** 가운데 **중**	(오 리나 되는 짙은 안개 속에 있음. →) 무슨 일에 대하여 방향이나 갈피를 잡을 수 없음. ▶ 범인의 행방이 오리무중이다. 【한자성어 +】 **속수무책**(束묶을속 手손수 無없을무 策꾀책): 손을 묶은 것처럼 어찌할 도리가 없어 꼼짝 못 함. ▶ 워낙 기습적인 폭우여서 <u>속수무책</u>으로 당할 수밖에 없었다.
☐ **오매불망** **寤** 잠깰 **오** **寐** 잘 **매** **不** 아닐 **불** **忘** 잊을 **망**	자나 깨나 잊지 못함. ▶ 그는 고향에 두고 온 가족을 오매불망 그리워하였다. 【한자성어 +】 **전전반측**(輾돌아누울전 轉구를전 反돌이킬반 側곁측): 누워서 몸을 이리저리 뒤척이며 잠 을 이루지 못함. ▶ 아내는 남편이 장사를 떠난 뒤로 <u>전전반측</u>하며 잠을 이루지 못하는 날이 많았다. 【참고어휘 +】 **궁싯거리다**: ❶ 잠이 오지 아니하여 누워서 몸을 이리저리 뒤척거리다. ▶ 공연히 갈피 없는 생각에 <u>궁싯거리며</u> 밤을 지샜다. ❷ 어찌할 바를 몰라 머뭇거리다. ▶ 그는 잠시 <u>궁싯거리다가</u> 면접관을 향해 꾸벅 인사를 했다.
☐ **오월동주** **吳** 나라이름 **오** **越** 나라이름 **월** **同** 한가지 **동** **舟** 배 **주**	서로 적의를 품은 사람들이 한자리에 있게 된 경우나 서로 협력하여야 하는 상황 ▶ 오월동주라더니, 치열하게 경쟁하던 두 기업이 새로운 도전자가 출현하자 힘을 합쳐 대응하고 있다. 【한자성어 +】 **동상이몽**(同한가지동 床평상상 異다를이 夢꿈몽): (같은 자리에 자면서 다른 꿈을 꿈. →) 겉으로는 같이 행동하면서도 속으로는 각각 딴생각을 하고 있음. ▶ 형제는 재산 분배를 놓고 <u>동상이몽</u>을 꾸고 있다. **견원지간**(犬개견 猿원숭이원 之~의 지 間사이간): (개와 원숭이의 사이 →) 사이가 매우 나쁜 두 관계 ▶ 두 사람은 오래 전부터 <u>견원지간</u>이어서 만나기만 하면 서로 으르렁거린다.
☐ **옳다**	❶ 사리에 맞고 바르다. ▶ 나는 선생님의 말씀이 구구절절이 옳다고 생각했다. ❷ 격식에 맞아 탓하거나 흠잡을 데가 없다. ▶ '책이예요'가 아니라 '책이에요'가 옳다. ❸ 차라리 더 낫다. ▶ 외세에 머리를 숙이느니 차라리 목숨을 끊는 것이 <u>옳겠다</u> 싶었다.
☐ **와전** **訛** 그릇될 **와** **傳** 전할 **전**	사실과 다르게 전함. ▶ 내가 한 말이 한 다리 두 다리 건너더니 완전히 와전이 되었다. 【유의어 +】 **왜곡**(歪기울왜 曲굽을곡): 사실과 다르게 해석하거나 그릇되게 함. ▶ 언론이 사건을 <u>왜곡</u> 보도하였다.

날조(捏꾸밀날 造지을조): 사실이 아닌 것을 사실인 것처럼 거짓으로 꾸밈.
▶ 영화는 그날의 진실을 날조했다는 비판을 받았다.

조작(造지을조 作지을작): 어떤 일을 사실인 듯이 꾸며 만듦. ▶ 그의 수상 경력은 조작된 것으로 밝혀졌다.

> [동음이의어 +] **조작**(操잡을조 作지을작): 기계 따위를 일정한 방식에 따라 다루어 움직임.
> ▶ 그는 기계 조작이 서툴다.

□ **완상**
玩 희롱할 완 賞 상줄 상

즐겨 구경함. ▶ 그는 정원에서 화초를 완상하고 있었다.

> [유의어 +] **감상**(鑑거울감 賞상줄상): 주로 예술 작품을 이해하여 즐기고 평가함.
> ▶ 그의 취미는 영화 감상이다.

> [동음이의어 +] **감상**(感느낄감 傷다칠상): 하찮은 일에도 쓸쓸하고 슬퍼져서 마음이 상함. 또는 그런
> 마음 ▶ 보름달은 사람들을 감상적으로 만든다.

감상(感느낄감 想생각상): 마음속에서 일어나는 느낌이나 생각 ▶ 그 책에 대한 감상은 지루하다는 것이다.

□ **외람되다**
猥 외람할 외 濫 넘칠 람-

하는 짓이 분수에 지나치다. ▶ 이 자리에 계신 여러분께 외람된 말씀이오나 저는 그렇게 생각하지 않습니다.

> [참고어휘 +] 태도와 관련된 말

완곡(婉순할완 曲굽을곡)**하다**: 말하는 투가, 듣는 사람의 감정이 상하지 않도록 모나지 않고 부드럽다.
▶ 그는 상대에 대한 비판의 뜻을 완곡하게 표현하였다.

통렬(痛아플통 烈매울렬)**하다**: 몹시 날카롭고 매섭다. ▶ 이 작품은 사회의 모순을 통렬하게 비판하고 있다.

□ **용납**
容 얼굴 용 納 들일 납

너그러운 마음으로 남의 말이나 행동을 받아들임. ▶ 그런 무례한 행동은 도저히 용납을 할 수 없다.

> [유의어 +] **용인**(容얼굴용 認알인): 용납하여 인정함. ▶ 구시대의 악습을 용인해서는 안 된다.

묵인(默잠잠할묵 認알인): 모르는 체하고 하려는 대로 내버려 둠으로써 슬며시 인정함.
▶ 그는 상급자의 묵인 아래 부정을 저질렀다.

추인(追쫓을추 認알인): 지나간 사실을 소급하여 추후에 인정함. ▶ 위원회는 합의안을 만장일치로 추인했다.

□ **용두사미**
龍 용 용 頭 머리 두 蛇
뱀 사 尾 꼬리 미

(용의 머리와 뱀의 꼬리 →) 처음은 왕성하나 끝이 부진함.
▶ 김 박사는 이번 연구가 용두사미로 그치지 않도록 막바지에 박차를 가했다.

□ **용모파기**
容 얼굴 용 貌 모양 모
疤 흉 파 記 기록할 기

어떠한 사람을 잡기 위하여 그 사람의 용모와 특징을 기록함. 또는 그런 기록
▶ 포도청에서 돌린 용모파기를 통해 범인의 얼굴을 익혔다.

확인 문제

(1~6) 문맥에 어울리는 말을 괄호 안에서 고르시오.

1. 그는 앙심을 품고 (날조 / 와전)된 비방글을 작성했다.
2. 공무원이 불법을 (묵인 / 추인)해 주는 대가로 뇌물을 받았다.
3. 잠이 오지 않아 밤새 (궁싯거리고 / 외람되고) 있었다.
4. 그의 행적은 아직까지 (속수무책 / 오리무중)이다.
5. 남편은 아내를 (오월동주 / 오매불망) 그리워하고 있다.
6. 이번 일이 (용모파기 / 용두사미)가 되지 않도록 노력하자.

(7~8) 밑줄 친 말들이 동음이의 관계인지 다의 관계인지 판단하시오.

7. 감상에 젖다. - 경치를 감상하다.
8. 사건을 조작하다. - 기계를 조작하다.

(9~10) 밑줄 친 말이 제시문과 가장 유사한 의미로 쓰인 것을 고르시오.

9. 올해는 월급이 많이 오르면 좋겠다.
   ① 구설에 오르다.　　　② 체온이 오르다.　　　③ 관직에 오르다.　　　④ 인기가 오르다.　　　⑤ 버스에 오르다.

10. 네 말을 듣고 보니 철수의 행동이 옳구나.
   ① 제사상을 옳게 차려라.　　　② 모욕을 당하느니 그만두는 것이 옳겠다.　　　③ 너의 말이 옳으니 그에 따르겠다.

[정답] 1. 날조 2. 묵인 3. 궁싯거리고 4. 오리무중 5. 오매불망 6. 용두사미 7. 동음이의 관계 8. 동음이의 관계 9. ② 10. ③
[해설] 7. 감상(感傷) - 감상(鑑賞) 8. 조작(造作) - 조작(操作) 9. 오르다-❶ ④ 오르다-❷ 10. 옳다-❶ ① 옳다-❷ ② 옳다-❸

(1~2) ㉠~㉤의 사전적 의미로 적절하지 않은 것을 고르시오.

1. ─────────────────────────────────────── (2015 9월 모평B 응용)

맹자는 '의'의 실천을 위한 근거와 능력이 인간에게 갖추어져 있음을 ㉠제시한 바탕 위에서, 이 도덕적 마음을 현실에서 실천하는 노력이 필요하다고 ㉡역설하였다. 그는 본래 갖추고 있는 선한 마음의 ㉢확충과 더불어 욕망의 절제가 필요하다고 보았으며, 특히 생활에서 마주하는 ㉣사소한 일에서도 '의'를 실천해야 함을 강조하였다. 나아가 그는 목숨과 '의'를 함께 얻을 수 없다면 "목숨을 버리고 의를 취한다."라고 주장하여 '의'를 목숨을 버리더라도 실천해야 할 가치로 ㉤부각하였다.

① ㉠: 어떠한 의사를 말이나 글로 나타내어 보임.
② ㉡: 자기의 뜻을 힘주어 말함.
③ ㉢: 늘리고 넓혀 충실하게 함.
④ ㉣: 뛰어나거나 색다른 점이 없이 보통인.
⑤ ㉤: 어떤 사물을 특징지어 두드러지게 함.

2. ─────────────────────────────────────── (2018 고2 6월 학평 응용)

유형거는 수레를 ㉠운용하는 사람이 손에 익은 경험을 통해 유형거가 받는 충격을 ㉡감지하고 그 힘을 ㉢상쇄하기 위하여 손잡이를 ㉣조작하는 방식으로 ㉤완충 제어를 하였다.

① ㉠: 무엇을 움직이게 하거나 부리어 씀.
② ㉡: 느끼어 앎.
③ ㉢: 상반되는 것이 서로 영향을 주어 효과가 없어지는 일.
④ ㉣: 어떤 일을 사실인 듯이 꾸며 만듦.
⑤ ㉤: 대립하는 것 사이에서 불화나 충돌을 누그러지게 함.

(3~5) ㉠과 바꾸어 쓰기에 가장 적절한 말을 고르시오.

3. ─────────────────────────────────────── (2006 9월 모평 응용)

오늘날 불리는 가곡의 종류는 모두 41곡으로 남자가 부르는 남창(男唱)에 26곡, 여자가 부르는 여창(女唱)에 15곡이 있다. 그러나 그 레퍼토리는 무한정 늘어날 수 있는데, 한 가지의 선율에 두 가지 이상의 다른 시조시(時調詩)를 ㉠얹어 부를 수 있기 때문이다.

① 눌러   ② 섞어   ③ 나눠   ④ 넘겨   ⑤ 붙여

4. ─────────────────────────────────────── (2015 고2 3월 학평 응용)

'범주화'란 우리가 접하는 사물, 개념, 현상을 분류하여 이해하는 방식이다. 예컨대, 우리는 우리가 접하는 대상들 가운데 특정한 대상들을 '나무'로 묶어 이해한다. 어떤 것을 '나무'라는 이름으로 범주화하는 것은 그것이 '풀'이나 '돌'과는 다름을 아는 것이며, 모양이나 특성이 다른 낱낱의 수많은 나무들을 하나의 개념으로 이해하는 것이다. 만약 범주화하는 능력이 ㉠없다면 새로운 존재를 접할 때마다 모든 정보를 새롭게 파악하고 기억해야 한다는 점에서 인지적인 부담이 매우 클 수밖에 없을 것이다.

① 공허(空虛)하다면   ② 희귀(稀貴)하다면   ③ 소멸(消滅)한다면
④ 결여(缺如)된다면   ⑤ 제외(除外)된다면

5. ——— (2011 6월 모평)

세잔의 생각은 달랐다. "모네는 눈뿐이다."라고 평했던 그는 그림의 사실성이란 우연적 인상으로서의 사물의 외관보다는 '그 사물임'을 드러낼 수 있는 본질이나 실재에 더 다가감으로써 ⓐ얻게 되는 것이라고 생각하였다.

① 습득(習得)하게   ② 체득(體得)하게   ③ 취득(取得)하게   ④ 터득(攄得)하게   ⑤ 획득(獲得)하게

6. 어휘의 선택이 문맥에 맞지 않는 것은?

① 그는 주민들의 호의를 (완곡/ 통렬)하게 사양했다.

② 우리에게는 선택의 (여지/ 여념)이/가 남아 있지 않다.

③ 그 작품은 시대적 상황과 밀접히 (연계 /연루)되어 있다.

④ 그는 취재를 끝내고 (덕담 /여담) 삼아 다른 화가에 대한 얘기를 꺼냈다

⑤ 그는 특유의 정연한 논리와 (눌변 /달변)으로 상대방을 휘어잡는 재주를 가졌다.

7. 밑줄 친 어휘의 쓰임이 문맥에 맞지 않는 것은?

① 사실이 <u>와전</u>되어서 엉뚱한 사람이 피해를 입었다.

② 이광수의 〈무정〉은 현대 소설의 <u>효시</u>로 일컬어진다.

③ 그는 하루 세 끼를 먹고 자는 외에는 하루를 몽땅 독서로 <u>완상</u>했다.

④ 그는 자존심이 매우 강하지만 모르는 것이 있을 때는 <u>불치하문</u>할 줄도 안다.

⑤ 정권 초기에는 과감한 개혁을 시도하는 것처럼 보였지만 모든 것이 <u>용두사미</u>에 그쳤다.

(8~10) 밑줄 친 말의 의미가 ⓐ과 가장 유사한 것을 고르시오.

8. ——— (2007 수능)

제2차 세계 대전 중, 태평양의 한 전투에서 일본군은 미군 흑인 병사들에게 자신들은 유색인과 전쟁할 의도가 없으니 투항하라고 선전하였다. 이 선전물을 본 백인 장교들은 그것이 흑인 병사들에게 미칠 영향을 우려하여 급하게 부대를 철수시켰다. 사회학자인 데이비슨은 이 사례에서 아이디어를 ⓐ얻어서 대중 매체가 수용자에게 미치는 영향과 관련한 '제3자 효과(third-person effect)' 이론을 발표하였다.

① 돈을 <u>얻을</u> 곳이 또 어디 없을까?   ② 책에서 <u>얻은</u> 지혜로 성공할 수 있었다.

③ 여행 중에 <u>얻은</u> 병이 아직도 낫지 않았다.   ④ 발언권을 먼저 <u>얻고</u> 나서 말씀해 주십시오.

⑤ 늘그막에 자식을 <u>얻더니</u> 웃음이 끊이지 않는다.

9. ——— (2011 고3 10월 학평)

쇠라는 20세기 초 입체주의를 비롯한 기하학적 추상 미술의 바탕이 되면서 20세기 미술을 ⓐ연 인물로 자리매김하게 되었다.

① 수환은 학생들에게 마음을 <u>열었다.</u>   ② 경희는 가방을 <u>열고</u> 화장품을 꺼냈다.

③ 진영은 가게 문을 오전 10시에 <u>열었다.</u>   ④ 인류는 농경으로 새로운 시대를 <u>열게</u> 되었다.

⑤ 학급회장은 회의를 <u>열고</u> 학급 문제를 의논했다.

───

조사 결과 설문 대상자들이 수용할 수 있는 하한 가격 한계 위로 가격을 ㉠올리면, 지나치게 낮은 가격 때문에 그 제품의 품질을 의심해서 구매하지 않겠다는 확률이 줄어들었다.

① 그는 손을 올려 거부 의사를 밝혔다.
② 명절 아침에 할아버지께 절을 올렸다.
③ 태어난 아기의 이름을 호적에 올려야 한다.
④ 학교 주변에서는 차의 속력을 올려서는 안 된다.
⑤ 내년에 결혼식을 올리려면 준비를 서둘러야 한다.

11. 〈보기 1〉은 '~에서'에 대한 뜻풀이의 일부이다. 〈보기 2〉에서 각각에 해당하는 용례를 찾아 바르게 배열한 것은?　(2007 고3 4월 학평)

─〈보기 1〉─
㉠ 앞말이 근거의 뜻을 갖는 부사어임을 나타내는 격 조사
㉡ 체언 뒤에 붙어 앞말이 행동이 이루어지고 있는 처소의 부사어임을 나타내는 격 조사
㉢ 앞말이 비교의 기준이 되는 점의 뜻을 갖는 부사어임을 나타내는 격 조사

─〈보기 2〉─
ⓐ 고마운 마음에서 드리는 말씀입니다.
ⓑ 어느 학교 동창회에서 있었던 일이다.
ⓒ 우리는 아침에 도서관에서 만나기로 하였다.
ⓓ 그저 조그마한 보탬이라도 되고자 하는 뜻에서 행한 일이다.
ⓔ 죽은 부모가 살아 돌아온들 이에서 더 기쁘지는 않을 것이다.

	㉠	㉡	㉢			㉠	㉡	㉢
①	ⓐ, ⓑ	ⓒ	ⓓ, ⓔ		②	ⓐ, ⓒ	ⓑ, ⓔ	ⓓ
③	ⓐ, ⓓ	ⓑ, ⓒ	ⓔ		④	ⓑ, ⓒ	ⓓ, ⓔ	ⓐ
⑤	ⓓ, ⓔ	ⓐ	ⓑ, ⓒ					

12. 〈보기〉의 밑줄 친 단어를 반의어 사전의 의미 그물망과 연결하여 이해할 때 알맞은 위치는?　(2014 고1 9월 학평)

─〈보 기〉─
이번 학생회 대의원회를 여는 시간은
오후 3시입니다.

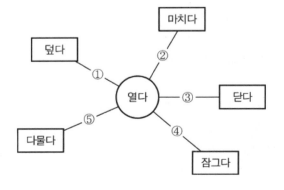

13. 〈보기〉의 밑줄 친 어휘에 공통적으로 포함되어 있는 의미로 적절한 것은?

(2006 고3 10월 학평)

─〈보 기〉─

○ 장터 주막 언저리는 제법 붐비고 있었다.

○ 잔디밭 테두리에는 잡초가 우거졌다.

○ 우리는 바다의 가장자리를 따라 걸었다.

① 주변(周邊)　　　② 도달(到達)　　　③ 간격(間隔)

④ 입구(入口)　　　⑤ 순환(循環)

---

14. ㉠의 상황을 나타내는 말로 가장 적절한 것은?

(2013 9월 모평)

"허허, 이게 누구시오? 아마도 꿈이로다. 상사불견(相思不見) 그린 임을 이리 쉬이 만날쏜가? 이제 죽어 한이 없네. 어찌 그리 무정한가? 박명하다, 나의 모녀. 서방님 이별 후에 ㉠자나 누우나 임 그리워 일구월심(日久月深) 한(恨)일러니, 이 내 신세 이리 되어 매에 감겨 죽게 되니, 날 살리러 와 계시오?"

　　　　　　　　　　　　　　　　　　　　　　　　　　　　　　　　　　　　　　　– 작자 미상, 〈열녀춘향수절가〉

① 동병상련(同病相憐)　　　② 오매불망(寤寐不忘)　　　③ 이심전심(以心傳心)

④ 조변석개(朝變夕改)　　　⑤ 풍수지탄(風樹之嘆)

---

15. ㉠에 나타난 '소사마'의 처지에 적용할 한자성어로 가장 적절한 것은?

(2007 고3 10월 학평)

강남홍은 훌쩍 몸을 솟구쳐 허공으로 날아오르며 번쩍 칼을 떨어뜨려 도끼를 휘두르는 뇌천풍의 투구를 쪼개어 버렸다. 양원수는 참을 수 없었다. 친히 대결해 보고자 들먹들먹하는데 소사마가 앞을 가로막고 대신 나섰다. 그러나 ㉠방천극을 잘 쓰는 명장 소사마도 강남홍의 놀라운 재주와 칼은 막아낼 도리가 없었다.

　　　– 작자 미상, 〈옥루몽〉

① 사생결단(死生決斷)　　　② 오월동주(吳越同舟)　　　③ 견문발검(見蚊拔劍)

④ 속수무책(束手無策)　　　⑤ 전전반측(輾轉反側)

[정답] 1. ④　2. ④　3. ⑤　4. ④　5. ⑤　6. ③　7. ③　8. ②　9. ④　10. ④　11. ③　12. ②　13. ①　14. ②　15. ④

[해설] 1. ⓐ 보잘것없이 작거나 적음. 2. ⓔ 기계 따위를 일정한 방식에 따라 다루어 움직임. 3. 선율에 시조시를 가사로 '붙인다'는 의미이다. 4. ㉠은 '마땅히 있어야 할 것이 빠져서 없거나 모자란다면'의 뜻으로, '결여(缺如)된다면'으로 바꾸어 쓸 수 있다. 5. ㉠ 구하거나 찾아서 가지다.≒획득(獲得)하다(얻어 내거나 얻어 가짐.) ① 학문이나 기술 따위를 배워서 자기 것으로 함. ② 몸소 체험하여 알게 됨. 또는 뜻을 깊이 이해하여 실천으로써 본뜸. ③ 자기 것으로 만들어 가짐. ④ 깊이 생각하여 이치를 깨달아 알아냄. 7. → 소일. 8. ㉠ 어떤 사례를 통해 새로운 생각을 포착하게 된 것이므로 '구하거나 찾아서 가지다'라는 의미로 볼 수 있다. ① 돈을 빌리다. ③ 병을 앓게 되다. ④ 권리나 결과, 재산 따위를 차지하거나 획득하다. ⑤ 사위, 며느리, 자식, 남편, 아내 등을 맞다. 9. 20세기 미술이라는 '새로운 기틀을 마련'했다는 의미로 사용되었다. 10. ㉠ '값이나 수치, 온도, 성적 따위가 이전보다 많아지거나 높아지다.'의 의미를 갖는 '오르다'의 사동사로 사용되었다. ① 위쪽으로 높게 하거나 세우다. ② 윗사람에게 공손하게 말, 인사, 절 따위를 하다. ③ '기록에 적히다.'의 의미를 갖는 '오르다'의 사동사로 사용되었다. ⑤ 의식이나 예식을 거행하다. 11. ⓐ의 '-에서'는 '고마운 마음'이 '말씀'을 '드리는' 근거가 되게 하고, ⓓ의 '-에서'는 '일'을 '행한' 근거가 '보탬이라도 되고자 하는 뜻'이 되게 하므로 ㉠에 해당한다. ⓑ와 ⓒ의 '-에서'는 각각 '동창회'와 '도서관'이 처소가 되게 하므로 ㉡에 해당하고, ⓔ의 '-에서'는 어떤 상황이 '죽은 부모가 살아 돌아온다'는 상황과 비교가 되게 하므로 ㉢에 해당한다. 12. 〈보기〉의 '열다'는 '어떤 회의나 모임을 시작하다'를 뜻한다. 따라서 반의어는 '마치다'이다. 13. 모두 가장자리나 끝을 의미하는 '주변'의 의미 요소를 담고 있다. 14. ① 어려운 처지에 있는 사람끼리 서로 불쌍히 여겨 동정하고 서로 도움. ④ 일을 자주 뜯어고침. 15. '막아낼 도리가 없었다.' → 속수무책(束手無策) ① 죽고 삶을 돌보지 않고 끝장을 내려고 대듦. ③ 하찮은 일에 너무 크게 성내어 덤빔.

23 우환~이상

□ **우환**
憂 근심 우 患 근심 환

❶ 집안에 복잡한 일이나 환자가 생겨서 나는 걱정이나 근심
▶ 올해는 집안에 우환이 끊이지를 않았다.
❷ 질병 ▶ 할머니의 우환이 위중하시다.
참고어휘 + **기우**(杞나라이름기 憂근심우): 앞일에 대해 쓸데없는 걱정을 함. 또는 그 걱정
▶ 혹시나 나쁜 길로 빠지지 않을까 하는 어른들의 기우를 씻고 아이는 건실한 청년으로 성장했다.

후환(後뒤후 患근심환): 어떤 일로 말미암아 뒷날 생기는 걱정과 근심
▶ 원한 살 일을 저지르고 보니 부끄럽고 후환도 두려워진다.
환란(患근심환 亂어지러울란): 근심과 재앙 ▶ 그해에는 갖가지 환란으로 민심이 흉흉하였다.
한자성어 + **식자우환**(識알식 字글자자 憂근심우 患근심환): 학식이 있는 것이 오히려 근심을 사게 됨.
▶ 세상살이의 이치를 알아 갈수록 앞날이 더욱 걱정되니 식자우환이 아닌가 싶다.
유비무환(有있을유 備갖출비 無없을무 患근심환): 미리 준비가 되어 있으면 걱정할 것이 없음.
▶ 지휘관은 휘하 군인들에게 유비무환의 자세를 당부했다.
내우외환(內안내 憂근심우 外바깥외 患근심환): 나라 안팎의 여러 가지 어려움
▶ 그 나라는 백성들의 민란과 적군의 침입으로 내우외환에 시달리고 있었다.

□ **운용**
運 옮길 운 用 쓸 용

무엇을 움직이게 하거나 부리어 씀. ▶ 법을 제멋대로 운용해서는 안 된다.
참고어휘 + **운영**(運옮길운 營경영할영): ❶ 조직이나 기구, 사업체 따위를 운용하고 경영함.
▶ 그는 부친의 사업을 이어받아 회사를 운영하게 되었다.
❷ 어떤 대상을 관리하고 운용하여 나감. ▶ 대학의 학사 운영에는 자율권이 주어져야 한다.

□ **울다**

❶ 기쁘거나 슬프거나 아파서 소리를 내며 눈물을 흘리다.
▶ 그녀는 슬픈 영화를 보며 울었다.
❷ 짐승, 벌레, 바람 따위가 소리를 내다. ▶ 귀뚜라미 우는 소리가 들리니 가을인가 보다.
❸ 물체가 바람 따위에 흔들리거나 움직여 소리가 나다. ▶ 전깃줄이 바람에 운다.
❹ 종이나 천둥, 벨 따위가 소리를 내다. ▶ 천둥이 우는 걸 보니 비가 많이 내릴 모양이다.
❺ (비유적으로) 상대를 때리거나 공격할 수 없어 분한 마음을 느끼다.
▶ 너 하는 짓을 보면 내 주먹이 운다 울어.
동음이의어 + **울다**: 발라 놓거나 바느질한 것 따위가 반반하지 못하고 우글쭈글해지다.
▶ 새로 바른 벽지가 여기저기 울었다.
참고어휘 + **오열**(嗚슬플오 咽목멜열): 목메어 욺. 또는 그런 울음
▶ 그녀는 북받쳐 오르는 설움을 주체하지 못하여 오열을 터뜨렸다.

□ **움직이다**

❶ 멈추어 있던 자세나 자리가 바뀌다. 또는 자세나 자리를 바꾸다.
▶ 아버지께서는 아픈 다리를 조금씩 움직였다.
❷ 가지고 있던 생각이 바뀌다. 또는 그렇게 바뀐 생각을 하다.
▶ 그는 어머니의 간곡한 설득에 마음이 움직여 자수를 했다.
❸ 어떤 목적을 가지고 활동하다. 또는 활동하게 하다.
▶ 경기가 풀리자 투기꾼들이 서서히 움직이기(≒활동하기) 시작했다.
❹ 어떤 사실이나 현상이 바뀌다. 또는 다른 상태가 되게 하다.
▶ 상황이 우리에게 유리한 방향으로 움직이기(≒변화하기) 시작했다.
❺ 기계나 공장 따위가 가동되거나 운영되다. 또는 가동하거나 운영하다.
▶ 전원 스위치를 켰더니 기계가 움직이기(≒작동하기) 시작한다.

□ **원숙하다**
圓 둥글 원 熟 익을 숙-

❶ 매우 익숙하다. ▶ 그의 원숙한 연기를 보니 국민 배우라는 말이 실감이 난다.
❷ 인격이나 지식 따위가 깊고 원만하다. ▶ 그는 원숙한 포용력을 가지고 있다.

참고어휘 + **완숙**(完완전할완 熟익을숙): ❶ 열매 따위가 완전히 무르익음.

▶ 감이 완숙하기 전에 수확하자.

❷ 사람이나 동물이 완전히 성숙함. ▶ 그녀는 어느새 완숙한 여인이 되었다.

❸ 재주나 기술 따위가 아주 능숙함. ▶ 그의 소리는 완숙의 경지에 이르렀다.

❹ 음식 따위를 완전히 삶음. ▶ 달걀을 완숙으로 삶아서 찬물에 담가 두었다.

현숙(賢어질현 淑맑을숙)**하다**: 여자의 마음이 어질고 정숙하다.

▶ 그는 현숙한 며느리를 맞게 된 것이 몹시 흡족했다.

☐ **위계**
位 자리 위 階 섬돌 계

❶ 벼슬의 품계 ▶ 그 물건은 이 능의 주인이 신분이나 위계가 높은 인물이었다는 증거이다.

❷ 지위나 계층 따위의 등급 ▶ 학생들 사이에서도 상급생과 하급생 사이의 위계가 존재한다.

참고어휘 + **위상**(位자리위 相서로상): 어떤 사물이 다른 사물과의 관계 속에서 가지는 위치나 상태

▶ 국제 대회의 개최는 국가의 위상을 높이는 계기가 될 수 있다.

☐ **위무**
慰 위로할 위 撫 어루만질 무

위로하고 어루만져 달램. ▶ 시장은 재해를 입은 지역을 방문하고 주민들을 위무하였다.

참고어휘 + **무마**(撫어루만질무 摩문지를마): ❶ 타이르고 얼러서 마음을 달램.

▶ 나는 일을 그르쳐서는 안 된다고 그들을 간곡히 무마했다.

❷ 분쟁이나 사건 따위를 어물어물 덮어 버림. ▶ 그는 돈으로 이 사건을 무마하려 했다.

☐ **위배**
違 어긋날 위 背 등 배

법률, 명령, 약속 따위를 지키지 않고 어김. 늑위반(違어긋날위 反돌이킬반)

▶ 국민의 권리를 제한하는 것은 헌법의 기본 정신에 위배된다.

유의어 + **저촉**(抵막을저 觸닿을촉): 법률이나 규칙 따위에 위반되거나 어긋남.

▶ 선거법에 저촉되는 선거 운동을 하면 당선이 되더라도 의원직을 상실하게 된다.

☐ **유구하다**
悠 멀 유 久 오랠 구 –

아득하게 오래다. ▶ 우리 민족은 유구한 역사와 전통을 지니고 있다.

참고어휘 + **유장**(悠멀유 長길장)**하다**: ❶ 길고 오래다.

▶ 이 책은 유장한 역사의 흐름 속에 이어져 내려온 선비 정신을 다루고 있다.

❷ 급하지 않고 느릿하다. ▶ 강이 유장하게 흐른다.

항구(恒항상항 久오랠구)**하다**: 변하지 아니하고 오래가다.

▶ 해마다 되풀이되는 홍수에 대한 항구적 대책을 마련해야 한다.

영구(永길영 久오랠구): 어떤 상태가 시간상으로 무한히 이어짐.

▶ 독재 정치를 비판한 그 소설가는 자기 나라에서 영구 추방이 되었다.

확 인 문 제

(1~8) 밑줄 친 말의 쓰임이 문맥에 적절한지 판단하시오.

1. 환율 정책이 성공적으로 운용되었다.

2. 큰집은 안팎으로 겹친 후환에 휘청거렸다.

3. 그는 어머니의 무덤 앞에서 오열하였다.

4. 비가 오면 어쩌나 하고 걱정했는데 기우였다.

5. 사원들을 무작정 쫓아내는 것은 노동법에 저촉된다.

6. 노사의 상호 이해와 양보로 문제를 원만히 무마했다.

7. 주연 배우의 원숙한 연기 덕분에 영화가 성공하였다.

8. 우리 민족은 오랜 전통과 유구한 문화유산을 간직하고 있다.

(9~10) 밑줄 친 말이 제시문과 가장 유사한 의미로 쓰인 것을 고르시오.

9. 전신줄이 '윙윙' 울고 있다.

　① 문풍지가 바람에 운다.　② 매미가 시끄럽게 운다.　③ 저고리의 동정이 운다.　④ 멀리서 기적이 운다.

10. 서로 거짓 없이 대화를 한다면 현 정국은 위기 국면에서 해결 국면으로 움직여 나갈 것이다.

　① 마음이 움직이다.　② 차가 움직이다.　③ 기계가 움직이다.　④ 뜻대로 움직이다.　⑤ 공장을 움직이다.

[정답] 1. 적절 2. 부적절 3. 적절 4. 적절 5. 적절 6. 부적절 7. 적절 8. 부적절 9. ① 10. ④

[해설] 2. → 우환 9. 울다-❹ ③ 동음이의어인 '울다'이다. 10. 움직이다-❹ ① 움직이다-❷

□ **유기**
遺 남길 유 棄 버릴 기

내다 버림. ▶ 불의에 침묵하는 것은 지성인의 사회적 책임을 <u>유기</u>하는 행위이다.

참고어휘 + '棄(버릴기)'를 공유하는 한자어

파기(破깨뜨릴파 棄버릴기): ❶ 깨뜨리거나 찢어서 내버림. ▶ 문서를 <u>파기</u>할 때는 반드시 규정에 따라야 한다.

❷ 계약, 조약, 약속 따위를 깨뜨려 버림. ▶ 상대편에서 약혼을 일방적으로 <u>파기</u>하였다.

폐기(廢폐할폐 棄버릴기): ❶ 못 쓰게 된 것을 버림. ▶ 낡은 소파를 <u>폐기</u>하고 싶은데 절차가 복잡하다.

❷ 조약, 법령, 약속 따위를 무효로 함. ▶ 지난 협약을 <u>폐기</u>하고 새로운 마음으로 협상에 나서자.

투기(投던질투 棄버릴기): 내던져 버림. ▶ 쓰레기를 무단 <u>투기</u>하다 적발되면 벌금에 처해진다.

□ **유린**
蹂 밟을 유 躪 짓밟을 린

남의 권리나 인격을 짓밟음.

▶ 전근대적인 축첩 제도는 여성의 인권을 <u>유린</u>하는 것이었다.

□ **유보**
留 머무를 유 保 지킬 보

어떤 일을 당장 처리하지 아니하고 나중으로 미루어 둠. 늑보류(保지킬보 留머무를류)

▶ 우리들은 결정을 <u>유보</u>하고 사태의 추이를 더 지켜보기로 했다.

참고어휘 + **유예**(猶오히려유 豫미리예): ❶ 망설여 일을 결행하지 아니함.

▶ 지금 사태가 너무나 위급해서 잠시도 일을 <u>유예</u>할 수 없다.

❷ 일을 결행하는 데 날짜나 시간을 미룸. 또는 그런 기간 ▶ 종교인 과세가 3년간 <u>유예</u>되었다.

연기(延늘일연 期기약할기): 정해진 기한을 뒤로 물려서 늘림. ▶ 급한 일이 생겨서 약속을 내일로 <u>연기</u>했다.

연장(延늘일연 長길장): ❶ 시간이나 거리 따위를 본래보다 길게 늘림. ▶ 전세 계약 기간을 2년 <u>연장</u>했다.

❷ 물건의 길이나 걸어간 거리 따위를 일괄하였을 때의 전체 길이 ▶ <u>연장</u> 100km의 철로 공사가 시작되었다.

❸ 어떤 일의 계속. 또는 하나로 이어지는 것. ▶ 소풍도 수업의 <u>연장</u>이다.

□ **유치**
誘 꾈 유 致 이를 치

행사나 사업 따위를 이끌어 들임. ▶ 구단에서는 경기장 관중 <u>유치</u>에 온 힘을 쏟고 있다.

동음이의어 + **유치**(幼어릴유 稚어릴치)**하다:** (나이가 어림. →) 수준이 낮거나 미숙하다.

▶ 소설 내용이 너무 <u>유치해서</u> 조금 읽다가 그만두었다.

□ **은거**
隱 숨을 은 居 살 거

세상을 피하여 숨어서 삶. ▶ 그는 세상사를 등지고 산속으로 들어가 <u>은거</u> 생활을 하고 있다.

참고어휘 + '居(살거)'를 공유하는 한자어

칩거(蟄숨을칩 居살거): 나가서 활동하지 아니하고 집 안에만 틀어박혀 있음. ▶ 그는 요즘 <u>칩거</u> 중이다.

독거(獨홀로독 居살거): 혼자 삶. 또는 홀로 지냄. ▶ <u>독거</u>노인에 대한 보호책이 시급하게 마련되어야 한다.

한자성어 + **두문불출**(杜막을두 門문문 不아닐불 出날출): 집에만 있고 바깥출입을 아니함.

▶ 작가는 지난달부터 <u>두문불출</u>하고 원고 작업에 전념하고 있다.

□ **은폐**
隱 숨을 은 蔽 덮을 폐

덮어 감추거나 가리어 숨김. ▶ 그녀는 자신의 잘못을 <u>은폐</u>하기 위해 거짓말을 하였다.

유의어 + **호도**(糊풀칠할호 塗칠할도): (풀을 바름. →) 명확하게 결말을 내지 않고 일시적으로 감추거나 흐지부지 덮어 버림. ▶ 한쪽의 입장만 반영된 편파적 보도는 진실을 <u>호도</u>할 우려가 있다.

□ **읍소**
泣 울 읍 訴 호소할 소

눈물을 흘리며 간절히 하소연함. ▶ 그는 상부에 선처해 줄 것을 <u>읍소</u>하였다.

유의어 + **하소연:** 억울한 일이나 잘못된 일, 딱한 사정 따위를 말함.

▶ 그는 자신의 억울함을 친구에게 <u>하소연</u>하였다.

□ **응시**
凝 엉길 응 視 볼 시

눈길을 모아 한 곳을 똑바로 바라봄. ▶ 그녀는 한참 동안 천장의 한 곳을 <u>응시</u>하고 있었다.

참고어휘 + '視(볼시)'를 공유하는 한자어

직시(直곧을직 視볼시): ❶ 정신을 집중하여 어떤 대상을 똑바로 봄. ▶ 그는 내 얼굴을 뚫어져라 <u>직시</u>하였다.

❷ 사물의 진실을 바로 봄. ▶ 어려울수록 우리의 상황을 <u>직시</u>하고 현명하게 대처해야 한다.

주시(注부을주 視볼시): ❶ 어떤 목표물에 주의를 집중하여 봄. ▶ 운전을 할 때는 전방을 <u>주시</u>해야 한다.

❷ 어떤 일에 온 정신을 모아 자세히 살핌. ▶ 정부는 이번 조치에 대한 여론의 반응을 <u>주시</u>하고 있다.

□ **응축**
凝 엉길 응 縮 줄일 축

❶ 한데 엉겨 굳어서 줄어듦. ▶ 태양에서 떨어져 나온 물질이 응축하여 행성이 형성되었다.

❷ 내용의 핵심이 어느 한곳에 집중되어 쌓여 있음.
▶ 이미 모든 결론은 그의 한마디에 그대로 응축되어 있었다.

참고어휘＋ **위축**(萎 시들 위 縮 줄일 축): ❶ 마르거나 시들어서 우그러지고 쭈그러듦.
▶ 찬바람이 불면서 모든 사물이 위축과 조락, 사멸에 이르렀다.

❷ 어떤 힘에 눌려 졸아들고 기를 펴지 못함. ▶ 투자 심리가 크게 위축되면서 주가 지수가 급락했다.

단축(短 짧을 단 縮 줄일 축): 시간이나 거리 따위가 짧게 줄어듦. 또는 그렇게 줄임.
▶ 점심시간이 20분이나 단축되었다.

감축(減 덜 감 縮 줄일 축): 덜어서 줄임. ▶ 양국은 무기 감축에 관한 협정을 체결하였다.

수축(收 거둘 수 縮 줄일 축): 오그라들거나 줄어듦. ▶ 심장은 수축과 팽창을 반복한다.

이완(弛 늦출 이 緩 느릴 완): ❶ 바짝 조였던 정신이 풀려 늦추어짐. ▶ 긴장감이 이완되면 사고가 나기 쉽다.

❷ 잘 조성된 분위기 따위가 흐트러져 느슨해짐. ▶ 시간이 가면서 사람들 간의 결속력이 이완되었다.

❸ 굳어서 뻣뻣하게 된 근육 따위가 원래의 상태로 풀어짐. ▶ 운동으로 뭉친 근육을 이완시켰다.

팽창(膨 부풀 팽 脹 부을 창): ❶ 부풀어서 부피가 커짐. ▶ 고무풍선이 너무 팽창해서 터질 것만 같다.

❷ 수량이 본디의 상태보다 늘어나거나 범위, 세력 따위가 본디의 상태보다 커지거나 크게 발전함.
▶ 반란군은 그들의 세력 범위를 점점 팽창시켜 그 일대를 장악했다.

□ **의중**
意 뜻 의 中 가운데 중

마음속≒심중(心 마음 심 中 가운데 중) ▶ 나는 도대체 그의 의중이 무엇일지 궁금했다.

참고어휘＋ '中(가운데 중)'을 공유하는 한자어

흉중(胸 가슴 흉 中 가운데 중): 마음속에 품고 있는 생각 ▶ 그는 흉중에 품었던 말을 죄다 꺼내 놓았다.

몽중(夢 꿈 몽 中 가운데 중): 꿈속 ▶ 몽중에 한 노인이 나타났다.

진중(陣 진칠 진 中 가운데 중): 군대나 부대의 안 ▶ 적의 장군을 인질로 잡아 진중에 두었다.

□ **의표**
意 뜻 의 表 겉 표

생각 밖이나 예상 밖
▶ 대변인은 짧지만 대번에 의표를 찌르는 한마디로 논평을 마쳤다.

□ **이기다**

❶ 내기나 시합, 싸움 따위에서 재주나 힘을 겨루어 우위를 차지하다.
▶ 아군의 수가 월등히 많아서 적에게 쉽게 이겼다.

❷ 감정이나 욕망, 흥취 따위를 억누르다. ▶ 그는 음식의 유혹을 이기지 못하였다.

❸ 고통이나 고난을 참고 견디어 내다. ▶ 그는 병을 이기고(≒극복하고) 직장에 복귀했다.

❹ 몸을 곧추거나 가누다. ▶ 그는 술에 만취해서 제 몸도 이기지 못하였다.

동음이의어＋ **이기다**: 가루나 흙 따위에 물을 부어 반죽하다. ▶ 황토 흙을 물에 이겨서 벽에 발랐다.

확 인 문 제

(1~10) 문맥에 어울리는 말을 괄호 안에서 고르시오.

1. 일제의 침략으로 국토가 (유기 / 유린)되었다.
2. 특정 언론이 사건의 본질을 (읍소 / 호도)하고 있다.
3. 개혁 조치가 더 이상 (유보 / 연장)되어서는 안 된다.
4. 정부는 불평등 조약을 (투기 / 파기)하기로 결정했다.
5. 각 정당들은 부동표의 향방을 (주시 / 응시)하고 있다.
6. 그분께 내 (흉중 / 몽중)에 있는 뜻을 모두 털어놓았다.
7. 대학에 다니면서부터 서울에서 (칩거 / 독거)하고 있다.
8. 그의 가슴속에는 온갖 원망과 한이 (위축 / 응축)되어 있다.
9. 부모님의 (의중 / 의표)을/를 살펴서 그에 따르기로 했다.
10. 대학에서는 우수 학생 (유예 / 유치)를 위해 장학금을 제시했다.

11. 밑줄 친 말이 제시문과 가장 유사한 의미로 쓰인 것을 고르시오.
　　그는 온갖 역경을 <u>이기고</u> 마침내 성공했다.
　　① 암을 <u>이기다</u>. 　　② 우승 후보를 <u>이기다</u>. 　　③ 진흙을 물에 <u>이기다</u>. 　　④ 신명을 <u>이기지</u> 못하다.

[정답] 1. 유린 2. 호도 3. 유보 4. 파기 5. 주시 6. 흉중 7. 독거 8. 응축 9. 의중 10. 유치 11. ①
[해설] 11. '고통이나 고난을 참고 견디어 내다.'의 의미로 사용되었다. ③ 가루나 흙 따위에 물을 부어 반죽하다. ④ 이기다─❷

☐ **이끌다**	❶ 목적하는 곳으로 바로 가도록 같이 가면서 따라오게 하다. ▶ 그는 가족을 <u>이끌고</u> 부산에 갔다. ❷ 남의 관심 따위를 쏠리게 하다. ▶ 그 광고는 사람들의 시선을 <u>이끌었다</u>. ❸ 사람, 단체, 사물, 현상 따위를 인도하여 어떤 방향으로 나가게 하다. ▶ 그는 대화를 자신에게 유리하게 <u>이끌었다</u>(≒유도했다).
☐ **이루다**	❶ 어떤 대상이 일정한 상태나 결과를 생기게 하거나 일으키거나 만들다. ▶ 쓸데없는 생각들 때문에 잠을 <u>이루기</u> 어려웠다. ❷ 뜻한 대로 되게 하다. ▶ 그는 열심히 노력한 끝에 목적한 바를 <u>이루었다</u>(≒달성했다). ❸ 몇 가지 부분이나 요소들을 모아 일정한 성질이나 모양을 가진 존재가 되게 하다. ▶ 나는 친구들과 함께 동아리를 <u>이루었다</u>(≒구성했다). ❹ 예식이나 계약 따위를 진행되게 하다. ▶ 그들은 날을 받아서 혼례를 <u>이루기로</u>(≒진행하기로) 했다.
☐ **이르다¹**	❶ 어떤 장소나 시간에 닿다. ▶ 시간이 어느덧 자정에 <u>이르렀다</u>. ❷ 어떤 정도나 범위에 미치다. ▶ 회의는 드디어 결론에 <u>이르렀다</u>(≒도달했다).
☐ **이르다²**	❶ 무엇이라고 말하다. ▶ 나는 아이들에게 내가 알고 있는 것을 모두 <u>일러</u> 주었다. ❷ 타이르다(잘 깨닫도록 일의 이치를 밝혀 말해 주다). ▶ 안 가겠다고 떼를 쓰는 아이를 <u>일러서</u> 겨우 병원에 데리고 갔다. ❸ 미리 알려 주다. ▶ 나는 친구에게 약속 시간을 <u>일러</u> 주었다. ❹ 어떤 사람의 잘못을 윗사람에게 말하여 알게 하다. ▶ 친구의 잘못을 선생님에게 다 <u>이르다가는</u> 친구를 잃을지도 모른다. ❺ 어떤 대상을 무엇이라고 이름 붙이거나 가리켜 말하다. ▶ 흔히 사람을 사회적 동물이라고 <u>이른다</u>. ❻ 책이나 속담 따위에 예부터 말하여지다. ▶ 옛말에 <u>이르기를</u> 부자는 망해도 삼 년은 간다고 했다.
☐ **이르다³**	대중이나 기준을 잡은 때보다 앞서거나 빠르다. ▶ 그는 여느 때보다 <u>이르게</u> 학교에 도착했다.
☐ **이름**	❶ 다른 것과 구별하기 위하여 사물, 단체, 현상 따위에 붙여서 부르는 말 ▶ 그 나라의 <u>이름</u>은 브라질이다. ❷ 사람의 성 아래에 붙여 다른 사람과 구별하여 부르는 말 ▶ 나는 친구 철수의 <u>이름</u>을 부르며 그에게 달려갔다. ❸ 성명(성과 이름을 아울러 이르는 말) ▶ 문제 풀이에 앞서 답안지에 <u>이름</u>부터 썼다. ❹ 명의(어떤 일이나 행동의 주체로서 공식적으로 알리는 개인 또는 기관의 이름) ▶ 우리 단체의 <u>이름</u>으로 후원금을 전달했다. ❺ 세상에 알려진 평판이나 명성 ▶ 그는 명필로 <u>이름</u>이 높다. ❻ 어떤 일이나 하는 짓에 특별한 데가 있어 일반에게 불리는 일컬음. ▶ 그는 원숭이라는 <u>이름</u>이 붙을 정도로 흉내를 잘 냈다. ❼ 명예(세상에서 훌륭하다고 인정되는 이름이나 자랑) ▶ 성폭력 사건으로 그의 <u>이름</u>은 땅에 떨어졌다. ❽ 명분(일을 꾀할 때 내세우는 구실이나 이유 따위) ▶ 그들은 안보라는 <u>이름</u>으로 독재를 정당화하였다.

□ **이면** 裏 속 이 面 낯 면	❶ 뒷면(물체의 뒤쪽 면) ▶ 수표 이면에 전화번호와 이름을 적어 주세요. ❷ 겉으로 나타나거나 눈에 보이지 않는 부분 ▶ 그의 나약한 이면에는 섬뜩한 독기가 도사리고 있었다. 참고어휘 + '面(낯면)'을 공유하는 한자어 **내면**(內안내 面낯면): ❶ 물건의 안쪽 ▶ 노동자들이 파이프의 내면을 열심히 연마하고 있다. ❷ 밖으로 드러나지 아니하는 사람의 속마음 ▶ 그의 행동으로 보아 어떤 변화나 동요가 그의 내면에서 일어나고 있음이 분명하다. **표면**(表겉표 面낯면): ❶ 사물의 가장 바깥쪽. 또는 가장 윗부분 ▶ 그 집을 둘러싸고 있는 벽돌의 표면은 꺼칠꺼칠했다. ❷ 겉으로 나타나거나 눈에 띄는 부분 ▶ 그는 항상 표면에 드러나는 일만 한다.
□ **이방** 異 다를 이 邦 나라 방	인정, 풍속 따위가 전혀 다른 남의 나라≒이국(異다를이 國나라국) ▶ 열두 시간을 비행한 뒤 도착한 공항에는 나를 이방 사람들이 가득했다. 참고어휘 + '異(다를이)'를 공유하는 한자어 **이역**(異다를이 域지경역): ❶ 다른 나라의 땅 ▶ 그는 평생 바라던 귀국의 꿈을 이루지 못한 채 이역에서 쓸쓸히 숨졌다. ❷ 본고장이나 고향이 아닌 딴 곳 ▶ 아무리 오래 살았어도 서울은 여전히 이역이었다. **이본**(異다를이 本근본본): 문학 작품 따위에서 기본적인 내용은 같으면서도 부분적으로 차이가 있는 책 ▶ 〈춘향전(春香傳)〉의 이본은 70여 종에 이른다.
□ **이상** 異 다를 이 常 항상 상	❶ 정상적인 상태와 다름. ▶ 그는 몸에 이상을 느끼고 병원을 찾았다. ❷ 지금까지의 경험이나 지식과는 달리 별나거나 색다름. ▶ 그 사람 표정이 오늘따라 좀 이상했다. ❸ 의심스럽거나 알 수 없는 데가 있음. ▶ 그녀가 하는 말은 무언가 이상하다. 동음이의어 + **이상**(理다스릴이 想생각상): 생각할 수 있는 범위 안에서 가장 완전하다고 여겨지는 상태 ▶ 인류의 가장 위대한 이상은 전쟁이 없는 세계 평화를 이룩하는 것이다.

확 인 문 제

(1~4) 주어진 뜻풀이에 맞는 어휘가 되도록 빈칸에 알맞은 말을 쓰시오.

1. 겉으로 나타나거나 눈에 띔: □□화
2. 정신적 · 심리적으로 깊이 마음속에 자리 잡힘: □□화
3. 다른 나라에서 온 사람 : □□인
4. 자기 나라가 아닌 다른 나라에 특징적인: □□적

(5~9) 밑줄 친 말이 제시문과 가장 유사한 의미로 쓰인 것을 고르시오.

5. 도박은 사람의 인생을 파멸로 이끈다.
   ① 팀을 우승으로 이끌다. ② 사람들의 관심을 이끌다. ③ 대원들을 이끌고 산에 오르다.
6. 우리는 민족중흥의 역사적 대업을 이루었다.
   ① 팀을 이루다. ② 소원을 이루다. ③ 혼례를 이루다. ④ 화목한 가정을 이루다.
7. 선생의 학문은 이미 높은 수준에 이르게 되었다.
   ① 포기 상태에 이르다. ② 조용히 하라고 이르다. ③ 아직 방심하기에는 이르다. ④ 선생님께 친구의 잘못을 이르다.
8. 이번 대회에는 이름 있는 선수들이 많이 참가한다.
   ① 가수로 이름을 날리다. ② 가문의 이름을 더럽히다. ③ 단체의 이름으로 항의하다. ④ 사랑이라는 이름으로 구속하다.
9. 그는 이상과 현실의 괴리로 고통스러워했다.
   ① 높은 이상을 품다. ② 기계에 이상이 생기다. ③ 평균 이상의 실력을 지니다. ④ 그들의 설명은 뭔가 이상하다.

[정답] 1. 표면 2. 내면 3. 이방 4. 이국 5. ① 6. ④ 7. ① 8. ① 9. ①
[해설] 5. 이끌다-❸ 6. 이루다-❶ ② 이루다-❷ 7. 이르다¹-❷ 8. 이름-❺ ② 이름-❼ ③ 이름-❹ ④ 이름-❽ 9. 理想 ② · ④ 異常 ③ 以上

(1~3) ㉠~㉤의 사전적 의미로 적절하지 <u>않은</u> 것을 고르시오.

1. ────────────────────────────(2015 고3 3월 학평A 응용)

로마네스크 양식은 십자군 전쟁이 ㉠<u>발발</u>해 어수선한 사회 분위기 속에서 각지의 수도원으로 순례객들이 모여들던 때에 탄생했다. 그들은 웅장하게 지어진 성당을 ㉡<u>순례</u>하며 신의 권위와 장엄함을 느꼈다. 한편 고딕 양식은 농촌에서 도시로 삶의 터전을 옮긴 이주민들이 혼란과 불안을 경험하던 시대를 배경으로 한다. 고딕 시대의 이주민들은, 비례의 법칙을 거스르며 하늘 높이 수직으로 솟아올라 빛으로 가득해진 도시의 성당에서 신의 존재를 체험하며 고통스러운 현실을 ㉢<u>위무</u> 받고자 했다. 성당 순례를 통해 신을 느끼며 현실에서의 고통을 ㉣<u>해소</u>하고자 했던 로마네스크 시대의 사람들처럼 고딕 시대의 사람들도 신에게 더욱 가까이 가고자 하는 ㉤<u>열망</u>으로 현실의 고통을 잊으려 했던 것이다.

① ㉠: 전쟁이나 큰 사건 따위가 갑자기 일어남.
② ㉡: 종교적인 의미가 있는 곳을 찾아다니며 방문하여 참배함.
③ ㉢: 어떤 사실을 잊어버림.
④ ㉣: 어려운 일이나 문제가 되는 상태를 해결하여 없애 버림.
⑤ ㉤: 열렬하게 바람.

2. ────────────────────────────(2015 고2 9월 학평 응용)

데리다가 말하는 차연은 단순히 의식 주체에 대한 대립 개념이 아니라, 의식 주체의 절대적 ㉠<u>위상</u> 속에 ㉡<u>은폐</u>되어 있는 객체의 가치를 밝히는 새로운 개념이다. 데리다가 의식 주체 개념에 문제를 제기하는 이유는 형이상학적 전통 철학에서는 주체가 다른 것들과의 관계 속에서 그 의미가 드러난다는 것을 은폐하고 그 자체로 고정 불변의 가치를 지닌다고 믿었기 때문이다. 또한 그 믿음으로 인해 형이상학적 전통 철학은 차이와 다양성으로 이루어진 세계를 절대 주체를 중심으로 ㉢<u>재편</u>하려는 욕망을 합리화했기 때문이다.

이러한 차연 개념을 통해 데리다가 주장하는 바는 자기 동일성을 지닌 주체란 허구이자 환상에 불과하므로 이를 ㉣<u>해체</u>해야 한다는 것이다. 데리다는 절대적 진리나 절대적 주체의 ㉤<u>부재</u>를 확인하고, 주체는 다른 것들과의 차이에 의해 구성되는 것이지 자기 동일성을 지닌 우월한 대상이 아니라는 것을 강조한다.

① ㉠: 위엄찬 모양이나 모습.　　② ㉡: 덮어 감추거나 가리어 숨김.　　③ ㉢: 다시 편성함.
④ ㉣: 체제나 조직 따위를 붕괴하게 함.　　⑤ ㉤: 그곳에 있지 아니함.

3. ────────────────────────────(2017 고3 4월 학평 응용)

㉠<u>정면</u>에 거울이 있다고 하자. 거울에 비친 얼굴을 ㉡<u>응시</u>하면서 고개를 위로 살짝 들어도 우리는 자신의 얼굴을 ㉢<u>선명</u>하게 볼 수 있다. 왜냐하면 고개를 든 각도만큼 안구가 아래쪽으로 움직이는 전정안반사가 일어나기 때문이다. 이 경우에도 눈돌림근육의 ㉣<u>수축</u>과 ㉤<u>이완</u>은 발생하는데, 고개를 위로 들면 전정안반사에 의해 두 눈의 안구의 아래곧은근이 수축되고 수축된 만큼 위곧은근은 이완되는 것이다.

① ㉠: 똑바로 마주 보이는 면.　　② ㉡: 눈길을 모아 한 곳을 똑바로 바라봄.
③ ㉢: 산뜻하고 뚜렷하여 다른 것과 혼동되지 않음.　　④ ㉣: 마르거나 시들어서 우그러지고 쭈그러듦.
⑤ ㉤: 굳어서 뻣뻣하게 된 근육 따위가 원래의 상태로 풀어짐.

4. —— (2013 고2 6월 학평)

고온의 외핵이 하부 맨틀의 특정 지점을 가열하면 이 부분의 중심부 물질은 상승류를 형성하여 ㉠움직이기 시작한다. 아주 느린 속도로 맨틀을 통과한 상승류는 지표면 가까이에 있는 판에 부딪치게 된다.

① 가동(可動)하기　　② 약동(躍動)하기　　③ 이동(移動)하기　　④ 작동(作動)하기　　⑤ 진동(振動)하기

5. —— (2020 6월 모평 응용)

우리는 한 대의 자동차는 개체라고 하지만 바닷물을 개체라고 하지는 않는다. 어떤 부분들이 모여 하나의 개체를 ㉠이룬다고 할 때 이를 개체라고 부를 수 있는 조건은 무엇일까?

① 구성(構成)한다고　　② 달성(達成)한다고　　③ 양성(養成)한다고　　④ 완성(完成)한다고　　⑤ 합성(合成)한다고

6. 문맥상 ㉠~㉤과 바꿔 쓰기에 적절하지 않은 것은?   (2015 6월 모평A 응용)

두께가 얇은 토기가 사용된 의미를 파악하기 위해서는 토기 두께의 변화를 ㉠일으킨 원인을 ㉡찾는 것도 중요하지만 두께가 얇아진 토기가 장기간 사용된 이유에도 주목할 필요가 있다. 예컨대 전분 함량이 높은 곡물을 아기들의 이유식으로 ㉢쓴다면 여성들의 수유기가 ㉣짧아짐에 따라 출산율을 ㉤높이는 데 도움이 되었을 것이라고 볼 수도 있다. 이러한 시각에서 본다면 두께가 얇은 토기가 오랫동안 사용된 원인을 자연 환경에 잘 적응하기 위한 선택이 아니라 이유식을 만들기 위한 인간의 능동적 선택에서 찾는 생태학적 이론에 입각한 설명도 가능하다.

① ㉠: 초래한　　② ㉡: 규명하는　　③ ㉢: 이용한다면　　④ ㉣: 단축됨에　　⑤ ㉤: 인상하는

7. —— (2014 9월 모평B 응용)

주희와 정약용 모두 개인의 인격 완성과 인류 공동체의 실현을 ㉠이상으로 하였다. 하지만 그 이상의 실현 방법에 있어서는 생각이 달랐다.

① 네가 그 일을 맡은 이상 최선을 다해라.
② 김 과장은 우리 회사에서 10년 이상을 근무했다.
③ 원고를 한 번 더 읽어 보고 이상이 없으면 출판사에 넘기려 한다.
④ 나는 아카시아꽃 냄새를 맡으면 알레르기 반응을 일으키는 이상 체질이다.
⑤ 우리 학교는 학생들의 개성과 자질을 계발하는 것을 교육의 이상으로 삼고 있다.

8. —— (2015 고2 6월 학평)

이 학설은 어떤 종이 섬으로 이입할지 또는 섬에 있던 어떤 종이 멸종할지를 명시하지는 않는다. 섬의 종 조성은 일정하지 않지만, 종 수는 평형 상태에 ㉠이를 것이라 예측할 뿐이다.

① 논란 끝에 결론에 이르렀다.　　　　　　② 이른 아침에 학교로 출발했다.
③ 동생의 잘못을 어머니께 일렀다.　　　　④ 정거장에 이르러서야 늦었음을 알았다.
⑤ 속담에 이르길 등잔 밑이 어둡다고 했다.

──────────────────────────────── (2015 9월 모평A)

> 원수가 천자께 물러 나와 연왕 앞에 엎드려 아뢰기를,
> "불효자 충렬이 남적을 소멸하고 오는 길에 회수에 와 모친을 기리는 제사를 지내다가, 천행인지, 뜻밖에도 죽은 줄 알았
> 던 모친을 만나 모시고 왔습니다!"
> 하니, 연왕이 반가움을 ⓐ이기지 못하여 말하였다.
> ‒ 작자 미상, 〈유충렬전〉

① 나는 분을 <u>이기지</u> 못하고 울음을 터뜨렸다.　　② 친구는 제 몸을 <u>이기지</u> 못하고 비틀거렸다.
③ 형은 온갖 역경을 <u>이기고</u> 마침내 성공했다.　　④ 우리 팀이 상대를 큰 차이로 <u>이기고</u> 우승했다.
⑤ 삼촌은 병을 <u>이기고</u> 마침내 건강을 회복하였다.

10. ──────────────────────────────── (2017 고3 10월 학평 응용)

> 서로 동등한 가치의 의무가 충돌할 때에는 부작위에 의한 법익 침해에 대해 위법하지 않다고 보는 견해와 위법성은 성립
> 하지만 그 책임을 면할 수 있다는 견해로 나눌 수 있다. 위법하지 않다고 보는 견해를 ⓐ일러 위법성 조각설이라 한다.

① 아직 포기하기엔 <u>이르다</u>.　　② 자정에 <u>이르러서야</u> 집에 돌아왔다.
③ 흔히 사람을 사회적 동물이라고 <u>이른다</u>.　　④ 오후 6시가 되자 배가 육지에 <u>이르렀다</u>.
⑤ 아이들에게 위험한 데서 놀지 말라고 <u>일렀다</u>.

11. ⓐ의 문맥적 의미와 거리가 먼 것은?　　(2006 6월 모평)

> 각 지방에서 ⓐ<u>이름</u>을 얻은 분청사기들은 왕실이나 관에서 사용되기도 했다. 뛰어난 제품들은 토산 공물로서 중앙에 진
> 상되었다.

① 이 고장은 도자기로 <u>이름</u>이 난 곳이다.　　② 그 식당은 산채비빔밥으로 <u>이름</u>을 날렸다.
③ 그는 어릴 적 바둑 신동으로 <u>이름</u>이 높았다.　　④ 농산물에 지역의 <u>이름</u>을 붙이자 판매량이 늘어났다.
⑤ 이번 대회에는 세계적으로 <u>이름</u> 있는 선수들이 참여한다.

12. 다음은 '사전 활용하기' 학습 활동을 위한 자료이다. 이에 대해 탐구한 내용으로 적절하지 <u>않은</u> 것은?　　(2016 고3 7월 학평)

─〈보 기〉─

이르다¹ 〔이르러, 이르니〕 통【…에】① 어떤 장소나 시간에 닿다. ¶ 목적지에 이르다.
　　　　　　　　　　② 어떤 정도나 범위에 미치다. ¶ 결론에 이르다.
이르다² 〔일러, 이르니〕 통 ①【…에게 …을】【…에게 ‒고】 무엇이라고 말하다.
　　　　　　¶ 나는 아이들에게 내가 알고 있는 것을 모두 일러 주었다. ‖ 아이들에게 주의하라고 이르다.
　　　　　　②【…을 ‒고】 어떤 대상을 무엇이라고 이름 붙이거나 가리켜 말하다. ¶ 이를 도루묵이라 이른다.
이르다³ 〔일러, 이르니〕 형【…보다】【‒기에】 대중이나 기준을 잡은 때보다 앞서거나 빠르다.
　　　　　　¶ 그는 여느 때보다 이르게 학교에 도착했다. ‖ 아직 포기하기엔 이르다.

① '이르다¹①'과 '이르다¹②'의 유의어로 '다다르다'가 있겠군.

② '이르다¹'과 '이르다²'와 '이르다³'은 서로 동음이의 관계이겠군.

③ '이르다¹'은 규칙 활용을 하지만 '이르다²'와 '이르다³'은 불규칙 활용을 하겠군.

④ '이르다¹'과 '이르다²'는 움직임을 나타내는 단어이고, '이르다³'은 성질 혹은 상태를 나타내는 단어이겠군.

⑤ '이르다³'의 용례로 '올해는 예년보다 첫눈이 이른 감이 있다.'를 추가할 수 있겠군.

(13~14) ⊙의 상황을 가장 잘 나타낸 것을 고르시오.

13. ── (2014 고2 성취도평가)

> 고려 때에는 백성들에게 세금을 부과함에 한계가 있었고, 산천(山川)에서 나오는 이익도 백성들과 함께했었다. 장사할 사람에게 그 길을 열어 주고, 물건을 만드는 기술자에게 혜택이 돌아가게 하였다. ⊙또 수입을 잘 헤아려 지출을 하였기 때문에, 나라에 여분의 저축이 있어 갑작스럽게 커다란 병화(兵禍)나 상사(喪事)가 있어도 세금을 더 거두어 들이지 않았다.
>
> ─ 허균, 〈호민론(豪民論)〉

① 구밀복검(口蜜腹劍)　　② 수수방관(袖手傍觀)　　③ 유비무환(有備無患)

④ 전화위복(轉禍爲福)　　⑤ 천신만고(千辛萬苦)

14. ── (2010 수능)

> 시녀가 말하기를,
>
> "예, 접니다. ⊙요즘 아가씨께서는 중문 밖을 나가지 않으셨고 뜰 안에서도 좀처럼 걷지 않으셨습니다. 그런데 엊저녁에는 우연히 나가시더니 어찌 이 먼 곳까지 오셨습니까?"
>
> 라고 하였다.
>
> ─ 김시습, '〈만복사저포기〉

① 두문불출(杜門不出)　　② 가인박명(佳人薄命)　　③ 일편단심(一片丹心)

④ 망양지탄(亡羊之歎)　　⑤ 독야청청(獨也靑靑)

[정답] 1. ③　2. ①　3. ④　4. ⑤　5. ①　6. ⑤　7. ⑤　8. ①　9. ①　10. ③　11. ④　12. ③　13. ③　14. ①

[해설] 1. ⓒ 위로하고 어루만져 달램. 2. ⊙ 어떤 사물이 다른 사물과의 관계 속에서 가지는 위치나 상태 3. ⓔ 근육 따위가 오그라듦. 4. ⊙은 하부 맨틀의 물질이 상승류를 형성하며 위로 올라가는 상태를 표현한 말이므로, '움직여 옮기다'라는 뜻의 '이동(移動)하다'로 바꾸어 쓸 수 있다. ① 사람이나 기계 등이 움직여 일하다. ② 생기 있고 활발하게 움직이다. ④ 기계 등이 작용을 받아 움직이다. ⑤ 흔들려 움직이다. 5. ⊙은 '몇 가지 부분이나 요소를 조립하여 하나로 만듦'의 뜻을 가진 '구성(構成)'과 의미가 통한다. ② 목적한 바를 성취함. ③ 가르쳐서 유능한 사람을 길러 냄. ④ 완전히 이룸. ⑤ 두 가지 이상이 합하여 한 가지 상태를 이룸. 6. ⓜ은 '상승시키는'으로 바꾸어 쓸 수 있다. '인상'은 '물건값, 봉급, 요금 따위를 올림.'의 의미를 지니고 있다. 7. ⊙ 이상(理想): 생각할 수 있는 범위 안에서 가장 완전하다고 여겨지는 상태. ①·② 이상(以上) ③·④ 이상(異常) 8. ⊙ 어떤 정도나 범위에 미치다. ② 대중이나 기준을 잡은 때보다 앞서거나 빠르다. ③ 어떤 사람의 잘못을 윗사람에게 말하여 알게 하다. ④ 어떤 장소나 시간에 닿다. ⑤ 책이나 속담 따위에 예부터 말하여지다. 9. ⊙ 감정이나 욕망, 흥취 따위를 억누르다. ② 몸을 곧추거나 가누다. ③·⑤ 고통이나 고난을 참고 견디어 내다. ④ 내기나 시합, 싸움 따위에서 재주나 힘을 겨루어 승부를 내다. 10. ⊙ 어떤 대상을 무엇이라고 이름 붙이거나 가리켜 말하다. ① 대중이나 기준을 잡은 때보다 앞서거나 빠르다. ②·④ 어떤 장소나 시간에 닿다. ⑤ 무엇이라고 말하다. 11. ⊙ 세상에 널리 알려진 평판이나 명성 ④ 다른 것과 구별하기 위하여 사물, 단체, 현상 따위에 붙여서 부르는 말 12. 이르다¹: '러' 불규칙 활용, 이르다²: '르' 불규칙 활용, 이르다³: '르' 불규칙 활용 13. 준비가 되어 있었기에 병화나 상사에도 문제가 없었다는 의미이므로 '유비무환'이 적절하다. ① 말로는 친한 듯하나 속으로는 해칠 생각이 있음. ② 간섭하거나 거들지 아니하고 그대로 버려둠. ④ 재앙과 근심, 걱정이 바뀌어 오히려 복이 됨. ⑤ 온갖 어려운 고비를 다 겪으며 심하게 고생함. 14. ① 집에만 있고 바깥출입을 아니함. ② 아름다운 여자는 불행하거나 병약하여 수명이 짧음. ③ 진심에서 우러나는 변치 아니하는 마음을 이름. ④ 학문의 길이 여러 갈래여서 한 갈래의 진리도 얻기 어려움을 이름. ⑤ 남들이 모두 절개를 꺾는 상황 속에서도 홀로 절개를 굳세게 지키고 있음을 비유적으로 이름.

□ **이야기**

❶ 어떤 사물이나 사실, 현상에 대하여 일정한 줄거리를 가지고 하는 말이나 글

▶ 그들이 싸우게 된 <u>이야기</u>를 듣고 시시비비를 가려 주었다.

❷ 자신이 경험한 지난 일이나 마음속에 있는 생각을 남에게 일러 주는 말

▶ 그 여자는 누가 묻기 전에는 좀처럼 자기 <u>이야기</u>를 하지 않았다.

❸ 어떤 사실에 관하여, 또는 있지 않은 일을 사실처럼 꾸며 재미있게 하는 말

▶ 나는 아저씨로부터 용에 대한 <u>이야기</u>를 들은 적이 있다.

❹ 소문이나 평판 ▶ 그에 대하여 이상한 <u>이야기</u>가 항간에 돌고 있다.

□ **이직**
移 옮길 이 **職** 직분 직

직장을 옮기거나 직업을 바꿈. ▶ 요즘 더 나은 조건을 찾아 <u>이직</u>하는 사람들이 늘고 있다.

참고어휘 + '職(직분직)'을 공유하는 한자어

전직(轉구를전 職직분직): 직업이나 직무를 바꾸어 옮김. ▶ 그는 교사에서 신문 기자로 <u>전직</u>하였다.

해직(解풀해 職직분직): 직책이나 직위에서 물러나게 함. ▶ 비리를 저지른 공무원이 <u>해직</u>되었다.

재직(在있을재 職직분직): 어떤 직장에 소속되어 근무하고 있음. ▶ 그는 대학교에 <u>재직</u>하고 있다.

복직(復회복할복 職직분직): 물러났던 관직이나 직업에 다시 종사함.

▶ 노조는 해직자의 <u>복직</u>을 요구하였다.

구직(求구할구 職직분직): 일정한 직업을 찾음. ▶ 그는 대학 졸업을 앞두고 열심히 <u>구직</u> 활동을 하고 있다.

□ **이행**
履 밟을 이 **行** 다닐 행

실제로 행함. ▶ 시민 단체는 시장에게 공약을 충실히 <u>이행</u>할 것을 촉구하였다.

동음이의어 + **이행**(移옮길이 行다닐행): 다른 상태로 옮아감. ▶ 정권 <u>이행</u>이 민주적으로 진행되었다.

□ **익다¹**

❶ 열매나 씨가 여물다. ▶ 벼가 누렇게 잘 <u>익었다</u>.

❷ 고기나 채소, 곡식 따위의 날것이 뜨거운 열을 받아 그 성질과 맛이 달라지다.

▶ 밥이 아직 덜 <u>익었다</u>.

❸ 김치, 술, 장 따위가 맛이 들다. ▶ 우리들은 잘 <u>익은</u> 깍두기를 꺼내 먹었다.

❹ 불이나 볕을 오래 쬐거나 뜨거운 물에 담가서 살갗이 빨갛게 되다.

▶ 벌거벗고 땡볕에 돌아다녔더니 살이 <u>익었다</u>.

❺ 썩히려고 하는 것이 잘 썩다. ▶ 잘 <u>익은</u> 거름은 밭에 뿌렸다.

❻ 사물이나 시기 따위가 충분히 마련되거나 알맞게 되다.

▶ 두 사람의 사랑이 <u>익어</u> 가고 있다.

□ **익다²**

❶ 자주 경험하여 조금도 서투르지 않다. ▶ 열심히 연습하다 보니 동작이 몸에 <u>익었다</u>.

❷ 여러 번 겪어 설지 않다. ▶ 그 여자는 낯이 <u>익은데도</u> 누구인지 잘 생각나지 않았다.

❸ 눈이 어둡거나 밝은 곳에 적응한 상태에 있다.

▶ 어둠에 눈이 <u>익자</u> 낯익은 방 안 풍경이 조금씩 드러났다.

□ **익명**
匿 숨길 익 **名** 이름 명

이름을 숨김. 또는 숨긴 이름이나 그 대신 쓰는 이름 ▶ <u>익명</u>의 독지가가 성금을 맡겼다.

참고어휘 + '名(이름명)'을 공유하는 한자어

실명(實열매실 名이름명): 실제의 이름 ▶ 은행 거래를 할 때는 반드시 <u>실명</u>을 사용해야 한다.

가명(假거짓가 名이름명): 실제의 자기 이름이 아닌 이름 ▶ 그는 본명을 숨기고 <u>가명</u>을 썼다.

허명(虛빌허 名이름명): 실속 없는 헛된 명성 ▶ 그는 첫 작품의 성공이 가져다준 <u>허명</u>에 취해 있었다.

무기명(無없을무 記기록할기 名이름명): 이름을 적지 않음. ▶ 대통령 선거는 <u>무기명</u> 비밀 투표로 진행된다.

저명(著나타날저 名이름명): 세상에 이름이 널리 드러나 있음. ▶ 이 병원에는 <u>저명</u>한 의사들이 많다.

무명(無없을무 名이름명): ❶ 이름이 없거나 이름을 알 수 없음. ▶ 그는 어느 <u>무명</u>용사의 무덤에 헌화하였다.

❷ 이름이 널리 알려져 있지 않음. ▶ 그 가수는 아직 <u>무명</u>이다.

문명(文글월문 名이름명): 글을 잘하여 세상에 알려진 이름 ▶ 그는 작가로서 <u>문명</u>을 떨쳤다.

호명(呼부를호 名이름명): 이름을 부름. ▶ 담임선생님은 번호순으로 한 사람씩 호명하였다.

지명(指가리킬지 名이름명): 여러 사람 가운데 누구의 이름을 지정하여 가리킴.

▶ 그는 전당대회에서 대통령 후보로 지명되었다.

명명(命목숨명 名이름명): 사람, 사물, 사건 등의 대상에 이름을 지어 붙임.

▶ 해군은 새로 만든 배의 이름을 '이순신'이라고 명명하였다.

서명(署마을서 名이름명): 자기의 이름을 써넣음. 또는 써넣은 것 ▶ 그는 매매 계약서에 서명하였다.

한자성어 + **유명무실**(有있을유 名이름명 無없을무 實열매실): 이름만 그럴듯하고 실속은 없음.

▶ 국왕의 존재는 유명무실해지고, 귀족들이 실권을 잡게 되었다.

□ 일구이언

一 한 일 口 입구
二 두 이 言 말씀 언

(한 입으로 두 말을 함. →) 한 가지 일에 대하여 말을 이랬다저랬다 함.

▶ 그는 일구이언을 밥 먹듯 하여 아무도 그를 믿지 않게 되었다.

한자성어 + **유구무언**(有있을유 口입구 無없을무 言말씀언): (입은 있어도 말은 없음. →) 변명할 말이 없거나 변명을 못함. ▶ 그가 내 잘못을 조목조목 따지고 들자 나는 그저 유구무언할 수밖에 없었다.

함구무언(緘봉할함 口입구 無없을무 言말씀언): 입을 다물고 아무 말도 하지 아니함.

▶ 그는 금시에 벙어리가 된 것처럼 함구무언이다.

중구난방(衆무리중 口입구 難어려울난 防막을방): (뭇사람의 말을 막기가 어려움. →) 막기 어려울 정도로 여럿이 마구 지껄임. ▶ 중구난방으로 저마다 한마디씩 떠들어 대니 회의 진행이 안 된다.

횡설수설(橫가로횡 說말씀설 竪세울수 說말씀설): 조리가 없이 말을 이러쿵저러쿵 지껄임.

▶ 그는 술에 취해 자신의 신세 한탄을 횡설수설 늘어놓았다.

일언반구(一한일 言말씀언 半반반 句글귀구): (한 마디 말과 반 구절 →) 아주 짧은 말

▶ 이 일은 아내가 남편인 내게 일언반구의 상의도 없이 저지른 일이다.

이구동성(異다를이 口입구 同한가지동 聲소리성): (입은 다르나 목소리는 같음. →) 여러 사람의 말이 한결같음. ▶ 모든 사람이 그를 이구동성으로 칭찬한다.

언중유골(言말씀언 中가운데중 有있을유 骨뼈골): (말 속에 뼈가 있음. →) 예사로운 말 속에 단단한 속뜻이 들어 있음. ▶ 언중유골이라더니 그냥 하는 말만은 아닌 듯싶다.

어불성설(語말씀어 不아닐불 成이룰성 說말씀설): 말이 조금도 사리에 맞지 아니함.

▶ 인사에 불만을 품고 사표를 낸 사람이 해고라고 주장하는 것은 어불성설이다.

언어도단(言말씀언 語말씀어 道길도 斷끊을단): (말할 길이 끊어짐. →) 어이가 없어서 말하려 해도 말할 수 없음. ▶ 그렇게 게으른 사람이 재벌이 되었다니 언어도단이 아닐 수 없다.

이실직고(以써이 實열매실 直곧을직 告고할고): 사실 그대로 고함.

▶ 그는 자신의 죄에 대해서 이실직고하였다.

확 인 문 제

(1~8) 주어진 뜻풀이에 맞는 어휘가 되도록 빈칸에 알맞은 말을 쓰시오.

1. 물러났던 관직이나 직업에 다시 종사함: □직
2. 다른 상태로 옮아감: □행
3. 이름을 숨김: □명
4. 사람, 사물, 사건 등의 대상에 이름을 지어 붙임: □명
5. 이름만 그럴듯하고 실속은 없음: 유□무□
6. 예사로운 말 속에 단단한 속뜻이 들어 있음: □중유□
7. 어이가 없어서 말하려 해도 말할 수 없음: 언어□□
8. 변명할 말이 없거나 변명을 못함: □구□언

(9~10) 밑줄 친 말이 제시문과 가장 유사한 의미로 쓰인 것을 고르시오.

9. 나는 그녀에게 사랑한다고 솔직히 <u>이야기</u>하지 못했다.

　① 그에 대한 <u>이야기</u>는 많이 들었다.　　② 우리는 밤새도록 <u>이야기</u>를 나누었다.　　③ 그에게 사건을 자세하게 <u>이야기</u>했다.

10. 그는 낫질이 <u>익었는지</u> 풀을 아주 잘 베었다.

　① 낯이 <u>익다</u>.　　② 간장이 <u>익다</u>.　　③ 고구마가 <u>익다</u>.　　④ 피부가 <u>익다</u>.　　⑤ 동작이 <u>익다</u>.

[정답] 1. 복 2. 이 3. 익 4. 명 5. 명, 실 6. 언, 골 7. 도, 단 8. 유, 무 9. ② 10. ⑤

[해설] 9. 이야기-❷ ① 이야기-❹ ③ 이야기-❶ 10. 익다²-❶ ① 익다²-❷ ② 익다¹-❸ ③ 익다²-❷ ④ 익다¹-❹

□ 일다	❶ 없던 현상이 생기다. ▶ 바람이 불자 호수에 잔물결이 일었다.
	❷ 희미하거나 약하던 것이 왕성하여지다. ▶ 그는 사업을 한 뒤로 살림이 날로 일고 있다.
	❸ 겉으로 부풀거나 위로 솟아오르다. ▶ 옷에서 자꾸 보풀이 일었다.

□ 일말
ー 한 **일** 抹 지울 말

(한 번 칠함. →) 약간 ▶ 그는 이제 그녀에게 일말의 기대도 하지 않는다.

참고어휘 ＋ '一(한일)'을 공유하는 한자어

일각(一한일 角뿔각): 한 귀퉁이. 또는 한 방향 ▶ 일각에서는 정부의 이번 정책에 대해 우려를 표명했다.

일면(一한일 面낯면): ❶ 물체나 사람의 한 면. 또는 일의 한 방면

▶ 사람을 일면만 보고 성급하게 판단하면 안 된다.

❷ 모르는 사람을 처음으로 한 번 만나 봄. ▶ 일면도 없는 처지에 실례가 많았습니다.

일견(一한일 見볼견): 한 번 봄. 또는 언뜻 봄. ▶ 그는 일견 착한 듯 보이지만 실은 그렇지 않다.

일조(一한일 助도울조): 얼마간의 도움이 됨. 또는 그 도움

▶ 적십자사가 주관한 북한 동포 돕기 운동이 남북 관계를 개선하는 데 일조했다.

□ 일어나다

❶ 누웠다가 앉거나 앉았다가 서다. ▶ 학생이 갑자기 자리에서 일어났다.

❷ 잠에서 깨어나다. ▶ 그는 항상 아침에 일찍 일어난다(≒기상한다).

❸ 어떤 일이 생기다. ▶ 이웃 간에 사소한 오해로 싸움이 일어났다(≒발생했다).

❹ 어떤 마음이 생기다. ▶ 나는 그들의 관계에 대해 호기심이 일어났다.

❺ 약하거나 희미하던 것이 성하여지다. ▶ 그의 성공에 힘입어 집안이 일어났다.

❻ 몸과 마음을 모아 나서다. ▶ 학생들이 학생회 문제를 들고 일어났다.

❼ 위로 솟거나 부풀어 오르다. ▶ 나는 뽀얗게 일어나는 물보라를 바라보았다.

❽ 자연이나 인간 따위에게 어떤 현상이 발생하다. ▶ 강원도에 대형 산불이 일어났다.

❾ 소리가 나다. ▶ 우리 팀의 승리 소식이 전해지자 기쁨의 환호성이 일어났다.

❿ 종교나 사조 따위가 발생하다. ▶ 조선 후기에 실용적인 학풍이 일어났다.

⓫ 병을 앓다가 낫다. ▶ 그녀는 며칠 앓더니 이내 훌훌 털고 일어나 다시 일을 시작했다.

□ 일족
ー 한 **일** 族 겨레 족

조상이 같은 겨레붙이. 또는 같은 조상의 친척

▶ 아비가 반역죄를 짓는 바람에 일족이 멸하여 대가 끊기고 말았다.

참고어휘 ＋ **삼족**(三석삼 族겨레족): 부계(父系), 모계(母系), 처계(妻系)의 세 족속을 아울러 이르는
말 ▶ 옛날에는 역모를 일으킨 죄인에 대해서는 삼족을 멸하였다.

□ 일찍이

❶ 일정한 시간보다 이르게

▶ 그들은 다음날 새벽 일찍이 다음 목적지로 출발했다.

❷ 예전에. 또는 전에 한 번

▶ 그런 일은 일찍이 경험해 본 적이 없다.

□ 일화
逸 숨을 일 話 말씀 화

세상에 널리 알려지지 아니한 흥미 있는 이야기

▶ 그는 미국 유학 시절의 일화를 학생들에게 들려주었다.

□ 읽다

❶ 글이나 글자를 보고 그 음대로 소리 내어 말로써 나타내다.

▶ 아이가 책을 또박또박 읽고(≒낭독하고) 있다.

❷ 글을 보고 거기에 담긴 뜻을 헤아려 알다.

▶ 중학교 때 나는 소설을 무척 열심히 읽었다.

❸ 경전 따위를 소리 내어 외다. ▶ 신자들이 일제히 반야심경을 읽는다(≒암송한다).

❹ 작가의 작품을 보다. ▶ 문학을 공부하려면 적어도 브레히트는 읽어야 한다.

❺ 그림이나 소리 따위가 전하는 내용이나 뜻을 헤아려 알다.
▶ 그림에서 화가의 의도를 읽어(≒파악할) 낼 수 있었다.

❻ 어떤 대상이 갖는 성격을 이해하다. ▶ 묵묵히 일하는 모습에서 성실함을 읽을 수 있다.

❼ 사람의 표정이나 행위 따위를 보고 뜻이나 마음을 알아차리다.
▶ 그의 얼굴 표정에서 비장한 결심을 읽을(≒간파할) 수 있었다.

❽ 어떤 상황이나 사태가 갖는 특징을 이해하다.
▶ 세상을 읽는(≒이해하는) 눈을 길러라.

❾ 바둑이나 장기에서, 수를 생각하거나 상대편의 수를 헤아려 짐작하다.
▶ 중국 기사의 다음 수를 읽기가 쉽지 않다.

❿ 컴퓨터의 프로그램이 디스크 따위에 든 정보를 가져와 그 내용을 파악하다.
▶ 하드드라이브가 고장이 났는지 컴퓨터가 파일을 읽어 들이지 못한다.

⓫ 어떤 글이나 말을 특정한 방식으로 풀이하다. ▶ 이 말은 반어적으로 읽어야 한다.

□ **잃다**

❶ 가졌던 물건이 자신도 모르게 없어져 갖지 아니하게 되다.
▶ 버스에서 지갑을 잃었다(≒분실했다).

❷ 땅이나 자리가 없어져 갖지 못하게 되거나 거기에서 살지 못하게 되다.
▶ 삼촌이 직장을 잃었다.

❸ 가까운 사람이 죽어서 그와 이별하다. ▶ 그는 병으로 아내를 잃었다(≒사별했다).

❹ 어떤 사람과의 관계가 끊어지거나 헤어지게 되다. ▶ 욕심 때문에 친구를 잃었다.

❺ 기회나 때가 사라지다. ▶ 가정 형편 때문에 공부할 기회를 잃었다.

❻ 몸의 일부분이 잘려 나가거나 본래의 기능을 발휘하지 못하다.
▶ 교통사고로 팔을 잃었다.

❼ 의식이나 감정 따위가 사라지다. ▶ 그는 모든 일에 의욕을 잃었다.

❽ 어떤 대상이 본디 지녔던 모습이나 상태를 유지하지 못하게 되다.
▶ 체조 선수가 균형을 잃고(≒상실하고) 평균대에서 떨어졌다.

❾ 길을 못 찾거나 방향을 분간하지 못하게 되다. ▶ 깊은 산중에서 길을 잃었다.

❿ 같이 있거나 같이 길을 가던 사람을 놓쳐 헤어지게 되다.
▶ 휴게소에서 식구를 잃어 한참을 찾아 다녔다.

⓫ 의미나 의의가 없어지다. ▶ 그와 헤어진 후 삶의 의미를 잃었다(≒상실했다).

⓬ 경기나 도박에서 져서 돈을 빼앗기거나 손해를 보다. ▶ 노름에서 돈을 잃었다.

⓭ 다른 사람에게 신용이나 점수를 깎이다. ▶ 그는 거래처에 신용을 잃었다.

확 인 문 제

(1~4) 밑줄 친 말의 쓰임이 문맥에 적절한지 판단하시오.
1. 그는 일면의 미련도 없이 검사직을 버렸다.
2. 그 마을에는 일족이 모여 농사를 짓고 살았다.
3. 법조계 일견에서는 판결의 문제점을 지적하고 있다.
4. 그에게는 술버릇과 관련된 일화도 남다른 것이 많았다.

(5~9) 밑줄 친 말의 의미가 가장 유사한 것을 2개씩 고르시오.
5. ① 여론이 일다. ② 먼지가 일다. ③ 논란이 일다. ④ 살림이 일다.
6. ① 혁명이 일어나다. ② 집안이 일어나다. ③ 전쟁이 일어나다. ④ 욕심이 일어나다. ⑤ 의자에서 일어나다.
7. ① 아침 일찍이 출발했다. ② 퇴근하자마자 일찍이 집으로 들어왔다. ③ 일찍이 경험하지 못했던 일을 겪었다.
8. ① 세상을 읽다. ② 소설을 읽다. ③ 사설을 읽다. ④ 글자를 읽다. ⑤ 데이터를 읽다.
9. ① 이성을 잃다. ② 조국을 잃다. ③ 용기를 잃다. ④ 부모를 잃다. ⑤ 지갑을 잃다.

- -

[정답] 1. 부적절 2. 적절 3. 부적절 4. 적절 5. ①, ③ 6. ①, ③ 7. ①, ② 8. ②, ③ 9. ①, ③
[해설] 1. → 일말 3. → 일각 5. ①·③ 일다-❶ 6. ①·③ 일어나다-❸ 7. ①·② 일찍이-❶ 8. ②·③ 읽다-❷ 9. ①·③ 잃다-❼

☐ **임대** 賃 품삯 **임** 貸 빌릴 **대**	돈을 받고 자기의 물건을 남에게 빌려줌. ▶ 건물주는 건물 전체를 은행에 임대하였다. **연관어휘 +** **임차**(賃품삯임 借빌릴차): 돈을 내고 남의 물건을 빌려 씀. 　▶ 사장은 새로 사무실을 임차하였다. **대여**(貸빌릴대 與줄여): 물건이나 돈을 나중에 도로 돌려받기로 하고 얼마 동안 내어 줌. 　▶ 춘궁기에는 관청에서 백성들에게 양곡을 대여하였다.
☐ **임의** 任 맡길 **임** 意 뜻 **의**	❶ 일정한 기준이나 원칙 없이 하고 싶은 대로 함. ▶ 그 일은 임의로 처리해서는 안 된다. ❷ 대상이나 장소 따위를 일정하게 정하지 아니함. 　▶ 두 사람은 임의의 장소에서 만나기로 합의하였다. **참고어휘 +** '意(뜻의)'를 공유하는 한자어 **고의**(故연고고 意뜻의): 일부러 하는 생각이나 태도 ▶ 나의 행동은 고의라기보다는 작은 실수였다. **타의**(他다를타 意뜻의): ❶ 다른 생각. 또는 다른 마음 ▶ 나는 타의 없는 농담으로 맞장구를 쳤다. ❷ 다른 사람의 생각이나 의견 ▶ 그는 자의 반 타의 반으로 사장 자리에서 물러났다. **자의**(自스스로자 意뜻의): 자기의 생각이나 의견 ▶ 그는 자의로 학업을 그만두었다. **자의**(恣마음대로자 意뜻의): 제멋대로 하는 생각 ▶ 법을 자의적으로 해석하여 적용해서는 안 된다.
☐ **잇다**	❶ 두 끝을 맞대어 붙이다. ▶ 직선은 한 점과 또 다른 한 점을 잇는 가장 짧은 선이다. ❷ 끊어지지 않게 계속하다. ▶ 그는 3대째 가업을 잇고(≒계승하고) 있다. ❸ 많은 사람이나 물체가 줄을 이루어 서다. ▶ 표를 사려는 사람들이 줄을 이어 서 있다. ❹ 뒤를 잇따르다. ▶ 개회사에 이어 회장의 인사 말씀이 있겠습니다.
☐ **잇따르다**	❶ 움직이는 물체가 다른 물체의 뒤를 이어 따르다. 　▶ 대통령의 가두 행진에 보도 차량이 잇따랐다. ❷ 어떤 사건이나 행동 따위가 이어 발생하다. ▶ 최근 물놀이 사고가 잇따르고 있다.
☐ **있다**	❶ 사람이나 동물이 어느 곳에서 떠나거나 벗어나지 아니하고 머물다. 　▶ 내가 갈 테니 너는 학교에 있어라. ❷ 사람이 어떤 직장에 계속 다니다. ▶ 딴 데 한눈팔지 말고 그 직장에 그냥 있어라. ❸ 사람이나 동물이 어떤 상태를 계속 유지하다. ▶ 떠들지 말고 얌전하게 있어라. ❹ 얼마의 시간이 경과하다. ▶ 앞으로 사흘만 있으면 추석이다. ❺ 사람, 동물, 물체 따위가 실제로 존재하는 상태이다. ▶ 나는 신이 있다고 믿는다. ❻ 어떤 사실이나 현상이 현실로 존재하는 상태이다. ▶ 아직은 기회가 있다. ❼ 어떤 일이 이루어지거나 벌어질 계획이다. ▶ 내일 동창 모임이 있다. ❽ 재물이 넉넉하거나 많다. ▶ 그는 아무것도 없으면서 있는 체한다. ❾ 어떤 일을 이루거나 어떤 일이 발생하는 것이 가능함을 나타냄. 　▶ 나는 무엇이든지 잘할 수 있다. ❿ 어떤 대상이나 사실을 강조·확인하는 뜻을 나타냄. ▶ 그 사람 있잖아 엄청난 부자래. ⓫ 사람이나 사물 또는 어떤 사실이나 현상 따위가 어떤 곳에 자리나 공간을 차지하고 존재하는 상태이다. ▶ 방 안에 사람이 있다. ⓬ 사람이나 동물이 어느 곳에 머무르거나 사는 상태이다. ▶ 그는 서울에 있다. ⓭ 사람이 어떤 직장에 다니는 상태이다. ▶ 그 사람은 요즘 출판사에 있다. ⓮ 어떤 처지나 상황, 수준, 단계에 놓이거나 처한 상태이다. 　▶ 그는 참으로 난처한 처지에 있다. ⓯ 개인이나 물체의 일부분이 일정한 범위나 전체에 포함된 상태이다. 　▶ 합격자 명단에는 내 이름도 있었다.

⑯ 어떤 물체를 소유하거나 자격이나 능력 따위를 가진 상태이다.

▶ 나에게 1000원이 <u>있다</u>.

⑰ 일정한 관계를 가진 사람이 존재하는 상태이다. ▶ 나에게는 아내와 자식들이 <u>있다</u>.

⑱ 어떤 사람에게 무슨 일이 생긴 상태이다. ▶ 며느리에게 태기가 <u>있다</u>.

⑲ 앞에 오는 명사를 화제나 논의의 대상으로 삼은 상태를 나타냄.

▶ 인간에게 <u>있어서</u> 가장 중요한 것은 사랑이다.

⑳ 사람이 어떤 지위나 역할로 존재하는 상태이다. ▶ 그는 대기업의 과장으로 <u>있다</u>.

㉑ 이유나 가능성 따위로 성립된 상태이다. ▶ 아이의 투정에는 이유가 <u>있었다</u>.

□ **잊다**

❶ 한번 알았던 것을 기억하지 못하거나 기억해 내지 못하다.

▶ 수학 공식을 <u>잊어서</u> 문제를 풀 수가 없다.

❷ 기억해 두어야 할 것을 한순간 미처 생각하여 내지 못하다.

▶ 중요한 약속을 <u>잊고</u> 엉뚱한 일만 하고 있었다.

❸ 일하거나 살아가는 데 장애가 되는 어려움이나 고통, 또는 좋지 않은 지난 일을 마음속에 두지 않거나 신경 쓰지 않다. ▶ 그는 손자의 재롱을 보며 시름을 <u>잊었다</u>.

❹ 본분이나 은혜 따위를 마음에 새겨 두지 않고 저버리다.

▶ 학생의 본분을 <u>잊지</u> 마라.

❺ 어떤 일에 열중한 나머지 잠이나 끼니 따위를 제대로 취하지 않다.

▶ 그는 시험공부를 하느라 잠자는 것도 <u>잊었다</u>.

□ **자명하다**

自 스스로 자 明 밝을 명 –

설명하거나 증명하지 아니하여도 저절로 알 만큼 명백하다.

▶ 생각만으로는 아무것도 달라지는 게 없다는 것은 <u>자명한</u> 일이다.

유의어 ➕ **엄연**(儼엄연할엄 然그럴연)**하다**: ❶ 사람의 겉모양이나 언행이 의젓하고 점잖다.

▶ 나는 매사에 <u>엄연하고</u> 신중하신 아버지를 가장 존경한다.

❷ 어떠한 사실이나 현상이 부인할 수 없을 만큼 뚜렷하다.

▶ 해가 동쪽에서 떠서 서쪽으로 지는 것은 <u>엄연한</u> 사실이다.

한자성어 ➕ **명약관화**(明밝을명 若같을약 觀볼관 火불화): 불을 보듯 분명하고 뻔함.

▶ 돌아가면 잡힐 것이 <u>명약관화</u>한데도 돌아가겠다는 이유를 모르겠다.

불문가지(不아닐불 問물을문 可옳을가 知알지): 묻지 아니하여도 알 수 있음.

▶ 산림이 훼손되면 큰비를 이겨 내기 어렵다는 것은 <u>불문가지</u>이다.

확 인 문 제

(1~6) 주어진 뜻풀이에 맞는 어휘가 되도록 빈칸에 알맞은 말을 쓰시오.

1. 제멋대로 하는 생각: □의
2. 일부러 하는 생각이나 태도: □의
3. 저절로 알 만큼 명백하다: 자□하다
4. 불을 보듯 분명하고 뻔함: □약관□
5. 돈을 내고 남의 물건을 빌려 씀: 임□
6. 묻지 아니하여도 알 수 있음: 불□가□

(7~11) 밑줄 친 말의 의미가 가장 유사한 것을 2개씩 고르시오.

7. ① 생계를 <u>잇다</u>. ② 가업을 <u>잇다</u>. ③ 사람들이 줄을 <u>잇다</u>. ④ 객차와 객차를 <u>잇다</u>.

8. ① 성원이 <u>잇따르다</u>. ② 범죄가 <u>잇따르다</u>. ③ 비서진이 <u>잇따르다</u>.

9. ① 증거가 <u>있다</u>. ② 딸 둘이 <u>있다</u>. ③ 만회할 기회가 <u>있다</u>. ④ <u>있는</u> 집 자손이다. ⑤ 이틀만 <u>있으면</u> 새해다.

10. ① 그는 차가 <u>있다</u>. ② 그는 조용히 <u>있다</u>. ③ 그는 서울에 <u>있다</u>. ④ 그는 실력이 <u>있다</u>. ⑤ 그는 교수로 <u>있다</u>.

11. ① 은혜를 <u>잊다</u>. ② 시름을 <u>잊다</u>. ③ 단어를 <u>잊다</u>. ④ 원한을 <u>잊다</u>. ⑤ 기념일을 <u>잊다</u>.

[정답] 1. 자 2. 고 3. 명 4. 명, 화 5. 차 6. 문, 지 7. ①, ② 8. ①, ② 9. ①, ③ 10. ①, ④ 11. ②, ④
[해설] 7. ① · ② 잇다-❷ 8. ① · ② 잇따르다-❷ 9. ① · ③ 있다-❻ 10. ① · ④ 있다-⑯ 11. ② · ④ 잊다-❸

실전 문제

1. 어휘의 선택이 문맥에 맞지 <u>않는</u> 것은?

① 이 아파트는 서민들에게 (임대 /(임차))될 것이다.

② 그는 우리 회사에 ((재직)/ 전직)하다가 지난해에 퇴직하였다.

③ 대통령은 국무총리에 대학 총장 출신의 학자를 ((지명)/ 호명)하였다.

④ 당신에게 (일견 /(일말))의 양심이라도 남아 있다면 모든 진실을 밝히고 참회하십시오.

⑤ 단체라고 하는 것은 모두 (명약관화 /(유명무실))할 뿐 단합된 힘을 갖춘 조직은 하나도 없었다.

2. ㉠~㉤과 바꿔 쓸 수 있는 말로 적절하지 <u>않은</u> 것은? (2012 고1 11월 학평 응용)

> 사회적 기업은 이윤을 사회 또는 지역공동체의 취약 계층에 ㉠되돌려 사회 통합에 기여한다. 악기 연주가 가능한 미취업 장애인들을 고용해서 정기 연주회를 ㉡열어 얻은 수익을 장애인 복지 사업에 기부하는 C기업이 ㉢있다. 이 기업은 미취업 장애인 고용을 통해 취약 계층의 실업 문제를 해결하고 기업 활동에서 창출한 이윤을 장애인 복지 사업에 기부하여 복지 서비스 확대에 기여했다. 이는 취약 계층이 느끼는 사회적 소외감을 ㉣줄여 사회 통합에 ㉤보탬이 된 것이라 할 수 있다.

① ㉠: 환원(還元)하여   ② ㉡: 개봉(開封)하여   ③ ㉢: 존재(存在)한다

④ ㉣: 감소(減少)시켜   ⑤ ㉤: 일조(一助)한

3. ⓐ, ⓑ의 뜻풀이를 〈보기〉에서 찾으면? (2007 6월 모평)

> 옷 가게의 쇼윈도에는 마네킹이 멋진 목걸이를 한 채 붉은 색 스커트를 날씬한 허리에 감고 있다. 환한 조명 때문에 마네킹은 더욱 선명해 보인다. 길을 걷다가 환한 불빛에 이끌려 마네킹을 하나씩 살펴본다. 마네킹의 예쁜 모습을 보면서 나도 모르게 ⓐ이야기를 시작한다. '참 날씬하고 예쁘기도 하네. 저 비싸 보이는 목걸이는 어디서 났을까. 짧은 스커트가 눈부시네……. 나도 저 마네킹처럼 되고 싶다.'라는 생각에 곧 옷 가게로 들어간다.
>
> 이와 같은 일련의 과정은 소비자가 쇼윈도라는 공간 텍스트를 읽는 행위로 이해할 수 있다. 공간 텍스트는 세 개의 층위(표층, 심층, 서사)로 존재한다. 표층 층위는 쇼윈도의 장식, 조명, 마네킹의 모습 등과 같은 감각적인 층위이다. 심층 층위는 쇼윈도의 가치와 의미가 내재되어 있는 층위이다. 서사 층위는 표층 층위와 심층 층위를 연결하는 층위로서 ⓑ이야기 형태로 존재한다.

―〈보 기〉―

이야기 명 ㉠어떤 사물이나 사실, 현상에 대하여 일정한 줄거리를 가지고 하는 말이나 글.
      ㉡자신이 경험한 지난 일이나 마음속에 있는 생각을 표현하는 말.
      ㉢어떤 사실에 관하여, 또는 있지 않은 일을 사실처럼 꾸며 재미있게 하는 말.
      ㉣소문이나 평판.

	ⓐ	ⓑ			ⓐ	ⓑ
①	㉠	㉡		②	㉡	㉠
③	㉡	㉢		④	㉢	㉠
⑤	㉢	㉣				

(4~7) 밑줄 친 말의 의미가 ㉠과 가장 유사한 것을 고르시오.

4.

> 농토를 ㉠<u>잃은</u> 농민들은 소작인이 될 수밖에 없었다.

① 그는 교통사고로 부모를 <u>잃었다</u>.　　② 그곳은 지리가 복잡해서 길을 <u>잃기</u> 쉽다.
③ 사원들이 회사의 도산으로 직장을 <u>잃었다</u>.　　④ 그녀는 사업의 실패로 모든 일에 의욕을 <u>잃었다</u>.
⑤ 그는 순간의 욕심 때문에 부자가 될 행운을 <u>잃었다</u>.

5. ─────────────── (2020 9월 모평)

> 고가의 재산에 대해 선의취득을 허용하게 되면 원래 소유자의 의사에 반하는 소유권 박탈이 ㉠<u>일어나게</u> 된다.

① 작년은 우리나라에서 수많은 사건이 <u>일어난</u> 해였다.　　② 청중 사이에서는 기쁨으로 인해 환호성이 <u>일어났다</u>.
③ 형님의 강한 의지력으로 집안이 다시 <u>일어나게</u> 되었다.　　④ 나는 그 사람에 대해 경계심이 <u>일어나지</u> 않을 수 없었다.
⑤ 사회는 구성원들이 부조리에 맞서 <u>일어남으로써</u> 발전한다.

6. ─────────────── (2014 9월 모평A)

> 방 밖에서 보았을 때 대칭적으로 배열된 여러 창살들이 서로 어울려 만들어내는 창살 문양은 단정한 선의 미를 창출한다. 창살로 구현된 다양한 문양에 따라 집의 표정을 ㉠<u>읽을</u> 수 있고 집주인의 품격도 알 수 있다.

① 큰 소리로 책을 <u>읽어</u> 보자.　　② 요즘에는 염상섭을 <u>읽고</u> 있지.
③ 이 옛 글자는 어떻게 <u>읽어야</u> 하지?　　④ 눈을 보면 그 사람의 마음을 <u>읽을</u> 수 있어.
⑤ 이 컴퓨터에는 시디(CD)를 <u>읽는</u> 장치가 없네.

7. ─────────────── (2009 9월 모평)

> 딸의 생일 선물을 깜빡 ㉠<u>잊은</u> 아빠가 "내일 우리 집보다 더 큰 곰 인형 사 올게."라고 말했을 때, 아빠가 발화한 문장은 상황에 적절한 발화인가 아닌가?

① 수돗물 잠그고 나오는 것을 <u>잊어서</u> 불안해요.　　② 그는 일에 푹 빠져 자기 나이를 <u>잊고</u> 지낸다.
③ 오랜 세월이 지나 그 사람의 이름도 <u>잊었어요</u>.　　④ 그는 괴로운 현실을 <u>잊기</u> 위해 여행을 떠났다.
⑤ 지난날의 감정은 모두 <u>잊고</u> 앞으로 잘 지내보자.

8. ㉠과 같은 의미로 쓰이지 <u>않은</u> 것은?　　(2008 9월 모평)

> 원래 물리학의 실험 기구였던 NMR 분광계를 유기 화학 연구의 핵심 장치로 만드는 데 중추적인 역할을 담당한 사람이 미국의 화학자 로버츠였다. 이 기구는 당시에 유일하게 배리언 사에서 제작하고 있었는데, 로버츠는 이것의 가치를 남들보다 ㉠<u>일찍이</u> 인식하고 1950년대부터 이 기구로 미지의 분자 구조를 밝혀내기 시작했다.

① 나는 오늘 <u>일찍이</u> 학교로 출발했다.　　② 그녀는 아침 <u>일찍이</u> 밥을 해 먹었다.
③ 나는 <u>일찍이</u> 와서 오늘 업무를 준비했다.　　④ 나는 <u>일찍이</u> 일을 끝내고 집으로 돌아왔다.
⑤ 그런 일은 <u>일찍이</u> 경험하지 못했던 일이다.

9. 밑줄 친 말들의 의미 관계가 이질적인 것은?

① 우리 집안은 대대로 무명이 높았다 한다. – 무명 시인이 낸 시집이 베스트셀러가 되었다.

② 그는 자의 반 타의 반으로 학업을 중단하였다. – 이 자술서는 자의에 의하여 쓴 것으로 볼 수 없다.

③ 과학 기술의 발달로 새로운 사회로 이행하고 있다. – 대한민국의 청년은 국방의 의무를 이행해야 한다.

④ 모든 고대 문명은 강에서 발생했다. – 그는 일생을 불우하게 살았지만 문명만큼은 나라를 뒤흔들었다.

⑤ 그는 젊은 나이에 사고로 인해 실명하였다. – 우리는 거래의 투명성을 위해 실명 거래를 원칙으로 한다.

10. 다음은 '사전 활용하기' 학습 활동을 위한 자료이다. 이에 대한 이해로 적절하지 않은 것은? (2017 고2 9월 학평)

> **익다** 통 ① 열매나 씨가 여물다. ¶ 배가 익다.
>   ② 고기나 채소, 곡식 따위의 날것이 뜨거운 열을 받아 그 성질과 맛이 달라지다. ¶ 고기가 푹 익다.
> **익-히다** 통【…을】① '익다①'의 사동사. ¶ 잎사귀에 단풍이 든 콩들은 꼬투리를 더욱 단단하게 익히고 있었다.
>   ② '익다②'의 사동사. ¶ 고기를 익히다.

① '익다'와 '익히다'는 모두 다의어로군.

② '익다'와 달리 '익히다'는 목적어를 필요로 하는군.

③ '익히다'는 '익다'에 사동 접미사가 결합된 단어로군.

④ '익다①'의 유의어로는 '김치가 잘 숙성되었다.'의 '숙성되다'가 있겠군.

⑤ '익히다②'의 용례로 '감자를 푹 익혀 먹으면 맛이 좋다.'가 있겠군.

11. ⊙의 의미에 가장 가까운 것은? (2006 고3 10월 학평)

> 친척집의 서가에는 세계 문학 전집을 위시하여 한국 문학 전집 따위가 장식용 비슷하게 꽂혀 있었는데, 지방관청의 주사급이던 친척은 술이라도 얼큰한 날이면 나를 붙들고 서가를 자랑하며 자신의 문학 취미에 대해서 ⊙가로세로 떠들곤 하였다. 나로서는 문학이 처음이었다.
>   – 송기원, 〈아름다운 얼굴〉

① 횡설수설(橫說竪說)   ② 동문서답(東問西答)   ③ 중구난방(衆口難防)

④ 유구무언(有口無言)   ⑤ 설왕설래(說往說來)

(12~13) ⊙을 나타낸 말로 가장 적절한 것을 고르시오.

12. (2014 수능A)

> 나는 동사무소로 갔다. 행복동 주민들이 잔뜩 몰려들어 자기의 의견들을 큰 소리로 말하고 있었다. ⊙들을 사람은 두셋밖에 안 되는데 수십 명이 거의 동시에 떠들어대고 있었다.
>   – 조세희, 〈난장이가 쏘아 올린 작은 공〉

① 유구무언(有口無言)   ② 일구이언(一口二言)   ③ 중구난방(衆口難防)

④ 진퇴양난(進退兩難)   ⑤ 횡설수설(橫說竪說)

13.

이후로 임금은 곤드레만드레 취하여 정사를 폐하게 되었다. 그러나 순은 ㉠입을 굳게 다문 채 그 앞에서 간언할 줄 몰랐다. 그리하여 예법을 지키는 선비들은 그를 마치 원수처럼 미워하게 되었다.
— 임춘, 〈국순전〉

① 함구무언(緘口無言)　　　② 중언부언(重言復言)　　　③ 중구난방(衆口難防)
④ 이실직고(以實直告)　　　⑤ 어불성설(語不成說)

14. ㉠에 나타난 도련님의 행동을 가장 잘 표현한 것은?

"여보 도련님, 이제 막 하신 말씀 참말이요 농담이요. 우리 둘이 처음 만나 백년언약 맺은 일도 마님과 사또께옵서 시키시던 일이오니까? 웬 핑계요. 광한루에서 잠깐 보고 내 집에 찾아와서 밤 깊어 인적 없는 한밤중에 도련님은 저기 앉고 춘향 나는 여기 앉아 날더러 하신 말씀, 오월 단오 밤에 내 손길 부여잡고 우둥퉁퉁 밖에 나와 맑은 하늘 천 번이나 가리키며 ㉠굳은 언약 어기지 않겠노라고 만 번이나 맹세하기에 내 정녕 믿었더니 결국 가실 때는 톡 떼어 버리시니 이팔청춘 젊은 것이 낭군 없이 어찌 살꼬. 가을 길고도 깊은 밤 외로운 방에 홀로 님 생각 어찌할꼬. 모질도다 모질도다 도련님이 모질도다."
— 작자 미상, 〈춘향전〉

① 금상첨화(錦上添花)　　　② 동병상련(同病相憐)　　　③ 일구이언(一口二言)
④ 정저지와(井底之蛙)　　　⑤ 천생연분(天生緣分)

15. ㉠을 바꿔 쓰기에 가장 적절한 것은?

원수 장졸을 모으고 문 왈, / "너희들 밤에 무슨 꿈이 있더냐." / ㉠모두 답 왈,
"꿈에 원수를 모시고 귀신 병졸과 더불어 싸워 이기고 장수를 생포하였나이다. 이 필연 오랑캐를 멸할 징조로소이다."
— 김만중, 〈구운몽〉

① 이구동성(異口同聲)으로　　　② 갑론을박(甲論乙駁)하며　　　③ 설왕설래(說往說來)하며
④ 중구난방(衆口難防)으로　　　⑤ 이심전심(以心傳心)으로

[정답] 1. ① 2. ② 3. ② 4. ③ 5. ① 6. ④ 7. ① 8. ⑤ 9. ② 10. ④ 11. ① 12. ③ 13. ① 14. ③ 15. ①
[해설] 2. ㉡ → 개최(開催)하여 3. ⓐ 자신이 경험한 일이나 마음속에 있는 생각을 표현하는 말(㉡) ⓑ 어떤 사물이나 현상에 대하여 일정한 줄거리를 가지고 하는 말이나 글(㉠) 4. ㉠ 땅이나 자리가 없어져 그것을 갖지 못하게 되거나 거기에서 살지 못하게 되다. ① 가까운 사람이 죽어서 그와 이별하다. ② 길을 못 찾거나 방향을 분간 못 하게 되다. ④ 의식이나 감정 따위가 사라지다. ⑤ 기회나 때가 사라지다. 5. ㉠ 어떤 일이 생기다. ② 소리가 나다. ③ 약하거나 희미하던 것이 성하여지다. ④ 어떤 마음이 생기다. ⑤ 몸과 마음을 모아 나서다. 6. ㉠ 사람의 표정이나 행위 따위를 보고 뜻이나 마음을 알아차리다. ① 글을 보고 그 음대로 소리 내어 말로써 나타내다. ② 작가의 작품을 보다. ③ 글자의 음대로 말할 줄 아는 능력을 가지다. ⑤ 컴퓨터의 프로그램이 디스크 따위에 든 정보를 가져와 그 내용을 파악하다. 7. ㉠ 기억해 두어야 할 것을 한순간 미처 생각하여 내지 못하다. ② · ④ · ⑤ 일하거나 살아가는 데 장애가 되는 어려움이나 고통, 또는 좋지 않은 지난 일을 마음속에 두지 않거나 신경 쓰지 않다. ③ 한 번 알았던 것을 기억하지 못하거나 기억해 내지 못하다. 8. ㉠ 일정한 시간보다 이르게 ⑤ 예전에 9. '자의(自意)'는 같은 단어이고 나머지는 동음이의어이다. ① 무명(武名: 무용(武勇)이 뛰어나 알려진 이름. 또는 무인으로서의 명예) – 무명(無名) ③ 이행(移行) – 이행(履行) ④ 문명(文明) – 문명(文名) ⑤ 실명(失明: 시력을 잃어 앞을 못 보게 됨.) – 실명(實名) 10. '숙성되다'는 '효소나 미생물의 작용에 의하여 발효된 것이 잘 익다.'의 의미이므로, '열매나 씨가 여물다.'의 의미인 '익다①'의 유의어가 아니다. 11. ㉠은 여러 가지 말을 두서없이 나열한다는 의미이므로, 횡설수설(橫說竪說)이 적절하다. 12. 여러 사람이 질서가 없이 동시에 마구 떠드는 상황이므로 중구난방(衆口難防)이 적절하다. 14. 도련님이 굳게 약속한 것을 어기고 자신을 버린다고 하고 있으므로 '한 입으로 두 말을 한다'는 의미의 '일구이언(一口二言)'이 적절하다. ① 좋은 일 위에 또 좋은 일이 더하여짐. ④ 넓은 세상의 형편을 알지 못하는 사람 15. ② 여러 사람이 서로 자신의 주장을 내세우며 상대편의 주장을 반박함.

25 자심하다~전복

☐ **자심하다**
滋 불을 자 甚 심할 심

(부정적인 행위나 상태가) 매우 심하다.
▶ 어머니는 아들이 객지에서 고생이 자심하다는 소식을 듣고 눈물을 흘렸다. 구박이 자심하다.

☐ **자칫**

어쩌다가 조금 어긋남을 나타낼 때 쓰는 말
▶ 두 사람의 눈치를 보니 자칫 잘못하면 큰 싸움이 날 것 같았다.

[참고어휘 +] **내처: ❶** 어떤 일 끝에 더 나아가 ▶ 나는 국어 숙제를 끝내고 내처 수학 숙제까지 했다.
❷ 줄곧 한결같이 ▶ 그는 아침부터 내처 책만 읽고 있었다.
일쑤: ❶ 흔히 또는 으레 그러는 일 ▶ 그는 동생을 골려 놓고는 도망가기 일쑤였다.
❷ 드물지 아니하게 흔히 ▶ 짝은 일쑤 지각을 한다.
고대: ❶ 이제 막 ▶ 아버지께서 너를 계속 기다리시다가 고대 가셨다.
❷ 바로 곧 ▶ 아이는 학교에서 돌아오자마자 고대 놀러 나갔다.
여북: '얼마나', '오죽', '작히나'의 뜻으로 정도가 매우 심하거나 상황이 좋지 않을 때 쓰는 말
▶ 멀쩡했던 남편이 쓰러졌으니 그 아내가 여북 놀랐을까?
짐짓: ❶ 마음으로는 그렇지 않으나 일부러 그렇게 ▶ 그는 짐짓 태연한 표정으로 나에게 말을 걸었다.
❷ 과연(아닌 게 아니라 정말로) ▶ 먹어 보니, 짐짓 기가 막힌 음식이었다.
짜장: 과연 정말로 ▶ 그는 짜장 사실인 것처럼 이야기를 한다.

☐ **자처**
自 스스로 자 處 곳 처

자기를 어떤 사람으로 여겨 그렇게 처신함.
▶ 그들은 어제의 매국노가 오늘의 애국자를 자처하는 현실에 분노를 느꼈다.

[참고어휘 +] '自(스스로자)'를 공유하는 한자어
자책(自스스로자 責꾸짖을책): 자신의 결함이나 잘못에 대하여 스스로 깊이 뉘우치고 자신을 책망함.
▶ 그는 그때 자신이 너무 비겁했다고 자책했다.
자생(自스스로자 生날생): ❶ 자기 자신의 힘으로 살아감.
▶ 외자 도입에만 너무 의존하다가는 국내 경제의 자생력이 약해질 수 있다.
❷ 저절로 나서 자람. ▶ 이 풀은 남해안에서 자생하는 난의 일종이다.
자구책(自스스로자 救구원할구 策꾀책): 스스로를 구원하기 위한 방책
▶ 마을에 계속해서 절도 사건이 발생하자 주민들이 자구책으로 자율 방범대를 만들었다.

[한자성어 +] **자승자박**(自스스로자 繩노끈승 自스스로자 縛얽을박): (자기의 줄로 자기 몸을 옭아 묶음.
→) 자기가 한 말과 행동에 자기 자신이 옭혀 곤란하게 됨.
▶ 임대료를 터무니없이 인상하는 바람에 세입자를 구할 수 없게 되었으니 자승자박이다.
자업자득(自스스로자 業업업 自스스로자 得얻을득): 자기가 저지른 일의 결과를 자기가 받음.
▶ 놀기만 하고 공부를 게을리 해서 결국 성적이 떨어졌으니 모두 자업자득이다.
자가당착(自스스로자 家집가 撞칠당 着붙을착): 같은 사람의 말이나 행동이 앞뒤가 서로 맞지 아니하고
모순됨. ▶ 그 정치인은 처음의 주장을 스스로 부인하는 자가당착의 우를 범하고 있다.
자중지란(自스스로자 中가운데중 之~의 지 亂어지러울란): 같은 편끼리 하는 싸움
▶ 그 정당은 지도 체제 문제를 놓고 자중지란에 빠졌다.
자포자기(自스스로자 暴사나울포 自스스로자 棄버릴기): 절망에 빠져 자신을 스스로 포기하고 돌아보지
아니함. ▶ 아무리 힘든 시련이 닥쳐도 자포자기해서는 안 된다.
자화자찬(自스스로자 畵그림화 自스스로자 讚기릴찬): (자기가 그린 그림을 스스로 칭찬함. →) 자기가
한 일을 스스로 자랑함. ▶ 아무리 훌륭한 일을 했더라도 자화자찬이 너무 심하면 다른 사람들이 싫어한다.
자수성가(自스스로자 手손수 成이룰성 家집가): 물려받은 재산이 없이 자기 혼자의 힘으로 집안을 일으
키고 재산을 모음. ▶ 그는 가난한 농부의 아들로 태어나 자수성가하여 대기업의 사장이 되었다.
은인자중(隱숨을은 忍참을인 自스스로자 重무거울중): 마음속에 감추어 참고 견디면서 몸가짐을 신중하
게 행동함. ▶ 은인자중 일 년, 이제는 뜻을 펼칠 때가 되었다.

자중자애(自스스로자 重무거울중 自스스로자 愛사랑애): ❶ 말이나 행동, 몸가짐 따위를 삼가 신중하게 함. ▶ 더없이 좋은 기회이니 너무 서둘지 말고 자중자애하여 일을 그르치지 않기 바란다.

❷ 스스로를 소중히 여기고 아낌. ▶ 어려운 때일수록 더욱 자중자애하여 기력을 잃지 말아야 한다.

☐ **자행**
恣 마음대로 자 行 다닐 행

제멋대로 해 나감. 또는 삼가는 태도가 없이 건방지게 행동함.
▶ 당시 이 지역에서 대규모 학살이 자행되었다.

☐ **작위**
作 지을 작 爲 할 위

사실은 그렇지 않은데도 그렇게 보이기 위하여 의식적으로 하는 행위
▶ 지나치게 친절한 그의 태도는 자연스러움이 없고 작위로 가득 차 있다.

☐ **작일**
昨 어제 작 日 날 일

어제(오늘의 바로 하루 전날) ▶ 그는 작일 외국에서 돌아왔고, 오늘은 집에서 쉬고 있다.

[연관어휘 +] **금일**(今이제금 日날일): ❶ 오늘(지금 지나가고 있는 이날)
▶ 그는 금일 중에 반드시 올 것이다.

❷ 요사이(이제까지의 매우 짧은 동안) ▶ 그 풍습은 금일에 와서는 완전히 사라졌다.

명일(明밝을명 日날일): 내일(오늘의 바로 다음 날)
▶ 함대는 금일 오후에 출항하여 명일 새벽에 회항할 것이다.

☐ **잔류**
殘 남을 잔 留 머무를 류

뒤에 처져 남아 있음. ▶ 대다수 의원들이 탈당하는 중에도 그는 당에 잔류할 것을 선언하였다.

[참고어휘 +] '留(머무를류)'를 공유하는 한자어

체류(滯막힐체 留머무를류): 객지에 가서 머물러 있음. ▶ 삼촌은 현재 뉴욕에 체류 중이다.

억류(抑누를억 留머무를류): 억지로 머무르게 함.
▶ 왕자는 인질로 장기간 억류 생활을 하다가 무사히 본국으로 귀환하였다.

☐ **잔존**
殘 남을 잔 存 있을 존

없어지지 아니하고 남아 있음. ▶ 전쟁의 상흔은 이 땅에 아직까지 잔존한다.

[참고어휘 +] '殘(남을잔)'을 공유하는 한자어

잔명(殘남을잔 命목숨명): 얼마 남지 아니한 쇠잔한 목숨
▶ 요행히 잔명을 보전하게 된 적장은 남은 패잔병을 이끌고 퇴각하기 시작했다.

잔상(殘남을잔 像모양상): 지워지지 아니하는 지난날의 모습
▶ 며칠 전에 본 영화의 잔상이 아직도 뇌리 속에 남아 있다.

확인문제

(1~10) 주어진 뜻풀이에 맞는 어휘가 되도록 빈칸에 알맞은 말을 쓰시오.

1. 더욱 심하다: ☐심하다
2. 스스로를 구원하기 위한 방책: ☐☐책
3. 제멋대로 해 나감: ☐행
4. 스스로를 소중히 여기고 아낌: 자☐자☐
5. 얼마 남지 아니한 쇠잔한 목숨: ☐명
6. 지워지지 아니하는 지난날의 모습: ☐상
7. 사실은 그렇지 않은데도 그렇게 보이기 위하여 의식적으로 하는 행위: ☐위
8. 자신의 결함이나 잘못에 대하여 스스로 깊이 뉘우치고 자신을 책망함: 자☐
9. 같은 사람의 말이나 행동이 앞뒤가 서로 맞지 아니하고 모순됨: 자가☐☐
10. 물려받은 재산이 없이 자기 혼자의 힘으로 집안을 일으키고 재산을 모음: 자☐성☐

(11~15) 문맥에 맞는 말을 괄호 안에서 고르시오.

11. (금일 / 명일 / 작일) 일정이 빠듯해서 일찍 잠자리에 들기로 했다.
12. 언니는 이미 다 알면서도 동생의 얘기에 (자칫 / 짐짓 / 짜장) 놀라는 표정을 지었다.
13. 수입 농산물에 금지된 농약이 얼마나 (억류 / 잔류 / 체류)해 있는지를 검사해 보았다.
14. 그녀는 해 보지 않던 일이라 힘에 겨웠던지 요즘 들어 (일쑤 / 고대 / 여북) 코피를 쏟았다.
15. 별로 유익하지도 않은 행사를 벌여 놓고서 시 당국은 그 행사가 매우 성공적이었다고 (자승자박 / 은인자중 / 자화자찬)했다.

- -

[정답] 1. 자 2. 자, 구 3. 자 4. 중, 애 5. 잔 6. 잔 7. 작 8. 책 9. 당, 착 10. 수, 가 11. 명일 12. 짐짓 13. 잔류 14. 일쑤 15. 자화자찬

□ **잠그다¹**
❶ 여닫는 물건을 열지 못하도록 자물쇠를 채우거나 빗장을 걸거나 하다.
▶ 그녀는 아무도 들어오지 못하게 문을 꼭꼭 <u>잠갔다</u>.
❷ 물, 가스 따위가 흘러나오지 않도록 차단하다. ▶ 사용 후에는 가스 밸브를 <u>잠가라</u>.
❸ 옷을 입고 단추를 끼우다. ▶ 바람이 많이 부니 외투의 단추를 단단히 <u>잠그고</u> 가거라.
❹ 입을 다물고 아무 말도 하지 않다. ▶ 그는 무엇이 못마땅한지 내내 입을 <u>잠그고</u> 산다.
[연관어휘+] **잠기다:** ❶ '잠그다¹-❶'의 피동사 ▶ 그는 꼭 <u>잠긴</u> 문을 두드렸다.
❷ '잠그다¹-❷'의 피동사 ▶ 가스 밸브가 잘 <u>잠겼는지</u> 늘 확인해라.
❸ '잠그다¹-❸'의 피동사 ▶ <u>잠긴</u> 단추가 좀처럼 풀리지 않는다.
❹ 목이 쉬거나 약간 막혀 소리가 제대로 나지 않다. ▶ 노래 연습을 많이 했더니 목이 꽉 <u>잠겼다</u>.

□ **잠그다²**
❶ 물속에 물체를 넣거나 가라앉게 하다. ▶ 바닷물에 발을 <u>잠갔다</u>.
❷ 앞날을 보고 어떤 일에 재물을 들이다. ▶ 아버지는 시골 땅에 여유 자금을 <u>잠가</u> 두셨다.
[연관어휘+] **잠기다:** ❶ '잠그다²-❶'의 피동사 ▶ 배가 물에 <u>잠겼다</u>.
❷ '잠그다²-❷'의 피동사 ▶ 그의 재산은 대부분 부동산에 <u>잠겨</u> 있다.
❸ 깊숙하게 박히거나 푹 묻히다. ▶ 함박눈이 내려 마을과 들판이 눈 속에 <u>잠기게</u> 되었다.
❹ 어떤 한 가지 일이나 생각에 열중하다. ▶ 그는 생각에 <u>잠겨서</u> 잠시 말을 잃고 있었다.
❺ 어떤 기분 상태에 놓이게 되다. ▶ 사랑에 빠진 그는 행복에 <u>잠긴</u> 얼굴이었다.
❻ 어떤 현상에 휩싸이다. ▶ 비에 <u>잠긴</u> 도시의 풍경이 쓸쓸해 보였다.

□ **잠들다**
❶ 잠을 자는 상태가 되다. ▶ 모두 <u>잠들었는지</u> 문을 열어 주는 사람이 없다.
❷ 사물이 움직이지 않게 되다. ▶ 바람 소리도 <u>잠들고</u> 짐승들 울음소리마저 사라졌다.
❸ '죽다'를 완곡하게 이르는 말 ▶ 그의 아내는 공동묘지에 <u>잠들어</u> 있다.

□ **잠복**
潛 잠길 **잠** 伏 엎드릴 **복**
드러나지 않게 숨음. ▶ 경찰이 용의자의 집 근방에 잠복해 있다.
[참고어휘+] '潛(잠길잠)'을 공유하는 한자어
잠입(潛잠길잠 入들입): 남몰래 숨어듦. ▶ 그는 적진에 잠입해 적의 동향과 실태를 염탐하였다.
잠행(潛잠길잠 行다닐행): ❶ 남몰래 숨어서 오고 감. ▶ 임금이 잠행을 다니며 백성들의 생활을 살펴보았다.
❷ 물속에 잠기거나 땅속으로 들어가서 감. ▶ 잠수함이 드디어 잠행을 시작한다.
잠적(潛잠길잠 跡발자취적): 종적을 아주 숨김. ▶ 공금을 빼내어 잠적하려던 사장이 기차역에서 체포되었다.

□ **잡다**
❶ 손으로 움키고 놓지 않다. ▶ 어머니는 내 손을 꼭 <u>잡으셨다</u>.
❷ 붙들어 손에 넣다. ▶ 어부는 고기를 <u>잡으러</u> 바다에 나갔다.
❸ 짐승을 죽이다. ▶ 할아버지는 돼지를 <u>잡아</u> 동네잔치를 열었다.
❹ 권한 따위를 차지하다. ▶ 여야가 정국의 주도권을 <u>잡기</u> 위해 경쟁하고 있다.
❺ 돈이나 재물을 얻어 가지다. ▶ 그는 과일 장사를 해서 한밑천 <u>잡았다</u>.
❻ 실마리, 요점, 단점 따위를 찾아내거나 알아내다. ▶ 일의 가닥을 <u>잡기</u>가 어려웠다.
❼ 자동차 따위를 타기 위하여 세우다. ▶ 심야에는 택시를 <u>잡기</u>가 더 어렵다.
❽ 어떤 순간적인 장면이나 모습을 확인하거나 찍다. ▶ 경찰이 범행 현장을 <u>잡았다</u>.
❾ 일, 기회 따위를 얻다. ▶ 좋은 직장도 <u>잡았으니</u> 베풀면서 살아라.
❿ 말 따위를 문제로 삼다. ▶ 그는 내 말이라면 무조건 말꼬리를 <u>잡고</u> 늘어진다.
⓫ 사람을 떠나지 못하게 말리다. ▶ 그는 떠나려는 손님을 <u>잡아</u> 하루 더 묵게 하였다.
⓬ 어떤 상태를 유지하다. ▶ 어른이라면 중심을 잘 <u>잡고</u> 살아야 한다.
⓭ 노래 따위를 제 박자와 음정에 맞게 부르다. ▶ 이 노래는 음정을 <u>잡기</u>가 힘들다.
⓮ 계획, 의견 따위를 정하다. ▶ 그는 요즘 계획의 초안을 <u>잡고</u> 있다.
⓯ 이야기 따위를 시작하다. ▶ 나는 무슨 말로 어머니를 위로해야 할지 말머리를 <u>잡지</u> 못했다.

⑯ 사람이 어떤 자세를 다른 사람 앞에서 취하다.

▶ 아이가 사진기 앞에서 포즈를 잡았다.

⑰ 기세를 누그러뜨리다. ▶ 정부는 하루빨리 부동산 투기 열기를 잡아야 한다.

⑱ 흥분되거나 들뜬 마음을 가라앉히다. ▶ 한동안 방황하던 형은 이제 마음을 잡았다.

⑲ 어느 한쪽으로 기울거나 굽거나 잘못된 것을 바르게 만들다.

▶ 대통령은 군의 기강을 잡기 위한 특명을 내렸다.

⑳ 남을 모해하여 곤경에 빠뜨리다. ▶ 나는 그 일에 대해 전혀 모르니까 생사람 잡지 마.

㉑ 물 따위를 일정한 정도로 차게 하다. ▶ 논농사를 시작하기 위해 논에 물을 잡아 두었다.

㉒ 기분, 일 따위를 망치다. ▶ 네가 그 일을 맡아, 잘되어 가던 것을 다 잡는구나.

㉓ 담보로 맡다. ▶ 은행에서는 고객의 집을 담보로 잡고 돈을 빌려주었다.

㉔ 어림하거나 짐작하여 헤아리다. ▶ 이 물건의 가치는 적게 잡아도 100만 원은 넘는다.

㉕ 자리, 방향, 날짜 따위를 정하다. ▶ 그녀는 여행 방향을 남쪽으로 잡았다.

㉖ 어떤 수나 가치 따위를 기준으로 세우다.

▶ 우리 학교 학생의 남녀 비율은 남자의 수를 100으로 잡았을 때 여자의 수는 98이다.

㉗ 주름 따위를 만들다. ▶ 그는 이마에 주름을 잡고 인상을 썼다.

□ **재고**

再 두 재 **考** 생각할 고

어떤 일이나 문제 따위에 대하여 다시 생각함. ▶ 그 계획은 재고할 여지가 있다.

[참고어휘 +] '再(두 재)'를 공유하는 한자어

재편(再 두 재 編 엮을 편): 재편성(다시 편성함.)

▶ 이번에 치러질 총선 후에는 정치권이 양당 체제로 재편될 것으로 보인다.

재현(再 두 재 現 나타날 현): 다시 나타남. 또는 다시 나타냄.

▶ 이 마을은 백여 년 전의 농촌을 그대로 재현한 곳이다.

재연(再 두 재 演 펼 연): ❶ 연극이나 영화 따위를 다시 상연하거나 상영함.

▶ 그 연극은 공연이 금지된 지 삼 년 만에 재연되고 있다.

❷ 한 번 하였던 행위나 일을 다시 되풀이함. ▶ 현장 검증에 나선 범인은 태연히 범행을 재연했다.

재연(再 두 재 燃 탈 연): ❶ 꺼졌던 불이 다시 탐.

▶ 모두 힘을 합하여 산불을 겨우 진압하기는 했으나 재연을 경계해야 한다.

❷ 한동안 잠잠하던 일이 다시 문제가 되어 시끄러워짐.

▶ 소강상태였던 두 나라 간의 분쟁이 재연되어 국제적으로 긴장이 커지고 있다.

확인문제

(1~6) 밑줄 친 단어의 쓰임이 문맥에 적절한지 판단하시오.

1. 그 계획에 대해 재고해 달라는 요청이 있었다. 2. 정치권이 보수 대 진보의 구도로 재편되었다.

3. 임금은 암행어사를 잠복시켜 민심을 파악하게 하였다. 4. 그는 자신의 비리가 언론에 보도된 직후 잠적하였다.

5. 꺼졌던 산불이 한밤중에 재현되어 온 산을 태워 버렸다. 6. 시청자의 재미있는 사연을 재현 드라마로 꾸며 보았다.

(7~9) 밑줄 친 말이 제시문과 가장 유사한 의미로 쓰인 것을 고르시오.

7. 그는 자물쇠로 책상 서랍을 잠갔다.

① 입을 잠그다. ② 단추를 잠그다. ③ 현관문을 잠그다. ④ 수도꼭지를 잠그다. ⑤ 욕조에 몸을 잠그다.

8. 유학 생활을 시작한 지 얼마 되지 않아 그는 외로움에 잠기게 되었다.

① 목이 잠기다. ② 문이 잠기다. ③ 폭설에 잠기다. ④ 시름에 잠기다. ⑤ 고요 속에 잠기다.

9. 그녀가 무엇 때문에 나를 찾아왔는지 도무지 감을 잡을 수 없었다.

① 정권을 잡다. ② 마음을 잡다. ③ 단서를 잡다. ④ 기회를 잡다. ⑤ 날짜를 잡다.

[정답] 1. 적절 2. 적절 3. 부적절 4. 적절 5. 부적절 6. 부적절 7. ③ 8. ④ 9. ③

[해설] 3. → 잠행 5. → 재연 6. → 재연 7. 잠그다¹-❶ ⑤ 잠그다²-❶ 8. 어떤 기분 상태에 놓이게 되다. ⑤ 어떤 현상에 휩싸이다. 9. 잡다-❻

| □ 재다¹ | ❶ 자, 저울 따위의 계기를 이용하여 길이, 너비, 높이, 깊이, 무게, 온도, 속도 따위의 정도를 알아보다. ▶ 오늘 몸무게를 재 보니 3킬로그램이나 늘었다. |
| | ❷ 여러모로 따져 보고 헤아리다. ▶ 일을 너무 재다가는 아무것도 못한다. |

□ 재다²	❶ 동작이 재빠르다. ▶ 그는 잰 걸음으로 금세 사라졌다.
	❷ 참을성이 모자라 입놀림이 가볍다. ▶ 입이 잰 그 녀석도 이번 일에 대해서는 말하지 않은 모양이다.
	❸ 온도에 대한 물건의 반응이 빠르다. ▶ 양은솥은 가마솥에 비해 무척 재서 물이 금방 끓는다.

| □ 재다³ | ❶ 총, 포 따위에 화약이나 탄환을 넣어 끼우다. ▶ 그는 총에 실탄을 재 놓았다. |
| | ❷ 담뱃대에 연초를 넣다. ▶ 노인은 곰방대에 담배를 재서 부싯돌로 불을 댕겼다. |

□ 재다⁴	❶ 물건을 차곡차곡 포개어 쌓아 두다. ▶ 어머니는 철 지난 옷들을 옷장에 차곡차곡 재어 놓았다.
	❷ 고기 따위의 음식을 양념하여 그릇에 차곡차곡 담아 두다.
	▶ 할머니는 쇠고기를 양념에 재어 놓으셨다.

| □ 재다⁵ | 잘난 척하며 으스대거나 뽐내다. |
| | ▶ 사람이 돈푼이나 있다고 재면 안 된다. |

□ 재단 裁 마를 재 斷 끊을 단	❶ 옳고 그름을 가려 결정함. ▶ 사람의 가치를 성적으로 재단하지 마세요.
	❷ 마름질(옷감이나 재목 따위를 치수에 맞도록 재거나 자르는 일)
	▶ 어머니가 아이 옷을 만들기 위해 옷감을 재단하였다.

□ 쟁점 爭 다툴 쟁 點 점 점	서로 다투는 중심이 되는 점 ▶ 여야는 국정 조사에는 합의했으나 여러 쟁점에서 의견이 갈렸다.
	참고어휘 ➕ 논점(論논할논 點점점): 논의나 논쟁 따위의 중심이 되는 문제점
	▶ 그는 논점을 흐리며 정확한 답변을 피했다.

| □ 저간
這 이 저 間 사이 간 | 요즈음(바로 얼마 전부터 이제까지의 무렵) |
| | ▶ 저간의 사정을 들어 보니 그동안 그가 왜 그랬는지 이해가 되었다. |

□ 저물다	❶ 해가 져서 어두워지다. ▶ 저문 거리에는 불빛이 하나둘씩 반짝이기 시작했다.
	❷ 계절이나 한 해가 거의 다 지나게 되다.
	▶ 한 해가 저무는 것을 알리듯 거리에는 내년 달력이 등장했다.

□ 저변 底 밑 저 邊 가 변	(어떤 대상의 아래를 이루는 부분 →) 한 분야의 밑바탕을 이루는 부분
	▶ 문인 협회는 문학 인구의 저변을 늘리기 위해 노력할 것을 결의했다.
	참고어휘 ➕ '底(밑저)'를 공유하는 한자어
	저의(底밑저 意뜻의): 겉으로 드러나지 아니한, 속에 품은 생각
	▶ 그가 왜 갑자기 내게 잘해 주는지 그 저의를 모르겠다.
	저력(底밑저 力힘력): 속에 간직하고 있는 든든한 힘 ▶ 그에게는 다시 일어설 수 있는 저력이 있다.

□ 전가 轉 구를 전 嫁 시집갈 가	잘못이나 책임을 다른 사람에게 넘겨씌움. ▶ 자기 잘못을 다른 사람에게 전가하면 안 된다.
	참고어휘 ➕ 위임(委맡길위 任맡길임): 어떤 일을 책임 지워 맡김. 또는 그 책임
	▶ 대통령은 특사에게 전권을 위임했다.
	부여(附붙을부 與줄여): 사람에게 권리·명예·임무 따위를 지니도록 해 주거나, 사물이나 일에 가치·의의 따위를 붙여 줌. ▶ 사장은 그에게 중요한 임무를 부여하였다.
	수여(授줄수 與줄여): 증서, 상장, 훈장 따위를 줌. ▶ 대통령은 신임 장관들에게 임명장을 수여하였다.

□ 전도 顚 엎드러질 전 倒 넘어질 도	(엎어져 넘어지거나 넘어뜨림. →) 차례, 위치, 이치, 가치관 따위가 뒤바뀌어 원래와 달리 거꾸로 됨. 또는 그렇게 만듦. ▶ 지금 상황은 목적과 수단이 <u>전도</u>된 느낌을 준다. **한자성어 +** **주객전도**(主주인주 客손객 顚엎드러질전 倒넘어질도): (주인과 손의 위치가 서로 뒤바뀜. →) 사물의 경중·선후·완급 따위가 서로 뒤바뀜. ▶ 사교육이 판을 치는 현실은 학교와 학원이 <u>주객전도</u>된 느낌이다. **본말전도**(本근본본 末끝말 顚엎드러질전 倒넘어질도): 사물의 순서나 위치 또는 이치가 거꾸로 됨. ▶ 지역 개발을 앞세워 환경 파괴를 일삼는다면 이는 <u>본말전도</u>라 아니 할 수 없다. **적반하장**(賊도둑적 反돌이킬반 荷멜하 杖지팡이장): (도둑이 도리어 매를 듦. →) 잘못한 사람이 아무 잘못도 없는 사람을 나무람. ▶ 사고를 낸 사람이 도리어 피해자에게 큰소리를 치다니, 정말 <u>적반하장</u>도 유분수다.
□ 전문 傳 전할 전 聞 들을 문	다른 사람을 통하여 전하여 들음. 또는 그런 말 ▶ <u>전문</u>에 따르면 남북 정상이 판문점에서 회담을 가질 예정이라고 한다. **동음이의어 +** **전문**(專오로지전 門문문): 어떤 분야에 상당한 지식과 경험을 가지고 오직 그 분야만 연구하거나 맡음. 또는 그 분야 ▶ 이 음식점은 만두를 <u>전문</u>으로 한다. **전문**(全온전할전 文글월문): 어떤 글에서 한 부분도 빠지거나 빼지 아니한 전체 ▶ 선생님은 시의 <u>전문</u>을 인용하여 학생의 이해를 도왔다. **전문**(前앞전 文글월문): 한 편의 글에서 앞부분에 해당하는 글 ▶ 기사의 <u>전문</u>에는 사건의 경과가 간략히 정리되어 있었다.
□ 전복 顚 엎드러질 전 覆 다시 복	❶ 차나 배 따위가 뒤집힘. ▶ 열차 <u>전복</u> 사고 때문에 열차 통행이 다섯 시간 지연되었다. ❷ 사회 체제가 무너지거나 정권 따위를 뒤집어엎음. ▶ 그들의 주장은 체제 비판의 차원을 넘어 체제 <u>전복</u>을 지향했다. **참고어휘 +** **도치**(倒넘어질도 置둘치): 차례나 위치 따위를 서로 뒤바꿈. ▶ 이 작품은 그림의 위아래가 <u>도치</u>되어 기괴한 느낌을 준다. **번복**(飜번역할번 覆다시복): 이리저리 뒤쳐 고침. ▶ 증인이 진술을 <u>번복</u>하면서 재판은 복잡하게 돌아갔다.

확인문제

(1~6) 주어진 뜻풀이에 맞는 어휘가 되도록 빈칸에 알맞은 말을 쓰시오.

1. 서로 다투는 중심이 되는 점: □점
2. 요즈음: □간
3. 한 분야의 밑바탕을 이루는 부분: □변
4. 겉으로 드러나지 아니한, 속에 품은 생각: □의
5. 사물의 경중·선후·완급 따위가 서로 뒤바뀜: 주객□□
6. 잘못한 사람이 아무 잘못도 없는 사람을 나무람: 적□하□

(7~10) 괄호 안에서 문맥에 맞는 말을 고르시오.

7. 그녀는 오늘 그와의 만남에 특별한 의미를 (부여 / 수여)했다.
8. 나의 책임이 부하 직원들에게 (전가 / 위임)되는 것은 원치 않는다.
9. 군사 정권은 불법적인 쿠데타로 기존의 정권을 (전도 / 전복)시키고 들어섰다.
10. 그는 이번 선거에 출마하지 않겠다는 선언을 (도치 / 번복)하고 재출마하였다.

(11~14) 밑줄 친 말들의 의미 관계가 다의 관계인지 동음이의 관계인지 판단하시오.

11. 그는 온도계로 기온을 <u>쟀다</u>. – 그녀는 손놀림이 <u>재다</u>.
12. 날이 <u>저물고</u> 있으니 서둘러 잘 곳을 찾아야 한다. – 그는 <u>저무는</u> 인생을 정리하는 자서전을 집필하고 있다.
13. 그는 능숙한 가위질로 옷감을 싹싹 <u>재단</u>해 냈다. – 예술의 퇴폐적 증후를 한마디로 <u>재단</u>하여 말하기는 쉽지 않다.
14. <u>전문</u>에 따르면 대통령이 곧 미국을 방문할 예정이라고 한다. – 서점에는 컴퓨터 관련 <u>전문</u> 서적들이 많이 나와 있다

[정답] 1. 쟁 2. 저 3. 저 4. 저 5. 전, 도 6. 반, 장 7. 부여 8. 전가 9. 전복 10. 번복 11. 동음이의 12. 다의 13. 다의 14. 동음이의
[해설] 11. 재다¹-❶ – 재다²-❶ 14. 전문(傳聞) – 전문(專門)

(1~2) ㉠~㉤의 사전적 의미로 적절하지 <u>않은</u> 것을 고르시오.

1.

(2017 수능 응용)

보험에서 ㉠<u>고지</u> 의무는 보험에 가입하려는 사람의 특성을 ㉡<u>검증함</u>으로써 다른 가입자에게 보험료가 부당하게 ㉢<u>전가</u>되는 것을 막는 기능을 한다. 이로써 사고의 위험에 따른 경제적 손실에 ㉣<u>대비</u>하고자 하는 보험 ㉤<u>본연</u>의 목적이 달성될 수 있다.

① ㉠: 게시나 글을 통하여 알림.   ② ㉡: 검사하여 증명함.

③ ㉢: 잘못이나 책임을 다른 사람에게 넘겨씌움.   ④ ㉣: 두 가지의 차이를 밝히기 위하여 맞대어 비교함.

⑤ ㉤: 본디 생긴 그대로의 타고난 상태

2.

(2012 고1 6월 학평 응용)

우리 민법에서는 사업자에게 미성년자의 법정 대리인에게 일정 기간을 정하여 계약을 취소할 것인지에 대한 ㉠<u>확답(確答)</u>을 요구할 수 있는 권리인, 최고권(催告權)을 ㉡<u>부여(附與)</u>하고 있다. 이때 ㉢<u>유예(猶豫)</u> 기간 내에 확답이 없는 경우에는 ㉣<u>추인(追認)</u>한 것으로 본다. 또 사업자가 미성년자 측의 추인이 있기 전에 계약이 잘못되었음을 알게 되었을 때는 그 즉시 계약을 ㉤<u>철회(撤回)</u>할 수 있는 권리도 사업자에게 부여하고 있다.

① ㉠: 확실하게 대답함.   ② ㉡: 떨어지지 아니하게 붙음.

③ ㉢: 일을 결행하는 데 날짜나 시간을 미룸.   ④ ㉣: 지나간 사실을 소급하여 추후에 인정함.

⑤ ㉤: 이미 제출하였던 것이나 주장하였던 것을 다시 회수하거나 번복함.

3. 밑줄 친 말의 쓰임이 문맥에 어울리지 <u>않은</u> 것은?

① 그들은 도시의 건물과 상점을 파괴하고 약탈을 <u>자행하였다</u>.

② 그는 친일파가 <u>잔존하는</u> 한 진정한 해방이 아니라고 단언하였다.

③ 자기가 떠나 놓고선 내가 내쫓았다니 <u>적반하장</u>도 이만저만이 아니다.

④ 서민의 대변자라고 <u>자처하던</u> 그 의원은 어느덧 부패한 정치인이 되어 있었다.

⑤ 아이는 심하게 앓고 난 후였지만 어머니의 <u>자심한</u> 보살핌 덕분에 금세 살이 올랐다.

(4~5) ㉠~㉤을 바꿔 쓴 말로 적절하지 <u>않은</u> 것을 고르시오.

4.

(2006 9월 모평 응용)

'청석령'이라는 노래 가사는 '청서——흐—억려———ㅇ'으로 ㉠<u>부르기</u> 때문에 그 가사의 내용을 ㉡<u>좇아가기</u>란 쉽지 않다. 이러한 현상은 가곡이 성행하던 시대에도 그러하였을 것으로 추정된다. 그래서 가곡이란 명칭도 가사를 노래한다기보다, 곡조를 노래한다는 뜻으로 풀이되기도 한다. 하지만 조금 인내하며 눈을 지그시 감고, 첫 곡인 '초삭대엽'을 한번 끝까지 감상해 보라. 곡의 중반부를 ㉢<u>지나기</u>도 전에 시시콜콜한 일상의 잡념들은 ㉣<u>사라지고</u>, 해질녘의 고즈넉한 평온이 조용히 찾아올 것이다. 그리고 곡이 언제 끝났는지도 모르게 그 감흥에 ㉤<u>젖어</u> 있는 자신을 발견할 것이다.

① ㉠: 일컫기   ② ㉡: 따라가기   ③ ㉢: 넘어가기   ④ ㉣: 없어지고   ⑤ ㉤: 잠겨

 ─── (2007 고3 4월 학평 응용)

　　역사라는 것은 지난날의 인간 사회에서 ㉠일어난 사실 중에서 누군가에 의해 중요한 일이라고 여겨 ㉡뽑혀진 것이라 할
수 있다. '지난날의 인간 사회에서 일어난 수많은 사실들 중에서 누군가에 의해 기록해 둘 만한 중요한 일이라고 ㉢여겨 기
록된 것이 역사다' 하고 생각해 보면, 여기에 몇 가지 ㉣되씹어 봐야 할 문제가 있다. 첫째는 '기록해 둘 만한 중요한 사실
이란 무엇을 말하는 것인가' 하는 문제이고, 둘째는 '과거에 일어난 일들 중에서 기록해 둘 만한 중요한 사실을 ㉤가려내는
사람의 생각과 처지'의 문제이다.

① ㉠: 발생한　　　　　　　② ㉡: 선택(選擇)된　　　　　　③ ㉢: 인정(認定)되어
④ ㉣: 재고(再考)해야　　　⑤ ㉤: 구별(區別)하는

(6~7) 어휘의 선택이 문맥에 맞는 것을 고르시오.

6. ① (명일/ 작일) 오전 10시에 기념식이 거행될 예정이다.

　② 그는 미국에서 열흘 (억류/ 체류)한 뒤 캐나다로 향하였다.

　③ 희미한 달빛 밑이지만 (고대 /내처) 아내란 것을 알 수가 있었다.

　④ 타지에서 몸이 아프면 가족 생각이 더 나서 (여북/ 짜장) 견딜 수 없었다.

　⑤ 그는 정계 은퇴를 선언했다가 이를 (번복 /전복)한 뒤 다시 야당의 당수로 돌아왔다.

7. ① 그것은 문화 국민으로서의 (저력 /저의)을/를 세계에 과시한 작품이다.

　② 그는 군자금 모집과 동지 규합을 목적으로 국내에 (잠복 /잠입)했다.

　③ 우리 사회 (저간/ 저변)에 깔려 있는 이기주의는 하루속히 극복되어야 한다.

　④ 그는 자신이 한국 안에서는 최고의 보안 전문가라고 (은인자중/ 자화자찬)했다.

　⑤ 국제 시장에서 기업이 살아남기 위해서는 기업 스스로의 (미봉책/ 자구책)이 필요하다.

(8~9) 문맥상 ㉠과 바꾸어 쓸 수 있는 것을 고르시오.

 ─── (2011 고3 4월 학평)

　　기본 음렬은 한 옥타브 안에 있는 12개의 서로 다른 음을 한 음의 반복도 없이 원하는 순서대로 배열하여 구성한다. 기본
음렬을 구성할 때는 중요한 음이나 중심이 되는 화음 없이 12음 각각에 동등한 자격을 ㉠주어야 하며, 구성한 후에는 배열
된 음들의 정해진 순서를 지켜야 한다.

① 부여(附與)해야　　② 수여(授與)해야　　③ 위임(委任)해야　　④ 전가(轉嫁)해야　　⑤ 제시(提示)해야

 ─── (2009 6월 모평 응용)

　　난간에는 우리 조상들의 삶의 숨결과 미의식이 깃들어 있다. ㉠자칫 소홀하게 여길 수 있는 거주 공간의 끝자락에서도
선인들은 여유와 미감을 찾고자 했던 것이다.

① 으레　　　　　② 일부러　　　　　③ 반드시　　　　　④ 까딱하면　　　　　⑤ 한결같이

(10~12) 밑줄 친 말의 문맥적 의미가 ⊙과 가장 유사한 것을 고르시오.

10.

> 그들이 돌아가자 우리는 대문을 굳게 걸어 ⊙잠그고, 전전긍긍했다.

① 여울에 발을 잠그면 처음엔 차갑다.　　　② 그는 자물쇠로 책상 서랍을 잠갔다.
③ 그는 시골 땅에 큰돈을 잠가 두었다.　　④ 손이 몹시 떨려 옷에 단추도 잠그기 어렵다.
⑤ 그는 수도꼭지를 잠그는 것을 깜빡 잊었다.

11.

> 세계는 급변하는데 이것저것 따지고 ⊙재다 보면 아무 일도 할 수 없다.

① 다람쥐가 너무 재서 잡기가 힘들다.　　　② 포병들은 포에 포탄을 재기 시작했다.
③ 어떤 사람인지 잘 재어 보고 결혼을 결정해라.　④ 인기 좀 있다고 너무 재다가는 큰코다치기 쉽다.
⑤ 그는 안 보는 책들을 골라 방 한쪽에 재어 놓았다.

12.

> 이번 일에 들 비용은 많이 ⊙잡아도 10만 원이면 충분하다.

① 출퇴근 시간에는 택시를 잡기가 무척 어렵다.　　② 그가 무슨 말을 하는지 갈피를 잡을 수가 없다.
③ 산불은 그날 오후 늦게야 겨우 잡을 수 있었다.　④ 우리는 결혼식에 올 손님을 100명 정도로 잡고 있다.
⑤ 그 기자는 돈이 오가는 현장을 잡아 특종을 터트렸다.

(13~14) 밑줄 친 어휘들의 의미 관계가 **이질적인** 것을 고르시오.

13. ① 수제비 만드는 것은 내가 전문이다. – 이것이 그분이 남긴 유서의 전문이다.
　② 나는 너무 피곤해서 씻지도 않고 잠들었다. – 그 분은 국립묘지에 잠들어 있다.
　③ 민들레는 전국 각지의 산야에 자생한다. – 이제 부모의 그늘을 벗어나서 자생할 때가 되었다.
　④ 남의 행동을 자기 멋대로 재단해서는 안 된다. – 옷감을 재단하기에 앞서 올을 반듯하게 손질하였다.
　⑤ 이번 전시회에서는 가야의 풍습을 재현하고 있다. – 그들은 월드컵 4강 신화의 재현을 위해 노력하였다.

14. ① 형은 입이 몹시 재다. – 사람이 돈푼이나 있다고 재면 안 된다.
　② 해가 저물 무렵 옆집 아이가 나를 찾아왔다. – 이렇게 봄이 가고 가을도 저물었다.
　③ 일제는 친일파에게 작위를 수여하였다. – 그의 돌발 행동은 어쩐지 작위로 보였다.
　④ 그는 전도가 유망한 젊은이이다. – 두 사람은 주인과 손님이 전도된 듯한 옷차림을 하고 있었다.
　⑤ 두 사람의 불화가 재연의 조짐을 보이고 있다. – 흘러간 옛 영화를 재연해 달라는 요청이 들어왔다.

15. ⊙에 나타난 '양후'의 상황과 가장 잘 어울리는 말은?
(2015 고2 6월 학평)

> 양후가 귓속말로 가로되,
> "⊙이제 남을 해하려다가 우리가 도리어 근심을 맡았도다. 이 일을 장차 어찌하면 좋을꼬?"
> 채란에게 묻기를, / "일이 이에 이르렀으니 다른 방침을 다시 생각하라."
> – 작자 미상, 〈금우태자전〉

① 방약무인(傍若無人)　　② 자승자박(自繩自縛)　　③ 자포자기(自暴自棄)
④ 표리부동(表裏不同)　　⑤ 호가호위(狐假虎威)

16. ㉠에 나타난 '실옹'의 심리를 표현한 말로 가장 적절한 것은?　　(2013 고3 10월 학평B)

실옹을 불러 분부하되,
"네가 흉측한 놈으로 음흉한 뜻을 두고 남의 세간 탈취하려 하니 네 죄상은 마땅히 법에 따라 귀양을 보낼 것이로되 가벼이 처벌하니 바삐 어서 물리치라."
대곤 삼십 도를 매우 쳐서 엄문죄목하되,
"인제도 옹가라 하겠느냐?"
실옹이 생각하되 만일 옹가라 하다가는 곤장 밑에 죽을 듯하니,
"㉠예, 옹가 아니오. 처분대로 하옵소서."
　　　　　　　　　　　　　　　　　　　　　　　　　　　　　　　– 작자 미상, 〈옹고집전〉

① 자중지란(自中之亂)　　② 과유불급(過猶不及)　　③ 절치부심(切齒腐心)
④ 괄목상대(刮目相對)　　⑤ 자포자기(自暴自棄)

17. ㉠의 상황에 대해 다음과 같이 평가할 때, 빈 칸에 들어갈 한자성어로 가장 적절한 것은?　　(2014 고2 3월 학평B)

"부인은 한하지 마십시오. 이것은 모두 하늘이 정하신 것입니다. 장 승상 집 인연도 다만 십 년뿐이었습니다. ㉠사향이 부인을 모함한 죄로 옥제께서 진노하시어 이에 벼락을 내려 죽였으며, 부인의 애매함도 이미 장 승상 집에서 알고 있습니다. 사람을 시켜 들에 와서 부인을 찾다가 못 찾고 도로 갔으나 모든 것이 이미 밝혀졌거니와 앞에 또 두 횡액이 있으니 조심하십시오."
　　　　　　　　　　　　　　　　　　　　　　　　　　　　　　　– 작자 미상, 〈숙향전〉

─〈보 기〉─
　　사향이 옥제에게 벌을 받은 것은 ＿＿＿＿＿＿＿＿＿＿(이)라고 할 수 있군.

① 자업자득(自業自得)　　② 부화뇌동(附和雷同)　　③ 와신상담(臥薪嘗膽)
④ 고진감래(苦盡甘來)　　⑤ 풍전등화(風前燈火)

[정답] 1. ④ 2. ② 3. ⑤ 4. ① 5. ⑤ 6. ① 7. ② 8. ① 9. ④ 10. ② 11. ③ 12. ④ 13. ① 14. ② 15. ② 16. ⑤ 17. ①
[해설] 1. ⓔ은 '앞으로 일어날지도 모르는 어떠한 일에 대응하기 위하여 미리 준비함.'의 의미를 지닌 '대비(對備)'이다. ④의 뜻풀이는 '대비(對比)'에 해당한다. 2. ⓛ '사람에게 권리 · 명예 · 임무 따위를 지니도록 해 주다. ②의 뜻을 지닌 어휘는 '부착(附着)'이다. 3. '자심하다'는 부정적인 상황과 어울리는 말이다. ⑤에는 '극진하다(어떤 대상에 대하여 정성을 다하는 태도가 있다.)'가 어울린다. 4. ㉠ → 노래하기 5. '구별(區別)하는'은 '종류에 따라 갈라놓는'의 의미이다. ⓑ은 '분간하여 추리다'의 의미이므로 '선별(選別)하는'이 적합하다. 8. ㉠의 문맥상 의미는 '사물에 자격이나 가치를 붙여 주어야'이다. 이는 '부여하다'의 의미인 '사람에게 권리, 명예, 임무 따위를 지니도록 해 주거나 사물이나 일에 가치, 의의 따위를 붙여 줌'과 의미가 통한다. 9. ④ 조금이라도 실수하면 또는 자칫하면. 10. ㉠ 여닫는 물건을 열지 못하도록 자물쇠를 채우거나 빗장을 걸거나 하다. ① 물속에 물체를 넣거나 가라앉히다. ③ 앞날을 보고 어떤 일에 재물을 들이다. ④ 옷을 입고 단추를 끼우다. ⑤ 물, 가스 따위가 흘러나오지 않도록 차단하다. 11. ㉠ 여러모로 따져 보고 헤아리다. ① 동작이 재빠르다. ② 총, 포 따위에 화약이나 탄환을 넣어 끼우다. ④ 잘난 척하며 으스대거나 뽐내다. ⑤ 물건을 차곡차곡 포개어 쌓아 두다. 12. ㉠ 어림하거나 짐작하여 헤아리다. ① 자동차 따위를 타기 위하여 세우다. ② 실마리, 요점, 단점 따위를 찾아내거나 알아낸다. ③ 기세를 누그러뜨린다. ⑤ 어떤 순간적인 장면이나 모습을 확인하거나 찍다. 13. ① 전문(專門) – 전문(全文): 동음이의 관계 ②~⑤는 다의 관계 14. ②는 다의 관계. 나머지는 동음이의 관계 ③ 작위(爵位) – 작위(作爲) ④ 전도(前途) – 전도(顚倒) ⑤ 재연(再燃) – 재연(再演) 15. ⑤ 남의 권세를 빌려 위세를 부림. 16. 실옹은 송사에서 진 데다 매질까지 당하게 된 상태에서 자신이 옹가가 아니라고 말하고 있다. 따라서 자포자기의 심정에 이르렀다고 볼 수 있다. 17. ② 줏대 없이 남의 의견에 따라 움직임. ④ 고생 끝에 즐거움이 옴. ⑤ 사물이 매우 위태로운 처지에 놓여 있음.

□ **전용**
專 오로지 전 用 쓸 용

❶ 남과 공동으로 쓰지 아니하고 혼자서만 씀.
▶ 그는 사무실 전화를 <u>전용</u> 전화처럼 사용하고 있다.
❷ 특정한 목적으로 일정한 부문에만 한하여 씀. ▶ 이곳은 오페라 <u>전용</u> 극장이다.
❸ 오로지 한 가지만을 씀. ▶ 그는 한글 <u>전용</u>을 주장하는 국어학자이다.
참고어휘 + '用(쓸용)'을 공유하는 한자어
전용(轉구를전 用쓸용): 예정되어 있는 곳에 쓰지 아니하고 다른 데로 돌려서 씀.
▶ 국장은 예산을 본래 책정되었던 항목에서 다른 목적으로 <u>전용</u>하였다.
통용(通통할통 用쓸용): ❶ 일반적으로 두루 씀. ▶ 화폐가 <u>통용</u>되기 시작한 것은 십 세기 이전이다.
❷ 서로 넘나들어 두루 씀. ▶ 백화점이나 전통 시장 등에서 상품권이 화폐와 <u>통용</u>되고 있다.
범용(汎넓을범 用쓸용): 여러 분야나 용도로 널리 쓰는 것
▶ 현재 발급되는 공인 인증서는 인터넷 뱅킹 등 모든 분야에서 사용이 가능한 <u>범용</u> 인증서이다.
병용(竝나란히병 用쓸용): 아울러 같이 씀. ▶ 보고서는 한글로 쓰되 필요할 때는 한자를 <u>병용</u>할 수 있다.
선용(善착할선 用쓸용): 알맞게 쓰거나 좋은 일에 씀. ▶ 여가 <u>선용</u>은 정서 함양에 큰 도움을 준다.
상용(常항상상 用쓸용): 일상적으로 씀. ▶ 학생들이 <u>상용</u>하는 말을 보면 그들의 문화를 이해할 수 있다.
혼용(混섞을혼 用쓸용): ❶ 한데 섞어 쓰거나 어울러 씀. ▶ 그 신문에서는 한글과 한자를 <u>혼용</u>하고 있다.
❷ 잘못 혼동하여 씀. ▶ 글자 하나의 <u>혼용</u>으로도 뜻은 왜곡되게 전달될 수 있다.
차용(借빌릴차 用쓸용): 돈이나 물건 따위를 빌려서 씀. ▶ 프로이드의 이론은 많은 분야에서 <u>차용</u>되었다.
도용(盜도둑도 用쓸용): 남의 물건이나 명의를 몰래 씀. ▶ 그 회사는 타사 상표를 <u>도용</u>하여 고발되었다.
대용(代대신할대 用쓸용): 대신하여 다른 것을 씀. 또는 그런 물건 ▶ 나는 큰 쿠션을 소파 <u>대용</u>으로 썼다.
준용(準준할준 用쓸용): 표준으로 삼아 적용함. ▶ 정규직 노동자의 복지 규정을 비정규직에 <u>준용</u>했다.
응용(應응할응 用쓸용): 어떤 이론이나 이미 얻은 지식을 구체적인 개개의 사례나 다른 분야의 일에 적용하여 이용함. ▶ 농부는 식물에 대한 과학적 지식을 농업에 <u>응용</u>하였다.
적용(適맞을적 用쓸용): 알맞게 이용하거나 맞추어 씀. ▶ 법의 <u>적용</u>에는 성역이 있을 수 없다.

□ **전전긍긍**
戰 싸움 전 戰 싸움 전
兢 떨릴 긍 兢 떨릴 긍

몹시 두려워서 벌벌 떨며 조심함. ▶ 나는 그 비밀을 누구한테 들킬까 봐 늘 <u>전전긍긍</u>했다.
한자성어 + **노심초사**(勞일할노 心마음심 焦탈초 思생각사): 몹시 마음을 쓰며 애를 태움.
▶ 그녀는 시험 결과 발표를 <u>노심초사</u>하며 기다렸다.
좌불안석(坐앉을좌 不아닐불 安편안안 席자리석): 마음이 불안하거나 걱정스러워서 한군데에 가만히 앉아 있지 못하고 안절부절못함. ▶ 인원을 감축한다는 소문이 돌자 직원들 모두가 <u>좌불안석</u>이었다.
경거망동(輕가벼울경 擧들거 妄망령될망 動움직일동): 경솔하여 생각 없이 망령되게 행동함. 또는 그런 행동 ▶ 어디서 무엇을 하든지 늘 신중히 생각하고 <u>경거망동</u>하지 마라.

□ **전철**
前 앞 전 轍 바퀴자국 철

(앞에 지나간 수레바퀴의 자국 →) 이전 사람의 그릇된 일이나 행동의 자취
▶ 우리는 그 사실을 <u>전철</u> 삼아 철저히 대비하였기에 오히려 불행을 행으로 돌릴 수 있었다.
한자성어 + **타산지석**(他다를타 山뫼산 之~의 지 石돌석): (다른 산의 나쁜 돌이라도 자신의 산의 옥돌을 가는 데에 쓸 수 있음. →) 본이 되지 않은 남의 말이나 행동도 자신의 지식과 인격을 수양하는 데에 도움이 될 수 있음. ▶ 나는 그의 행동을 <u>타산지석</u> 삼아 자신은 절대 그러지 않겠다고 결심하였다.
반면교사(反돌이킬반 面낯면 敎가르칠교 師스승사): 사람이나 사물 따위의 부정적인 면에서 얻는 깨달음이나 가르침을 주는 대상
▶ 그는 <u>반면교사</u>로 삼을 만한 사람들의 소비 생활을 예로 들어 소비자 교육을 실시하였다.

□ **전횡**
專 오로지 전 橫 가로 횡

권세를 혼자 쥐고 제 마음대로 함. ▶ 국가 권력을 <u>전횡</u>하던 간신들의 말로는 비참했다.
한자성어 + **호가호위**(狐여우호 假빌릴가 虎범호 威위세위): (여우가 호랑이의 위세를 빌려 호기를 부림. →) 남의 권세를 빌려 위세를 부림. ▶ 그처럼 올곧은 사람이 부친의 권세에 기대어 <u>호가호위</u>할 리 없다.

지록위마(指가리킬지 鹿사슴록 爲할위 馬말마): (사슴을 가리키며 말이라고 함. →) 윗사람을 농락하여 권세를 마음대로 함. ▶ 임금 주변에서 <u>지록위마</u>하는 간신들을 몰아내야 한다.

무소불위(無없을무 所바소 不아닐불 爲할위): 하지 못하는 일이 없음. ▶ 그는 <u>무소불위</u>한 권력을 휘둘렀다.

□ **절감**
切 끊을 절 感 느낄 감

절실히 느낌. ▶ 회사는 시설 확충의 필요성에 대해 <u>절감</u>하고 대책 마련에 고심하였다.

유의어 + **통감**(痛아플통 感느낄감): 마음에 사무치게 느낌.
▶ 협상 과정에서 우리는 약소국의 설움을 <u>통감</u>했다.

□ **절연**
絕 끊을 절 緣 인연 연

인연이나 관계를 완전히 끊음. ▶ 그는 세속과 <u>절연</u>한다고 선언하고 산속으로 들어갔다.

유의어 + **결별**(訣이별할결 別나눌별): ❶ 기약 없는 이별을 함. 또는 그런 이별
▶ 조국의 분단은 많은 사람이 가족과 <u>결별</u>하게 만들었다.
❷ 관계나 교제를 영원히 끊음. ▶ 그들 부부는 성격 차이로 결국은 <u>결별</u>을 선언하였다.

단절(斷끊을단 絕끊을절): ❶ 유대나 연관 관계를 끊음. ▶ 이곳 원주민은 문명 세계와 <u>단절</u>된 채 살고 있다.
❷ 흐름이 연속되지 아니함. ▶ 여러 분야에서 전통이 완전히 <u>단절</u>된 경우가 생각보다 많다.

□ **절창**
絕 끊을 절 唱 부를 창

❶ 뛰어나게 잘 부르는 노래. 또는 그 사람 ▶ 그녀는 거침없는 <u>절창</u>으로 큰 박수와 환호를 받았다.
❷ 뛰어나게 잘 지은 시 ▶ 이 작품은 이별시의 <u>절창</u>으로 꼽힌다.

참고어휘 + **절경**(絕끊을절 景별경): 더할 나위 없이 훌륭한 경치 ▶ 그는 금강산의 <u>절경</u>을 보며 감탄하였다.

기암괴석(奇기이할기 巖바위암 怪괴이할괴 石돌석): 기이하게 생긴 바위와 괴상하게 생긴 돌
▶ 계곡 주변에 늘어선 <u>기암괴석</u>은 색깔도 모양도 다양했다.

□ **절충**
折 꺾을 절 衷 속마음 충

서로 다른 사물이나 의견, 관점 따위를 알맞게 조절하여 서로 잘 어울리게 함.
▶ 선생님은 두 학생의 의견을 듣고 장점을 골라 <u>절충</u>안을 만드셨다.

□ **점입가경**
漸 점점 점 入 들 입
佳 아름다울 가 境 지경 경

❶ 들어갈수록 점점 재미가 있음. ▶ 설악산은 깊이 들어갈수록 그 멋이 <u>점입가경</u>이다.
❷ 시간이 지날수록 하는 짓이나 몰골이 더욱 꼴불견임.
▶ 그들 사이의 경쟁이 <u>점입가경</u>으로 치닫자 보는 사람들 모두가 눈살을 찌푸렸다.

한자성어 + **설상가상**(雪눈설 上윗상 加더할가 霜서리상): (눈 위에 서리가 덮임. →) 난처한 일이나 불행한 일이 잇따라 일어남. ▶ 시간도 없는데 <u>설상가상</u>으로 길까지 막혔다.

금상첨화(錦비단금 上윗상 添더할첨 花꽃화): (비단 위에 꽃을 더함. →) 좋은 일 위에 또 좋은 일이 더하여짐. ▶ 이 옷은 값도 싸고 따뜻하기까지 해서 <u>금상첨화</u>이다.

확인 문제

(1~10) 밑줄 친 말의 쓰임이 문맥에 적절한지 판단하시오.

1. 그 사람은 <u>절창</u>이라서 노래를 영 못한다.
2. 그는 아버지와 몇 년째 <u>절연</u> 상태로 지냈다.
3. 그의 선행은 어른 공경의 모범적인 <u>전철</u>이 될 것이다.
4. 그는 이번 일의 책임을 <u>통감</u>하여 일체의 공직을 사퇴했다.
5. 우리는 서로의 생각을 <u>절충</u>하여 새로운 안을 만들었다.
6. 민주적이고 어진 임금의 <u>전횡</u>으로 백성들의 삶이 편안해졌다.
7. 통신업계의 상호 비방전이 <u>점입가경</u>이다.
8. 모범적인 형의 모습이 동생에게 <u>반면교사</u>가 되었다.
9. 그는 민족을 위해 스스로를 희생하며 <u>지록위마</u>하였다.
10. 우리는 <u>기암괴석</u>으로 이루어진 험로를 뚫고 산의 정상에 올랐다.

(11~18) 괄호 안에서 문맥에 적절한 말을 고르시오.

11. 그는 늘 잠을 못 자 수면제를 (상용 / 준용)했다.
12. 요즘에는 도장 대신 사인이 주로 (차용 / 통용)된다.
13. 항구에는 차만을 나르는 (범용 / 전용) 부두가 있다.
14. 그는 청소년 보호법의 (응용 / 적용)을 받아 구속되었다.
15. 그의 작품에는 다양한 기법들이 (대용 / 혼용)되어 있다.
16. 이 병을 치료하려면 몇 가지 치료법을 (도용 / 병용)해야 한다.
17. 독재자는 (무소불위 / 호가호위)의 권력을 휘둘렀다.
18. 그는 추악한 과거가 탄로 날까 봐 (경거망동 / 전전긍긍)했다.

[정답] 1. 부적절 2. 적절 3. 부적절 4. 적절 5. 적절 6. 부적절 7. 적절 8. 부적절 9. 부적절 10. 적절 11. 상용 12. 통용 13. 전용 14. 적용 15. 혼용 16. 병용 17. 무소불위 18. 전전긍긍

□ **접하다** 接 이을 접-	❶ 소식이나 명령 따위를 듣거나 받다. ▶ 그녀는 남편의 사고 소식을 접하고 크게 놀랐다. ❷ 이어서 닿다. ▶ 우리나라는 삼면이 바다에 접해 있다. ❸ 가까이 대하다. ▶ 나는 사람들과 접하면서 사람마다 다른 개성을 발견했다.
□ **정곡** 正 바를 정 鵠 과녁 곡	❶ 과녁의 한가운데가 되는 점 ▶ 허공을 날아간 화살이 정곡에 꽂혔다. ❷ 가장 중요한 요점 또는 핵심 ▶ 그는 정곡을 찌르는 말로 원로 정치인의 면모를 과시하였다. ❸ 조금도 틀림없이 바로 ▶ 그의 말은 가슴팍을 정곡으로 찌른 듯 아팠다.
□ **정립** 定 정할 정 立 설 립	정하여 세움. ▶ 그는 오랜 노력 끝에 또 하나의 이론을 정립하였다. **참고어휘 +** '立(설립)'을 공유하는 한자어 **정립**(鼎솥정 立설립): 세 사람 또는 세 세력이 솥발과 같이 벌여 섬. ▶ 당시 한반도에는 고구려, 백제, 신라의 삼국이 정립하여 서로의 세력을 겨루고 있었다. **정립**(正바를정 立설립): 바로 섬. 또는 바로 세움. ▶ 그들은 신뢰를 바탕으로 올바른 노사 관계를 정립하였다. **설립**(設베풀설 立설립): 기관이나 조직체 따위를 만들어 일으킴. ▶ 그는 투자를 받아 회사를 설립하였다. **수립**(樹나무수 立설립): 국가나 정부, 제도, 계획 따위를 이룩하여 세움. ▶ 정부는 매년 경제 운용 계획을 수립하여 실시하고 있다.
□ **정상** 情 뜻 정 狀 형상 상	❶ 있는 그대로의 사정과 형편 ▶ 정상은 우리 쪽에 유리하게 되었다. ❷ 딱하고 가엾은 형편 ▶ 한겨울에도 헐벗고 다니는 아이들의 정상은 차마 눈뜨고 볼 수 없었다. ❸ 구체적 범죄에서 구체적 책임의 경중에 영향을 미치는 일체의 사정 ▶ 경찰은 그가 자수한다면 정상을 참작하겠다고 말했다. **동음이의어 +** **정상**(正바를정 常떳떳할상): 특별한 변동이나 탈이 없이 제대로인 상태 ▶ 그는 정상이 아니다. **정상**(頂정수리정 上윗상): ❶ 산 따위의 맨 꼭대기 ▶ 그들은 에베레스트 산의 정상에 올랐다. ❷ 그 이상 더없는 최고의 상태 ▶ 이번 축제에서는 인기 정상의 가수들이 공연을 하기로 했다. ❸ 한 나라의 최고 수뇌 ▶ 한미 정상이 워싱턴에서 회담을 갖기로 했다.
□ **정의** 情 뜻 정 誼 정 의	서로 사귀어 친하여진 정 ▶ 너의 그런 행동은 친구 사이의 정의에 어긋나는 것이었다. **동음이의어 +** **정의**(正바를정 義옳을의): 진리에 맞는 올바른 도리 ▶ 우리 모두 힘을 합쳐 정의가 구현되는 사회를 만듭시다. **정의**(定정할정 義옳을의): 어떤 말이나 사물의 뜻을 명백히 밝혀 규정함. 또는 그 뜻 ▶ 그는 젊음을 끝없는 도전으로 정의했다.
□ **정하다** 定 정할 정 -	❶ 여럿 가운데 선택하거나 판단하여 결정하다. ▶ 조선은 한양을 도읍으로 정했다. ❷ 규칙이나 법 따위의 적용 범위를 결정하다. ▶ 우리 모임에서는 회원들이 지켜야 할 다섯 가지 규약을 정했다. ❸ 뜻을 세워 굳히다. ▶ 나는 내일 떠나기로 마음을 정했다. **동음이의어 +** **정**(正바를정)**하다**: 옳다(사리에 맞고 바르다). ▶ 착한 흥부가 복을 받는 것은 정한 이치이다. **정**(淨깨끗할정)**하다**: ❶ 맑고 깨끗하다. ▶ 깊은 산골에 정한 샘물이 솟아나는 옹달샘이 있었다. ❷ 조심스럽게 다루어 깨끗하고 온전하다. ▶ 언니는 항상 옷을 정하게 입는다.
□ **젖다**	❶ 물이 배어 축축하게 되다. ▶ 옷이 땀에 젖었다. ❷ 어떤 영향을 받아 몸에 배다. ▶ 그들은 낡은 관습에 젖어 있다. ❸ 어떤 심정에 잠기다. ▶ 애수에 젖은 눈빛이 그의 매력이다. ❹ 감각에 익다. ▶ 귀에 젖은 아버지의 노랫가락이 들려왔다. ❺ 하늘이 어떤 빛깔을 띤 상태가 되다. ▶ 어느새 하늘은 노을빛에 젖어 있었다.

□ 제기 提 끌 제 起 일어날 기	❶ 의견이나 문제를 내어놓음. ▶ 이번 결정에 이의를 <u>제기</u>한 사람은 아무도 없었다.

□ 제기
提 끌 제 起 일어날 기

❶ 의견이나 문제를 내어놓음. ▶ 이번 결정에 이의를 <u>제기</u>한 사람은 아무도 없었다.

❷ 소송을 일으킴. ▶ 그들은 기업을 상대로 손해 배상 청구 소송을 <u>제기</u>하였다.

참고어휘 + '提(끌제)'를 공유하는 한자어

제시(提끌제 示보일시): ❶ 어떠한 의사를 말이나 글로 나타내어 보임.

▶ 이 책을 저술한 목적이 서문에 <u>제시</u>되어 있었다.

❷ 검사나 검열 따위를 위하여 물품을 내어 보임. ▶ 검찰이 범행에 사용된 도구를 증거로 <u>제시</u>하였다.

제언(提끌제 言말씀언): 의견이나 생각을 내놓음. 또는 그 의견이나 생각 ≒제안(提끌제 案책상안)

▶ 팀장이 생산성 향상을 위한 조직 개편을 <u>제언</u>했다.

□ 제어
制 절제할 제 御 거느릴 어

❶ 상대편을 억눌러서 제 마음대로 다룸. ▶ 그가 나서서 사나운 아이들을 <u>제어</u>하였다.

❷ 감정, 충동, 생각 따위를 막거나 누름. ▶ 그는 감정을 <u>제어</u>하지 못해 울음을 터뜨렸다.

❸ 기계나 설비 또는 화학 반응 따위가 목적에 알맞은 작용을 하도록 조절함.

▶ 자동차가 갑자기 <u>제어</u>가 되지 않는다.

참고어휘 + '制(절제할제)'를 공유하는 한자어

통제(統거느릴통 制절제할제): ❶ 일정한 방침이나 목적에 따라 행위를 제한하거나 제약함.

▶ 회사 측은 보안을 위해 외부인의 출입을 <u>통제</u>하였다.

❷ 권력으로 언론·경제 활동 따위에 제한을 가하는 일

▶ 독재 정권은 검열 제도를 실시하여 출판물의 내용을 <u>통제</u>하였다.

규제(規법규 制절제할제): 규칙이나 규정에 의하여 일정한 한도를 정하거나 정한 한도를 넘지 못하게 막음. ▶ 환경 보호를 위하여 비닐 봉투 사용을 <u>규제</u>하고 있다.

□ 제치다

❶ 거치적거리지 않게 처리하다. ▶ 그는 옆에서 달려드는 상대 선수들을 <u>제치고</u> 골을 넣었다.

❷ 일정한 대상이나 범위에서 빼다. ▶ 그들은 나를 <u>제쳐</u> 두고 자기들끼리만 놀러 갔다.

❸ 경쟁 상대보다 우위에 서다. ▶ 신생 중소기업이 선두를 유지하던 대기업을 <u>제쳤다</u>.

❹ 일을 미루다. ▶ 그는 만사 <u>제쳐</u> 놓고 그 모임에 참석하려고 하였다.

□ 조령모개
朝 아침 조 令 하여금 령
暮 저녁 모 改 고칠 개

(아침에 명령을 내렸다가 저녁에 다시 고침. →) 법령을 자꾸 고쳐서 갈피를 잡기가 어려움.

▶ 교통 정책을 <u>조령모개</u>한다면 운전자들에게 큰 혼란을 가져다줄 것이다.

한자성어 + **조변석개**(朝아침조 變변할변 夕저녁석 改고칠개): (아침저녁으로 뜯어고침. →) 계획이나 결정 따위를 일관성이 없이 자주 고침. ▶ 그는 그때그때의 이익에 따라 <u>조변석개</u>를 일삼는다.

확인 문제

1. 밑줄 친 말을 괄호 안의 말로 바꾸어 쓰기에 적절하지 <u>않은</u> 것을 모두 고르시오.

① 컴퓨터가 자동화 설비를 <u>제어</u>(→ 규제)하고 있다.　② 원활한 회의 진행을 위해 몇 가지 <u>제언</u>(→ 제안)을 하였다.

③ 그는 <u>핵심</u>(→ 정곡)을 찌르는 말로 사람들을 놀라게 했다.　④ 고객들의 개인 정보 유출 사고로 집단 소송이 <u>제기</u>(→ 제시)되었다.

⑤ 입시 제도가 <u>조령모개</u>(→ 조변석개)로 바뀌는 바람에 교육 현장이 혼란에 빠졌다.

(2~5) 밑줄 친 말들의 의미 관계가 다의 관계인지 동음이의 관계인지 판단하시오.

2. <u>정상</u>을 참작하다. – <u>정상</u>에 오르다.　3. <u>정의</u>로운 사회 – 부부 간의 <u>정의</u>

4. 삼국의 <u>정립</u> – 왜곡된 역사관의 <u>정립</u>　5. 마음을 <u>정하다</u>. – 일정을 <u>정하다</u>.

(6~8) 밑줄 친 말의 의미가 가장 유사한 것을 2개씩 고르시오.

6. ① 바다와 <u>접하다</u>.　② 뉴스를 <u>접하다</u>.　③ 음악을 <u>접하다</u>.　④ 신문물을 <u>접하다</u>.

7. ① 선두를 <u>제치다</u>.　② 수비수를 <u>제치다</u>.　③ 장애물을 <u>제치다</u>.　④ 하던 일을 <u>제치다</u>.

8. ① 향수에 <u>젖다</u>.　② 낭만에 <u>젖다</u>.　③ 기저귀가 <u>젖다</u>.　④ 봉건사상에 <u>젖다</u>.

[정답] 1. ①, ④　2. 동음이의　3. 동음이의　4. 동음이의　5. 다의　6. ③, ④　7. ②, ③　8. ①, ②

[해설] 2. 정상(情狀)—정상(頂上)　3. 정의(正義)—정의(情誼)　4. 정립(鼎立)—정립(正立)　6. ③·④ 접하다—❸　7. ②·③ 제치다—❶　8. ①·② 젖다—❸

☐ 조성 造 지을 조 成 이룰 성	❶ 무엇을 만들어서 이룸. ▶ 당국은 이 지역에 대규모 공단을 <u>조성</u>하기로 했다. ❷ 분위기나 정세 따위를 만듦. ▶ 실내조명이 따뜻하고 편안한 분위기를 <u>조성</u>하였다. 〔참고어휘 +〕 '成(이룰성)'을 공유하는 한자어 **결성**(結맺을결 成이룰성): 조직이나 단체 따위를 짜서 만듦. ▶ 우리는 참교육을 위한 부모 모임을 <u>결성</u>했다. **구성**(構얽을구 成이룰성): 몇 가지 부분이나 요소들을 모아서 일정한 전체를 짜 이룸. 또는 그 이룬 결과 ▶ 회사에서는 새 인물들로 이사진을 <u>구성</u>하였다. **숙성**(熟익을숙 成이룰성): ❶ 충분히 이루어짐. ▶ 그녀는 자기 내면에서 오래 <u>숙성</u>된 생각만을 이야기했다. ❷ 효소나 미생물의 작용에 의하여 발효된 것이 잘 익음. ▶ 김치는 잘 <u>숙성</u>되어야 제맛이 난다. **형성**(形모양형 成이룰성): 어떤 형상을 이룸. ▶ 청소년기는 인격을 <u>형성</u>하는 데에 매우 중요한 시기다.
☐ 조율 調 고를 조 律 법칙 율	❶ 악기의 음을 표준음에 맞추어 고름. ▶ 악사들이 연주회에 앞서 악기를 <u>조율</u>하고 있다. ❷ 문제를 어떤 대상에 알맞거나 마땅하도록 조절함. ▶ 그는 양쪽의 주장을 모두 주의 깊게 들으며 의견을 <u>조율</u>했다. 〔참고어휘 +〕 '調(고를조)'를 공유하는 한자어 **조절**(調고를조 節마디절): 균형이 맞게 바로잡음. 또는 적당하게 맞추어 나감. ▶ 나는 라디오 볼륨을 <u>조절</u>했다. **조정**(調고를조 整가지런할정): 어떤 기준이나 실정에 맞게 정돈함. ▶ 기차 운행 시간이 <u>조정</u>되었다.
☐ 조응 照 비칠 조 應 응할 응	❶ 둘 이상의 사물이나 현상 또는 말과 글의 앞뒤 따위가 서로 일치하게 대응함. ▶ 이론은 현실과 <u>조응</u>하지 않으면 오래 유지되기 힘들다. ❷ 원인에 따라서 결과가 생김. ▶ 사람들의 가치관이 자본주의의 급성장에 <u>조응</u>하여 엄청난 변화를 겪었다. 〔참고어휘 +〕 '應(응할응)'을 공유하는 한자어 **부응**(副버금부 應응할응): 어떤 요구나 기대 따위에 좇아서 응함. ▶ 그는 부모님의 기대에 <u>부응</u>하지 못했다. **호응**(呼부를호 應응할응): 부름이나 호소 따위에 대답하거나 응함. ▶ 이재민을 돕자는 방송이 나가자 많은 사람이 이에 <u>호응</u>하여 구호품을 보내왔다. **순응**(順순할순 應응할응): 환경이나 변화에 적응하여 익숙하여지거나 체계, 명령 따위에 적응하여 따름. ▶ 그는 약삭빠르게 세태에 <u>순응</u>하여 출세했다.
☐ 조장 助 도울 조 長 길 장	바람직하지 않은 일을 더 심해지도록 부추김. ▶ 그는 마을 사람들을 분열시켜 분란을 <u>조장</u>하였다.
☐ 존대 尊 높을 존 待 기다릴 대	❶ 존경하여 받들어 대접하거나 대함. ▶ 그는 스승 앞에 넙죽 절하며 <u>존대</u>를 표시하였다. ❷ 존경하는 말투로 대함. 또는 그러한 말투 ▶ 그녀는 선배에게 <u>존대</u>하며 말했다. 〔반의어 +〕 **하대**(下아래하 待기다릴대): ❶ 상대편을 낮게 대우함. ▶ 막일을 한다고 사람을 <u>하대</u>하면 안 된다. ❷ 상대편에게 낮은 말을 씀. ▶ 예전에 양반들은 머슴이 아무리 나이가 많아도 <u>하대</u>를 하였다.
☐ 존립 存 있을 존 立 설 립	❶ 생존하여 자립함. ▶ 환경이 오염된다면, 어떤 생물도 <u>존립</u>할 수 없다. ❷ 국가, 제도, 단체, 학설 따위가 그 위치를 지키며 존재함. ▶ 국가가 <u>존립</u>하려면 주권과 국민, 영토 등이 필요하다. 〔유의어 +〕 **존속**(存있을존 續이을속): 어떤 대상이 그대로 있거나 어떤 현상이 계속됨. ▶ 민족이 쇠퇴하느냐 <u>존속</u>하느냐 하는 갈림길에 서 있다.
☐ 졸다	찌개, 국, 한약 따위의 물이 증발하여 분량이 적어지다. ▶ 찌개가 바짝 <u>졸았다</u>. 〔연관어휘 +〕 **졸이다**: ❶ '졸다'의 사동사 ▶ 찌개를 바짝 <u>졸였다</u>.

❷ 속을 태우다시피 초조해하다. ▶ 그는 사람들 앞에서 망신을 당하면 어쩌나 하고 마음을 졸였다.

동음이의어 + **졸다:** 잠을 자려고 하지 않으나 저절로 잠이 드는 상태로 자꾸 접어들다.

　▶ 수업 시간에 <u>조는</u> 학생들이 더러 있다.

□ 좋다

❶ 대상의 성질이나 내용 따위가 보통 이상의 수준이어서 만족할 만하다.

　▶ 이 회사에서 만든 냉장고는 품질이 <u>좋다</u>.

❷ 성품이나 인격 따위가 원만하거나 선하다. ▶ 그녀의 성격은 더할 수 없이 <u>좋다</u>.

❸ 말씨나 태도 따위가 상대의 기분을 언짢게 하지 아니할 만큼 부드럽다.

　▶ 짜증을 내는 아이는 <u>좋은</u> 말로 달래야 한다.

❹ 신체적 조건이나 건강 상태가 보통 이상의 수준이다. ▶ 그는 요즘 혈색이 <u>좋다</u>.

❺ 사람이 체면을 가리지 않거나 염치가 없다. ▶ 그는 넉살이 <u>좋아</u> 어디 가서도 굶지는 않는다.

❻ 날씨가 맑거나 고르다. ▶ 햇볕이 <u>좋은</u> 날이다.

❼ 넉넉하고 푸지다. ▶ 우리 집 서고에는 책이 오백 권은 <u>좋게</u> 꽂혀 있다.

❽ 날짜나 기회 따위가 상서롭다. ▶ 역술 상으로 보면 오늘은 <u>좋은</u> 날이다.

❾ 어떤 일이나 대상이 마음에 들 만큼 흡족하다. ▶ 나는 지금 하고 있는 일이 <u>좋다</u>.

❿ 감정 따위가 기쁘고 만족스럽다. ▶ 나는 지금 기분이 최고로 <u>좋다</u>.

⓫ 어떤 행동이나 일 따위가 문제될 것이 없다. ▶ 나는 영화도 <u>좋고</u> 연극도 <u>좋다</u>.

⓬ 어떤 일을 하기가 쉽거나 편하다. ▶ 이곳은 우리가 살기에는 더없이 <u>좋다</u>.

⓭ 어떤 물질이 몸이나 건강에 긍정적인 효과를 미치는 성질이 있다.

　▶ 오미자차는 간장, 심장 및 호흡기에 <u>좋다</u>.

⓮ 어떤 것이 다른 것보다 질이나 수준 따위가 더 높거나 가치가 있다. ▶ 꿈보다 해몽이 <u>좋다</u>.

⓯ 서로 잘 어울리어 친하다. ▶ 나는 친구들과 사이가 <u>좋다</u>.

⓰ 상대편이나 자기에게 유리하도록 해석하는 데가 있다.

　▶ 그는 <u>좋게</u> 말하면 시대를 앞서간 선구자이고, 헐뜯자면 현실을 외면한 이상주의자였다.

⓱ 앞의 말을 부정하며 핀잔을 주는 데가 있다.

　▶ 친구들에게라도 귀띔해 두었으면 <u>좋게</u>. 친구들도 전혀 모른대요.

⓲ 재료의 용도나 어떤 일을 하는 데 적합하다. ▶ 고랭지 배추는 김장용으로 <u>좋다</u>.

(1~7) 문맥에 어울리는 말을 괄호 안에서 고르시오.

1. 사원들은 자신들이 신명나게 일할 수 있는 분위기를 (조성 / 조정 / 조절 / 조장)해 달라고 요구했다.
2. 확대 간부 회의를 통해 각 부서의 다양한 의견을 (조성 / 조율 / 조장)하였다.
3. 드넓은 바다는 푸른 하늘과 아름답게 (조응 / 부응 / 호응 / 순응)하며 멋진 풍경을 만들어 내었다.
4. 학교는 학생들의 요청에 (조응 / 부응 / 순응)하여 학교 식당을 크게 개선했다.
5. 그들은 나와는 절대로 공감대가 (결성 / 형성 / 구성 / 숙성)될 수 없는 부류의 사람들이었다.
6. 야박하고 괴팍하신 할아버지를 어머니는 늘 깍듯이 (존대 / 하대)하셨다.
7. 출산은 인류의 (존속 / 졸속)을 위한 가장 기본적인 사회적 조건이다.

(8~9) 밑줄 친 말이 제시문과 가장 유사한 의미로 쓰인 것을 고르시오.

8. 나는 우리 팀의 경기를 마음을 <u>졸이며</u> 지켜보았다.

　① 찌개를 <u>졸이다</u>.　　　　② 애간장을 <u>졸이다</u>.　　　　③ 탕약을 <u>졸이다</u>.

9. 나는 김소월의 시가 <u>좋다</u>.

　① 염치가 <u>좋다</u>.　　② 날씨가 <u>좋다</u>.　　③ 건강이 <u>좋다</u>.　　④ 기분이 <u>좋다</u>.　　⑤ 그녀가 <u>좋다</u>.

- -

[정답] 1. 조성 2. 조율 3. 조응 4. 부응 5. 형성 6. 존대 7. 존속 8. ② 9. ⑤

[해설] 9. 좋다-❾ ① 좋다-❺ ② 좋다-❻ ③ 좋다-❹ ④ 좋다-❿

(1~2) ㉠~㉤의 사전적 의미로 적절하지 <u>않은</u> 것을 고르시오.

1. ──(2016 9월 모평B 응용)

　　18, 19세기 산업혁명을 계기로 활동적 삶은 사색적 삶보다 중요성이 더 커지게 되었다. 생산 기술에 과학적 지식이 ㉠<u>응용</u>되고 기계의 사용이 본격화되면서 기계의 속도에 기초하여 노동 규율이 확립되었고, 인간의 삶은 시간적 규칙성을 따르도록 재조직되었다. 나아가 시간이 관리의 대상으로 ㉡<u>부각</u>되면서 시간―동작 연구를 통해 가장 효율적인 작업 동선(動線)을 ㉢<u>모색</u>했던 테일러의 과학적 관리론은 20세기 초부터 생산 활동을 합리적으로 조직하는 중요한 원리로 자리 잡았다. 이로써 두뇌에 의한 노동과 근육에 의한 노동이 분리되어 인간의 육체노동이 기계화되는 결과가 초래되었다. 또한 과학을 기술 개발에 활용하기 위한 시스템이 요구되어 공학, 경영학 등의 실용 학문과 산업체 연구소들이 ㉣<u>출현</u>하였다. 이는 전통적으로 사색적 삶의 영역에 속했던 진리 탐구마저 활동적 삶의 영역에 속하는 생산 활동의 논리에 ㉤<u>포섭</u>되었음을 단적으로 보여 준다.

① ㉠: 어떤 이론이나 지식을 다른 분야의 일에 적용하여 이용함.

② ㉡: 어떤 사물을 특징지어 두드러지게 함.

③ ㉢: 일이나 사건 따위를 해결할 수 있는 방법이나 실마리를 더듬어 찾음.

④ ㉣: 나타나거나 또는 나타나서 보임.

⑤ ㉤: 어떤 대상을 너그럽게 감싸 주거나 받아들임.

2. ──(2015 고3 7월 학평A 응용)

　　1930년대 세계는 대공황이라 부르는 극심한 경기 침체 상태에 빠져 큰 고통을 겪고 있었다. 이에 대해 당시 경제학계의 ㉠<u>주류</u>를 이루고 있던 고전파 경제학자들은 모든 경제적 흐름이 수요와 공급의 법칙에 따라 자율적으로 ㉡<u>조절</u>되므로 경기는 자연적으로 회복될 것이라고 믿었다. 인위적인 시장 ㉢<u>개입</u>은 오히려 상황을 악화시킬 것이라고 생각했던 것이다. 그러나 케인스의 생각은 달랐다. 케인스는 만성적 경기 침체의 원인이 소득 감소로 인한 '수요의 부족'에 있다고 생각했다. 이에 따라 케인스는, 정부가 조세를 ㉣<u>감면</u>하고 지출을 늘려 국민소득과 투자를 증가시키는 인위적인 수요팽창정책을 써야 한다는 '유효수요이론'을 ㉤<u>주창</u>했다.

① ㉠: 사상이나 학술 따위의 주된 경향이나 갈래　　　② ㉡: 균형이 맞게 바로잡음.

③ ㉢: 사람이나 물자, 자본 따위를 필요한 곳에 넣음.　　④ ㉣: 매겨야 할 부담 따위를 덜어 주거나 면제함.

⑤ ㉤: 주의나 사상을 앞장서서 주장함.

(3~4) 밑줄 친 말의 문맥적 의미가 ㉠과 같은 것을 고르시오.

3. ──(2005 고3 10월 학평)

　　인상파 이후에도 빛에 대한 탐구와 표현은 다양한 측면에서 시도되고 있다. 따라서 빛을 중심으로 서양화를 감상하는 것도 그림이 주는 감동에 ㉠<u>젖을</u> 수 있는 훌륭한 방법이 될 수 있다.

① 안개 속에 잠긴 들이 비에 <u>젖고</u> 있었다.　　　② 귀에 <u>젖은</u> 아버지의 노랫가락이 들려 왔다.

③ 그는 노을빛에 <u>젖은</u> 하늘을 보며 생각에 잠겼다.　　④ 어젯밤 그는 묘한 슬픔에 <u>젖어</u> 잠을 이루지 못했다.

⑤ 지금 같은 시대에 봉건사상에 <u>젖어</u> 있다니 말이 되는가?

　좁은 국토 면적과 그로 인해 토지 가격이 높을 수밖에 없는 우리나라 현실에서 고층 아파트 단지의 ⊙조성은 도시 중산
층의 경제적 처지를 고려할 때 가장 합리적인 대안이었다고 할 수 있다.

① 시장은 대규모 유원지 조성 계획을 밝혔다.　　　② 위화감을 조성하는 행위는 바람직하지 않다.
③ 밝고 명랑한 학급 분위기 조성에 동참하도록 하자.　④ 여러 가지 원소로 새로운 화합물을 조성하여 보았다.
⑤ 그 사안에 대하여 긍정적 여론을 조성하는 일이 필요하다.

(5~9) 문맥상 ⊙과 바꾸어 쓰기에 가장 적절한 것을 고르시오.

　웅화반 식물들의 꽃잎 경사면은 40°~60° 사이이다. 이는 빗방울이 떨어졌을 때 가장 빠르게 퍼져나갈 수 있는 경사면의
각도로서, 빗방울의 힘을 ⊙빌려 씨앗을 최대한 멀리 퍼뜨릴 수 있기 때문으로 추측할 수 있다.

① 이용(利用)하여　　　② 응용(應用)하여　　　③ 도용(盜用)하여
④ 대용(代用)하여　　　⑤ 남용(濫用)하여

　소비자는 상황에 따라 적절한 대안 평가 방식을 사용함으로써 구매할 제품을 합리적으로 선택할 수 있다. 또한 마케터는
소비자들의 대안 평가 방식을 파악함으로써 자사 제품의 효과적인 마케팅 전략을 ⊙세울 수 있다.

① 수립(樹立)할　② 정립(定立)할　③ 설립(設立)할　④ 제정(制定)할　⑤ 지정(指定)할

　음길이를 표시하는 기호는 13세기 말 '프랑코 기보법'에서 본격적으로 사용되었다. 이 기보법에서는 네 종류의 음길이를
⊙정하고, 이를 가장 긴 두플렉스롱가부터 가장 짧은 세미브레비스까지 네 가지의 음표로 표기했다.

① 개정(改定)하고　② 판정(判定)하고　③ 인정(認定)하고　④ 추정(推定)하고　⑤ 설정(設定)하고

　이차 프레임은 시각적으로 내부의 대상을 외부와 분리하는데, 이는 곧잘 심리적 단절로 이어져 구속, 소외, 고립 따위를
환기한다. 그리고 이차 프레임 내부의 대상과 외부의 대상 사이에는 정서적 거리감이 ⊙조성(造成)되기도 한다. 어떤 영화
들은 작중 인물을 문이나 창을 통해 반복적으로 보여 주면서, 그가 세상으로부터 격리된 상황을 암시하거나 불안감, 소외
감 같은 인물의 내면을 시각화하기도 한다.

① 결성(結成)되기도　　　② 구성(構成)되기도　　　③ 변성(變成)되기도
④ 숙성(熟成)되기도　　　⑤ 형성(形成)되기도

9.

최근에 설치되는 안티롤링 탱크는 펌프를 이용하여 U자형 관 안에 있는 물의 양과 움직임을 인위적으로 ㉠맞추어 배가 흔들리는 것을 줄이고 있다.

① 조절(調節)하여　　② 조성(造成)하여　　③ 조율(調律)하여　　④ 조종(操縦)하여　　⑤ 조치(措置)하여

10. 〈보기〉의 괄호 속 단어 중, 문맥에 적절한 것을 찾아 바르게 짝지은 것은?　　(2008 고3 10월 학평)

〈보 기〉

　교육은 어느 정도의 강제성을 띠면서 개인의 행동을 (통제, 억제)하여 바람직한 방향으로 유도하며, 사회적 통합을 (지양, 지향)하는 태도를 길러준다. 그러나 다양하고 복잡한 현대 사회에서 사회적 통합을 교육의 힘만으로 달성하기는 어렵다. 그래서 현대 사회에서는 다양하게 (분리, 분화)된 조직·기능과 이질적인 요소들의 통합을 위하여 법과 공권력을 발동하기도 한다.

① 통제 – 지양 – 분리　　　② 통제 – 지향 – 분화　　　③ 통제 – 지향 – 분리
④ 억제 – 지양 – 분화　　　⑤ 억제 – 지향 – 분화

11. 〈보기〉와 같이 적절한 단어를 선택한 후 각 단어의 특성을 파악하는 활동을 해 보았다. 다음 설명 중 옳지 <u>않은</u> 것은?　　(2009 수능)

〈보 기〉

◦ 흉내/시늉
　㉠ 아이들은 장터에서 장사꾼 (<u>흉내</u>, 시늉)을/를 냈다.
　㉡ 아이들을 불러서 공부를 하랬더니 (흉내, <u>시늉</u>)만 했다.
　㉢ 아이가 우는 (흉내, <u>시늉</u>)을/를 했다.
◦ 조성/조장
　㉣ 장터에서부터 명절 분위기가 서서히 (<u>조성</u>, 조장)된다.
　㉤ 과소비를 (조성, <u>조장</u>)하는 광고는 자제해야 한다.
　㉥ 사람들 사이에 위화감을 (조성, <u>조장</u>)하여 이득을 보려는 장사꾼이 있다.

① '㉠'과 '㉢'을 보니, '흉내'는 '남을 따라 함'을, '시늉'은 '움직임을 꾸며 함'을 뜻하네.
② '㉠~㉢'을 보니, 호응하는 서술어를 통해서도 '흉내'와 '시늉'의 특성을 비교할 수 있겠어.
③ 내용상 '㉠' 뒤에 '㉡'이 연결된다면, '㉡'의 '시늉' 앞에는 '장사꾼'이 생략되었겠네.
④ '㉣'과 '㉤'을 보니, '조성'은 '만들어 이룸'을, '조장'은 '더 하게 함'을 뜻하네.
⑤ '㉣~㉥'을 보니, '조장'은 긍정적인 의미로 사용하기 어렵겠군.

12. ㉠의 상황에 적용하기에 가장 적절한 한자성어는?　　(2006 고3 3월 학평)

　첩이 편지를 던지니 진사가 집어 가지고 집에 돌아가 떼어 보고 슬픔을 이기지 못하여 차마 손에서 놓지 못하고, 생각하는 정이 전보다 더하여 능히 목숨을 보존치 못할 듯한지라. ㉠<u>이에 답장을 써 부치고자 하나 청조(靑鳥)*가 없는지라 홀로 가슴만 태울 뿐이더니,</u>
　　　　　　　　　　　　　　　　　　　　　　　　　　　　　　　　　　– 작자 미상, 〈운영전〉

　　* 청조(靑鳥) : 반가운 사자(使者)나 편지를 이르는 말.

① 노심초사(勞心焦思)　　　② 좌불안석(坐不安席)　　　③ 절치부심(切齒腐心)
④ 은인자중(隱忍自重)　　　⑤ 풍수지탄(風樹之嘆)

13. 다음에 드러난 토끼의 심리를 나타내는 한자성어로 가장 적절한 것은?　　　(2013 고1 3월 학평)

〈보 기〉

　토끼 이때까지 살갑게 굴던 자라가 묻는 말에 대답도 하지 않고 입을 꾹 다물고 있는 것이 불안하다. 그래도 더더욱 빨리 내닫는 자라의 등에서 떨어질까 봐 딴딴한 등껍질만 잔뜩 붙들고 안절부절못하더라.　　　– 작자 미상, 〈토끼전〉

① 견물생심(見物生心)　　　② 금상첨화(錦上添花)　　　③ 오매불망(寤寐不忘)
④ 좌불안석(坐不安席)　　　⑤ 후회막급(後悔莫及)

14. ㉠의 상황에 쓸 수 있는 말로 가장 적절한 것은?　　　(2012 고3 4월 학평)

〈보 기〉

　모친을 붙들어 한 뫼를 넘어가 부인을 바위틈에 앉히고 뫼에 올라 바라보니, 벌써 집에 불이 일어나고 무수한 사람이 두루 다니며 요란하거늘, 급히 돌아와 모친께 고왈,
　"만일 도적 같으면 우리를 찾을 바 없거니와, 우리를 찾으니 매우 의심스러운지라. 이곳에 있지 못할지니 멀리 가사이다."
하고, 모친을 인도하여 산곡으로 들어가니, ㉠천지가 아득하여 갈 길이 묘연하고 기력이 점점 쇠진하니 모자가 서로 붙들고 통곡하더라.　　　– 작자 미상, 〈반씨전〉

① 구사일생(九死一生)　　　② 동상이몽(同床異夢)　　　③ 사필귀정(事必歸正)
④ 설상가상(雪上加霜)　　　⑤ 자승자박(自繩自縛)

[정답] 1. ⑤　2. ③　3. ④　4. ①　5. ①　6. ①　7. ⑤　8. ⑤　9. ①　10. ②　11. ③　12. ①　13. ④　14. ④
[해설] 1. ⑩ 상대편을 자기편으로 감싸 끌어들임. ⑤는 '포용(包容)'에 해당한다. 2. ⓒ 자신과 직접적인 관계가 없는 일에 끼어듦. ③은 '투입(投入)'에 해당한다. 3. ㉠ 어떤 심정에 잠기다. 4. ㉠ 무엇을 만들어서 이룸. ②·③·⑤ 분위기나 정세 따위를 만듦. ④ 동음이의어인 '조성(組成: 여러 개의 요소나 성분으로 얽거나 짜서 만듦. 또는 그렇게 만들어진 요소들의 구성)'이 쓰였다. 5. '이용'은 이롭게 쓴다는 뜻이다. 웅화반 식물들이 물방울의 힘을 통하여 씨앗을 멀리 보낸다는 뜻의 문장이므로 ㉠은 '이롭게 쓴' 것으로 볼 수 있다. ⑤ 일정한 기준이나 한도를 넘어서 함부로 씀. 6. '마케팅 전략을 세우는' 것이므로 '국가나 정부, 제도, 계획 따위를 이룩하여 세우다'라는 뜻의 '수립(樹立)하다'로 바꿀 수 있다. ④ 제도나 법률 따위를 만들어서 정하다. ⑤ 가리키어 확실하게 정하다. 7. ㉠은 기보법에서 네 종류의 음길이를 규칙으로 결정했음을 의미하므로 '설정(設定 새로 만들어 정해 둠.)'으로 바꾸어 쓸 수 있다. ① 이미 정하였던 것을 고쳐 다시 정함. ② 판별하여 결정함. ③ 확실히 그렇다고 여김. ④ 추측하여 판정함. 8. ㉠은 '분위기나 정세 따위가 만들어지다.'라는 의미를 지니고 있으므로 '어떤 형상이 이루어지다.'라는 의미를 지닌 '형성(形成)되다'로 바꾸어 쓸 수 있다. ① 조직이나 단체 따위가 짜여 만들어지다. ② 몇 가지 부분이나 요소들이 모여 일정한 전체가 짜여 이루어지다. ③ 변하여 다르게 되다. ④ 충분히 이루어지다. 9. ㉠은 '어떤 것을 무엇에 맞도록 하다.'의 뜻이므로 바꿔 쓸 수 있는 단어는 '조절'이다. ④ 비행기나 선박, 자동차 따위의 기계를 다루어 부림. ⑤ 벌어지는 사태를 잘 살펴서 필요한 대책을 세워 행함. 10. '통제'는 '목적을 달성하기 위하여 제약하는 일'이고, '억제'는 '억눌러서 그치게 하는 것'이다. 그런데 교육은 목적을 달성하기 위해 제약하는 것이므로 통제가 적절하다. '지양'은 '높은 단계로 오르기 위하여 어떤 것을 하지 않는 것'이며, '지향'은 '지정한 방향으로 나아가는 것'이다. 그런데 사회 통합은 바람직한 방향이므로 지향이 적절하다. '분리'는 '서로 나누어 떨어지는 것'이며, '분화'는 '단순·동질적인 것이 복잡·이질적인 것으로 갈라져 나가는 것'이다. 그런데 현대 사회는 복잡하고 이질적으로 나누어지는 것이므로 분화가 적절하다. 11. ⓒ의 '시늉'은 '공부를 하는 척하는 행동'을 의미한다. 즉, '시늉'의 대상은 '장사꾼'의 행동이 아니라 공부이다. 12. ④ 마음속에 감추어 참고 견디면서 몸가짐을 신중하게 행동함. ⑤ 효도를 다하지 못한 채 어버이를 여읜 자식의 슬픔 13. ① 어떠한 실물을 보게 되면 그것을 가지고 싶은 욕심이 생김. ③ 자나 깨나 잊지 못함. ⑤ 이미 잘못된 뒤에 아무리 후회하여도 다시 어찌할 수가 없음. 14. 깊은 밤에 길을 잃은 데다 몸의 힘까지 점점 바닥이 나고 있는 상황에 해당하므로 '난처한 일이나 불행한 일이 잇따라 일어남'의 뜻을 지닌 '설상가상(雪上加霜)'이 적절하다.

□ **좌시**
坐 앉을 좌 視 볼 시

참견하지 아니하고 앉아서 보기만 함.
▶ 그들은 이번 일을 결코 좌시하지 않겠다고 말했다.

참고어휘 + '視(볼시)'를 공유하는 한자어

멸시(蔑업신여길멸 視볼시): 업신여기거나 하찮게 여겨 깔봄.
▶ 그는 다른 사람들의 멸시와 비웃음 속에서도 자신의 길을 꿋꿋이 걸어왔다.

천시(賤천할천 視볼시): 업신여겨 낮게 보거나 천하게 여김.
▶ 직업에는 귀천(貴賤)이 없으므로 특정 직업을 천시하는 것은 바람직하지 않다.

경시(輕가벼울경 視볼시): 대수롭지 않게 보거나 업신여김.
▶ 지나치게 폭력적인 게임을 하면 생명의 가치를 경시하는 의식이 생길 수 있다.

질시(嫉미워할질 視볼시): 시기하여 봄.
▶ 남들보다 출세가 빠른 그는 존경의 대상이 되기보다는 질시의 대상이 되었다.

괄시(恝여유없을괄 視볼시): 업신여겨 하찮게 대함. ▶ 겉모습만 보고 사람을 괄시해서는 안 된다.

우선시(優넉넉할우 先먼저선 視볼시): 다른 것보다 중요하게 보거나 일차적인 것으로 여김.
▶ 선생님은 학생들의 성적보다 사람됨을 우선시하셨다.

백안시(白흰백 眼눈안 視볼시): 남을 업신여기거나 무시하는 태도로 흘겨봄.
▶ 파렴치범으로 오해 받는 그는 동네 사람들에게 기피와 백안시의 대상이었다.

도외시(度법도 外바깥외 視볼시): 상관하지 아니하거나 무시함. ▶ 그 정책은 현실을 도외시한 것이다.

등한시(等무리등 閑한가할한 視볼시): 소홀하게 보아 넘김.
▶ 선생님은 우리에게 운동선수라고 해서 학업을 등한시해서는 안 된다고 말씀하셨다.

경원시(敬공경경 遠멀원 視볼시): 겉으로는 가까운 체하면서 실제로는 멀리하고 꺼림칙하게 여김.
▶ 그는 처음에는 K-Pop을 경원시했지만 이제는 전문가 뺨치는 식견을 자랑한다.

이단시(異다를이 端끝단 視볼시): 어떤 사상이나 학설, 종교 따위를 이단으로 봄.
▶ 그의 학설은 학계에서 이단시되고 있다.

동일시(同한가지동 一한일 視볼시): 둘 이상의 것을 똑같은 것으로 봄.
▶ 소설을 읽는 독자는 주인공과 자기를 동일시함으로써 억눌린 감정을 씻어낼 수 있다.

□ **좌우**
左 왼쪽 좌 右 오른쪽 우

❶ 왼쪽과 오른쪽을 아울러 이르는 말 ▶ 인간의 신체는 좌우가 대칭을 이룬다.
❷ 옆이나 곁 또는 주변 ▶ 그는 혹시 누가 들을까 봐 급히 좌우를 둘러보았다.
❸ 주위에 거느리고 있는 사람 ▶ 임금은 좌우를 모두 물리고 장군과 독대하였다.
❹ 좌익과 우익을 아울러 이르는 말
▶ 해방 후, 한반도는 민족 내부의 좌우 대립 속에 분단의 길로 치달았다.
❺ 어떤 일에 영향을 주어 지배함. ▶ 부동표의 흐름이 선거의 당락을 좌우한다.

□ **주다**

❶ 물건 따위를 남에게 건네어 가지거나 누리게 하다. ▶ 개에게 먹이를 주었다.
❷ 시간 따위를 남에게 허락하여 가지거나 누리게 하다. ▶ 너에게 3일의 시간을 주겠다.
❸ 남에게 어떤 자격이나 권리, 점수 따위를 가지게 하다. ▶ 1등에게 가산점을 주었다.
❹ 남에게 어떤 역할 따위를 가지게 하다. ▶ 너에게 중요한 임무를 주겠다.
❺ 남에게 어떤 일이나 감정을 겪게 하거나 느끼게 하다.
▶ 작은 친절로 사람들에게 기쁨을 줄 수도 있다.
❻ 남에게 경고, 암시 따위를 하여 어떤 내용을 알 수 있게 하다.
▶ 선생님이 학생들에게 주의를 주었다.
❼ 시선이나 몸짓 따위를 어떤 곳으로 향하다. ▶ 그는 다른 일에는 눈길도 주지 않았다.
❽ 속력이나 힘 따위를 가하다. ▶ 손에 힘을 더 줘라.
❾ 다른 사람에게 정이나 마음을 베풀거나 터놓다. ▶ 그는 사람에게 정을 주지 않았다.

□ **주창** 主 주인 주 唱 부를 창	❶ 주의나 사상을 앞장서서 주장함. ▶ 그는 개화의 방안으로 교육의 균등을 <u>주창</u>하였다. ❷ 노래나 시 따위를 앞장서서 부름. ▶ 그의 <u>주창</u>에 따라 우리 모두 노래를 불렀다. **참고어휘＋ 주장**(主주인주 張베풀장): 자기의 의견이나 주의를 굳게 내세움. 또는 그런 의견이나 주의 ▶ 그는 이번 무역 협상이 잘못되었다고 <u>주장</u>하였다. **개진**(開열개 陳베풀진): 주장이나 사실 따위를 밝히기 위하여 의견이나 내용을 드러내어 말하거나 글로 씀. ▶ 그녀는 청중들 앞에서 자신의 의견을 자신 있게 <u>개진</u>하여 좋은 반응을 얻었다.
□ **주축** 主 주인 주 軸 굴대 축	전체 가운데서 중심이 되어 영향을 미치는 존재나 세력 ▶ 팀의 <u>주축</u>인 그의 부상으로 전력에 차질이 생겼다. **참고어휘＋ 구심점**(求구할구 心마음심 點점점): (구심운동의 중심점 →) 중심적 역할을 하는 사람·단체·사상 ▶ 임시 정부는 독립운동의 <u>구심점</u> 역할을 하였다. **주관**(主주인주 管대롱관): 어떤 일을 책임을 지고 맡아 관리함. ▶ 박물관 <u>주관</u>으로 조선 시대 민화 전시회가 열렸다.
□ **죽다**	❶ 생명이 없어지거나 끊어지다. ▶ 그는 일제의 탄압으로 젊은 나이에 <u>죽었다</u>(≒사망했다). ❷ 불 따위가 타거나 비치지 아니한 상태에 있다. ▶ 아궁이 불이 <u>죽어</u> 방 안이 썰렁하다. ❸ 본래 가지고 있던 색깔이나 특징 따위가 변하여 드러나지 아니하다. ▶ 옷에 풀기가 <u>죽었다</u>. ❹ 성질이나 기운 따위가 꺾이다. ▶ 엄마가 보이지 않자 아이가 기가 <u>죽었다</u>. ❺ 마음이나 의식 속에 남아 있지 못하고 잊히다. ▶ 그날의 기억은 이미 <u>죽은</u>(≒망각된) 지 오래되었다. ❻ 움직이던 물체가 멈추어 제 기능을 하지 못하다. ▶ 시계가 <u>죽는</u> 바람에 늦잠을 잤다. ❼ 경기나 놀이 따위에서, 상대편에게 잡혀 제 기능을 하지 못하다. ▶ 포가 <u>죽자</u> 전세가 역전되었다. ❽ 글이나 말 또는 어떤 현상의 효력 따위가 현실과 동떨어져 생동성을 잃다. ▶ 그 글은 이젠 <u>죽은</u> 글이 되었다. ❾ 상대편에게 으름장을 놓거나 상대편을 위협하는 말 ▶ 너 늦으면 <u>죽어</u>. ❿ 있는 힘을 다한다는 뜻을 이르는 말 ▶ 그는 <u>죽도록</u> 일만 한다. ⓫ 앞말이 뜻하는 상태나 느낌의 정도가 매우 심함을 나타냄. ▶ 배가 고파 <u>죽겠다</u>.

(1～6) 문맥에 맞는 말을 괄호 안에서 고르시오.

1. 이사들은 회장의 발언에 이견을 (개진 / 좌우)했다.

2. 더 이상 상대편의 도발을 (괄시 / 좌시)할 수만은 없다.

3. 우리 모임은 40대가 (주관 / 주축)을 이루고 있다.

4. 인명을 (경시 / 질시)하는 풍조가 잔혹한 범죄를 부른다.

5. 기업은 사회적 책임을 (도외시 / 백안시)해서는 안 된다.

6. 그 학생은 음악에 빠져 학업을 (등한시 / 경원시)하였다.

(7～8) 밑줄 친 말이 제시문과 가장 유사한 의미로 쓰인 것을 고르시오.

7. 나의 실수로 많은 사람에게 슬픔을 <u>주게</u> 되었다.

　① 핀잔을 <u>주다</u>. 　② 고통을 <u>주다</u>. 　③ 말미를 <u>주다</u>. 　④ 선물을 <u>주다</u>. 　⑤ 역할을 <u>주다</u>.

8. 그들에게 우리 민족의 기개가 <u>죽지</u> 않았다는 것을 보여 주도록 합시다.

　① 공부가 하기 싫어 <u>죽겠다</u>. 　② 애써 피운 장작불이 <u>죽었다</u>. 　③ 범인은 <u>죽어라</u> 하고 도망쳤다.

　④ 그는 시험에 떨어지고 풀이 <u>죽었다</u>. 　⑤ 원래 그림의 섬세한 선이 다 <u>죽어</u> 버렸다.

[정답] 1. 개진 2. 주축 3. 좌시 4. 경시 5. 도외시 6. 등한시 7. ② 8. ④

[해설] 7. 주다-❺ ① 주다-❻ ③ 주다-❷ ④ 주다-❶ ⑤ 주다-❹ 8. 죽다-❹ ① 죽다-⓫ ② 죽다-❷ ③ 죽다-❿ ⑤ 죽다-❸

□ **준거**
準 준할 준 **據** 근거 거

사물의 정도나 성격 따위를 알기 위한 근거나 기준=표준
▶ 사람들은 누구나 자신의 삶에 나름의 원칙을 세워 놓고 판단과 행동의 <u>준거</u>로 삼는다.

[참고어휘 +] **준칙**(準준할준 則법칙): 준거할 기준이 되는 규칙이나 법칙
▶ 이 책은 인물화를 그리는 다섯 가지 <u>준칙</u>을 설명하고 있다.

잣대: (자막대기 →) 어떤 현상이나 문제를 판단하는 데 의거하는 기준
▶ 외모를 <u>잣대</u>로 삼아 그 사람의 모든 것을 판단해서는 안 된다.

시금석(試시험시 金쇠금 石돌석): 가치, 능력, 역량 따위를 알아볼 수 있는 기준이 되는 기회나 사물
▶ 지방 자치 제도의 정착은 선진 민주주의에 한발 다가서는 <u>시금석</u>이다.

□ **줄다**

❶ 물체의 길이나 넓이, 부피 따위가 본디보다 작아지다.
▶ 빨래를 했더니 옷이 <u>줄었다</u>(≒수축했다).

❷ 수나 분량이 본디보다 적어지다.
▶ 그 가게는 주인이 바뀐 뒤 손님이 눈에 띄게 <u>줄었다</u>(≒감소했다).

❸ 힘이나 세력 따위가 본디보다 못하게 되다.
▶ 나이가 드니 기운도 많이 <u>줄었다</u>(≒감소했다).

❹ 재주나 능력, 실력 따위가 본디보다 못하게 되다.
▶ 노래 실력이 예전보다 많이 <u>줄었다</u>.

❺ 살림이 어려워지거나 본디보다 못하여지다.
▶ 아버지의 사업이 실패해서 살림살이가 <u>줄었다</u>.

❻ 시간이나 기간이 짧아지다. ▶ 근무 시간이 한 시간 <u>줄었다</u>(≒단축되었다).

□ **중과부적**
衆 무리 중 **寡** 적을 과
不 아닐 부 **敵** 대적할 적

적은 수효로 많은 수효를 대적하지 못함.
▶ 의병들은 적의 대군을 맞아 용감하게 싸웠지만 <u>중과부적</u>으로 전멸하고 말았다.

[한자성어 +] **난공불락**(難어려울난 攻칠공 不아닐불 落떨어질락): 공격하기가 어려워 쉽사리 함락되지 아니함. ▶ 그 마을은 호수와 여러 산줄기로 둘러싸여서 난공불락의 요새를 방불케 했다.

일망타진(一한일 網그물망 打칠타 盡다할진): (한 번 그물을 쳐서 고기를 다 잡음. →) 어떤 무리를 한꺼번에 모조리 다 잡음. ▶ 경찰이 끈질긴 추적 끝에 조직폭력배를 일망타진했다.

일벌백계(一한일 罰벌할벌 百일백백 戒경계할계): (한 사람을 벌주어 백 사람을 경계함. →) 다른 사람들에게 경각심을 불러일으키기 위하여 본보기로 한 사람에게 엄한 처벌을 하는 일
▶ 정부가 일벌백계의 정신으로 선거 사범에 대하여 엄히 처벌하자 선거의 타락상이 개선되었다.

□ **중상**
中 가운데 중 **傷** 다칠 상

근거 없는 말로 남을 헐뜯어 명예나 지위를 손상시킴.
▶ 여야가 상호 비방과 <u>중상</u>모략으로 시간을 보내고 있다.

[유의어 +] **모략**(謀꾀모 略간략할략): ❶ 계책이나 책략
▶ 그들은 중전을 폐위시키려고 <u>모략</u>을 꾸미고 있다.

❷ 사실을 왜곡하거나 속임수를 써 남을 해롭게 함. 또는 그런 일
▶ 그는 자신의 출세를 위해서라면 동료를 <u>모략</u>하고 헐뜯는 일도 마다하지 않는다.

비방(誹헐뜯을비 謗헐뜯을방): 남을 비웃고 헐뜯어서 말함.
▶ 두 경쟁사는 상대에 대한 <u>비방</u>을 중지하고 선의의 경쟁을 다짐하였다.

□ **중용**
中 가운데 중 **庸** 떳떳할 용

지나치거나 모자라지 아니하고 한쪽으로 치우치지도 아니한, 떳떳하며 변함이 없는 상태나 정도 ▶ 나는 어느 쪽에도 치우치지 않고 <u>중용</u>을 견지하는 것이 제일 좋다고 생각한다.

[한자성어 +] **과유불급**(過지날과 猶오히려유 不아닐불 及미칠급): (정도를 지나침은 미치지 못함과 같음. →) 중용이 중요함을 이르는 말
▶ 과유불급이라고, 자식에 대한 사랑도 정도를 지나치면 부족한 것보다 못하다.

교각살우(矯바로잡을교 角뿔각 殺죽일살 牛소우): (소의 뿔을 바로잡으려다가 소를 죽임. →) 잘못된 점을 고치려다가 그 방법이나 정도가 지나쳐 오히려 일을 그르침.
▶ 안보상의 비밀도 중요하지만 국민의 알 권리를 희생시키는 <u>교각살우</u>의 잘못을 범하지 말아야 한다.

□ **중지**
衆 무리 중 智 슬기 지

여러 사람의 지혜 ▶ 어려운 때일수록 <u>중지</u>를 모아 문제를 해결해야 한다.

참고어휘 + **중의**(衆무리중 議뜻의): 뭇사람들의 의견 ▶ 국회는 국민들의 <u>중의</u>를 대변해야 한다.

□ **즐비하다**
櫛 빗 즐 比 견줄 비-

빗살처럼 줄지어 빽빽하게 늘어서 있다.
▶ 예전에는 허허벌판이었는데 지금은 고층 아파트들이 <u>즐비</u>하게 들어섰다.

□ **지나다**

❶ 시간이 흘러 그 시기에서 벗어나다. ▶ 어느덧 봄이 <u>지나고</u> 여름이 되었다.

❷ 어떤 한도나 정도가 벗어나거나 넘다.
▶ 식품을 구입할 때는 유통 기한이 <u>지나지</u>(≒경과하지) 않았는지 잘 살펴야 한다.

❸ 어디를 거치어 가거나 오거나 하다. ▶ 전철은 막 한강 위를 <u>지나고</u>(≒통과하고) 있었다.

❹ 어떤 시기나 한도를 넘다. ▶ 힘든 시간을 <u>지나고</u> 나니 언제 그랬냐는 듯 아무렇지도 않다.

❺ 어떤 일을 그냥 넘겨 버리다. ▶ 그는 그녀의 말을 무심결에 그냥 <u>지나</u> 버렸다.

❻ 어떠한 상태나 정도를 넘어서다.
▶ 그 뻔한 발뺌에 그의 감정은 이미 역겨움의 상태를 <u>지나</u> 미움으로 바뀌고 있었다.

□ **지난하다**
至 이를 지 難 어려울 난-

지극히 어렵다.
▶ 그런 주장은 하기는 쉽지만 실천하기는 <u>지난한</u> 일이다.

□ **지니다**

❶ 몸에 간직하여 가지다. ▶ 그는 친구가 준 목걸이를 늘 몸에 <u>지니고</u> 다닌다.

❷ 기억하여 잊지 않고 새겨 두다. ▶ 그는 첫사랑의 추억을 평생 가슴속에 <u>지니고</u> 살았다.

❸ 바탕으로 갖추고 있다. ▶ 그 아이는 착한 품성을 <u>지녔다</u>.

❹ 본래의 모양을 그대로 간직하다. ▶ 그는 어릴 때의 모습을 그대로 <u>지니고</u> 있다.

❺ 어떠한 일 따위를 맡아 가지다. ▶ 그는 계약을 성사시킬 임무를 <u>지니고</u> 해외로 출장을 떠났다.

확인문제

(1~4) 밑줄 친 말의 쓰임이 문맥에 적절한지 판단하시오.
1. 불을 밝힌 가로등이 <u>즐비</u>한 거리는 무척 어두웠다.
2. 남북은 서로 간에 비방과 <u>중상</u>을 중지해야 한다.
3. 그것은 적어도 10년은 걸리는 <u>지난한</u> 작업이 될 것이다.
4. 그는 다른 사람과 상의 없이 <u>중의</u>에 따라 일을 처리하곤 했다.

(5~9) 문맥에 맞는 말을 괄호 안에서 고르시오.
5. 젊은이들은 사회를 발전시키는 (잣대 / 지렛대) 역할을 해야 한다.
6. 엥겔 계수는 그 나라의 문화 수준을 판가름하는 (구심점 / 시금석)이다.
7. 그는 그렇게 많은 사람들과 말씨름을 한다는 것이 (과유불급 / 중과부적)임을 깨달았다.
8. 장관은 공무원들의 사소한 비리도 (일벌백계 / 일망타진) 차원에서 엄중 문책하겠다고 밝혔다.
9. 회원들의 태도를 바로잡으려고 한 말이 회원들의 반감을 사 탈퇴가 급증했으니 (교각살우 / 난공불락)이/가 아닐 수 없다.

(10~12) 밑줄 친 말이 제시문과 가장 유사한 의미로 쓰인 것을 고르시오.
10. 작년에 비해 일감이 많이 <u>줄었다</u>.
　① 옷이 <u>줄다</u>. 　② 실력이 <u>줄다</u>. 　③ 식욕이 <u>줄다</u>. 　④ 키가 <u>줄다</u>. 　⑤ 인구가 <u>줄다</u>.
11. 밤에 공원을 <u>지나다</u> 보면 덜컥덜컥 겁이 나곤 한다.
　① 더위도 고비를 <u>지났다</u>. 　② <u>지난</u> 세월을 되돌아보았다. 　③ 거실을 <u>지나</u> 서재로 갔다. 　④ 그 말은 칭찬을 <u>지나</u> 아부에 가까웠다.
12. 이 작품은 낭만주의적 경향을 <u>지니고</u> 있다.
　① 기억을 <u>지니다</u>. 　② 현금을 <u>지니다</u>. 　③ 책임을 <u>지니다</u>. 　④ 상징성을 <u>지니다</u>. 　⑤ 옛 모습을 <u>지니다</u>.

[정답] 1. 부적절 2. 적절 3. 적절 4. 부적절 5. 지렛대 6. 시금석 7. 중과부적 8. 일벌백계 9. 교각살우 10. ⑤ 11. ③ 12. ④
[해설] 5. 지렛대: 어떤 목적을 실현할 수 있도록 하는 수단이나 힘을 비유적으로 이르는 말 10. 줄다-❷ 11. 지나다-❸ 12. 지니다-❸

☐ **지다¹**	❶ 해나 달이 서쪽으로 넘어가다. ▶ 해가 <u>지고</u> 어둠이 찾아왔다.
	❷ 꽃이나 잎 따위가 시들어 떨어지다. ▶ 날씨가 더워지자 봄꽃들이 <u>지기</u> 시작했다.
	❸ 묻었거나 붙어 있던 것이 닦이거나 씻겨 없어지다. ▶ 옷에 묻은 때가 잘 안 <u>진다</u>.
	❹ 목숨이 끊어지다. ▶ 구급차가 달려왔지만 환자는 이미 숨이 <u>져</u> 있었다.
	❺ 이슬 따위가 사라져 없어지다. ▶ 농부는 아침 이슬이 <u>지기</u> 전에 밖으로 나갔다.
☐ **지다²**	❶ 내기나 시합, 싸움 따위에서 재주나 힘을 겨루어 상대에게 꺾이다.
	▶ 그는 재판에 <u>지고</u>(≒패배하고) 말았다.
	❷ 어떤 요구에 대하여 마지못해 양보하거나 들어주다.
	▶ 그 애는 어찌나 고집이 센지 내가 <u>지고</u> 말았다.
☐ **지다³**	❶ 물건을 짊어서 등에 얹다. ▶ 그는 배낭을 등에 <u>지고</u> 산을 올랐다.
	❷ 무엇을 뒤쪽에 두다. ▶ 우리는 해를 <u>지고</u> 걸었다.
	❸ 줄이나 포승 따위에 묶이다. ▶ 포졸이 오라를 <u>진</u> 죄인을 끌고 갔다.
	❹ 신세나 은혜를 입다. ▶ 나는 미국에 머물면서 그분에게 신세를 많이 <u>졌다</u>.
	❺ 책임이나 의무를 맡다. ▶ 너는 네가 한 말에 책임을 <u>져야</u> 한다.
	❻ 빌린 돈을 갚아야 할 의무가 있다. ▶ 그는 나에게 수백만 원의 빚을 <u>지고</u> 있다.
☐ **지다⁴**	❶ 어떤 현상이나 상태가 이루어지다. ▶ 나무 아래에 그늘이 <u>졌다</u>.
	❷ 어떤 좋지 아니한 관계가 되다. ▶ 나는 철수와 척을 <u>지고</u> 말았다.
☐ **지르다¹**	❶ 지름길로 가깝게 가다. ▶ 이 길로 들판을 질러 지름길로 가면 훨씬 빠를 것이다.
	❷ 식물의 겉순 따위를 자르다. ▶ 순을 <u>질러</u> 놓아야 식물이 더 잘 자란다.
	❸ 말이나 움직임 따위를 미리 잘라서 막다. ▶ 그는 상대가 하던 말을 <u>지르고</u> 나섰다.
☐ **지르다²**	❶ 팔다리나 막대기 따위를 내뻗치어 대상물을 힘껏 건드리다.
	▶ 나는 화가 나서 그를 발길로 <u>지르고</u> 싶었다.
	❷ 냄새가 갑자기 후각을 자극하다. ▶ 방에 들어서니 이상한 냄새가 코를 질러 왔다.
	❸ 도박이나 내기에서, 돈이나 물건 따위를 걸다.
	▶ 그는 남은 것을 모두 모아 판돈을 <u>질렀다</u>.
	❹ 양쪽 사이를 막대기나 줄 따위로 가로 건너막거나 내리꽂다.
	▶ 그는 문을 닫고 굳게 빗장을 <u>질렀다</u>.
	❺ 불을 붙이다. ▶ 산에 불을 <u>지르고</u> 달아난 사람이 경찰에 붙잡혔다.
☐ **지르다³**	목청을 높여 소리를 크게 내다.
	▶ 그는 누명을 쓰게 되자 고래고래 소리를 <u>지르며</u> 자신의 결백을 주장했다.
☐ **지불** 支 지탱할 지 拂 떨칠 불	돈을 내어 줌. 또는 값을 치름. ▶ 나는 책을 사고 돈을 지불하였다. [참고어휘 +] **체불**(滯막힐체 拂떨칠불): 마땅히 지급하여야 할 것을 지급하지 못하고 미룸. ▶ 근로자들은 본사로 몰려가 체불 임금과 퇴직금을 지불하라고 농성을 벌였다.
☐ **지엄하다** 至 이를 지 嚴 엄할 엄 –	매우 엄하다. ▶ 속히 범인을 잡아 엄중 문초하라는 왕명이 지엄했다. [유의어 +] **준엄**(峻높을준 嚴엄할엄)**하다**: ❶ 조금도 타협함이 없이 매우 엄격하다. ▶ 할아버지께서는 나의 잘못을 준엄하게 꾸짖으셨다. ❷ 형편이 매우 어렵고 엄하다. ▶ 다가오는 준엄한 시련을 어떻게 대응하느냐에 따라 길은 달라진다.

☐ **지칭** 指 가리킬 지 稱 일컬을 칭	어떤 대상을 가리켜 이르는 일. 또는 그런 이름 ▶ 현대는 정보화 시대라고 흔히 **지칭**된다. 참고어휘+ **호칭**(呼부를호 稱일컬을칭): 이름 지어 부름. 또는 그 이름 ▶ 그녀는 그를 선배라는 **호칭** 대신 오빠라고 불렀다.

☐ **지키다**	❶ 재산, 이익, 안전 따위를 잃거나 침해당하지 아니하도록 보호하거나 감시하여 막다. ▶ 개는 집을 잘 **지키는** 동물로 알려져 있다. ❷ 길목이나 통과 지점 따위를 주의를 기울여 살피다. ▶ 사냥꾼은 어제부터 노루가 다니는 길목을 **지키고** 있다. ❸ 규정, 약속, 법, 예의 따위를 어기지 아니하고 그대로 실행하다. ▶ 그는 한 번 약속을 하면 철저히 **지키는** 사람이다. ❹ 지조, 절개, 정조 따위를 굽히지 아니하고 굳게 지니다. ▶ 선비들은 절개를 **지키기** 위해 목숨도 버릴 수 있었다. ❺ 어떠한 상태나 태도 따위를 그대로 계속 유지하다. ▶ 심판은 경기에서 중립을 **지켜야** 한다.

☐ **지탱** 支 지탱할 지 撑 버틸 탱	오래 버티거나 배겨 냄. ▶ 이런 사업은 한 사람의 힘으로는 **지탱**이 되기 힘들다. 참고어휘+ **지지**(支지탱할지 持가질지): ❶ 어떤 사람이나 단체 따위의 주의·정책·의견 따위에 찬동하여 이를 위하여 힘을 씀. 또는 그 원조 ▶ 그 안건은 위원들의 압도적인 **지지**로 통과되었다. ❷ 무거운 물건을 받치거나 버팀. ▶ 허물어진 담을 버팀목으로 **지지**하였다.

☐ **지향** 志 뜻 지 向 향할 향	어떤 목표로 뜻이 쏠리어 향함. 또는 그 방향이나 그쪽으로 쏠리는 의지 ▶ 올림픽은 인류의 평화와 공존을 **지향**하는 지구촌 축제이다. 참고어휘+ **지양**(止그칠지 揚날릴양): 더 높은 단계로 오르기 위하여 어떠한 것을 하지 아니함. ▶ 남의 잘못만을 탓하는 자세를 **지양**하고 자기의 허물을 되돌아볼 줄 알아야 한다.

☐ **진가** 眞 참 진 價 값 가	참된 값어치 ▶ 아무리 좋은 책도 자신이 직접 읽어 봐야지 **진가**를 알 수 있다. 참고어휘+ '價(값 가)'를 공유하는 한자어 **염가**(廉청렴할염 價값가): 매우 싼 값↔고가(高높을고 價값가) ▶ 그는 팔다 남은 물건을 **염가**로 팔았다. **헐가**(歇쉴헐 價값가): 헐값(원래 가격보다 훨씬 싼 값) ▶ 빚을 갚기 위해 살던 집을 **헐가**로 팔았다. **호가**(呼부를호 價값가): 팔거나 사려는 물건의 값을 부름. ▶ 고려청자는 수천만 원을 **호가**한다.

확인문제

(1~7) 주어진 뜻풀이에 맞는 어휘를 괄호 안에서 고르시오.

1. 참된 값어치: (고가 / 진가)
2. 그 물건의 원래 가격보다 훨씬 싼 값: (헐가 / 호가)
3. 이름 지어 부름: (지칭 / 호칭)
4. 어떤 목표로 뜻이 쏠리어 향함: (지양 / 지향)
5. 조금도 타협함이 없이 매우 엄격하다: (지엄하다 / 준엄하다)
6. 마땅히 지급하여야 할 것을 지급하지 못하고 미룸: (지불 / 체불)
7. 어떤 사람이나 단체 따위의 주의·정책·의견 따위에 찬동하여 이를 위하여 힘을 씀: (지지 / 지탱)

(8~11) 밑줄 친 말의 의미가 가장 유사한 것을 2개씩 고르시오.

8. ① 짐을 **지다**.   ② 빚을 **지다**.   ③ 신세를 **지다**.   ④ 지게를 **지다**.   ⑤ 원수를 **지다**.
9. ① 해가 **지다**.   ② 묵은 때가 **지다**.   ③ 그늘이 **지다**.   ④ 멍울이 **지다**.   ⑤ 전쟁에 **지다**.
10. ① 불을 **지르다**.   ② 말을 **지르다**.   ③ 비명을 **지르다**.   ④ 비녀를 **지르다**.   ⑤ 함성을 **지르다**.
11. ① 충절을 **지키다**.   ② 침묵을 **지키다**.   ③ 국경을 **지키다**.   ④ 등교 시간을 **지키다**.   ⑤ 교통 법규를 **지키다**.

[정답] 1. 진가 2. 헐가 3. 호칭 4. 지향 5. 준엄하다 6. 체불 7. 지지 8. ①, ④ 9. ③, ④ 10. ③, ⑤ 11. ④, ⑤
[해설] 8. ①·④ 지다³-❶ 9. ③·④ 지다⁴-❶ 10. ③·⑤ 지르다³ 11. ④·⑤ 지키다-❸

실전 문제

(1~2) ㉠~㉤의 사전적 의미로 적절하지 <u>않은</u> 것을 고르시오.

1. ────────────────────────(2014 고3 10월 학평B 응용)

흄은 버클리가 외부의 물질을 부정한 방식을 그대로 우리 내부의 정신에 ㉠<u>적용</u>하여 사고 과정을 ㉡<u>주관</u>하는 정신도 부정하였다. 우리는 물질에 대한 경험으로부터 비롯된 감각, 기억, 개별적 관념만 ㉢<u>지각</u>할 수 있을 뿐이고 사고 과정을 주관하는 정신을 지각할 수 없기 때문이다. 사고 과정을 주관하는 정신은 ㉣<u>실체</u>가 없기 때문에 지각의 대상이 될 수 없다고 하였다. 결국 흄은 우리가 인식할 수 있는 대상을 감각, 기억, 개별적인 관념 등의 영역으로 ㉤<u>한정</u>하였다.

① ㉠: 무엇을 움직이게 하거나 부리어 씀. 　② ㉡: 어떤 일을 책임을 지고 맡아 관리함.
③ ㉢: 알아서 깨달음. 　④ ㉣: 실제의 물체. 또는 외형에 대한 실상
⑤ ㉤: 수량이나 범위 따위를 제한하여 정함.

2. ────────────────────────(2015 고3 10월 학평A 응용)

일상에서 우리는 ㉠<u>별개</u>의 대상을 같은 이름으로 ㉡<u>지칭</u>하는 경우가 있다. 이것은 그것들이 무엇인가 공통점을 지니고 있다고 생각하기 때문이다. 예컨대 옆집에서 키우는 '진돗개'와 우리 집에서 키우는 '치와와'를 생김새의 차이에도 불구하고 모두 '개'라고 부른다면, '개'라는 이름이 뜻하는 그 무엇, 즉 '개'라는 개념이 포함하고 있는 ㉢<u>속성</u>을 '진돗개'와 '치와와'가 ㉣<u>공유</u>하는 것으로 보아 둘 모두를 '개'의 ㉤<u>범주</u>에 포함시킨 것이다. 이는 개념이 범주화의 기능을 한다는 것을 보여 준다.

① ㉠: 관련성이 없이 서로 다름. 　② ㉡: 전부를 한데 모아 두루 일컬음.
③ ㉢: 사물의 특징이나 성질 　④ ㉣: 두 사람 이상이 한 물건을 공동으로 소유함.
⑤ ㉤: 동일한 성질을 가진 부류나 범위

(3~5) 문맥상 ㉠과 바꾸어 쓰기에 가장 적절한 것을 고르시오.

3. ────────────────────────(2011 수능)

전통적인 철학적 미학에 따르면 참된 예술은 훌륭한 내용과 훌륭한 형식이 유기적으로 조화될 때 달성된다. 이러한 고전적 기준을 수용할 때, 훌륭한 뮤지컬 작품은 어느 한 요소라도 ㉠<u>소홀히 한다면</u> 만들어지기 어렵다.

① 멸시(蔑視)한다면 　② 천시(賤視)한다면 　③ 등한시(等閑視)한다면
④ 문제시(問題視)한다면 　⑤ 이단시(異端視)한다면

4. ────────────────────────(2017 고3 7월 학평)

정의(正義)의 실현은 정의를 정의(定義)하는 데서부터 출발한다. 사회 정의를 말한 대표적인 철학자로는 롤스, 노직, 왈처가 있다. 롤스는 공정으로서의 정의, 노직은 소유 권리로서의 정의, 왈처는 복합 평등으로서의 정의를 ㉠<u>주창</u>했다.

① 가늠했다 　② 분석했다 　③ 내세웠다
④ 제공했다 　⑤ 살펴봤다

5. ─── (2015 수능A 응용)

중요한 것은 취미 판단이 기본적으로 공동체적 차원의 것이라는 점이다. 순수한 미감적 태도를 취할 때, 취미 판단의 주체들은 미감적 공동체를 이루고 있다고 할 수 있다. 왜냐하면 그 구성원들 간에는 '공통감'이라 불리는 공통의 미적 감수성이 전제로 작용하고 있기 때문이다. 이때 공통감은 취미 판단의 미적 규범 역할을 한다. 즉 공통감으로 인해 취미 판단은 규정적 판단의 객관적 보편성과 구별되는 '주관적 보편성'을 ㉠지니는 것으로 설명된다.

① 보유(保有)하는   ② 유지(維持)하는   ③ 기억(記憶)하는
④ 소지(所持)하는   ⑤ 지탱(支撐)하는

6. ㉠~㉤과 바꿔 쓰기에 적절하지 <u>않은</u> 것은?   (2016 고1 9월 학평 응용)

계약 내용을 통해 기업이 기존에 내린 결정을 ㉠변경할 수 없게 만드는 방법이 있다. 어떤 기업이 '신규 고객을 유치하기 위해 추가 할인 혜택을 ㉡부여하는 경우, 동일한 계약을 ㉢체결한 기존 고객들에게도 같은 혜택을 ㉣제공하겠다.'는 내용을 계약서에 넣는 것이 그 예에 해당한다. 이렇게 되면 해당 기업은 계약 준수의 법적 의무를 지게 되며, 이로 인해 소비자와 경쟁사는 해당 기업이 계약 내용을 ㉤준수할 것임을 신뢰하게 되는 것이다.

① ㉠: 바꿀   ② ㉡: 받는   ③ ㉢: 맺은
④ ㉣: 주겠다   ⑤ ㉤: 지킬

(7~9) 밑줄 친 단어의 문맥적 의미가 ㉠과 가장 유사한 것을 고르시오.

7. ─── (2011 고3 7월 학평)

여름철에는 열대야가 길어지고, 겨울철에는 한파가 이어지거나 폭설 등의 기상 이변이 발생하면서 지구 환경 생태계에 변화를 주고 있다. 우리의 삶에 위협을 ㉠주는 이러한 이상 기온 현상의 주원인으로 전문가들은 에너지 남용으로 인한 과도한 온실가스의 배출을 지적하고 이 문제의 해결을 위한 다양한 방안들을 제시하고 있다.

① 뚜껑을 열기 위해 손에 힘을 <u>주었다.</u>   ② 착한 일을 한 아이에게 용돈을 <u>주었다.</u>
③ 내 마음에 상처를 <u>준</u> 친구를 우연히 만났다.   ④ 그는 친구들에게도 좀처럼 정을 <u>주지</u> 않는다.
⑤ 외국인에게도 투표권을 <u>주자고</u> 제안을 하였다.

8. ─── (2019 6월 모평 응용)

사무실의 방충망이 낡아서 파손되었다면 세입자와 사무실을 빌려준 건물주 중 누가 고쳐야 할까? 이 경우, 민법전의 법 조문에 의하면 임대인인 건물주가 수선할 의무를 ㉠진다.

① 그 선수는 바람을 <u>지고</u> 달리고 있었다.   ② 네게 계속 신세만 <u>지기가</u> 미안하다.
③ 우리는 그 문제로 원수를 <u>지게</u> 되었다.   ④ 아이들은 배낭을 <u>진</u> 채 여행을 떠났다.
⑤ 나는 조장으로서 큰 부담을 <u>지고</u> 있다.

9.

> 요즈음은 시나위를 잘 할 수 있는 사람들이 별로 없다고 한다. 요즘에는 악보로 정리된 시나위를 연주하는 경우가 대부분인데, 이것은 시나위 본래의 취지에 어긋난다. 악보로 연주하면 ㉠박제된 음악이 되기 때문이다.

① 아버지에 대한 기억은 이미 죽은 지 오래되었다.　　② 선생님께 꾸중을 들은 아이는 풀이 죽어 있었다.

③ 양념을 많이 넣으면 재료 원래의 맛이 죽게 된다.　　④ 불이 죽은 듯해도 혹시 모르니 꺼진 불도 다시 보아라.

⑤ 시계가 죽는 바람에 오늘은 학교에 지각을 하고 말았다.

10. 밑줄 친 단어의 문맥적 의미가 ㉠과 거리가 먼 것은?

> 화면이 단순할수록 또 규칙적일수록 화소 간 중복이 많아서, 제거 가능한 성분들이 많아진다. 다만 이들 성분을 너무 많이 제거하면 화면이 흐려지거나 얼룩이 ㉠지는 등 동영상의 화질이 나빠진다.

① 돌을 던지자 고요한 호수에 파문이 일었다.　　② 눈 내린 마당에 강아지 발자국이 나 있다.

③ 주머니에 구멍이 생겨 동전을 잃어버렸다.　　④ 새로 산 차에 흠이 가서 속상하다.

⑤ 그는 나이가 차 장가를 들었다.

11. ㉠과 관련하여 '지키다'가 쓰인 다양한 예문을 찾아보았다. 각 예문에 쓰인 '지키다'의 유의어로 적절하지 않은 것은?

> 유학에서 제시한 '택선고집(擇善固執)'은 개인의 내면적 충실을 강조한 인격 수양의 한 방법으로 하늘의 도리인 '성'을 실현하는 것이다. 여기서 '택선'이란 선(善)을 택하는 것이고, '고집'이란 그것을 굳게 지켜나가는 것이다. 인간의 내면에 있는 선을 선택한다는 것은 인간에게 내재한 본성을 자각하는 인식의 단계를 의미하고, 굳게 ㉠지킨다는 것은 자각한 본성을 행동에 옮기는 실천의 단계를 뜻한다.

① 교통 법규를 잘 지켜야 한다. [⇒ 준수(遵守)하다]

② 심판은 경기에서 중립을 지켜야 한다. [⇒ 유지(維持)하다]

③ 군인들은 목숨을 다해 조국을 지켰다. [⇒ 수호(守護)하다]

④ 경비병들이 국경을 삼엄하게 지켰다. [⇒ 경계(警戒)하다]

⑤ 절개를 지키기 위해 목숨을 버릴 수 있어야 한다. [⇒ 보존(保存)하다]

12. ㉠의 '임경업'이 처한 상황을 나타내기에 가장 적절한 것은?

> 호군이 철통같이 포위하고, 잡으라 하는 소리 진동하거늘 경업이 대노하여 용력을 다하여 대적하고자 하나, ㉠망망대해에 다만 단검으로 무수한 호병을 어찌 대적하리요. 전선에 뛰어올라 좌충우돌하여 호군을 무수히 죽이고 피코자 하는데 기력이 점점 쇠진하여 아무리 용맹한들 천수를 어찌 도망하리요.　　　　　　　　　　　　　　　　　　　　　– 작가 미상, 〈임경업전〉

① 중과부적(衆寡不敵)　　　　② 점입가경(漸入佳境)　　　　③ 동분서주(東奔西走)

④ 오월동주(吳越同舟)　　　　⑤ 다기망양(多岐亡羊)

13. 〈보기〉의 문맥을 고려할 때, ㉠~㉣에 적합한 말을 순서대로 나열한 것은? (2006 6월 모평)

─〈보 기〉─

◦ 이 문제는 아직까지 (㉠)이 되지 않았던 것이다.

◦ 어떤 학설이든 (㉡)이 되기 전에는 정설이라고 할 수 없다.

◦ 이 작품은 어려워서 (㉢)을 듣지 않고는 이해하기가 어렵다.

◦ 모두 자신이 옳다는 (㉣)을 굽히지 않아서 합의하기가 어렵다.

	㉠	㉡	㉢	㉣		㉠	㉡	㉢	㉣
①	거론	설명	입증	주장	②	거론	입증	설명	주장
③	입증	주장	설명	거론	④	주장	설명	거론	입증
⑤	주장	입증	거론	설명					

14. 문맥으로 보아 ㉠과 가장 잘 어울리는 한자 성어는? (2008 6월 모평)

"나는 조선 장수 김덕령이라. 왜적의 씨를 없이하려니와 천운이 불행하여 내 몸이 상중에 있기로 너희를 이제까지 살렸도다. 무지한 왜적은 천위를 모르고 외람되이 조선을 침범하였으니 목숨을 아끼거든 바삐 살아 가라. 너의 명이 내 수중에 달렸으니 빨리 돌아가라. 만일 내 말을 믿지 못하거든 내일 오시(午時)에 올 것이니, 그때를 기다려 재주를 구경하되 백지를 오려 너희 군졸 머리 위에 낱낱이 붙이고 기다리라."

하고, 마침 간데없거늘, 가등청정이 대로하여 ㉠수문장을 베어 장대에 달고 왈,

"문을 어찌 지켜 용망한 놈이 임의로 출입하는가."

하고, 군중에 전령하여,

－ 작자 미상, 〈임진록〉

① 일벌백계(一罰百戒)　　　　② 유구무언(有口無言)　　　　③ 청천벽력(靑天霹靂)

④ 토사구팽(兎死狗烹)　　　　⑤ 비분강개(悲憤慷慨)

[정답] 1. ① 2. ② 3. ③ 4. ③ 5. ① 6. ② 7. ③ 8. ⑤ 9. ③ 10. ⑤ 11. ⑤ 12. ① 13. ② 14. ①
[해설] 1. ㉠ 알맞게 이용하거나 맞추어 씀. ①은 '운용(運用)'에 해당한다. 2. ㉡ 어떤 대상을 가리켜 이르는 일. ②는 '총칭(總稱)'에 해당한다. 3. ④ 논의하거나 해결해야 할 문제의 대상으로 삼음. 4. ㉠ 주의나 사상을 앞장서서 주장함. → '내세우다'로 바꾸어 쓸 수 있다. 5. ㉠ 지니다: 바탕으로 갖추고 있다. → '보유하다(가지고 있거나 간직하고 있다.)'로 바꾸어 쓸 수 있다. ④ '가지고 있다.'라는 뜻을 지닌 단어로 물리적 대상에만 적용된다. 6. '부여하다'는 '사람에게 권리·명예·임무 따위를 지니도록 해 주다.'라는 뜻이다. 따라서 ㉡과 바꿔 쓰기에 적절한 말은 '주는'이다. 7. ㉠ 좋지 아니한 영향을 미치게 하다. ① 속력이나 힘을 가하다. ② 물건을 남에게 건네다. ④ 다른 사람에게 정을 베풀거나 터놓다. ⑤ 남에게 어떤 자격이나 권리, 점수 따위를 가지게 하다. 8. ㉠ 책임이나 의무를 맡다. ① 무엇을 뒤쪽에 두다. ② 신세나 은혜를 입다. ③ 어떤 좋지 아니한 관계가 되다. ④ 물건을 짊어서 등에 얹다. 9. ㉠은 문맥 속에서 시나위의 본래의 특성이 사라져 드러나지 않는다는 비유적 의미로 사용되고 있다. ③ 역시 음식 재료 본래의 맛이 사라져 나타나지 않는다는 의미로 사용되고 있다. ① 마음이나 의식 속에서 잊다. ② 성질이나 기운 따위가 꺾이다. ④ 불이 꺼지다. ⑤ 제 기능을 하지 못하다. 10. ㉠은 '얼룩'과 결합하여 '없던 것이 새로 있게 되다'를 의미하며, '생기다'와 의미적으로 매우 유사하다. 그러나 ⑤의 '들다'는 '~〈생활〉을 시작하다', '~의 처지에 놓이게 되다' 등의 의미에 가까우므로 ㉠과 거리가 있다. 11. '보존하다'는 '잘 보호하고 간수하여 남긴다'는 의미이다. 따라서 ⑤의 '지키다'는 '보존하다'의 유의어라 할 수 없다. 12. ㉠의 상황은 임경업 홀로 무수한 호군에 포위되어 어찌할 수 없음을 나타낸다. 따라서 '중과부적'이 적절하다. ③ 사방으로 이리저리 몹시 바쁘게 돌아다님. ⑤ 방침이 많아서 도리어 갈 바를 모름. 13. '거론'은 '어떤 사항을 논제로 삼아 제기하거나 논의함'을, '입증'은 '어떤 증거 따위를 내세워 증명함'을 뜻하는 단어이다. 그리고 '설명'은 '어떤 일이나 대상의 내용을 상대편이 잘 알 수 있도록 밝혀 말함'을 뜻할 때, '주장'은 '자기의 의견이나 주의를 굳게 내세움'을 뜻할 때 쓰인다. 14. ㉠은 가등청정이 감시를 소홀히 하여 김덕령을 진영에 들이게 한 수문장에게 책임을 물어 수문장의 목을 벤 상황이다. 이 상황을 잘 표현할 수 있는 성어는 '일벌백계'이며, 이는 '다른 사람들에게 경각심을 불러일으키기 위하여 본보기로 한 사람에게 엄한 처벌을 하는 일'을 이르는 말이다. ③ 갑작스러운 재앙 ④ 필요할 때는 쓰고 필요 없을 때는 야박하게 버리는 경우 ⑤ 슬프고 분하여 의분이 북받침.

□ 진기하다
珍 보배 진 奇 기이할 가

진귀하고 기이하다. ▶ 바닷속의 모습은 진기하기 이를 데 없다.

[참고어휘 +] '奇(기이하기)'를 공유하는 한자어

괴기(怪괴이할괴 奇기이할기): 괴상하고 기이함. ▶ 그 영화는 처음부터 끝까지 괴기스러운 내용을 담고 있다.

엽기(獵사냥엽 奇기이할기): 비정상적이고 괴이한 일이나 사물에 흥미를 느끼고 찾아다님.
▶ 이 영화는 엽기 커플의 황당한 사랑을 그린 로맨틱 코미디다.

□ 진수
眞 참 진 髓 뼛골 수

사물이나 현상의 가장 중요하고 본질적인 부분
▶ 이번 연주회에서는 바흐 음악의 진수를 맛볼 수 있었다.

[유의어 +] **정수**(精정할정 髓뼛골수): 사물의 중심이 되는 골자 또는 요점
▶ 정교하게 그려진 학으로 가득한 도자기는 상감 세공의 정수를 보여 주는 듯했다.

요체(要요긴할요 諦살필체): 중요한 점 ▶ 전쟁에서 승리의 요체는 속전속결이다.

□ 진퇴
進 나아갈 진 退 물러날 퇴

❶ 앞으로 나아가고 뒤로 물러남. ▶ 씨름판에서 두 선수가 진퇴를 거듭하며 싸우고 있다.

❷ 직위나 자리에서 머물러 있음과 물러남.
▶ 그는 이 사건이 해결된 뒤에 자신의 진퇴를 밝힐 작정이다.

[한자성어 +] **진퇴양난**(進나아갈진 退물러날퇴 兩두양 難어려울난): 이러지도 저러지도 못하는 어려운 처지≒진퇴유곡(進나아갈진 退물러날퇴 維벼리유 谷골곡)
▶ 뒤에는 추격병이 달려오고 앞에는 강이 가로놓였으니 진퇴양난이다.

□ 질책
叱 꾸짖을 질 責 꾸짖을 책

꾸짖어 나무람. ▶ 아버지의 질책에 나는 아무런 변명도 하지 못했다.

[유의어 +] **질타**(叱꾸짖을질 咤꾸짖을타): 큰 소리로 꾸짖음.
▶ 그 의원은 여론의 질타를 받고 정계를 떠났다.

문책(問물을문 責꾸짖을책): 잘못을 캐묻고 꾸짖음.
▶ 최근에 일어난 큰 사고에 대한 문책으로 장관이 전격 경질되었다.

힐책(詰물을힐 責꾸짖을책): 잘못된 점을 따져 나무람.
▶ 선생님의 힐책이 두렵다고 진실을 끝까지 숨길 수는 없다.

견책(譴꾸짖을견 責꾸짖을책): 허물이나 잘못을 꾸짖고 나무람.
▶ 지각을 하는 바람에 상사에게 견책을 당했다.

□ 짓다

❶ 재료를 들여 밥, 옷, 집 따위를 만들다. ▶ 인부들이 집을 짓느라 고생하고 있었다.

❷ 여러 가지 재료를 섞어 약을 만들다. ▶ 약사가 처방전에 따라 약을 지었다.

❸ 시, 소설, 편지, 노래 가사 따위와 같은 글을 쓰다. ▶ 그는 틈틈이 시를 지었다.

❹ 한데 모여 줄이나 대열 따위를 이루다.
▶ 강당 안에는 학생들이 삼삼오오 무리를 지어 이야기를 나누고 있었다.

❺ 논밭을 다루어 농사를 하다. ▶ 부모님은 농사를 지어 우리를 대학까지 보냈다.

❻ 거짓으로 꾸미다. ▶ 그런 식으로 말을 지어서 하지 마라.

❼ 어떤 표정이나 태도 따위를 얼굴이나 몸에 나타내다.
▶ 그는 혼자서 한숨을 짓고 무언가를 곰곰이 생각하고 있었다.

❽ 죄를 저지르다. ▶ 부모님께 거짓말을 하고는 죄를 지었다는 생각에 기분이 좋지 않았다.

❾ 묶거나 꽂거나 하여 매듭을 만들다. ▶ 바느질을 한 후에는 실의 매듭을 잘 지어야 한다.

❿ 이어져 온 일이나 말 따위의 결말이나 결정을 내다.
▶ 나는 누구의 도움도 받지 않고 그 일을 마무리를 짓고 싶었다.

⓫ 이름 따위를 정하다. ▶ 할아버지께서 아이의 이름을 무엇으로 지어 주실지 궁금하다.

⓬ 관계를 맺거나 짝을 이루다. ▶ 다음 중에서 관계있는 것들끼리 짝을 지으시오.

□ **짙다**

❶ 빛깔을 나타내는 물질이 많이 들어 있어 보통 정도보다 빛깔이 강하다.
  ▶ 그녀는 짙은 빨강의 드레스를 입고 있었다.

❷ 털 따위가 일정한 공간이나 범위에 많이 들어 있어 보통 정도보다 빛깔이 강하다.
  ▶ 짙은 눈썹을 가진 사람은 강한 인상을 풍긴다.

❸ 그림자나 어둠 같은 것이 아주 뚜렷하거나 빛깔에 아주 검은색이 있다.
  ▶ 해가 지자 대지에는 어둠이 짙게 깔리기 시작했다.

❹ 안개나 연기 따위가 자욱하다. ▶ 우리는 짙은 안개 속에서 길을 잃었다.

❺ 액체 속에 어떤 물질이 많이 들어 있어 진하다. ▶ 그는 항상 커피를 너무 짙게 탄다.

❻ 일정한 공간에 냄새가 가득 차 보통 정도보다 강하다.
  ▶ 나는 장미의 짙은 향기에 취해 정신이 몽롱해지는 것 같았다.

❼ 드러나는 기미, 경향, 느낌 따위가 보통 정도보다 뚜렷하다.
  ▶ 그 일은 실패할 가능성이 짙다.

□ **짜다¹**

❶ 사개를 맞추어 가구나 상자 따위를 만들다. ▶ 아버지는 무늬목으로 선반을 짜셨다.

❷ 실이나 끈 따위를 씨와 날로 결어서 천 따위를 만들다. ▶ 털실로 스웨터를 짰다.

❸ 사람을 모아 무리를 만들다. ▶ 그들은 선발대를 짜서 먼저 출발시켰다.

❹ 계획이나 일정 따위를 세우다. ▶ 우리는 게임을 시작하기 전에 먼저 작전을 짰다.

❺ 어떤 부정적인 일을 하려고 몇 사람끼리만 비밀리에 의논하여 약속하다.
  ▶ 직원과 짜고 공금을 횡령한 사장이 경찰에 붙잡혔다.

□ **짜다²**

❶ 누르거나 비틀어서 물기나 기름 따위를 빼내다. ▶ 들깨를 짜서 들기름을 얻었다.

❷ 온갖 수단을 써서 남의 재물 따위를 빼앗다. ▶ 조정은 백성들에게 부당한 세금을 짰다.

❸ 어떤 새로운 것을 생각해 내기 위하여 온 힘을 기울이거나, 온 정신을 기울이다.
  ▶ 그는 아이디어를 짜느라고 이틀 밤을 지새웠지만 별 소득이 없었다.

❹ 잘 나오지 아니하거나 생기지 아니하는 것을 억지로 만들다.
  ▶ 무얼 잘했다고 아직도 눈물을 질질 짜고 있나?

□ **짜다³**

❶ 소금과 같은 맛이 있다. ▶ 김장 김치가 너무 짜다.

❷ (속되게) 인색하다. ▶ 그 선생님은 점수를 짜게 준다.

확인문제

1. 밑줄 친 말을 괄호 안의 말로 바꾸어 쓸 수 없는 것은?
  ① 석굴암은 불교 미술의 진수(→ 정수)이다.　　　② 그곳은 음산하고 괴기(→ 진기)한 분위기를 풍긴다.
  ③ 그는 왜 그렇게 사냐고 나를 질책(→ 힐책)했다.　　④ 과장은 업무를 제대로 처리하지 못한 사원을 문책(→ 견책)했다.
  ⑤ 비리에 연루된 국회의원의 진퇴(→ 거취)에 관심이 모아지고 있다.

(2~4) 밑줄 친 말이 제시문과 가장 유사한 의미로 쓰인 것을 고르시오.

2. 아버지는 무서운 표정을 짓고 나의 잘못을 야단치셨다.
  ① 죄를 짓다.　　　② 이름을 짓다.　　　③ 미소를 짓다.　　　④ 무리를 짓다.　　　⑤ 결론을 짓다.

3. 그의 이번 소설은 서정적 성격이 짙다.
  ① 패색이 짙다.　　　② 눈썹이 짙다.　　　③ 안개가 짙다.　　　④ 어둠이 짙다.　　　⑤ 냄새가 짙다.

4. 어머니는 매일 새로운 식단을 짜서 가족들의 입을 즐겁게 하였다.
  ① 장롱을 짜다.　　　② 치약을 짜다.　　　③ 월급이 짜다.　　　④ 일정을 짜다　　　⑤ 생각을 짜다.

[정답] 1. ② 2. ③ 3. ① 4. ④
[해설] 1. ⑤ 거취(去取): (버리기와 취하기 →) ❶ 어디로 가거나 다니거나 하는 움직임. ❷ 어떤 사태에 대하여 취하는 입장이나 태도. 2. 짓다-❼ ④ 짓다-❹ ⑤ 짓다-❿ 3. 짙다-❼ 4. 짜다¹-❹ ① 짜다¹-❶ ② 짜다²-❶ ③ 짜다³-❷ ⑤ 짜다²-❸

☐ **찍다¹**	❶ 날이 있는 연장 따위로 내리치다. ▶ 나무꾼이 도끼로 나무의 밑동을 <u>찍었다</u>.
	❷ 끝이 뾰족한 것으로 찌르다. ▶ 오빠가 포크로 과일을 <u>찍어서</u> 권했다.
☐ **찍다²**	❶ 바닥에 대고 눌러서 자국을 내다. ▶ 이제 서류에 도장을 <u>찍는</u> 일만 남았다.
	❷ 물건의 끝에 가루나 액체 따위를 묻히다. ▶ 동생이 삶은 달걀을 소금에 <u>찍어</u> 먹었다.
	❸ 화장품 따위를 얼굴에 조금 묻히다. ▶ 볼에 연지 곤지를 <u>찍은</u> 새색시가 참으로 고왔다.
	❹ 점이나 문장 부호 따위를 써넣다. ▶ 문장의 끝에는 마침표를 <u>찍어라</u>.
	❺ 어떤 틀이나 주형 따위로 규격이 같은 물건을 만들다.
	▶ 이 기계는 한 시간에 500개의 벽돌을 <u>찍을</u> 수 있다.
	❻ 인쇄기를 써서 글이나 그림 따위가 박혀 나오게 하다.
	▶ 나는 어제 신문을 <u>찍는</u> 공장에 견학을 다녀왔다.
	❼ 어떤 대상을 촬영기로 비추어 그 모양을 옮기다. ▶ 엄마가 아기의 사진을 <u>찍었다</u>.
	❽ 정확히 모르는 사실을 대충 짐작하거나 무작위로 답하다.
	▶ 모르는 문제는 <u>찍어서</u> 답을 하였다.
	❾ 투표할 대상을 정하다. 또는 정한 대상에게 표를 던지다.
	▶ 나는 이번 선거에서 2번 후보를 <u>찍었다</u>.
	❿ 어떤 사물이나 대상을 분명히 가리키다.
	▶ 나는 그 드레스를 연주회 때 입을 옷으로 <u>찍어</u> 놓았다.
☐ **차다¹**	❶ 일정한 공간에 사람, 사물, 냄새 따위가 더 들어갈 수 없이 가득하게 되다.
	▶ 독에 물이 가득 <u>찼다</u>.
	❷ 감정이나 기운 따위가 가득하게 되다. ▶ 메달을 딴 그는 기쁨에 <u>찬</u> 얼굴로 눈물을 흘렸다.
	❸ 어떤 대상이 흡족하게 마음에 들다. ▶ 그 정도의 성과는 눈에 <u>차지도</u> 않는다.
	❹ 어떤 높이나 한도에 이르는 상태가 되다. ▶ 갑자기 내린 폭설로 눈이 무릎까지 <u>찼다</u>.
	❺ 정한 수량, 나이, 기간 따위가 다 되다. ▶ 그 강좌는 정원이 다 <u>차서</u> 신청이 마감되었다.
	❻ 이지러진 데가 없이 달이 아주 온전하게 되다. ▶ 달이 꽉 <u>찼다</u>.
☐ **차다²**	❶ 발로 내어 지르거나 받아 올리다. ▶ 마당에서는 아이들이 제기를 <u>차며</u> 놀고 있었다.
	❷ 발을 힘껏 뻗어 사람을 치다. ▶ 그는 상대편 선수를 발로 <u>찼다</u>.
	❸ 혀끝을 입천장 앞쪽에 붙였다가 떼어 소리를 내다.
	▶ 추운 날씨에 구걸을 나온 거지를 보며 그는 자신도 모르게 혀를 끌끌 <u>찼다</u>.
	❹ 발로 힘 있게 밀어젖히다. ▶ 선수들은 출발선을 <u>차며</u> 힘차게 내달렸다.
	❺ (속되게) 주로 남녀 관계에서 일방적으로 관계를 끊다.
	▶ 그 사람은 5년을 사귄 애인을 <u>차</u> 버렸다.
	❻ 날쌔게 빼앗거나 움켜 가지다. ▶ 매가 병아리를 <u>차서</u> 하늘 높이 날아갔다.
	❼ (비유적으로) 자기에게 베풀어지거나 차례가 오는 것을 받아들이지 않다.
	▶ 굴러든 복을 <u>차지</u> 말도록 해라.
☐ **차다³**	❶ 물건을 몸의 한 부분에 달아매거나 끼워서 지니다.
	▶ 무대에 오르는 가수들이 옷에 마이크를 <u>찼다</u>.
	❷ 수갑이나 차꼬 따위를 팔목이나 발목에 끼우다.
	▶ 죄인은 팔목에 수갑을 <u>차고</u> 구치소로 이송되었다.
☐ **차다⁴**	❶ 몸에 닿은 물체나 대기의 온도가 낮다. ▶ 바깥 날씨가 매우 <u>차다</u>.
	❷ 인정이 없고 쌀쌀하다. ▶ 그는 성격이 <u>차고</u> 매섭다.

□ **차도** 差 다를 차 度 법도 도	병이 조금씩 나아가는 정도 ▶ 그의 병세에 <u>차도</u>가 보이기 시작했다.
□ **참다**	❶ 웃음, 울음, 아픔 따위를 억누르고 견디다. ▶ 그는 터져 나오는 웃음을 억지로 <u>참았</u>다. ❷ 충동, 감정 따위를 억누르고 다스리다. ▶ 그는 끓어오르는 분노를 꾹 <u>참았</u>다. ❸ 어떤 기회나 때를 견디어 기다리다. ▶ 삼 년도 <u>참았</u>는데 단 며칠이야 더 못 <u>참으</u>랴.
□ **참상** 慘 참혹할 참 狀 형상 상	비참하고 끔찍한 상태나 상황 ▶ 그 나라가 겪는 기아의 <u>참상</u>은 우리의 상상을 넘는 것이었다. 한자성어 ✛ **아비규환**(阿언덕아 鼻코비 叫부르짖을규 喚부를환): 여러 사람이 비참한 지경에 빠져 울부짖는 참상을 비유적으로 이르는 말 ▶ 비행기 사고 현장은 <u>아비규환</u> 그 자체였다. **목불인견**(目눈목 不아닐불 忍참을인 見볼견): 눈앞에 벌어진 상황 따위를 눈 뜨고는 차마 볼 수 없음. ▶ 같은 민족끼리 서로 총을 겨누는 <u>목불인견</u>의 참상이 벌어졌다.
□ **참수** 斬 벨 참 首 머리 수	목을 벰. ▶ 아비가 반역죄로 몰리면서 아들들은 <u>참수</u>를 당하고, 그 부인은 관비가 되었다.
□ **창생** 蒼 푸를 창 生 날 생	세상의 모든 사람 ▶ 스님은 <u>창생</u>을 구제한다는 마음으로 수행을 쌓고 포교 활동을 해 나갔다.
□ **창안** 創 비롯할 창 案 책상 안	어떤 방안, 물건 따위를 처음으로 생각하여 냄. 또는 그런 생각이나 방안 ▶ 세종대왕은 집현전 학사들과 함께 훈민정음이라는 독창적 문자를 <u>창안</u>했다. 참고어휘 ✛ **고안**(考생각할고 案책상안): 연구하여 새로운 안을 생각해 냄. 또는 그 안 ▶ 그 기술자는 비행기가 공기의 저항을 적게 받도록 <u>고안</u>하였다. **착안**(着붙을착 眼눈안): 어떤 일을 주의하여 봄. 또는 어떤 문제를 해결하기 위한 실마리를 잡음. ▶ 그는 눈의 구조에 <u>착안</u>하여 사진기를 발명하였다.

(1~8) 주어진 뜻풀이에 맞는 어휘가 되도록 빈칸에 알맞은 말을 쓰시오.

1. 목을 벰: □수

2. 세상의 모든 사람: □생

3. 병이 조금씩 나아가는 정도: □도

4. 비참하고 끔찍한 상태나 상황: □상

5. 연구하여 새로운 안을 생각해 냄: □안

6. 어떤 문제를 해결하기 위한 실마리를 잡음: □안

7. 어떤 방안, 물건 따위를 처음으로 생각하여 냄: □안

8. 여러 사람이 비참한 지경에 빠져 울부짖는 참상: 아비□□

(9~11) 밑줄 친 말이 제시문과 가장 유사한 의미로 쓰인 것을 고르시오.

9. 고기는 소금에 <u>찍어</u> 먹어야 제맛이 난다.

　① 엑스레이를 <u>찍다</u>.　　② 붓에 먹을 <u>찍다</u>.　　③ 광고 전단지를 <u>찍다</u>.　　④ 도끼로 나무를 <u>찍다</u>.　　⑤ 서류에 도장을 <u>찍다</u>.

10. 어린이들이 갓 태어난 호랑이 새끼를 호기심에 <u>찬</u> 눈으로 바라보고 있다.

　① 연사는 확신에 <u>찬</u> 태도로 말했다.　　② 그는 팔뚝에 완장을 <u>차고</u> 다녔다.　　③ 햇살은 두텁지만 늦가을의 공기는 <u>찼다</u>.

　④ 나는 선을 본 사람이 마음에 <u>차지</u> 않았다.　　⑤ 그는 땅바닥의 흙을 구둣발로 <u>차며</u> 말했다.

11. 앞으로 두 시간만 <u>참으</u>면 서울에 도착한다.

　① 화가 나지만 내가 <u>참겠</u>다.　　　　　② 나는 졸음을 <u>참을</u> 수 없었다.　　　　　③ 그는 며칠만 더 <u>참아</u> 달라고 간청했다.

[정답] 1. 참 2. 창 3. 차 4. 참 5. 고 6. 착 7. 창 8. 규, 환 9. ② 10. ① 11. ③

[해설] 9. 찍다²-❷ ① 찍다²-❼ ② 찍다²-❻ ④ 찍다¹-❶ ⑤ 찍다²-❶ 10. 차다¹-❷ ② 차다³-❶ ③ 차다⁴-❶ ④ 차다¹-❸ ⑤ 차다²-❹ 11. 참다-❸ ① 참다-❷ ② 참다-❶

☐ **찾다**	❶ 현재 주변에 없는 것을 얻거나 사람을 만나려고 여기저기를 뒤지거나 살피다. 또는 그것을 얻거나 그 사람을 만나다. ▶ 어머니가 잃어버린 아이를 애타게 찾고 있다. ❷ 모르는 것을 알아내고 밝혀내려고 애쓰다. 또는 그것을 알아내고 밝혀내다. ▶ 시민 단체들은 민족의 뿌리를 찾는 운동을 전개하고 있다. ❸ 모르는 것을 알아내기 위하여 책 따위를 뒤지거나 컴퓨터를 검색하다. ▶ 사전에서 모르는 단어를 찾았다. ❹ 잃거나 빼앗기거나 맡기거나 빌려주었던 것을 돌려받아 가지게 되다. ▶ 나는 은행에서 저금했던 돈을 찾았다. ❺ 어떤 사람을 만나거나 어떤 곳을 보러 그와 관련된 장소로 옮겨 가다. ▶ 본격적인 휴가철을 맞아 산과 바다를 찾는 인파가 크게 늘었다. ❻ 어떤 것을 구하다. ▶ 겨울에도 아이스크림을 찾는 사람들은 많다. ❼ 어떤 사람이나 기관 따위에 도움을 요청하다. ▶ 감기로 병원을 찾는 환자가 부쩍 늘었다. ❽ 원상태를 회복하다. ▶ 그녀는 아이가 안정을 찾을 때까지 계속 돌봐 주기로 했다. ❾ 자신감, 명예, 긍지 따위를 회복하다. ▶ 잃어버린 명예를 다시 찾기란 쉽지 않다.
☐ **채**	이미 있는 상태 그대로 있다는 뜻을 나타내는 말 ▶ 그는 옷을 입은 채로 물에 들어갔다. [참고어휘 +] **체**: 척(그럴듯하게 꾸미는 거짓 태도나 모양) ▶ 그는 나를 보고도 못 본 체 딴전을 부렸다. **째**: '그대로', 또는 '전부'의 뜻을 더하는 접미사 ▶ 집채만 한 파도가 밀려와 작은 배를 송두리째 삼켜 버렸다. [동음이의어 +] **채**: 어떤 상태나 동작이 다 되거나 이루어졌다고 할 만한 정도에 아직 이르지 못한 상태를 이르는 말 ▶ 내 말이 채 끝나기도 전에 그가 소리를 질렀다.
☐ **채록** 採 캘 **채** 錄 기록할 록	필요한 자료를 찾아 모아서 적거나 녹음함. 또는 그런 기록이나 녹음 ▶ 우리는 이번 학술조사에서 많은 양의 민요를 채록하였다.
☐ **책정** 策 꾀 **책** 定 정할 정	계획이나 방책을 세워 결정함. ▶ 등록금 책정을 놓고 학생과 대학 간의 갈등이 계속되고 있다. [참고어휘 +] **배정**(配나눌배 定정할정): 몫을 나누어 정함. ▶ 우리 학교에서는 추첨을 해서 반을 배정하였다.
☐ **처결** 處 곳 **처** 決 결단할 결	결정하여 조처함. ▶ 누구도 나서지 못하는 가운데 식구들은 모두 할아버지의 처결만을 기다렸다. [참고어휘 +] **척결**(剔바를척 抉도려낼결): (살을 도려내고 뼈를 발라냄. →) 나쁜 부분이나 요소들을 깨끗이 없애 버림. ▶ 정부는 고급 공무원, 정치인의 비리를 반드시 척결하겠다는 단호한 의지를 천명했다.
☐ **천거** 薦 천거할 **천** 擧 들 거	어떤 일을 맡아 할 수 있는 사람을 그 자리에 쓰도록 소개하거나 추천함. ▶ 그는 왕에게 젊은 인재 두 사람을 천거했다.
☐ **천려일실** 千 일천 **천** 慮 생각할 려 一 한 **일** 失 잃을 실	(천 번 생각에 한 번 실수 →) 슬기로운 사람이라도 여러 가지 생각 가운데에는 잘못되는 것이 있을 수 있음. ▶ 천려일실일 수 있으니 다른 사람의 조언에도 귀를 기울여라.
☐ **천상계** 天 하늘 **천** 上 윗 상 界 지경 계	하늘 위의 세계=상계(上윗상 界지경계) ▶ 천상계의 선녀가 옥황상제의 노여움을 사서 인간으로 태어났다. [연관어휘 +] **지상계**(地땅지 上윗상 界지경계): 사람들이 살고 있는 땅 위의 세계=하계(下아래하 界지경계) ▶ 설화의 주인공들 중에는 천상계에서 지상계로 쫓겨난 인물들이 많다.

☐ **천행** 天 하늘 천 幸 다행 행	하늘이 준 큰 행운 ▶ 이번 사고에는 <u>천행</u>으로 인명 피해가 없었다. **한자성어 +** **천우신조**(天하늘천 佑도울우 神귀신신 助도울조): 하늘이 돕고 신령이 도움. 또는 그런 일 ▶ 그들은 바다에서 표류하다가 우연히 고기잡이배를 만나 <u>천우신조</u>로 살아났다. **천재일우**(千일천천 載실을재 一한일 遇만날우): (천 년 동안 단 한 번 만남. →) 좀처럼 만나기 어려운 좋은 기회 ▶ 우리 민족에게 주어진 <u>천재일우</u>의 이 기회를 국운 융성의 계기로 삼기 위해 지혜를 모아야 한다.
☐ **철수** 撤 거둘 철 收 거둘 수	진출하였던 곳에서 시설이나 장비 따위를 거두어 가지고 물러남. ▶ 임원단은 해외 지사들의 전면 <u>철수</u> 문제를 의논하였다. **참고어휘 +** **철회**(撤거둘철 回돌아올회): 이미 제출하였던 것이나 주장하였던 것을 다시 회수하거나 번복함. ▶ 노조는 내일 벌일 예정이었던 파업을 <u>철회</u>하였다.
☐ **철칙** 鐵 쇠 철 則 법칙 칙	바꾸거나 어길 수 없는 중요한 법칙 ▶ 그는 약속을 지키는 것을 <u>철칙</u>으로 삼고 있다. **한자성어 +** **금과옥조**(金쇠금 科과목과 玉구슬옥 條가지조): 금이나 옥처럼 귀중히 여겨 꼭 지켜야 할 법칙이나 규정 ▶ 나는 모든 일에 최선을 다하라는 아버님의 말을 <u>금과옥조</u>로 삼고 있다.
☐ **첩경** 捷 빠를 첩 徑 지름길 경	❶ (지름길 →) 가장 쉽고 빠른 방법 ▶ 근면이 성공에 이르는 <u>첩경</u>이다. ❷ 어떤 일을 할 때 흔히 그렇게 되기가 쉬움을 이르는 말 ▶ 잘못했다가는 실패하기가 <u>첩경</u>이다.
☐ **청구** 請 청할 청 求 구할 구	남에게 돈이나 물건 따위를 달라고 요구함. ▶ 아버지는 보험 회사에 보험금을 <u>청구</u>하였다. **참고어휘 +** '請(청할청)'을 공유하는 한자어 **청원**(請청할청 願원할원): 일이 이루어지도록 청하고 원함. ▶ 주민들은 정부에 학교 신설을 <u>청원</u>했다. **청부**(請청할청 負질부): 일을 완성하는 대가로 일정한 보수를 받기로 약속하고 그 일을 떠맡음. 또는 그 일 ▶ 경찰은 이번 사건이 <u>청부</u> 살인일 가능성이 높다고 보고 있다.
☐ **청령** 聽 들을 청 令 하여금 령	명령을 주의 깊게 들음. ▶ "예이!" 하는 <u>청령</u> 소리가 떠들썩한 가운데, 형틀이 들어왔다. **참고어휘 +** **청파**(聽들을청 罷마칠파): 듣기를 다 마침. 또는 그런 때 ▶ 그 어미 <u>청파</u>에 크게 놀라 말하였다.
☐ **청정** 淸 맑을 청 淨 깨끗할 정	❶ 맑고 깨끗함. ▶ 이 김은 <u>청정</u> 해역에서 양식되고 있다. ❷ 맑고 깨끗하게 함. ▶ 구청에서는 오염된 공기를 <u>청정</u>하는 작업을 시작했다. **유의어 +** **무구**(無없을무 垢때구): ❶ 때가 묻지 않고 맑고 깨끗함. ▶ 잠자는 아기의 얼굴은 청정<u>무구</u> 그 자체이다. ❷ 꾸밈없이 자연 그대로 순박함. ▶ 조선백자에는 <u>무구</u>한 한국의 멋이 배어 있다.

확 인 문 제

(1~5) 주어진 뜻풀이에 맞는 어휘가 되도록 빈칸에 알맞은 말을 쓰시오.

1. 하늘이 준 큰 행운: ☐행
2. 때가 묻지 않고 맑고 깨끗함: 무☐
3. 계획이나 방책을 세워 결정함: ☐정
4. 나쁜 부분이나 요소들을 깨끗이 없애 버림: ☐결
5. 어떤 일을 맡아 할 수 있는 사람을 그 자리에 쓰도록 소개하거나 추천함: ☐거

(6~9) 괄호 안에서 문맥에 맞는 말을 고르시오.

6. 모든 장비를 본부로 (철수 / 철회)하였다.
7. 그는 피해자에게 용서를 (청구 / 청원)했다.
8. 사냥꾼이 노루를 산 (채 / 체 / 째)로 잡았다.
9. 그는 선친의 당부를 (금과옥조 / 천우신조)로 여겼다.

10. 밑줄 친 말이 제시문과 가장 유사한 의미로 쓰인 것을 고르시오.

우리는 아주 사소한 것에서 문제의 해답을 <u>찾는</u> 경우가 많다.

① 국권을 <u>찾다</u>.　　② 진리를 <u>찾다</u>.　　③ 자신감을 <u>찾다</u>.　　④ 유기농 제품을 <u>찾다</u>.　　⑤ 제자리를 <u>찾다</u>.

[정답] 1. 천 2. 구 3. 책 4. 척 5. 천 6. 철수 7. 청원 8. 채 9. 금과옥조 10. ②
[해설] 10. 찾다─❷ ① 찾다─❹ ③ 찾다─❾ ④ 찾다─❻ ⑤ 찾다─❽

실전 문제

1. 어휘의 선택이 문맥에 맞지 않는 것은?

① 그는 일선 사령관으로서 웬만한 일은 단독으로 (처결/ 척결)한다.

② 지역 주민들은 쓰레기 처리장 건설 안을 즉각 (철수/ 철회)하도록 요구했다.

③ 그 병원은 환자들에게 터무니없는 병원비를 (청부 / 청구)해 물의를 일으켰다.

④ 유능한 사원을 우선적으로 해외 지사에 (책정 / 배정)하는 것이 회사의 방침이다.

⑤ 이것은 말을 타고 활을 쏘게 하기 위해서 특별하게 (고안/ 착안)한 안장과 발고리이다.

(2~5) 밑줄 친 말의 문맥적 의미가 ㉠과 가장 유사한 것을 고르시오.

2. ───(2010 9월 모평)

천(天)은 자연현상 가운데 인간에게 가장 크게 영향을 미치는 것이자 가장 크고 뚜렷하게 파악되는 현상으로 여겨졌다. 농경을 주로 하는 문화적 특성상 자연현상과 기후의 변화를 파악하는 것이 중시된 만큼 천의 표면적인 모습 외에 작용면에서 천을 파악하려는 경향이 ㉠짙었다. 그래서 천은 자연적 현상과 작용 등을 포괄하는 '자연천(自然天)' 개념으로 자리를 잡았다.

① 해가 지고 어둠이 짙게 깔렸다.

② 정원에서 꽃향기가 짙게 풍겨 온다.

③ 철수는 짙은 안개 속에서 길을 잃었다.

④ 짙게 탄 커피를 마시면 잠이 잘 안 온다.

⑤ 폭우가 내릴 가능성이 짙어 건물 외벽을 점검했다.

3. ───(2012 고3 4월 학평)

샌디 스코글런드의 작품은 다소 복잡한 과정을 거쳐 만들어진다. 먼저 콘티*를 ㉠짜고 무대를 설치한 후, 무대에 배치될 소품들과 형상들을 조각한다. 이렇게 만들어진 조각에 색을 칠하고 다시 정교하게 배치한 다음, 사람을 무대에 올리고 사진을 찍는다.

* 콘티 : 촬영이나 연출을 위해 각본을 기초로 하여 장면의 내용을 상세히 기술한 것.

① 그는 내 동생과 짜고 나를 골탕 먹였다.

② 그는 액자를 짜고 그 안에 가족사진을 넣었다.

③ 할머니께서는 털실로 스웨터를 짜서 입혀 주셨다.

④ 같은 반 친구들끼리 조를 짜니 마음이 서로 잘 맞았다.

⑤ 철수는 방학을 맞아 학습 계획을 짜고 그것을 실천했다.

4. ───(2013 6월 모평)

우리 헌법 제1조 제2항은 "대한민국의 주권은 국민에게 있고, 모든 권력은 국민으로부터 나온다."라고 규정하고 있다. 이 규정은 국가의 모든 권력의 행사가 주권자인 국민의 뜻에 따라 이루어져야 한다는 의미로 해석할 수 있다. 따라서 국회의원은 지역구 주민의 뜻에 따라 입법해야 한다고 생각하는 사람이 있다면, 그는 이 조항에서 근거를 ㉠찾으면 될 것이다.

① 누나가 문제 해결의 실마리를 찾았습니다.

② 아버지는 이 약을 복용하고 생기를 찾았습니다.

③ 그는 잃어버린 권리를 찾기 위한 활동을 계속했다.

④ 형은 자신의 적성에 맞는 직업을 찾으려 노력했다.

⑤ 그들은 자신의 안일과 이익만을 찾다가 화를 입었다.

5.

성리학은 개개인의 도덕성을 현실에서 실현하는 데에 차이가 생겨나는 이유를 기(氣)에서 ⊙찾는다. 기는 개인마다 차이가 있는 것으로, 악으로 흐를 가능성이 있다고 보았다. 따라서 개인의 도덕성을 완성하기 위해서는 자칫 악으로 흐를 수 있는 기를 다스리기 위한 부단한 수양을 통해 순수한 본성이 오롯이 발현되는 경지에 이르는 것을 강조하였다.

① 그는 자기가 하는 일에서 삶의 의미를 찾는다.
② 감기로 병원을 찾는 환자가 부쩍 늘었다.
③ 나는 저금했던 돈을 은행에서 찾았다.
④ 어떤 손님은 항상 이 과자만 찾는다.
⑤ 어머니가 빗자루를 찾는다.

6. 〈보기 1〉은 '참다'의 사전 뜻풀이다. ⊙~ⓒ에 해당하는 각각의 용례를 〈보기 2〉에서 찾아 바르게 짝지은 것은?

〈보기 1〉

참다 ⊙웃음, 울음, 아픔 따위를 억누르고 견디다.
　　　ⓛ충동, 감정 따위를 억누르고 다스리다.
　　　ⓒ어떤 기회나 때를 견디어 기다리다.

〈보기 2〉

ⓐ 영희는 졸음을 못 참아 눈을 감았다.
ⓑ 삼 년도 참았거든 단 며칠이야 더 못 참으랴.
ⓒ 나는 재채기가 나오려는 것을 겨우 참아 냈다.
ⓓ 그녀는 분통이 터지는 것을 참고 주인을 흘겨보았다.
ⓔ 내가 이번만은 참지만 다음번엔 가만히 있지 않겠다.

	⊙	ⓛ	ⓒ			⊙	ⓛ	ⓒ
①	ⓐ	ⓓ, ⓔ	ⓒ, ⓑ		②	ⓐ, ⓒ	ⓓ, ⓔ	ⓑ
③	ⓑ, ⓔ	ⓐ, ⓓ	ⓒ		④	ⓒ, ⓓ	ⓐ, ⓑ	ⓔ
⑤	ⓓ, ⓔ	ⓐ, ⓑ	ⓒ					

7. 다음 '학습 활동'의 결과로 적절한 것은?

학습 활동
• 아래 '관용구'에 대한 설명을 참고하여 예문의 밑줄 친 부분에 공통적으로 들어갈 단어(기본형)를 찾아보자.

관용구: 두 개 이상의 단어로 이루어져 있으면서 그 단어들의 의미만으로는 전체의 의미를 알 수 없는 특수한 의미를 나타내는 어구(語句). '발이 넓다.'는 '사교적이어서 아는 사람이 많다.'를 뜻하는 것 따위이다.

[예문]　○ 눈에 _____ 물건이 없으니 다른 곳으로 가보자.
　　　　○ 마음에 _____ 책을 찾기 위해 여러 도서관을 다녔다.
　　　　○ 아이는 우유만으로는 성에 _____ 않았는지 계속 울어댔다.

① 들다　　　② 남다　　　③ 차다　　　④ 두다　　　⑤ 어리다

8. 〈보기〉를 참고할 때, 밑줄 친 부분이 바르게 쓰인 것은? (2017 고3 3월 학평)

---〈보 기〉---

채 「의존 명사」 이미 있는 상태 그대로 있다는 뜻을 나타내는 말.

체 「의존 명사」 그럴듯하게 꾸미는 거짓 태도나 모양.

-째 「접사」 '그대로', 또는 '전부'의 뜻을 더하는 접미사.

① 사과를 껍질째로 먹었다.　　　　　② 나는 앉은 체로 잠이 들었다.

③ 그녀는 혼자 똑똑한 채를 한다.　　　④ 사나운 멧돼지를 산 째로 잡았다.

⑤ 곰이 다가오자 그는 죽은 채를 했다.

(9〜12) ㉠의 상황과 가장 잘 어울리는 한자 성어를 고르시오.

9. (2009 수능)

공이 웃으며 말했다.

"이미 지나간 일이라. ㉠그저 돌아가도 남에게 웃음을 면하지 못할 것이요, 돌아가지 않은즉 허황함이 막심한지라. 내일은 곧 전안(奠雁)* 날이니 부득이 내일만 찾아보리라."

　　　　　　　　　　　　　　　　　　　　　　　　　　　　　　　　－ 작자 미상, 〈박씨전〉

* 전안: 전통 혼례 진행 절차 중의 하나.

① 이왕지사(已往之事)　　　② 자포자기(自暴自棄)　　　③ 만시지탄(晚時之歎)

④ 진퇴양난(進退兩難)　　　⑤ 새옹지마(塞翁之馬)

10. (2008 고3 10월 학평)

"박명한 첩 영영은 재배하고 낭군께 사룁니다. ㉠저는 살아서 낭군을 따를 수 없고, 또 그렇다고 죽을 수도 없었습니다. 그래서 잔해만이 남은 숨을 헐떡이며 아직까지 살아 있습니다. "

　　　　　　　　　　　　　　　　　　　　　　　　　　　　　　　　－ 작자 미상, 〈영영전〉

① 설상가상(雪上加霜)　　　② 진퇴유곡(進退維谷)　　　③ 좌고우면(左顧右眄)

④ 좌불안석(坐不安席)　　　⑤ 전전반측(輾轉反側)

11. (2016 고1 9월 학평)

월선이 월성을 앞세우고 부친 앞에 나아가니, 승상이 대로(大怒)하며 말하였다.

"이 몹쓸 년아, 양반의 자식이 그런 불측한 행실을 하고 어찌 살기를 바라리오?"

이렇게 말하면서 승상은 가슴을 두드리며 애통해 하며 다시 말하였다.

"내가 너를 죽이고 낸들 어찌 살겠느냐? 너를 죽이고 나도 따르리라."

하고 월선의 머리를 잡아 엎치니, ㉠월선이 엎드러지는 거동을 차마 보지 못할 지경이었다.

　　　　　　　　　　　　　　　　　　　　　　　　　　　　　　　　－ 작자 미상, 〈황월선전〉

① 괄목상대(刮目相對)　　　② 목불인견(目不忍見)　　　③ 사필귀정(事必歸正)

④ 안하무인(眼下無人)　　　⑤ 후회막급(後悔莫及)

12.

(2011 고3 7월 학평)

"예, 이 몸은 옛날 은왕(殷王)의 후예요 기씨(箕氏)의 딸입니다. 나의 선조 기자(箕子)님께서는 처음 이 땅에 오셔서 모든 예법과 정치를 한결같이 탕(湯)왕의 유훈을 따라 팔조(八條)의 금법(禁法)을 세웠습니다. 그리하여 오래도록 문화가 빛났는데 갑자기 국가와 민족이 비운에 빠져, 나의 선고(先考) 준왕(準王)께서는 필부의 손에 패하여 드디어 국가를 잃으시고, 위만(衛滿)이 틈을 타서 보위(寶位)를 도적하니 나 같은 약질은 이때를 당하여 스스로 절개를 지키기로 맹세하고 죽기만 기다렸습니다. 그런데 ㉠마침 거룩한 선인이 나타나셔서 나를 어루만지면서 하시는 말씀이 '내 본디 이 나라의 시조(始祖)로서 부귀를 누린 뒤에 바닷섬에 들어가 선인이 된 지 벌써 수천 년이 되었느니라. 그대는 나와 함께 상계(上界)에 올라가 즐겁게 노는 것이 어떻겠느냐?' 하시기에 곧 응낙하였더니, 그분은 나를 데리고 자기가 살고 있는 곳에 이르러 별당을 지어 나를 접대하고, 또 나에게 삼신산의 불사약을 주셨습니다."

– 김시습, 〈취유부벽정기(醉遊浮碧亭記)〉

① 천우신조(天佑神助) ② 금과옥조(金科玉條) ③ 학수고대(鶴首苦待)
④ 흥진비래(興盡悲來) ⑤ 간담상조(肝膽相照)

13. ㉠에 담긴 '용왕'의 생각을 가장 잘 드러낸 것은?

(2010 6월 모평)

"제가 세상에 빨리 나가 간을 속히 가지고 오겠나이다."
용왕이 이 말을 듣더니,
"여봐라 별주부야. ㉠토공을 모시고 세상을 나가 간을 주거들랑 속히 가지고 오도록 하여라."
명을 내리노니 별주부 기가 막혀,

– 작자 미상, 〈수궁가〉

① 토끼가 말하는 것을 보니, 허장성세(虛張聲勢)가 대단하군.
② 토끼가 돌아올 때까지 수주대토(守株待兔)하듯 기다려야겠군.
③ 토끼가 이리 안하무인(眼下無人)이니 말로라도 대접하는 척해 주지.
④ 천려일실(千慮一失)이라는데, 토끼의 마음이 상하지 않도록 해야겠어.
⑤ 자가당착(自家撞着)도 유분수지, 겨우 잡아 온 토끼를 놓아주어야 하다니.

[정답] 1. ② 2. ⑤ 3. ⑤ 4. ① 5. ① 6. ② 7. ③ 8. ① 9. ④ 10. ② 11. ② 12. ① 13. ④
[해설] 1. ② '건설 안'을 거두어들이는 것이므로 '철회'가 적절하다. 2. ㉠ 드러나는 기미, 경향, 느낌 따위가 보통 정도보다 뚜렷하다. ① 그림자나 어둠 같은 것이 아주 뚜렷하거나 빛깔이 아주 검은색이 있다. ② 일정한 공간에 냄새가 가득 차 보통 정도보다 강하다. ③ 안개나 연기 따위가 자욱하다. ④ 액체 속에 어떤 물질이 많이 들어 있어 진하다. 3. ㉠ 계획이나 일정 따위를 세우다. ④ 사람을 모아 무리를 만들다. 4. ㉠ 모르는 것을 알아내고 밝혀내려고 애쓰다. 또는 그것을 알아내고 밝혀내다. ② 원상태를 회복하다. ③ 잃거나 빼앗기거나 맡기거나 빌려 주었던 것을 돌려받아 가지게 되다. ④ 현재 주변에 없는 것을 얻거나 사람을 만나려고 여기저기를 뒤지거나 살피다. 또는 그것을 얻거나 그 사람을 만나다. ⑤ 어떤 것을 구하다. 5. ㉠ 모르는 것을 알아내고 밝혀내려고 애쓰다. 또는 그것을 알아내고 밝혀내다. ② 어떤 사람이나 기관 따위에 도움을 요청하다. ③ 잃거나 빼앗기거나 맡기거나 빌려주었던 것을 돌려받아 가지게 되다. ④ 어떤 것을 구하다. ⑤ 현재 주변에 없는 것을 얻거나 사람을 만나려고 여기저기를 뒤지거나 살피다. 또는 그것을 얻거나 그 사람을 만나다. 7. '눈에 차다'와 '마음에 차다'는 모두 '어떤 대상이 마음에 흡족하다'는 의미를 가지고 있다. '성에 차다'도 이와 비슷한 의미인 '흡족하게 여기다'의 의미를 가지고 있다. 8. ② · ④ → 채 ③ · ⑤ → 체 9. 이러지도 저러지도 못하는 상황을 표현하고 있다. ① 이미 지나간 과거의 일이라는 의미이다. 10. 이럴 수도 없고 저럴 수도 없는 곤란한 상황이다. ③ 앞뒤를 재고 망설임. 11. ㉠은 '눈앞에 벌어진 상황 따위를 눈 뜨고는 차마 볼 수 없다.'는 의미의 목불인견(目不忍見)이 가장 잘 어울린다. ① 남의 학식이나 재주가 놀랄 만큼 부쩍 늚을 이르는 말. 12. ① 하늘과 신령의 도움. ③ 몹시 애타게 기다림. ④ 즐거운 일이 다하면 슬픈 일이 닥쳐온다는 뜻으로, 세상일이 돌고 돌아 순환됨을 가리키는 말. 13. ㉠은 토끼의 비위를 조금이라도 거스르지 않으려는 용왕의 조심스러운 태도가 반영된 것이므로 천려일실(千慮一失)을 염려하는 것으로 표현할 수 있다. ② 구습을 고수하여 변통할 줄 모름. ③ '간을 속히 가지고 오겠나이다'라고 말하는 토끼에게서 용왕이 '안하무인'의 태도를 인식한다는 것은 적절하지 않다. ⑤ 용왕은 토끼가 간을 가지고 돌아올 것으로 믿고 있으므로, '겨우 잡아 온 토끼를 놓아주어야 하다니'의 반응을 보이기는 어렵다.

□ **쳐주다**

❶ 셈을 맞추어 주다. ▶ 상인들은 배춧값을 포기당 천 원으로 **쳐주었다.**

❷ 인정하여 주다. ▶ 재계에서는 아직도 그를 최고 실력자라고 **쳐주고** 있다.

유의어 + **알아주다:** ❶ 남의 사정을 이해하다. ▶ 아버지, 우리 마음 좀 **알아주세요.**

❷ 남의 장점을 인정하거나 좋게 평가하여 주다. ▶ 누나는 이 분야에서는 **알아주는** 전문가다.

❸ 어떤 사람의 특이한 성격을 다른 사람들이 인정하다. ▶ 하여간 쟤 저러는 건 **알아줘야** 해.

□ **초야**
草 풀 초 野 들 야

(풀이 난 들 →) 궁벽한 시골 ▶ 그는 벼슬을 그만두고 **초야**에 묻혀 여생을 보냈다.

참고어휘 + **재야**(在있을재 野들야): ❶ (초야에 파묻혀 있음. →) 공직에 나아가지 아니하고 민간에 있음. ▶ 연암은 출세를 포기하고 **재야**의 선비로 살아갈 것을 결심하였다.

❷ 일정한 정치 세력이 제도적 정치 조직에 들어가지 못하는 처지에 있음.

▶ 학생들은 **재야** 단체와 연대하여 대규모 시위를 벌였다.

□ **초인**
超 뛰어넘을 초 人 사람 인

보통 사람으로는 생각할 수 없을 만큼 뛰어난 능력을 가진 사람

▶ **초인**적인 능력을 지닌 슈퍼 인간들이 등장하는 영화가 인기를 끌고 있다.

참고어휘 + '人(사람인)'을 공유하는 한자어

기인(奇기특할기 人사람인): 성격이나 말, 행동 따위가 보통 사람과 다른 별난 사람

▶ 방랑 시인 김삿갓은 일세를 풍미했던 **기인**이었다.

이인(異다를이 人사람인): 재주가 신통하고 비범한 사람

▶ 남다른 재능을 가지고도 평생을 궁벽한 곳에서 혼자 살았던 그는 분명 **이인**이었다.

속인(俗풍속속 人사람인): ❶ 일반의 평범한 사람

▶ 나는 아무 특징도 없는 일개 **속인**에 지나지 않는다.

❷ 학문이 없거나 풍류를 알지 못하고 고상한 맛이 없는 속된 사람

▶ 고상한 척하다가도 돈 문제만 걸리면 악착같이 달려드는 걸 보니 그는 영락없는 **속인**이다.

□ **초입**
初 처음 초 入 들 입

❶ 골목이나 문 따위에 들어가는 어귀

▶ 그는 오솔길 **초입**에서 오른편으로 걸음을 꺾었다.

❷ 어떤 일이나 시기가 시작되는 첫머리 ▶ 그는 8·15 해방을 서른 **초입**에 맞았다.

유의어 + **초두**(初처음초 頭머리두): 어떤 일이나 기간의 첫머리에 해당하는 부분

▶ 올해는 웬일인지 신년 **초두**부터 사고가 자꾸 생겼다.

□ **촌각**
寸 마디 촌 刻 새길 각

매우 짧은 동안의 시간=촌음(寸마디촌 陰그늘음)

▶ 그때는 **촌각**도 지체할 수 없는 급박한 상황이었다.

유의어 + **찰나**(刹짧은시간찰 那어찌나): 어떤 일이나 사물 현상이 일어나는 바로 그때

▶ 그녀가 물속으로 뛰어들려던 **찰나**에 그가 나타나 그녀를 말렸다.

□ **총애**
寵 사랑할 총 愛 사랑 애

남달리 귀여워하고 사랑함.

▶ 그가 임금의 **총애**를 받게 되자 그에게 잘 보이려는 무리들의 발걸음이 끊이질 않았다.

한자성어 + **애지중지**(愛사랑애 之그것지 重소중할중 之그것지): 매우 사랑하고 소중히 여기는 모양

▶ 부부는 외아들을 **애지중지**하며 길렀다.

금지옥엽(金쇠금 枝가지지 玉구슬옥 葉잎엽): 귀한 자손

▶ 딸이든 아들이든 자식이 하나인 집에서는 아이를 **금지옥엽**으로 귀하게 키운다.

□ **추동**
推 밀 추 動 움직일 동

(물체에 힘을 가하여 앞으로 나아가게 하거나 흔듦. →) 어떤 일을 추진하기 위하여 고무하고 격려함.

▶ 당시 조광조를 비롯한 일부 지식인들이 조선 사회에 대한 급진적인 개혁을 **추동**하였다.

□ 추렴	모임이나 놀이 또는 잔치 따위의 비용으로 여럿이 각각 얼마씩의 돈을 내어 거둠.

▶ 우리는 연말이면 조금씩 돈을 추렴해서 불우이웃을 도왔다.

유의어 + **갹출**(醵추렴할갹 出날출): 같은 목적을 위하여 여러 사람이 돈을 나누어 냄.

▶ 형제들이 갹출한 돈으로 부모님을 해외여행을 보내 드렸다.

□ 추상 秋 가을 추 霜 서리 상	(가을의 찬 서리 →) 꾸중 따위가 기세등등하고 엄함.

▶ 장군의 추상과 같은 호령에 모두들 사색이 되었다.

참고어휘 + **추호**(秋가을추 毫터럭호): (가을철에 털갈이하여 새로 돋아난 짐승의 가는 털 →) 매우 적거나 조금인 것 ▶ 나는 그를 모욕할 생각은 추호도 없었다.

□ 추앙 推 밀 추 仰 우러를 앙	높이 받들어 우러러봄. ≒숭앙(崇높을숭 仰우러를앙)

▶ 우리는 나라를 구한 이순신 장군을 영웅으로 추앙한다.

참고어휘 + **흠모**(欽공경할흠 慕그릴모): 기쁜 마음으로 공경하며 사모함.

▶ 그분은 늘 우리에게 존경과 흠모의 대상이었다.

연모(戀그리워할연 慕그릴모): 이성을 사랑하여 간절히 그리워함.

▶ 그는 연모의 감정을 주체하지 못하고 상사병에 걸렸다.

□ 충정 忠 충성 충 情 뜻 정	충성스럽고 참된 정 ▶ 그의 말은 나라를 생각하는 충정에서 나온 것이다.

동음이의어 + **충정**(衷속마음충 情뜻정): 마음에서 우러나오는 참된 정

▶ 친구를 위한 충정으로 한 일이니 탓하지 않겠다.

한자성어 + **일편단심**(一한일 片조각편 丹붉을단 心마음심): (한 조각의 붉은 마음 →) 진심에서 우러나오는 변치 아니하는 마음≒단심(丹붉을단 心마음심) ▶ 신하는 임금을 일편단심으로 섬겼다.

□ 충천 衝 찌를 충 天 하늘 천	(하늘을 찌를 듯이 공중으로 높이 솟아오름. →) 분하거나 의로운 기개, 기세 따위가 북받쳐 오름. ▶ 적의 진지를 점령한 병사들은 사기가 충천하여 계속 진군했다.

한자성어 + **기세등등**(氣기운기 勢형세세 騰오를등 騰오를등): 기세가 매우 높고 힘찬 모양

▶ 그들은 기세등등하게 적군을 향해 쳐들어갔다.

의의양양(意뜻의 氣기운기 揚날릴양 揚날릴양): 뜻한 바를 이루어 만족한 마음이 얼굴에 나타난 모양

▶ 장군은 포로들을 앞세우고 의기양양하게 성안으로 들어왔다.

확 인 문 제

(1~12) 주어진 뜻풀이에 맞는 어휘가 되도록 빈칸에 알맞은 말을 쓰시오.

1. 귀한 자손: 금□옥□
2. 충성스럽고 참된 정: □정
3. 기쁜 마음으로 공경하며 사모함: □모
4. 남달리 귀여워하고 사랑함: □애
5. 골목이나 문 따위에 들어가는 어귀: 초□
6. 어떤 일을 추진하기 위하여 고무하고 격려함: □동
7. 어떤 일이나 사물 현상이 일어나는 바로 그때: □나
8. 분하거나 의로운 기개, 기세 따위가 북받쳐 오름: □천
9. 진심에서 우러나오는 변치 아니하는 마음: 일편□□
10. 뜻한 바를 이루어 만족한 마음이 얼굴에 나타난 모양: 의기□□
11. 보통 사람으로는 생각할 수 없을 만큼 뛰어난 능력을 가진 사람: □인
12. 일정한 정치 세력이 제도적 정치 조직에 들어가지 못하는 처지에 있음: □야

13. ㉠, ㉡의 공통적 의미에 해당하는 것은?

아이들은 철수를 대장으로 ㉠쳐주었다. 그는 이 바닥에서 ㉡알아주는 전문가다.

① 결정(決定)　　② 배정(配定)　　③ 선정(選定)　　④ 인정(認定)　　⑤ 지정(指定)

14. 어휘들의 의미 관계가 이질적인 것은?

① 촌각 – 촌음　　② 추렴 – 갹출　　③ 추상 – 추호　　④ 추앙 – 숭앙　　⑤ 기인 – 이인

[정답] 1. 지, 엽 2. 충 3. 흠 4. 총 5. 입 6. 추 7. 찰 8. 충 9. 단, 심 10. 양, 양 11. 초 12. 재 13. ④ 14. ③
[해설] 14. ③만 유의 관계가 아니다.

☐ **취하다¹**
取 가질 취-

❶ 일정한 조건에 맞는 것을 골라 가지다. ▶ 그는 여러 가지 중에서 새것을 취했다.

❷ 자기 것으로 만들어 가지다. ▶ 그 가수는 콘서트를 마친 후 휴식을 취하고 있다.

❸ 어떤 일에 대한 방책으로 어떤 행동을 하거나 일정한 태도를 가지다.

▶ 사고가 났을 때는 빨리 관련 기관에 연락을 취해야 한다.

❹ 어떤 특정한 자세를 하다. ▶ 그는 당장에라도 일어설 자세를 취하고 있었다.

❺ 남에게서 돈이나 물품 따위를 꾸거나 빌리다. ▶ 그는 모자라는 돈을 친구에게서 취했다.

☐ **취하다²**
醉 취할 취-

❶ 어떤 기운으로 정신이 흐려지고 몸을 제대로 가눌 수 없게 되다.

▶ 그는 감기약에 취해 정신을 못 차리고 잔다.

❷ 무엇에 마음이 쏠리어 넋을 빼앗기다.

▶ 우리는 할아버지가 들려주시는 옛날이야기에 취해 시간이 가는 줄도 몰랐다.

☐ **취하다³**
聚 장가들 취-

장가를 들어 아내를 맞아들이다.

▶ 그는 어릴 적 친구를 아내로 취하였다.

☐ **치다¹**

❶ 바람이 세차게 불거나 비, 눈 따위가 세차게 뿌리다. ▶ 밖에 비바람이 심하게 친다.

❷ 천둥이나 번개 따위가 큰 소리나 빛을 내면서 일어나다. ▶ 갑자기 벼락이 쳤다.

❸ 서리가 몹시 차갑게 내리다. ▶ 된서리가 치는 바람에 농작물이 다 얼어 버렸다.

❹ 물결이나 파도 따위가 일어 움직이다. ▶ 파도가 집을 삼킬 듯 세게 치고 있다.

☐ **치다²**

❶ 손이나 손에 든 물건으로 세게 부딪게 하다. ▶ 타자가 친 공이 홈런이 되었다.

❷ 손이나 물건 따위를 부딪쳐 소리 나게 하다. ▶ 아이들이 웃으며 손뼉을 쳤다.

❸ 손이나 손에 든 물건으로 물체를 부딪게 하는 놀이나 운동을 하다.

▶ 아이들이 마당에서 구슬을 치면서 놀고 있다.

❹ 망치 따위로 못을 박다. ▶ 이쪽 벽에 액자를 걸 수 있게 못을 쳤으면 좋겠다.

❺ 일정한 장치를 손으로 눌러 글자를 찍거나 신호를 보내다. ▶ 본부에 무전을 쳤다.

❻ 카드나 화투 따위의 패를 고루 섞다. 또는 카드나 화투를 즐기다.

▶ 농한기가 되면 마을 어르신들은 마을 회관에 모여 심심풀이 화투를 치신다.

❼ 쇠붙이 따위를 달구어 두들겨서 연장을 만들다. ▶ 대장장이가 열심히 칼을 치고 있다.

❽ 떡을 차지게 하기 위하여 떡메로 반죽을 두들기다. ▶ 설 준비로 떡을 치고 있다.

❾ 시계나 종 따위가 일정한 시각을 소리를 내어 알리다. ▶ 벽시계가 11시를 쳤다.

❿ 날개나 꼬리 따위를 세차게 흔들다. ▶ 개는 주인을 보자 반갑게 꼬리를 쳤다.

⓫ 팔이나 다리를 힘 있게 저어서 움직이다. ▶ 소년은 매일 냇가에 나가 헤엄을 쳤다.

⓬ 몸이나 몸체를 심하게 움직이다. ▶ 그는 몸서리를 치며 고개를 저었다.

⓭ 날이 있는 물체를 이용하여 물체를 자르다. ▶ 망나니가 죄인의 목을 쳤다.

⓮ 밤 따위를 칼날을 바깥쪽으로 힘주어 여러 번 닿게 하여 속껍질을 벗기다.

▶ 아버지가 제상에 올릴 날밤을 치고 계신다.

⓯ 상대편에게 피해를 주기 위하여 공격을 하다. ▶ 아군은 한밤중에 적의 심장부를 쳤다.

⓰ 웃음을 얼굴에 나타내다. ▶ 그녀는 눈웃음을 치며 인사했다

⓱ 큰 소리를 내다. ▶ 그는 소리를 쳐 앞서 가는 일행을 불렀다.

⓲ 달아나거나 빨리 움직이다. ▶ 그녀는 무엇이 바쁜지 종종걸음을 치며 가 버렸다.

⓳ 속이는 짓이나 짓궂은 짓, 또는 좋지 못한 행동을 하다. ▶ 그는 나에게 사기를 쳤다.

⓴ 시험을 보다. ▶ 다음 주에 치는 중간고사에 대비해서 열심히 공부하고 있다.

㉑ 점괘로 길흉을 알아보다. ▶ 어제 점을 쳤는데 정말 신통하게 잘 맞추었다.

| □ **치다³** | 붓이나 연필 따위로 점을 찍거나 선이나 그림을 그리다. |
| | ▶ 우리는 교과서를 읽으면서 핵심어에 밑줄을 <u>쳤다</u>. |

□ **치다⁴**	❶ 적은 분량의 액체를 따르거나 가루 따위를 뿌려서 넣다. ▶ 그는 국에 간장을 <u>쳤다</u>.
	❷ 기계나 식물이 더 좋은 상태가 되도록 기름이나 약을 바르거나 뿌리다.
	▶ 기계가 빡빡하고 잘 돌아가지 않아 기름을 <u>쳤다</u>.
	❸ 음식을 만들기 위하여 기름을 두르다. ▶ 전을 부칠 때 기름을 많이 <u>쳐야</u> 한다.

□ **치다⁵**	❶ 막이나 그물, 발 따위를 펴서 벌이거나 늘어뜨리다.
	▶ 우리는 비가 쏟아지기 전에 모두들 서둘러 천막을 <u>쳤다</u>.
	❷ 벽 따위를 둘러서 세우거나 쌓다.
	▶ 밤이면 산에서 내려오는 짐승의 출입을 막기 위해 싸리나무로 담을 <u>쳤다</u>.

□ **치다⁶**	❶ 가축이나 가금 따위를 기르다. ▶ 할아버지는 시골에서 소를 <u>치고</u> 계신다.
	❷ 식물이 가지나 뿌리를 밖으로 돋아 나오게 하다. ▶ 나무 가지를 많이 <u>쳐서</u> 무성하다.
	❸ 동물이 새끼를 낳거나 까다. ▶ 어젯밤에 돼지가 새끼를 <u>쳤다</u>.
	❹ 주로 영업을 목적으로 남을 머물러 묵게 하다. ▶ 학교 주변에는 하숙을 <u>치는</u> 집이 많다.

□ **치다⁷**	❶ 불필요하게 쌓인 물건을 파내거나 옮겨 깨끗이 하다.
	▶ 마을 사람들이 모두 나와서 밤새 내린 눈을 <u>쳤다</u>.
	❷ 논이나 물길 따위를 만들기 위하여 땅을 파내거나 고르다.
	▶ 비가 그친 후에 토사가 많이 쌓인 집 앞 도랑을 <u>쳤다</u>.

| □ **치다⁸** | 차나 수레 따위가 사람을 강한 힘으로 부딪고 지나가다. |
| | ▶ 지나가는 트럭이 사람을 <u>치고</u> 도망갔다. |

□ **치다⁹**	❶ 셈을 맞추다. ▶ 그는 내 땅을 평당 십만 원 정도로 <u>쳐서</u> 팔라고 했지만 나는 거절했다.
	❷ 어떠한 상태라고 인정하거나 사실인 듯 받아들이다. ▶ 그는 내 작품을 최고로 <u>쳤다</u>.
	❸ 계산에 넣다. ▶ 너까지 인원에 <u>쳐야</u> 모두 열 명이다.
	❹ 어떤 것을 기준으로 삼다. ▶ 그분은 촌수로 <u>치면</u> 내 팔촌형이다.

| □ **치다¹⁰** | 가루 상태의 물질을 체로 흔들어서 곱게 만들다. |
| | ▶ 체로 <u>쳐서</u> 모래와 자갈을 골라냈다. |

확인문제

(1~6) 밑줄 친 어휘들의 의미 관계가 다의 관계인지 동음이의 관계인지 판단하시오.

1. 딱지를 <u>치다</u>. : 밑줄을 <u>치다</u>.　　　　　　　　　　2. 헤엄을 <u>치다</u>. : 농약을 <u>치다</u>.
3. 쓰레기를 <u>치다</u>. : 시험을 <u>치다</u>.　　　　　　　　　　4. 눈보라가 <u>치다</u>. : 천둥이 <u>치다</u>.
5. 국에 소금을 <u>치다</u>. : 차로 사람을 <u>치다</u>.　　　　　6. 강경한 태도를 <u>취하다</u>. : 차려 자세를 <u>취하다</u>.

(7~8) 밑줄 친 말이 제시문과 가장 유사한 의미로 쓰인 것을 고르시오.

7. 그는 매점매석으로 부당 이득을 <u>취하였다</u>.
　① 술에 <u>취하다</u>.　　② 숙면을 <u>취하다</u>.　　③ 조치를 <u>취하다</u>.　　④ 음악에 <u>취하다</u>.　　⑤ 입장을 <u>취하다</u>.
8. 그는 사고를 <u>치고</u> 경찰서에 들어갔다.
　① 모래를 체로 <u>치다</u>.　　② 점을 <u>치다</u>.　　③ 타자를 <u>치다</u>.　　④ 염소가 새끼를 <u>치다</u>.　　⑤ 거짓말을 <u>치다</u>.

[정답] 1. 동음이의 2. 동음이의 3. 동음이의 4. 다의 5. 동음이의 6. 다의 7. ② 8. ⑤

[해설] 1. 치다²-❸ : 치다³ 2. 치다²-⓫ : 치다⁴-❷ 3. 치다⁷-❶ : 치다²-⓴ 4. 치다¹-❶ : 치다¹-❷ 5. 치다⁴-❶ : 치다⁸ 6. 취하다¹-❸ : 취하다¹-❹ 7. 취하다¹-❷ ① 취하다²-❶ ③ 취하다¹-❸ ④ 취하다²-❷ ⑤ 취하다¹-❸ 8. 치다²-⑲ ① 치다¹⁰ ② 치다²-㉑ ③ 치다²-❺ ④ 치다⁶-❸

□ **치부** 置 둘 치 簿 문서 부	❶ 금전이나 물건 따위가 들어오고 나감을 기록함. 또는 그런 장부 ▶ 그가 <u>치부</u>한 내용을 보니 요즘 매상이 나날이 줄고 있는 모양이다. ❷ 마음속으로 그러하다고 보거나 여김. ▶ 우리는 그를 겁쟁이로 <u>치부</u>하였다. **동음이의어 +** **치부**(恥 부끄러울 치 部 떼 부): 남에게 드러내고 싶지 아니한 부끄러운 부분 ▶ 그는 자신의 <u>치부</u>까지 솔직히 말할 만큼 나를 신뢰했다. **치부**(致 이를 치 富 부유할 부): 재물을 모아 부자가 됨. ▶ 일제 강점기 동안 민족을 팔아 <u>치부</u>하고 부귀영화를 누린 자들이 한둘이 아니다.
□ **켜다**¹	❶ 등잔이나 양초 따위에 불을 붙이거나 성냥이나 라이터 따위에 불을 일으키다. ▶ 촛불을 <u>켜니</u> 아늑한 느낌이 들었다. ❷ 전기나 동력이 통하게 하여, 전기 제품 따위를 작동하게 만들다. ▶ 머리맡의 선풍기를 <u>켜고</u> 삼십 분 뒤에 저절로 멎도록 시간을 조절했다.
□ **켜다**²	❶ 나무를 세로로 톱질하여 쪼개다. ▶ 벌목꾼들이 톱으로 나무를 <u>켜고</u> 있다. ❷ 현악기의 줄을 활 따위로 문질러 소리를 내다. ▶ 아이가 바이올린을 <u>켜고</u> 있다.
□ **켜다**³	❶ 물이나 술 따위를 단숨에 들이마시다. ▶ 그는 막걸리 한 사발을 쭉 <u>켠</u> 다음에 논두렁에 앉아서 땀을 닦았다. ❷ 갈증이 나서 물을 자꾸 마시다. ▶ 짜게 먹어서 그랬는지 물을 많이 <u>켰다</u>.
□ **켜다**⁴	팔다리나 네 다리를 쭉 뻗으며 몸을 펴다. ▶ 그는 기지개를 <u>켜며</u> 자리에서 일어났다.
□ **키우다**	❶ 동식물을 보살피고 돌보아 기르다. ▶ 우리 집에서는 강아지 두 마리를 <u>키운다</u>. ❷ 신체의 일부나 소리 따위를 더 크게 하다. ▶ 그는 방학 동안 몸만 <u>키웠는지</u> 이제는 마치 운동선수 같다. ❸ 병 따위를 더 깊게 하다. ▶ 그는 병원에 가지 않고 혼자서 병을 <u>키웠다</u>. ❹ 회사나 집을 본래의 규모보다 크게 늘리다. ▶ 그는 피나는 노력으로 조그만 회사를 대기업으로 <u>키웠다</u>. ❺ 능력을 생기게 하거나 익히다. ▶ 이 힘든 세상에서 살아남으려면 인내력을 <u>키워야</u> 한다. ❻ 꿈이나 희망 따위를 길러 나가다. ▶ 그녀는 어려서부터 스타의 꿈을 <u>키웠다고</u> 한다. ❼ 특별한 일을 하도록 일정한 기간 동안 훈련하고 교육하다. ▶ 이 학교에서는 많은 인재를 <u>키웠다</u>. **유의어 +** **기르다**: ❶ 동식물을 보살펴 자라게 하다. ▶ 그는 취미로 난을 <u>기르고</u> 있다. ❷ 아이를 보살펴 키우다. ▶ 그녀는 아이도 잘 <u>기르고</u> 살림도 잘했다. ❸ 사람을 가르쳐 키우다. ▶ 내가 <u>길러</u> 낸 제자들이 제 역할을 하는 것을 보면 가슴이 뿌듯하다. ❹ 육체나 정신을 단련하여 더 강하게 만들다. ▶ 큰 경기에서 승리하려면 우선 냉정함을 <u>기르는</u> 훈련이 필요하다. ❺ 습관 따위를 몸에 익게 하다. ▶ 어려울 때를 생각해서라도 평소에 절약하는 습관을 <u>길러야</u> 한다. ❻ 머리카락이나 수염 따위를 깎지 않고 길게 자라도록 하다. ▶ 그는 인상적으로 보이기 위해 일부러 콧수염을 <u>길렀다</u>. ❼ 병을 제때에 치료하지 않고 증세가 나빠지도록 내버려 두다. ▶ 병을 <u>기르면</u> 치료하기가 점점 어렵게 된다.

□ **타계**

他 다를 **타** 界 지경 **계**

❶ 다른 세계 ▶ 경치가 너무 아름다워서 마치 타계에 온 듯하다.

❷ (인간계를 떠나서 다른 세계로 감. →) 사람의 죽음, 특히 사회적 지위가 높고 귀한 사람의 죽음 ▶ 정정하시던 선생님의이 갑작스럽게 타계하셔서 우리들은 큰 충격을 받았다.

　유의어 + 　**별세**(別나눌별 世인간세): 윗사람이 세상을 떠남.

▶ 나는 어제 새벽에 선생님의 별세를 알리는 전화를 받았다.

서거(逝갈서 去갈거): '사거(死죽을사 去갈거: 죽어서 세상을 떠남.)'의 높임말

▶ 교황의 서거 소식을 듣고 전 세계의 가톨릭 신자들이 애도하였다.

운명(殞죽을운 命목숨명): 사람의 목숨이 끊어짐. ▶ 할아버지는 칠십 세를 일기로 운명하셨다.

작고(作지을작 故연고고): (고인이 됨. →) 사람의 죽음을 높여 이르는 말

▶ 내 동창 중 절반이 이미 작고를 했다.

　참고어휘 + 　**타개**(打칠타 開열개): 매우 어렵거나 막힌 일을 잘 처리하여 해결의 길을 엶.

▶ 경제 불황을 타개하기 위한 각종 대안이 제시되고 있다.

□ **타관**

他 다를 **타** 官 벼슬 **관**

자기 고향이 아닌 고장≒타향(他다를타 鄕시골향)

▶ 그는 고향에 돌아오지 않고 타관을 떠돌았다.

　유의어 + 　**타지**(他다를타 地땅지): 다른 지방이나 지역

▶ 그는 학교 때문에 부모와 떨어져 타지에 살고 있다.

외지(外바깥외 地땅지): ❶ 자기가 사는 곳 밖의 다른 고장

▶ 이 지역은 농지의 절반 이상을 외지 사람들이 소유하고 있다.

❷ 나라 밖의 땅 ▶ 외지에 나온 한국인 기술자들은 땀 흘리며 열심히 일하고 있다.

❸ 식민지를 본국(本國)에 상대하여 이르는 말

▶ 당나라는 정복한 외지의 요지마다 관리를 파견하여 다스렸다.

객지(客손객 地땅지): 자기 집을 멀리 떠나 임시로 있는 곳

▶ 고향을 떠나 객지에서 맞이하는 명절은 무척 쓸쓸했다.

　참고어휘 + 　**객고**(客손객 苦쓸고): ❶ 객지에서 고생을 겪음. 또는 그 고생

▶ 나그네는 먼 길을 가는 동안 객고에 시달렸다.

❷ 쓸데없이 고생을 겪음. 또는 그 고생. ▶ 그는 혼자서 하겠다고 고집을 피우다 객고를 치렀다.

확인문제

(1~2) 주어진 뜻풀이에 맞는 어휘가 되도록 ㉠, ㉡에 공통으로 들어갈 말을 쓰시오.

1. ㉠ 자기 고향이 아닌 고장: □관　　　　　　　　　　㉡ 다른 지방이나 지역: □지

2. ㉠ 자기 집을 멀리 떠나 임시로 있는 곳: □지　　　　㉡ 객지에서 겪는 고생: □고

3. 의미상 거리가 먼 말은?

　① 별세(別世)　　　② 운명(殞命)　　　③ 작고(作故)　　　④ 타개(打開)　　　⑤ 서거(逝去)

4. 밑줄 친 말 중 '키우다'로 바꾸어 쓸 수 <u>없는</u> 것은?

　① 병을 <u>기르다</u>.　　② 아이를 <u>기르다</u>.　　③ 염소를 <u>기르다</u>.　　④ 머리를 <u>기르다</u>.　　⑤ 참을성을 <u>기르다</u>.

(5~7) 밑줄 친 말이 제시문과 가장 유사한 의미로 쓰인 것을 고르시오.

5. 이번 사건을 한 가정의 특수한 문제로만 <u>치부</u>하는 것은 잘못되었다.

　① 투기를 통해 <u>치부</u>하다.　　② 매상을 장부에 <u>치부</u>하다.　　③ 정권의 <u>치부</u>를 드러내다.　　④ 무능력자라고 <u>치부</u>하다.

6. 그녀는 라디오를 <u>켜고</u> 거기에서 흘러나오는 소리에 귀를 기울였다.

　① 물을 단숨에 <u>켜다</u>.　　② 첼로를 <u>켜다</u>.　　③ 성냥을 <u>켜다</u>.　　④ 기지개를 <u>켜다</u>.　　⑤ 에어컨을 <u>켜다</u>.

7. 나는 내 키를 조금 더 <u>키우기</u> 위해서 갖은 노력을 했지만 늘 그대로였다.

　① 꿈을 <u>키우다</u>.　　② 제자를 <u>키우다</u>.　　③ 채소를 <u>키우다</u>.　　④ 목소리를 <u>키우다</u>.　　⑤ 경쟁력을 <u>키우다</u>.

[정답] 1. 타 2. 객 3. ④ 4. ④ 5. ④ 6. ⑤ 7. ④

[해설] 5. 치부(置簿)─❷ ① 치부(致富) ② 치부(置簿)─❶ ③ 치부(恥部) 6. 켜다¹─❷ ① 켜다³─❶ 7. 키우다─❷ ⑤ 키우다─❺

1. ㉠~㉤의 밑줄 친 말과 바꿔 쓰기에 적절하지 않은 것은? (2007 수능)

㉠ 응오는 진실한 농군이었다. 나이 서른하나로 무던히 철났다 하고 동리에서 <u>쳐주는</u> 모범 청년이었다. 그런데 벼를 베지 않는다.

㉡ 한 해 동안 애를 <u>졸이며</u> 홑자식 모양으로 알뜰히 가꾸던 그 벼를 거둬들임은 기쁨에 틀림없었다. 꼭두새벽부터 엣, 엣, 하며 괴로움을 모른다. 그러나 캄캄하도록 털고 나서 지주에게 도지*를 제하고, 장리쌀을 제하고, 색초*를 제하고 보니 남은 것은 등줄기를 흐르는 식은땀이 있을 따름. 그것은 슬프다 하기보다 끝없이 부끄러웠다.

㉢ 이놈을 가을하다간 먹을 게 남지 않음은 물론이요 빚도 다 못 <u>가릴</u> 모양. 에라, 빌어먹을 거 너들끼리 캐다 먹든 말든 멋대로 하여라, 하고 내던져 두지 않을 수 없다.

㉣ 지주를 만나 까놓고 썩 좋은 소리로 의논하였다. 올 농사는 반실이니 도지도 좀 감해 주는 게 어떠냐고. 그러나 지주는 암말 없이 고개를 <u>모로</u> 흔들었다.

㉤ 도적은 다시 나타난다. 논둑에 머리만 내놓고 사면을 두리번거리더니 그제야 기어 나온다. 얼굴에는 눈만 내놓고 수건인지 뭔 헝겊이 가리었다. 봇짐을 등에 짊어 메고는 허리를 구붓이 <u>뺑소니를 놓는다</u>.

– 김유정, 〈만무방〉

* 도지: 남의 논밭을 빌려서 부치는 대가로 해마다 내는 벼.

* 색초: 잡초를 제거하는 데 들어가는 비용.

---

① ㉠: 알아주는   ② ㉡: 태우며   ③ ㉢: 갚을

④ ㉣: 거칠게   ⑤ ㉤: 친다

(2~3) 밑줄 친 말을 괄호 안의 말로 바꾸어 쓸 수 <u>없는</u> 것을 고르시오.

2. ① 우리들은 5만 원씩을 <u>추렴</u>(→ 갹출)하여 위로금에 보태기로 했다.
   ② 가난한 고학생인 그는 <u>촌음</u>(→ 촌각)을 아끼며 공부에 열중하였다.
   ③ 자신이 처한 현실을 초극하려는 인간이 곧 <u>초인</u>(→ 속인)이 아닐까 싶다.
   ④ 그렇게 뛰어난 인재를 <u>초야</u>(→ 시골)에서 썩게 하다니 정말 아까운 일이다.
   ⑤ 그는 당세의 영웅으로 <u>추앙</u>(→ 숭앙)을 받았지만 오늘날에는 독재자로 평가받고 있다.

3. ① 그는 <u>외지</u>(→ 타지)에서 삼 년 전에 이사 온 사람이다.
   ② <u>타향</u>(→ 타관)에서 고향 사람을 만나니 참으로 반가웠다.
   ③ 임금의 <u>총애</u>(→ 연모)를 얻으려는 내신들 간에 암투가 심하다.
   ④ 얼마 전 <u>타계</u>(→ 별세)한 시인을 기념하여 추모 시집이 발간되었다.
   ⑤ 세속적 명예와 권력을 혐오하는 그를 친구들은 <u>기인</u>(→ 이인)이라고 불렀다.

4. 밑줄 친 말들의 관계가 <u>이질적인</u> 것은?

① 그는 내 작품을 최고로 <u>쳤다</u>. – 나는 천둥 <u>치는</u> 소리에 잠이 깼다.
② 중요한 부분에 동그라미를 <u>쳤다</u>. – 강에 그물을 <u>쳐서</u> 고기를 잡았다.
③ 농부가 낫으로 잔가지를 <u>쳐</u> 냈다. – 병충해를 막기 위하여 농약을 <u>쳤다</u>.
④ 이만하면 값을 잘 <u>쳐서</u> 판 것이다. – 음식이 싱거우니 소금을 <u>쳐야겠다</u>.
⑤ 적의 후방을 <u>쳐서</u> 적을 교란시켰다. – 그는 사고를 <u>치고</u> 경찰서에 들어갔다.

(5~8) 밑줄 친 말의 쓰임이 문맥에 맞지 <u>않는</u> 것을 고르시오.

5. ① 그는 동네 <u>초입</u>에서 나에게 전화를 걸었다.
   ② 임금은 신하들에게 <u>추상</u>과 같은 불호령을 내렸다.
   ③ 이번 개각에서는 <u>재야</u>의 인물들을 기용하고자 하였다.
   ④ 인간은 길고 긴 <u>찰나</u>의 시간 속에서 태어나고 죽기를 반복하고 있다.
   ⑤ 그는 회사를 일으키기 위해서 직접 현장으로 내려가 현장 일꾼들을 <u>추동</u>하였다.

6. ① 우리는 폭력을 옹호할 생각은 <u>추호</u>도 없다.
   ② 그는 혼자 <u>객지</u> 생활을 하는 것은 너무나 힘들었다.
   ③ 출항을 앞두고 모든 선원들이 사기가 <u>충천</u>해 있었다.
   ④ 선생님의 <u>작고</u> 소식을 접하고 나는 어찌할 바를 몰랐다.
   ⑤ 어린 그가 겪었던 학대와 <u>흠모</u>는 듣기에도 눈물겨운 것이었다.

7. ① 저자는 글의 <u>초두</u>에서 미리 결론을 내리고 있다.
   ② 그는 어린 딸의 <u>서거</u> 소식을 듣고 정신을 잃고 말았다.
   ③ 그는 유학 생활을 하는 동안 <u>객고</u>에 시달려 위장병까지 생겼다.
   ④ 정부는 수출 부진을 <u>타개</u>하기 위해 새로운 경기 부양책을 내놓았다.
   ⑤ 그것은 결코 겉만 번지르르한 말이 아니라 <u>충정</u>에서 우러나온 말이었다.

8. ① 그 부부는 외동딸을 <u>금지옥엽</u>으로 받들고 있다.
   ② 시험에 떨어진 그는 몹시 <u>의기양양</u>해서 집으로 돌아왔다.
   ③ 동생은 새로 산 옷을 <u>애지중지</u>하며 다른 사람은 만지지도 못하게 했다.
   ④ 적군은 죄다 약졸이라 <u>기세등등</u>한 우리 군에게 순식간에 패하고 말았다.
   ⑤ 장군은 <u>일편단심</u> 나라를 위하는 마음뿐이고, 터럭 끝만큼도 사심이 없으시다.

(9~11) 밑줄 친 말의 문맥적 의미가 ㉠과 가장 유사한 것을 고르시오.

9.
────────────(2015 고2 11월 학평)─
　　뒤프렌에 따르면 현전은 감상자가 작품의 감각적 특징에 신체적으로 반응하면서 주목하는 단계이다. 즉 색채, 명암, 질감 등에 매료되어 눈이 커지거나 고개를 내미는 등의 신체적 자세를 ㉠<u>취하는</u> 상태를 의미한다.

① 그는 모자라는 돈을 친구에게서 <u>취했다</u>.
② 그는 사진을 찍기 위해 포즈를 <u>취하고</u> 있었다.
③ 수술 후에 어머니는 병실에서 휴식을 <u>취하고</u> 계신다.
④ 물질적 이익만을 <u>취하는</u> 오류를 범하지 말아야 한다.
⑤ 그가 제시한 조건들 가운데서 마음에 드는 것만을 <u>취했다</u>.

10.

그는 마을에서는 있는 듯 없는 듯, 그리고 다소 모자라는 사람으로 ㉠치부되었다.

① 그는 회사의 치부를 끝내 폭로하지 못했다.
② 고전 문학은 고리타분한 것으로 치부되기 일쑤이다.
③ 뇌물을 받아서 치부하는 사람이 많은 사회는 희망이 없다.
④ 할머니는 그날그날의 수입과 지출을 치부한 수첩을 꺼내 놓으셨다.
⑤ 사회 복지 시설이 개인의 치부 수단으로 악용되지 않도록 관리 감독해야 한다.

11.

내가 모셨던 사장님은 일당을 후하게 ㉠쳐서 지급했기 때문에 일꾼들에게 인기가 좋았다.

① 고모네는 하숙을 쳐서 근근이 살아간다.
② 도서관 열람실은 책상마다 칸막이를 쳐 놓았다.
③ 적어도 한 개당 오백 원을 쳐야 손해를 안 본다.
④ 아이는 낯선 사람의 손에서 벗어나려고 몸부림을 쳤다.
⑤ 아이가 잘못했다고 치더라도 아이를 때려서는 안 된다.

12. ㉠과 관련하여 〈보기〉의 A, B에 들어갈 말로 가장 적절한 것은? (2012 수능)

음형론에서는 가사의 의미에 따라 그에 적합한 음형을 표현 수단으로 삼는데, 르네상스 후기 마드리갈이나 바로크 초기 오페라 등에서 그 예를 찾을 수 있다. 바로크 초반의 음악 이론가 부어마이스터는 마치 웅변에서 말의 고저나 완급, 장단 등이 호소력을 이끌어 내듯 음악에서 이에 상응하는 효과를 낳는 장치들에 주목하였다. 예를 들어, 가사의 뜻에 맞춰 가락이 올라가거나, 한동안 쉬거나, 음들이 딱딱 끊어지게 ㉠연주하는 방식 등이 이에 해당한다.

〈보 기〉

그녀가 손가락으로 가야금을 (A) 시작하자, 그는 채로 장구를 (B) 시작했다.

	A	B
①	뜯기	치기
②	치기	켜기
③	타기	퉁기기
④	켜기	두드리기
⑤	퉁기기	타기

13. 〈보기〉는 단어의 의미 관계에 관한 수업 자료의 일부이다. 〈보기〉에서 이끌어 낼 수 있는 내용으로 적절하지 <u>않은</u> 것은?

(2013 고3 10월 학평A)

〈보 기〉

※ 유의 관계에 있는 '기르다', '키우다', '먹이다'의 쓰임 비교(두 단어가 결합 가능하면 ○, 그렇지 않으면 ×)

	기르다	키우다	먹이다	
돼지를	○	○	○	…… ㉠
감나무를	○	○	×	…… ㉡
인내심을	○	○	×	…… ㉢
수염을	○	×	×	…… ㉣
첨단산업을	×	○	×	…… ㉤

① ㉠의 경우 '기르다', '키우다', '먹이다'는 모두 '사육하다'를 대신해 쓸 수 있다.

② ㉡의 경우 '기르다'와 '키우다'는 '재배하다'를 대신해 쓸 수 있다.

③ ㉢과 ㉤을 보면 '키우다'는 '기르다', '먹이다'와 달리 추상적인 의미를 지닌 말과 결합하여 쓸 수 있다.

④ ㉣의 경우 '기르다'는 '깎다'와 반의 관계에 있다고 할 수 있다.

⑤ ㉠~㉤을 보면 '기르다'는 '먹이다'에 비해 '키우다'와 더 많은 상황에서 서로 바꾸어 쓸 수 있다.

14. ㉠의 상황을 나타내는 말로 가장 적절한 것은?

(2016 고1 6월 학평)

이생은 아내가 말한 대로 그녀의 유골을 거두어 부모의 무덤 곁에 장사를 지내 주었다.

㉠그 후 이생은 아내를 지극히 생각한 나머지 병이 나서 두서너 달 만에 그도 또한 세상을 떠났다.

이 사실을 들은 사람들은 모두 슬퍼하고 탄식하면서, 그들의 절개를 사모하지 않는 이가 없었다고 한다.

— 김시습, 〈이생규장전(李生窺墻傳)〉

① 두문불출(杜門不出)　　② 역지사지(易地思之)　　③ 일편단심(一片丹心)
④ 적반하장(賊反荷杖)　　⑤ 환골탈태(換骨奪胎)

[정답] 1. ④　2. ③　3. ③　4. ⑤　5. ④　6. ⑤　7. ②　8. ②　9. ②　10. ②　11. ③　12. ①　13. ③　14. ③

[해설] 1. ㉣ '모로'는 거절의 의미를 나타내는 말로서, '옆쪽으로, 대각선으로'라는 뜻을 지닌 부사이다. ② 졸이다: 속을 태우다시피 조바심하다. ③ 가리다: 빛 · 외상값 따위를 셈하여 갚다. ⑤ '뺑소니를 놓는다'는 것은 문맥상 '뺑소니를 친다'는 의미이다. 4. ⑤는 다의 관계, 나머지는 동음이의 관계이다. ① 어떠한 상태라고 인정하거나 사실인 듯 받아들이다. – 천둥이나 번개 따위가 큰 소리나 빛을 내면서 일어나다. ② 붓이나 연필 따위로 점을 찍거나 선이나 그림을 그리다. – 막이나 그물, 발 따위를 펴거나 늘어뜨리다. ③ 날이 있는 물체를 이용하여 물체를 자르다. – 기계나 식물이 더 좋은 상태가 되도록 기름이나 약을 바르거나 뿌리다. ④ 셈을 맞추다. – 적은 분량의 액체를 따르거나 가루 따위를 뿌려서 넣다. ⑤ 상대편에게 피해를 주기 위하여 공격을 하다. – 속이는 짓이나 짓궂은 짓, 또는 좋지 못한 행동을 하다. 5. ④ '길고 긴 시간'이라는 의미와 '찰나'가 어울리지 않는다. 6. ⑤ 문맥상 '흠모'가 아니라 '수모'가 적절하다. 7. ② '어린 딸'의 죽음이므로 '서거'라는 말은 어울리지 않는다. 8. '시험에 떨어진' 상황과 '의기양양'은 어울리지 않는다. 9. ㉠ 어떤 특정한 자세를 하다. ① 남에게서 돈이나 물품 따위를 꾸거나 빌리다. ③ 자기 것으로 만들어 가지다. ④ · ⑤ 일정한 조건에 맞는 것을 골라 가지다. 10. ㉠ 마음속으로 그러하다고 보거나 여김. ① 남에게 드러내고 싶지 아니한 부끄러운 부분 ③ · ⑤ 재물을 모아 부자가 됨. ④ 금전이나 물건 따위가 들어오고 나감을 기록함. 11. ㉠ 셈을 맞추다. ① 주로 영업을 목적으로 남을 머물러 묵게 하다. ② 벽 따위를 둘러서 세우거나 쌓다. ④ 몸이나 몸체를 심하게 움직이다. ⑤ 어떠한 상태라고 인정하거나 사실인 듯 받아들이다. 12. 손가락으로 가야금을 연주하는 것은 '현악기의 줄을 통겨서 소리를 내다'의 의미를 지닌 '뜯기'가 적절하며, 채로 장구를 연주하는 것은 '손이나 물건 따위를 부딪쳐 소리 나게 하다'의 의미를 지닌 '치기'가 적절하다. 13. '키우다'뿐 아니라 '기르다'도 '인내심'이라는 추상적 의미를 나타내는 말(추상명사)과 결합할 수 있다. 14. 이생이 아내를 지극히 사랑하여 곧 따라 죽는 상황은 '진심에서 우러나오는 변치 않는 마음'이라는 의미의 '일편단심(一片丹心)'과 관련된다. ① 집 밖에 나가지 않음. ② 처지를 바꾸어 생각함.

타다~틀다

☐ **타다¹**

❶ 불씨나 높은 열로 불이 붙어 번지거나 불꽃이 일어나다.
▶ 벽난로에서 장작이 활활 <u>타고</u> 있다.

❷ 피부가 햇볕을 오래 쬐어 검은색으로 변하다. ▶ 땡볕에 얼굴이 새까맣게 <u>탔다</u>.

❸ 뜨거운 열을 받아 검은색으로 변할 정도로 지나치게 익다.
▶ 딴 일을 하는 사이에 밥이 <u>타</u> 버렸다.

❹ 마음이 몹시 달다. ▶ 어머니는 아들을 기다리다 속이 다 <u>탔다</u>.

❺ 물기가 없어 바싹 마르다. ▶ 긴장이 되어 입술이 바짝바짝 <u>탄다</u>.

☐ **타다²**

❶ 탈것이나 짐승의 등 따위에 몸을 얹다. ▶ 그는 말을 <u>타고</u> 사냥을 나갔다.

❷ 도로, 줄, 산, 나무, 바위 따위를 밟고 오르거나 그것을 따라 지나가다.
▶ 원숭이는 나무를 잘 <u>탄다</u>.

❸ 어떤 조건이나 시간, 기회 등을 이용하다. ▶ 경비가 허술한 틈을 <u>타</u> 도둑이 침입했다.

❹ 바람이나 물결, 전파 따위에 실려 퍼지다.
▶ 재판의 결과는 전파를 <u>타고</u> 빠르게 퍼져 나갔다.

❺ 바닥이 미끄러운 곳에서 어떤 기구를 이용하여 달리다.
▶ 스케이트를 처음 탈 때는 엉덩방아를 찧게 마련이다.

❻ 그네나 시소 따위의 놀이 기구에 몸을 싣고 앞뒤로, 위아래로 또는 원을 그리며 움직이
다. ▶ 아이들이 놀이터에서 그네를 <u>타며</u> 놀고 있다

❼ 의거하는 계통, 질서나 선을 밟다. ▶ 그는 연줄을 <u>타고</u> 우리 회사에 들어왔다.

☐ **타다³**

다량의 액체에 소량의 액체나 가루 따위를 넣어 섞다.
▶ 나는 형에게 커피를 <u>타</u> 주었다.

☐ **타다⁴**

❶ 몫으로 주는 돈이나 물건 따위를 받다.
▶ 아침에 어머니에게 용돈을 <u>탔다</u>. 그는 경연 대회에서 우승하여 상패와 상금을 <u>탔다</u>.

❷ 복이나 재주, 운명 따위를 선천적으로 지니다.
▶ 그는 음악적 재능을 <u>타고</u> 태어났다.

☐ **타다⁵**

박 따위를 톱 같은 기구를 써서 밀었다 당겼다 하여 갈라지게 하다.
▶ 흥부 내외가 톱으로 박을 <u>타자</u> 금은보화가 쏟아져 나왔다.

☐ **타다⁶**

악기의 줄을 퉁기거나 건반을 눌러 소리를 내다.
▶ 연주자가 가야금을 <u>타고</u> 있다.

☐ **타다⁷**

❶ 먼지나 때 따위가 쉽게 달라붙는 성질을 가지다. ▶ 이 옷은 때가 잘 <u>탄다</u>.
❷ 몸에 독한 기운 따위의 자극을 쉽게 받다. ▶ 나는 옻을 잘 <u>타는</u> 체질이다.
❸ 부끄럼이나 노여움 따위의 감정이나 간지럼 따위의 육체적 느낌을 쉽게 느끼다.
▶ 전학생은 우리 학교가 처음이라서 부끄럼을 많이 <u>탔다</u>.
❹ 계절이나 기후의 영향을 쉽게 받다.
▶ 대개 여자들은 봄을 <u>타고</u>, 남자들은 가을을 <u>탄다고</u> 말한다.

☐ **타다⁸**

❶ 사람이나 물건이 많은 사람의 손길이 미쳐 약하여지거나 나빠지다.
▶ 우리 집 강아지는 사람 손을 자주 <u>타서</u> 잘 자라지 않는다.
❷ 물건 따위가 가져가는 사람이 있어 자주 없어지다.
▶ 마늘이고 파고 동네에서 좀 한갓진 텃밭 곡식은 어김없이 손을 <u>탔다</u>.

□ **타박**

허물이나 결함을 나무라거나 핀잔함. ▶ 그는 옷차림이 촌스럽다고 <u>타박</u>해도 웃기만 했다.

참고어휘+ **면박**(面낯면 駁논박할박): 면전에서 꾸짖거나 나무람.

▶ 흥부는 양식을 꾸려 갔다가 <u>면박</u>만 당하고 돌아왔다.

지청구: ❶ 아랫사람의 잘못을 꾸짖는 말늑꾸지람

▶ 그는 주변 어른들로부터 <u>지청구</u>를 들어도 늘 웃는 얼굴이다.

❷ 까닭 없이 남을 탓하고 원망함. ▶ 그는 자신이 잘못한 것이라 누구를 <u>지청구</u>할 수도 없었다.

□ **타성**

惰 게으를 **타** 性 성품 성

오래되어 굳어진 좋지 않은 버릇. 또는 오랫동안 변화나 새로움을 꾀하지 않아 나태하게 굳어진 습성 ▶ <u>타성</u>에 젖어 있는 사람은 발전할 수 없다.

유의어+ **관례**(慣익숙할관 例법식례): 전부터 해 내려오던 방식이 관습으로 굳어진 것

▶ 합격자 발표는 연말에 하는 것이 <u>관례</u>이다.

관행(慣익숙할관 行다닐행): 오래전부터 해 오는 대로 함. 또는 관례에 따라서 함.

▶ 이른바 전관예우의 <u>관행</u>이 법조계에 만연되어 있다.

관용(慣익숙할관 用쓸용): 오랫동안 써서 굳어진 대로 늘 씀. 또는 그렇게 쓰는 것

▶ 외국어를 공부할 때는 <u>관용</u> 표현을 익히는 것이 참 어렵다.

속담+ **세 살 적 버릇이 여든까지 간다**: (어릴 때 몸에 밴 버릇은 늙어 죽을 때까지 고치기 힘듦. →) 어릴 때부터 나쁜 버릇이 들지 않도록 잘 가르쳐야 함.

▶ <u>세 살 적 버릇 여든까지 간다</u>고 요새는 직장에서도 윗사람에게 축약된 표현으로 이야기하는 젊은이가 많다.

□ **탄복**

歎 탄식할 **탄** 服 옷 복

매우 감탄하여 마음으로 따름. ▶ 나라를 생각하는 그들의 충성심에 우리는 <u>탄복</u>을 금치 못했다.

참고어휘+ **탄성**(歎탄식할탄 聲소리성): ❶ 몹시 한탄하거나 탄식하는 소리

▶ 가혹한 정치에 백성들의 <u>탄성</u>이 자자하다.

❷ 몹시 감탄하는 소리 ▶ 우리 팀이 첫 골을 뽑아내자 곳곳에서 <u>탄성</u>이 터졌다.

□ **탐방**

探 찾을 **탐** 訪 찾을 방

❶ 어떤 사실이나 소식 따위를 알아내기 위하여 사람이나 장소를 찾아감.

▶ 이번에는 여행가로 유명한 김 선생님을 <u>탐방</u>하기로 결정했다.

❷ 명승고적 따위를 구경하기 위하여 찾아감.

▶ 학생들은 단체로 경주 불국사를 <u>탐방</u>하였다.

유의어+ **답사**(踏밟을답 査조사할사): 현장에 가서 직접 보고 조사함.

▶ 이번 <u>답사</u>에서 희귀한 식물과 곤충을 다수 채집하였다.

확인문제

(1~2) 의미상 공통점이 <u>없는</u> 말을 고르시오.

1. ① 타박　　　　② 면박　　　　③ 핀잔　　　　④ 기탄　　　　⑤ 지청구

2. ① 타성　　　　② 버릇　　　　③ 관행　　　　④ 습관　　　　⑤ 쇄신

(3~6) 밑줄 친 말의 쓰임이 문맥에 적절한지 판단하시오.

3. 우리 부부는 시간만 나면 맛집 <u>탐방</u>에 나선다.

4. 다음 주에 체험 활동을 갈 곳에 대해 인터넷으로 <u>답사</u>하였다.

5. 상황이 어렵다고 <u>탄복</u>만 해서는 해결되는 것이 없다.

6. 산꼭대기에 오른 순간 멋진 풍광에 나도 모르게 <u>탄성</u>이 나왔다.

(7~8) 밑줄 친 말이 제시문과 가장 유사한 의미로 쓰인 것을 고르시오.

7. 연이 바람을 <u>타고</u> 하늘로 올라간다.

① 상을 <u>타다</u>.　　② 손을 <u>타다</u>.　　③ 방송을 <u>타다</u>.　　④ 가을을 <u>타다</u>.　　⑤ 간지럼을 <u>타다</u>.

8. 나는 막히는 시내를 피해 내부 순환로를 <u>타기</u>로 했다.

① 틈을 <u>타다</u>.　　② 박을 <u>타다</u>.　　③ 풍금을 <u>타다</u>.　　④ 암벽을 <u>타다</u>.　　⑤ 애간장이 <u>타다</u>.

[정답] 1. ④ 2. ⑤ 3. 적절 4. 부적절 5. 부적절 6. 적절 7. ③ 8. ④

[해설] 1. ④ 어렵게 여겨 꺼림. 7. 타다²-❹ ① 타다⁴-❶ ② 타다⁸-❶ ④ 타다⁷-❹ ⑤ 타다⁷-❸ 8. 타다²-❷ ① 타다²-❸ ② 타다⁵ ③ 타다⁶ ⑤ 타다¹-❹

☐ **탐지** 探 찾을 **탐** 知 알 **지**	드러나지 않은 사실이나 물건 따위를 더듬어 찾아 알아냄. ▶ 이번에 새로 개발된 미사일은 적의 레이더에 <u>탐지</u>되지 않는다.
☐ **택일** 擇 가릴 **택** 日 날 **일**	어떤 일을 치르거나 길을 떠나거나 할 때 운수가 좋은 날을 가려서 고름. 또는 그날 ▶ 그들은 단시일 내에 혼약을 맺고 <u>택일</u>까지 했다. [동음이의어 +] **택일**(擇가릴택 —한일): 여럿 가운데에서 하나를 고름. ▶ 파견지는 미국, 영국, 프랑스 가운데 <u>택일</u>해야 한다.
☐ **터득** 攄 펼 **터** 得 얻을 **득**	깊이 생각하여 이치를 깨달아 알아냄. ▶ 그는 즐겁게 사는 법을 <u>터득</u>했다. [참고어휘 +] '得(얻을득)'을 공유하는 한자어 **체득**(體몸체 得얻을득): ❶ 몸소 체험하여 알게 됨. ▶ 그는 싸우는 것보다 참는 것이 낫다는 것을 경험으로 <u>체득</u>했다. ❷ 뜻을 깊이 이해하여 실천으로써 본뜸. ▶ 그는 비로소 성현의 말씀을 <u>체득</u>하게 되었다. **감득**(感느낄감 得얻을득): ❶ 느껴서 앎. ▶ 그는 그녀의 변하는 표정을 순간적으로 <u>감득</u>하였다. ❷ 영감으로 깨달아 앎. ▶ 그녀는 위기가 닥치고 있음을 <u>감득</u>하였다. **습득**(習익힐습 得얻을득): 학문이나 기술 따위를 배워서 자기 것으로 함. ▶ 언어 <u>습득</u> 능력은 어린이가 어른보다 훨씬 뛰어나다. **습득**(拾주을습 得얻을득): 주워서 얻음. ▶ 그는 길에서 <u>습득</u>한 돈을 파출소에 맡겼다. **취득**(取가질취 得얻을득): 자기 것으로 만들어 가짐. ▶ 그는 운전면허증을 <u>취득</u>하고 바로 차를 샀다.
☐ **털다**	❶ 달려 있는 것, 붙어 있는 것 따위가 떨어지게 흔들거나 치거나 하다. ▶ 그는 집에 들어가기 전에 먼지 묻은 옷을 <u>털었</u>다. ❷ 자기가 가지고 있는 것을 남김없이 내다. ▶ 용돈을 다 <u>털어</u>도 그 물건은 살 수 없다. ❸ 남이 가진 재물을 몽땅 빼앗거나 그것이 보관된 장소를 모조리 뒤지어 훔치다. ▶ 경찰이 은행을 <u>턴</u> 강도를 수배하였다. ❹ 일, 감정, 병 따위를 완전히 극복하거나 말끔히 정리하다. ▶ 그는 쓸데없는 죄의식을 <u>털어</u> 버렸다.
☐ **토로** 吐 토할 **토** 露 이슬 **로**	마음에 있는 것을 죄다 드러내어서 말함. ▶ 나는 어머니께 객지생활의 외로움을 <u>토로</u>했다. [유의어 +] **피력**(披펼피 瀝스밀력): 생각하는 것을 털어놓고 말함. ▶ 그는 환경 문제에 대한 자신의 견해를 열성적으로 <u>피력</u>하였다. **술회**(述펼술 懷품을회): 마음속에 품고 있는 여러 가지 생각을 말함. 또는 그런 말 ▶ 어머니는 학비 때문에 아들을 학교에 보내지 못한 것이 가장 가슴 아픈 일이었다고 <u>술회</u>했다.
☐ **통념** 通 통할 **통** 念 생각 **념**	일반적으로 널리 통하는 개념 ▶ 국악은 대중성이 없다는 잘못된 <u>통념</u>을 깨야 한다. [참고어휘 +] '念(생각념)'을 공유하는 한자어 **괘념**(掛걸괘 念생각념): 마음에 두고 걱정하거나 잊지 않음. ▶ 남들이 뭐라고 하든 <u>괘념</u>하지 말고 소신껏 행동해라. **유념**(留머무를유 念생각념): 잊거나 소홀히 하지 않도록 마음속에 깊이 간직하여 생각함. ▶ 흥분된 분위기에 휩쓸려 실수하는 일이 없도록 각별히 <u>유념</u>하기 바란다.
☐ **통지** 通 통할 **통** 知 알 **지**	(어떤 사실이나 소식을 다른 장소에 있는 사람에게) 기별을 보내어 알게 함. ▶ 그는 부친이 위독하다는 <u>통지</u>를 받고 곧장 고향으로 떠났다. [참고어휘 +] **고지**(告고할고 知알지): 게시나 글을 통하여 알림. ▶ 환경부에서는 자연 보호 및 산림의 중요성을 널리 <u>고지</u>하였다.

□ 통칭
通 통할 통 **稱** 일컬을 칭

❶ 일반적으로 널리 이름. 또는 그런 이름이나 말
▶ 사람들은 영화를 영상 종합 예술이라고 **통칭**하기도 한다.
❷ 공통으로 이름. 또는 그런 이름 ▶ 연필, 볼펜, 만년필, 공책 등을 **통칭**하여 필기도구라고 한다.
참고어휘 + '稱(일컬을칭)'을 공유하는 한자어
총칭(總다총 稱일컬을칭): 전부를 한데 모아 두루 일컬음. 또는 그런 이름
▶ '도서(圖書)'라는 말은 글씨, 그림, 서적 따위에 대한 **총칭**으로 사용된다.
속칭(俗풍속속 稱일컬을칭): 세속에서 보통 이르는 말. 또는 그런 이름
▶ 김병연을 **속칭** 김삿갓이라 부른다.

□ 통하다
通 통할 통 –

❶ 막힘이 없이 들고 나다. ▶ 바람이 잘 **통하는** 곳에 빨래를 널어야 잘 마른다.
❷ 말이나 문장 따위의 논리가 이상하지 아니하고 의미의 흐름이 적절하게 이어져 나가다.
▶ 그의 글은 앞뒤의 내용이 **통하지** 않는다.
❸ 어떤 곳에 무엇이 지나가다. ▶ 전깃줄에 전류가 **통한다**.
❹ 어떤 방면에 능하고 잘 알다. ▶ 김 박사는 천문학에 환히 **통한** 권위자이다.
❺ 어떤 행위가 받아들여지다. ▶ 그 사람에게 그런 식은 안 **통한다**.
❻ 어떠한 자격이나 이름으로 알려지거나 불리다. ▶ 나는 학교에서 독서가로 **통한다**.
❼ 내적으로 관계가 있어 연계되다. ▶ 지나친 회의주의는 패배주의와 **통한다**.
❽ 어떤 곳으로 이어지다. ▶ 인천 공항은 세계로 **통하는** 관문이다.
❾ 마음 또는 의사나 말 따위가 다른 사람과 소통되다.
▶ 요즘 청소년들은 기성세대와 말이 **통하지** 않는다고 말하곤 한다.
❿ 전화 따위가 이어지다. ▶ 이 지역은 산이 높아서 전화가 잘 **통하지** 않는다.
⓫ 어떤 길이나 공간 따위를 거쳐서 지나가다. ▶ 우리는 뒷문을 **통해** 밖으로 나왔다.
⓬ 어떤 사람이나 물체를 매개로 하거나 중개하게 하다.
▶ 망원경을 **통해** 북녘의 땅을 바라보았다.
⓭ 일정한 공간이나 기간에 걸치다. ▶ 그녀는 일생을 **통해** 단 한 권의 책만을 남겼다.
⓮ 어떤 과정이나 경험을 거치다. ▶ 그는 이번 경험을 **통해** 많은 것을 배웠을 것이다.
⓯ 어떤 관계를 맺다. ▶ 그는 경찰과도 잘 **통하는** 인물이다.
⓰ 인사나 말을 건네다. ▶ 우리는 옆집 사람들과 인사를 **통하고** 지낸다.

확인문제

(1~6) 주어진 뜻풀이에 맞는 어휘가 되도록 빈칸에 알맞은 말을 쓰시오.

1. 마음에 있는 것을 죄다 드러내어서 말함: □로
2. 마음속에 품고 있는 여러 가지 생각을 말함: 술□
3. 일반적으로 널리 통하는 개념: □념
4. 마음에 두고 걱정하거나 잊지 않음: □념
5. 여럿 가운데에서 하나를 고름: □일
6. 세속에서 보통 이르는 말: □칭

(7~8) 괄호 안에서 문맥에 맞는 말을 고르시오.

7. 이 기구는 해저를 (탐지 / 통지 / 고지)하는 데 유용하게 쓰인다.
8. 그의 절약하는 습관은 오랜 가난에서 (체득 / 습득 / 취득)되었을 것이다.

(9~10) 밑줄 친 말이 제시문과 가장 유사한 의미로 쓰인 것을 고르시오.

9. 그녀는 악몽 같은 세월을 <u>털고</u> 일어섰다.
① 이불을 <u>털다</u>.　② 금품을 <u>털다</u>.　③ 사재를 <u>털다</u>.　④ 부담감을 <u>털다</u>.　⑤ 곰방대를 <u>털다</u>.
10. 여행은 교과서를 <u>통해</u> 얻을 수 없는 지식을 우리에게 준다.
① 뜻이 <u>통하는</u> 친구　② 천문에 <u>통한</u> 학자　③ 공기가 <u>통하는</u> 옷　④ 역으로 <u>통하는</u> 길　⑤ 비서를 <u>통한</u> 연락

[정답] 1. 토 2. 회 3. 통 4. 괘 5. 택 6. 속 7. 탐지 8. 체득 9. ④ 10. ⑤
[해설] 9. 털다-❹ ①·⑤ 털다-❶ ② 털다-❸ ③ 털다-❷ 10. 통하다-❷ ① 통하다-❾ ② 통하다-❹ ③ 통하다-❶ ④ 통하다-❽

☐ **통한** 痛 아플 통 恨 한 한	몹시 분하거나 억울하여 한스럽게 여김. ▶ 우리 학교 농구부는 결승을 목전에 두고 통한의 1패를 당했다. 【한자성어 +】 **각골통한**(刻새길각 骨뼈골 痛아플통 恨한할한): 뼈에 사무칠 만큼 원통하고 한스러움. 또는 그런 일 ▶ 홍길동은 아버지를 아버지라 부르지 못하는 자신의 신세를 <u>각골통한</u>으로 여겼다.
☐ **통합** 統 거느릴 통 合 합할 합	둘 이상의 조직이나 기구 따위를 하나로 합침. ▶ 군소 정당들이 통합 계획을 발표했다. 【참고어휘 +】 '합(合합할합)'을 공유하는 한자어 **취합**(聚모을취 合합할합): 모아서 합침. ≒수합(收거둘수 合합할합) ▶ 그는 회원들의 의견을 <u>취합</u>하여 회의의 안건을 정하였다. **조합**(組짤조 合합할합): 여럿을 한데 모아 한 덩어리로 짬. ▶ 모음을 자음과 <u>조합</u>하여 음성 언어를 표기한다. **봉합**(封봉할봉 合합할합): 봉하여 붙임. ▶ 새로 발생한 외부의 문제로 인해 당내 갈등은 일단 <u>봉합</u>됐다. **배합**(配짝배 合합할합): ❶ 이것저것을 일정한 비율로 한데 섞어 합침. ▶ 염료와 물을 1 : 3의 비율로 <u>배합</u>하였다. ❷ 부부의 인연을 맺음. ▶ 사람들은 두 사람의 <u>배합</u>을 아주 부러워했다. **융합**(融녹을융 合합할합): 다른 종류의 것이 녹아서 서로 구별이 없게 하나로 합하여지거나 그렇게 만듦. 또는 그런 일 ▶ 수소가 산소와 일정 비율로 <u>융합</u>하면 물이 된다. **규합**(糾얽힐규 合합할합): 어떤 일을 꾸미려고 세력이나 사람을 모음. ▶ 여러 세력을 <u>규합</u>하여 신당을 창립하였다. **야합**(野들야 合합할합): 좋지 못한 목적으로 서로 어울림. ▶ 그들은 두 정당의 통합을 <u>야합</u>이라고 규정했다. **담합**(談말씀담 合합할합): 서로 의논하여 합의함. ▶ 그들은 <u>담합</u>하여 나를 도둑으로 몰았다.
☐ **퇴락** 頹 무너질 퇴 落 떨어질 락	❶ 낡아서 무너지고 떨어짐. ▶ 오래 손질하지 않고 버려둔 집은 <u>퇴락</u>의 빛이 역력하였다. ❷ 지위나 수준 따위가 뒤떨어짐. ▶ 한때는 명문 세가였지만 부친 대엔 생원으로 <u>퇴락</u>하여 사대부의 반열에서도 떨려 날 지경이었다. 【참고어휘 +】 '락(落떨어질락)'을 공유하는 한자어 **쇠락**(衰쇠할쇠 落떨어질락): 쇠약하여 말라서 떨어짐. ▶ 고려는 귀족들이 부패하고 사치가 심해지면서 <u>쇠락</u>하기 시작했다. **전락**(轉구를전 落떨어질락): (아래로 굴러 떨어짐. →) 나쁜 상태나 타락한 상태에 빠짐. ▶ 양반들에게 농토를 빼앗긴 농민들은 소작인으로 <u>전락</u>하고 말았다. **타락**(墮떨어질타 落떨어질락): 올바른 길에서 벗어나 잘못된 길로 빠지는 일 ▶ 그는 겉으로는 성자인 체하면서 실제로는 <u>타락</u>한 행동을 일삼았다. **몰락**(沒빠질몰 落떨어질락): ❶ 재물이나 세력 따위가 쇠하여 보잘것없이 됨. ▶ 나에게는 <u>몰락</u>한 가문의 명예를 회복할 의무가 있다. ❷ 멸망하여 모조리 없어짐. ▶ 로마 제국은 사치와 향락에 젖어 지내다가 <u>몰락</u>하고 말았다.
☐ **투영** 投 던질 투 影 그림자 영	❶ 물체의 그림자를 어떤 물체 위에 비추는 일. 또는 그 비친 그림자 ▶ 내 그림자가 길게 언덕길에 <u>투영</u>되었다. ❷ 어떤 일을 다른 일에 반영하여 나타냄. ▶ 그 드라마는 인간의 원초적인 욕망을 상징적으로 <u>투영</u>하고 있다. 【참고어휘 +】 **반영**(反돌이킬반 映비칠영): ❶ 빛이 반사하여 비침. ▶ 햇빛이 호수에 <u>반영</u>하여 눈이 부시다. ❷ 다른 것에 영향을 받아 어떤 현상이 나타남. 또는 어떤 현상을 나타냄 ▶ 유행어는 시대상을 <u>반영</u>한다.

□ 트다¹	❶ 너무 마르거나 춥거나 하여 틈이 생겨서 갈라지다. ▶ 나는 겨울만 되면 입술이 <u>튼다</u>.
	❷ 식물의 싹, 움, 순 따위가 벌어지다. ▶ 봄이 되자 가로수에 움이 <u>트기</u> 시작했다.
	❸ 날이 새면서 동쪽 하늘이 훤해지다. ▶ 우리는 동이 <u>트기</u>를 기다렸다가 집을 나섰다.
	❹ 더 기대할 것이 없는 상태가 되다. ▶ 차가 끊겨서 오늘 가기는 <u>텄다</u>.
□ 트다²	❶ 막혀 있던 것을 치우고 통하게 하다. ▶ 아버지는 문간방을 <u>터서</u> 마당을 넓히셨다.
	❷ 장(場) 따위를 열다. ▶ 난장을 <u>트면</u> 별의별 장사치들이 다 몰려들었다.
	❸ 서로 스스럼없이 사귀는 관계가 되다. ▶ 우리는 서로 마음을 <u>트고</u> 지내는 사이이다.
	❹ 서로 거래하는 관계를 맺다. ▶ 우리 회사는 신용도가 높아 은행과 거래를 <u>틀</u> 수 있었다.
	❺ 어떤 사람과 해라체나 반말을 하는 상태가 되다.
	▶ 그는 나보다 나이는 한 살 많지만 서로 말을 <u>트고</u> 지낸다.
□ 틀	❶ 골이나 판처럼 물건을 만드는 데 본이 되는 물건 ▶ 반죽을 틀에 넣어 다식을 찍었다.
	❷ 어떤 물건의 테두리나 얼개가 되는 물건 ▶ 벽에는 틀에 넣은 사진들이 걸려 있었다.
	❸ 일정한 격식이나 형식 ▶ 그는 틀에 박힌 생활에서 벗어나기 위해 여행을 떠났다.
	❹ 사람 몸이 외적으로 갖추고 있는 생김새나 균형 ▶ 그는 틀이 좋아 무엇을 입어도 멋있다.
	❺ 간단한 구조로 된 기계나 장치 ▶ 고향에서는 돗자리를 짜는 틀을 집집마다 가지고 있었다.
□ 틀다	❶ 방향이 꼬이게 돌리다. ▶ 그녀는 그의 시선을 피해 고개를 외로 <u>틀었다</u>.
	❷ 나사나 열쇠 따위를 돌리다. ▶ 수도꼭지를 <u>틀자</u> 더운물이 쏟아져 나왔다.
	❸ 음향기기 따위를 작동하게 하다. ▶ 라디오를 <u>트니</u> 신나는 노래가 나오고 있었다.
	❹ 잘되어 가던 일을 꼬이게 하다. ▶ 여자 쪽 부모가 <u>틀어서</u> 결혼이 이루어지지 않았다.
	❺ 상투나 쪽 따위로 머리털을 올려붙이다. ▶ 옛날 남자들은 결혼을 하면 상투를 <u>틀었다</u>.
	❻ 짚이나 대 따위로 엮어서 보금자리, 둥지, 멍석 따위를 만들다.
	▶ 비둘기 한 쌍이 감나무 위에 둥지를 <u>틀었다</u>.
	❼ 솜틀로 솜을 타다. ▶ 오래된 이불의 솜을 <u>트니</u> 새 이불처럼 폭신해졌다.
	❽ 뱀 따위가 몸을 둥글게 말아 똬리처럼 만들다. ▶ 뱀이 길에 똬리를 <u>틀고</u> 있었다.
	❾ 몸을 움직여 어떤 모양이나 자세를 만들다. ▶ 스님은 가부좌를 <u>틀고</u> 참선을 시작했다.
	❿ 일정한 방향으로 나가는 물체를 돌려 다른 방향이 되게 하다.
	▶ 시청에 가려면 저기 교차로에서 차를 왼쪽으로 <u>틀어야</u> 한다.

확인문제

(1~6) 문맥에 맞는 말을 괄호 안에서 고르시오.

1. 그는 자신의 가난을 (각골통한 / 각골난망)으로 여겼다.　　　2. 오늘은 여러 곳에서 (수합 / 봉합)해 온 책을 분류할 계획이다.

3. 두 가게가 (통합 / 담합)하여 물건값을 대폭 인상했다.　　　4. 떡은 가루와 물의 (야합 / 배합)이 맞아야 잘 익는다.

5. (쇠락 / 타락)한 정원에는 앙상한 나무들만 남았다.　　　6. 판소리에는 민중의 의식이 (투영 / 투입)되어 있다.

(7~9) 밑줄 친 말이 제시문과 가장 유사한 의미로 쓰인 것을 고르시오.

7. 우리 아이들을 하나의 <u>틀</u>에 고정시키는 교육은 지양해야 한다.

　　① 베를 짜는 틀　　　② 틀에 박힌 생활　　　③ 틀이 잡힌 자세　　　④ 벽돌을 찍는 틀　　　⑤ 나무 틀로 된 창문

8. 추위에 장갑도 끼지 않고 일했더니 손이 <u>텄다</u>.

　　① 싹이 <u>트다</u>.　　　② 동이 <u>트다</u>.　　　③ 입술이 <u>트다</u>.　　　④ 거래를 <u>트다</u>.　　　⑤ 길을 <u>트다</u>.

9. 열쇠를 구멍에 넣고 <u>틀자</u> 문이 열렸다.

　　① 상투를 <u>틀다</u>.　　　② 온풍기를 <u>틀다</u>.　　　③ 수도꼭지를 <u>틀다</u>.　　　④ 보금자리를 <u>틀다</u>.　　　⑤ 허리를 비비 <u>틀다</u>.

[정답] 1. 각골통한 2. 수합 3. 담합 4. 배합 5. 쇠락 6. 투영 7. ② 8. ③ 9. ③

[해설] 7. 틀-❸ ① 틀-❺ ③ 틀-❹ ④ 틀-❶ ⑤ 틀-❷ 8. 트다¹-❶ ① 트다¹-❷ ② 트다¹-❸ ④ 트다²-❹ ⑤ 트다²-❶ 9. 틀다-❷ ⑤ 틀다-❶

(1~2) ㉠~㉤의 사전적 의미로 적절하지 <u>않은</u> 것을 고르시오.

1.

(2016 고3 4월 학평 응용)

볼탕스키는 사람들이 사진을 진짜라고 믿는 마음을 역이용하여 사진이 갖는 사실성과 허구성이라는 양면성을 드러냄으로써, 사진에 ㉠<u>부여</u>된 진실성을 의심하고 사진을 다의적으로 읽을 수 있도록 다양한 ㉡<u>시도</u>를 했다. '진짜'처럼 여기도록 아마추어 사진을 반복적으로 재촬영하여 원래 사진의 이미지를 일부러 흐리게 만들거나 자신의 의도에 따라 사진을 재배열하기도 했다. 또 드러내 놓고 제목이나 설명과 같은 텍스트를 사진과 엉터리로 ㉢<u>조합</u>하여 감상자가 이를 쉽게 알아챌 수 있도록 함으로써 사진이 보여 주는 것이 진실인지, 텍스트가 보여 주는 것이 진실인지 감상자를 혼란에 빠뜨리기도 했다.

이처럼 볼탕스키는 일상적인 아마추어 사진을 오브제로 사용함으로써, 보편적이고 공통된 문화적 특징을 이해하게 하고 사실과 허구가 ㉣<u>공존</u>하는 사진의 양면성을 작품을 통해 드러냈다. 이를 통해 현대 사회가 만들어내는 이미지의 홍수 속에서 감상자의 의식적인 이미지 읽기를 ㉤<u>권고</u>하고 있다.

① ㉠: 사물이나 일에 가치·의의 따위를 붙여 줌.

② ㉡: 어떤 것을 이루어 보려고 계획하거나 행동함.

③ ㉢: 어떤 기준이나 실정에 맞게 정돈함.

④ ㉣: 두 가지 이상의 사물이나 현상이 함께 존재함.

⑤ ㉤: 어떤 일을 하도록 권함.

2.

(2016 고2 9월 학평 응용)

손익분기점이란 일정기간에 발생하는 총수입과 투입된 총비용이 같아 ㉠<u>손실</u>도 이익도 발생하지 않는 지점이다. 손익분기점은 고정비와 매출액에 대한 변동비의 비율을 활용하여 계산하는데, 고정비는 직원 인건비와 가게 임대료, 대출 이자, 세금과 같이 매출과 관련 없이 ㉡<u>고정적</u>으로 발생하는 비용이며, 변동비는 재료비처럼 매출에 따라 변하는 비용이다. 총수입이 늘거나, ㉢<u>투입</u>된 총비용이 줄면 손익분기점은 낮아진다. 이처럼 손익분기점은 총수입과 총비용과의 관계에서 손실이 발생하지 않는 매출 수준을 알 수 있다는 장점이 있지만, 손익분기점 역시 ㉣<u>암묵적</u>인 비용이 ㉤<u>반영</u>되지 않기 때문에 창업을 고려할 때는 경제학적 이윤과 함께 따져보는 것이 필요하다.

① ㉠: 잃어버리거나 축가서 본 손해.

② ㉡: 한번 정한 대로 변경하지 아니한 것.

③ ㉢: 귀중한 물품이나 정보를 밖으로 내보냄.

④ ㉣: 자기의 의사를 밖으로 나타내지 아니한 것.

⑤ ㉤: 다른 것에 영향을 받아 어떤 현상이 나타남.

(3~4) 다음 글을 읽고 물음에 답하시오.

바우만은 개체화된 개인들이 삶의 불확실성 속에서 생존을 ㉠<u>모색(摸索)</u>하게 된 현대를 '액체 시대'로 정의하였다. 현대인의 삶과 사회 전체가, 형체는 ⓐ<u>가변적</u>이고 흐르는 방향은 ⓑ<u>유동적</u>인 액체와 같아졌다고 보았던 것이다. 그런데 그는 액체 시대라는 개념을 통해 핵 확산이나 환경 재앙 등 예측 불가능한 전 지구적 위험 요인의 ⓒ<u>항시적</u> 존재만이 아니라 삶의 조건을 불확실하게 만드는 개체화 현상 자체를 위험 요인으로 본다는 점에서 벡과 달랐다. 바우만은 우선 세계화의 흐름 속에서 소수의 특권 계급을 제외한 대다수의 사람들이 무한 경쟁에 내몰리고 빈부 격차에 따라 생존 자체를 위협받는 등 잉여 인간으로 ㉡<u>전락(轉落)</u>하고 있다고 본다. 그러나 그가 더 ⓓ<u>치명적</u>으로 본 것은 협력의 고리를 찾지 못하게 된 현대인들이 개인 수준에서 위기에 ㉢<u>대처(對處)</u>해야 하는 상황에 빠져 버렸다는 점이다. 더구나 그는 위험에 대한 공포가 내면화되면 사람들은 극복 의지도 잃고 공포로부터 ㉣<u>도피(逃避)</u>하거나 ⓔ<u>소극적</u> 자기 방어 행동에 ㉤<u>몰두(沒頭)</u>하게 된다고 보았다.

3. ㉠~㉤의 사전적 의미로 적절하지 <u>않은</u> 것은?

(2016 6월 모평B 응용)

① ㉠: 간절하게 바람.

② ㉡: 나쁜 상태나 타락한 상태에 빠짐.

③ ㉢: 어떤 정세나 사건에 알맞은 조치를 취함.

④ ㉣: 도망하여 몸을 피함.

⑤ ㉤: 어떤 일에 온 정신을 다 기울여 열중함.

4. ⓐ~ⓔ의 사전적 의미로 적절한 것은?

① ⓐ: 끊임없이 흘러 움직이는. 또는 그런 것.

② ⓑ: 바꿀 수 있거나 바뀔 수 있는. 또는 그런 것.

③ ⓒ: 언제나 늘 있는. 또는 그런 것.

④ ⓓ: 정도나 경지가 깊이 있고 철저한. 또는 그런 것.

⑤ ⓔ: 남의 힘에 의하여 움직이는. 또는 그런 것.

5. 어휘의 선택이 문맥에 맞는 것은?

① 사람들은 자연과 융화해서 살아가는 방법을 (취득/ 터득)했다.

② 이장은 동네 사람들이 모인 장소에 마을 음악회 일정을 (고지 /통지)하였다.

③ 민요는 일반 민중의 생활 속에서 전승되는 모든 고전 시가의 (속칭 /총칭)이다.

④ 어느 (타락/ 퇴락)한 초가집의 허물어진 돌담 틈새에 담쟁이덩굴이 흐드러져 있었다.

⑤ 그는 자신의 행동이 사회적 (유념/ 통념)에 어긋나는 것일지라도 단호히 결행하겠다고 말했다.

(6~7). 문맥상 ㉠와 바꾸어 쓸 수 있는 한자어로 가장 적절한 것을 고르시오.

6.

(2010 9월 모평 응용)

　목표치가 없을 때는 학습 데이터로 주어진 입력 특징들의 유사성을 찾아 군집화한다. 이와 같이 목표치가 제시되지 않는 학습을 무감독학습이라고 한다. 예컨대 5와 0에 대한 몇 개의 필기체 숫자에 대한 입력 특징만 주어지면, 무감독학습은 비슷한 입력 특징을 가진 숫자들을 ㉠모아 '5' 또는 '0'에 대해 군집화하는 함수를 만든다.

① 취합(聚合)하여　　　　② 융합(融合)하여　　　　③ 담합(談合)하여

④ 규합(糾合)하여　　　　⑤ 결합(結合)하여

7.

(2015 고3 10월 학평A 응용)

　개정 무한계설에서는 헌법 규범과 헌법 현실 사이의 틈을 해소할 수 있는 유일한 방법은 헌법 개정을 무제한 허용하는 것이라고 주장한다. 또, 헌법 제정 권력과 헌법 개정 권력의 구별을 부인하여 헌법 최고의 법적 권력은 헌법 개정 권력이라고 주장한다. 그리고 현재의 헌법 규범이나 가치에 의해 장래의 세대를 구속하는 것은 부당하다는 점을 ㉠밝힌다.

① 발견한다　　　② 해석한다　　　③ 선호한다　　　④ 피력한다　　　⑤ 판단한다

8. ⊙과 ⓒ을 글의 흐름에 맞게 적절하게 바꿔 쓴 것은? (2007 고3 3월 학평)

> 역사는 어떤 사실에 특정한 의미가 부여되더라도 그것이 개별적 차원을 넘는 전체적인 ⊙틀 안에서 파악되고 해석되지 않는 한, 그것은 개별적 존재의 의미로만 남아 역사적 의미를 가질 수 없다.
> 이러한 해석의 과정에서 역사가에게 필요한 것이 역사관인데, 역사관이란 역사에 대한 총체적 비전을 가리킨다. 순환적인 역사관, 기독교적인 역사관, 마르크스 역사관 등 다양한 역사관이 있다. 역사가는 자신의 역사관을 바탕으로 역사를 서술하는 것이다. 역사관에 따라 똑같은 역사적 사실이나 사건이 '진보', '발전'이라는 ⓒ틀에서 그 의미가 부여되기도 하고, '반복', '혼동'이란 이름으로 그 의미가 삭제되기도 한다.

① ⊙-경향, ⓒ-체제 ② ⊙-방법, ⓒ-의도 ③ ⊙-목표, ⓒ-전략
④ ⊙-계획, ⓒ-수단 ⑤ ⊙-구조, ⓒ-관점

(9~10) 밑줄 친 말의 문맥적 의미가 ⊙과 가장 유사한 것을 고르시오.

9.

> 그의 발언은 한편으로는 권위주의와 ⊙통한다는 사실을 간파해야 한다.

① 그와는 말이 안 통해서 얘기하기가 싫다. ② 이 바닥에서는 그런 얄팍한 수는 통하지 않는다.
③ 모든 사람은 비서를 통해야만 그를 만날 수 있다. ④ 조선조를 통해 세종대왕만큼 위대한 통치자는 없다.
⑤ 문학은 인간 구원의 관점에서 종교와 통하는 면이 있다.

10. ─────────────────────────── (2008 고3 10월 학평)

> 비판적 사고란 주어진 ⊙틀에 따라 기계적이고 무의식적으로 사고하는 것이 아니라, 스스로 무슨 사고가 진행되고 있는지를 능동적으로 의식하면서 사고하는 행위이다. 즉, 어떤 사고를 할 때 무슨 사고를 했는지, 그 사고의 목적이 무엇인지 등을 끊임없이 스스로 묻는 반성적 사고인 것이다.

① 지은이는 나무 틀 위에 천을 덮었다. ② 그는 황제로서의 위엄이 틀에 잡혀 있다.
③ 오누이는 얼굴 생김새가 한 틀에 박아 낸 것 같다. ④ 이 작품은 석고로 만든 틀에 청동을 부어 만든 것이다.
⑤ 훈련병들은 정해진 틀에 맞춰 하루하루를 생활하고 있었다.

11. 〈보기〉는 '타다'의 의미 학습을 위해 활용한 사전의 일부분이다. 탐구 결과로 적절하지 <u>않은</u> 것은? (2014 고1 6월 학평)

> ─〈보 기〉─
> **타다¹** 동
>   ① 【…에】【…을】탈것이나 짐승의 등 따위에 몸을 얹다. ¶ 버스에 타다. / 말을 타다.
>   ② 【…을】
>   ① 도로, 줄, 산, 나무, 바위 따위를 밟고 오르거나 그것을 따라 지나가다. ¶ 원숭이는 나무를 잘 탄다.
>   ② 어떤 조건이나 시간, 기회 등을 이용하다. ¶ 대화가 끊긴 틈을 타 자리에서 일어섰다.
> **타다²** 동
>   ① 【…에서/에게서 …을】몫으로 주는 돈이나 물건 따위를 받다. ¶ 회사에서 월급을 타다. / 상을 타다.
>   ② 【…을】복이나 재주, 운명 따위를 선천적으로 지니다. ¶ 좋은 팔자를 타고 태어나다.

① 타다¹과 타다²는 둘 다 다의어이군.

② 타다¹과 타다²는 서로 동음이의 관계에 있군.

③ 타다¹-②와 타다²는 문장 구조상 목적어를 필요로 하겠군.

④ 타다¹-②-②의 예문으로 '음악적 소질을 타고 태어났다.'를 추가할 수 있겠군.

⑤ 타다²-①의 반의어로는 '주다'가 가능하겠군.

12. 〈보기〉의 밑줄 친 어휘의 의미에 대해 잘못 이해한 사람은?   (2005 고3 7월 학평)

◦ 초행길이라 ㉠길라잡이인 인수가 앞장서고 우리가 그 뒤를 따랐다.

◦ 영희는 ㉡눈썰미가 있어서 처음 하는 음식도 맛있게 하는 편이다.

◦ '내가 무슨 짓을 하든지 간에 네가 왜 참견이냐' 하는 ㉢타박이었다.

◦ 그녀와 나는 산에 오르다가 ㉣등걸에 걸터앉아 흘러가는 구름을 바라보았다.

◦ ㉤귤껍질과 조개껍데기는 분리해서 배출해야 한다.

---

① ㉠은 문맥으로 보아 '길을 안내하는 사람'이라는 뜻이야.

② ㉡은 '눈썰미가 좋다', '눈썰미가 남다르다' 등으로도 사용할 수 있을 거야.

③ ㉢과 '반찬 타박이 심하다'고 할 때의 '타박'은 의미가 조금 다르지.

④ ㉣은 '줄기를 잘라 낸 나무의 밑동'이라는 의미니, '그루터기'로 바꾸어 써도 되겠어.

⑤ ㉤으로 보아 양파처럼 무른 물체에는 '껍질'을, 달걀처럼 단단한 물체에는 '껍데기'를 써야 할 거야.

13. ㉠에 드러나는 심리를 표현한 말로 가장 적절한 것은?   (2019 고3 4월 학평)

"일이 이렇게 되었으니 누구를 원망하겠나이까? 귀신이 시기하고 조물주가 투기한 탓에 ㉠이렇게 누명을 쓰고 형벌을 받게 되었으니, 제가 무슨 면목으로 부모님께 말씀을 아뢰며, 또한 낭군의 얼굴을 어찌 마주할 수 있겠나이까? 차라리 죽어 모르고자 하나이다."

하고 스스로 목숨을 끊으려 하다가, 낭군과 자식을 생각하여 차마 죽지 못하고 땅에 엎어져 기절하더라.

– 작자 미상, 〈숙영낭자전〉

---

① 각골통한(刻骨痛恨)   ② 맥수지탄(麥秀之嘆)   ③ 수구초심(首丘初心)

④ 이심전심(以心傳心)   ⑤ 풍수지탄(風樹之嘆)

[정답] 1. ③ 2. ③ 3. ① 4. ③ 5. ③ 6. ① 7. ④ 8. ⑤ 9. ⑤ 10. ⑤ 11. ④ 12. ③ 13. ①

[해설] 1. ㉢ 여럿을 한데 모아 한 덩어리로 짬. ③은 '조정(調整)'에 해당한다. 2. ㉢ 사람이나 물자, 자본 따위를 필요한 곳에 넣음. ③은 '유출(流出)'에 해당한다. 3. ㉠ 일이나 사건 따위를 해결할 수 있는 방법이나 실마리를 더듬어 찾음. ①은 '갈망(渴望)'에 해당한다. 4. ⓐ 바꿀 수 있거나 바뀔 수 있다. 또는 그런 것. ⓑ 끊임없이 흘러 움직이는. 또는 그런 것. ⓓ 일의 흥망, 성패에 결정적으로 영향을 주는. 또는 그런 것. ⓔ 스스로 앞으로 나아가거나 상황을 개선하려는 기백이 부족하고 비활동적인. 또는 그런 것. 5. ② 직접 알린 것이므로 '통지'는 적절하지 않다. 6. ㉠은 다양하게 흩어져 있는 것을 어떤 근거를 바탕으로 한데 합친다는 의미로 파악할 수 있다. 따라서 '취합(聚合: 모여서 합침. 또는 한데 모아서 합침.)'이 가장 적절하다. ④ 일을 꾸미려고 사람을 모음. ⑤ 둘 이상이 서로 관계를 맺고 합쳐서 하나가 됨. 7. 주장을 말하는 것이므로 '피력하다'가 적절하다. 8. ㉠은 '(부분이나 요소가) 전체를 이루는 것. 또는 그렇게 이루어진 얼개를 의미하므로 '구조'가 적절하고, ㉡는 '(역사적 사실이나 사물, 현상 등을 관찰할 때), 그 사람이 보고 생각하는 태도나 방향 또는 처지'를 의미하므로 '관점'이 적절하다. 9. ㉠ 내적으로 관계가 있어 연계되다. ① 마음 또는 의사나 말 따위가 다른 사람과 소통되다. ② 어떤 행위가 받아들여지다. ③ 어떤 사람이나 물체를 매개로 하거나 중개하게 하다. ④ 일정한 공간이나 기간에 걸치다. 10. ㉠ 일정한 형식이나 격식 ② 사람 몸이 외적으로 갖추고 있는 생김새나 균형 11. ④의 예문은 타다²-②의 예이다. 12. 〈보기〉의 '타박'과 ㉢의 '타박'은 모두 '허물이나 결함을 나무라거나 핀잔함.'이라는 의미로 사용되었다. 13. ㉠은 누명을 쓰고 벌을 받게 된 낭자가 억울하고 원통한 마음을 토로하는 것이다. 따라서 '뼈에 사무치게 맺힌 원한'을 뜻하는 '각골통한'이 적절하다. ② 고국의 멸망을 한탄함. ③ 고향을 그리워하는 마음. ④ 마음에서 마음으로 뜻이 통함. ⑤ 효도하고자 할 때에 이미 부모를 여의고 효를 다하지 못하는 자식의 슬픔

☐ **틀리다¹**

❶ '틀다—❶ 방향이 꼬이게 돌리다.'의 피동사
▶ 일을 하느라 너무 오래 서 있었더니 허리가 비비 **틀린다**.

❷ '틀다—❷ 나사나 열쇠 따위를 돌리다.'의 피동사
▶ 수도꼭지가 얼어서 **틀리지** 않는다.

❸ 감정이나 심리 상태 따위가 나빠지다.
▶ 철수는 그 일로 인해 심사가 **틀리어** 다시는 돌아오지 않았다.

❹ 다른 사람과 사이가 나빠지다. ▶ 사소한 일로 형님과 사이가 **틀려** 버렸다.

☐ **틀리다²**

❶ 셈이나 사실 따위가 그르게 되거나 어긋나다.
▶ 저녁부터 비가 올 거라던 일기 예보가 **틀렸다**.

❷ 바라거나 하려는 일이 순조롭게 되지 못하다. ▶ 오늘 이 일을 마치기는 **틀렸다**.

❸ 마음이나 행동 따위가 올바르지 못하고 비뚤어지다.
▶ 그 사람 생긴 것은 멀쩡한데 하는 짓은 **틀렸다**.

☐ **틈**

❶ 벌어져 사이가 난 자리 ▶ 갈라진 **틈**으로 물이 샌다.

❷ 모여 있는 사람의 속 ▶ 그는 감시의 눈을 피해 군중들 **틈**으로 숨어들었다.

❸ 어떤 행동을 할 만한 기회 ▶ 그들은 도망칠 **틈**만 엿보고 있었다.

❹ 사람들 사이에 생기는 거리 ▶ 사소한 싸움 이후에 친구와의 사이에 **틈**이 생겼다.

❺ 어떤 일을 하다가 생각 따위를 다른 데로 돌릴 수 있는 시간적인 여유≒겨를
▶ 너무 바빠서 잠시도 쉴 **틈**이 없다.

유의어 + **사이:** ❶ 한곳에서 다른 곳까지, 또는 한 물체에서 다른 물체까지의 거리나 공간
▶ 나뭇가지 **사이**로 달빛이 흘러들었다.

❷ 한때로부터 다른 때까지의 동안 ▶ 그는 2시와 3시 **사이**에 우리 집을 방문하기로 했다.

❸ 어떤 일에 들이는 시간적인 여유나 겨를 ▶ 어머니는 쉴 **사이** 없이 일하신다.

❹ 서로 맺은 관계. 또는 사귀는 정분 ▶ 두 사람은 결혼을 약속한 **사이**이다.

말미: 일정한 직업이나 일 따위에 매인 사람이 다른 일로 말미암아 얻는 겨를
▶ 나에게 며칠 **말미**를 주면 그 문제에 대해 생각해 보겠다.

간극(間사이간 隙틈극): ❶ 사물 사이의 틈 ▶ 치아 사이의 **간극**이 넓으면 건강한 치아를 유지하기 힘들다.

❷ 시간 사이의 틈
▶ 그 영화는 오랜 세월의 **간극**을 뛰어넘어 우리에게 진한 감동을 전해 준다.

❸ 두 가지 사건, 두 가지 현상 사이의 틈 ▶ 말하기와 글쓰기의 **간극**을 좁히기란 쉽지 않은 일이다.

균열(龜터질균 裂찢을열): ❶ 거북의 등에 있는 무늬처럼 갈라져 터짐.
▶ 지진으로 벽에 **균열**이 생기다.

❷ 친하게 지내는 사이에 틈이 남. ▶ 돈 문제로 두 사람 간에 **균열**이 생겼다.

☐ **파국**
破 깨뜨릴 파 局 판 국

일이나 사태가 잘못되어 결판이 남. 또는 그 판국
▶ 그 사람의 결혼 생활은 **파국**으로 치달았다.

유의어 + **파탄**(破깨뜨릴파 綻터질탄): 일이나 계획 따위가 원만하게 진행되지 못하고 중도에서 어긋나 깨짐. ▶ 문무의 대립은 끝내 나라를 **파탄**의 지경으로 몰고 갔다.

☐ **퍼지다**

❶ 끝 쪽으로 가면서 점점 굵거나 넓적하게 벌어지다. ▶ 아래가 **퍼진** 바지가 유행한다.

❷ 몸이나 몸의 어떤 부분이 살이 쪄서 가로 벌어지다.
▶ 어깨가 **퍼진** 건장한 사내가 내 앞에 서 있었다.

❸ 끓이거나 삶은 것이 불어서 커지거나 잘 익다.
▶ 나는 꼬들꼬들한 라면을 좋아하지만 엄마는 푹 **퍼진** 라면을 좋아하신다.

❹ 지치거나 힘이 없어 몸이 늘어지다.
▶ 하루종일 축구를 하느라 지친 아이는 방에 아무렇게나 퍼져 잠이 들었다.
❺ 어떤 물질이나 현상 따위가 넓은 범위에 미치다.
▶ 홍역이 전국에 퍼지기 시작해 비상근무를 했다
❻ 수효가 많이 붇거나 늘다. ▶ 그의 자손들은 전국에 널리 퍼지게 되었다.

□ **펴다**

❶ 접히거나 개킨 것을 젖히어 벌리다. ▶ 새가 날개를 펴고 날아올랐다.
❷ 구김이나 주름 따위를 없애어 반반하게 하다.
▶ 그는 이마에 주름살을 펴고 목소리도 명랑해졌다.
❸ 굽은 것을 곧게 하다. 또는 움츠리거나 구부리거나 오므라든 것을 벌리다.
▶ 그는 허리를 곧게 펴고 상대방을 쳐다보았다.
❹ 생각, 감정, 기세 따위를 얽매임 없이 자유롭게 표현하거나 주장하다.
▶ 그는 납득하기 힘든 논리를 펴고 있다.
❺ 넓게 늘어놓거나 골고루 헤쳐 놓다. ▶ 잔디 위에 돗자리를 펴고 앉았다.
❻ 어떤 것을 널리 공포하여 실시하거나 베풀다. ▶ 세종은 어진 정치를 편 임금이다.
❼ 세력이나 작전, 정책 따위를 벌이거나 그 범위를 넓히다.
▶ 실종자를 찾기 위해 대대적인 수색 작전을 폈다.

□ **편벽하다**
偏 치우칠 편 僻 궁벽할 벽 –

❶ 생각 따위가 한쪽으로 치우쳐 있다. 또는 정상에서 벗어날 정도로 지나치다.
▶ 그는 편벽한 성품을 지녀 주변 사람들이 쉽게 범접할 수 없었다.
❷ 중심에서 떨어져 구석지다.
▶ 누대에 걸쳐 빛나던 권문의 자손이 편벽한 고장의 가난한 소작인으로 전락하고 말았다.
참고어휘 + **괴팍**(乖어그러질괴 愎강퍅할퍅)**하다**: 붙임성이 없이 까다롭고 별나다.
▶ 나는 소문만 듣고 선생님이 괴팍한 분일 거라고 생각했다.

확 인 문 제

(1~2) 주어진 뜻풀이에 맞는 어휘가 되도록 빈칸에 알맞은 말을 쓰시오.
1. 붙임성이 없이 까다롭고 별나다: 괴☐하다
2. 생각 따위가 한쪽으로 치우쳐 있다. 또는 정상에서 벗어날 정도로 지나치다: 편☐하다
(3~6) 밑줄 친 말의 쓰임이 문맥에 적절한지 판단하시오.
3. 경제적 파탄이 민란의 한 원인이 되었다.　　　　4. 돈 문제로 두 사람 간에 겨를이 생겼다.
5. 모두 말이 다르니 어찌 돌아가는 파국인지 알 수가 없다.　　6. 짐을 다 옮기려면 이틀간만 말미를 주셔야 되겠습니다.
(7~10) 밑줄 친 말이 제시문과 가장 유사한 의미로 쓰인 것을 고르시오.
7. 잘 자랄 나무는 떡잎부터 알아본다는데, 그 아이는 하는 짓이 영 틀렸다.
　　① 몸이 틀렸다.　　② 계산이 틀렸다.　　③ 성격이 틀렸다.　　④ 예상이 틀렸다.　　⑤ 이기기는 틀렸다.
8. 적들은 공격할 틈만 생기면 바로 밀어붙일 기세다.
　　① 쉴 틈이 없다.　　② 벽에 틈이 생기다.　　③ 학생들 틈에 끼다.　　④ 도망칠 틈을 엿보다.　　⑤ 친구 간에 틈이 생기다.
9. 그 소문은 순식간에 마을 전체에 퍼졌다.
　　① 국수가 퍼지다.　　② 꽃향기가 퍼지다.　　③ 자손이 퍼지다.　　④ 피곤해서 퍼지다.　　⑤ 삼각지가 넓게 퍼지다.
10. 우리 팀은 초반부터 강공을 펴기로 작전을 짰다.
　　① 정책을 펴다.　　② 반론을 펴다.　　③ 세력을 펴다.　　④ 그물을 펴다.　　⑤ 주름살을 펴다.

- -

[정답] 1. 팍 2. 벽 3. 적절 4. 부적절 5. 부적절 6. 적절 7. ③ 8. ④ 9. ② 10. ③
[해설] 4. '겨를'은 '시간'과 관련된다. 7. 틀리다²—❸ ① 틀리다¹—❶ ②·④ 틀리다²—❷ ⑤ 틀리다²—❶ 8. 틈—❸ ① 틈—❺ ② 틈—❶ ③ 틈—❷ ⑤ 틈—❹ 9. 퍼지다—❺ ① 퍼지다—❸ ③ 퍼지다—❻ ④ 퍼지다—❹ ⑤ 퍼지다—❶ 10. 펴다—❼ ① 펴다—❻ ② 펴다—❹ ④ 펴다—❺ ⑤ 펴다—❷

편전
便 편할 편 **殿** 전각 전

임금이 평상시에 거처하는 궁전 ▶ 임금은 대신들을 <u>편전</u>으로 불렀다.

[참고어휘 +] **모후**(母어머니모 后뒤후): 임금의 어머니

▶ 단종을 죽인 세조는 단종의 <u>모후</u>인 현덕 왕후가 자신에게 침을 뱉는 꿈을 꾸었다.

하명(下아래하 命목숨명): ❶ '명령'을 높여 이르는 말 ▶ 폐하께서 <u>하명</u>을 내리시면 그대로 따를 뿐입니다.

❷ 명령을 내림. ▶ 국방부는 비밀리에 특수 부대에 적진으로 침투할 것을 <u>하명</u>하였다.

하교(下아래하 敎가르칠교): ❶ 윗사람이 아랫사람에게 가르침을 베풂.

▶ 소인배 소견으로는 도무지 알 수가 없사오니 <u>하교</u>하여 주시옵소서.

❷ 임금이 명령을 내림. ▶ 상께서 왜구에 대처할 방안을 <u>하교</u>하셨습니다.

편향
偏 치우칠 편 **向** 향할 향

한쪽으로 치우침. ▶ 현재 우리나라의 교육은 입시 위주의 교육으로 <u>편향</u>되어 있다.

[참고어휘 +] **전향**(轉구를전 向향할향): (방향을 바꿈. →) 종래의 사상이나 이념을 바꾸어서 그와 배치되는 사상이나 이념으로 돌림. ▶ 그는 해방 후 좌익에서 우익으로 <u>전향</u>하였다.

전향적(前앞전 向향할향 的~의 적): 어떤 대상에 대한 태도가 긍정적인. 또는 그런 것

▶ 회사에서는 비정규직의 정규직 전환을 <u>전향적</u>으로 검토하고 있다.

편협
偏 치우칠 편 **狹** 좁을 협

❶ 한쪽으로 치우쳐 도량이 좁고 너그럽지 못함.

▶ 그는 내 생각이 너무 <u>편협</u>하다고 비판하였다.

❷ 땅 따위가 좁음. ▶ 그는 이처럼 <u>편협</u>한 땅에서 태어난 것이 한스럽다고 말했다.

[참고어휘 +] **협소**(狹좁을협 小작을소)**하다**: ❶ 공간이 좁고 작다.

▶ 우리 집 거실은 <u>협소</u>해서 답답한 느낌을 준다.

❷ 사물을 보는 안목이나 아량이 좁다.

▶ 자신의 전공 분야에만 갇혀 있는 연구자는 시야가 <u>협소</u>해서 편견에 사로잡히기 쉽다.

지엽(枝가지지 葉잎엽): (식물의 가지와 잎 →) 본질적이거나 중요하지 아니하고 부차적인 부분

▶ <u>지엽</u>적인 문제에만 집착해서는 큰일을 이룰 수 없다.

[한자성어 +] **좌정관천**(坐앉을좌 井우물정 觀볼관 天하늘천): (우물 속에 앉아서 하늘을 봄. →) 사람의 견문(見聞)이 매우 좁음.

▶ 청나라가 세력을 잡아가는데도 이를 멀리하고 명나라에 대한 의리만 따지는 것은 <u>좌정관천</u>이 아닐 수 없었다.

정저지와(井우물정 底밑저 之~의 지 蛙개구리와): ❶ (우물 안의 개구리 →) 궁벽한 곳에서만 살아서 넓은 세상의 형편을 모르는 사람 ▶ 예전처럼 외국 기업은 안 된다는 시각은 <u>정저지와</u>와 다를 바 없다.

❷ 견식이 좁아서 저만 잘난 줄 아는 사람

▶ 고작 그 정도 노래 실력으로 우쭐대다니 <u>정저지와</u>가 따로 없다.

펼치다

❶ 내용을 보거나 쓰기 위해 펴다. ▶ 오래된 앨범을 <u>펼치</u>니 옛 추억이 새록새록 떠오른다.

❷ 접히거나 개킨 것 따위를 넓게 펴서 드러내다. ▶ 장롱에서 이불을 꺼내 방에 <u>펼쳤</u>다.

❸ (사람이나 단체가 행동이나 행사를) 실제로 행하다.

▶ 동물보호단체에서 돌고래를 바다로 돌려보내는 작전을 <u>펼쳐</u>서 마침내 성공했다.

❹ (사람이 생각이나 꿈, 계획 따위를) 널리 드러내어 실현하다.

▶ 자신의 꿈을 <u>펼칠</u> 수 있는 직장에 들어가는 것이 모든 취업 준비생들의 소망이다.

❺ (사람이나 자연이 장면이나 정경을) 보고 듣거나 감상할 수 있도록 활짝 드러내다.

▶ 우리는 아이스 발레단이 <u>펼치</u>는 환상적인 무대를 감상했다.

폄하
貶 낮출 폄 **下** 아래 하

가치를 깎아내림. ▶ 신분이 미천하다고 해서 그 사람의 공로까지 <u>폄하</u>해서는 안 된다.

[유의어 +] **비하**(卑낮출비 下아래하): ❶ 자기 자신을 낮춤. ▶ 그는 자신을 무능한 사람이라고 <u>비하</u>하고 있다.

❷ 업신여겨 낮춤. ▶ 그의 발언은 여성에 대한 <u>비하</u>라는 비판을 받았다.

폄훼(貶낮출폄 毁헐훼): 남을 깎아내려 헐뜯음. ▶ 그의 작품이 신파극이라고 <u>폄훼</u>되는 것은 안타깝다.

□ **포괄**	일정한 대상이나 현상 따위를 어떤 범위나 한계 안에 모두 끌어넣음.
包 쌀 포 括 묶을 괄	▶ 모든 계층을 포괄하는 범국민적인 의식 개혁 운동이 전개되고 있다.

참고어휘 **+** '括(묶을괄)'을 공유하는 한자어

개괄(概대개개 括묶을괄): 중요한 내용이나 줄거리를 대강 추려 냄.

▶ 그는 이 글에서 조선 시대의 교육 제도를 개괄해 설명하고 있다.

총괄(總다총 括묶을괄): ❶ 개별적인 여러 가지를 한데 모아서 묶음.

▶ 그는 수많은 민요를 총괄하여 종합적으로 분류하였다.

❷ 모든 일을 한데 묶어 관할함. ▶ 그는 이곳에서 행해지는 모든 업무를 총괄하는 직책을 맡고 있다.

□ **포박**	잡아서 묶음. 또는 그런 줄 ▶ 포졸들이 죄인을 포박하여 동헌으로 끌고 왔다.
捕 잡을 포 縛 얽을 박	유의어 **+** **결박**(結맺을결 縛얽을박): 몸이나 손 따위를 움직이지 못하도록 동이어 묶음.

▶ 적군에 붙잡힌 그는 땅바닥에 무릎이 꿇린 채 결박당해 있었다.

□ **표리**	❶ 물체의 겉과 속 또는 안과 밖을 통틀어 이르는 말
表 겉 표 裏 속 리	▶ 소득과 부는 다르지만, 소득을 낳는 것이 부이기 때문에 둘은 표리 관계에 있다.

❷ 겉으로 드러나는 언행과 속으로 가지는 생각을 통틀어 이르는 말

▶ 그는 표리가 같지 않은 음흉한 사람이니 조심하여야 한다.

한자성어 **+** **표리부동**(表겉표 裏속리 不아닐부 同한가지동): 겉으로 드러나는 언행과 속으로 가지는 생각이 다름. ▶ 나는 표리부동한 사람들의 양면성에 상처를 받고 절망을 느꼈다.

면종복배(面낯면 從좇을종 腹배복 背배반할배): 겉으로는 복종하는 체하면서 내심으로는 배반함.

▶ 그는 워낙 본성이 교활해서 면종복배를 잘하는 사람이니 무조건 믿어서는 안 된다.

구밀복검(口입구 蜜꿀밀 腹배복 劍칼검): (입에는 꿀이 있고 배 속에는 칼이 있음. →) 말로는 친한 듯하나 속으로는 해칠 생각이 있음.

▶ 동업하자는 사람의 말이 너무 번드르르해서 구밀복검이 아닐까 의심스럽다.

교언영색(巧공교할교 言말씀언 슈하여금영 色빛색): 아첨하는 말과 알랑거리는 태도

▶ 제 한몸의 이익을 위해서 교언영색을 마다하지 않는 사람들을 보면 화를 참을 수 없다.

속담 **+** **고양이 쥐 생각**: 속으로는 해칠 마음을 품고 있으면서, 겉으로는 생각해 주는 척함.

▶ 우리 회사에서 발생한 대규모 리콜 사태를 위로하는 경쟁사의 말은 고양이 쥐 생각처럼 들렸다.

확인문제

(1~10) 주어진 뜻풀이에 맞는 어휘가 되도록 빈칸에 알맞은 말을 쓰시오.

1. 임금의 어머니: 모□
2. 명령을 내림: □명
3. 자유롭지 못하게 얽어 구속함: 결□
4. 남을 깎아내려 헐뜯음: □훼
5. 임금이 평상시에 거처하는 궁전: □전
6. 윗사람이 아랫사람에게 가르침을 베풂: □교
7. 공간이 좁고 작다: □소하다
8. 한쪽으로 치우쳐 도량이 좁고 너그럽지 못하다: 편□하다
9. 아첨하는 말과 알랑거리는 태도: □언□색
10. 겉으로 드러나는 언행과 속으로 가지는 생각이 다름: □□부동

(11~15) 괄호 안에서 문맥에 맞는 말을 고르시오.

11. 사장이 회사의 모든 업무를 (개괄 / 총괄)하고 있다.
12. 이제는 개헌을 (전향 / 편향)적으로 고려할 때가 되었다.
13. 그는 (지엽 / 포괄)적인 문제에 집착해서 큰 틀을 보지 못한다.
14. 두목은 부하들이 (면종복배 / 좌정관천)할까 봐 항상 의심하였다.
15. 친구들은 아직도 스마트폰을 쓰지 않는 나를 (구밀복검 / 정저지와)라고 놀렸다.
16. 밑줄 친 말의 의미가 가장 유사한 것은?

   우리 회사에서는 주말마다 환경 보호 운동을 펼쳐 왔다.

   ① 동화책을 펼치다.   ② 논리를 펼치다.   ③ 부채를 펼치다.   ④ 멋진 연기를 펼치다.   ⑤ 합동 수사를 펼치다.

[정답] 1. 후 2. 하 3. 박 4. 폄 5. 편 6. 하 7. 협 8. 협 9. 교, 영 10. 표, 리 11. 총괄 12. 전향 13. 지엽 14. 면종복배 15. 정저지와 16. ⑤

[해설] 16. 펼치다-❸ ① 펼치다-❶ ② 펼치다-❹ ③ 펼치다-❷ ④ 펼치다-❺

□ **표명**	의사나 태도를 분명하게 드러냄. ▶ 정부는 범죄와의 전쟁에 대한 강력한 의지를 표명하였다.
表 겉 표 明 밝을 명	**참고어휘 +** '表(겉표)'를 공유하는 한자어
	표출(表겉표 出날날출): 겉으로 나타냄. ▶ 주민들은 시 의회의 결정에 강한 불만을 표출하였다.
	표시(表겉표 示보일시): 겉으로 드러내 보임. ▶ 그는 내게 친근감을 표시하였다.
	표상(表겉표 象코끼리상): ❶ 본을 받을 만한 대상≒본보기
	▶ 신체장애에 굴하지 않고 성공한 그는 모든 장애인들의 표상이 되었다.
	❷ 대표로 삼을 만큼 상징적인 것 ▶ 태극기는 한민족의 표상이다.
	❸ 추상적이거나 드러나지 아니한 것을 구체적인 형상으로 드러내어 나타냄.
	▶ 그의 작품에서 행복은 파랑새로 표상되어 있다.

□ **표방**	어떤 명목을 붙여 주의나 주장 또는 처지를 앞에 내세움.
標 표할 표 榜 방붙일 방	▶ 새로운 집권당은 책임 정치와 도덕 정치를 표방하며 개혁 의지를 내보였다.
	참고어휘 + '標(표할표)'를 공유하는 한자어
	표시(標표할표 示보일시): 표를 하여 외부에 드러내 보임.
	▶ 나는 숲에서 길을 잃지 않도록 나뭇가지를 꺾어 지나온 길을 표시했다.
	표지(標표할표 識적을지): 표시나 특징으로 어떤 사물을 다른 것과 구별하게 함. 또는 그 표시나 특징
	▶ 통행금지 표지를 무시하고 달리던 자동차가 강으로 추락했다.
	지표(指가리킬지 標표할표): 방향이나 목적, 기준 따위를 나타내는 표지
	▶ 외모는 아름다움을 판단하는 지표 중의 하나일 뿐이다.
	징표(徵부를징 標표할표): 어떤 것과 다른 것을 드러내 보이는 뚜렷한 점
	▶ 시대가 달라지고 있다는 징표를 도처에서 확인할 수 있다.

□ **표제**	❶ 서책의 겉에 쓰는 그 책의 이름
標 표할 표 題 제목 제	▶ 출판사에서는 작가의 대표 단편 소설을 작품집의 표제로 삼았다.
	❷ 연설이나 영화 따위의 제목 ▶ 내일 할 연설에 표제를 붙였다.
	❸ 신문이나 잡지 기사의 제목 ▶ 커다란 표제 아래 그에 대한 기사가 신문에 실렸다.
	❹ 서적이나 장부 가운데 어떤 항목을 찾기 편리하도록 베푼 제목
	▶ 책에 대한 독자들의 이해를 돕기 위해 표제를 체계적으로 분류하였다.
	연관어휘 + 부제(副버금부 題제목제): 서적, 논문, 문예 작품 따위의 제목에 덧붙어 그것을 보충하는
	제목 ▶ 그 논문의 표제는 '조선 후기 전쟁사'이고 부제는 '임진란을 중심으로'이다.

□ **표층**	여러 층으로 된 것의 겉을 이루고 있는 층
表 겉 표 層 층 층	▶ 제3도 화상은 피부의 표층이 파괴되고 죽어서 아픔을 느끼지 못하는 상태를 이른다.
	반의어 + 심층(深깊을심 層층층): ❶ 사물의 속이나 밑에 있는 깊은 층
	▶ 바다의 심층은 수심의 깊이에 따라 수온이 차차 낮아진다.
	❷ 겉으로 드러나지 않은, 사물이나 사건의 내부 깊숙한 곳
	▶ 나는 이번 사건을 심층 취재하기 위해서 사건이 발생한 지역으로 내려가 보았다.

□ **풀다**	❶ 묶이거나 감기거나 얽히거나 합쳐진 것 따위를 그렇지 아니한 상태로 되게 하다.
	▶ 그는 신을 벗기 위해 구두끈을 풀었다.
	❷ 생각이나 이야기 따위를 말하다.
	▶ 그는 차근차근 자신의 이야기를 풀어 가기 시작했다.
	❸ 일어난 감정 따위를 누그러뜨리다. ▶ 그가 사과를 해서 화를 풀기로 했다.
	❹ 마음에 맺혀 있는 것을 해결하여 없애거나 품고 있는 것을 이루다.
	▶ 우리 민족이 남북통일의 숙원을 풀 날은 언제일까?

❺ 모르거나 복잡한 문제 따위를 알아내거나 해결하다.

▶ 아이가 수학 문제를 <u>푸느라</u> 끙끙대다.

❻ 금지되거나 제한된 것을 할 수 있도록 터놓다.

▶ 정부는 이 지역에 대해 개발 제한을 <u>풀</u> 방침이라고 한다.

❼ 가축이나 사람 따위를 우리나 틀에 가두지 아니하다.

▶ 우리 엄마는 나를 <u>풀어서</u> 키우셨다.

❽ 피로나 독기 따위를 없어지게 하다. ▶ 그는 피로를 <u>풀기</u> 위해 찜질방에 갔다.

❾ 사람을 동원하다. ▶ 나는 비밀리에 사람을 <u>풀어</u> 그의 동정을 살피게 했다.

❿ 콧물을 밖으로 나오게 하다. ▶ 그녀는 손수건을 꺼내어 조심스럽게 코를 <u>풀었다</u>.

⓫ 꿈, 이름, 점괘 따위를 판단하여 내다.

▶ 어머니는 어젯밤 나의 꿈을 시험에 합격할 꿈이라고 <u>풀었다</u>.

⓬ 어려운 것을 알기 쉽게 바꾸다.

▶ 전문적인 내용을 청중인 어린이들의 수준에 맞게 <u>풀어서</u> 설명하였다.

⓭ 긴장된 상태를 부드럽게 하다. ▶ 주민들은 낯선 사람에 대한 경계심을 <u>풀지</u> 않았다.

⓮ 액체에 다른 액체나 가루 따위를 섞다. ▶ 세탁물에 세제를 너무 많이 <u>푼</u> 것 같다.

□ **풍기다**

❶ 냄새가 나다. 또는 냄새를 퍼뜨리다. ▶ 쓰레기장에서 악취가 <u>풍겼다</u>.

❷ 어떤 분위기가 나다. 또는 그런 것을 자아내다.

▶ 그의 소설에서는 이국적 정취가 <u>풍긴다</u>.

❸ 겨, 검불, 먼지 따위가 날리다. 또는 그런 것을 날리다.

▶ 시골길로 버스가 지나가자 먼지가 <u>풍겼다</u>.

□ **풍비박산**

風 바람 풍 飛 날 비

雹 우박 박 散 흩을 산

(바람이 불어 우박이 이리저리 흩어짐. →) 사방으로 날아 흩어짐.

▶ 사업이 실패하면서 우리 집안은 풍비박산이 되었다.

한자성어 + **지리멸렬**(支지탱할지 離떠날리 滅꺼질멸 裂찢을렬): 이리저리 흩어지고 찢기어 갈피를 잡을 수 없음. ▶ 이처럼 <u>지리멸렬</u>이 된 군사력으로는 승리할 수 없다.

사분오열(四넉사 分나눌분 五다섯오 裂찢을열): (여러 갈래로 갈기갈기 찢어짐. →) 질서 없이 어지럽게 흩어지거나 헤어짐. ▶ 개헌 논의가 진행되면서 국론이 <u>사분오열</u>되었다.

확 인 문 제

(1~2) 제시된 뜻풀이에 맞는 단어가 되도록 빈칸에 알맞은 말을 쓰시오.

1. 사방으로 날아 흩어짐: 풍□박□   2. 이리저리 흩어지고 찢기어 갈피를 잡을 수 없음: □리□렬

(3~10) 괄호 안에서 문맥에 맞는 말을 고르시오.

3. 그는 사의를 (표명 / 표출)하고 회사를 그만두었다.   4. 이 시에서 꽃은 화자의 사랑을 (표상 / 표시)한다.

5. 그 정당은 개혁적 보수를 (표방 / 표시)하고 있다.   6. 휴게소를 알리는 안내 (표지 / 지표)가 눈에 들어왔다.

7. 그분의 삶은 내 삶의 (지표 / 징표)가 되었다.   8. 나는 나를 피하는 그의 마음의 (심층 / 표층)을 알고 싶었다.

9. 의원들의 탈당으로 당이 (사분오열 / 조삼모사)이/가 되었다.

10. 그 책은 '조선 생활사'라는 (표제 / 부제) 아래 '여성의 삶을 중심으로'라는 (표제 / 부제)가 붙어 있다.

(11~12) 밑줄 친 말이 제시문과 가장 유사한 의미로 쓰인 것을 고르시오.

11. 한 시민 단체는 학원 규제를 <u>풀어</u> 달라고 교육부에 건의하였다.

① 한을 <u>풀다</u>.   ② 사람을 <u>풀다</u>.   ③ 노독을 <u>풀다</u>.   ④ 구금을 <u>풀다</u>.   ⑤ 노여움을 <u>풀다</u>.

12. 그 배우는 형언할 수 없는 묘한 분위기를 <u>풍긴다</u>.

① 차가 먼지를 <u>풍긴다</u>.   ② 그는 야성미가 <u>풍긴다</u>.   ③ 집에서 음식 냄새가 <u>풍긴다</u>.

[정답] 1. 비, 산 2. 지, 멸 3. 표명 4. 표상 5. 표방 6. 표지 7. 지표 8. 심층 9. 사분오열 10. 표제, 부제 11. ④ 12. ②

[해설] 11. 풀다-❻ ① 풀다-❹ ② 풀다-❾ ③ 풀다-❽ ⑤ 풀다-❸ 12. 풍기다-❷ ① 풍기다-❸ ③ 풍기다-❶

(1~2) ㉠~㉤의 사전적 의미로 적절하지 <u>않은</u> 것을 고르시오.

(2014 고2 6월 학평 응용)

1.

> 사람들은 불확실한 일에 대해 의사 결정을 할 때 대개 위험을 ㉠회피(回避)하려는 ㉡경향(傾向)을 보인다. 행동경제학에서는 이를 '손실 회피성'으로 설명한다. 손실 회피성은 사람들이 이익과 손실의 크기가 같더라도, 이익에서 얻는 효용보다 손실에서 느끼는 비효용을 더 크게 생각하여 손실을 피하려고 하는 성향을 말한다. 예를 들어 천 원이 오르거나 내릴 확률이 비슷한 주식이 있을 경우, 많은 사람들은 이것을 사려 하지 않는다고 한다. 천 원을 얻는 만족보다 천 원을 잃는 고통을 더 크게 느끼기 때문이다. 이런 심리로 인해 사람들은 손실을 ㉢능가(凌駕)하는 충분한 이익이 없는 한, 현재 상태를 ㉣유지(維持)하는 쪽으로 ㉤편향(偏向)된 선택을 한다고 한다. 실험 결과에 따르면, 사람들이 손실에서 느끼는 불만족은 이익에서 얻는 만족보다 2배 이상 크다고 한다.

① ㉠: 직접 하거나 부딪치기를 꺼리고 피함.
② ㉡: 현상이나 사상, 행동 따위가 어떤 방향으로 기울어짐.
③ ㉢: 모양이나 규모 따위를 줄여서 작게 함.
④ ㉣: 어떤 상태나 상황을 그대로 보존하거나 변함없이 계속하여 지탱함.
⑤ ㉤: 한쪽으로 치우침.

(2016 6월 모평B 응용)

2.

> 현대의 위험은 과거와 달리 국가와 계급을 가리지 않고 파괴적으로 영향을 미친다는 것이 벡의 관점이다. 그런데 벡은 현대인들이 개체화되어 있다는 바로 그 조건 때문에 오히려 전 지구적 위험에 의한 불안에 ㉠대응(對應)하기 위해 초계급적, 초국가적으로 ㉡연대(連帶)할 가능성이 있다고 보았다. 특히 벡은 그들이 과학 기술의 발전뿐 아니라 그 파괴적 결과까지 인식하여 ㉢대안(對案)을 모색하는 '성찰적 근대화'의 실천 ㉣주체(主體)로서 일상생활에서의 요구를 모아 정치적으로 ㉤표출(表出)하는 등 행동에 나서야 한다고 주장한다.

① ㉠: 어떤 일이나 사태에 맞추어 태도나 행동을 취함. ② ㉡: 여럿이 함께 무슨 일을 하거나 함께 책임을 짐.
③ ㉢: 어떤 일에 대처할 방안 ④ ㉣: 사물의 작용이나 어떤 행동의 주가 되는 것
⑤ ㉤: 어떤 일에 온 정신을 다 기울여 열중함.

3. ㉠~㉤에 대한 설명으로 적절한 것은?

(2012 고2 성취도평가 응용)

> 오케스트라 공연에서 지휘자는 연주자들이 박자를 잘 ㉠맞출 수 있도록 손으로 ㉡표시할 뿐 아니라 여러 가지 표정, 몸짓 등으로 감정을 ㉢표현하거나 음악의 느낌을 ㉣이끌어 낸다. 공연이 끝난 뒤 박수를 많이 받고 가장 주목받지만, 지휘자가 오케스트라에서 이와 같은 위상을 ㉤갖게 된 것은 그리 오래된 일이 아니다.

① ㉠: '결합할'로 바꿔 써도 의미 전달에 무리가 없네. ② ㉡: '표명할'로 바꿔 쓰면 의미가 분명해지네.
③ ㉢: '표방하거나'로 바꿔 쓰면 문맥이 자연스럽지 않네. ④ ㉣: '포괄해'로 바꿔 써도 문맥적 의미가 변하지 않네.
⑤ ㉤: '차지하게'로 바꿔 쓰면 의미가 전달되지 않네.

(4~7) 밑줄 친 말의 사용이 문맥에 어울리지 <u>않은</u> 것을 고르시오.

4. ① 한 번 실패했다고 스스로를 <u>비하하지</u> 마라.
   ③ 그는 <u>괴팍해서</u> 사람들과 쉽게 사귀지 못한다.
   ⑤ 그는 독일에 파견되어 현지 업무를 <u>총괄</u>하고 있다.

   ② 우리나라는 인구에 비하여 국토가 <u>협소</u>하다.
   ④ 그의 업적은 두고두고 <u>폄훼</u>해도 모자랄 정도이다.

5. ① 어려운 환경을 딛고 성공한 그녀는 모두의 <u>표상</u>이 되었다.
   ② 상벌이 합리적이고 <u>편벽</u>해야 조직의 기강이 바로 선다.
   ③ 국민들은 나라의 경제가 <u>파탄</u>에 이른 내막을 알 권리가 있다.
   ④ 달구지에는 각각 네 사람씩 사형수들이 <u>포박</u>된 채 실려 있었다.
   ⑤ 그 사건 이후 두 사람 사이에는 보이지 않는 <u>간극</u>이 생긴 듯하다.

6. ① 인생의 <u>지표</u>를 잃고 방황하는 청소년들에게 필요한 것은 애정 어린 관심이다.
   ② 오늘 뉴스에서는 식품 업체의 위생 관리 상태를 <u>심층적</u>으로 조사, 보도하였다.
   ③ 아이는 모르는 것이 있을 때마다 선생님을 찾아가 설명해 줄 것을 <u>하교</u>하였다.
   ④ 출제 기관에서는 <u>지엽적</u>인 지식을 묻는 문제는 가급적 출제하지 않겠다고 밝혔다.
   ⑤ 지식 기반 사회가 가속됨에 따라 인적 자원 투자에 대한 <u>전향적</u>인 자세가 필요하다.

7. ① 현재 그 나라는 국론이 <u>지리멸렬</u>되어 있는 상태이다.
   ② 덕이 아니라 힘으로 사람을 다스리면 자연히 <u>면종복배</u>하는 자가 생기게 마련이다.
   ③ 그들이 아무리 <u>교언영색</u>으로 장식해도 전부가 거짓이고 사기라는 사실은 분명하다.
   ④ 전쟁으로 인해 온 집안이 <u>풍비박산</u>하였다가 다시 만나게 되기까지 20여 년이 걸렸다.
   ⑤ 미래를 내다본 사장의 <u>좌정관천</u> 덕분에 급변하는 환경 속에서도 회사가 성장할 수 있었다.

(8~13) 밑줄 친 말의 문맥적 의미가 ㉠과 가장 유사한 것을 고르시오.

8. ─── ⟨2017 고1 6월 학평⟩

   물이 담긴 컵에 잉크 한 방울을 떨어뜨렸을 때, 잉크가 ㉠<u>퍼져</u> 나가는 것은 컵 속의 잉크 농도를 균일하게 하려는 성질 때문이다.

   ① 꽃향기가 방 안에 <u>퍼져</u> 있다.
   ③ 사람들은 목적지에 도착하자 푹 <u>퍼졌다</u>.
   ⑤ 그의 자손들은 전국에 널리 <u>퍼지게</u> 되었다.

   ② 라면이 푹 <u>퍼져서</u> 탱탱 불었다.
   ④ 강의 하류에는 삼각주가 넓게 <u>퍼져</u> 있다.

9. ─── ⟨2017 고2 11월 학평⟩

   변화라는 현상의 실재성에 대한 상반된 견해가 제시된 이후, 후대에 이르러 플라톤과 아리스토텔레스는 변화의 문제에 대해 깊이 있는 논의를 ㉠<u>펼쳤다</u>.

   ① 큰 독수리가 날개를 <u>펼쳤다</u>.
   ③ 무용단은 환상적인 무대를 <u>펼쳤다</u>.
   ⑤ 그는 오랫동안 독립 운동을 <u>펼쳤다</u>.

   ② 그 아이는 동화책을 <u>펼쳤다</u>.
   ④ 그는 자신의 생각을 마음껏 <u>펼쳤다</u>.

10.

> 잡초가 우거졌다가 우거진 채 말라서 일면이 세피아 빛으로 덮인 실로 황량한 공지인 것이다. 입추의 여지가 가히 없는 이 대도시 한복판에 이런 인외경(人外境)의 감을 ㉠풍기는 적지 않은 공지가 있다는 것은 기적 아닐 수 없다.
>
> – 이상, 〈조춘점묘(早春點描)〉

① 키로 까불러서 검불을 <u>풍기는</u> 어머니의 모습을 떠올렸다.　② 이국의 정취가 <u>풍기는</u> 아름다운 거리를 한없이 걸어갔다.

③ 진한 향기를 <u>풍기는</u> 붉은 해당화가 마음을 설레게 했다.　④ 총소리가 풀숲에 숨어 있던 새들을 <u>풍겼다</u>.

⑤ 시골 길로 버스가 지나가자 먼지가 <u>풍겼다</u>.

11.

> 감독님은 우리에게 경기에 임하는 태도가 ㉠틀렸다고 호통을 치셨다.

① 그는 인간이 <u>틀렸다</u>.　② 오늘 이 일을 마치기는 <u>틀린</u> 것 같다.

③ 동생은 지금 감정이 <u>틀려</u> 말도 하지 않는다.　④ 그는 계속 같은 부분에서 대사를 <u>틀리고</u> 있다.

⑤ 수도꼭지가 아무리 힘을 주어도 <u>틀리지</u> 않는다.

12.

> 후보자는 사회의 소외층을 위한 복지 정책을 ㉠펴겠다고 거듭 강조하였다.

① 할머니가 멍석에 고추를 <u>펴서</u> 말렸다.　② 그녀는 고지식하게 자기주장만을 <u>폈다</u>.

③ 아내는 다리미로 구겨진 내 양복바지를 <u>폈다</u>.　④ 환경을 보호하는 방향으로 사업을 <u>펼</u> 계획이다.

⑤ 그가 굳었던 얼굴을 <u>펴고</u> 미소를 지어 보였다.

13.

> 누군가 회사 컴퓨터에서 암호를 ㉠풀고 비밀문서를 복사해 갔다.

① 아이는 갈증을 <u>풀려고</u> 물을 마셨다.　② 나는 기쁜 마음으로 선물을 <u>풀어</u> 보았다.

③ 선생님은 아이에게 방정식을 <u>풀도록</u> 하였다.　⑤ 제주도에서는 말을 자유롭게 <u>풀어서</u> 기른다.

⑤ 국에 된장을 약간 <u>풀어</u> 넣으니 더 맛이 좋다.

14. 비슷한 뜻을 갖는 것으로 보이는 단어들을 모아 의미를 분석하는 활동을 해 보았다. 〈보기〉에 제시된 1차 분석 결과를 바탕으로 토론한 내용 중 적절하지 <u>않은</u> 것은?

> **[대상 어휘]**
>
> 틈, 겨를, 사이
>
> **[분석 방법]**
>
> 1. 주어진 문장의 { }에 있는 단어들을 교체해 보면서 문장의 적절성을 판단한다. 문장이 적절하지 않다고 판단되면, 해당 단어 앞에 *를 표시한다.
>
> 2. 문장의 적절성에 대한 판단을 근거로 단어의 의미 특성을 파악한다.

[1차 분석 결과]

㉠ 나는 요즘 너무 바빠 쉴 {틈, 겨를, 사이}이/가 없다.
㉡ 비가 많이 내리는 날에는 벽의 갈라진 {틈, *겨를, *사이}에서 물이 새요.
㉢ 서울과 인천 {*틈, *겨를, 사이}에 신도시가 들어섰다.
㉣ 언니와 나는 {틈, *겨를, *사이}만 나면 싸웠다.

① ㉠을 보면 '틈', '겨를', '사이'는 모두 [시간]의 의미를 지니고 있어.
② ㉠과 ㉡을 종합하면 '틈'은 [시간]과 [공간]의 의미를 지니고 있어.
③ ㉠과 ㉢을 종합하면 '사이'는 [시간]과 [공간]의 의미를 지니고 있어.
④ ㉢과 ㉣을 종합하면 '사이'와 '틈'은 [시간]의 의미를 세분해야 구별할 수 있어.
⑤ ㉠~㉣을 종합하면 '겨를'은 [시간]의 의미만 지니고 있어.

15. 다음 글에 나타난 '치수'의 태도에 해당하는 한자성어로 가장 적절한 것은? (2017 고3 4월 학평)

"뵈온 김에 한 가지 말씀드리겠습니다."
"……"
"앞으로 혼자 있을 수 없는 일이며 남의 이목도 그러하거니와 서희에게 어미가 있어야 할 것 같습니다."
거두어졌던 윤씨의 눈이 치수에게 쏠린다. 치수는 왜 자신이 그런 말을 했는가, 한 번도 생각해본 일이 없는 결혼문제를 어째 입 밖에 냈는가. 치수는 그 까닭을 알지 못하였다.
"너 생각이 그렇다면 규수를 구해야겠지."
'왜 반대하시지 않으십니까, 어머님.'
"그렇지, 서희에게도 어미는 있어야겠구나."
'그럴 리 있겠습니까. 서희에게 당치 않는 혹이 하나 생길 뿐이지요. 서희에게는 유순하고 글이나 읽으며 소일할 신랑감이 필요할 뿐이지요.'

– 박경리, 〈토지〉

① 중언부언(重言復言)
② 후안무치(厚顔無恥)
③ 두문불출(杜門不出)
④ 부화뇌동(附和雷同)
⑤ 표리부동(表裏不同)

[정답] 1. ③ 2. ⑤ 3. ③ 4. ④ 5. ② 6. ③ 7. ⑤ 8. ① 9. ④ 10. ② 11. ① 12. ④ 13. ③ 14. ④ 15. ⑤
[해설] 1. ㉢ 능력이나 수준 따위가 비교 대상을 훨씬 넘어섬. ⑤은 '축소(縮小)'에 해당한다. 2. ㉤ 겉으로 나타냄. ⑤는 '몰두(沒頭)'에 해당한다. 4. '업적'과 '편훼'는 어울리지 않는다. 5. '합리적'과 '편벽'은 어울리지 않는다. 6. '하교'는 아이가 선생님께 묻는 상황과 어울리지 않는다. 7. '미래를 내다보는' 태도와 '좌정관천'은 어울리지 않는다. 8. ㉠ 어떤 물질이나 현상 따위가 넓은 범위에 미친다. ② 끓거나 삶은 것이 불어서 커지거나 잘 익다. ③ 지치거나 힘이 없어 몸이 늘어지다. ④ 끝 쪽으로 가면서 점점 굵거나 넓적하게 벌어지다. ⑤ 수효가 많이 붙거나 늘다. 9. ㉠ 생각이나 꿈, 계획 따위를 널리 드러내어 실현하다. ① 접히거나 개킨 것 따위를 넓게 펴서 드러내다. ② 내용을 보거나 쓰기 위해 펴다. ③ 보고 듣거나 감상할 수 있도록 활짝 드러내다. ⑤ 행동이나 행사를 실제로 행하다. 10. ㉠ 어떤 분위기가 나다. 또는 그런 것을 자아내다. ① · ⑤ 겨, 검불, 먼지 따위가 날리다. 또는 그런 것을 날리다. ③ 냄새가 나다. 또는 냄새를 퍼뜨리다. ④ 짐승이 사방으로 흩어지다. 또는 그런 것을 흩어지게 하다. 11. ㉠ 마음이나 행동 따위가 올바르지 못하고 비뚤어지다. ② 바라거나 하려는 일이 순조롭게 되지 못하다. ③ 감정이나 심리 상태 따위가 나빠지다. ④ 셈이나 사실 따위가 그르게 되거나 어긋나다. ⑤ 나사나 열쇠 따위가 돌려지다. 12. ㉠ 세력이나 작전, 정책 따위를 벌이거나 그 범위를 넓히다. ① 넓게 늘어놓거나 골고루 헤쳐 놓다. ② 생각, 감정, 기세 따위를 얽매임 없이 자유롭게 표현하거나 주장하다. ③ · ⑤ 구김이나 주름 따위를 없애어 반반하게 하다. 13. ㉠ 모르거나 복잡한 문제 따위를 알아내거나 해결하다. ① 피로나 독기 따위를 없어지게 하다. ② 묶이거나 감기거나 얽히거나 합쳐진 것 따위를 그렇지 아니한 상태로 되게 하다. ④ 가축이나 사람 따위를 우리나 틀에 가두지 아니하다. ⑤ 액체에 다른 액체나 가루 따위를 섞다. 14. ㉣은 [시간]과 관련하여 '틈'과 '겨를'의 의미가 세분화되는 것과 관련되지만, ㉢은 [시간]이 아닌 [공간]의 의미 분화와 관련된다. 15. 치수의 속마음과 발언 내용이 서로 다르다. ② 뻔뻔스러워 부끄러움이 없음. ④ 줏대 없이 남의 의견에 따라 움직임.

□ **풍상**

風 바람 풍 霜 서리 상

❶ 바람과 서리 ▶ 국화가 간밤의 **풍상**을 견디고 피어났다.

❷ 많이 겪은 세상의 어려움과 고생

▶ 그녀는 모진 **풍상**에도 꿋꿋이 견뎌 온 인물이다.

참고어휘 + **풍파**(風바람풍 波물결파): ❶ 세찬 바람과 험한 물결

▶ 우리 배는 항해 도중 **풍파**를 계속 만났다.

❷ 심한 분쟁이나 분란 ▶ 형제가 사이가 좋지 않아서 집안에 **풍파**가 끊이지 않았다.

❸ 세상살이의 어려움이나 고통

▶ 오랜 세월 풍파에 찌든 그녀는 실제 나이보다 훨씬 더 늙어 보였다.

파란(波물결파 瀾물결란): (잔물결과 큰 물결 →) 순탄하지 아니하고 어수선하게 계속되는 여러 가지 어려움이나 시련 ▶ 여야의 격돌로 이번 정기 국회는 또 한바탕 **파란**이 예상된다.

한자성어 + **파란만장**(波물결파 瀾물결란 萬일만만 丈어른장): 사람의 생활이나 일의 진행이 여러 가지 곡절과 시련이 많고 변화가 심함. ▶ 격동의 세월을 살아온 그녀의 생애는 참으로 **파란만장**하다.

우여곡절(迂에돌우 餘남을여 曲굽을곡 折꺾을절): 뒤얽혀 복잡하여진 사정

▶ 그들이 결혼하기까지에는 **우여곡절**이 많았다.

□ **풍자**

諷 풍자할 풍 刺 찌를 자

❶ 남의 결점을 다른 것에 빗대어 비웃으면서 폭로하고 공격함.

▶ 그들의 이야기는 나에 대한 **풍자**로 가득 차 있다.

❷ (문학 작품 따위에서) 현실의 부정적 현상이나 인간의 결점, 모순 등을 빗대어 비웃으면서 비판함. ▶ 연암은 몰락하는 양반 사회에 대해 신랄하게 **풍자**했다.

참고어휘 + **해학**(諧화할해 謔희롱할학): 익살스럽고도 품위가 있는 말이나 행동

▶ 이 소설은 데릴사위와 장인 간의 갈등을 **해학**적으로 그리고 있다.

□ **풍전등화**

風 바람 풍 前 앞 전
燈 등 등 火 불 화

(바람 앞의 등불 →) 사물이 매우 위태로운 처지에 놓여 있음.

▶ 나라의 운명이 **풍전등화** 같던 상황에서 많은 선각자들이 그 어려움을 헤쳐 나가기 위해 나섰다.

한자성어 + **백척간두**(百일백백 尺자척 竿낚싯대간 頭머리두): (백 자나 되는 높은 장대 위에 올라섬. →) 몹시 어렵고 위태로운 지경

▶ 군사 쿠데타가 일어나 그 나라의 민주주의는 **백척간두**의 위기에 봉착했다.

누란지위(累여러루 卵알란 之~의 지 危위태할위): (층층이 쌓아 놓은 알의 위태로움 →) 몹시 아슬아슬한 위기 ▶ 논개는 **누란지위**에 처한 나라를 구하기 위해 왜장을 안고 진주 남강에 떨어져 죽었다.

명재경각(命목숨명 在있을재 頃잠깐경 刻새길각): 거의 죽게 되어 곧 숨이 끊어질 지경에 이름.

▶ 장군은 독화살을 맞고 **명재경각**에 이르렀다.

□ **피다**

❶ 꽃봉오리 따위가 벌어지다. ▶ 봄이 되자 개나리와 진달래가 활짝 **피었다**.

❷ 연탄이나 숯 따위에 불이 일어나 스스로 타다.

▶ 비가 내린 후라서 공기가 습해 숯불이 잘 **피지** 않는다.

❸ 사람이 살이 오르고 혈색이 좋아지다.

▶ 아이가 잘 먹어서 그런지 얼굴이 **피고** 살이 통통하게 올랐다.

❹ 구름이나 연기 따위가 커지다. ▶ 소나기가 오려는지 먹구름이 검게 **피었다**.

❺ 가정이 수입이 늘어 형편이 나아지다. ▶ 남편의 사업이 잘되어서 형편이 많이 **피었다**.

❻ 냄새나 먼지 따위가 퍼지거나 일어나다. ▶ 차가 끓자 그윽한 향기가 **피어** 퍼졌다.

❼ 천에 보풀이 일어나다. ▶ 오래된 스웨터에 보푸라기가 잔뜩 **피었다**.

❽ 웃음이나 미소 따위가 겉으로 나타나다. ▶ 소녀의 입가에 야릇한 미소가 **피었다**.

❾ 곰팡이, 버짐, 검버섯 따위가 생겨서 나타나다.

▶ 식빵에 곰팡이가 **피어서** 모두 버릴 수밖에 없었다.

☐ **피동** 被 입을 피 動 움직일 동	남의 힘에 의하여 움직이는 일≒수동(受받을수 動움직일동) ▶ 무슨 일이든 마지못해 하는 너의 피동적인 태도가 문제다. 참고어휘 + '動(움직일동)'을 공유하는 한자어 **능동**(能능할능 動움직일동): 스스로 내켜서 움직이거나 작용함. ▶ 그는 삶에서 수동의 태도를 버리고 능동의 자세를 취하고자 노력했다. **주동**(主주인주 動움직일동): 어떤 일에 주장이 되어 움직임. ▶ 몇몇 뜻있는 애국지사들이 주동이 되어 독립운동이 일어났다. **사동**(使하여금사 動움직일동): 주체가 제3의 대상에게 동작이나 행동을 하게 함. ▶ '높이다'는 동사 '높다'에 사동 접미사 '-이-'를 붙인 사동사이다.
☐ **피사체** 被 입을 피 寫 베낄 사 體 몸 체	사진을 찍는 대상이 되는 물체 ▶ 이 카메라는 피사체와의 거리를 자유자재로 조절할 수 있다.
☐ **피하다** 避 피할 피 –	❶ 원치 않은 일을 당하거나 어려운 처지에 놓이지 않도록 하다. ▶ 그분은 사람들 앞에 나서는 일만은 피하고 싶어 하신다. ❷ 행사에 불길한 날을 택하지 않다. ▶ 손이 든 날을 피하느라 이사가 늦어졌다. ❸ 비, 눈 따위를 맞지 않게 몸을 옮기다. ▶ 그들은 비를 맞지 않으려고 처마 밑으로 몸을 피했다. ❹ 몸을 숨기거나 다른 곳으로 옮기어 드러나지 않도록 하다. ▶ 지하실로 몸을 피했지만 결국 잡히고 말았다.
☐ **핍박** 逼 핍박할 핍 迫 핍박할 박	❶ 형세가 절박함. ▶ 그는 모든 걸 버리고 고향을 떠야 할 핍박한 사정에 몰려 있었다. ❷ 바싹 죄어서 몹시 괴롭게 굶. ▶ 우리 가족을 핍박하는 사람은 그 누구도 용서하지 않겠다. 참고어휘 + **겁박**(劫위협할겁 迫핍박할박): 으르고 협박함. ▶ 그 지역에 불한당이 출몰하여 행인을 겁박하고 재물을 빼앗는 일이 자주 발생했다.

확인문제

(1~7) 제시된 뜻풀이에 맞는 단어가 되도록 빈칸에 알맞은 말을 쓰시오.

1. 바싹 죄어서 몹시 괴롭게 굶: ☐박
2. 으르고 협박함: ☐박
3. 남의 힘에 의하여 움직이는 일: ☐동
4. 스스로 내켜서 움직이거나 작용함: ☐동
5. 사진을 찍는 대상이 되는 물체 : ☐☐체
6. 몹시 아슬아슬한 위기: ☐☐지위
7. 사람의 생활이나 일의 진행이 여러 가지 곡절과 시련이 많고 변화가 심함: ☐☐만장

(8~10) 밑줄 친 말을 괄호 안의 말로 바꾸어 쓰는 것이 적절한지 판단하시오.

8. 그 드라마에는 세태에 대한 신랄한 풍자(→ 해학)가 담겨 있다.
9. 어머니는 거친 세상을 살아오시면서 온갖 풍파(→ 풍상)를 겪으셨다.
10. 지금은 국가의 운명이 백척간두(→ 풍전등화)에 선 절박한 시기임을 잊지 말아야 한다.

(11~12) 밑줄 친 말이 제시문과 가장 유사한 의미로 쓰인 것을 고르시오.

11. 된장에 곰팡이가 피어서 밖에 내다 놓았다.
　① 꽃이 피다.　　　② 얼굴이 피다.　　　③ 살림이 피다.　　　④ 구름이 피다.　　　⑤ 버짐이 피다.

12. 최악의 경우는 피해야 한다는 데 모두들 동의하였다.
　① 손이 든 날을 피하다.　　　② 경찰의 감시망을 피하다.　　　③ 이웃집으로 몸을 피하다.

[정답] 1. 핍 2. 겁 3. 피 4. 능 5. 피, 사 6. 누, 란 7. 파, 란 8. 부적절 9. 적절 10. 적절 11. ⑤ 12. ②
[해설] 8. 해학은 신랄할 수 없다. 11. 피다-❷ ① 피다-❶ ② 피다-❸ ③ 피다-❺ ④ 피다-❹ 12. 피하다-❶ ① 피하다-❷ ③ 피하다-❹

☐ **하다**

❶ 사람이나 동물, 물체 따위가 행동이나 작용을 이루다. ▶ 그는 매일 운동을 <u>한</u>다.

❷ 먹을 것, 입을 것, 땔감 따위를 만들거나 장만하다. ▶ 나무꾼이 산에서 나무를 <u>한</u>다.

❸ 표정이나 태도 따위를 짓거나 나타내다. ▶ 그는 어두운 얼굴을 <u>하</u>고 앉아 있었다.

❹ 음식물 따위를 먹거나 마시거나 담배 따위를 피우다. ▶ 커피 한 잔 <u>하</u>실래요?

❺ 장신구나 옷 따위를 갖추거나 차려입다. ▶ 그는 원주민 복장을 <u>하</u>고 있었다.

❻ 어떤 직업이나 분야에 종사하거나 사업체 따위를 경영하다.

  ▶ 부모님은 시내에서 식당을 <u>하신</u>다.

❼ 어떤 지위나 역할을 맡거나 책임지다. ▶ 그는 두 번 연속으로 국회의원을 <u>했</u>다.

❽ 어떠한 결과를 이루어 내다. ▶ 아이가 달리기에서 일 등을 <u>했</u>다.

❾ 무엇을 사거나 얻거나 하여 가지다. ▶ 이 반지를 내가 <u>하</u>고 싶은데 나에게 줄 수 없니?

❿ 값이 어느 정도에 이르다. ▶ 옷값은 얼마나 <u>합</u>니까?

⓫ 기대에 걸맞은 일을 행동으로 나타내다.

  ▶ 집에서 빈둥빈둥 놀지만 말고 밥값이라도 <u>해</u>라.

⓬ 분별하여 말하다. ▶ 어려운 시절에는 남녀노소를 <u>할</u> 것 없이 절약하며 살았다.

⓭ 사건이나 문제 따위를 처리하다. ▶ 상금으로 받은 돈을 어떻게 <u>하</u>는 것이 좋을까요?

⓮ 특정한 대상을 어떤 특성이나 자격을 가지는 것으로 만들거나 삼다.

  ▶ 그를 회사의 고문 변호사로 <u>했</u>다.

⓯ 어떠한 방향으로 두다. ▶ 아버지는 머리를 벽 쪽으로 <u>하</u>고 주무신다.

⓰ 어떤 일을 그렇게 정하다. ▶ 우리는 그 사건을 모르는 것으로 <u>하</u>고 증언하지 않기로 했다.

⓱ 이름 지어 부르다. ▶ 꿀을 얻기 위해 벌을 치는 것을 양봉이라고 <u>한</u>다.

⓲ 어떠한 일의 원인이 되다. ▶ 그는 실직으로 <u>하여</u> 절망에 빠졌다.

⓳ 어디를 경유하다. ▶ 우리는 인천항으로 <u>해서</u> 중국에 갈 생각이다.

⓴ 일정한 시각이나 시기에 이르다. ▶ 그는 여기 온 지 석 달쯤 <u>해서</u> 다시 떠났다.

㉑ 이야기의 화제로 삼다. ▶ 물 <u>하면</u> 역시 우리나라 물이 최고다.

㉒ '그것에 그치지 않고 거기에 더하여'의 의미를 나타냄.

  ▶ 내가 이 회사를 다닌 지 6년 <u>하</u>고 3개월이 되었다.

㉓ 이르거나 말하다. ▶ 이 책에서는 세계는 이미 정보화 전쟁에 돌입했다고 <u>했</u>다.

㉔ 다른 사람의 말이나 생각 따위를 나타내는 문장의 내용을 받아 뒤에 오는 체언을 꾸미는 기능을 나타냄. ▶ 그가 거짓말을 했다고 <u>하</u>는 증거는 있다.

㉕ 다른 사람에게 특별한 방식으로 어떤 영향을 주거나 대하다.

  ▶ 아이에게 어떻게 <u>했</u>기에 아이가 저렇게 기가 죽어 있냐?

㉖ 어떤 방식으로 행위를 이루다. ▶ 앞으로 어떻게 <u>할</u> 생각이냐?

㉗ 나열되거나 되풀이되는 둘 이상의 일을 서술하는 기능을 나타냄.

  ▶ 내 말을 믿거나 말거나 <u>하</u>는 것은 네 선택에 달려 있다.

㉘ 생각하거나 추측하다. ▶ 혹시 누군가 올까 <u>했</u>는데 아무도 오지 않아서 실망했다.

㉙ 이러저러하게 말하다. ▶ 나는 남의 일을 두고 이러니저러니 <u>하</u>는 것이 제일 싫다.

㉚ 만일 어떤 상황이 일어나면 그에 따르는 어떤 상황이 반드시 뒤따라옴을 나타냄.

  ▶ 그는 쳤다 <u>하면</u> 홈런이다.

㉛ 그런 소리가 나다. 또는 그런 소리를 내다. ▶ '탕' <u>하</u>고 총소리가 났다.

㉜ 인용하는 기능을 나타냄. ▶ 보초는 "손들어!" <u>하</u>고 크게 외쳤다.

㉝ '그러나', '그러니', '그러면', '그리하여', '그래서'의 뜻을 나타냄.

  ▶ 일찍 가도 좋다. <u>하</u>나 내일은 한 시간 일찍 오너라.

㉞ '대립'의 의미를 나타냄.

  ▶ 누군가와 함께 있고 싶을 때가 있는가 <u>하면</u>, 혼자가 좋을 때도 있다.

□ 학수고대	학의 목처럼 목을 길게 빼고 간절히 기다림.
鶴 학 **학** 首 머리 **수**	▶ 어머니는 아들이 돌아오기를 학수고대하고 있다.
苦 쓸 **고** 待 기다릴 **대**	

□ 한	❶ 그 수량이 하나임을 나타내는 관형사 ▶ 그가 떠난 지 한 달이 넘었다.
	❷ '어떤'의 뜻을 나타내는 관형사 ▶ 옛날 강원도의 한 마을에 효자가 살고 있었다.
	❸ '같은'의 뜻을 나타내는 관형사 ▶ 육상과 축구는 한 경기장을 사용한다.
	❹ '대략'의 뜻을 나타내는 관형사 ▶ 도서관까지 한 20분쯤 걸었다.

□ 한-¹	❶ '큰'의 뜻을 더하는 접두사
	▶ 아들이 대학에 합격하여 한시름 덜었다.
	❷ '정확한' 또는 '한창인'의 뜻을 더하는 접두사
	▶ 한여름의 무더위 속에서 아이들은 신나게 물놀이를 했다.

□ 한-²	'바깥'의 뜻을 더하는 접두사
	▶ 몸도 안 좋은데 한데 너무 오래 있지 마라.

□ 할거	땅을 나누어 차지하고 굳게 지킴.
割 벨 **할** 據 근거 **거**	▶ 각 지역에 할거한 봉건 영주들 사이에 전쟁이 끊이질 않았다.
	참고어휘 + '割(벨할)'을 공유하는 한자어
	할당(割벨할 當마땅당): 몫을 갈라 나눔. 또는 그 몫
	▶ 회사에서 각 대리점에 판매량을 할당했다.
	할애(割벨할 愛사랑애): 소중한 시간, 돈, 공간 따위를 아깝게 여기지 아니하고 선뜻 내어 줌.
	▶ 나는 이런 하찮은 일에 시간을 할애할 만큼 한가한 사람이 아니다.

□ 함포고복	(잔뜩 먹고 배를 두드림. →) 먹을 것이 풍족하여 즐겁게 지냄.
含 머금을 **함** 哺 먹일 **포**	▶ 임금의 어진 정치 덕분에 백성들이 함포고복하고 있다.
鼓 북 **고** 腹 배 **복**	

확인문제

(1~5) 밑줄 친 말의 쓰임이 문맥에 적절한지 판단하시오.

1. 우리에게 할애된 시간은 단 사흘뿐이다.
2. 대학 시절 그 친구와 나는 같은 방에서 할거했다.
3. 모두들 네가 돌아오기를 학수고대하고 있다.
4. 그는 끼니도 잇기 힘든 가난 때문에 늘 함포고복하였다.
5. 직원들은 할당된 작업량이 공평하지 않다며 불만을 표시했다.

(6~8) 밑줄 친 말이 제시문과 가장 유사한 의미로 쓰인 것을 고르시오.

6. 아들이 제대하자 어머니는 한걱정 덜었다고 마음을 놓았다.
　① 한길　　　　② 한데　　　　③ 한통속　　　　④ 한복판　　　　⑤ 한겨울

7. 남편의 피아노 반주에 맞추어 아내가 노래를 했다.
　① 회사를 하다.　② 공부를 하다.　③ 밥값을 하다.　④ 주인공을 하다.　⑤ 사모관대를 하다.

8. 그는 어제 있었던 일을 없었던 것으로 하기를 바랐다.
　① 우리는 만났다 하면 싸운다.　　② 비빔밥 하면 전주가 최고다.　　③ 내년 봄쯤 해서 외국으로 나갈 생각이다.
　④ 남녀노소를 할 것 없이 모두 그를 좋아한다.　⑤ 우리는 그 일에 대해 모르는 것으로 했다.

[정답] 1. 적절 2. 부적절 3. 적절 4. 부적절 5. 적절 6. ① 7. ② 8. ⑤
[해설] 6. 큰 ② 바깥 ③ 같은 ④ 정확한 ⑤ 한창인 7. 하다-❶ ④ 하다-❼ ⑤ 하다-❺ 8. 하다-⑯ ① 하다-㉚ ② 하다-㉑ ③ 하다-⑳ ④ 하다-⑫

☐ **합류** 合 합할 합 流 흐를 류	❶ 둘 이상의 흐름이 한데 합하여 흐름. 또는 그 물줄기 ▶ 두 강의 <u>합류</u> 지점에 공업 도시가 발달했다. ❷ 일정한 목적을 위하여 다른 사람, 단체, 당파 따위와 하나로 합쳐 행동을 같이함. ▶ 많은 지식인들이 시민운동 본부에 <u>합류</u>하였다. 참고어휘 + '合(합할합)'을 공유하는 한자어 **합병**(合합할합 倂아우를병): 둘 이상의 기구나 단체, 나라 따위가 하나로 합쳐짐. 또는 그렇게 만듦. ▶ 이 신문사와 방송국의 <u>합병</u>은 언론계에 큰 변화를 가져올 것이다. **합일**(合합할합 一한일): 둘 이상이 합하여 하나가 됨. 또는 그렇게 만듦. ▶ 동양인들은 인간과 자연의 <u>합일</u>을 철학의 가장 중요한 문제로 다루었다.
☐ **합하다** 合 합할 합 -	❶ 여럿이 한데 모이다. 또는 여럿을 한데 모으다. ▶ 그는 작은방을 큰방과 <u>합하여</u> 서재로 만들었다. ❷ 자격, 조건, 뜻 따위에 일치하다. ▶ 그는 그 일에 <u>합한</u> 자격을 갖추었다. ❸ 둘 이상의 수나 식을 더하다. ▶ 1과 3을 <u>합하면</u> 4가 된다.
☐ **해후** 邂 만날 해 逅 만날 후	오랫동안 헤어졌다가 뜻밖에 다시 만남. ▶ 헤어졌던 친구와 십여 년 만에 <u>해후</u>했다. 유의어 + **상봉**(相서로상 逢만날봉): 서로 만남. ▶ 전쟁으로 생이별을 했던 형제가 극적으로 <u>상봉</u>했다. **조우**(遭만날조 遇만날우): 우연히 서로 만남. ▶ 수색 작전 중에는 적과 <u>조우</u>하는 경우가 가끔 있었다.
☐ **허다하다** 許 허락할 허 多 많을 다 -	수효가 매우 많다. ▶ 앞서가는 차를 앞지르려다 사고를 내는 경우가 <u>허다하다</u>. 한자성어 + **비일비재**(非아닐비 一한일 非아닐비 再두재): 같은 현상이나 일이 한두 번이나 한둘이 아 니고 많음. ▶ 할머니가 어릴 적에는 어린아이들이 보릿고개를 넘기지 못하고 굶어 죽는 일이 <u>비일비재</u>하였다.
☐ **허사** 虛 빌 허 事 일 사	보람을 얻지 못하고 쓸데없이 한 노력≒헛일 ▶ 밤새 수소문하고 그를 찾아다녔지만 <u>허사</u>였다. 참고어휘 + '虛(빌허)'를 공유하는 한자어 **허상**(虛빌허 像모양상): 실제 없는 것이 있는 것처럼 나타나 보이거나 실제와는 다른 것으로 드러나 보이는 모습 ▶ 연예계의 스타는 스타 제조 시스템이 만들어 낸 하나의 <u>허상</u>에 불과하다. **허욕**(虛빌허 慾욕심욕): 헛된 욕심 ▶ 사람들은 일확천금의 <u>허욕</u>에 투기를 일삼는다. **허황**(虛빌허 荒거칠황)**하다**: 헛되고 황당하며 미덥지 못하다. ▶ 그 소문의 내용은 지어낸 듯이 너무도 <u>허황하고</u> 기막힌 것이었다.
☐ **허울**	실속이 없는 겉모양 ▶ <u>허울</u>뿐인 칭찬일지라도 듣는 사람의 기분은 나쁘지 않았다. 한자성어 + **허장성세**(虛빌허 張베풀장 聲소리성 勢형세세): 실속은 없으면서 큰소리치거나 허세를 부 림. ▶ 이 분야에 대해서는 모르는 게 없다던 그의 말은 <u>허장성세</u>였다. **침소봉대**(針바늘침 小작을소 棒막대봉 大클대): 작은 일을 크게 불리어 떠벌림. ▶ 그는 대수롭지도 않은 일을 <u>침소봉대</u>하여 식구들에게 늘어놓았다. 속담 + **냉수 먹고 이 쑤시기**: (잘 먹은 체하며 이를 쑤심. →) 실속은 없으면서 무엇이 있는 체함. ▶ 끼니 걱정을 해야 할 처지에 부자인 척 뽐내다니 <u>냉수 먹고 이 쑤시기</u>가 따로 없군.
☐ **헐다¹**	❶ 몸에 부스럼이나 상처 따위가 나서 짓무르다. ▶ 나는 피곤하면 입 안이 금방 <u>헌다</u>. ❷ 물건이 오래되거나 많이 써서 낡아지다. ▶ 그 천막은 너무 <u>헐어서</u> 쓸 수가 없다.
☐ **헐다²**	❶ 집 따위의 축조물이나 쌓아 놓은 물건을 무너뜨리다. ▶ 낡은 시골집을 <u>헐고</u> 새 집을 지었다. ❷ 저장하여 둔 물건을 꺼내거나 쓰기 시작하다. ▶ 김칫독을 새로 <u>헐었다</u>. ❸ 일정한 액수의 돈을 쓰게 되어 그 액수의 상태를 유지하지 못하게 되다. ▶ 점심값을 치르기 위해 십만 원짜리 수표를 <u>헐었다</u>.

□ 험하다
險 험할 험 –

❶ 땅의 형세가 발을 디디기 어려울 만큼 사납고 가파르다.
▶ 그 산은 험해서 가볍게 등산할 곳은 못 된다.

❷ 생김새나 나타난 모양이 보기 싫게 험상스럽다.
▶ 주인아저씨는 인상이 험해서 처음 만나는 사람들이 무서워한다.

❸ 어떠한 상태나 움직이는 형세가 위태롭다. ▶ 험한 날씨에는 외출을 삼가는 것이 좋다.

❹ 말이나 행동 따위가 막되다. ▶ 동생은 입을 험하게 놀리다 어른들께 꾸지람을 들었다.

❺ 먹거나 입는 것 따위가 거칠고 너절하다.
▶ 험한 음식을 먹고 살더라도 마음은 지금이 더 편하다.

❻ 일 따위가 거칠고 힘에 겹다. ▶ 그는 험한 일을 많이 겪어 나이보다 더 늙어 보였다.

❼ 매우 비참하다. ▶ 그는 말 한마디 잘못 했다가 젊은 사람에게 험한 꼴을 당했다.

□ 현안
懸 달 현 案 책상 안

이전부터 의논하여 오면서도 아직 해결되지 않은 채 남아 있는 문제나 의안
▶ 신임 국무총리는 시급히 해결해야 할 국정 현안으로 물가 안정을 들었다.

참고어휘 + '案(책상안)'을 공유하는 한자어

초안(草풀초 案책상안): ❶ 초를 잡아 적음. 또는 그런 글발 ▶ 그는 연설문의 초안을 작성하였다.

❷ 애벌로 안(案)을 잡음. 또는 그 안 ▶ 양국은 연락 사무소 설치에 관한 합의서 초안에 서명했다.

대안(對대할대 案책상안): 어떤 일에 대처할 방안 ▶ 갑자기 닥친 일이라 대안이 쉽게 떠오르지 않는다.

대안(代대신할대 案책상안): 어떤 안(案)을 대신하는 안
▶ 이 방법도 썩 좋지는 않지만 다른 대안이 없으니 어쩔 수 없다.

□ 혈혈단신
孑 외로울 혈 孑 외로울 혈
單 홀 단 身 몸 신

의지할 곳이 없는 외로운 홀몸
▶ 그는 처자식을 고국에 두고 혈혈단신으로 만주로 떠났다.

한자성어 + 사고무친(四녁사 顧돌아볼고 無없을무 親친할친): 의지할 만한 사람이 아무도 없음.
▶ 그는 부모를 여의고 사고무친의 상태에서 불우한 청소년기를 보냈다.

참고어휘 + 단출하다: ❶ 식구나 구성원이 많지 않아서 홀가분하다.
▶ 형님네는 식구가 단출하여 외출하기도 참 쉽다.

❷ 일이나 차림차림이 간편하다.
▶ 새벽에 갑자기 찾아온 그는 짐도 없이 단출한 차림이었다.

확인문제

(1~6) 주어진 뜻풀이에 맞는 어휘를 괄호 안에서 고르시오.

1. 의지할 곳이 없는 외로운 홀몸: (오척 단신 / 혈혈단신)
2. 보람을 얻지 못하고 쓸데없이 한 노력: (허사 / 허상 / 허욕)
3. 작은 일을 크게 불리어 떠벌림: (비일비재 / 침소봉대)
4. 실속은 없으면서 큰소리치거나 허세를 부림: (허장성세 / 사고무친)
5. 이전부터 의논하여 오면서도 아직 해결되지 않은 채 남아 있는 문제나 의안: (현안 / 초안 / 대안)
6. 둘 이상의 기구나 단체, 나라 따위가 하나로 합쳐짐. 또는 그렇게 만듦: (합류 / 합병 / 합일)

(7~9) 밑줄 친 말이 제시문과 가장 유사한 의미로 쓰인 것을 고르시오.

7. 그는 부모님의 뜻에 합한 배우자를 만났다.
  ① 2에 3을 합하면 5가 된다.   ② 그의 말은 사리에 합했다.   ③ 온 가족이 힘을 합해 일했다.

8. 그녀는 오래된 집을 헐고 새집을 짓기 위한 계획을 세웠다.
  ① 옷이 헐다.   ② 입안이 헐다.   ③ 울타리를 헐다.   ④ 새 김장독을 헐다.   ⑤ 만 원짜리를 헐다.

9. 지금부터는 길이 험하니까 조심해야 한다.
  ① 산이 험하다.   ② 얼굴이 험하다.   ③ 날씨가 험하다.   ④ 말투가 험하다.   ⑤ 험한 꼴을 당하다.

[정답] 1. 혈혈단신 2. 허사 3. 침소봉대 4. 허장성세 5. 현안 6. 합병 7. ② 8. ③ 9. ①
[해설] 7. 합하다-❷ ① 합하다-❸ ③ 합하다-❶ 8. 헐다²-❶ ① 헐다¹-❷ ② 헐다¹-❶ ④ 헐다²-❷ ⑤ 헐다²-❸ 9. 험하다-❶ ② 험하다-❷ ③ 험하다-❸ ④ 험하다-❹ ⑤ 험하다-❼

1. 어휘의 선택이 문맥에 맞지 <u>않는</u> 것은?

① 그는 모든 일에 (⬭능동/ 피동)적으로 솔선수범했다.

② 그 정당은 당직의 20퍼센트를 여성에게 (⬭할거/ 할당)하였다.

③ 정부는 환경오염 문제에 대한 뚜렷한 (⬭대안/ 현안)을 마련해야 한다.

④ 그는 이번 동맹 휴학 사태의 (사동 /⬭주동)으로 몰려 징계를 받게 되었다.

⑤ 선생님은 우리의 의견을 (합류 /⬭합일)시키기 위해 노력하셨지만 쉽지 않았다.

(2~4) 밑줄 친 말의 쓰임이 문맥에 맞지 <u>않는</u> 것을 고르시오.

2. ① 그의 인생은 <u>파란만장한</u> 시련의 연속이었다.

② 봉건 시대의 지주들은 백성들을 착취하는 일이 <u>비일비재</u>하였다.

③ 조정의 착취에 흉년까지 겹쳐 고통에 신음하는 백성들이 <u>함포고복</u>하고 있다.

④ 국가의 운명이 <u>풍전등화</u>인데, 학생이라고 편안히 앉아서 공부만 할 수는 없었다.

⑤ 그는 사소한 일을 <u>침소봉대</u>하는 데 선수니까, 그의 말을 곧이곧대로 믿어서는 안 된다.

3. ① 그는 하는 짓이 <u>허황하고</u> 착실하지 못하다.

② 지나간 50년을 곰곰이 반추해 보니 후회되는 일이 <u>허다하다</u>.

③ 그는 자신을 <u>핍박하는</u> 이 세상에 결연히 맞서겠다고 다짐하였다.

④ 우리 집은 4대에 걸친 열다섯 명의 대식구가 <u>단출하게</u> 살고 있다.

⑤ 그분은 바쁜 와중에도 인터뷰를 요청한 학생들에게 시간을 <u>할애해</u> 주었다.

4. ① 이 소설은 정치권의 부정부패를 신랄히 <u>풍자</u>하고 있다.

② 초등학교 동창들과 한 달에 한 번씩 정기적 모임을 통해 <u>조우</u>하고 있다.

③ 갖은 <u>풍상</u>에 찌든 얼굴을 하고 나타난 그는 어느새 백발이 되어 있었다.

④ 마음 내키는 대로 자유롭게 움직이는 아이들은 다루기 쉬운 <u>피사체</u>는 아니다.

⑤ 그는 불우이웃을 돕는다는 <u>허울</u> 좋은 명분을 내걸고 모금 운동을 펼치면서 잇속을 챙겼다.

5. ㉠의 '한'과 의미가 가장 가까운 것은?   (2006 고3 3월 학평)

> 많은 사람들이 민주주의와 시장경제를 ㉠<u>한</u>가지인 것처럼 이해하고 있거나 이 둘은 저절로 조화되는 제도라고 인식하는 경우가 많다. 그러나 이 둘은 의사 결정 과정에서부터 분명한 차이를 보인다.

① 방 <u>한</u>가운데에는 화로가 놓여 있었다.

② <u>한</u>여름에는 시원한 수박 생각이 간절해진다.

③ 그들은 승리의 기쁨을 <u>한</u>가득 안고 돌아왔다.

④ 이번 일이 잘 풀리는 바람에 <u>한</u>시름을 놓았다.

⑤ 설을 맞아 모처럼 온 가족이 <u>한</u>자리에 모였다.

(6~9) 밑줄 친 말의 의미가 ㉠과 가장 유사한 것을 고르시오.

6.

> 아버지는 김치를 안주로 ㉠하여 막걸리를 드셨다.

① 기차가 도착할 때쯤 <u>하여</u> 역으로 나갔다.　　② 뱃머리를 남쪽으로 <u>해서</u> 항해를 계속했다.
③ 신혼여행 <u>하면</u> 제주도가 제일 먼저 떠오른다.　　④ 모임 장소를 친구 집으로 <u>하여</u> 송년회를 열었다.
⑤ 그는 아들을 잃은 슬픔으로 <u>해서</u> 제정신이 아니다.

7.

> 지금쯤 고향집 굴뚝에선 연기가 모락모락 ㉠피고 있을 것이다.

① 새로 <u>핀</u> 개나리꽃이 매우 아름답다.　　② 월급이 오르자, 집안 살림이 좀 <u>피었다</u>.
③ 소나기가 오려는지 먹구름이 검게 <u>피었다</u>.　　④ 검버섯이 <u>핀</u> 얼굴에 비굴한 웃음이 떠올랐다.
⑤ 칭찬을 듣고 난 후 아이의 얼굴이 환히 <u>피었다</u>.

8.

> 그들은 난리를 ㉠피해 깊은 산골짜기로 들어갔다.

① 이곳에서 얌전히 몸을 <u>피하고</u> 있어라.　　② 그들은 장애물을 <u>피하면서</u> 빠르게 달렸다.
③ 손 있는 날을 <u>피하여</u> 이사 날짜를 정했다.　　④ 비바람을 <u>피하기</u> 위해 초가집 처마 밑에 가 섰다.
⑤ 그들은 우박을 <u>피하기</u> 위해 건물 안으로 들어갔다.

9.

> 사고 차량은 앞부분이 ㉠험하게 일그러져 있었다.

① 그는 차를 <u>험하게</u> 몰았다.　　② 창수는 온갖 <u>험한</u> 일도 마다하지 않았다.
③ 그녀는 일을 많이 해서 손이 <u>험하다</u>.　　④ 분위기가 <u>험해서</u> 슬그머니 그 자리를 빠져나왔다.
⑤ <u>험한</u> 꼴 당하기 전에 자리를 피하는 것이 좋겠다.

---

10. ㉠에서 임금이 처한 상황을 알맞게 표현한 것은?

(2010 고3 10월 학평)

> 　임금이 괴이히 여기다가 주위를 둘러보니, 갑자기 맑은 바람이 일어나며 구름과 안개가 걷히고 날씨가 명랑하였다. 그제
> 야 자세히 보니 명경창파 가운데 자신이 한 조각의 배를 타고 앉았는데, 배 가는 곳을 알 수가 없었다. ㉠<u>임금이 크게 놀라
> 생각하기를, '이 몸이 어찌하여 이곳에 왔으며, 배에는 사공도 없으니 장차 어디로 갈꼬?' 하고 있는데, 갑자기 큰 바람이
> 일어나서 천지를 분간치 못하였다. 그런데다 풍랑까지 심하여 배가 물결을 따라 물속으로 거의 잠기게 되었다.</u> 임금은 정
> 신이 혼미하여 넋이 몸에 붙지 아니하니 어찌 살기를 바라리오.
> 　　－ 작자 미상,〈전우치전〉

① 백척간두(百尺竿頭)　　　　② 풍비박산(風飛雹散)　　　　③ 천재일우(千載一遇)
④ 고군분투(孤軍奮鬪)　　　　⑤ 흥진비래(興盡悲來)

11. '특'이 ⊙의 상황을 〈보기〉와 같이 표현했을 때, (   )에 들어갈 말로 가장 적절한 것은?

특이 십여 일 만에 일어나 말했습니다.
"제가 혼자 산 속에서 지키고 있는데 많은 도적들이 갑자기 들이닥쳤습니다. ⊙박살날 것 같아 죽을힘을 다해 달아나 겨우 목숨을 보존하게 되었습니다. 이 보물이 아니었다면 제가 어찌 이런 위험에 처했겠습니까? 운명이 이리도 험한데 어찌 빨리 죽지 않는고!"
　　　– 작자 미상, 〈운영전〉

──〈보 기〉──
"(　　　　　)이었으나 겨우 도망했습니다."

① 내우외환(內憂外患)　　　　② 명재경각(命在頃刻)　　　　③ 사고무친(四顧無親)
④ 오리무중(五里霧中)　　　　⑤ 자승자박(自繩自縛)

12. ⊙의 상황에 어울리는 말로 가장 적절한 것은?

배비장이 방자 말을 옳게 듣고 두 발을 모아 들이밀자, 방자 놈이 안에서 배비장의 두 발목을 모아 쥐고 힘껏 잡아당기니, 부른 배가 딱 걸려서 들도 나도 아니하는지라,
　　⊙배비장 두 눈을 희게 뜨고 이를 갈며, / "좀 놓아다고!" / 하면서, 죽어도 문자(文字)는 쓰는 것이었다.
"포복불입(飽腹不入)하니 출분이기사(出糞而幾死)로다.*"
　　　– 작자 미상, 〈배비장전〉
* 포복불입하니 출분이기사로다: 배가 불러 들어갈 수 없으니 똥이 나와 죽겠구나.

① 조삼모사(朝三暮四)　　　　② 허장성세(虛張聲勢)　　　　③ 방약무인(傍若無人)
④ 호가호위(狐假虎威)　　　　⑤ 아전인수(我田引水)

13. ⊙에 나타난 숙향의 처지를 표현할 때, 적절하지 않은 것은?

사향이 발을 구르며 숙향을 이끌어 문밖으로 내치고 문을 닫고 들어가며 말하기를,
"근처에 있지 말고 멀리 가라. 만일 승상이 아시면 큰일 나리라."
하거늘, 숙향이 멀리 가며 승상 집을 돌아보고 울며 가더라.
한 곳에 다다라 문득 보니 큰 강이 있으니 이는 표진강이었다. ⊙어찌할 바를 몰라 강변을 헤매다가 날은 저물고 행인은 드문지라 사면을 돌아봐도 의지할 곳이 없는지라, 하늘을 우러러 통곡하다가 손에 깁수건을 쥐고 치마를 뒤집어쓰고 물속으로 뛰어들었다.
　　　– 작자 미상, 〈숙향전〉

① 기호지세(騎虎之勢)　　　　② 고립무원(孤立無援)　　　　③ 혈혈단신(孑孑單身)
④ 사고무친(四顧無親)　　　　⑤ 진퇴유곡(進退維谷)

14. ㉠에 담겨 있는 '심 봉사'의 심리를 나타낼 수 있는 말로 가장 적절한 것은? (2016 고1 3월 학평)

> 이때에 심 봉사는 홀로 앉아 심청을 기다릴 제, 배고파 등에 붙고 방은 추워 턱이 떨어질 지경인데, 잘 새는 날아들고 먼 절에서 쇠북 소리 들리니 날 저문 줄 짐작하고 혼자 하는 말이,
>
> ㉠'내 딸 심청이는 무슨 일에 빠져서 날이 저문 줄 모르는고. 주인에게 잡히어 못 오는가, 저물게 오는 길에 동무에게 붙잡혀 있는가?'
>
> — 작자 미상, 〈심청전〉

① 학수고대(鶴首苦待) ② 결초보은(結草報恩) ③ 동병상련(同病相憐)
④ 수구초심(首丘初心) ⑤ 적반하장(賊反荷杖)

15. 다음은 '사전 활용하기' 학습 활동을 위한 자료이다. 이에 대한 이해로 옳지 <u>않은</u> 것은? (2016 고3 4월 학평)

> **하다01**
> ① 「동사」【…을】
>   ① 사람이나 동물, 물체 따위가 행동이나 작용을 이루다. ¶ 운동을 하다. / 사랑을 하다.
>   ② 먹을 것, 입을 것, 땔감 따위를 만들거나 장만하다. ¶ 나무를 하다. / 밥을 하다.
>   ③ 표정이나 태도 따위를 짓거나 나타내다. ¶ 어두운 얼굴을 하다.
> ② 「보조동사」
>   ① (동사나 형용사 뒤에서 '-게 하다' 구성으로 쓰여) 앞말의 행동을 시키거나 앞말이 뜻하는 상태가 되도록 함을 나타
>   내는 말. ¶ 숙제를 하게 하다. / 노래를 부르게 하다. / 몸을 청결하게 하다.
> **-하다02** 「접사」
>   ① (일부 명사 뒤에 붙어) 동사를 만드는 접미사. ¶ 운동하다. / 사랑하다.
>   ② (일부 명사 뒤에 붙어) 형용사를 만드는 접미사. ¶ 건강하다. / 순수하다.
>   ③ (의성 · 의태어 이외의 일부 성상 부사 뒤에 붙어) 동사나 형용사를 만드는 접미사. ¶ 달리하다. / 빨리하다.
>   ④ (몇몇 의존 명사 뒤에 붙어) 동사나 형용사를 만드는 접미사. ¶ 체하다. / 척하다. / 듯하다.

① '하다01 ①'은 두 개 이상의 의미를 갖는 다의어이겠군.
② '하다01 ②'는 '하다01 ①'과는 달리 혼자 쓰이지 못하고 다른 용언 뒤에 붙어 사용되겠군.
③ '-하다02'는 앞 단어에 붙어 품사를 바꾸는 기능을 하겠군.
④ '하다01 ① ②'의 용례로 '새 옷을 한 벌 했다.'를 추가할 수 있겠군.
⑤ '물에 빠질 뻔하다.'의 '뻔하다'는 '-하다02 ②'의 용례라고 할 수 있겠군.

[정답] 1. ② 2. ③ 3. ④ 4. ② 5. ⑤ 6. ④ 7. ③ 8. ② 9. ③ 10. ① 11. ② 12. ② 13. ① 14. ① 15. ⑤
[해설] 2. '함포고복'은 고통스러운 상황과는 어울리지 않는다. 3. 대식구가 사는 상황과 '단출하다'는 어울리지 않는다. 4. 정기적인 만남과 '조우'는 어울리지 않는다. 5. ㉠의 '한': 같은 ① 정확한 ② 한창인 ③ · ④ 큰 6. ㉠ 특정 대상을 어떤 특성이나 자격을 가지는 것으로 만들거나 삼다. ① 일정한 시각이나 시기에 이르다. ② 어떠한 방향으로 두다. ③ 이야기의 화제로 삼다. ⑤ 어떠한 일의 원인이 되다. 7. ㉠ 구름이나 연기 따위가 커지다. ① 꽃봉오리 따위가 벌어지다. ② 가정이 수입이 늘어 형편이 나아지다. ④ 곰팡이, 버섯, 검버섯 따위가 생겨서 나타나다. ⑤ 사람이 살이 오르고 혈색이 좋아지다. 8. ㉠ 원치 않은 일을 당하거나 어려운 처지에 놓이지 않도록 하다. ① 몸을 숨기거나 다른 곳으로 옮기어 드러나지 않도록 하다. ③ 행사에 불길한 날을 택하지 않다. ④ · ⑤ 비, 눈 따위를 맞지 않게 몸을 옮기다. 9. ㉠ 생김새나 나타난 모양이 보기 싫게 험상스럽다. ① 말이나 행동 따위가 막되다. ② 일 따위가 거칠고 힘에 겹다. ④ 어떠한 상태나 움직이는 형세가 위태롭다. ⑤ 매우 비참하다. 10. 임금이 절체절명의 위기에 빠진 상황이다. ④ 남의 도움을 받지 아니하고 힘에 벅찬 일을 잘해 나감. 11. 매우 급박하고 긴장되었던 순간, 하마터면 죽을 뻔한 순간을 제시하고 있으므로 '명재경각'이 가장 적절하다. 12. 우스꽝스러운 상황에서 비천한 내용의 말을 하면서도 문자를 쓰며 허세를 부리고 있으므로 '허장성세'가 적절하다. ③ 곁에 사람이 없는 것처럼 아무 거리낌 없이 함부로 말하고 행동하는 태도가 있음. ⑤ 자기에게만 이롭게 되도록 생각하거나 행동함. 13. ㉠에서 숙향은 어찌할 바를 모르고 의지할 곳이 없는 처지이다. 따라서 이미 시작한 일을 중도에서 그만둘 수 없는 경우를 비유적으로 이르는 말인 '기호지세'는 적절한 표현이 아니다. ② 고립되어 구원을 받을 데가 없음. ⑤ 이러지도 저러지도 못하고 꼼짝할 수 없는 궁지. 14. ㉠은 심 봉사가 심청이를 애타게 기다리는 심리를 나타내고 있다. 15. '뻔하다'는 '-하다02 ④'의 용례이다.

☐ **혐의**
嫌 싫어할 혐 疑 의심할 의

❶ 꺼리고 미워함. ▶ 사태가 이 지경이 될 줄 알았다면 남과 혐의나 지지 말 것을 그랬다.
❷ 범죄를 저질렀을 가능성이 있다고 봄. 또는 그 가능성
▶ 검찰은 그를 뇌물 수수 혐의로 구속했다.

☐ **협의**
狹 좁을 협 義 옳을 의

어떤 말의 개념을 정의할 때에, 좁은 의미
▶ 우리는 흔히 문화라는 말을 개화(開化)와 같이 협의로 사용한다.
반의어 + **광의**(廣넓을광 義옳을의): 어떤 말의 개념을 정의할 때에, 넓은 의미
▶ 광의의 언어에는 동물의 의사 전달 수단도 포함된다.

☐ **호기**
豪 호걸 호 氣 기운 기

❶ 씩씩하고 호방한 기상 ▶ 그는 하늘을 찌를 듯한 호기와 흔들리지 않는 신념을 지녔다.
❷ 꺼드럭거리는 기운 ▶ 얌전한 사람도 술을 마시면 호기를 보이곤 한다.
동음이의어 + **호기**(好좋을호 期때기): 좋은 시기 ▶ 우왕좌왕하는 사이에 호기를 놓쳐 버렸다.
한자성어 + **호연지기**(浩넓을호 然그럴연 之~의 지 氣기운기): (하늘과 땅 사이에 가득 찬 넓고 큰 원기
→) 거침없이 넓고 큰 기개 ▶ 신라 시대의 화랑들은 산과 들을 누비며 호연지기를 키웠다.

☐ **호사**
好 좋을 호 事 일 사

❶ 좋은 일 ▶ 호사에는 마(魔)가 붙기 쉬운 법이다.
❷ 일을 벌이기를 좋아함. ▶ 돈 많은 호사가가 바퀴벌레 경주 대회까지 벌였다.
연관어휘 + **호사가**(好좋을호 事일사 家집가): ❶ 일을 벌이기를 좋아하는 사람
❷ 남의 일에 특별히 흥미를 가지고 말하기 좋아하는 사람
▶ 그 소문은 남의 말 좋아하는 호사가들에 의해 그럴듯하게 꾸며진 이야기에 불과하다.
한자성어 + **호사다마**(好좋을호 事일사 多많을다 魔마귀마): 좋은 일에는 흔히 방해되는 일이 많음. 또
는 그런 일이 많이 생김. ▶ 호사다마라더니 멀쩡하던 양반이 자식 장가보내는 날에 갑자기 몸져눕고 말았다.
동음이의어 + **호사**(豪호걸호 奢사치할사): 호화롭게 사치함. 또는 그런 사치
▶ 그는 부유한 부모 밑에 태어나 호사를 누리며 살았다.

☐ **혹평**
酷 심할 혹 評 평할 평

가혹하게 비평함. ▶ 그는 김 교수의 논문을 학술적 가치가 결여된 수필이라고 혹평했다.
유의어 + **악평**(惡악할악 評평할평): 나쁘게 평함. 또는 그런 평판이나 평가
▶ 이번 공연에서 그녀는 연기에 깊이가 없다는 악평을 들었다.
반의어 + **호평**(好좋을호 評평할평): 좋게 평함. 또는 그런 평판이나 평가
▶ 우리 상품들이 외국 시장에서도 호평을 받고 있다.

☐ **혼곤**
昏 어두울 혼 困 곤할 곤

정신이 흐릿하고 고달픔. ▶ 알람 소리에 깨긴 했지만, 그는 온몸이 혼곤해서 일어나지 못했다.
유의어 + **혼미**(昏어두울혼 迷미혹할미): ❶ 의식이 흐림. 또는 그런 상태
▶ 아이는 의식이 혼미한 상태에서도 엄마의 손을 놓지 않았다.
❷ 하는 짓이나 됨됨이가 어리석고 미련하며 사리에 어두움.
▶ 그는 하는 짓이 혼미해서 믿음이 가지 않는다.
❸ 정세 따위가 분명하지 아니하고 불안정함. 또는 그런 상태
▶ 나는 안타깝고 초조한 심정으로 혼미한 정국을 바라보았다.
참고어휘 + **곤**(困곤할곤)**하다**: ❶ 기운이 없이 나른하다.
▶ 연일 과중한 업무로 몸이 곤해서 그런지 그저 어디 가 한숨 잤으면 하는 생각뿐이다.
❷ 몹시 고단하여 잠든 상태가 깊다. ▶ 마음껏 뛰어논 아이는 잠자리에 들자마자 곤한 잠에 빠졌다.

☐ **혼동**
混 섞을 혼 同 한가지 동

❶ 구별하지 못하고 뒤섞어서 생각함. ▶ 그는 동정과 사랑을 혼동하는 것 같았다.
❷ 서로 뒤섞이어 하나가 됨.
▶ 오늘날과 같은 가치관의 혼동 속에서 무엇이 옳고 그른가를 제대로 판단하기란 쉽지 않다.

참고어휘 + **혼돈**(混섞을혼 沌엉길돈): ❶ 마구 뒤섞여 있어 갈피를 잡을 수 없음. 또는 그런 상태
▶ 그 나라는 극심한 정치적 혼돈으로 국민 복지에 신경 쓸 겨를이 없다.
❷ 하늘과 땅이 아직 나누어지지 않은 태초의 상태
▶ 고대 그리스 사람들은 혼돈이 질서를 낳는다고 생각했다.

□ **홀리다**

❶ 무엇의 유혹에 빠져 정신을 차리지 못하다.
▶ 우리는 판매원의 언변에 홀려 필요도 없는 물건을 사고 말았다.
❷ 유혹하여 정신을 차리지 못하게 하다.
▶ 아직도 우리 마을엔 동네 총각을 홀린다는 처녀귀신 얘기가 구전되고 있다.

□ **홍진**
紅 붉을 홍 塵 티끌 진

(수레와 말이 일으키는 먼지 →) 번거롭고 속된 세상
▶ 그는 홍진을 피해 시골에서 조용히 살았다.

참고어휘 + **풍진**(風바람풍 塵티끌진): ❶ 바람에 날리는 티끌
▶ 비포장도로를 달리는 차에 풍진이 일었다.
❷ 세상에서 일어나는 어지러운 일이나 시련 ▶ 풍진에 시달리는 백성들은 평화만을 바라고 있다.
❸ (싸움터에서 일어나는 티끌 →) 전쟁으로 인하여 어수선하고 어지러운 분위기 또는 그런 전쟁 ≒병진(兵병사병 塵티끌진) ▶ 이순신은 칠 년 풍진 임진왜란을 겪고 쓰러져 가는 나라의 운명을 구했다.

진토(塵티끌진 土흙토): 티끌과 흙 ▶ 몸이 부서지고 백골이 진토가 되더라도 내 민족을 잊을 수는 없다.

□ **화답**
和 화할 화 答 대답 답

❶ 시나 노래에 응하여 대답함. ▶ 그의 노래에 대한 화답으로 나도 노래 한 곡을 불렀다.
❷ 상대의 건의나 행위, 물음 따위에 맞추어 그에 어울리게 대응함. 또는 그 대답
▶ 우리나라 대통령의 방문에 대한 화답 차원에서 상대국 대통령도 우리나라를 찾았다.

한자성어 + **질의응답**(質바탕질 疑의심할의 應응할응 答대답답): 의심나는 점을 묻고 물음에 대답을 하는 일 ▶ 교육부에서는 새로운 입시 정책을 소개하고 질의응답하는 시간을 가졌다.
자문자답(自스스로자 問물을문 自스스로자 答대답답): 스스로 묻고 스스로 대답함.
▶ 그는 인생이란 도대체 무엇인가에 대해 자문자답을 계속했다.
동문서답(東동녘동 問물을문 西서녘서 答대답답): 물음과는 전혀 상관없는 엉뚱한 대답
▶ 계속된 그의 동문서답에 나는 짜증이 나고 말았다.
우문현답(愚어리석을우 問물을문 賢어질현 答대답답): 어리석은 질문에 대한 현명한 대답
▶ 그가 기자들의 짓궂은 질문에도 재치 있게 답변하자 모두들 우문현답이라며 감탄을 했다.

확인문제

(1~8) 제시된 뜻풀이에 맞는 단어가 되도록 빈칸에 알맞은 말을 쓰시오.

1. 꺼리고 미워함: □의
2. 번거롭고 속된 세상: 홍□
3. 좋은 시기: □기
4. 씩씩하고 호방한 기상: □기
5. 시나 노래에 응하여 대답함: □답
6. 정신이 흐릿하고 고달픔: □곤
7. 좋은 일에는 흔히 방해되는 일이 많음: □□다마
8. 남의 일에 특별히 흥미를 가지고 말하기 좋아하는 사람: □□가

(9~12) 제시된 뜻풀이에 맞는 단어를 괄호 안에서 고르시오.

9. 좁은 의미: (협의 / 광의)
10. 좋게 평함: (혹평 / 호평)
11. 구별하지 못하고 뒤섞어서 생각함: (혼동 / 혼돈)
12. 물음과는 전혀 상관없는 엉뚱한 대답: (동문서답 / 우문현답)

13. ㉠, ㉡의 밑줄 친 말과 바꾸어 쓸 수 있는 것을 선으로 연결하시오.
㉠ 그는 도깨비에게 <u>홀려</u> 무턱대고 따라나섰다.   •   • ⓐ 현혹하여
㉡ 판매원은 화려한 언변으로 손님을 <u>홀려</u> 물건을 사게 했다.   •   • ⓑ 현혹되어

[정답] 1. 혐 2. 진 3. 호 4. 호 5. 화 6. 혼 7. 호, 사 8. 호, 사 9. 협의 10. 호평 11. 혼동 12. 동문서답 13. ㉠-ⓑ, ㉡-ⓐ
[해설] 13. '홀리다'는 유혹하는 의미로 쓰일 때도 있고 유혹 당하는 의미로 쓰일 때도 있다.

□ **화복**
禍 재앙 화 福 복 복

화(禍)와 복(福)을 아울러 이르는 말
▶ 아버지는 인생의 화복은 자기 노력에 달려 있다고 말씀하셨다.

한자성어 + **전화위복**(轉구를전 禍재앙화 爲할위 福재앙화): 재앙과 근심, 걱정이 바뀌어 오히려 복이 됨. ▶ 현재의 어려움을 전화위복의 계기로 삼아야 한다.

흥진비래(興일홍 盡다할진 悲슬플비 來올래): (즐거운 일이 다하면 슬픈 일이 닥쳐옴. →) 세상일은 순환되는 것임. ▶ 흥진비래라더니 인생사가 마냥 행복할 수만은 없구나.

고진감래(苦쓸고 盡다할진 甘달감 來올래): (쓴 것이 다하면 단 것이 옴. →) 고생 끝에 즐거움이 옴.
▶ 나는 힘든 일이 닥칠 때마다 고진감래라는 말을 생각하며 어려움을 참아 냈다.

새옹지마(塞변방새 翁늙은이옹 之~의 지 馬말마): 인생의 길흉화복은 변화가 많아서 예측하기가 어려움. ▶ 인생사 새옹지마라더니 퇴직 후 실의에 빠졌던 그가 소설을 써서 인기 작가가 되었다.

권불십년(權권세권 不아닐불 十열십 年해년): (권세는 십 년을 가지 못함. →) 아무리 높은 권세라도 오래가지 못함. ▶ 일부 대기업 총수 일가의 안하무인한 행태를 보면 권불십년이라는 말을 상기시키고 싶어진다.

□ **환기**
喚 부를 환 起 일어날 기

주의나 여론, 생각 따위를 불러일으킴.
▶ 여성 단체는 성폭력에 대한 사회적 관심을 환기하기 위해 영상 매체를 활용하였다.

동음이의어 + **환기**(換바꿀환 氣기운기): 탁한 공기를 맑은 공기로 바꿈.
▶ 겨울철에도 하루에 두 번 정도는 창문을 열어 집안을 환기할 필요가 있다.

□ **환몽**
幻 헛보일 환 夢 꿈 몽

허황된 꿈 ▶ 그는 복권에 당첨되어 기뻐하다가 모든 것이 환몽인 줄 알고 잠에서 깼다.

연관어휘 + **환몽 구조**(幻헛보일환 夢꿈몽 構얽을구 造지을조): 꿈과 현실을 오가는 이야기 전개 구조
▶ 고전 소설 중에는 환몽 구조를 지닌 작품이 많다.

참고어휘 + '夢(꿈몽)'을 공유하는 한자어

현몽(現나타날현 夢꿈몽): 죽은 사람이나 신령 따위가 꿈에 나타남. 또는 그 꿈
▶ 돌아가신 할머니가 어제 현몽하셨다.

백일몽(白흰백 日날일 夢꿈몽): (대낮에 꿈을 꿈. →) 실현될 수 없는 헛된 공상
▶ 꿈만 있고 실천력이 없으면 백일몽이며, 꿈도 없이 일만 벌이는 것은 악몽일 뿐이다.

한자성어 + **일장춘몽**(一한일 場마당장 春봄춘 夢꿈몽): (한바탕의 봄꿈 →) 헛된 영화나 덧없는 일
▶ 이제 와 보니 지난 일들이 모두 일장춘몽 같았다.

남가일몽(南남녘남 柯가지가 一한일 夢꿈몽): 꿈과 같이 헛된 한때의 부귀영화
▶ 그는 한때 대한민국 최고의 인기 가수였지만 이제는 그런 인기가 남가일몽이라고 생각한다.

비몽사몽(非아닐비 夢꿈몽 似닮을사 夢꿈몽): 완전히 잠이 들지도 잠에서 깨어나지도 않은 어렴풋한 상태 ▶ 그는 새벽에 깨어 비몽사몽 중에 물을 마시러 가다가 식탁 다리에 발이 걸려 넘어졌다.

□ **환생**
還 돌아올 환 生 날 생

❶ 다시 살아남. ▶ 거의 죽어 가던 사람이 기적같이 환생했다.
❷ 죽은 사람이 다시 태어남. ▶ 인간으로 환생한 사람은 전생을 기억해 내지 못한다고 한다.

참고어휘 + '生(날생)'을 공유하는 한자어

소생(蘇되살아날소 生날생): 거의 죽어 가다가 다시 살아남. ≒회생(回돌아올회 生날생)
▶ 봄은 만물이 소생하는 계절이다.

갱생(更다시갱 生날생): ❶ 거의 죽을 지경에서 다시 살아남.
▶ 그는 불치병에 걸려 갱생 가능성이 거의 없다.
❷ 마음이나 생활 태도를 바로잡아 본디의 옳은 생활로 되돌아가거나 발전된 생활로 나아감.
▶ 그는 범죄자들을 갱생의 길로 이끌었다.

재생(再두재 生날생): ❶ 죽게 되었다가 다시 살아남. ▶ 환자에게는 더 이상 재생의 희망이 보이지 않는다.
❷ 타락하거나 희망이 없어졌던 사람이 다시 올바른 길을 찾아 살아감.
▶ 그는 죄악에서 벗어나 재생의 길을 찾았다.

❸ 낡거나 못 쓰게 된 물건을 가공하여 다시 쓰게 함.
▶ 부녀회 회원들은 다 쓰고 버린 폐식용유를 <u>재생</u>하여 빨랫비누를 만들어 쓴다.
❹ 녹음·녹화한 테이프나 필름 따위로 본래의 소리나 모습을 다시 들려주거나 보여 줌.
▶ 녹음기는 우리가 녹음한 자연의 소리를 깨끗하게 <u>재생</u>했다.

☐ **환영**
幻 헛보일 환 影 그림자 영

눈앞에 없는 것이 있는 것처럼 보이는 것
▶ 그는 심신이 허약해지면서 <u>환영</u>에 시달리고 있다.

☐ **회고**
回 돌아올 회 顧 돌아볼 고

(뒤를 돌아다봄. →) 지나간 일을 돌이켜 생각함. ▶ 그는 끔찍했던 참전 경험을 <u>회고</u>했다.
`동음이의어 +` **회고**(懷품을회 古옛고): 옛 자취를 돌이켜 생각함.
▶ 시인은 궁궐을 바라보며 옛 왕조에 대한 <u>회고</u>에 잠겼다.

☐ **회귀**
回 돌아올 회 歸 돌아갈 귀

한 바퀴 돌아 제자리로 돌아오거나 돌아감. ▶ 무조건적인 과거로의 <u>회귀</u>는 바람직하지 않다.
`참고어휘 +` **회수**(回돌아올회 收거둘수): 도로 거두어들임. ▶ 그 회사는 지금 <u>회수</u>에 차질이 생겨 부도가 났다.

☐ **회자**
膾 회 회 炙 구울 자

(회와 구운 고기 →) 칭찬을 받으며 사람의 입에 자주 오르내림.
▶ 그의 무용담은 아직도 사람들 입에 <u>회자</u>되고 있다.
`유의어 +` **칭송**(稱일컬을칭 頌칭송할송): 칭찬하여 일컬음. 또는 그런 말
▶ 선생님은 마을 사람들에게 살아 있는 부처라고 <u>칭송</u>되었다.

☐ **회한**
悔 뉘우칠 회 恨 한 한

뉘우치고 한탄함. ▶ 그는 비뚤어졌던 그의 삶의 행로를 돌아보며 <u>회한</u>의 눈물을 흘렸다.
`유의어 +` **회오**(悔뉘우칠회 悟깨달을오): 잘못을 뉘우치고 깨달음.
▶ 불효자는 부모님이 돌아가신 뒤에 <u>회오</u>의 눈물을 흘렸다.

☐ **횡액**
橫 가로 횡 厄 액 액

뜻밖에 닥쳐오는 불행
▶ 그들은 산신이 노하면 <u>횡액</u>을 당한다고 이구동성으로 말했다.

☐ **훔치다**

남의 물건을 남몰래 슬쩍 가져다가 자기 것으로 하다.
▶ 그 도둑은 <u>훔친</u> 물건을 팔다가 경찰에 붙잡혔다.
`동음이의어 +` **훔치다:** 물기나 때 따위가 묻은 것을 닦아 말끔하게 하다. ▶ 걸레로 방을 깨끗이 <u>훔쳤다</u>.

확인문제

(1~14) 제시된 뜻풀이에 맞는 단어가 되도록 빈칸에 알맞은 말을 쓰시오.
1. 도로 거두어들임: 회☐
2. 지나간 일을 돌이켜 생각함: 회☐
3. 뜻밖에 닥쳐오는 불행: ☐액
4. 죽은 사람이나 신령 따위가 꿈에 나타남: ☐몽
5. 실현될 수 없는 헛된 공상: ☐☐몽
6. 한 바퀴 돌아 제자리로 돌아오거나 돌아감: ☐귀
7. 눈앞에 없는 것이 있는 것처럼 보이는 것: ☐영
8. 죽은 사람이 다시 태어남: ☐생
9. 주의나 여론, 생각 따위를 불러일으킴: ☐기
10. 재앙과 근심, 걱정이 바뀌어 오히려 복이 됨: 전☐위☐
11. 아무리 높은 권세라도 오래가지 못함: 권불☐☐
12. 즐거운 일이 다하면 슬픈 일이 닥쳐옴: ☐진☐래
13. 인생의 길흉화복은 변화가 많아서 예측하기가 어려움: ☐☐지마
14. 완전히 잠이 들지도 잠에서 깨어나지도 않은 어렴풋한 상태: ☐몽☐몽

(15~20) 밑줄 친 말을 괄호 안의 말로 바꾸어 쓰는 것이 적절한지 판단하시오.
15. 우리는 환자가 <u>소생</u>(→ 회생)하기를 빌었다.
16. 그는 탈선 청소년들의 <u>갱생</u>(→ 재생)을 돕고 있다.
17. 지금까지의 삶이 모두 <u>일장춘몽</u>(→ 남가일몽) 같았다.
18. 어머니는 손수건으로 눈물을 <u>훔쳤다</u>(→ 도둑질했다).
19. 그는 죄를 고백하면서 <u>회한</u>(→ 통한)의 눈물을 흘렸다.
20. 그의 행동은 지금도 많은 사람들에게 <u>회자</u>(→ 비판)되고 있다.

[정답] 1. 수 2. 고 3. 횡 4. 현 5. 백, 일 6. 회 7. 환 8. 환 9. 환 10. 화, 복 11. 십, 년 12. 흥, 비 13. 새, 옹 14. 비, 사 15. 적절 16. 적절 17. 적절 18. 부적절 19. 부적절 20. 부적절
[해설] 16. 재생(再生): 타락하거나 희망이 없어졌던 사람이 다시 올바른 길을 찾아 살아감. 19. 통한(痛恨): 몹시 분하거나 억울하여 한스럽게 여김.

□ **흐르다**

❶ 시간이나 세월이 지나가다. ▶ 시간이 흘러서 그도 이제 노인이 되었다.

❷ 걸치거나 두른 것이 미끄러지거나 처지다.

▶ 달리기를 하는데 고무줄이 끊어져서 체육복 바지가 흘러 버렸다.

❸ 액체 따위가 낮은 곳으로 내려가거나 넘쳐서 떨어지다.

▶ 물은 높은 데서 낮은 데로 흐른다.

❹ 어떤 한 방향으로 치우쳐 쏠리다. ▶ 이야기가 엉뚱한 방향으로 흐르고 있다.

❺ 공중이나 물 위에 떠서 미끄러지듯이 움직이다.

▶ 푸른 하늘에는 실구름이 흐르고 있었다.

❻ 기운이나 상태 따위가 겉으로 드러나다. ▶ 아이의 얼굴에서 귀티가 흘렀다.

❼ 윤기, 광택 따위가 번지르르하게 나다. ▶ 아이의 머리에서 윤기가 흐르고 있었다.

❽ 빛, 소리, 향기 따위가 부드럽게 퍼지다. ▶ 카페에는 조용한 음악이 흘렀다.

❾ 피, 땀, 눈물 따위가 몸 밖으로 넘쳐서 떨어지다. ▶ 그의 이마에서 땀이 줄줄 흘렀다.

❿ 전기나 가스 따위가 선이나 관을 통하여 지나가다.

▶ 이 전신주에는 고압 전류가 흘러 매우 위험하다.

⓫ 새어서 빠지거나 떨어지다. ▶ 항아리의 깨진 틈으로 물이 흐른다.

⓬ 물줄기, 피 따위와 같은 액체 성분이 어떤 장소를 통과하여 지나가다.

▶ 이 평야에 흐르는 강물은 이 지역 주민들의 어머니와 같은 존재이다.

□ **흘리다**

❶ 물이나 작은 알갱이 따위를 밖으로 새게 하거나 떨어뜨리다.

▶ 과자를 바닥에 흘리지 마라.

❷ 부주의로 물건 따위를 엉뚱한 곳에 떨어뜨리다.

▶ 우산을 어디에 흘리고 왔는지 모르겠다.

❸ 비밀이나 정보 따위를 넌지시 남이 알도록 하다.

▶ 그 정치인은 거짓 정보를 언론에 흘렸다.

❹ 어떤 감정을 표정 따위로 잠깐 드러내다. ▶ 그는 사람들을 보며 입가에 조소를 흘렸다.

❺ 몸에서 땀, 눈물, 콧물, 피, 침 따위의 액체를 밖으로 내다.

▶ 그녀는 눈물을 흘리며 애원했다.

❻ 다른 사람의 말을 주의 깊게 듣지 아니하고 지나치다.

▶ 선생님 말씀을 한마디라도 흘리지 말고 집중해서 들어라.

❼ 글씨를 또박또박 쓰지 아니하고 마구 잇대어 쓰다.

▶ 글자를 너무 흘려 써서 알아볼 수가 없다.

□ **흡족**

洽 흡족할 흡 足 발 족

조금도 모자람이 없을 정도로 넉넉하여 만족함.

▶ 선생님은 학생들이 자발적으로 공부하는 모습에 마음이 흡족하였다

반의어 + **미흡**(未아닐미 洽흡족할흡): 아직 흡족하지 못하거나 만족스럽지 않음.

▶ 대통령은 이번 조세 개혁안이 미흡하다며 수정하라는 지시를 했다.

참고어휘 + **탐탁하다**: 모양이나 태도, 또는 어떤 일 따위가 마음에 들어 만족하다.

▶ 그는 이런 일을 하기가 탐탁지 않은 눈치였다.

미진(未아닐미 盡다할진)**하다**: 아직 다하지 못하다.

▶ 이번 축제는 준비가 미진해 아쉬운 점이 많았다.

쾌재(快쾌할쾌 哉어조사재): 일 따위가 마음먹은 대로 잘되어 만족스럽게 여김. 또는 그럴 때 나는 소리

▶ 그녀는 자신의 계획대로 일이 진행되자 속으로 쾌재를 불렀다.

한자성어 + **감개무량**(感느낄감 慨슬퍼할개 無없을무 量헤아릴량): 마음속에서 느끼는 감동이나 느낌이 끝이 없음. 또는 그 감동이나 느낌

▶ 오랜만에 고향에 돌아오니 모든 것이 감개무량하였다.

□ 힘

❶ 사람이나 동물이 몸에 갖추고 있으면서 스스로 움직이거나 다른 물건을 움직이게 하는 근육 작용
▶ 저 사람은 힘이 세서 쌀 한 가마를 거뜬하게 든다.

❷ 일이나 활동에 도움이나 의지가 되는 것
▶ 그녀가 어려울 때 가장 큰 힘이 되어 주는 이는 그녀의 아버지였다.

❸ 어떤 일을 할 수 있는 능력이나 역량
▶ 그의 아버지는 현재로선 이 가게를 살 만한 힘이 없다.

❹ 개인이나 단체를 통제하고 강제적으로 따르게 할 수 있는 세력이나 권력
▶ 정부는 이제 국민을 통제할 수 있는 힘을 상실한 듯했다.

❺ 약물 따위가 인체에 미치는 효력이나 효능
▶ 그는 약의 힘으로 하루하루를 버티어 나갔다.

❻ 사물의 이치 따위를 알거나 깨달을 수 있는 능력
▶ 그에게는 사리를 분별할 수 있는 힘이 없었다.

❼ 한 나라의 국력이나 세력
▶ 강대국들은 막강한 힘을 바탕으로 약소국들의 주권을 침해해 왔다.

❽ 감정이나 충동 따위를 다스리고 통제할 수 있는 능력
▶ 그는 감정을 조절할 수 있는 힘이 부족했다.

❾ 기계나 기구 따위가 스스로 움직이거나 다른 물체를 움직이게 하는 작용
▶ 이 자동차는 엔진의 힘이 좋아 잘 달린다.

❿ 자연 현상이 일어나는 작용의 세기나 그것이 다른 사물에 영향을 미치는 작용
▶ 거센 파도의 힘에 못 이겨 배는 결국 파손되었다.

⓫ 인간의 의지를 초월하여 세상일에 영향을 미치는 보이지 아니하는 작용
▶ 그는 어려운 처지가 되면 초월적인 힘에 의지하려고 한다.

⓬ 물건 따위가 튼튼하거나 단단한 정도
▶ 몇 군데가 허물어진 다리는 그나마 철근의 힘으로 버티고 있다.

확인 문제

(1~3) 밑줄 친 말의 쓰임이 문맥에 적절한지 판단하시오.

1. 검찰의 수사가 미진하자 특검을 도입하라는 여론이 들끓었다.
2. 일이 이렇게까지 커진 이유는 처음 문제가 발생했을 때 뒤처리가 미흡했기 때문이다.
3. 어린 아들을 길에서 잃고 30년이 넘도록 찾지 못한 어머니의 마음은 감개무량할 따름이었다.
4. 다음 중 의미상 거리가 가장 먼 것은?
　① 만족하다　　　② 흡족하다　　　③ 탐탁하다　　　④ 애태우다　　　⑤ 쾌재를 부르다

(5~7) 밑줄 친 말이 제시문과 가장 유사한 의미로 쓰인 것을 고르시오.

5. 뜰에는 한창 가을 향기가 흐르고 있다.
　① 땀이 흐르다.　　② 시간이 흐르다.　　③ 구름이 흐르다.　　④ 전기가 흐르다.　　⑤ 음악이 흐르다.
6. 그는 남북 정상회담이 임박했다는 이야기를 기자들에게 슬쩍 흘렸다.
　① 콧물을 흘리다.　　② 정보를 흘리다.　　③ 지갑을 흘리다.　　④ 글자를 흘려 쓰다.　　⑤ 말을 한 귀로 흘리다.
7. 피아니스트로서 그녀가 성공할 수 있었던 데에는 부모님의 힘이 컸다.
　① 그는 공부에 혼신의 힘을 기울였다.　　② 그는 우리에게 전혀 힘이 안 됐다.　　③ 그는 술의 힘을 빌려 속내를 털어놓았다.
　④ 지식과 정보가 나라의 힘이 되는 시대이다.　　⑤ 그에게는 극도의 슬픔을 견뎌낼 힘이 없었다.

[정답] 1. 적절 2. 적절 3. 부적절 4. ④ 5. ⑤ 6. ② 7. ②
[해설] 5. 흐르다―❽ 6. 흘리다―❸ ③ 흘리다―❷ 7. 힘―❷ ① 힘―❸ ③ 힘―❺ ④ 힘―❼ ⑤ 힘―❽

(1~4) 밑줄 친 말의 쓰임이 문맥에 적절하지 **않은** 것을 고르시오.

1. ① 이 영화는 작품성과 대중성 모두에서 <u>호평</u>을 받고 있다.
   ② 할머니는 내 꿈이 좋은 일이 있을 징조라고 <u>현몽</u>하셨다.
   ③ 그는 하루 만에 <u>혐의</u>가 없는 것으로 밝혀져 경찰에서 풀려났다.
   ④ 요즘처럼 정국이 <u>혼미</u>할 때에는 언론이 올바른 방향타 구실을 해야 한다.
   ⑤ 의문이 꼬리를 물고 일어나는 그 사건은 <u>호사가</u>들의 관심을 끌기에 안성맞춤이었다.

2. ① 어머니는 집안의 <u>화복</u>과 가족들의 건강을 위해 기도했다.
   ② 나는 졸졸 흐르는 개울물 소리를 들으며 <u>혼곤한</u> 낮잠에 빠졌다.
   ③ 방정식도 못 풀면서 수학자가 되겠다는 것은 <u>백일몽</u>에 불과하다.
   ④ 정치적 의혹에 대한 검찰의 수사 발표는 <u>미진한</u> 점이 너무 많았다.
   ⑤ 남녘으로 장사를 떠난 남편은 무슨 <u>횡액</u>을 당했는지 아직도 소식이 없다.

3. ① 그는 이마에 맺힌 땀방울을 <u>훔치면서</u> 말했다.
   ② 청중들의 박수에 그녀는 웃음으로 <u>화답</u>하며 연단에 올랐다.
   ③ 며칠 무리해서 일을 했더니 몸이 <u>곤해서</u> 도대체 견딜 수가 없다.
   ④ 상대 팀의 타자가 역전 만루 홈런을 치자 우리 팀 응원단이 <u>쾌재</u>를 불렀다.
   ⑤ 이번 화재와 관련하여 소방 당국의 초기 대응이 <u>미흡하지</u>는 않았는지 살펴볼 필요가 있다.

4. ① 그는 꼭 그렇게 해야만 했는지에 대해 <u>자문자답</u>해 보았다.
   ② 민족의 영산이라는 백두산에 오르니 정말로 <u>감개무량</u>하였다.
   ③ 아군의 피해는 적군의 엄청난 피해에 비하면 <u>새옹지마</u>에 불과했다.
   ④ 그는 자신이 그토록 바라던 부귀영화가 <u>일장춘몽</u>일 뿐이라는 사실을 깨달았다.
   ⑤ 그는 궁벽한 산골에 살고 있지만 천지를 메우고도 남을 <u>호연지기</u>를 지니고 있었다.

5. 밑줄 친 어휘들의 의미 관계가 **이질적인** 것은?
   ① 시민들의 열렬한 <u>환영</u>에 우리는 눈시울이 뜨거워졌다.
   그는 자신이 죽은 이의 <u>환영</u>에 시달리고 있다고 말했다.
   ② 그는 아무것도 이루지 못하고 <u>호기</u>를 다 보내고 말았다.
   그들 두 영웅의 <u>호기</u>로운 대화도 그날 밤이 마지막이었다.
   ③ 그는 자신의 일생을 <u>회고</u>하는 자서전을 쓰기로 마음먹었다.
   그는 퇴락한 궁궐터를 거닐며 옛 왕조에 대한 <u>회고</u>에 잠겼다.
   ④ 어머니는 딸의 결혼식을 <u>호사</u>스럽게 치르고 싶어 했다.
   노인은 자식 덕에 좋은 옷 해 입고 <u>호사</u>하는 기분이 나쁘지 않았다.
   ⑤ 선생님은 학생들의 흥미를 <u>환기</u>하기 위해 커다란 도표를 펼치셨다.
   언니는 방에서 이상한 냄새가 난다며 창문을 열어 <u>환기</u>를 시켰다.

6. 밑줄 친 말을 괄호 안의 말로 바꾸어 쓸 수 없는 것은?

① 비평가들은 이번 작품이 수준 이하라고 <u>악평</u>(→ 혹평)했다.

② 그는 병이 너무 깊어 <u>회생</u>(→ 소생)의 기미가 보이지 않는다.

③ 그의 차림은 누추하고 몰골은 <u>풍진</u>(→ 풍상)에 찌들어 있었다.

④ 그는 방탕하게 보낸 지난 시절을 생각하며 <u>회한</u>(→ 회오)의 눈물을 흘렸다.

⑤ 매체 언어도 의미 해석이 필요하다는 점에서 <u>광의</u>(→ 협의)의 언어로 볼 수 있다.

7. 밑줄 친 말을 괄호 안의 말로 바꾸어 쓸 수 있는 것은?

① 오래된 녹음을 <u>재생</u>(→ 갱생)하는 데 시간이 많이 걸렸다.

② 그는 엉뚱하게 <u>동문서답</u>(→ 우문현답)하면서 딴청을 피웠다.

③ 홍콩은 동양의 진주라고 <u>칭송</u>(→ 회자)될 만큼 아름다운 항구 도시이다.

④ 그는 학생들에게 돌린 설문지를 <u>회수</u>(→ 회귀)하여 그 결과를 분석하였다.

⑤ 아까는 <u>비몽사몽</u>(→ 남가일몽) 중에 전화를 받아서 내가 무슨 말을 했는지도 모르겠다.

8. ㉠과 바꿔 쓰기에 적절한 말은?

(2010 고3 4월 학평 응용)

보통 여러 사람들이 모여 서로 이야기를 하면 다양한 의견이 반영되기 때문에 보다 합리적인 결론을 얻을 수 있다고 생각하기 쉽다. 하지만 실제 집단적 의사 결정을 할 때, 사람들은 다양한 의견들을 수렴하기보다 극단적인 방향으로 ㉠<u>흐르는</u> 경우가 있다. 이처럼 집단의 최초 의견이 모험적인 경우는 더 모험적인 방향으로, 보수적인 경향이었다면 더 보수적인 경향으로 결정되는 극단화되는 현상을 '집단극화(group polarization)'라 한다.

① 퍼지는   ② 치우치는   ③ 지나가는

④ 드러나는   ⑤ 떨어지는

(9~11) 밑줄 친 말의 의미가 ㉠과 가장 유사한 것을 고르시오.

9.

(2010 고3 10월 학평)

소비자는 정보 탐색 행위를 할 때 같은 비용으로 많은 정보를 얻을 수 있는 장소나 방법을 찾으려 노력할 것이다. 따라서 소비자의 입장에서는 같은 품목의 상품을 파는 가게가 모여 있는 곳이 같은 정보 탐색 비용으로 상품에 대한 정보를 더 많이 얻을 수 있기 때문에 이런 곳을 선호하게 된다. 결과적으로 ㉠<u>힘</u>을 많이 들이지 않고 정보를 얻으려는 소비자들이 몰리게 되어 시장과 백화점이 상품을 더 많이 팔 수 있는 것이다.

① 선생님의 말씀이 내게 <u>힘</u>이 되었다.

② <u>힘</u>만 가지고는 장롱을 옮길 수 없다.

③ 이성적으로 판단하는 <u>힘</u>을 길러야 한다.

④ 충동을 누른 <u>힘</u>이 서서히 고통으로 바뀌었다.

⑤ 별 <u>힘</u>을 쓰지 않고서도 직장을 쉽게 구할 수 있었다.

10.

그녀는 부모의 묘 앞에서 슬픔의 눈물을 ㉠흘렸다.

① 그는 총을 맞고 피를 흘리며 쓰러졌다.　　　　　② 수첩을 어디에다 흘렸는지 도대체 모르겠다.

③ 그는 다른 생각을 하면서 친구의 말을 한 귀로 흘렸다.　　④ 이 문서는 글자를 너무 흘려 써서 무슨 말인지 모르겠다.

⑤ 나는 누가 이런 얘기들을 만들어서 흘렸는지 심증이 간다.

11. ―――――――――――――――――――――――――――――――――――(2019 고3 4월 학평)

운전자가 가속 페달을 밟으면 배터리에서 전동기로 전류가 공급되어 회전자의 도선에 전류가 ㉠흐르게 된다.

① 교실에 조용한 음악이 흐른다.　　　　　　　② 자루에서 쌀이 다 흘러 버렸다.

③ 이야기가 엉뚱한 방향으로 흘렀다.　　　　　④ 우리가 헤어진 후 오랜 시간이 흘렀다.

⑤ 이 가스관 속에는 고압 가스가 흐른다.

12. 밑줄 친 단어 중, ㉠의 의미를 포함하지 않는 것은?　　　　　　　　　　(2010 6월 모평)

언론 전문가들은 일부 학자들의 비판적인 시각에도 불구하고 언론과 관련된 분쟁은 법정 밖에서 해결하는 것이 가장 바람직하다는 측면에서 언론중재위원회를 통한 반론권 제도의 중요성을 인정하고 있다. 그러나 그 효율성을 제고하기 위해서는 당사자가 모두 ㉠만족할 수 있도록 중재의 합의율과 질적 수준을 높여야 할 것이다.

① 선을 본 사람이 마음에 차지 않았다.　　　　　② 엊그제 비가 흡족히 와서 가뭄이 해소되었다.

③ 그는 자기 능력에 상당한 대우를 받고 기뻐했다.　　④ 철수는 그 자리에 있는 것이 별로 달갑지 않았다.

⑤ 형의 말을 들은 삼촌의 얼굴이 그리 탐탁해 보이지 않는다.

13. 〈보기〉의 ㉠～㉢에 들어갈 낱말들을 바르게 나열한 것은?　　　　　　　(2010 고3 3월 학평)

〈보 기〉

약속은 시간과 장소가 정확해야 한다. 새내기 영업 사원 시절의 일이다. 계약 문제로 고객을 만나기 위해, 많은 차량으로 (　㉠　)한 회사 부근을 간신히 빠져나와 약속 장소로 갔다. 그러나 고객은 그곳에 없었다. 급히 휴대전화로 연락을 해 보니, 다른 곳에서 기다리고 있다는 것이었다. 큰 실수였다. 약속 장소를 (　㉡　)하여 고객을 기다리게 한 것이다. 약속을 정할 때 전에 만났던 곳에서 만나자는 말에 별 생각 없이 그렇게 하겠다고 하는 바람에 이런 (　㉢　)이 빚어졌던 것이다.

① 　㉠: 혼잡(混雜)　　㉡: 혼란(混亂)　　㉢: 혼돈(混沌)

② 　㉠: 혼란(混亂)　　㉡: 혼돈(混沌)　　㉢: 혼선(混線)

③ 　㉠: 혼잡(混雜)　　㉡: 혼동(混同)　　㉢: 혼선(混線)

④ 　㉠: 혼잡(混雜)　　㉡: 혼선(混線)　　㉢: 혼동(混同)

⑤ 　㉠: 혼란(混亂)　　㉡: 혼돈(混沌)　　㉢: 혼동(混同)

14. ㉠과 같은 상황을 나타낼 수 있는 말로 가장 적절한 것은? (2013 고3 3월 학평A)

> 　최척은 중국 소흥부에 살고 있었는데, 여유문과 의형제를 맺었다. 여유문은 자기 누이동생과 최척을 맺어 주려고도 했으
> 나 최척이 끝내 사양하였다.
> 　"저는 온 집안이 왜적에게 변을 당해 아버지와 아내의 생사(生死)도 모르고 있습니다. 죽을 때까지 상복을 벗을 수나 있
> 을지도 모르는 형편인데, 어찌 편안하게 아내를 얻겠습니까?"
> 　여유문은 이런 최척을 의롭게 여기고 다시 결혼 이야기를 꺼내지 않았다. 그러나 그해 겨울, 여유문이 병들어 죽었다. 또
> 다시 ㉠의탁할 곳이 막막하게 된 최척은 강호(江湖)를 떠돌며 두루 명승지를 유람하였다.
>
> 　　　- 조위한, 〈최척전〉

① 사고무친(四顧無親)　　　　② 다기망양(多岐亡羊)　　　　③ 전화위복(轉禍爲福)
④ 좌고우면(左顧右眄)　　　　⑤ 호사다마(好事多魔)

15. ㉠의 상황을 표현한 말로 가장 적절한 것은? (2011 9월 모평)

> 　승상이 자세히 살펴보니 과연 허물이 방 안에 놓여 있고 천서(天書) 세 권이 분명히 놓였거늘, 마음에 크게 놀라고 기뻐
> 하여 소년의 손을 잡고 마음 가득 기뻐하여 말하기를,
> 　"네가 십 년 동안을 보자기 속에 들어 있었으니 무슨 알 만한 일이 있을 것이니, 자세히 일러서 우리의 의혹을 덜게 하라."
> 　원이 고개를 숙여 재배하고 말하기를,
> 　"소자가 보자기 속에서 십 년 동안 고행하였사오나 아무런 줄을 몰랐사오니 황송함을 이길 수 없사옵니다."
> 　승상 부부가 그제야 원을 안고 등을 어루만지며 가로되,
> 　㉠"네가 어이하여 십 년 고생을 이다지도 하였느냐?"
> 하고 못내 기뻐하였다. 내외 상하(內外上下)며 이웃과 친척 가운데 뉘 아니 기뻐하리오.
>
> 　　- 작자 미상, 〈김원전〉

① 고진감래(苦盡甘來)　　　　② 괄목상대(刮目相對)　　　　③ 권불십년(權不十年)
④ 동상이몽(同床異夢)　　　　⑤ 오리무중(五里霧中)

[정답] 1. ② 2. ① 3. ④ 4. ③ 5. ④ 6. ⑤ 7. ③ 8. ② 9. ⑤ 10. ① 11. ⑤ 12. ③ 13. ① 14. ① 15. ①

[해설] 1. ② 꿈을 풀이한 것이므로 '해몽'이 적절하다. 2. ① '화복'은 '화(禍)'와 '복(福)'을 아울러 이르는 말인데, 문맥상 '화'를 비는 것은 적절하지 않다. → 화목(和睦) 3. ④ 응원
하는 팀이 역전을 당한 상황에서 '쾌재를 부르는' 것은 어울리지 않는다. 4. ③ '조족지혈(鳥足之血: 매우 적은 분량)'이 어울린다. 5. ④는 같은 단어 '호사(豪奢)'이고, 나머지는 동
음이의 관계의 단어이다. ① 환영(歡迎) - 환영(幻影) ② 호기(好期) - 호기(豪氣) ③ 회고(回顧) - 회고(懷古) ⑤ 환기(喚起) - 환기(換氣) 6. ⑤ 반의 관계이기 때문에 바꾸어 쓸
수 없다. 8. ⑥은 '어떤 한 방향으로 치우쳐 쏠리다.'의 의미로 쓰였으므로 '치우치는'으로 바꿀 수 있다. 9. ⑤ 어떤 일에 기울이는 마음이나 노력 ① 일이나 활동에 도움이나 의지
가 되는 것 ② 사람이나 동물이 몸에 갖추고 있으면서 스스로 움직이거나 다른 물건을 움직이게 하는 근육 작용 ③ 사물의 이치 따위를 알거나 깨달을 수 있는 능력 ④ 감정이나
충동 따위를 다스리고 통제할 수 있는 능력 10. ① 몸에서 땀, 눈물, 콧물, 피, 침 따위의 액체를 밖으로 내다. ② 부주의로 물건 따위를 엉뚱한 곳에 떨어뜨리다. ③ 다른 사람의 말
을 주의 깊게 듣지 아니하고 지나치다. ④ 글씨를 또박또박 쓰지 아니하고 마구 잇대어 쓰다. ⑤ 비밀이나 정보 따위를 넌지시 남이 알도록 하다. 11. ① 전기나 가스 따위가 선이
나 관을 통하여 지나가다. ① 빛, 소리, 향기 따위가 부드럽게 퍼지다. ② 새어서 빠지거나 떨어지다. ③ 어떤 한 방향으로 치우쳐 쏠리다. ④ 시간이나 세월이 지나가다. 12. ③ '상
당한'은 '어느 정도에 어울리는, 알맞은, 걸맞은'의 개념으로, ⑤의 유의어로 볼 수 없다. ④ 달갑다: 거리낌이나 불만이 없어 마음이 흡족하다. ⑤ 탐탁하다: 모양이나 태도, 또는 어
떤 일 따위가 마음에 들어 만족하다. 13. ①은 많은 차량이 뒤섞이어 어수선한 상황이므로 '혼잡(混雜)'이 적절하고, ⑥은 약속 장소를 구별하지 못하고 뒤섞어서 생각한 것이므로
'혼동(混同)'이 적절하다. ⑥은 고객과 서술자가 서로 다르게 파악하여 혼란이 생긴 것이므로 '혼선(混線: 말이나 일 따위를 다르게 파악하여 혼란이 생김.)'이 적절하다. 14. 최척은
그동안 의지하며 살아가던 여유문이 죽자 의탁할 곳이 막막해진다. 이러한 상황은 '사고무친(四顧無親)'과 유사하다. ② 두루 섭렵하기만 하고 전공하는 바가 없어 끝내 성취하지
못함. ③ 재앙과 근심, 걱정이 바뀌어 오히려 복이 됨. ④ 앞뒤를 재고 망설임. 15. ⑤에서 승상 부부가 말한 것은 십 년 동안 고생해서 변신하게 되었다는 것이다. 이는 '고생 끝에
즐거움이 온다'는 '고진감래(苦盡甘來)'와 의미가 통한다. ② 남의 학식이나 재주가 놀랄 만큼 부쩍 늚. ④ 겉으로는 같이 행동하면서도 속으로는 각각 딴생각을 함. ⑤ 무슨 일에
대하여 방향이나 갈피를 잡을 수 없음.